Die Kapitalschutzfunktion des Jahresabschlusses und Übernahme der IAS/IFRS für die Einzelbilanz

Europäische Hochschulschriften
Publications Universitaires Européennes
European University Studies

Reihe II
Rechtswissenschaft

Série II Series II
Droit
Law

Bd./Vol. 4182

PETER LANG
Frankfurt am Main · Berlin · Bern · Bruxelles · New York · Oxford · Wien

Marc Merschmeyer

Die Kapitalschutzfunktion des Jahresabschlusses und Übernahme der IAS/IFRS für die Einzelbilanz

PETER LANG
Europäischer Verlag der Wissenschaften

Bibliografische Information Der Deutschen Bibliothek
Die Deutsche Bibliothek verzeichnet diese Publikation in der Deutschen Nationalbibliografie; detaillierte bibliografische Daten sind im Internet über <http://dnb.ddb.de> abrufbar.

Zugl.: Köln, Univ., Diss., 2004

D 38
ISSN 0531-7312
ISBN 3-631-53856-1

www.peterlang.de

Vorwort

Die vorliegende Arbeit entstand im Wesentlichen während meiner Tätigkeit als wissenschaftlicher Mitarbeiter von Prof. Dr. Joachim Hennrichs am Institut für Arbeits-, Sozial- und Wirtschaftsrecht, Abteilung I, an der Westfälischen Wilhelms-Universität in Münster sowie anschließend am Lehrstuhl für Bürgerliches Recht, Bilanz- und Steuerrecht an der Universität zu Köln. Sie wurde im November 2004 von der Rechtswissenschaftlichen Fakultät der Universität zu Köln als Dissertation angenommen.

Besonders bedanken möchte ich mich bei meinem Doktorvater Herrn Prof. Dr. Joachim Hennrichs, der meine Arbeit angeregt und mit wertvollen Hinweisen begleitet und gefördert hat. Für die freundliche und zügige Erstellung des Zweitgutachtens bin ich zudem Herrn Prof. Dr. Martin Henssler zu Dank verpflichtet. Mein Dank gilt ferner den Mitarbeitern am Lehrstuhl für Bürgerliches Recht, Bilanz- und Steuerrecht der Universität zu Köln, insbesondere Frau Dr. Nina Kuntschik, für die Durchsicht des Manuskripts.

Herzlich danken möchte ich aber vor allem meinen Eltern, durch die ich fortwährende Unterstützung erfahren habe und die hierdurch maßgeblich zum Gelingen der Arbeit beigetragen haben. Ihnen soll diese Arbeit gewidmet sein.

Köln, im Februar 2005 — Marc Merschmeyer

Inhaltsverzeichnis

Abkürzungsverzeichnis

a.A.	andere Ansicht
a.a.O.	am angegebenen Ort
a.E.	am Ende
a.F.	alte Fassung
abgedr.	abgedruckt
Abs.	Absatz
ADHGB	Allgemeines Deutsches Handelsgesetzbuch
ADS	Adler/Düring/Schmaltz
AfA	Absetzung für Abnutzung
AG	Aktiengesellschaft; Die Aktiengesellschaft (Zeitschrift)
AktG	Aktiengesetz
ALR	Allgemeines Landrecht für die Preußischen Staaten von 1794
Alt.	Alternative
Anh.	Anhang
Anm. (d. Verf.)	Anmerkung (des Verfassers)
Amtsbl. EG	Amtsblatt der Europäischen Gemeinschaften
Art.	Artikel
Artt.	mehrere Artikel
Aufl.	Auflage
Az.	Aktenzeichen
BAFin	Bundesanstalt für Finanzdienstleistungsaufsicht
BayObLG	Bayerisches Oberstes Landesgericht
BauGB	Baugesetzbuch
BB	Betriebs-Berater (Zeitschrift)
BBauBl	Bundesbaublatt
BBauG	Bundesbaugesetz
Bd.	Band
Beck`scher BilKomm	Beck`scher Bilanzkommentar
Beck`sches HdR	Beck`sches Handbuch der Rechnungslegung
Begr.	Begründung; Begründer
Beil.	Beilage
BewG	Bewertungsgesetz

BFH	Bundesfinanzhof
BFHE	Sammlung der Entscheidungen und Gutachten des Bundesfinanzhofes
BFH/NV	Sammlung amtlich nicht veröffentlichter Entscheidungen des Bundesfinanzhofes
BFuP	Betriebswirtschaftliche Forschung und Praxis (Zeitschrift)
BGB	Bürgerliches Gesetzbuch
BGBl.	Bundesgesetzblatt
BGH	Bundesgerichtshof
BGHZ	Entscheidungen des Bundesgerichtshofs in Zivilsachen
BilReG	Gesetz zur Einführung internationaler Rechnungslegungsstandards und zur Sicherung der Qualität der Abschlussprüfung (Bilanzrechtsreformgesetz)
BiRiLiG	Gesetz zur Durchführung der Vierten, Siebten und Achten Richtlinie des Rates der Europäischen Gemeinschaft zur Koordinierung des Gesellschaftsrechts (Bilanzrichtlinien-Gesetz)
BMF	Bundesministerium der Finanzen
Bonner HR	Bonner Handbuch Rechnungslegung
BR-Drs.	Bundesrats-Drucksache
BSG	Bundessozialgericht
BStBl.	Bundessteuerblatt
BT-Drs.	Bundestags-Drucksache
Buchst.	Buchstabe
BuW	Betrieb und Wirtschaft (Zeitschrift)
BVerwG	Bundesverwaltungsgericht
BVerfG	Bundesverfassungsgericht
bzw.	beziehungsweise
ca.	circa
d.h.	das heißt
DB	Der Betrieb (Zeitschrift)
DRS	Deutsche Rechnungslegungsstandards
DRSC	Deutsche Rechnungslegungs Standards Committee
DSR	Deutsche Standardisierungsrat
DStJG	Deutsche Steuerjuristische Gesellschaft
DStR	Deutsches Steuerrecht (Zeitschrift)
DStZ	Deutsche Steuerzeitung (Zeitschrift)
E	Entwurf

e.V.	eingetragener Verein
EGV	II. Vertrag zur Gründung der Europäischen Gemeinschaft (EG)
Einl	Einleitung
E-KapRiLi	
eG	eingetragene Genossenschaft
EG	Europäische Gemeinschaften
EGHGB	Einführungsgesetz zum Handelsgesetzbuch
EStG	Einkommenssteuergesetz
EU	Europäische Union
EuGH	Europäischer Gerichtshof
EuZW	Europäische Zeitschrift für Wirtschaftsrecht
EWG	Europäische Wirtschaftsgemeinschaft
FamRZ	Zeitschrift für das gesamte Familienrecht
f.	folgende (Seite)
F.	Framework
FAZ	Frankfurter Allgemeine Zeitung
FB	Finanzbetrieb
ff.	folgende (Seiten)
Fn.	Fußnote
Festschr.	Festschrift
Festschr. GmbHG	Festschrift 100 Jahre GmbH-Gesetz (siehe Literaturverzeichnis)
FW	Framework
GAVO	Verordnung über die Gutachterausschüsse für Grundstückswerte
GE	Geldeinheiten
gem.	gemäß
GG	Grundgesetz
GmbH	Gesellschaft mit beschränkter Haftung
GmbHG	Gesetz betreffend die GmbH
GmbHR	GmbH-Rundschau (Zeitschrift)
GoB	Grundsätze ordnungsgemäßer Buchführung
GrS	Großer Senat (des BFH)
GuV	Gewinn und Verlustrechnung
H.	Heft
h.M.	herrschende Meinung
Halbs.	Halbsatz
Hervorh.	Hervorhebung

HdJ	Handbuch des Jahresabschlusses in Einzeldarstellungen
HDWW	Handwörterbuch der Wirtschaftswissenschaft
Hervorh. d. d. Verf.	Hervorhebung durch den Verfasser
Hervorh. im Orig.	Hervorhebung im Original
HGB	Handelsgesetzbuch
HdR	Handbuch der Rechnungslegung
Hrsg.	Herausgeber
HURB	Handwörterbuch der unbestimmten Rechtsbegriffe im Bilanzrecht des HGB
i.d.R.	in der Regel
i.S.d.	im Sinne des
i.S.v.	im Sinne von
IAS	International Accounting Standards
IASB	International Accounting Standards Board
IASC	International Accounting Standards Committee
IDW	Institut der Wirtschaftsprüfer in Deutschland e.V.
IF	International Financial Reporting Standard
IFRS	International Financial Reporting Standards
insbes.	insbesondere
InsO	Insolvenzordnung
IStR	Internationales Steuerrecht (Zeitschrift)
i.V.m.	in Verbindung mit
JDStJG	Jahrbuch der Deutschen Steuerjuristischen Gesellschaft
JuS	Juristische Schulung (Zeitschrift)
JZ	Juristenzeitung
JW	Juristische Wochenschrift
Kap.	Kapitel
KapAEG	Kapitalaufnahmeerleichterungsgesetz
KapRiLi	Kapitalrichtlinie
KapCoRiLiG	Kapitalgesellschaften und Co-Richtlinie-Gesetz
KG	Kommanditgesellschaft; Kammergericht
KOM	Dokumente der Kommission der Europäischen Gemeinschaften
KoR	Zeitschrift für kapitalmarktorientierte Rechnungslegung
KWG	Gesetz über das Kreditwesen
Lit.	Literatur
m.w.N.	mit weiteren Nachweisen

MBCA	Massachusetts Business Corporation Act
MDR	Monatsschrift für Deutsches Recht
Mitbegr.	Mitbegründer
MüKo-AktG	Münchener Kommentar zum Aktiengesetz
MüKo-HGB	Münchener Kommentar zum Handelsgesetzbuch
Neuaufl.	Neuauflage
NJW	Neue Juristische Wochenschrift
NJW-RR	Neue Juristische Wochenschrift Rechtsprechungs-Report
Nr.	Nummer
NVwZ	Neue Zeitschrift für Verwaltungsrecht
NW	Nordrhein-Westfalen
NZG	Neue Zeitschrift für Gesellschaftsrecht
ÖBA	Zeitschrift für das gesamte Bank- und Börsenwesen
OLG	Oberlandesgericht
Orig.	Original
Par.	Paragraph
POC	percentage of completion
PublG	Publizitätsgesetz
RabelsZ	Zeitschrift für ausländisches und internationales Privatrecht
RegE	Regierungsentwurf
RG	Reichsgericht
RGZ	Entscheidungen des Reichsgerichts in Zivilsachen
RIW	Recht der internationalen Wirtschaft (Zeitschrift)
RM	Reichsmark
Rn.	Randnummer
S.	Satz
sc.	scilicet (nämlich)
SEC	Securities and Exchange Commission
SIC	Standing Interpretations Committee
s.o.	siehe oben
stellv.	stellvertretend
str.	streitig
st. Rspr.	ständige Rechtsprechung
StuB	Zeitschrift für das Steuerrecht und die Rechnungslegung der Unternehmen
StuW	Steuern und Wirtschaft (Zeitschrift)
Tz.	Textziffer
u.Ä.	und Ähnliche(s)

u.a.	und andere; unter anderem
u.U.	unter Umständen
Univ.	Universität
urspr.	ursprünglich
Unterabs.	Unterabsatz
US-GAAP	Generally Accepted Accounting Principles
v. a.	vor allem
VAG	Versicherungsaufsichtsgesetz
VersBiRiLi	Versicherungsbilanzrichtlinie
VersWirtsch	Versicherungswirtschaft (Zeitschrift)
vgl.	vergleiche
vs.	versus (gegen)
VwVfG	Verwaltungsverfahrensgesetz
WertR	Richtlinien für die Ermittlung der Verkehrswerte von Grundstücken
WertV	Wertermittlungsverordnung (Verordnung über die Grundsätze für die Ermittlung der Verkehrswerte von Grundstücken)
WM	Wertpapier-Mitteilungen Teil IV(Zeitschrift)
WPg	Die Wirtschaftsprüfung (Zeitschrift)
z.B.	zum Beispiel
ZfB	Zeitschrift für Betriebswirtschaft
ZfbF	Schmalenbachs Zeitschrift für betriebswirtschaftliche Forschung
ZfgK	Zeitschrift für das gesamte Kreditwesen
ZGR	Zeitschrift für Unternehmens- und Gesellschaftsrecht
ZHR	Zeitschrift für das gesamte Handels- und Wirtschaftsrecht
ZIP	Zeitschrift für Wirtschaftrecht
ZMR	Zeitschrift für Miet- und Raumrecht
ZPO	Zivilprozessordnung
zugl.	zugleich
zutr.	zutreffend
ZVersWiss	Zeitschrift für die gesamte Versicherungswissenschaft
zzgl.	zuzüglich
z. Zt.	zur Zeit

Literaturverzeichnis

Achleitner, Ann-Kristin: Die Normierung der Rechnungslegung: Eine vergleichende Untersuchung unterschiedlicher institutioneller Ausgestaltungen des nationalen und internationalen Standardsetzungsprozesses; Zürich 1995

Achleitner, Ann-Kristin/Behr, Giorgio: International Accounting Standards; Ein Lehrbuch zur internationalen Rechnungslegung; 3. Auflage; München 2003

Adams, Michael: Eigentum, Kontrolle und beschränkte Haftung, in: Ott, Claus/Schäfer, Hans-Bernd (Hrsg.); Ökonomische Probleme des Zivilrechts: Beiträge zum 2. Travemünder Symposium zur ökonomischen Analyse des Rechts, 21. - 24. März 1990; Berlin, Heidelberg u.a. 1991; S. 193 - 225

Adler, Hans/Düring, Walther/Schmaltz, Kurt (Begr.): Rechnungslegung und Prüfung der Unternehmen: Kommentar zum HGB, AktG, GmbHG, PublG nach den Vorschriften des Bilanzrichtliniengesetzes; Teilbd. 1, 6. Aufl. Stuttgart 1995; Teilbd. 4, 6. Aufl. Stuttgart 1997; Teilbd. 5, 6. Aufl. Stuttgart 1997; Teilbd. 6, 6. Aufl. Stuttgart 1998; Rechnungslegung nach Internationalen Standards; Loseblatt, Stuttgart 2002

Albers, Willi u.a. (Hrsg.): Handwörterbuch der Wirtschaftswissenschaft: HdWW; zugl. Neuaufl. d. „Handwörterbuchs der Sozialwissenschaften"; Bd. 1. Absatz bis Bilanztheorien; Göttingen, Zürich 1977 (zit.: *Bearbeiter*, in: HdWW: Abschnitt, S.)

Alberth, Markus R.: USA: Vertraglicher Gläubigerschutz und Ausschüttungsbemessung durch Covenants als Vorbild zur Änderung des deutschen Bilanzrechts?; WPg 1997, 744 - 750

—: US-amerikanische Gläubigerbilanzen durch Covenants in Verträgen, der Versuch einer weltweiten Kategorisierung der Rechnungslegung und Folgen für die internationale Harmonisierungsdiskussion; ZfB 1998, 803 - 823

Altmeppen, Holger: Zur Entwicklung eines neuen Gläubigerschutzkonzeptes in der GmbH; ZIP 2002, 1553 - 1563

Arbeitsgruppe Normierung der Rechnungslegung der Wissenschaftlichen Kommission Rechnungswesen im Verband der Hochschullehrer für Betriebswirtschaft e. V.: Stellungnahme Nr. 3: Zum Entwurf der Grundsätze ordnungsmäßiger Rechnungslegung des DRSC; BB 2002, 2595 - 2599

Arbeitskreis Bilanzrecht der Hochschullehrer Rechtswissenschaft: Zur Fortentwicklung des deutschen Bilanzrechts; BB 2002, 2372 - 2381

—: Stellungsnahme zum Referentenentwurf eines Bilanzrechtsreformgesetzes; BB 2004, 546 - 548

Arbeitskreis „Externe Unternehmensrechnung“ der Schmalenbach-Gesellschaft: Bilanzierung von Finanzinstrumenten im Währungs- und Zinsbereich auf der Grundlage des HGB; DB 1997, 637 - 642

Arbeitskreis „Externe Unternehmensrechnung“ der Schmalenbach-Gesellschaft für Betriebswirtschaft e.V.: Die Zukunft der Rechnungslegung aus Sicht von Wissenschaft und Praxis – Fachprogramm des Arbeitskreises Externe Unternehmensrechnung im Rahmen des 54. Deutschen Betriebswirtschafter-Tags; DB 2001, 160 - 161

—: International Financial Reporting Standards im Einzel- und Konzernabschluss unter der Prämisse eines Einheitsabschlusses für unter Anderem steuerliche Zwecke – Empfehlung des Arbeitskreises –; DB 2003, 1585 - 1588

Aust, Manfred/Jacobs, Rainer/Pasternak, Dieter: Die Enteignungsentschädigung; 5. Auflage; Berlin 2002

Backhaus, Klaus: Gewinnrealisierung im Anlagengeschäft vor dem Hintergrund nationaler und internationaler Rechnungslegungsvorschriften, in: Baetge, Jörg u.a. (Hrsg.); Rechnungslegung, Prüfung und Beratung, Festschrift Ludewig; Düsseldorf 1996; S. 21 - 45

Baetge, Jörg: Gesellschafterorientierung als Voraussetzung für Kunden- und Marktorientierung, in: Bruhn, Manfred/Steffenhagen, Hartwig (Hrsg.); Marktorientierte Unternehmensführung: Reflexionen – Denkanstöße – Perspektiven, Festschrift Meffert; 2. Auflage; Wiesbaden 1998; S. 103 - 117

Baetge, Jörg/Beermann, Thomas: Auswirkungen der Rechnungslegung von Firmenkunden nach IAS bzw. US-GAAP; Sparkasse 2000, 79 - 81

Baetge, Jörg/Dörner, Dietrich/Kleekämper, Heinz/Wollmert, Peter/Kirsch, Hans-Jürgen (Hrsg.): Rechnungslegung nach International Accounting Standards (IAS): Kommentar auf Grundlage des deutschen Bilanzrechts; 1. Auflage; Stuttgart 1997; 2. Auflage, Loseblatt; Stuttgart 2002

Baetge, Jörg/Kirsch, Hans-Jürgen/Thiele, Stefan: Bilanzrecht: Handelsrecht mit Steuerrecht und den Regelungen des IASB; 1. Auflage; Bonn, Berlin 2002

—: Bilanzen; 6. Auflage; Düsseldorf 2002

Baetge, Jörg/Thiele, Stefan: Gesellschafterschutz versus Gläubigerschutz – Rechenschaft versus Kapitalerhaltung, in: Budde, Wolfgang Dieter/Moxter, Adolf/Offerhaus, Klaus (Hrsg.); Handelsbilanzen und Steuerbilanzen, Festschrift Beisse; Düsseldorf 1997; S. 11 - 24

Baetge, Jörg/Zülch, Henning: Fair Value-Accounting; BFuP 2001, 543 - 562

Baetge, Jörg/Zülch, Henning/Matena, Sonja: Fair Value-Accounting – Ein Paradigmenwechsel auch in der kontinentaleuropäischen Rechnungslegung (Teil A), (Teil B); StuB 2002, 365 - 372; StuB 2002, 417 - 422

Ballerstedt, Kurt: Kapital, Gewinn und Ausschüttung bei Kapitalgesellschaften: Eine gesellschaftsrechtliche Betrachtung; Tübingen 1949
—: Gesellschaftsrechtliche Probleme der Reform des GmbH-Rechts; ZHR 135 (1971), 383 - 409
Ballwieser, Wolfgang: Zum Nutzen handelsrechtlicher Rechnungslegung, in: Ballwieser, Wolfgang/Moxter, Adolf/Nonnenmacher, Rolf (Hrsg.); Rechnungslegung – Warum und Wie, Festschrift Clemm; München 1996; S. 1 - 25
—: Chancen und Risiken einer Übernahme amerikanischer Rechnungslegung, in: Wolfgang Dieter Budde u.a. (Hrsg.); Handelsbilanzen und Steuerbilanzen, Festschrift Beisse; Düsseldorf 1997; S. 25 - 43
derselbe (Hrsg.): US-amerikanische Rechnungslegung: Grundlagen und Vergleiche mit dem deutschen Recht; 4. Auflage; Stuttgart 2000
—: Informations-GoB – auch im Lichte von IAS und US-GAAP; KoR 2002, 115 - 121
Bauer, Axel: Medienunternehmen zwischen IAS und US-GAAP – Eine Ergänzung zur Studie von Küting/Zwirner, FB 2001 Beilage 3 –; KoR 2002, 228 - 229
Bauer, Markus: Gläubigerschutz durch eine formelle Nennkapitalziffer – kapitalgesellschaftsrechtliche Notwendigkeit oder überholtes Konzept?: Eine rechtsvergleichende Untersuchung der Gläubigerschutzkonzepte des amerikanischen und deutschen Kapitalgesellschaftsrechts; Frankfurt (Main), Univ., Diss., 1995; Frankfurt am Main, Berlin u.a. 1995
Baumbach, Adolf/Hopt, Klaus: Handelsgesetzbuch; 31. Auflage; München 2003 (zit.: *Bearbeiter*, in: Baumbach/Hopt, §, Rn.)
Baumbach, Adolf/Hueck, Alfred: GmbH-Gesetz; 17. Auflage; München 2000
Beck, Martin: Bilanzierung von Investment Properties nach IAS 40 – Anwendungsprobleme bei der Implementierung und Lösungsansätze –; KoR 2004, 498 - 505
Beisse, Heinrich: Gewinnrealisierung – Ein systematischer Überblick über Rechtsgrundlagen, Grundtatbestände und grundsätzliche Streitfragen, in: Ruppe, Hans Georg (Hrsg.); Gewinnrealisierung im Steuerrecht; JDStJG 1981, 13 - 43
—: Gläubigerschutz – Grundprinzip des deutschen Bilanzrechts, in: Beisse, Heinrich/Lutter, Marcus/Närger, Heribald (Hrsg.); Festschrift Beusch; Berlin, New York 1993; S. 77 - 97
Behr, Giorgio: Rechnungslegung und Bewertung von Immobiliengesellschaften – Trend geht zur Bewertung zu aktuellen Werten; Der Schweizer Treuhänder 2001, 219 - 224

Berger, Axel/Ellrott, Helmut/Förschle, Gerhart/Hense, Burkhard (Hrsg.): Beck`scher Bilanz-Kommentar: Handels- und Steuerrecht – §§ 238 bis 339 HGB –; 5. Auflage; München 2003

Böckem, Hanne: Die Durchsetzung von Rechnungslegungsstandards – eine kapitalmarktorientierte Untersuchung; Frankfurt (Main), Univ., Diss., 1999; Frankfurt am Main 2000

Böckem, Hanne/Schurbohm, Anne: Die Bilanzierung von Immobilien nach den International Accounting Standards; KoR 2002, 38 - 51

Böcking, Hans-Joachim: IAS für Konzern- und Einzelabschluss?; WPg 2001, 1433 - 1440

—: IAS für Konzern- und Einzelabschluss!; WPg 2002, 925 - 928

—: Internationalisierung der Rechnungslegung und ihre Auswirkungen auf die Grundprinzipien des deutschen Rechts; Der Konzern 2004, 177 - 184

Bolin, Manfred: Analyse der Transformationskonzeption der 4. EG-Richtlinie in der Bundesrepublik Deutschland, Frankreich und Großbritannien: dargestellt am Beispiel der Aktivierungsbestimmungen; Marburg, Univ., Diss., 1990; Krefeld 1990

Brügelmann, Hermann (Mitbegr.): Baugesetzbuch Kommentar; Loseblatt, Stand: 50. Lieferung (September 2002); Stuttgart

Buchheim, Regine/Gröner, Susanne: Anwendungsbereich der IAS-Verordnung an der Schnittstelle zu deutschem und zu EU-Bilanzrecht; BB 2003, 953 - 955

Budde, Wolfgang Dieter/Steuber, Elgin: Rechnungslegung im Spannungsfeld zwischen Gläubigerschutz und Information der Gesellschafter; AG 1996, 542 - 550

—: Rückwirkung des Konzernabschlusses auf den Einzelabschluss; BB 2000, 971 - 977

Burger, Anton/Buchhart, Anton: Bietet eine investororientierte Rechnungslegung den besseren Gläubigerschutz?; BB 2000, 2197 - 2200

Burger, Anton/Fröhlich, Jürgen/Ulbrich, Philipp: Die Auswirkungen der Umstellung von HGB auf IFRS auf wesentliche Kennzahlen der externen Unternehmensrechnung; KOR 2004, 353 - 366

Busse von Colbe, Walther: Zur Anpassung der Rechnungslegung von Kapitalgesellschaften an internationale Normen; BFuP 1995, 373 - 391

—: Anpassung der EG-Richtlinien an die IAS – Konsequenzen für das deutsche Bilanzrecht –; KoR 2001, 199 - 205

—: Die deutsche Rechnungslegung vor einem Paradigmawechsel; ZfbF 2002, 159 - 172

Canaris, Claus-Wilhelm: Handelsrecht: ein Studienbuch; 23. Auflage; München 2000

Canaris, Claus-Wilhelm/Schilling, Wolfgang/Ulmer, Peter (Hrsg.): Handelsgesetzbuch: Großkommentar begr. von Hermann Staub; 4. Auflage; Dritter Band, 1. Teilband: §§ 238 - 289; Dritter Band, 2. Teilband: §§ 290 - 342 a; Berlin, New York 2002

Castan, Edgar/Heymann, Gerd/Ordelheide, Dieter/Pfitzer, Norbert/Scheffler, Eberhard (Hrsg.): Beck`sches Handbuch der Rechnungslegung; Stand: Juli 2002; München (zit.: *Bearbeiter*, in: Beck`sches HdR, Abt., Rn.)

Centrale für GmbH Dr. Otto Schmidt: Eingabe der Centrale für GmbH Dr. Otto Schmidt vom 29.5.2001 zum Vorschlag der Kommission für eine Verordnung des Europäischen Parlaments und des Rates über die Anwendung internationaler Rechnungslegungsgrundsätze vom 13.2.2001; GmbHR 2001, 565 - 566

Christiansen, Alfred: Zum Grundsatz der Einzelbewertung – insbesondere die Bildung so genannter Bewertungseinheiten; DStR 2003, 264 - 268

Claussen, Carsten P.: Zum Stellenwert des Rechnungslegungsrechts, in: Forster, Karl-Heinz/Grunewald, Barbara/Lutter, Marcus/Semler, Johannes (Hrsg.); Aktien- und Bilanzrecht, Festschrift Kropff; Düsseldorf 1997; S. 431 - 444

Coenenberg, Adolf G.: Jahresabschluss und Jahresabschlussanalyse; 17. Auflage; Landsberg/Lech 2000

d`Arcy, Anne/Leuz, Christian: Rechnungslegung am Neuen Markt – Eine Bestandsaufnahme; DB 2000, 385 - 391

Deutsche Bundesbank (Hrsg.): Monatsbericht Juni 2002

Dexheimer, Sigrid: Gewinngliederungsgrundsätze im internationalen Vergleich: HGB, US-GAAP und IAS; BB 2002, 451 - 457

Donath, Ronald: Die EG-Versicherungsbilanz-Richtlinie 91/674/EG; EuZW 1992, 719 - 726

Dries, Folker: Vertrauenskrise in Amerika; FAZ vom 27. 06. 2002, Nr. 146, S. 15

DRSC (Hrsg.): Entwurf Grundsätze ordnungsmäßiger Rechnungslegung (Rahmenkonzept); abrufbar unter: http://www.standardsetter.de/drsc/docs/drafts/framework.html

Deutsche Börse AG: Regelwerk Neuer Markt; tand 18.10.2001

—: Börsenordnung für die Frankfurter Wertpapierbörse; Stand 01.07.2003; abrufbar unter: http://www1.deutsche-boerse.com

DSR: Stellungnahme vom 21. 10. 2002 zur EG-Verordnung vom 7. Juni betreffend die Anwendung internationaler Rechnungslegungsstandards etc.; abrufbar unter: www.standardsetter.de/drsc/doc/comments/own/BMJ_2002-10-20.pdf

Ekkenga, Jens: Anlegerschutz, Rechnungslegung und Kapitalmarkt: eine vergleichende Studie zum europäischen, deutschen und britischen Bilanz-, Gesellschafts- und Kapitalmarktrecht; Tübingen 1998

—: Neuordnung des Europäischen Bilanzrechts für börsennotierte Unternehmen: Bedenken gegen die Strategie der EG-Kommission; BB 2001, 2362 - 2369
Engel-Ciric, Dejan: Einschränkung der Aussagekraft des Jahresabschlusses nach IAS durch bilanzpolitische Spielräume; DStR 2002, 780 - 784
Ernst, Christoph: Zum Stand der Reformüberlegungen im Bilanzrecht: Noch ist nichts entschieden, in: Kleindiek, Detlef/Oehler, Wolfgang (Hrsg.); Die Zukunft des deutschen Bilanzrechts im Zeichen internationaler Rechnungslegung und privater Standardsetzung; Köln 2000; S. 41 - 48
—: EU-Verordnungsentwurf zur Anwendung von IAS: Europäisches Bilanzrecht vor weitreichenden Folgen; BB 2001, 823 - 829
—: Bilanzrecht: quo vadis? – Die kommende Reform des europäischen Bilanzrechts und mögliche Auswirkungen auf die deutsche Rechnungslegung –; WPg 2001, 1440 - 1445
—: BB-Gesetzgebungsreport: Auswirkungen des 10-Punkte-Programms „Unternehmensintegrität und Anlegerschutz" auf das Bilanzrecht; BB 2003, 1487 - 1491
Ernst, Werner/Zinkahn, Willy/Bielenberg, Walter/Krautzberger, Michael: Baugesetzbuch Kommentar; Band IV, V; Loseblatt, Stand: Januar 2003; München:
Euler, Roland: Grundsätze ordnungsgemäßer Gewinnrealisierung; Frankfurt (Main), Univ., Diss., 1988; Düsseldorf 1989 (Gewinnrealisierung)
—: Das System der Grundsätze ordnungsmäßiger Bilanzierung; Stuttgart 1996
—: Immaterielle Vermögenswerte – Stellungnahme zum E-DRS 14; BB 2001, 2631 - 2636
—: Paradigmenwechsel im handelsrechtlichen Einzelabschluss: Von den GoB zu den IAS?; BB 2002, 875 - 880
Fabritius, Andreas: Vermögensbindung in AG und GmbH – tiefgreifender Unterschied oder grundsätzliche Identität?; ZHR 144 (1980), 628 - 641
Fischer, Wolfgang-Wilhelm: IAS-Abschlüsse von Einzelunternehmungen – Rechtliche Grundlagen und finanzwirtschaftliche Analyse; Osnabrück, Univ., Diss., 2001; Herne/Berlin 2001
Fleischer, Holger: Finanzplankredite und Eigenkapitalersatz im Gesellschaftsrecht; Köln, Univ., Diss., 1993; Köln, Berlin, Bonn, München 1995
Flume, Werner: Die Forschungs- und Entwicklungskosten in Handels- und Steuerbilanz; DB 1958, 1045 - 1054
Fourie, Dirk/Velthuysen, Oliver: Bilanzierung von Grundbesitz nach IAS: Cost model oder Fair value model?: Bringt IAS 40 neue Optionen für deutsche Versicherungskonzerne?; VersWirtsch 2001, 648 - 650
Freidank, Carl-Christian: Internationale Rechnungslegungspolitik und Unternehmenswertsteigerung, in: Lachnit, Laurenz/Freidank, Carl-Christian (Hrsg.);

Investororientierte Unternehmenspublizität: Neue Entwicklungen von Rechnungslegung, Prüfung und Jahresabschlussanalyse; Wiesbaden 2000; S. 3 - 29

Fresl, Karlo D.: Die Europäisierung des deutschen Bilanzrechts; Frankfurt (Main), Univ., Diss., 1999; Wiesbaden 2000

Fülbier, Uwe/Honold, Dirk/Klar, Alexander: Bilanzierung immaterieller Vermögenswerte; Möglichkeiten und Grenzen der Bilanzierung nach US-GAAP und IAS bei Biotechnologieunternehmen; RIW 2000, 833 - 844

Geib, Gerd: Die Pflicht zur Offenlegung des Zeitwertes von Kapitalanlagen der Versicherungsunternehmen nach Umsetzung der Versicherungsbilanzrichtlinie; Köln, Univ., Diss., 1996; Lohmar 1997

Gelhausen, Hans Friedrich: Das Realisationsprinzip im Handels- und im Steuerrecht; Bielefeld, Univ., Diss., 1983; Frankfurt am Main, u.a. 1985

Geßler, Ernst/Hefermehl, Wolfgang/Eckardt, Ulrich/Kropff, Bruno: Aktiengesetz; Band III, §§ 148 - 178; München 1973 (zit.: *Bearbeiter*, in: Geßler u.a., AktG, §, Rn.)

Glaum, Martin: Die Bilanzierung von Finanzinstrumenten nach HGB, US-GAAP und IAS: Neuere Entwicklungen; DB 1997, 1625 - 1632

Glaum, Martin/Förschle, Gerhart: Rechnungslegung für Finanzinstrumente und Risikomanagement: Ergebnisse einer empirischen Untersuchung; DB 2000, 1525 - 1534

Glaum, Martin/Street, Donna: Rechnungslegung der Unternehmen am Neuen Markt; KoR 2002, 122 - 138

Grabitz, Eberhard/Hilf, Meinhard (Hrsg.): Das Recht der Europäischen Union; Loseblatt, Stand: 19. Lieferung (Februar 2002); München

Graf Waldersee, Georg: Bilanzierung von Finanzderivaten nach HGB, IAS und US-GAAP, in: Küting, Karlheinz/Langenbucher, Günther (Hrsg.); Internationale Rechnungslegung, Festschrift Weber; Stuttgart 1999; S. 239 - 264

Gross, Gerhard: Das Fell des Bären, in: Baetge, Jörg u.a. (Hrsg.); Rechnungslegung, Prüfung und Beratung, Festschrift Ludewig,; Düsseldorf 1996; S. 333 - 364

Großfeld, Bernhard: Aktiengesellschaft, Unternehmenskonzentration und Kleinaktionär; Tübingen 1968 (zit.: *Großfeld*, Aktiengesellschaft, S.)

—: Bilanzrecht: Jahresabschluß, Konzernabschluß, Internationale Standards; 3. Auflage; Heidelberg 1998

Groh, Manfred: Rechnungslegung und Unternehmensrecht – Rückblick und Ausblick, in: Wirtschaftswissenschaftliche Fakultät der Universität Leipzig u.a. (Hrsg.); Rechnungslegungskonzeptionen im Widerstreit; Leipzig 2000; S. 45 - 56

Group of German Experts on Corporate Law: Zur Entwicklung des Europäischen Gesellschaftsrechts: Stellungnahme der Group of German Experts on Corpo-

rate Law zum Konsultationsdokument der High Level Group of Experts on Corporate Law; ZIP 2002, 1310 - 1324
—: Zur Entwicklung des Europäischen Gesellschaftsrechts: Stellungnahme der Arbeitsgruppe Europäisches Gesellschaftsrecht (Group of German Experts on Corporate Law) zum Report of the High Level Group of Company Law Experts on a modern Regulatory Framework for Company Law in Europe; ZIP 2003, 863 - 880
Hachenburg, Max (Begr.): Gesetz betreffend die Gesellschaften mit beschränkter Haftung (GmbHG), Großkommentar; Zweiter Band §§ 13 - 52; 7. Auflage; Berlin, New York 1979; Erster Band Allgemeine Einleitung; §§ 1 - 34; Zweiter Band §§ 35 - 52; ritter Band §§ 53 - 85; Register; 8. Auflage; Berlin, New York 1992, 1997
Haller, Axel: Immaterielle Vermögenswerte – Wesentliche Herausforderung für die Zukunft der Unternehmensrechnung, in: Möller, Hans Peter/Schmidt, Franz (Hrsg.); Rechnungswesen als Instrument für Führungsentscheidungen, Festschrift Coenenberg; Stuttgart 1998; S. 561 - 596
Havermann, Hans: WPg-Sonderheft 2001, 97 - 99 (ohne Titel)
Hayn, Sven: Die Bilanzierung immaterieller Vermögenswerte im internationalen Vergleich (Teil 1, 2); IStR 1996, 354 - 360, 405 - 408
Heidemann, Christian/Sickmann, Eric: Die Rechnungslegung nach 2004 – Übergang vom HGB zu den IAS – Ein Rückblick auf das 19. Münstersche Tagesgespräch am 22. 5. 2003 –; StuB 2003, 652 - 655
Heintzen, Markus: Verfassungsrechtliche Anforderungen an das Rechnungslegungsrecht für börsennotierte Unternehmen; KoR 2001, 150 - 154
—: EU-Verordnungsentwurf zur Anwendung von IAS: Kein Verstoß gegen Unionsverfassungsrecht; BB 2001, 825 - 829
Hellermann, Johannes: Private Standardsetzung im Bilanzrecht – öffentlich-rechtlich gesehen; NZG 2000, 1097 - 1103
Helm, Frank M.: Investment Properties – Implikationen für die Rechnungslegung –; St. Gallen, Univ., Diss., 2001; Bamberg 2001
Helmschrott, Harald: Die Anwendung von IAS 40 (investment property) auf Immobilien-Leasingobjekte; DB 2001, 2457 - 2459
Hennrichs, Joachim: Die Bedeutung der EG-Bilanzrichtlinie für das deutsche Handelsbilanzrecht; ZGR 1997, 66 - 88
—: Vorbelastungshaftung und Unternehmensbewertung nach der Ertragswertmethode – Besprechung der Entscheidung BGH ZIP 1998, 2151; ZGR 1999, 837 - 856
—: Wahlrechte im Bilanzrecht der Kapitalgesellschaften – unter besonderer Berücksichtigung der EG-Bilanz-Richtlinie; Köln 1999

—: Konzernrechnungslegung und internationale Entwicklung; ZGR 2000, 627 - 650
—: Maßgeblichkeitsgrundsatz oder eigenständige Prinzipien für die Steuerbilanz?; DStJG 24 (2001), 301 - 328
Herzig, Norbert: Das Maßgeblichkeitsprinzip – eine zukunftsträchtige Konzeption?, in: Küting, Karlheinz/Weber, Claus-Peter (Hrsg.); Wertorientierte Konzernführung – Kapitalmarktorientierte Rechnungslegung und integrierte Unternehmenssteuerung; Stuttgart 2000; S. 57 - 89
—: Internationalisierung der Rechnungslegung und steuerliche Gewinnermittlung; WPg 2000, 104 - 119
—: Notwendigkeit und Umsetzungsmöglichkeiten eines gespaltenen Rechnungslegungsrechts (Handels- und Steuerbilanz); KoR 2001, 154 - 159
Herzig, Norbert/Bär, Michaela: Die Zukunft der steuerlichen Gewinnermittlung im Licht des europäischen Bilanzrechts; DB 2003, 1 - 8
Herzig, Norbert/Mauritz, Peter: Grundkonzeption einer bilanziellen Marktbewertungspflicht für originäre und derivative Finanzinstrumente; BB 1997, Beil. 5, 1 - 16
Herzig, Norbert/Rieck, Ulrich: Bilanzsteuerliche Aspekte des Wertaufholungsgebots im Steuerentlastungsgesetz; WPg 1999, 305 - 318
Henssler, Martin: Die phasengleiche Aktivierung von Gewinnansprüchen im GmbH-Konzern; JZ 1998, 701 - 708
Heymann, Ernst (Begr.): Handelsgesetzbuch (ohne Seerecht): Kommentar herausgegeben von Horn, Norbert; 2. Auflage; Band 3, Drittes Buch §§ 238 - 342 a; Berlin, New York 1999
High Level Group of Company Law Experts: Report of the High Level Group of Company Law Experts on a Modern Regulatory Framework for Company Law in Europe vom 04. 11. 2002; http://europa.eu.int/comm/internal_market/en/company/company/news/index.htm
Hirte, Heribert: Kapitalgesellschaftsrecht; 3. Auflage; München 2000
Hofbauer, Max A./Grewe, Wolfgang/Albrecht, Werner/Kupsch, Peter/Scherrer, Gerhard (Hrsg.): Bonner Handbuch Rechnungslegung: Textsammlung, Einführung, Kommentierung; 2. Auflage, Stand: Dezember 2002,Bonn, Berlin (zit.: *Bearbeiter*, in: Bonner HR, §, Rn.)
Hoffmann, Wolf-Dieter: Lehren aus Holzmann für die Gewinnermittlung durch Vermögensvergleich; DStR 2000, 15 - 18
—: Lehren aus der bayerischen Großbanken-Fusion für die Bilanzierungs- und Prüfungspraxis in Deutschland – Mit Seitenblick auf Holzmann –; DB 2000, 485 - 490
—: Die ökonomischen Grenzen der Aussagekraft einer Bilanz; StuB 2000, 822 - 828

Hoffmann, Wolf-Dieter/Lüdenbach, Norbert: Beschreiten wir bei der Internationalisierung der Rechnungslegung den Königsweg?; DStR 2002, 871 - 878
—: Internationale Rechnungslegung: kapitalmarkt- oder managementorientiert; StuB 2002, 541 - 548
—: Bilanzrechtsreformgesetz – Seine Bedeutung für den Einzel- und Konzernabschluß der GmbH; GmbHR 2004, 145 - 150
—: Das Realisationsprinzip – 1884 und heute – Eine kleine (Geburtstags-) Gabe für Adolf Moxter; DStR 2004, 1758 - 1764
Hommel, Michael: Internationale Bilanzrechtskonzeptionen und immaterielle Vermögensgegenstände; ZfbF 1997, 345 - 369
Hommelhoff, Peter: Europäisches Bilanzrecht im Aufbruch; RabelsZ 62 (1998), 381 - 404
Hommelhoff, Peter/Schwab, Martin: Gesellschaftliche Selbststeuerung im Bilanzrecht – Standard Setting Bodies und staatliche Regulierungsverantwortung nach deutschem Recht; BFuP 1998, 39 - 56
Hopt, Klaus J.: Gestaltungsfreiheit im Gesellschaftsrecht in Europa – Generalbericht –, in: Lutter, Marcus u.a. (Hrsg.); Gestaltungsfreiheit im Gesellschaftsrecht, ZGR-Sonderheft 13; Berlin, New York 1998; S. 123 - 147
Hopt, Klaus J./Wiedemann, Herbert (Hrsg.): Aktiengesetz: Großkommentar, 4. Auflage; 1. Lieferung: Einleitung A - D; 2. Lieferung: §§ 1 - 14; 5. Lieferung: §§ 179 - 191; 7. Lieferung: §§ 23 - 40; 15. Lieferung: §§ 54 - 66; Berlin, New York 1992 - 2001 (zit.: *Bearbeiter*, in: Großkommentar zum AktG, §, Rn.)
Hueck, Götz/Windbichler, Christine: Gesellschaftsrecht: ein Studienbuch; 20. Auflage; München 2003
Hüffer, Uwe: Aktiengesetz; 6. Auflage; München 2004
—: Bewertungsprobleme in der Überschuldungsbilanz, in: Wank, Rolf u.a. (Hrsg.); Festschrift Wiedemann; München 2002; S. 1047 - 1068
Hulle, Karel van: Die Reform des europäischen Bilanzrechts: Stand, Ziele und Perspektiven; ZGR 2000, 537 - 549
Hüttche, Tobias: International Accounting Standards in Deutschland – Aufbruchsstimmung oder Abschiedsschmerz?; RIW 1996, 1018 - 1025
—: IAS für den Mittelstand: light, little oder gar nicht?; BB 2002, 1804 - 1806
Hüttemann, Rainer: BB-Gesetzgebungsreport: Internationalisierung des deutschen Handelsbilanzrechts im Entwurf des Bilanzrechtsreformgesetzes; BB 2004, 203 - 209
Icking, Jan: Die Rechtsnatur der Handelsbilanz: zugleich ein Beitrag zur Abgrenzung von öffentlichem und privatem Recht; Bochum, Univ., Diss., 1998/99; Berlin 2000

Institut der Wirtschaftsprüfer: IDW Stellungnahme: Vorschlag der EU-Kommission für eine Verordnung des Europäischen Parlaments und des Rates über die Anwendung internationaler Rechnungslegungsgrundsätze; WPg 2001, 664 - 668

—: IDW Stellungnahme: EU-Verordnung zur Anwendung internationaler Rechnungslegungsstandards;Vorschlag für eine Richtlinie zur Änderung der EU-Bilanzrichtlinien; Empfehlungen der EU-Kommission zur Unabhängigkeit des Abschlussprüfers; WPg 2002, 983 - 990

—: IDW Stellungnahme zum Entwurf Rahmenkonzept des DRSC vom 10.01.2003; abrufbar unter: www.standardsetter.de/drsc/docs/comments/framework/idw.pdf

International Accounting Standards Board (Hrsg.): International Accounting Standards 2002 (Deutsche Ausgabe); Stuttgart 2002

International Accounting Standards Board (Hrsg.): International Financial Reporting Standards (IFRSs) 2004; London 2004 (zit.: IFRS 2004, S.)

International Accounting Standards Committee: Internationaler Rechnungslegungsgrundsatz des International Accounting Standards Committee IAS 11: Zur Bilanzierung von Fertigungsaufträgen (construction contracts); WPg 1979, 446 - 452

Joost, Detlev: Grundlagen und Rechtsfolgen der Kapitalerhaltungsregeln im Aktienrecht; ZHR 149 (1985), 419 - 443

—: Kapitalsicherung einmal anders – Eine Kritik der Privilegierung des Gewinnempfangs –, in: Schneider, Uwe H. u.a. (Hrsg.); Deutsches und europäisches Gesellschafts-, Konzern- und Kapitalmarktrecht, Festschrift Lutter; Köln 2000; S. 473 - 482

Kahle, Holger: Bilanzierung der langfristigen Auftragsfertigung nach HGB und US-GAAP – Zugleich ein Beitrag zur Fortentwicklung der Rechnungslegung –; StuB 2001, 1201 - 1210

—: Informationsversorgung des Kapitalmarkts über internationale Rechnungslegungsstandards; KoR 2002, 95 - 107

—: Bilanzieller Gläubigerschutz und internationale Rechnungslegungsstandards; ZfB 2002, 695 - 711

—: Zur Zukunft der Rechnungslegung in Deutschland: IAS im Einzel- und Konzernabschluss?; WPg 2003, 262 - 275

Keitz, Isabel von: Immaterielle Güter in der internationalen Rechnungslegung: Grundsätze für den Ansatz von immateriellen Gütern in Deutschland im Vergleich zu den Grundsätzen in den USA und nach IASC; Münster, Univ., Diss., 1996; Düsseldorf 1997

—: Praxis der IASB-Rechnungslegung: Derzeit (noch) uneinheitlich und HGB-orientiert; DB 2003, 1801 - 1806

Kessler, Harald: Die Wahrheit über das Vorsichtsprinzip?! – Zugleich eine Stellungnahme zum Beitrag von Weber-Grellet, DB 1996 S. 2089 –; DB 1997, 1 - 7
Keßler, Jürgen: Die Durchgriffshaftung der GmbH-Gesellschafter wegen „existenzgefährdender" Eingriffe – Zur dogmatischen Konzeption des Gläubigerschutzes in der GmbH; Besprechung der Entscheidung BGH v. 24. 6. 2002 – II ZR 300/00 – „KBV", GmbHR 2002, 902 mit Komm. *Schröder*; GmbHR 2002, 945 - 951
Kirchhof, Paul: Gesetzgebung und private Regelsetzung als Geltungsgrund für Rechnungslegungspflichten?; ZGR 2000, 681 - 692
Kirsch, Hans-Jürgen: Vom Bilanzrichtlinien-Gesetz zum Transparenz- und Publizitätsgesetz – die Entwicklung der deutschen Bilanzierungsnormen in den vergangenen 20 Jahren –; WPg 2002, 743 - 755
—: Zur Frage der Umsetzung der Mitgliedsstaatenwahlrechte der EU-Verordnung zur Anwendung der IAS/IFRS; WPg 2003, 275 - 278
—: Gestaltungspotentiale durch verdeckte Bilanzierungswahlrechte nach IAS/IFRS; BB 2003, 1111 - 1116
Kleiber, Wolfgang/Simon, Jürgen/Weyers, Gustav: Verkehrswertermittlung von Grundstücken: Kommentar und Handbuch zur Ermittlung von Verkehrs-, Versicherungs- und Beleihungswerten unter Berücksichtigung von WertV und BauGB; 4. Auflage; Köln 2002
Kleindiek, Detlef: Geschäftsleitertätigkeit und Geschäftsleitungskontrolle: Treuhänderische Vermögensverwaltung und Rechnungslegung; ZGR 1998, 466 - 489
—: Neue Goodwill-Bilanzierung nach US-GAAP und europäisches Bilanzrecht – Stellungnahme zum E-DRS 1 a; BB 2001, 2572 - 2577
Kley, Karl-Ludwig: Die Fair-Value-Bilanzierung in der Rechnungslegung nach den International Accounting Standards (IAS); DB 2001, 2257 - 2262
Knobbe-Keuk, Brigitte: Bilanz- und Unternehmenssteuerrecht; 9. Auflage; Köln 1993
Kommission der EG (nicht nach Amtsbl. EG zitiert): Vorschlag einer Verordnung des Europäischen Parlaments und des Rates zur Änderung der Richtlinien 78/660/EWG und 83/349/EWG im Hinblick auf die im Jahresabschluß bzw. im konsolidierten Abschluß von Gesellschaften bestimmter Rechtsformen zulässigen Wertansätze; KOM (2000) 80
—: Vorschlag für eine Verordnung des Europäischen Parlaments und des Rates betreffend die Anwendung internationaler Rechnungslegungsgrundsätze; KOM (2001) 80
—: Pressemitteilung der Kommission vom 13.2.2001 (Börsennotierte Unternehmen sollen ab 2005 die internationalen Rechnungslegungsgrundsätze anwen-

den); abrufbar unter: http://europa.eu.int/comm/internal_market/en/company/account/news/iasfaq.htm).

—: Vorschlag für eine Richtlinie des Europäischen Parlaments und des Rates zur Änderung der Richtlinien 78/660/EWG, 83/349/EWG- und 91/674/EWG über den Jahresabschluss und den konsolidierten Abschluss von Gesellschaften bestimmter Rechtsformen sowie Versicherungsunternehmen; KOM (2002) 259/2

Konrath, Norbert: Weichenstellung für eine Europäische Rechnungslegung von Versicherungsunternehmen; VersWirtsch 1987, 1494 - 1508

Krawitz, Norbert: Die bilanzielle Behandlung der langfristigen Auftragsfertigung und Reformüberlegungen unter Berücksichtigung internationaler Entwicklungen; DStR 1997, 886 - 894

Krohn, Günter/Löwisch, Gottfried: Eigentumsgarantie, Enteignung, Entschädigung; 3. Auflage; Köln 1984

Kropff, Bruno: Zur Wirksamkeit bilanzpolitisch motivierter Rechtsgeschäfte; ZGR 1993, 41 - 62

—: Vorsichtsprinzip und Wahlrechte, in: Fischer, Thomas R./Hömberg, Reinhold (Hrsg.); Jahresabschluß und Jahresabschlußprüfung – Probleme, Perspektiven und internationale Einflüsse –, Festschrift Baetge; Düsseldorf 1997; S. 65 - 95

Kropff, Bruno/Semler, Johannes (Hrsg.): Münchener Kommentar zum Aktiengesetz; Band I, §§ 1 - 53; Band II, §§ 53 a - 75; Band V/1 (Bilanzrecht: §§ 150, 161, 170 - 176 AktG; §§ 238 - 264 HGB; im Erscheinen); 2. Auflage (des Geßler/Hefermehl/Eckardt/Kropff, Aktiengesetz); München 2000, 2003

Kübler, Friedrich: Aktie, Unternehmensfinanzierung und Kapitalmarkt; Köln 1989 (zit.: *Kübler*, Aktie, S.)

—: Institutioneller Gläubigerschutz oder Kapitalmarkttransparenz; ZHR 159 (1995), 550 - 566

—: Vorsichtsprinzip versus Kapitalmarktinformation – Bilanzprobleme aus der Perspektive der Gesellschaftsrechtsvergleichung –, in: Förschle, Gerhart/Kaiser, Kaiser/Moxter, Adolf (Hrsg.); Rechenschaftslegung im Wandel, Festschrift Budde; München 1995; S. 361 - 375

—: Gesellschaftsrecht: die privatrechtlichen Ordnungsstrukturen und Regelungsprobleme von Verbänden und Unternehmen; ein Lehrbuch; 5. Auflage; Heidelberg 1998 (zit.: *Kübler*, S.)

—: Unternehmensfinanzierung und gesetzliches Garantiekapital in Europa: Einführung; AG 1998, 345 - 345

—: Fragen und Wünsche des Gesellschafts- und Kapitalmarktrechts an das Recht der Rechnungslegung; ZGR 2000, 550 - 564

Küffner, Peter/Hock, Burkhard: Internalisierung der Rechnungslegung aus der Sicht mittelständischer Unternehmen; BFuP 1998, 57 - 76

Kümpel, Thomas: Gewinnrealisierung bei langfristiger Fertigung nach deutscher und US-amerikanischer Rechnungslegung : unter besonderer Berücksichtigung internationaler Entwicklungen; Duisburg, Univ., Diss., 1999; Lohmar, Köln 2000

Kuntschik, Nina: Steuerliche Gewinnermittlung und IAS/IFRS am Beispiel immaterieller Vermögenswerte – Insbesondere Forschungs- und Entwicklungskosten und Geschäftswerte; Köln, Univ., Diss., 2004; Frankfurt am Main 2004

Kupsch, Peter: Zum Verhältnis von Einzelbewertungsgrundsatz und Imparitätsprinzip, in: Moxter, Adolf u.a. (Hrsg.); Rechnungslegung: Entwicklungen bei der Bilanzierung und Prüfung von Kapitalgesellschaften, Festschrift Forster; Düsseldorf 1992; S. 339 - 357

Küting, Karlheinz: Bilanzierung und Bilanzanalyse am Neuen Markt: Wege zur umfassenden Bilanzanalyse; Stuttgart 2001

Küting, Karlheinz/Dawo, Sascha: Anwendungsfälle der fair value-Bewertung bei nicht finanziellen Vermögenswerten im Rahmen der International Financial Reporting Standards (IFRS); KoR 2003, 228 - 241

Küting, Karlheinz/Dawo, Sascha/Heiden, Matthias: Rechnungslegung und Wirtschaftsprüfung im Internet-Zeitalter; BB 2001, 615 - 620

Küting, Karlheinz/Hayn, Sven: Wesentliche Unterschiede der Rechnungslegung in Großbritannien und Deutschland; ZGR 1995, 111 - 133

Küting, Karlheinz/Pilhofer, Jochen/Kirchhof, Jürgen: Die Bilanzierung von Software aus der Sicht des Herstellers nach US-GAAP und IAS; WPg 2002, 73 - 85

Küting, Karlheinz/Ulrich, Andreas: Abbildung und Steuerung immaterieller Vermögensgegenstände (Teil 1) – Werttreiber im normativen Zwangskorsett; DStR 2001, 953 - 960

Küting, Karlheinz/Weber, Claus-Peter (Hrsg.): Handbuch der Rechnungslegung: Einzelabschluss, Kommentar zur Bilanzierung und Prüfung; Band Ia; 4. Auflage; Stuttgart 1995; 5. Auflage; Loseblatt, Stand: November 2002; Stuttgart

Küting, Karlheinz/Zwirner, Christian: Bilanzierung und Bewertung bei Film- und Medienunternehmen des Neuen Marktes; FB 2001, Beil. 3, 1 - 38

Langecker, Alexander/Mühlberger, Melanie: Bilanzierung immaterieller Vermögenswerte nach E-DRS 14 – Darstellung und kritische Beurteilung –; StuB 2002, 334 - 340

Leffson, Ulrich: Die Grundsätze ordnungsmäßiger Buchführung; 7. Auflage; Düsseldorf 1987

Leffson, Ulrich/Großfeld, Bernhard/Rückle, Dieter (Hrsg.): Handwörterbuch unbestimmter Rechtsbegriffe im Bilanzrecht des HGB; Köln 1986 (zit.: *Bearbeiter*, in: HURB, S.)

Lehmann, Michael: Das Privileg der beschränkten Haftung und der Durchgriff im Gesellschafts- und Konzernrecht: Eine juristische und ökonomische Analyse; ZGR 1986, 345 - 370

Leibfried, Peter/Pfanzelt, Stefan: Praxis der Bilanzierung von Forschungs- und Entwicklungskosten gemäß IAS/IFRS – Eine empirische Untersuchung deutscher Unternehmen –; KoR 2004, 491 - 497

Leonardi, Hildegard: HGB oder IAS / US-GAAP? Sinnvolle Rechnungslegung aus wirtschaftswissenschaftlicher Sicht; ZfgK 1998, 167 - 169

Leplow, Claas: Das Wertaufholungsgebot in der Handels- und Steuerbilanz; Osnabrück, Univ., Diss., 2001; Köln 2002

Limbach, Jutta: Die beschränkte Haftung in Theorie und Wirklichkeit; GmbHR 1967, 71 - 75

Löhr, Dirk: IAS (IFRS) versus HGB – Ein einzelwirtschaftspolitischer Paradigmenwechsel als Fortschritt?; StuB 2003, 643 - 651

Lorchheim, Ulrich: Die Zuverlässigkeit als grundlegende qualitative Eigenschaft von Jahresabschlüssen nach den International Accounting Standards; RIW 1997, 124 - 133

Lutter, Marcus: Kapital, Sicherung der Kapitalaufbringung und der Kapitalerhaltung in den Aktien- und GmbH-Rechten der EWG; Karlsruhe 1964 (zit.: *Lutter*, Kapital, S.)

—: Vom formellen Mindestkapital zu materiellen Finanzierungsregeln im Recht der Kapitalgesellschaften, in: Jayme, Erik u.a. (Hrsg.); IUS INTER NATIONES, Festschrift Riesenfeld; Heidelberg 1983; S. 165 - 185

—: Die Auslegung angeglichenen Rechts; JZ 1992, 593 - 607

—: Europäisches Unternehmensrecht: Grundlagen, Stand und Entwicklung nebst Texten und Materialien zur Rechtsangleichung; 4. Auflage; Berlin, New York 1996 (zit.: *Lutter*, Europäisches Unternehmensrecht, S.)

—: Gesetzliches Garantiekapital als Problem europäischer und deutscher Rechtspolitik; AG 1998, 375 - 377

—: „Überseering" und die Folgen; BB 2003, 7 - 10

Lutter, Marcus/Hommelhoff, Peter: GmbH-Gesetz Kommentar; 16. Auflage; Köln 2004 (zit.: *Bearbeiter*, in: Lutter/Hommelhoff, GmbHG, §, Rn.)

Lutz, Günter: Der Vermögensgegenstand – ein Abbild der Gewinnerwartung, in: IDW (Hrsg.); Neuorientierung der Rechnungslegung; Düsseldorf 1995; S. 81 - 100

Mandler, Udo: IAS-Wahlrecht versus Pflichtanwendung – Die IAS im Mittelstand aus empirischer Sicht; StuB 2003, 582 - 586

Menninger, Jutta: Die Abbildung von Financial Futures im Jahresabschluß – Ein Beitrag zu den fundamentalen Ansatz- und Bewertungsprinzipien; RIW 1994, 43 - 55
Merkt, Hanno: US-amerikanisches Gesellschaftsrecht; Heidelberg 1991
—: Zum Verhältnis von Kapitalmarktrecht und Gesellschaftsrecht in der Diskussion um die Corporate Governance; AG 2003, 126 - 126
Meyer, Justus: Haftungsbeschränkung im Recht der Handelsgesellschaften; Berlin, Heidelberg u.a. 2000
Meyer, Claus/Meisenbacher, Michaela: Bilanzpolitik auf der Basis der IAS/IFRS, insbesondere in Zeiten der Krise; DStR 2004, 567 - 572
Meyer-Landrut, Joachim/Miller, F. Georg/Niehus, Rudolf J.: Gesetz betreffend die Gesellschaften mit beschränkter Haftung (GmbH) einschließlich Rechnungslegung zum Einzel- sowie zum Konzernabschluß; Berlin, New York 1987 (zit.: *Bearbeiter*, in: Meyer-Landrut u.a., GmbHG, §, Rn.)
Michalski, Lutz (Hrsg.): Kommentar zum Gesetz über die Gesellschaften mit beschränkter Haftung (GmbH-Gesetz); Bd. 1: §§ 1 - 34 GmbHG; Bd. 2: §§ 35 - 86 GmbHG; München 2002
Mödl, Robert: Pflichten des einzigen Gesellschafters gegenüber „seiner" GmbH – BGHZ 149, 10; JuS 2003, 14 - 17
Moxter, Adolf: Aktivierungsgrenzen bei „immateriellen Anlagewerten"; BB 1978, 821 - 825
—: Die Jahresabschlußaufgaben nach der EG-Bilanzrichtlinie: Zur Auslegung von Art. 2 EG-Bilanzrichtlinie; AG 1979, 141 - 146
—: Immaterielle Anlagewerte im neuen Bilanzrecht; BB 1979, 1102 - 1109
—: Das Realisationsprinzip – 1884 und heute; BB 1984, 1780 - 1786
—: Zum neuen Bilanzrechtsentwurf; BB 1985, 1101 - 1103
—: Selbständige Bewertbarkeit als Aktivierungsvoraussetzung; BB 1987, 1846 - 1851
—: Zum Sinn und Zweck des handelsrechtlichen Jahresabschlusses nach neuem Recht, in: Havermann, Hans (Hrsg.); Bilanz- und Konzernrecht, Festschrift Goerdeler; Düsseldorf 1987; S. 361 - 374
—: Grundwertungen in Bilanzrechtsordnungen – ein Vergleich von überkommenem deutschen Bilanzrecht und Jahresabschlußrichtlinie, in: Wolfgang Dieter Budde u.a. (Hrsg.); Handelsbilanzen und Steuerbilanzen, Festschrift Beisse; Düsseldorf 1997; S. 347 - 361
—: Bilanzrechtsprechung; 5. Auflage; Tübingen 1999
—: Rückstellungen nach IAS: Abweichungen vom geltenden deutschen Bilanzrecht; BB 1999, 519 - 525
—: Missverständnisse um das Maßgeblichkeitsprinzip; DStZ 2000, 157 - 161

—: Die Zukunft der Rechnungslegung? – Anmerkungen zu den Thesen eines Arbeitskreises der Schmalenbach-Gesellschaft –; DB 2001, 605 - 607
Müller, Stefan/Wulf, Inge: Jahresabschlusspolitik nach HGB, IAS und US-GAAP; BB 2001, 2206 - 2213
Müller, Welf: Der Verlust der Hälfte des Grund- oder Stammkapitals – Überlegungen zu den §§ 92 Abs. 1 AktG und 49 Abs. 3 GmbHG; ZGR 1985, 191 - 213
Niehus, Rudolf J.: „Auch für Einzelabschlüsse gelten grundsätzlich die IAS"? – Ein Beitrag zu den (möglichen) Grenzen einer „Internationalisierung" der Rechnungslegung im Einzelabschluss –; WPg 2001, 737 - 752
Oestreicher, Andreas/Spengel, Christoph: Anwendung von IAS in der EU – Zukunft des Maßgeblichkeitsprinzips und Steuerbelastung; RIW 2001, 889 - 902
Ordelheide, Dieter: Kaufmännischer Periodengewinn als ökonomischer Gewinn – Zur Unsicherheitsrepräsentation bei der Konzeption von Erfolgsgrößen –, in: Domsch, Michel/Eisenführ, Franz/Ordelheide, Dieter/Perlitz, Manfred (Hrsg.); Unternehmenserfolg: Planung – Ermittlung – Kontrolle, Festschrift Busse von Colbe; Wiesbaden 1988; S. 275 - 302
Palandt, Otto (Begr.): Bürgerliches Gesetzbuch (Hauptband); 64. Auflage; München 2005
Peemöller, Volker H./Spanier, Günter/Weller, Heino: Internationalisierung der externen Rechnungslegung: Auswirkungen auf nicht kapitalmarktorientierte Unternehmen; BB 2002, 1799 - 1803
Pellens, Bernhard: Internationale Rechnungslegung; 4. Auflage; Stuttgart 2001
—: WPg-Sonderheft 2001, 101– 104 (ohne Titel)
Pellens, Bernhard/Fülbier, Rolf Uwe: Ansätze zur Erfassung immaterieller Werte in der kapitalmarktorientierten Rechnungslegung, in: Baetge, Jörg (Hrsg.); Zur Rechnungslegung nach International Accounting Standards (IAS); Düsseldorf 2000; S. 35 - 77
—: Differenzierung der Rechnungslegungsregulierung nach Börsenzulassung; ZGR 2000, 572 - 593
Pellens, Bernhard/Gassen, Joachim: EU-Verordnungsentwurf zur IAS-Konzernrechnungslegung – Gestaltungsmöglichkeiten des deutschen Gesetzgebers –; KoR 2001, 137 - 142
Raiser, Thomas: Recht der Kapitalgesellschaften; 3. Auflage; München 2001
—: Die Haftungsbeschränkung ist kein Wesensmerkmal der juristischen Person, in: Schneider, Uwe H. u.a. (Hrsg.); Deutsches und europäisches Gesellschafts-, Konzern- und Kapitalmarktrecht, Festschrift Lutter; Köln 2000; S. 637 - 650

Ranker, Daniel/Wohlgemuth, Frank/Zwirner, Christian: Die Bedeutung immaterieller Vermögenswerte bei Unternehmen des Neuen Marktes und daraus resultierende Implikationen für eine kapitalmarktorientierte Berichterstattung; KoR 2001, 269 - 279

Regierungskommission Deutscher Corporate Governance Kodex: Deutscher Corporate Governance Kodex; AG 2002, 236 - 239

Reichs-Justizamt: Entwurf eines Handelsgesetzbuchs mit Ausschluß des Seehandelsrechts nebst Denkschrift; Berlin 1896

Reinhart, Alexander: Bilanzierung langfristiger Fertigungsaufträge nach IAS und HGB; RIW 1999, 417 - 421

Röhricht, Volker: Die GmbH im Spannungsfeld zwischen wirtschaftlicher Dispositionsfreiheit ihrer Gesellschafter und Gläubigerschutz, in: Geiß, Karlmann u.a. (Hrsg.); Festschrift aus Anlaß des fünfzigjährigen Bestehens von Bundesgerichtshof, Bundesanwaltschaft und Rechtsanwaltschaft beim Bundesgerichtshof; Köln, Berlin u.a. 2000; S. 83 - 122

Roth, Günter H.: GmbH und AG: Versuch einer Neuorientierung, in: Roth, Günter H. (Hrsg.); Das System der Kapitalgesellschaften im Umbruch – ein internationaler Vergleich; Köln 1990; S. 1 - 25

—: Kommentar, in: Ott, Claus/Schäfer, Hans-Bernd (Hrsg.); Ökonomische Probleme des Zivilrechts: Beiträge zum 2. Travemünder Symposium zur ökonomischen Analyse des Rechts, 21. - 24. März 1990; Berlin, Heidelberg u.a. 1991; S. 226 - 233

—: Grundsätze einer kapitalmarktorientierten Rechnungslegung; ÖBA 2000, 193 - 199

Roth, Günter H./Altmeppen, Holger: Gesetz betreffend die Gesellschaften mit beschränkter Haftung (GmbHG); 4. Auflage; München 2003

Scheffler, Eberhard: Neue Entwicklungen auf dem Gebiet der Rechnungslegung, in: Freidank, Carl-Christian (Hrsg.); Die deutsche Rechnungslegung und Wirtschaftsprüfung im Umbruch, Festschrift Strobel; München 2001; S. 3 - 28

Schellhorn, Mathias/Weichert, Sven: Ansatz und Bewertung von Forschungs- und Entwicklungskosten nach IAS 38 im Vergleich zu IAS 9; DStR 2001, 865 - 868

Schildbach, Thomas: Internationale Rechnungslegungsstandards auch für deutsche Einzelabschlüsse?, in: Ballwieser, Wolfgang u.a. (Hrsg.); Bilanzrecht und Kapitalmarkt, Festschrift Moxter; Düsseldorf 1994; S. 699 - 721

—: Rechnungslegungsideale, Bilanzkulturen, Harmonisierung und internationaler Wettbewerb; BB 1995, 2635 - 2643

—: Zeitwertbilanzierung in USA und nach IAS; BFuP 1998, 580 - 592

—: Öffnung der Jahresabschlüsse für IAS und US-GAAP – ein Fortschritt?; StuB 1999, 421 - 428
—: Die Zukunft der deutschen Rechnungslegung; StuB 2001, 857 - 862
—: IAS als Rechnungslegungsstandards für alle; BFuP 2002, 263 - 278
Schlegelberger, Franz (Begr.): Handelsgesetzbuch; 1. Band §§ 1 - 47a; 5. Auflage; München 1973
Schmidt, Karsten: Anmerkung zu BGH, Urt. v. 12. 7. 1982 – II ZR 201/81, NJW 1982, 2500; NJW 1982, 2501 - 2502
—: Die Eigenkapitalausstattung der Unternehmen als rechtspolitisches Problem; JZ 1984, 771 - 786
derselbe (Hrsg.): Münchener Kommentar zum Handelsgesetzbuch; Bd. 3 Zweites Buch, zweiter und dritter Abschnitt – Handelsgesellschaften und stille Gesellschaft: §§ 161 - 237 HGB, Konzernrecht; München 2002
Bd. 4 Drittes Buch – Handelsbücher: §§ 238 - 342 a HGB; München 2001
—: Gesellschaftsrecht; 4. Auflage; Köln, Berlin, Bonn, München 2002
Schmidt, Ludwig (Hrsg.): Einkommenssteuergesetz: Kommentar; 21. Auflage; München 2002
Scholz, Franz (Begr.): Kommentar zum GmbH-Gesetz mit Anhang Konzernrecht; I. Band, §§ 1 - 44, Anh. Konzernrecht; II. Band, §§ 45 - 87; 9. Auflage; Köln 2000, 2002
Schön, Wolfgang: Die Steuerbilanz zwischen Handelsrecht und Grundgesetz; StuW 1995, 366 - 377
—: Entwicklungen und Perspektiven des Handelsbilanzrechts: vom ADHGB zum IASC; ZHR 161 (1997), 133 - 159
—: Deutsches Konzernprivileg und europäischer Kapitalschutz, in: Forster, Karl-Heinz u.a. (Hrsg.); Aktien und Bilanzrecht, Festschrift Kropff; Düsseldorf 1997; S. 285 - 300
—: Gesellschafter-, Gläubiger- und Anlegerschutz im Europäischen Bilanzrecht; ZGR 2000, 705 - 742
—: Internationalisierung der Rechnungslegung und Gläubigerschutz; WPg-Sonderheft 2001, 74 - 79
—: Wer schützt den Kapitalschutz?; ZHR 166 (2002), 1 - 5
—: Die Zukunft der Kapitalaufbringung/-erhaltung; Der Konzern 2004, 162 - 170
Schröer, Thomas: Das Realisationsprinzip in Deutschland und Großbritannien: eine systematische Untersuchung und ihre Anwendung auf langfristige Fertigung und Währungsumrechnung; Frankfurt (Main), Univ., Diss., 1998; Frankfurt am Main, Berlin, u.a. 1998

Schruff, Lothar: Entwicklungen der 4. EG-Richtlinie (Bilanzrichtlinie): synoptische Darstellung der Bilanzrichtlinie unter Berücksichtigung der Vorfassungen; mit amtlichen Begründungen und weiteren Materialien; Düsseldorf 1986

Schruff, Wienand: Die internationale Vereinheitlichung der Rechnungslegung nach den Vorschlägen des IASC – Gefahr oder Chance für die deutsche Bilanzierung? –; BFuP 1993, 400 - 426

Schulze-Osterloh, Joachim: Die Rechnungslegung der GmbH als Spiegelbild sich wandelnder Bilanzierungsauffassungen und Publizitätsinteressen, in: Lutter, Marcus u.a. (Hrsg.); Festschrift 100 Jahre GmbH-Gesetz; Köln 1992; S. 501 - 520

—: Fortentwicklung der Rechnungslegung auf Kosten gesellschaftsrechtlicher Kapitalschutzmechanismen, in: IDW (Hrsg.); Neuorientierung der Rechnungslegung, Bericht über die Fachtagung 1994 des Instituts der Wirtschaftsprüfer e.V., 27. - 28. Oktober 1994 in Stuttgart; Düsseldorf 1995; S. 123 - 139

—: Harmonisierung der Rechnungslegung und Kapitalschutz, in: Schruff, Lothar (Hrsg.); Bilanzrecht unter dem Einfluß internationaler Reformzwänge; Düsseldorf 1996; S. 121 - 134

—: Das deutsche Gesellschaftsrecht im Banne der Globalisierung; ZIP 2001, 1433 - 1440

—: Internationale Rechnungslegung für den Ein-zelabschluß und für Unternehmen, die den öffentlichen Kapitalmarkt in Anspruch nehmen; ZIP 2003, 93 - 101

—: Rückzahlungsbetrag und Abzinsung von Rückstellungen und Verbindlichkeiten – Überlegungen zur Reform des HGB-Bilanzrechts; BB 2003, 351 - 355

—: Internationalisierung der Rechnungslegung und ihre Auswirkungen auf die Grundprinzipien des deutschen Rechts; Der Konzern 2004, 173 - 177

—: Vorschläge für ein Bilanzrechtsmodernisierungsgesetz; ZIP 2004, 1128 - 1137

Schuppert, Gunnar Folke/Bumke, Christian: Verfassungsrechtliche Grenzen privater Standardsetzung – Vorüberlegungen zu einer Theorie der Wahl rechtlicher Regelungsformen (Regulatory Choice), in: Kleindiek, Detlef/Oehler, Wolfgang (Hrsg.); Die Zukunft des deutschen Bilanzrechts im Zeichen internationaler Rechnungslegung und privater Standardsetzung; Köln 2000; S. 71 - 126

Selchert, Friedrich W.: Das Realisationsprinzip – Teilgewinnrealisierung bei langfristiger Auftragsfertigung; DB 1990, 797 - 805

Selchert, Friedrich W./Lorchheim, Ulrich: Teilgewinnrealisierung bei langfristiger Auftragsfertigung: Regelung nach IAS 11 und ihre Kompatibilität mit den deutschen Rechnungslegungsvorschriften; München, Wien 1998

Siegel, Theodor: Methamorphosen des Realisationsprinzips?, in: Moxter, Adolf u.a. (Hrsg.); Rechnungslegung: Entwicklungen bei der Bilanzierung und Prüfung von Kapitalgesellschaften, Festschrift Forster; Düsseldorf 1992; S. 585 - 605

—: Mangelnde Ernsthaftigkeit des Gläubigerschutzes als offene Flanke der deutschen Rechnungslegungsvorschriften, in: Fischer, Thomas R./Hömberg, Reinhold (Hrsg.); Jahresabschluß und Jahresabschlussprüfung – Probleme, Perspektiven, internationale Einflüsse –, Festschrift Baetge; Düsseldorf 1997; S. 117 - 150

—: Zeitwertbilanzierung für das deutsche Recht ?; BFuP 1998, 593 - 603

Siegel,Theodor/Bareis, Peter: Der „negative Geschäftswert“ – eine Schimäre als Steuersparmodell; BB 1993, 1477 - 1485

Siegel, Theodor/Bareis, Peter/Rückle, Dieter/Schneider, Dieter/Sigloch, Jochen/ Streim, Hannes/ Wagner, Franz W.: Stille Reserven und aktienrechtliche Informationspflichten; ZIP 1999, 2077 - 2085 (*Siegel et al.*, ZIP 1999, 2077, S.)

Simon, Jürgen/Kleiber, Wolfgang: Schätzung und Ermittlung von Grundstückswerten; 7. Auflage; Neuwied 1996 (zit.: *Simon/Kleiber*, Schätzung, Rn.)

Sprissler, Wolfgang: Gläubigerschutz durch Kapitalerhaltung?, in: IDW (Hrsg.); Kapitalmarktorientierte Unternehmensüberwachung – Chancen und Risiken; Düsseldorf 2001; S. 85 - 104

Staub, Hermann: Kommentar zum Gesetz betreffend die Gesellschaften mit beschränkter Haftung; Berlin 1903

derselbe (Begr.): Großkommentar zum Handelsgesetzbuch; Erster Band, §§ 1 - 104; 3. Auflage; Berlin 1967

Steiner, Manfred/Tebroke, Hermann-Josef/Wallmeier, Martin: Konzepte der Rechnungslegung für Finanzderivate; WPg 1995, 533 - 551

Stewing, Clemens: Bilanzierung bei langfristiger Auftragsfertigung; BB 1990, 100 - 106

Stimpel, Walter: „Durchgriffshaftung“ bei der GmbH: Tatbestände, Verlustausgleich, Ausfallhaftung, in: Havermann, Hans (Hrsg.); Bilanz- und Konzernrecht, Festschrift für Goerdeler; Düsseldorf 1987; S. 601 - 621

Streim, Hannes/Esser, Maik: Rechnungslegung nach IAS/IFRS – Ein geeignetes Instrument zur Zahlungsbemessung?: Ansatzfragen; StuB 2003, 736 - 742

Strobl, Elisabeth: IASC-Rechungslegung und Gläubigerschutzbestimmungen nach deutschem Recht, in: Ballwieser, Wolfgang/Moxter, Adolf/Nonnenmacher, Rolf (Hrsg.); Rechnungslegung – Warum und Wie, Festschrift Clemm; München 1996; S. 389 – 412

Strobl-Haarmann, Elisabeth: Zur Notwendigkeit eines einheitlichen europäischen Bilanzrechts, in: Breuninger, Gottfried E./Müller, Welf/Strobl-Haarmann, Elisabeth (Hrsg.); Steuerrecht und europäische Integration, Festschrift Rädler; München 1999; S. 607 - 637

Tanski, Joachim S.: Bilanzpolitische Spielräume in den IFRS; DStR 2004, 1843 - 1847

Theile, Carsten: Kapitalmarktorientierte Rechnungslegung auch für die GmbH zwingend? Zu den Auswirkungen des DRSC-Gesetzentwurfs „Zur Internationalisierung der Rechnungslegung“ vom 6.7.2001 und dem EU-Verordnungsvorschlag vom 13.2.2001 auf die Rechnungslegung der GmbH (& Co. KG); GmbHR 2001, 892 - 898

Thiel, Jochen: Bilanzrecht: Handelsbilanz, Steuerbilanz; 4. Auflage; Heidelberg 1990

Tschesche, Frank R.: IAS-Konzernabschlüsse: Möglichkeiten und Grenzen der Internationalisierung des deutschen Konzernbilanzrechts; Heidelberg , Univ., Diss., 2000; Baden-Baden 2000

Ullrich, Christine: Verdeckte Vermögensverlagerungen in den Aktien- und GmbH-Rechten Frankreichs, Belgiens und Deutschlands; Bonn, Univ., Diss., 1992; Köln, Berlin, Bonn, München 1993

Ulmer, Peter: Anmerkung zu BGH, Urt. v. 24. 6. 2002 – II ZR 300/00, JZ 2002, 1047; JZ 2002, 1049 - 1052

Vater, Hendrik: Bilanzierung von Immobilien nach IAS 40 „Immobilienanlagen“; BuW 2002, 535 - 539

Vetter, Jochen: Darlehen der GmbH an ihren Gesellschafter und Erhaltung des Stammkapitals – Zugleich Anmerkung zu BGH, Urteil vom 24.11.2003 – II ZR 171/01, BB 2004, 293; BB 2004, 1509 - 1517

Wagenhofer, Alfred: International Accounting Standards; Bilanzierung und Bewertung; Auswirkungen auf den Jahresabschluß; 3. Auflage; Wien, Frankfurt 2001

Wassermeyer, Franz: Auswirkungen der neueren Rechtsprechung des Großen Senats zum Bilanzsteuerrecht; DB 2001, 1053 - 1057

Watrin, Christoph: Sieben Thesen zur künftigen Regulierung der Rechnungslegung – Anmerkungen zu den Vorschlägen des Arbeitskreises Externe Rechnungslegung der Schmalenbach-Gesellschaft –; DB 2001, 933 - 938

Weber-Grellet, Heinrich: Bilanzrecht im Lichte, Bilanzsteuerrecht im Schatten des EuGH; DB 1996, 2089 - 2092

Wehrheim, Michael: Die Bilanzierung immaterieller Vermögensgegenstände („Intangible Assets“) nach IAS 38; DStR 2000, 86 - 88

Welzel, Hans-Joachim/Oos, Johannes: Zur Problematik der Bewertung von Kapitalanlagen nach dem Vorschlag für einen Richtlinienentwurf über den Jahre-

sabschluß von Versicherungsunternehmen vom 20. Juni 1979; WPg 1981, 463 - 473
Wiedmann, Harald: Die Bewertungseinheit im Handelsrecht, in: Ballwieser, Wolfgang u.a. (Hrsg.); Bilanzrecht und Kapitalmarkt, Festschrift Moxter; Düsseldorf 1994; S. 454 - 482
—: Fair Value in der internationalen Rechnungslegung, in: Lanfermann, Josef (Hrsg.); Internationale Wirtschaftsprüfung, Festschrift Havermann; Düsseldorf 1995; S. 779 - 811
—: Bewertungseinheit und Realisationsprinzip in: IDW (Hrsg.); Neuorientierung der Rechnungslegung; Düsseldorf 1995; S. 101 - 122
—: Bilanzrecht; Kommentar zu den §§ 238-342a HGB; 2. Auflage; München 2003
Wiedemann, Herbert: Gesellschaftsrecht; Bd. 1. Grundlagen; München 1980
—: Entwicklungen im Kapitalgesellschaftsrecht; DB 1993, 141 - 153
—: Reflexionen zur Durchgriffshaftung: Zugleich Besprechung des Urteils BGH WM 2002, 1804 – KBV; ZGR 2003, 283 - 297
Winnefeld, Robert: Bilanzfälschung – eine neue Gefahrenquelle für Organe der Kapitalgesellschaften?; BB 2002, H. 45, Die erste Seite
Woerner, Lothar: Die Gewinnrealisierung bei schwebenden Geschäften – Vollständigkeitsgebot, Vorsichts- und Realisationsprinzip; BB 1988, 769 - 777
Wöhe, Günter: Bilanzierung und Bilanzpolitik: betriebswirtschaftlich, handelsrechtlich, steuerrechtlich; mit einer Einführung in die verrechnungstechnischen Grundlagen; 9. Auflage; München 1997
Wohlgemuth, Michael/Ständer, Ute: Der Bewertungsmaßstab „Herstellungskosten“ nach HGB und IAS – Darstellung der Besonderheiten und kritische Gegenüberstellung –; WPg 2003, 203 - 211
Wollmert, Peter/Achleitner, Ann-Kristin: Konzeptionelle Grundlagen der IAS-Rechnungslegung (Teil I und II); WPg 1997, 209 - 222; 245 - 256
Wulf, Inge: Stille Reserven im Jahresabschluss nach US-GAAP und IAS: Möglichkeiten ihrer Berücksichtigung im Rahmen der Unternehmensanalyse; Oldenburg, Univ., Diss., 2001; Wiesbaden 2001
—: Stille Reserven in der internationalen Rechnungslegung und ihre Quantifizierungsmöglichkeiten; StuB 2001, 1097 - 1106
Wüstemann, Jens: Generally Accepted Accounting Principles – Zur Bedeutung und Systembildung der Rechnungslegungsregeln der USA; Frankfurt (Main), Univ., Diss., 1997; Berlin 1999
Wüstemann, Jens/Duhr, Andreas: Geschäftswertbilanzierung nach dem Exposure Draft ED 3 des IASB – Entobjektivierung auf den Spuren des FASB?; BB 2003, 247 - 253

Wysocki, Klaus von/Schulze-Osterloh, Joachim (Hrsg.): Handbuch des Jahresabschlusses in Einzeldarstellungen; Loseblatt, Stand: 29. Lieferung (Juni 2002); Köln (zit.: *Bearbeiter*, in: HdJ, Abt., Rn.)

Zabel, Martin: IAS zwingend für Konzern- und Einzelabschluss? –Stellungnahme zu Böcking, WPg 2001, S. 1433 ff.; zugleich Plädoyer für eine intensive Diskussion der Vor- und Nachteile kapitalmarktorientierter Rechnungslegungs- und Publizitätsgrundsätze für nicht kapitalmarktorientierte Unternehmen –; WPg 2002, 919 - 928

Zeitler, Franz-Christoph: Rechnungslegung und Rechtsstaat – Übernahme der IAS oder Reform des HGB? –; DB 2003, 1529 - 1534

Zimmermann, Peter/Heller, Robert E.: Der Verkehrswert von Grundstücken: rechtliche Belastungen und ihr Einfluß auf die Wertfindung; 2. Auflage; München 1999

Zöllner, Wolfgang (Hrsg.): Kölner Kommentar zum Aktiengesetz; Bd. 1: §§ 1 - 75 AktG; Bd. 4, 1. Lfg.: Rechnungslegung der Aktiengesellschaft (bearb. von Claussen/Kort); Bd. 6, 2. Lieferung: Konzernrechnungslegung Teil I §§ 290 - 299 HGB unter Einschluß von IAS und US-GAAP (bearb. von Claussen/Scherrer); 2. Auflage; Köln, Berlin u.a. 1988, 1990, 2000

Zwirner, Christian/Ranker, Daniel/Wohlgemuth, Frank: Rechnungslegung am Neuen Markt – Grundlagen, Anforderungen und Auswertung –; StuB 2001, 473 - 483

Einleitung und Fragestellung

Die Einführung der §§ 292 a, 342 HGB durch das Kapitalaufnahmeerleichterungsgesetz (KapAEG) vom 20.4.1998[1] hat der Internationalisierungstendenz der handelsrechtlichen Rechnungslegung eine neue rechtliche Qualität verliehen. In seinem Kern trägt das Gesetz dem Bedürfnis international agierender Unternehmen Rechnung, befreiende Konzernabschlüsse nach „international anerkannten Rechnungslegungsgrundsätzen" (vgl. § 292 a Abs. 2 Nr. 2 lit. a HGB) aufzustellen. Bereits diese von Seiten des Gesetzgebers ausdrücklich für erforderlich befundene Öffnung des Konzernbilanzrechts war nach verbreiteter Ansicht[2] mit einem Paradigmenwechsel für die Ausrichtung des Handelsbilanzrechts verbunden.

A. Die IAS/IFRS-Verordnung: Scheideweg für die europäische Rechnungslegung

Ohne die Tragweite der bereits vollzogenen Hinwendung zu internationalen Rechnungslegungsgrundsätzen zu verkennen, steht das Handelsbilanzrecht aktuell vor noch einschneidenderen Veränderungen[3]: Einerseits verpflichtet nunmehr die Verordnung der Europäischen Gemeinschaft betreffend die Anwendung internationaler Rechnungslegungsstandards vom 19.7.2002 (IAS/IFRS-Verordnung)[4] Kapitalgesellschaften, die dem Recht eines Mitgliedsstaats unterliegen

---

1 BGBl. I S. 707.

2 *Busse von Colbe*, BFuP 1995, 373; *Küting*, S. 130; vgl. ferner *Hommelhoff*, RabelsZ 62 (1998), 381, 385.

3 Vgl. *Arbeitskreis Bilanzrecht der Hochschullehrer Rechtswissenschaft* (Arbeitskreis Bilanzrecht), BB 2002, 2372.

4 Amtsbl. EG vom 11.9.2002 Nr. L 243/1. Flankiert wird die IAS/IFRS-Verordnung durch die Richtlinie 2003/51/EG des Europäischen Parlaments und des Rates vom 18.06.2003, Amtsbl. EG vom 17.7.2003 Nr. L 178/16. Ausweislich ihres 15. Erwägungsgrundes zielt diese sog. EU-Bilanzrechtsmodernisierungsrichtlinie darauf, die bisherigen Konflikte zwischen den Richtlinien 78/660/EWG, 83/349/EWG, 86/635/EWG und 91/674/EWG einerseits sowie den IAS/IFRS andererseits zu beseitigen. Diese Anpassung ist aus Sicht des europäischen Gesetzgebers erfoderlich geworden, da die Richtlinien 78/660/EWG bzw. 83/349/EWG für sämtliche ihrem Anwendungsbereich unterfallenden Unternehmen unabhängig davon weiter maßgeblich sein sollen, ob das jeweilige Unternehmen künftig nach IAS/IFRS bilanziert

und deren Wertpapiere zum Handel an einem geregelten Markt zugelassen sind, für Geschäftsjahre, die am oder nach dem 1.1.2005 beginnen, ihren konsolidierten Abschlüssen die International Accounting Standards/International Financial Reporting Standards (IAS/IFRS) zugrunde zu legen (Art. 4 IAS/IFRS-VO)[5]. Andererseits kommt den von der IAS/IFRS-Verordnung gewährten Mitgliedsstaatenwahlrechten eine noch grundsätzlichere Bedeutung zu. In diesem Zusammenhang ist allerdings weniger an die von Art. 5 lit. b IAS/IFRS-VO eingeräumte Möglichkeit zu denken, auch nicht notierten Unternehmen die Erstellung von Konzernabschlüssen auf Grundlage der IAS/IFRS aufzugeben. Besonderes Gewicht erlangt vielmehr das den Mitgliedsstaaten durch Art. 5 lit. a IAS/IFRS-VO eingeräumte Recht, Kapitalgesellschaften allgemein, d.h. unabhängig davon, ob sie an einem geregelten Markt notiert sind oder nicht, die Anwendung der IAS/IFRS auch für den Einzelabschluss vorzuschreiben oder zu gestatten.

Da die IAS/IFRS-Verordnung unmittelbar geltendes Recht setzt (Art. 249 Abs. 2 EG), besteht hinsichtlich der verpflichtenden Anwendung der IAS/IFRS im konsolidierten Abschluss kapitalmarktorientierter Unternehmen kein Umsetzungsbedarf. Dessen ungeachtet verfügt der nationale Gesetzgeber angesichts der gewährten Mitgliedsstaatenwahlrechte über einen beträchtlichen Gestaltungsfreiraum, der dazu genutzt werden könnte, die externe Rechnungslegung insbesondere von Kapitalgesellschaften von Grund auf neu auszurichten. Zudem bleibt dem handelsrechtlichen Gesetzgeber unbenommen, die Anwendung der IAS/IFRS in diesem Zuge auf alle buchführungspflichtigen Kaufleute zu erstrecken[6]. Zumindest bei vordergründiger Betrachtung hätte selbst dieser Gedanke nicht von vornherein als abwegig erscheinen dürfen[7], schließlich war der Gesetzgeber des Bilanzrichtliniengesetzes (BiRiLiG)[8] noch im Rahmen der Transformation der

oder nicht (vgl. den fünften Erwägungsgrund der EU-Bilanzrechtsmodernisierungsrichtlinie, a.a.O.; siehe auch den Vorschlag der Kommission zur EU-Bilanzrechtsmodernisierungsrichtlinie vom 9.7.2002, KOM (2002)259/2, S. 3 f.).

5 Funktional ersetzt diese Regelung das ohnehin bis zum 31.12.2004 befristete für übergangsweise anwendbar erklärte – Wahlrecht des § 292 a HGB (vgl. Art. 5 KapAEG; zum Verhältnis der IAS/IFRS-VO zu § 292 a HGB siehe *Buchheim/Gröner*, BB 2003, 953 ff.). Die damit verbundenen Implikationen (insbes. Wegfall der Möglichkeit, befreiende Konzernabschlüsse auf Grundlage der US-GAAP anzufertigen) sollen an dieser Stelle allerdings ausgeblendet werden (vgl. dazu nunmehr Art. 58 Abs. 5 EGHGB sowie den Regierungsentwurf zum BilReG, BT-Drs. 15/3419, S. 23).

6 Vgl. *Arbeitskreis Bilanzrecht*, BB 2002, 2372.

7 Ausweislich einer u.a. unter Hochschullehrern durchgeführten Befragung trifft die Aussicht auf einen „umfassenden Systemwechsel" durchaus auf Zustimmung (vgl. *Mandler*, StuB 2003, 582, 585).

8 BGBl. I S. 2355.

4. gesellschaftsrechtlichen Richtlinie darauf bedacht, ein – bezogen auf den Einzelabschluss – einheitliches Rechnungslegungsrecht für Kaufleute sämtlicher Rechtsformen zu kreieren[9].

Darüber hinaus muss der Gesetzgeber gleichsam die in § 5 Abs. 1 Satz 1 EStG verankerte Maßgeblichkeit der handelsrechtlichen Grundsätze ordnungsmäßiger Buchführung (GoB) im Auge behalten. Veränderungen im handelsbilanzrechtlichen Bezugssystem ziehen daher steuerbilanzielle Implikationen nach sich, die wie Änderungen des Steuertarifs auf die Rechtsposition der Steuerpflichtigen durchschlagen[10]. Gemessen an seiner bisherigen Umsetzungspraxis[11] könnte sich der Gesetzgeber daher neuerlich berufen sehen, für eine „steuerneutrale Umsetzung" der europäischen Vorgaben zu sorgen und die handelsbilanzrechtlichen Grundlagen des Einzelabschlusses entsprechend unangetastet zu belassen[12].

Unbesehen dieser steuerbilanzrechtlichen Reibungspunkte schien sich jedenfalls zwischenzeitlich ein grundlegender „Systemwechsel" anzukündigen, der auch das rechtliche Fundament des Einzelabschlusses hätte erfassen können. So hat der Gesetzgeber unlängst – wiederum in einem steuerrechtlichen Kontext – seine Bereitschaft zu tief greifenden Veränderungen signalisiert, indem er das geltende Handelsbilanzrecht insoweit diskreditierte, als es die Globalisierungsbemühungen deutscher Unternehmen störe[13].

Ungeachtet dessen sind die bilanzrechtlichen Weichen inzwischen dahingehend gestellt, dass dem Jahresabschluss auf Grundlage der handelsrechtlichen Gewinnermittlungsregeln jedenfalls vorerst ein exklusiver Funktionsbereich vor-

---

9 Dies hat der Gesetzgeber vor allem durch die Schaffung eines „Allgemeinen Teils" (§§ 242 - 263 HGB) unterstrichen. Aber auch die Gesetzesmaterialien zum BiRiLiG sind durch das Bemühen um möglichst „gleichförmige" bilanzrechtliche Grundlagen gekennzeichnet (vgl. etwa BT-Drs. 10/4268, S. 100 zu den handelsrechtlichen Bewertungsvorschriften; zur Möglichkeit einer „gespaltenen Auslegung" allerdings *Hennrichs*, ZGR 1997, 66, 76 ff.).

10 Vgl. dazu stellv. *Arbeitskreis Bilanzrecht*, BB 2002, 2372, 2379.

11 Neben dem Bestreben, ein einheitliches Rechnungslegungsrecht zu entwerfen, verfolgte der Gesetzgeber des BiRiLiG den aus handelsbilanzrechtlicher Perspektive sachfremden Leitgedanken, die Steuerneutralität der Richtlinientransformation zu gewährleisten (vgl. z.B. BT-Drs. 10/4268, S. 101; siehe dazu auch *Herzig*, WPg 2000, 104, 107).

12 Vgl. dazu die Stellungnahme des IDW zum Entwurf Rahmenkonzept des DRSC vom 10.01. 2003, S. 5 (abrufbar unter www.standardsetter.de/drsc/docs/comments/framework/idw.pdf), wonach „im Zweifelsfall der Steuerneutralität der Vorrang vor einer Anpassung an die IAS zu geben" sei; in diese Richtung auch *Theile*, GmbHR 2001, 892, 897.

13 Vgl. BT-Drucks. 14/265, S. 171: „Sie (sc. die handelsrechtliche Gewinnermittlung) behindert auch die Globalisierungsbemühungen deutscher Unternehmen.".

behalten bleibt[14]. Dabei bleibt freilich ungewiss, ob dieses gesetzgeberische Votum auf Dauer Bestand haben wird. Absehbar erscheint insoweit, dass sich der handelsrechtliche Jahresabschluss im Zuge der fortschreitenden europäischen Gesellschaftsrechtsentwicklung fortwährenden Angriffen ausgesetzt sehen wird. So besehen steht die im Bilanzrechtsreformgesetz (BilReG) vom 4.12.2004[15] getroffene Richtungsentscheidung gewissermaßen *unter Vorbehalt*[16]. Ihre Fundiertheit und Folgerichtigkeit soll die vorliegende Arbeit daher näher beleuchten.

B. Fragestellung

Vor diesem Hintergrund ist diese Arbeit der Frage gewidmet, welche gesellschaftsrechtlichen Implikationen mit einer „befreienden" Anwendung der IAS/IFRS im handelsrechtlichen Einzelabschluss verbunden wären. Während der überwiegende Teil der literarischen Stellungnahmen, die sich mit den gegenwärtigen bilanzrechtlichen Entwicklungen befassen, ein besonderes Augenmerk gerade auf die Zukunft der „Maßgeblichkeit" richten[17], wird die gewachsene Verknüpfung zwischen handelsrechtlicher Gewinnermittlung und gesellschaftsrechtlichen Mechanismen nicht immer hinreichend gewürdigt oder gar gänzlich verdrängt[18]. An dieser Stelle soll daher die Diskussion um die „steuerrechtliche Dimension" der aktuellen Reformbestrebungen nicht weiter angereichert werden, um den Fokus vollständig auf die gesetzlichen Zusammenhänge von Handelsbilanzrecht und Gesellschaftsrecht richten zu können.

In den Mittelpunkt dieser Arbeit soll mithin der Einfluss gerückt werden, den die IAS/IFRS-Rechnungslegung auf das europäische und nationale Kapitalgesellschaftsrecht erlangen könnte, sofern der Gesetzgeber von der derzeitigen Pflicht zur Erstellung eines Einzelabschlusses auf Grundlage der GoB (vgl. §§ 242, 243 Abs. 1 HGB) zugunsten eines IAS/IFRS-konformen Jahresabschlussrechts befreien sollte. Diese Konzentration auf den kapitalgesellschaftsrechtlichen Kontext der Rechnungslegung rechtfertigt sich insbesondere mit Blick auf das durch die

14 Vgl. Regierungsentwurf zum BilReG vom 24.06.2004, BT-Drs. 15/3419, S. 23.

15 BGBl. I S. 3166.

16 Siehe *Arbeitskreis Bilanzrecht*, BB 2004, 546 („Die europäische und die deutsche Diskussion darüber, ob und in welcher Weise in Zukunft ein Kapitalschutzsystem in Verbindung mit einer Bilanzierung nach dem Vorsichtsprinzip aufrechterhalten werden soll, hat gerade erst begonnen."); *Schön*, Der Konzern 2004, 162, 164.

17 Jüngst *Kuntschik*, S. 29 ff.; siehe ferner *Herzig/Bär*, DB 2003, 1 ff.

18 Vgl. die Stellungnahme „Die Zukunft der Rechnungslegung aus Sicht von Wissenschaft und Praxis" des *Arbeitskreises Externe Unternehmensrechnung der Schmalenbach-Gesellschaft für Betriebswirtschaft* (Arbeitskreis Externe Unternehmensrechnung), DB 2001, 160 f.

2. gesellschaftsrechtliche Richtlinie[19] (sog. Kapitalrichtlinie) bereitete europarechtliche Fundament des Kapitalschutzes. Obgleich sich die Kapitalrichtlinie freilich darauf beschränkt, das rechtliche Gerüst von Aktiengesellschaften festzulegen, soll auch das Recht der GmbH in die Betrachtung einbezogen werden, da Aktiengesellschaften und Gesellschaften mit beschränkter Haftung durch die EG-Bilanzrichtlinie weithin identischen handelsbilanzrechtlichen Regelungen unterworfen sind. Darüber hinaus weisen Aktien- und GmbH-Recht in Gestalt des sog. Trennungsprinzips prägende Überschneidungen auf (§ 1 Abs. 1 Satz 2 AktG; § 13 Abs. 2 GmbHG), die die wohl einheitlich zu beantwortende Frage aufwerfen, ob die jeweiligen Gewinnausschüttungs- und Haftungsregeln (§§ 30, 31, GmbHG, §§ 57, 58, 62 AktG) in hergebrachter Form Bestand haben können.

Auf dieser Grundlage soll weiter hergeleitet werden, wie der Gesetzgeber den ihm von europäischer Ebene zugewiesenen Gestaltungsspielraum in Bezug auf den Einzelabschluss möglichst sinnvoll ausfüllen kann.

C. Vorgehensweise

In Kapitel 1 werden zunächst die rechtlichen Grundlagen des europäischen Kapitalgesellschaftsrechts dargestellt. Das Hauptaugenmerk soll in diesem Zusammenhang darauf gerichtet werden, die Schutzfunktion der Kapitalrichtlinie offen zu legen und ihre materielle, d.h. nicht nur gesetzestechnische, Verknüpfung mit der EG-Bilanzrichtlinie transparent zu machen. Weiterhin soll untersucht werden, ob die Kapitalrichtlinie – zumindest implizit – inhaltliche Anforderungen an die Ausgestaltung der europäischen Rechnungslegungsordnung richtet.

Hierauf aufbauend werden in Kapitel 2 mit Blick auf das Trennungsprinzip und das Prinzip der Risikosymmetrie die Aufgaben und die Funktionsfähigkeit des Kapitalschutzsystems sowie seine Durchsetzung durch die Rechtsprechung beleuchtet. In diesem Zusammenhang wird auch auf die geplante Überarbeitung der Kapitalrichtlinie eingegangen.

Im Anschluss hieran sollen in Kapitel 3 die konkreten Verknüpfungspunkte des nationalen Kapitalgesellschaftsrechts mit dem Handelsbilanzrecht sowie die daraus erwachsenden Abhängigkeiten aufgezeigt werden.

Kapitel 4 ist der Frage gewidmet, inwieweit das Handelsbilanzrecht als Bezugssystem des gesellschaftsrechtlichen Kapitalschutzes den – impliziten – Anforderungen Rechnung trägt, die in den Kerngedanken der Kapitalrichtlinie zum Ausdruck kommen. Vor diesem Hintergrund wird anhand „tragender GoB“ die

---

19 Zweite Richtlinie des Rates vom 13. 12. 1976, Amtsbl. EG vom 31. 1. 1977 Nr. L 26/1.

vermittels der Ausschüttungsbemessungsfunktion auf das Verhältnis von Unternehmensgläubigern und Unternehmenseignern einstrahlende Risikoverteilungsstruktur des Handelsbilanzrechts analysiert.

Daran anschließend werden in Kapitel 5 die zentralen Abweichungen der IAS/IFRS zum Handelsbilanzrecht ausgelotet und jeweils untersucht, wie diese Divergenzen auf die gesellschaftsrechtliche Risikoverteilung zwischen Gläubigern und Unternehmenseignern einwirken würden, falls den IAS/IFRS Ausschüttungsbemessungswirkung zukäme. Besonderes Gewicht wird in diesem Zusammenhang auf die Aktivierungskonzeption der IAS/IFRS sowie – damit eng verwoben – den Gesichtspunkt der Ertragsrealisation gelegt[20].

Kapitel 6 wird dazu genutzt, auf der Grundlage der gewonnenen Erkenntnisse sowie unter Berücksichtigung alternativer Gläubigerschutzkonzepte eine Empfehlung für die künftige Ausgestaltung des Jahresabschlussrechts auszusprechen.

---

20 Tatsächlich belegen jüngere Entwicklungen, dass von der Aktivseite der Bilanz die größte Gefahr für gesellschaftsrechtliche Schutzmechanismen ausgehen dürfte (vgl. *Hoffmann/Lüdenbach*, DStR 2004, 1758). So wurde etwa der plötzliche Zusammenbruch des zweitgrößten US-amerikanischen Telekommunikationsunternehmens („Worldcom") dadurch unterstützt, dass Aufwendungen in erheblichem Umfang nicht gewinnwirksam verrechnet, sondern in Vermögenswerte „umgedeutet" wurden (vgl. *Ranker/Wohlgemuth/Zwirner*, KoR 2001, 269, 277, Fn. 80). Derartige Vorgänge sind Auswuchs einer gewandelten Unternehmenskultur, die ihren Ausdruck in dem bilanzpolitisch unterstützten Streben nach Wachstum und der Steigerung des „shareholder value" findet. Die Besorgnis erregenden Folgen dieses Wandels werden *insbesondere auf der Aktivseite* der Bilanz sichtbar. Sie bildet im Rahmen einer unternehmenswertsteigernden Informationspolitik (siehe *Freidank*, in: Lachnit/Freidank (Hrsg.), Investororientierte Unternehmenspublizität, 2000, S. 3, 9) den Hauptansatzpunkt der Managementbemühungen. Bezeichnend ist überdies, dass die Neigung internationaler Rechnungslegungsstandards zum frühzeitigen Ertragsausweis für kapitalmarktorientierte Unternehmen von erheblicher Bedeutung ist (vgl. *Bauer*, KoR 2001, 228 f.).

Kapitel 1 – Der europäische Rechtsrahmen des Kapitalschutzes

Wie bereits angeklungen, wird der Rechtsrahmen des europäischen Kapitalschutzsystems durch die 2. gesellschaftsrechtliche Richtlinie abgesteckt. Die Kapitalrichtlinie gestaltet namentlich die Haftungsverfassung von Aktiengesellschaften aus; sie knüpft in diesem Zusammenhang allerdings auch an Faktoren an, die außerhalb ihres eigenen Einfluss- und Wirkungsbereichs angesiedelt sind. Konkret nimmt sie auf Größen Bezug, die Ergebnis der Anwendung bilanzrechtlicher Vorschriften sind. In welchem Verhältnis die kapitalschutzbezogenen Bestimmungen der 2. gesellschaftsrechtlichen Richtlinie zu ihrem bilanziellen Bezugssystem stehen (müssen) und welche Folgerungen hieraus abzuleiten sind, soll nachstehend beleuchtet werden.

A. Grundlegung: Erwägungsgründe und zweckkonkretisierende Regelungen der Kapitalrichtlinie

Ausweislich ihres zweiten Erwägungsgrundes[21] setzt der europäische Gesetzgeber durch die Kapitalrichtlinie die Koordinierung des Gesellschaftsrechts – in Ergänzung zur Publizitätsrichtlinie – fort[22], um die „einzelstaatlichen Vorschriften über die Gründung der Aktiengesellschaft sowie die Aufrechterhaltung, die Erhöhung und die Herabsetzung ihres Kapitals“ auf eine gemeinsame, abgestimmte Grundlage zu stellen. Wie schon die Publizitätsrichtlinie verfügt damit auch die Kapitalrichtlinie über einen ausgeprägten *Schutzcharakter*, der im Übrigen bereits mit Rücksicht auf die tatbestandlichen Voraussetzungen ihrer Rechtsgrundlage (Art. 44 Abs. 2 lit. g EG) unverzichtbar ist[23]. So besehen lässt sich die *Erforderlichkeit* einer Koordination der mitgliedsstaatlichen Schutzbestimmun-

---

21 Die Erwägungsgründe sind integraler Bestandteil einer Richtlinie. Sie sind rechtsverbindlich, sodass ihnen bei der Interpretation einer Richtlinie erhebliche Bedeutung zukommt, siehe nur *Lutter*, JZ 1992, 593, 600.

22 Schon der ursprüngliche Richtlinienvorschlag der Kommission vom 9.3.1970 (Amtsbl. EG vom 24.4.1970 Nr. C 48/8 ff.) betont, dass der Entwurf die mit der Publizitätsrichtlinie „begonnene Arbeit *in demselben Geiste* (fortsetzt)" (Hervorh. d. d. Verf.).

23 Zur Auslegung des Kriteriums „Schutzbestimmungen" vgl. *Randelzhofer/Forsthoff*, in: Garbitz/Hilf, Art. 44 EG Rn. 13.

gen auf dem Gebiet des Gesellschaftsrechts gleichermaßen als Auslöser und Rechtfertigung der Harmonisierung des europäischen Kapitalschutzes ausmachen.

Ein grundlegendes Harmonisierungsziel der Kapitalrichtlinie besteht namentlich darin, „beim Schutz der Aktionäre einerseits und der Gläubiger der Gesellschaft andererseits ein *Mindestmaß an Gleichwertigkeit* sicherzustellen“[24]. Das hierin zum Ausdruck kommende Bestreben, einen aktienrechtlichen Mindestgläubigerschutz auf Gemeinschaftsebene zu installieren, verdeutlicht ferner der vierte Erwägungsgrund der Kapitalrichtlinie: Ein Grundmotiv bei der Ausgestaltung der 2. gesellschaftsrechtlichen Richtlinie bestand danach darin, „Vorschriften (zu) erlassen, um das Kapital als Sicherheit für die Gläubiger zu erhalten, indem insbesondere untersagt wird, daß das Kapital durch nicht geschuldete Ausschüttungen verringert wird (...)“[25]. Dieser *Leitgedanke* wird zudem durch zentrale Einzelvorschriften der Kapitalrichtlinie näher konkretisiert: In diesem Sinne bestimmt Art. 15 Abs. 1 lit. a KapRiLi – unbesehen der Sondersituation der Kapitalherabsetzung –, dass

> „keine Ausschüttung an die Aktionäre erfolgen (darf), wenn bei Abschluß des letzten Geschäftsjahres das Nettoaktivvermögen, wie es der Jahresabschluß ausweist, den Betrag des gezeichneten Kapitals zuzüglich der Rücklagen, deren Ausschüttung das Gesetz oder die Satzung nicht gestattet, durch eine solche Ausschüttung unterschreitet oder unterschreiten würde“.

Parallel ordnet Art. 15 Abs. 1 lit. c KapRiLi an, dass

> „der Betrag einer Ausschüttung an die Aktionäre (...) den Betrag des Ergebnisses des letzten abgeschlossenen Geschäftsjahres, zuzüglich des Gewinnvortrages und der Entnahmen aus hierfür vorgesehenen Rücklagen, jedoch vermindert um die Verluste aus früheren Geschäftsjahren sowie um die Beträge, die nach Gesetz oder Satzung in Rücklagen eingestellt worden sind, nicht überschreiten (darf)“.

Die Kapitalrichtlinie installiert damit eine doppelte Ausschüttungshürde, um den Bestand des in Art. 6 KapRiLi fixierten Mindestkapitals zu sichern. Zu diesem Zweck werden Zuwendungen an Aktionäre – in Gestalt von Ausschüttungen – einerseits davon abhängig gemacht, dass das Vermögen einer Aktiengesell-

---

24 Amtsbl. EG vom 31.1.1977 Nr. L 26/1 (2. Erwägungsgrund, Hervorh. d. d. Verf.).

25 Amtsbl. EG vom 31.1.1977 Nr. L 26/1. Demgegenüber greift die Kapitalrichtlinie nicht in die mitgliedsstaatenspezifische Kompetenzverteilung hinsichtlich der Verwendung des Jahresüberschusses ein. Sie lässt daher auch eine vollständige Gewinnausschüttung zu, freilich ohne auszuschließen, dass mitgliedsstaatliche Normen oder satzungsrechtliche Gewinnverwendungsregelungen den *verteilungsfähigen Gewinn* (weiter) mindern (vgl. Art. 15 lit. c KapRiLi).

schaft ihre Schulden in bestimmter Höhe übersteigt. Kumulativ hierzu dürfen Ausschüttungen grundsätzlich nur aus Gewinnen gespeist werden. Daher sind Ausschüttungen namentlich auch dann unzulässig, wenn der Jahresabschluss zwar ein ausreichendes Nettoaktivvermögen (i.S.d. Art. 15 Abs. 1 lit. a KapRiLi) ausweist, ein Gewinn aber nicht erwirtschaftet wurde. Freilich bewahrt dieser Kapitalerhaltungsmechanismus auch Minderheitsgesellschafter vor einer Aushöhlung ihrer Gewinnansprüche[26] und fördert zugleich die Gleichbehandlung der Aktionäre[27]. Dessen ungeachtet konkretisieren die Artt. 15 f. KapRiLi unmittelbar und vorrangig das Gläubigerschutzziel der Kapitalrichtlinie. Der durch die Kapitalerhaltungsregeln vermittelte Gesellschafterschutz stellt sich daher eher als Rechtsreflex dar[28].

Eine Missachtung der Regeln, die das maximale Ausschüttungsvolumen bestimmen, zieht darüber hinaus eine Rückgewährpflicht der Zuwendungsempfänger nach sich (Art. 16 KapRiLi). Der Rückgewähranspruch setzt indes voraus, dass die Aktiengesellschaft

> „beweist, daß diesen Aktionären die Unzulässigkeit der an sie erfolgten Ausschüttung bekannt war, oder sie darüber nach den Umständen nicht in Unkenntnis sein konnten".

Die Begrenzung auf grob fahrlässig entgegengenommene Leistungen mindert freilich die Effektivität der Rückgewährregel, sodass die intendierte Wiederherstellung der vor einer überhöhten Ausschüttung bestehenden Vermögenslage der Aktiengesellschaft weithin unerreicht bleibt. Da sich folglich der an unzulässige Ausschüttungsvorgänge anknüpfende, *nachgeschaltete* Normenzusammenhang – mit Rücksicht auf die Belange redlicher Aktionäre[29] – als „stumpfes Schwert" erweist, wird die präventiv wirkende, vorgeschaltete Ausschüttungsbegrenzung zumindest vordergründig entsprechend unnachgiebig ausgestaltet.

Die Kapitalrichtlinie würde indes nicht unerhebliche Schutzlücken aufweisen, wenn ihre ausschüttungsbegrenzenden Regelungen, wie teilweise angenommen[30],

---

26 Stellv. *Lutter*, in: Kölner Kommentar zum AktG, § 57 Rn. 2.

27 Zum Gleichbehandlungsgebot vgl. etwa BGHZ 33, 175, 186; 44, 245, 256; 120, 141, 150 f.; *Hüffer*, AktG, § 53 a Rn. 4.

28 Richtig daher *Group of German Experts on Corporate Law*, ZIP 2002, 1310, 1316 f. Zur doppelten Schutzrichtung der nationalen Kapitalerhaltungsvorschriften vgl. demgegenüber RG JW 1938, 747, 748 [zum Genossenschaftsrecht]; ferner BGH WM 1990, 222, 225; *Hueck/Fastrich*, in: Baumbach/Hueck, GmbHG, § 30 Rn. 3.

29 Nach den Vorstellungen des Kapitalrichtliniengebers ist die Dividende die einzige Leistung der Gesellschaft an den Aktionär, die dieser „rechtens ohne Gegenleistung erwarten darf" (*Schön*, in: Festschr. für Kropff, 1997, S. 285, 288; ferner *Lutter*, in: Kölner Kommentar zum AktG, § 62 Rn. 31).

30 *Ullrich*, S. 10 ff.

allein auf den formalisierten Akt der *Ausschüttung* fokussierten und verdeckte Gewinnausschüttungen[31] mithin unberücksichtigt blieben, obgleich diese über einen spezifischen Gefährdungsgehalt verfügen[32]. Wenn dies zuträfe, erschiene insbesondere die angestrebte *symmetrische Schutzintensität* von *Kapitalaufbringung und Kapitalerhaltung*[33] zumindest stark gefährdet, weil die dem Eintragungszeitpunkt „nachgeschalteten" Kapitalerhaltungsregelungen in diesem Fall jedenfalls eine wünschenswerte Grundkonsistenz vermissen ließen. Allerdings benennt Art. 15 Abs. 1 lit. d KapRiLi die dem Anwendungsbereich des Art. 15 KapRiLi unterfallenden Ausschüttungsformen nicht abschließend („insbesondere Dividenden und Zinsen"), sondern ist vielmehr „offen" formuliert[34]. Die Richtlinie lässt insoweit Raum für eine extensive Auslegung, die auch verdeckte Gewinnausschüttungen einbezieht. Ohne Wortlautüberschreitung ist es daher möglich, dem Gefährdungsgehalt verdeckter Gewinnausschüttungen angemessen Rechnung zu tragen. Im Übrigen entsprach es auch dem erklärten Willen des Europäischen Parlaments, ein abgerundetes aktienrechtliches Kapitalschutzsystem zu schaffen[35]. Da strenge Kapitalaufbringungsregeln (vgl. Art. 10 KapRiLi[36]) ohne Äquivalent in der Nachgründungsphase zudem wenig sinnvoll erscheinen[37] – und daher erst wirksame Kapitalerhaltungsregeln das System des festen Kapitals als solches legitimieren –, ist davon auszugehen, dass die Kapitalrichtlinie derart

---

31 Zu den Charakteristika verdeckter Gewinnausschüttungen vgl. etwa *K. Schmidt*, S. 890.

32 Vgl. dazu *Ballerstedt*, S. 132 f., insbesondere S. 133: „Die Gewinnverteilung soll sich (...) 'im hellsten Licht der Öffentlichkeit' abspielen.".

33 Siehe dazu etwa *Hüffer*, AktG, § 57 Rn. 1, der die Kapitalerhaltung als „notwendiges Seitenstück" der Kapitalaufbringung bezeichnet; ferner *Keßler*, GmbHR 2002, 945, 948.

34 *Schön*, in: Festschr. für Kropff, 1997, S. 285, 292.

35 So sollte nach Ansicht des Europäischen Parlaments sichergestellt werden, dass das Kapital nicht durch „unerlaubte Ausschüttung von Dividenden an die Aktionäre verringert (wird)" oder „*infolge bestimmter Manipulationen*" einen bloß fiktiven Charakter erhält, vgl. Amtsbl. EG vom 11.11.1971 Nr. C 114/19 (Hervorh. d. d. Verf.).

36 Gemäß Art. 10 Abs. 1 KapRiLi sind Einlagen, die nicht Bareinlagen sind, Gegenstand eines Prüfungsberichts, der von einem unabhängigen, durch eine Verwaltungsbehörde oder ein Gericht bestellten Sachverständigen anzufertigen ist. Dieser Prüfungsbericht hat sich insbesondere mit der Werthaltigkeit der einzubringenden Einlage auseinanderzusetzen, vgl. auch § 34 Abs. 1 Nr. 2 AktG (siehe dazu MüKo-AktG/*Pentz*, § 34 Rn. 15 ff.; ferner *Hüffer*, AktG, § 34 Rn. 4 f.).

37 Vgl. *Lutter*, in: Kölner Kommentar zum AktG, § 57 Rn. 2: „Soll diese Funktion (sc. die reale Kapitalaufbringung) praktische Bedeutung erlangen, so muß Vorsorge getroffen werden, daß dieses Vermögen nicht beliebig wieder an die Aktionäre ausgeschüttet werden kann."; siehe auch *Fleischer*, in: Michalski, GmbHG, Syst. Darst. 6 Rn. 63.

beträchtliche Schutzlücken nicht offen lassen wollte und verdeckte Gewinnausschüttungen dem Anwendungsbereich des Art. 15 KapRiLi unterstellt werden sollten[38].

Vor diesem Hintergrund besteht die Stoßrichtung der Kapitalrichtlinie darin, den Grundsatz des festen Kapitals auf europäischer Ebene zu etablieren[39] und den Kapitalfonds *durch vorbeugende Schutzmechanismen* vor *ungerechtfertigten*, die Unternehmensgläubiger unangemessen belastenden Ausschüttungen[40] abzuschirmen. Konkret darf die Haftungssubstanz im Verhältnis der Gesellschaft zu ihren Aktionären lediglich durch *geschuldete Zuwendungen* beeinträchtigt werden. Das „Schuldobjekt" der damit angesprochenen mitgliedschaftlichen Beteiligungsrechte konkretisiert die Kapitalrichtlinie dahingehend, dass allein der – etwaig modifizierte – Jahresgewinn zur Ausschüttung gelangen darf (Art. 15 Abs. 1 lit. c KapRiLi). Die Beschränkung berechtigter Vermögensverschiebungen in die Gesellschaftersphäre fungiert mithin als zentraler konzeptioneller Ansatzpunkt zur Verwirklichung der in den Erwägungsgründen zum Ausdruck kommenden Schutzziele. So besehen gibt der obig skizzierte Regelungszusammenhang der Kapitalrichtlinie ihr Gepräge und bestimmt ihre Grundausrichtung. Damit einhergehend erkennt der Richtliniengeber den Gläubigerschutz als *hochwertiges gemeinschaftsrechtliches Schutzgut* an.

B. Der Jahresabschluss als notwendiges Bezugsobjekt der Kapitalrichtlinie

Nicht jede Rechnungslegungskonzeption ist notwendig darauf ausgerichtet, in ein Kapitalschutzsystem eingebunden zu werden[41]. Umgekehrt kann das durch die Kapitalrichtlinie implementierte Kapitalschutzsystem die ihm zugewiesenen Aufgaben ohne ein klar definiertes Bezugssystem nicht erfüllen. Es ist darauf angewiesen, dass die Rechnungslegung (besser: das jeweilige Bilanzrecht) Bezugs-

---

38 So mit Recht auch *Schön*, in: Festschr. für Kropff, 1997, S. 285, 292 f.

39 Vgl. *Schön*, in: Festschr. für Kropff, 1997, S. 285, 287; ferner *Wiedemann*, S. 557 f.

40 Vgl. dazu BGH BB 2002, 1823, 1824. Rein formal betrachtet ist ein Kapitalabfluss ungerechtfertigt in diesem Sinne, wenn die in Art. 15 KapRiLi verankerten Ausschüttungsschranken nicht überwunden werden.

41 Vgl. *Arbeitsgruppe Normierung der Rechnungslegung der Wissenschaftlichen Kommission Rechnungswesen im Verband der Hochschullehrer für Betriebswirtschaft e. V.* (Arbeitsgruppe Normierung der Rechnungslegung), BB 2002, 2595, 2597 mit Blick auf den Standardentwurf „Grundsätze ordnungsmäßiger Rechnungslegung (Rahmenkonzept)" des DSR.

größen produziert, an die es wiederum eigene Norminhalte knüpfen kann[42]. Die in Bezug auf Kapitalerhaltungsvorschriften denkbaren Rechtsfolgenalternativen bestehen namentlich darin, Vermögensverlagerungen von der Gesellschafts- in die Gesellschaftersphäre in einem bestimmten Umfang zuzulassen oder insgesamt zu unterbinden. Daneben regeln Kapitalschutzregeln *nach Maßgabe* der Ergebnisse der bilanziellen Gewinnermittlung, in welchem Umfang ein Jahreserfolg dazu verwandt werden muss, den vorgesehenen Haftungsfonds nach einer vorangegangenen Beeinträchtigung erneut anzureichern.

Aus dieser notwendigen Verflechtung von Kapitalschutzregeln und Rechnungslegung folgt allerdings denknotwendig, dass Kapitalerhaltungsregeln ihre *gesetzeszweckentsprechende Wirkung* nur entfalten (können), wenn das handelsbilanzielle Bezugssystem auf die Erfordernisse des Kapitalschutzes abgestimmt ist[43]. Eine Harmonisierung des handelsbilanzrechtlichen Bezugssystems mit den Zielen des Kapitalschutzsystems scheint daher unerlässlich.

Auch der Richtliniengeber war sich der angedeuteten Abhängigkeiten des neu auszugestaltenden Kapitalschutzsystems seit Anbeginn des Normsetzungsprozesses bewusst[44]. Ihm war es indes nicht möglich, die Harmonisierung der nationalen Aktienrechte auf dem Fundament eines europäischen Rechnungslegungsrechts zu betreiben, da das bereits initiierte Verfahren zur Verabschiedung der EG-Bilanzrichtlinie noch in einem frühen Stadium verharrte. Ein bilanzielles Bezugssystem fand die Kapitalrichtlinie daher zunächst nur in Gestalt der im Zeitpunkt ihrer Verabschiedung noch unharmonisierten nationalen Rechnungslegungsordnungen[45].

---

42 Vgl. *Hennrichs*, S. 96; *IDW*, WPg 2001, 664, 665; *Schulze-Osterloh*, in: Schruff (Hrsg.), Bilanzrecht unter dem Einfluß internationaler Reformzwänge, 1996, S. 121, 123; *derselbe*, ZIP 2004, 1128, 1128 f..

43 Siehe dazu insbesondere *Strobl*, in: Festschr. für Clemm, 1996, S. 389, 400; vgl. auch *Schön* (WPg-Sonderheft 2001, 74, 77), der meint, dass das europäische Bilanzrecht „gesellschaftsrechtliche Vorgaben" von jeher aufgegriffen habe, um ein „einheitliches kapitalschützendes Richtlinienkonzept" zu verwirklichen; ferner *IDW*, WPg 2001, 664, 665; *Hinz*, in: Beck`sches HdR, B 100, Rn. 38.

44 Vgl. den Richtlinienvorschlag der Kommission vom 9.3.1970, Amtsbl. EG vom 24.4.1970 Nr. C 48/11; siehe auch *Lutter*, Kapital, S. 333 ff.

45 Vgl. bereits die Art. 12 und Art. 13 des Richtlinienvorschlags vom 9.3.1970, Amtsbl. EG vom 24.4.1970 Nr. C 48/18.

1. Die Abhängigkeit „ausschüttungsmaßgeblicher Richtgrößen" von der Ausgestaltung der Rechnungslegung

Als „ausschüttungsmaßgebliche Richtgröße" greift Art. 15 Abs. 1 lit. a KapRiLi zunächst auf das Nettoaktivvermögen einer Aktiengesellschaft zurück. Von Ausschüttungen ist namentlich abzusehen, wenn das „Nettoaktivvermögen" das gezeichnete Kapital sowie durch Gesetz oder Satzung von der Ausschüttung ausgeschlossene Rücklagen betragsmäßig nicht deckt oder eine Unterdeckung durch eine Ausschüttung erst hervorgerufen würde. Diesbezüglich kann das „Nettoaktivvermögen" nur als positiver Saldo der Aktiva über die Schulden verstanden werden. Wie bereits angeklungen, musste der Richtliniengeber die Ausfüllung der insoweit in Bezug genommenen Begriffsinhalte allerdings einstweilen den nationalen Rechnungslegungsordnungen überlassen[46]. Der geschützte Haftungsfonds differierte daher zunächst in Abhängigkeit von den nationalen Rechnungslegungsordnungen[47]. Insbesondere strahlte die landesspezifische Ausgestaltung der „Konstruktionselemente" des Jahresabschlusses, deren Zusammenwirken erst zum Nettoaktivvermögen führt, auf den Grad der tatsächlichen Wertbindung ein. Die Ausschüttungsbeschränkung des Art. 15 Abs. 1 lit. a KapRiLi wirkte daher innerhalb der Europäischen Union unterschiedlich rigide.

Freilich blieben diese zwischen den Rechnungslegungsordnungen der Mitgliedsstaaten feststellbaren Divergenzen gleichsam nicht ohne Einfluss auf den „Betrag des Ergebnisses des letzten abgeschlossenen Geschäftsjahres", der die zweite Ausschüttungsschranke des Art. 15 KapRiLi markiert (Art. 15 Abs. 1 lit. c KapRiLi). Als konstruktive Bezugsgröße berechtigter Ausschüttungen[48] unterlag namentlich auch der Periodengewinn den in den nationalen Bilanzrechten zum Ausdruck kommenden gesetzgeberischen Präferenzen hinsichtlich der Zwecke handelsrechtlicher Rechnungslegung. Als besondere Harmonisierungsherausforderung erwies es sich insofern, die britische mit den kontinentaleuropäischen Rechnungslegungsordnungen zu koordinieren, da sich das britische Handels- und Gesellschaftsrecht in auffälliger Unabhängigkeit von kontinentaleuropäischen Rechtsordnungen entwickelt hatte[49].

---

46 Diese gesetzestechnische Vorgehensweise sah bereits der Richtlinienvorschlag der Kommission vom 9.3.1970 vor, vgl. Amtsbl. EG vom 24.4.1970 Nr. C 48/11.

47 Vgl. die Erläuterungen der Kommission zu Art. 13 des Entwurfs zur Kapitalrichtlinie vom 9.3.1970, Amtsbl. EG vom 24.4.1970 Nr. C 48/11.

48 Vgl. bereits Art. 13 des Richtlinienvorschlags vom 9. 3. 1970 (a.a.O.): „Dividenden und gegebenenfalls Abschlagszahlungen auf Dividenden dürfen nur vom Reingewinn gezahlt werden.".

49 So kannte etwa das britische Äquivalent zur Aktiengesellschaft (vgl. Art. 1 Abs. 1 KapRiLi) kein Mindestnennkapital. Weiterhin sahen die Companies Acts aus den

Merkliche Unterschiede resultierten etwa aus der Bedeutung, die die britische Rechnungslegung dem Vorsichtsgrundsatz einerseits und dem „true and fair view-Gebot“ andererseits beimaß[50]. Tatsächlich bildete das true and fair view-Gebot seit seiner Verankerung im Companies Acts 1947 (bzw. 1948) den obersten Bilanzierungsgrundsatz[51], während kontinentaleuropäische Bilanzrechtsordnungen ganz wesentlich dem Vorsichtsgedanken verpflichtet waren. Die darin zum Ausdruck kommenden „gemeinschaftsinternen Paradigmenunterschiede“ sind insoweit Ausfluss mitgliedsstaatenspezifischer Funktionszuweisungen. So ist die britische Rechnungslegung traditionell vornehmlich den Informationsinteressen der Anteilseigner verpflichtet[52], während insbesondere das Handelsbilanzrecht neben der Erfüllung von Rechenschafts- und Informationsaufgaben auch darauf abzielt, einen mit Rücksicht auf Gesellschafter- und Gläubigerbelange ausschüttungsfähigen Gewinn auszuweisen[53]. Als möglicherweise nachdrücklichster Ausfluss der Funktionsinkongruenz von britischer und kontinentaleuropäischer Rechnungslegung lässt sich insoweit die divergente Interpretation des Realisationsprinzips identifizieren[54].

An diesen Gedanken anknüpfend führen abweichende Realisationszeitpunkte mit Rücksicht auf das kapitalgesellschaftsrechtliche Trennungsprinzips allerdings unweigerlich zu einer gemeinschaftsintern inhomogenen *Risikoverteilung*[55] zwischen Unternehmenseignern und Gläubigern. Dies folgt denknotwendig daraus, dass, wie sich Art. 16 KapRiLi unzweideutig entnehmen lässt, im Rahmen einer den gesetzlichen Vorschriften entsprechenden Gewinnausschüttung erlangte Be-

---

Jahren 1948, 1967, 1976 und 1980 lediglich allgemeine Buchführungspflichten vor (*Bolin*, S. 100; *Küting/Hayn*, ZGR 1995, 111, 112 f.). Erst die Transformation der EG-Bilanzrichtlinie durch den Companies Act 1981 etablierte daher ein (in sich geschlossenes) kodifiziertes Bilanzrecht. *Mitgliedschaftsbezogen verbindliche* Regeln für die Führung von Handelsbüchern erließ zuvor lediglich das Accounting Standards Committee of Accountancy Bodies Limited (siehe dazu *Bolin*, S. 95 f.; *Küting/Hayn*, ZGR 1995, 111, 113; *Schröer*, S. 143 ff.).

50 Vgl. hierzu *Schröer*, S. 108 ff. und 167 ff.

51 Siehe *Küting/Hayn*, ZGR 1995, 111, 115 f.; ferner *Kahle*, WPg 2003, 262, 270.

52 *Bolin*, S. 100; *Löhr*, StuB 2003, 643, 644. Ausführlich zu den Zwecken britischer Rechnungslegung *Schröer*, S. 90 ff.

53 Stellv. *Arbeitskreis Bilanzrecht*, BB 2002, 2372, 2373; *Arbeitsgruppe Normierung der Rechnungslegung*, BB 2002, 2595, 2597; *Schildbach*, BFuP 2002, 263, 271; zur geschichtlichen Entwicklung des Handelsbilanzrechts *Schön*, ZHR 161 (1997), 133, 135 ff.

54 Eingehend hierzu *Schröer*, S. 121 ff.

55 Vgl. *Busse von Colbe*, in: Ballwieser (Hrsg.), US-amerikanische Rechnungslegung, 2000, S. 485, 490: „Die Gewinnermittlungsvorschriften lassen sich als standardisierte Risikoverteilungsregeln zwischen Anteilseignern und Gläubigern interpretieren.“.

träge in der Gesellschaftersphäre verbleiben sollen[56] und dem Zugriff der Unternehmensgläubiger daher dauerhaft entzogen sind. Auch in Bezug auf Art. 15 Abs. 1 lit. c KapRiLi war mithin von merklich *schwankenden Schutzintensitäten* innerhalb der Europäischen Union auszugehen, was freilich mit dem Harmonisierungsziel der Kapitalrichtlinie nur schwerlich in Einklang zu bringen ist.

Zieht man die Summe unter die vorstehenden Erwägungen, bleibt festhalten, dass die Kapitalrichtlinie in einem ihrer zentralen Gestaltungsbereiche, nämlich „das Kapital als Sicherheit für die Gläubiger zu erhalten", – isoliert betrachtet – *keinen* einheitlichen Mindestschutz gewährleisten konnte. Die Schutzintensität der Kapitalerhaltungsvorschriften differiert vielmehr in Abhängigkeit von der Ausgestaltung der nationalen Bilanzrechte.

2. Der (auch) ergänzende Charakter der EG-Bilanzrichtlinie[57]

Vor diesem Hintergrund wird deutlich, dass das Ziel der Kapitalrichtlinie, hinsichtlich des Gläubigerschutzes „ein Mindestmaß an Gleichwertigkeit sicherzustellen", allein auf der Grundlage einer auf Gemeinschaftsebene koordinierten Rechnungslegungsordnung erreichbar war.

Freilich fällt den Mitgliedsstaaten mit Blick auf den „effet utile"-Grundsatz[58] die Aufgabe anheim, das nationale Recht mit den in der Richtlinie zum Ausdruck kommenden Zielvorstellungen des europäischen Gesetzgebers in Einklang zu bringen[59]. Allerdings hatte die Kommission bereits im November 1971 einen Vorschlag zur Harmonisierung der nationalen Rechnungslegungsvorschriften unterbreitet (vgl. Amtsbl. EG 1972 Nr. C 7, S. 11 ff.), so dass erkennbar war, dass

---

56 Siehe *Lutter*, in: Kölner Kommentar zum AktG, § 62 Rn. 31 (mit Blick auf § 62 AktG).

57 Die Änderungen, die die EG-Bilanzrichtlinie zwischenzeitlich (insbesondere durch die sog. EU-Bilanzrechtsmodernisierungsrichtlinie vom 18.6.2003, Amtsbl. EG vom 17.7.2003 Nr. L 178/16) erfahren hat, bleiben in diesem Zusammenhang außer Betracht, da es vorliegend allein darum geht, das ursprünglich planvolle Ineinandergreifen von Kapital- und EG-Bilanzrichtlinie zu analysieren und auf der so gewonnenen Grundlage Schlussfolgerungen für die Zukunft des europäischen und nationalen Gesellschafts- und Handelsbilanzrechts zu ziehen.

58 Dazu mit Blick auf die Auslegung der Artt. 15, 16 KapRiLi *Schön*, in: Festschr. für Kropff, 1997, S. 285, 291.

59 Vgl. *Lutter*, Europäisches Unternehmensrecht, S. 16. Namentlich *Wiedemann* (S. 562 f.; vgl. auch *Ballerstedt*, S. 134; *Moxter*, in: Festschr. für Beisse, 1997, S. 347, 348) ist der Ansicht, dass Deutschland den von der Kapitalrichtlinie vorausgesetzten Anforderungen an die Rechnungslegung bereits durch die §§ 149 ff. AktG „zuvorgekommen" ist.

eine Konkretisierung der aus der Kapitalrichtlinie folgenden Anforderungen an die Rechnungslegung alsbald nachfolgen würde.

Da die Harmonisierung der nationalen Bilanzrechtsordnungen mithin eine unverzichtbare Voraussetzung für die Gewährleistung eines *gleichwertig stabilen Kapitalfonds* war, konnte die Kapitalrichtlinie lediglich das Fundament des europäischen Kapitalschutzes bereiten. Dessen tatsächliche Wirkungskraft wurde demgegenüber erst durch die Feinsteuerung der EG-Bilanzrichtlinie[60] bestimmt[61]. Diese fungiert daher als „notwendiges Seitenstück" der Kapitalrichtlinie; erst die flankierende Ausgestaltung der europäischen Rechnungslegungsordnung rundete mithin das europäische Kapitalschutzsystem ab.

Diese Sichtweise wird im Übrigen durch die Erläuterungen der Kommission zu Art. 13 des Vorschlags einer Kapitalrichtlinie vom 9.3.1970[62] bestätigt. Dort heißt es:

> „Erst wenn die zur Zeit in Vorbereitung befindlichen Richtlinien die Begriffe 'Gewinn' und 'Rücklagen' für die Gemeinschaft präzisiert und die Vorschriften über den Jahresabschluss angeglichen haben, *erhält der vorliegende Text seine volle Bedeutung*".

Entsprechend findet der auch[63] ergänzende Charakter der EG-Bilanzrichtlinie in ihren Erwägungsgründen unzweideutigen Anklang: Ausweislich ihres ersten Erwägungsgrundes bestand ein wesentliches Ziel des Gesetzgebungsverfahrens in der

> „Koordinierung der einzelstaatlichen Vorschriften über die Gliederung und den Inhalt des Jahresabschlusses und des Lageberichts sowie über die Bewertungsmethoden und die Offenlegung dieser Unterlagen (…)".

Die mit der EG-Bilanzrichtlinie verfolgten gesetzgeberischen Bestrebungen waren daher augenscheinlich (auch) darauf gerichtet, den Inhalt des Jahresabschlusses von Aktiengesellschaften (und Gesellschaften mit beschränkter Haftung) auf eine harmonisierte Grundlage zu stellen, *die sich nicht in Widerspruch zu der Schutzrichtung und den Wertungen der Kapitalrichtlinie setzt.* Weiterhin resultiert „die Notwendigkeit und Dringlichkeit" einer Koordinierung der Rechnungslegungsvorschriften gerade aus dem Umstand, dass haftungsbeschränkte

60 Vgl. Amtsbl. EG 1978 Nr. L 222/11.

61 Vgl. *Hennrichs*, S. 96. Zur rechtstechnischen Verknüpfung von EG-Bilanz- und Kapitalrichtlinie vgl. *Fresl*, S. 160 f.

62 Amtsbl. EG vom 24. 4. 1970 Nr. C 48/11 (Hervorh. d. d. Verf.).

63 Tatsächlich verfügt EG-Bilanzrichtlinie über eine *mehrdimensionale Ziel- und Schutzrichtung*, vgl. dazu *Hennrichs*, S. 94 ff.

Gesellschaften Dritten gegenüber „eine Sicherheit nur durch ihr Gesellschaftsvermögen bieten“[64].

Die EG-Bilanzrichtlinie steht daher im Zeichen einer grundlegenden Interessenregelung zwischen den widerstreitenden Belangen von Gesellschaftern und Gläubigern. Der Richtliniengeber bedient sich zu diesem Zweck einerseits der informationellen Wirkung von Jahresabschlüssen und andererseits deren Eignung zur Ausschüttungsbemessung. Namentlich die Ausschüttungsbemessungsfunktion tariert das Ausschüttungsinteresse der Gesellschafter und das Interesse der Gläubiger an der Erhaltung der Haftungssubstanz aus[65] und wirkt dergestalt unmittelbar auf das Substrat der Kapitalrichtlinie ein.

C. Leitgedankliche Vorgaben der Kapitalrichtlinie für die europäische Rechnungslegungsordnung: Folgerichtigkeit

Die vorstehenden Ausführungen haben gezeigt, dass der europäische Gesetzgeber die EG-Bilanzrichtlinie mit Rücksicht auf die Kapitalrichtlinie ausgestaltet hat. Hieran anknüpfend soll nachfolgend untersucht werden, welche „Grundkoordinaten“ eine – und damit zugleich jede – europäische Rechnungslegungsordnung beachten muss, sofern sie etwaigen (impliziten) Anforderungen der Kapitalrichtlinie Rechnung tragen und jedenfalls Widersprüchlichkeiten zu den in der Kapitalrichtlinie zum Ausdruck kommenden Wertungen vermeiden will.

I. Erforderlichkeit konsequenten Fortdenkens der Kapitalrichtlinie

Bislang ist offen geblieben, ob sich aus der Funktion der Kapitalrichtlinie *leitgedankliche Vorgaben* für die Ausgestaltung eines auf europäischer Ebene koordinierten Bilanzrechts ableiten lassen. Insbesondere vor dem Hintergrund der skizzierten „Ausfüllungsbedürftigkeit“ der Kapitalrichtlinie scheint es allerdings un-

---

64 Amtsbl. EG vom 24. 4. 1970 Nr. C 48/11; vgl. auch *Hennrichs*, S. 96. Entgegen *Schön* (ZGR 2000, 706, 716; vgl. auch *derselbe*, ZHR 161 [1997], 133, 152) nimmt die Präambel der EG-Bilanzrichtlinie daher nicht allein auf die Informationsfunktion des Jahresabschlusses Bezug. Im Übrigen weist *Schön* (WPg-Sonderheft 2001, 74, 77) selbst darauf hin, dass die EG-Bilanzrichtlinie mit Rücksicht auf ihre vorsichtsbedachte Ausgestaltung – insbesondere die vorgesehenen Ausschüttungssperren – die Grundlinien „für ein einheitliches kapitalschützendes Richtlinienkonzept“ vorgezeichnet hat.

65 *Hennrichs*, S. 95 f.; *Theile*, GmbHR 2001, 892, 897; a.A. *Schön*, ZHR 161 (1997), 133, 152 m.w.N., der der Auffassung ist, dass die EG-Bilanzrichtlinie einen kapitalschutzbezogenen Gläubigerschutz nicht vorgibt.

ausweichlich, dass *jede* europäische Rechtsgrundlage, die verbindliche Regeln für die Erstellung von Jahresabschlüssen formuliert, den institutionellen Gläubigerschutz durch *konsequentes Fortdenken der Kapitalrichtlinie* im Auge behält. Andernfalls bestünde namentlich die Gefahr, dass ein europäischer Rechtsakt den Regelungsgehalt eines anderen derart in Frage stellt, dass die mit dem „beeinträchtigten" Rechtsakt verfolgten Zielsetzungen verfehlt werden.

Insoweit versteht es sich gewissermaßen von selbst, dass die Ansatz- und Bewertungsvorschriften einer europäischen Rechnungslegungsordnung mit Rücksicht auf die insbesondere in Art. 15 KapRiLi konkretisierten Zielsetzungen der Kapitalrichtlinie ausgestaltet werden[66]. So geriete eine Normgebung, die die eigenen gesetzlichen Bestrebungen konterkariert, bereits in Konflikt mit dem Gedanken der *Einheit der Rechtsordnung*. Darüber hinaus entspricht es dem erklärten Ziel des europäischen Gesetzgebers, die Rechtsetzung auf dem Gebiet des Gesellschaftsrechts „in demselben Geiste" fortzusetzen[67]. Solange das im vierten Erwägungsgrund zur Kapitalrichtlinie formulierte „Bekenntnis" zum institutionellen Gläubigerschutz daher nicht (implizit) zurückgenommen werden soll, müssen sämtliche bilanzrechtlichen Rechtsakte auf dem Gebiet des Einzelabschlusses *mit Bedacht* auf die Kapitalrichtlinie konzipiert werden.

Daraus folgt indes nicht zwingend, dass die Grundlagen des europäischen Bilanzrechts den Gesichtspunkt des Gläubigerschutzes eigens *betonen* müssten. So verfügt namentlich die EG-Bilanzrichtlinie über eine doppelte Schutzrichtung[68], die es ausschließt, sie als streng gläubigerschutzorientiert zu qualifizieren. Eine uneingeschränkte Betonung von Gläubigerbelangen erschiene im Übrigen bereits mit Blick auf die Vorgaben der Kapitalrichtlinie wenig angemessen. Denn auch

---

66 Vgl. *Schön*, WPg-Sonderheft 2001, 74, 77: „Die Tendenz zur vorsichtigen Bilanzierung und die häufig angeordneten Ausschüttungssperren sind Zeichen für ein einheitliches kapitalschützendes Richtlinienkonzept auch auf europäischer Ebene."; in diesem Sinne offenbar auch *Moxter*, in: Festschr. für Beisse, 1997, S. 347, 350; ihm folgend *Fresl*, S. 159. Obgleich auch das britische Gesellschaftsrecht den „Zwängen" der Kapitalrichtlinie unterworfen ist, kommt der handelsrechtlichen Rechnungslegung in Großbritannien indes keine unmittelbare Bedeutung für die Ausschüttungsbemessung zu (*Schön*, ZHR 161 (1997), 133, 155 f.). Kapitalschutzinadäquate Effekte müssen in Großbritannien daher außerhalb des eigentlichen Gewinnermittlungsvorgangs „kapitalschutzbedacht" aufbereitet werden (vgl. dazu *Kahle*, ZfB 2002, 695, 702; *derselbe*, WPg 2003, 262, 270; *Schön*, ZGR 2000, 706, 739; ferner *Bolin*, S. 100). Diese Vorgehensweise dürfte freilich kaum der ursprünglichen Intention des Richtliniengebers entsprechen.

67 Vgl. erneut den Richtlinienvorschlag der Kommission vom 9.3.1970, Amtsbl. EG vom 24.4.1970 Nr. C 48/8 ff.

68 Zur doppelten Stoßrichtung des Rechnungslegungsrechts *Claussen*, in: Festschr. für Kropff, 1997, S. 431, 441 ff.; *Hennrichs*, S. 94 ff.; vgl. auch *Lutz*, in: IDW (Hrsg.), Neuorientierung der Rechnungslegung, 1995, S. 81, 96.

die Kapitalrichtlinie verwirklicht den institutionellen Gläubigerschutz nicht mit absolutem Anspruch[69].

2. Das Verbot der Verteilung fiktiver Dividenden

Obgleich eine Verabsolutierung des Gläubigerschutzes keinesfalls gefordert ist, lassen sich aus den Materialien zur Kapitalrichtlinie konkrete Leitgedanken gewinnen, denen ein in Bezug genommenes bilanzielles Regelwerk in jedem Fall entsprechen muss, sofern Widersprüche zu den Zielen und Wertungen der Kapitalrichtlinie vermieden werden sollen.

In diesem Sinne enthielt insbesondere der Richtlinienvorschlag der Kommission aus dem Jahr 1970 ein unmissverständliches Plädoyer für das „Verbot der Verteilung fiktiver Dividenden“[70]. Dieser Gedanke wird von der Kommission namentlich als „wesentlicher Grundsatz des (europäischen) Gesellschaftsrechts“ herausgestellt[71], der der Richtlinienkodifikation gewissermaßen als Prämisse vorsteht. Wie bereits angemerkt, war sich die Kommission zudem bei Initiierung des Gesetzgebungsverfahrens bewusst, dass die Harmonisierung der nationalen Rechnungslegungsvorschriften unabdingbare Voraussetzung für die angestrebte Feinsteuerung der aktienrechtlichen Kapitalerhaltung ist. Gleichwohl sah sie es als geboten an, diesem Leitgedanken bereits im Rahmen der „*Schutz*bestimmungen, die die Erhaltung des Gesellschaftskapitals regeln“, Nachdruck zu verleihen. Das „Verbot der Verteilung fiktiver Dividenden“ sollte daher erkennbar als

---

69 Dies belegt insbesondere Art. 6 KapRili, der mit Rücksicht auf die Akzeptanz der Aktiengesellschaft im Wirtschaftsleben eine vergleichsweise geringe Mindestkapitalausstattung festschreibt. Vgl. dazu die einschlägigen Erläuterungen zu Art. 6 des Richtlinienentwurfs, Amtsbl. EG vom 24.4.1970 Nr. C 48/10: „Einerseits darf es (sc. das Kapital) nicht zu niedrig sein, weil sonst das Kapital aufhören würde, den Gläubigern eine Sicherheit zu geben (...). Andererseits darf aber auch das Mindestkapital nicht zu hoch sein; das hätte sonst die Umwandlung einer übermäßig großen Zahl von Aktiengesellschaften in eine andere Rechtsform zur Folge.“. Siehe ferner *Group of German Experts on Corporate Law*, ZIP 2002, 1310, 1316 („Wertverluste sollen [...] *weniger wahrscheinlich* gemacht werden.“, Hervorh. d. d. Verf.); vgl. auch *dieselbe*, ZIP 2003, 863, 872.

70 Vgl. Erläuterungen zu Art. 13 des Richtlinienentwurfs, Amtsbl. EG vom 24.4.1970 Nr. C 48/11. Dieser Gedanke ist im Richtlinienentwurf in Gestalt des Ausschüttungsverbots für Dividenden – und ggf. Abschlagszahlungen auf Dividenden –, die nicht aus dem Reingewinn bedient werden können, zum Ausdruck gekommen (Art. 13 E-KapRiLi).

71 Vgl. Erläuterungen zu Art. 13 des Richtlinienentwurfs, Amtsbl. EG vom 24.4.1970 Nr. C 48/11.

Richtschnur bei der Abfassung der 4. gesellschaftsrechtlichen Richtlinie Beachtung finden.

3. Leitgedankliche Konkretisierung: Aktienrechtliche Risikoverteilung

Freilich mutet der Sinngehalt des Verbots der „Verteilung fiktiver Dividenden" bei vordergründiger Betrachtung recht „diffus" an. Bei näherem Zusehen bringt dieser Leitgedanke allerdings eine recht konkrete Grundhaltung des Richtliniengebers zum Ausdruck: Diese lässt sich in ihrem Kern darauf verengen, dass ein frühzeitiger Vermögensabfluss aus der Gesellschaftssphäre in die Sphäre der Unternehmenseigner einem elementaren (kapital-) gesellschaftsrechtlichen Grundverständnis zuwiderläuft. Auch wenn es dem Terminus der „fiktiven Dividende" insoweit an „originärer Trennschärfe" mangelt, weist er doch eine unverkennbare Nähe zum „Gebot der Kapitalerhaltung" auf[72]. Weiterhin steht die Bewahrung eines Haftungsfonds über die Gründungsphase der Gesellschaft hinaus in unmittelbarer sachlicher Beziehung zur Garantiefunktion des Grundkapitals und lässt damit eindeutigen Gläubigerschutzbezug erkennen[73]. Auf dieser theoretischen Grundlage erschließt sich ferner, dass Art. 15 KapRiLi als Ausdruck einer dem *europäischen Kapitalgesellschaftsrecht immanenten Rechtstradition* zu begreifen ist, der der Gedanke einer spezifisch-kapitalgesellschaftsrechtlichen *Risikoverteilung* zwischen *Unternehmenseignern und Unternehmensgläubigern* zugrunde liegt. Nachhaltiger Ausdruck dieser Risikoverteilung ist dabei der Grundsatz, dass die Gesellschafter den wirtschaftlichen Risiken einer Kapitalgesellschaft näher stehen als die Gläubiger[74].

Vor diesem Hintergrund drängt sich nachfolgend die Frage auf, wodurch sich eine nach diesem Verständnis berechtigte Ausschüttung von einer solchen unterscheidet, die mit den Grundfesten europäischer Gesellschaftsrechtstradition bricht. Ein Ansatzpunkt zur sachgerechten Annäherung an diese Problematik besteht zunächst darin, die gläubigerschutzbezogenen Gefährdungsfaktoren „ungerechtfertigter" Vermögensabflüsse zu beleuchten.

72 Siehe hierzu die Erläuterungen zu Art. 13 des Richtlinienentwurfs, Amtsbl. EG vom 24.4.1970 Nr. C 48/11: „Die Bekräftigung des erwähnten Grundsatzes erscheint indessen gerade im Rahmen der Schutzbestimmungen, die die Erhaltung des Eigenkapitals regeln, schon jetzt am Platz.".

73 Zu diesem Zusammenhang vgl. nur *Hüffer*, AktG, § 1 Rn. 10 ff.

74 Vgl. BGH BB 2002, 1012, 1013 (zum GmbH-Recht).

a) Tatsächliche – nicht bloß fiktive – Sicherungswirkung des Eigenkapitals und der Realisationsgedanke

Ausweislich des vierten Erwägungsgrunds der Kapitalrichtlinie dient das „Kapital" als Sicherheit für die Gläubiger. Nach Ansicht des Europäischen Parlaments, das dieser schon im ursprünglichen Richtlinienvorschlag der Kommission verankerten Funktionsbestimmung ausdrücklich beigetreten ist, habe man sicherzustellen, dass die Garantiefunktion des Kapitals nicht durch „unerlaubte Ausschüttung von Dividenden an die Aktionäre verringert" oder durch sonstige Manipulationen einen *bloß fiktiven Charakter* erhalte[75]. Klärungsbedürftig ist daher, wann das Kapital nach Ansicht des europäischen Gesetzgebers die ihm zugedachte Sicherungsfunktion einbüßt und nur noch fiktiv zur Verfügung steht.

Ohne die Unzulänglichkeiten der grammatikalischen Auslegung zu verkennen, verliert der ausschüttungsgesperrte Kapitalstock seinen schützenden Charakter unzweifelhaft, wenn das *formal gebundene* Kapital dem Gläubigerzugriff nur *scheinbar* zur Verfügung steht. In historischer Perspektive lässt sich weiterhin unter Rückgriff auf die von *Lutter* geleisteten Vorarbeiten zu den Gemeinsamkeiten und Unterschieden der Kapitalaufbringungs- und Kapitalerhaltungsregeln in den Mitgliedsstaaten der Europäischen Wirtschaftsgemeinschaft ergründen, welche Umstände – entsprechend einem kontinentaleuropäischen Konsens – zu einem Verlust der intendierten Sicherungswirkung des Kapitals führen: Das für den europäischen Kapitalschutz grundlegende Werk *Lutters*[76] förderte insbesondere zutage, dass die kontinentaleuropäischen Gesellschaftsrechtsordnungen von dem Gedanken beherrscht sind, dass als verteilbarer Gewinn nur derjenige *durch Vermögensveränderungsbetrachtung* ermittelte *Zuwachs* anzusehen ist, der *sicher feststellbar* und zugleich *realisiert* ist. Obschon namentlich das Anschaffungswertprinzip in den kontinentaleuropäischen Rechtsordnungen nicht durchgängig eine absolute Bewertungsobergrenze bildete, konnte der *Gedanke der Realisation zum Zwecke* der *Kapitalerhaltung* von *Lutter* als „ius commune Europae" herausgearbeitet werden. Entsprechend führten auch in den Mitgliedsstaaten teilweise zugelassene Neubewertungen nicht zu einer Erhöhung des Ausschüttungsvolumens, da entsprechende Bewertungsspitzen mit Ausschüttungssperren

---

75 Amtsbl. EG vom 11.11.1971 Nr. C 114/18; in diesem Sinne auch *Wiedemann*, S. 562.

76 *Lutter*, Kapital, Sicherung der Kapitalaufbringung und der Kapitalerhaltung in den Aktien- und GmbH-Rechten der EWG, Karlsruhe, 1964, hier insbes. S. 332 ff. und S. 367. Zur Bedeutung dieses Werks für die Ausgestaltung des europäischen Kapitalschutzsystems vgl. nur *Joost*, in: Festschr. für Lutter, 2000, S. 473.

versehen wurden[77]. Der Leitgedanke der Nichtausschüttung unrealisierter Wertsteigerungen wurde von *Lutter* mithin als ein *verbindendes Element* des *europäischen Kapitalgesellschaftsrechts* identifiziert, das sich zwar zeitweilig Angriffen ausgesetzt sah, im Grundsatz allerdings allgemeine Gültigkeit beanspruchte[78].

Trägt man nunmehr dem Gedanken Rechnung, dass sich auch die Kommission als Urheber des Vorschlags für eine 2. gesellschaftsrechtliche Richtlinie der Abhängigkeit des Kapitalschutzes von der handelsrechtlichen Bilanzierung bewusst war, dürften „nicht geschuldete Ausschüttungen" und „fiktive Dividenden" jedenfalls solche Zuwendungen an Aktionäre meinen, die auf einer das (kontinentaleuropäische) Realisationsprinzip missachtenden Gewinnermittlung beruhen[79].

b) Folgerungen: Anforderungen an ein „kapitalrichtlinienadäquates Bilanzrecht"

Auf der Grundlage der bisher gewonnenen Erkenntnisse lässt sich festhalten, dass eine europäische Rechnungslegungsordnung *mit Bedacht* auf die von der Kapitalrichtlinie stillschweigend vorausgesetzten, aus ihren Materialien aber ersichtlichen Mindestanforderungen ausgestaltet sein muss. Gegenständlich basiert die konzeptionelle Ausgestaltung kapitalschutzrechtlicher Normen insbesondere auf dem Grundgedanken, „fiktive Dividenden" von der Ausschüttung auszuschließen. Der Ausschluss fiktiver Dividenden wiederum gründet auf der Vorstellung einer notwendig sachgerechten Risikoverteilung zwischen Unternehmenseignern und Unternehmensgläubigern[80], die sich im Kapitalschutzsystem niederschlagen muss. Insoweit ist zu konstatieren, dass ein ausschüttungsfähiger Gewinn spezifische Kriterien erfüllen muss, damit sichergestellt ist, dass das durch Art. 15 KapRiLi *rechtstechnisch gebundene* Vermögen dem Gläubigerzugriff *auch rechtstatsächlich* zur Verfügung zu steht.

---

77 Zur Rechtslage in Frankreich, Belgien und Luxemburg *Lutter*, Kapital, S. 338 ff.; vgl. ferner *derselbe*, in: Kölner Kommentar zum AktG, § 58 Rn. 10.

78 Näher dazu *Lutter*, Kapital, S. 367 m.w.N. (auch mit Blick auf § 40 Abs. 2 HGB a.F.).

79 Siehe dazu auch *Euler*, S. 57. Auch *Wiedemann* (S. 562) will einen Verstoß gegen das Verbot der Verteilung fiktiver Dividenden dann annehmen, wenn „Scheingewinne", die seinem Verständnis entsprechend keine „echten Dividenden" darstellen, zur Ausschüttung gelangen. Um die Ausschüttung solcher „Scheingewinne" zu verhindern, sei der Gesetzgeber dazu berufen, „umfangreiche Vorsorge" zu treffen. Nach Ansicht *Wiedemanns* (S. 563) seien allerdings bereits die §§ 149 ff. AktG a.F. dem auch in der Kapitalrichtlinie angelegten Ziel verpflichtet gewesen, „in Wahrheit nicht verdiente Gewinne" von der Ausschüttung auszunehmen.

80 Zu diesem Gesichtspunkt vgl. auch RG JW 1938, 747, 748.

Daraus lassen sich im Wesentlichen drei leitgedankliche Vorgaben ableiten, die ein europäisches Rechnungslegungsrecht im Dienste des kapitalschutzbasierten Gläubigerschutzes zwingend zu beachten hat:

Notwendigerweise muss die handelsrechtliche Gewinnermittlung zunächst auf dem Prinzip der (periodischen) *Vermögensermittlung* beruhen, um eine hinreichende Kompatibilität mit Art. 15 Abs. 1 lit. a, c KapRiLi zu gewährleisten[81]. Damit sachlich eng verknüpft dürfen ferner nur *realisierte Wertzuwächse* und *ausreichend sichere (Vermögens-) Bestandteile* in die Vermögensbetrachtung eingehen, um einem „verfrühten" Abfluss nicht rückholbarer Vermögensbestandteile in die Gesellschaftersphäre entgegenzuwirken (vgl. Art. 16 KapRiLi)[82]. Als Ausfluss der skizzierten Anforderungen muss die in Bezug genommene Rechnungslegungsordnung zudem Regelungen treffen, die eine Aushebelung der intendierten Risikoverteilungsstruktur weithin ausschließen und dem Kapitalschutzsystem damit notwendige Konsistenz verleihen[83]. Nur ein in diesem Sinne *objektiviertes Rechnungslegungsrecht* vermag die von der Richtlinie angestrebte „echte Schrankenwirkung" im Hinblick auf den ausschüttungsfähigen Gewinn zu erzeugen[84].

Diese Leitlinien für ein „kapitalrichtlinienadäquates" europäisches Bilanzrecht führen folgerichtig zu einer *vorsichtsbedachten* Rechnungslegungsordnung[85], *ohne dass* damit allerdings, wie bereits angeklungen, eine Strapazierung des Vorsichtsgedankens notwendig einhergehen müsste. Da sich der Richtliniengeber bereits bei der Ausgestaltung der Kapitalrichtlinie ersichtlich um eine ausgewogene Berücksichtigung von Gläubigerinteressen und wirtschaftlichen Erfor-

---

81 Sinngemäß auch *Streim/Esser*, StuB 2003, 736, 737.

82 Siehe dazu *Ernst*, BB 2003, 1487, 1489 sowie jüngst den Regierungsentwurf zum BilReG, BT-Drs. 15/3419, S. 23.

83 Vgl. auch *Ballerstedt*, S. 134: „Der Grundsatz der Erhaltung des Kapitals erfordert eine besondere Strenge der Auslegung."; *Schulze-Osterloh*, in: IDW (Hrsg.), Neuorientierung der Rechnungslegung, 1995, S. 123, 128.

84 Mit Recht *Schildbach*, in: HURB, S. 428, 429: „Gläubigerschutz kann nur durch zumindest weitgehend nachprüfbare Werte geleistet werden."; ferner *Moxter*, in: Festschr. für Goerdeler, 1987, S. 361, 368; vgl. dazu auch *Löhr*, StuB 2003, 643, 644; ferner *Arbeitskreis Externe Unternehmensrechnung*, DB 2003, 1585, 1588 („Deshalb [sc. wegen der Zahlungsbemessungsfunktion] gilt als maßgebendes Kriterium für Bilanzierung und Bewertung insbesondere die Objektivierung.").

85 Siehe hierzu *Arbeitskreis Bilanzrecht*, BB 2002, 2372, 2376; *Oestreicher/Spengel*, RIW 2001, 889, 892 („Mit dieser Begrenzung [sc. zulässiger Ausschüttungen] wird aber nicht nur national, sondern auch europarechtlich festgelegt, dass die Bilanz vorsichtig ausgestaltet wird [...]"); *Schön*, ZHR 161 (1997), 133, 157; *derselbe*, ZGR 2000, 706, 728 f.; *derselbe*, ZHR 166 (2002), 1, 3 („zwingend[e] logische Korrelat"); ferner *Moxter*, in: Festschr. für Goerdeler, 1987, S. 361, 368; *Schildbach*, BB 1995, 2635, 2637 (ohne europarechtlichen Bezug).

dernissen bemühte (vgl. Art. 6 KapRiLi[86]), muss auch ein europäisches Bilanzrecht keineswegs stringent gläubigerschutzbetont ausgestaltet sein. Daraus resultiert freilich unweigerlich ein breiter Korridor „kapitalrichtlinienadäquater Rechnungslegungsordnungen“. Indes kann sich auch eine aus Gläubigerschutzperspektive suboptimale Rechnungslegungsordnung nicht über die skizzierten gläubigerschutzbezogenen „Eckpfeiler“ kapitalschutzadäquater Rechnungslegung hinwegsetzen, ohne zugleich die Kapitalrichtlinie in ihrer Schutzwirkung wesentlich zu beeinträchtigen. Vielmehr müssen Kapitalgesellschaftsrecht und Bilanzrecht eine zumindest teilweise übereinstimmende „Stoßrichtung“ aufweisen, um die Stringenz der europäischen Richtlinienkondifikationen zu wahren.

86 Vgl. Amtsbl. EG 1971 Nr. C 114/19.

Kapitel 2 – Kapital als Instrument der Risikoverteilung zwischen Gläubigern und Unternehmenseignern

Losgelöst von dem unzweideutig hervorgetretenen Willen des Richtliniengebers, der den kapitalschutzbasierten Gläubigerschutz bei Abfassung der Kapitalrichtlinie[87] als unverzichtbares Element der europäischen Gesellschaftsrechtsordnung herausstellte, soll nunmehr der Frage nachgegangen werden, welche rechtssystematische und rechtspolitische Funktion die Kapitalerhaltungsvorschriften de lege lata übernehmen. Weiterhin soll überlegt werden, welche konkreten gläubigerschutzbezogenen Wirkungen das gegenwärtige Kapitalschutzsystem entfaltet.

A. Kapital als Konstruktionselement der Kapitalgesellschaft

Ein rechtssystematisches Fundament finden die Bemühungen um die Aufrechterhaltung „des Kapitals" zunächst in dessen Funktion als Konstruktionselement der Kapitalgesellschaften[88]. Insoweit besteht zwischen der Aufbringung des Kapitals einerseits und dem in § 1 Abs. 1 Satz 2 AktG verankerten Haftungsausschluss der Aktionäre andererseits ein strukturprägender[89] Konnex[90]. Die Haftungsbeschränkung wird daher zunehmend *nicht* als zwangsläufige Folge der Anerkennung einer von den Mitgliedern separierten verbandsrechtlichen Struktur (juristische Person), sondern als Ausfluss darüber hinausgehender *ordnungspolitischer Zielsetzungen* verstanden, die einen positiv-rechtlichen Ausdruck finden müssen[91].

---

87 Zur jüngeren Entwicklungen auf dem Gebiet des europäischen Gesellschaftsrechts, insbesondere zu den Vorschlägen der High Level Group of Company Law Experts (High Level Group) unter Kap. 2 B. 4.

88 Stellv. *Lutter*, Kapital, S. 51. Die Funktion des Kapitals als Konstruktionselement der Kapitalgesellschaften findet im Aktienrecht eine Stütze: Ausweislich der Überschrift des § 1 AktG wird das „Wesen der Aktiengesellschaft" (auch) durch ihr (in Aktien zerlegtes) Grundkapital bestimmt (§ 1 Abs. 2 AktG). Entsprechend setzt der „Lebenszyklus" einer AG erst mit ihrer Eintragung in das Handelsregister ein (§ 41 Abs. 1 Satz 1 AktG), der die Erbringung der Einlagen in dem durch § 36 a AktG bestimmten Umfang als wesentliche Eintragungsvoraussetzung vorgeschaltet ist (§ 36 Abs. 2 i.V.m. § 54 AktG).

89 *Hüffer*, AktG, § 1 Rn. 1; vgl. ferner *Meyer*, S. 322.

90 In diesem Sinne für das Recht der GmbH *Keßler*, GmbHR 2002, 945, 948.

91 Vgl. insbesondere § 1 Abs. 1 Satz 2 AktG, § 13 Abs. 2 GmbHG, § 278 Abs. 1 AktG. Zur eG sowie zum e.V. vgl. *Keßler*, GmbHR 2002, 945, 948. Der Haf-

Vor diesem Hintergrund deutet die Zusammenführung der vorgenannten aktienrechtlichen Strukturprinzipien unter dem gemeinsamen „Dach" des § 1 AktG darauf hin, dass beide Elemente nach der Vorstellung des Gesetzgebers im gemeinsamen Zusammenspiel das Wesen der Aktiengesellschaft ausformen[92].

Diesem Ansatz folgend gewährt der Gesetzgeber die Haftungsbeschränkung auf das Gesellschaftsvermögen allein unter der Voraussetzung, dass der Gesellschaft „im Gegenzug" Haftkapital zur Verfügung gestellt wird[93]. Auf diesem Wege avanciert das Kapital zur wesentlichen Entstehensvoraussetzung der Aktiengesellschaft. Es bereitet damit den Weg zur Haftungsbeschränkung und darf als Konstruktionselement der Kapitalgesellschaft auch in der Nachgründungsphase nicht durch willkürliche Eingriffe geschmälert werden[94]. Die Pflicht zur Einbringung eines festgelegten und nachfolgend Beschränkungen unterworfenen Eigenkapitalbestandes wird daher zutreffend als charakterisierendes Merkmal der Kapitalgesellschaften identifiziert[95].

Rechtssystematisch ist es daher *folgerichtig*, den Haftungsausschluss von funktionskräftigen Kapitalaufbringungs- und Kapitalerhaltungsvorschriften abhängig zu machen[96].

B. Die Risikoverteilungsfunktion des Kapitals

Freilich ist der Gesetzgeber nicht gehindert, rechtssystematische Zusammenhänge im Dienste gewandelter rechtspolitischer Prämissen aufzubrechen. Daher soll

---

tungsausschluss gilt *nicht als notwendiges*, sondern als mittlerweile „selbstverständliches Konstituum der juristischen Person" (*Lehmann*, ZGR 1986, 345, 350; ferner *Wiedemann*, ZGR 2003, 283, 287). Rechtshistorisch besehen ergänzte die Haftungsbeschränkung allerdings eine bereits vorhandene aktienrechtliche Struktur, vgl. *Großfeld*, Aktiengesellschaft, S. 102 ff.; ferner *Brändel*, in: Großkommentar zum AktG, § 1 Rn. 6, *Raiser*, § 4 Rn. 12; *Wiedemann*, S. 202.

92 Siehe auch MüKo-AktG/*Bayer*, § 57 Rn. 1.

93 Vgl. *Raiser*, § 1 Rn. 2; *Wiedemann*, S. 203; ferner *Keßler*, GmbHR 2002, 945, 948; *Lutter*, AG 1998, 375.

94 Das Haftungsprivileg entfällt freilich nicht, wenn Grund- oder Stammkapital durch wirtschaftliche Fehlentwicklungen angegriffen werden. In dieser Situation „reagiert" das Gesetz mit der Pflicht zur Einberufung der Haupt-/Gesellschafterversammlung (§ 92 Abs. 1 AktG, § 49 Abs. 3 GmbHG) sowie – in letzter Konsequenz – mit der Pflicht zur Stellung eines Insolvenzantrags (§ 92 Abs. 2 AktG, § 64 Abs. 1 GmbHG).

95 *Hirte*, Rn. 1.

96 So *Stimpel*, in: Festschr. für Goerdeler, 1987, S. 601, 605 (mit Blick auf das GmbH-Recht); vgl. auch AG Hamburg BB 2003, 1457, 1458 (Anerkennung der Haftungsbeschränkung einer englischen Limited).

nachfolgend überlegt werden, ob es sinnvoll erscheint, die Inanspruchnahme von Haftungsprivilegien auch fortan von der Beachtung spezifischer Kapitalaufbringung- und Kapitalerhaltungsvorschriften abhängig zu machen. So liegt es jedenfalls vordergründig nahe, die gegenwärtigen „Rechtsformbarrieren" in Frage zu stellen, da Haftungsbeschränkungen ohne Zweifel ein „humanitäres Grundbedürfnis" bedienen[97] und ordoliberale Begründungsansätze parallel merklich an rechtspolitischem Gewicht verloren zu haben scheinen[98].

1. Funktion und Wirkung des sog. Trennungsprinzips und das Erfordernis kompensatorischer Maßnahmen (Risikosymmetrie)

Dem „humanitären Grundbedürfnis" nach einer Beschränkung der Haftung für wirtschaftliches Tätigwerden musste in Zeiten der industriellen Revolution gerade mit Blick auf die Kapitalsammelfunktion der Aktiengesellschaft nachgegeben werden. Da die Aktiengesellschaft als Beteiligungsform insbesondere auch solche Kapitalgeber ansprechen sollte, die sich als „Nichtunternehmer" verstehen und in dieser Eigenschaft auf einen fortwährend kontrollierenden Einblick in die Geschäftstätigkeit der Unternehmensleitung verzichten, muss das Verlustrisiko auf den zum Erwerb der Aktie erforderlichen Betrag begrenzt sein[99]. Gegenwärtig sind Haftungsbeschränkungen allerdings eher von der Absicht getragen, einen Anreiz zu setzen, *überhaupt* unternehmerisch tätig zu werden. Rechtsformspezifische Haftungsbeschränkungen stehen gleichwohl auch aktuell als unverzichtbares Element der Wirtschaftordnung nicht zur Disposition[100].

Die zentrale Funktion des kapitalgesellschaftsrechtlichen *Trennungsprinzips* besteht folglich darin, die Gesellschafter von den mit wirtschaftlicher Betätigung

---

97 *Meyer*, S. 951; vgl. ferner *Wiedemann*, S. 203 („Wohltat der beschränkten Haftung").

98 Der ordoliberale Ansatz ist wesentlich von dem Gedanken eines notwendigen Gleichlaufs von Herrschaft und Haftung getragen. Zur Haftungsbeschränkung aus ordoliberaler Sicht, vgl. *Meyer*, S. 988 ff.; ablehnende Stellungnahmen auch bei *Wiedemann*, S. 545; *K. Schmidt*, S. 115 ff.

99 Vgl. *Roth*, in: Roth (Hrsg.), Das System der Kapitalgesellschaften im Umbruch, 1990, S. 1, 2; ferner *Adams*, in: Ott/Schäfer (Hrsg.), Ökonomische Probleme des Zivilrechts, 1991, S. 193, 195 f.; *Wiedemann*, DB 1993, 141, 147; *derselbe*, ZGR 2003, 283, 287; siehe dazu insbes. auch *Großfeld*, Aktiengesellschaft, S. 108 ff.

100 Vgl. *Fleischer*, in: Michalski, GmbHG, Syst. Darst. 6 Rn. 85; *Lehmann*, ZGR 1986, 345, 353 f.; *Raiser*, in: Festschr. für Lutter, 2000, S. 637, 649; *Wiedemann*, S. 727; siehe auch *Mödl*, JuS 2003, 14, 16; MüKo-AktG/*Semler*, Einl Rn. 17; BSG NJW 1984, 2117, 2118 („aus wohlerwogenen Gründen geschaffene[s] Haftungsprivileg").

unweigerlich verbundenen Risiken abzuschirmen. Das Trennungsprinzip wirkt daher „wie ein persönliches Sicherheitsnetz für den Unternehmer“[101] und bietet einerseits eine sichere Investitionsgrundlage, da der Gesellschafter aufgrund der fehlenden Nachschusspflicht keinesfalls in die Verlegenheit kommt, mehr Kapital in das Unternehmen einbringen zu müssen, als er von vornherein zu riskieren bereit war[102]. Andererseits besteht ein nicht unerheblicher Anreiz, die haftungsrechtliche Struktur der Kapitalgesellschaft zu instrumentalisieren, um durch eine chancen- aber auch risikoreiche Unternehmensführung gewissermaßen *auf Kosten der Gläubiger zu spekulieren* (sog. moral hazard)[103]. Um diesen *Risikotransfer* abzufedern, sind die Unternehmenseigner de lege lata angehalten, einen *eigenen Risikobeitrag* aufzubringen[104]. Als Teil eines zum Schutz des Rechtsverkehrs unabdingbaren Ordnungssystems[105] bedingen Haftungsausschlüsse daher nach überwiegender Auffassung kompensierende gesetzgeberische Maßnahmen, um eine *tragfähige Risikoallokation* zwischen Gesellschaftern und externen Gläubigern zu gewährleisten und einer Sozialisierung von Verlustgefahren – zumindest im Ansatz – zu begegnen[106].

Steht die wirtschaftliche Risikoverlagerung hingegen nicht im Vordergrund des verbandsrechtlichen Zusammenschlusses, erhebt der Gesetzgeber die Auf-

---

101 *Lehmann*, ZGR 1986, 345, 352; vgl. ferner *Raiser*, in: Festschr. für Lutter, 2000, S. 637, 649.

102 *Lehmann*, ZGR 1986, 345, 354.

103 *Group of German Experts on Corporate Law*, ZIP 2002, 1310, 1318; ferner *Adams*, in: Ott/Schäfer (Hrsg.), Ökonomische Probleme des Zivilrechts, 1991, S. 193, 198 f.; *Kahle*, WPg 2003, 262, 267 f. Gerade wenn sich die Insolvenz der Gesellschaft schon derart abzeichnet, dass die Gesellschafter ihren Kapitaleinsatz bereits als „sunk costs“ betrachten, besteht kaum noch ein Anreiz, im Rahmen anstehender ökonomischer Entscheidungen auf Interessen Dritter Rücksicht zu nehmen, vgl. *Fleischer*, S. 88; *Meyer*, S. 958. Daraus resultiert der Gedanke, fragwürdige Unternehmungen, die den Rechtsverkehr durch Spekulation und (unbillige) Bereicherungsabsicht belasten könnten, durch Eigenkapitalanforderungen vom Markt fernzuhalten (*Lutter*, in: Festschr. für Riesenfeld, 1983, S. 165, 168; vgl. dazu allerdings auch *Group of German Experts on Corporate Law*, ZIP 2002, 1310, 1318 [mit Blick auf die aktuellen Eigenkapitalanforderungen]).

104 *Lutter*, AG 1998, 375; *Wiedemann*, S. 565; *derselbe*, ZGR 2003, 283, 287 f. Dass das Bestreben, die persönliche Haftung auszuschließen, ungeachtet der gegenwärtigen Kapitalaufbringungsvorschriften fortbesteht, belegt freilich die Rechtsformstatistik (vgl. etwa *Hirte*, S. V.).

105 Vgl. *Hueck/Windbichler*, § 20 Rn. 14; *Raiser*, § 1 Rn. 2.

106 *K. Schmidt*, S. 540; vgl. auch *Adams*, in: Ott/Schäfer (Hrsg.), Ökonomische Probleme des Zivilrechts, 1991, S. 193, 198 f.; Scholz/*Emmerich*, GmbHG, § 13 Rn. 55; *Limbach*, GmbHR 1967, 71, 74 f.; *Raiser*, in: Festschr. für Lutter, 2000, S. 637, 648 f.; *derselbe*, § 1 Rn. 2; *Stimpel*, in: Festschr. für Goerdeler, 1987, S. 601, 605; *Wiedemann*, S. 202 f.

bringung eines Haftungsfonds indes nicht zur Bedingung für die Gewährung des Haftungsprivilegs.

So legen etwa die qualitativ erheblich voneinander abweichenden Schutzbestimmungen, die für nichtwirtschaftliche und wirtschaftliche Vereine[107] vorgesehen sind, nahe, dass gerade die Gefahr *unternehmerischer Risikoverlagerung* zu legislativen Sicherungsmaßnahmen zwingt[108]. Insofern ist die Abschottung der Vereinsmitglieder vor Gläubigeransprüchen hinnehmbar, da die Organisationsform des nichtwirtschaftlichen Vereins *nicht auf* eine solche *Risikoverlagerung ausgerichtet* ist.

Auch die im Zuge der GmbHG-Novelle von 1980[109] eingeführten §§ 32 a, b GmbHG sind wesentlich von dem Gedanken getragen, Risikoverlagerungen – in Form einer fortgesetzten Fremdfinanzierung der in eine Krise geratenen GmbH – von der Gesellschafter- in die Gläubigersphäre entgegenzuwirken[110].

Danach besteht eine grundlegende Pflicht des Gesellschafters darin, das Finanzierungsrisiko einer in eine Krise geratenen Gesellschaft in seiner Eigenschaft als Gesellschafter durch Hingabe von Eigenkapital zu übernehmen oder aber die Liquidation der Gesellschaft einzuleiten[111]. Kommt ein Gesellschafter diesem Gebot nicht nach, wandelt sich der Charakter der zur Stützung einer zu geringen Eigenkapitaldecke gewährten Gesellschafterdarlehen, so dass „sie der Sache nach die Natur von Einlagen"[112] erlangen. Durch die haftungsrechtliche „Verstrickung" sorgen die §§ 32 a, b GmbHG insoweit für eine (nachträgliche) Korrektur der durch die Darlehensgewährung in unbilliger Weise modifizierten Risikostruktur. Ein in der Krise gewährtes Gesellschafterdarlehen wird auf diese Weise zu einem *neuerlichen Risikobeitrag* umqualifiziert.

Zieht man die Summe aus den vorstehenden Überlegungen, bleibt festzuhalten, dass es einer gefestigten Rechtstradition entspricht, die Zubilligung einer gesellschaftsrechtlichen Haftungsbeschränkung an die Aufbringung und Erhaltung eines Haftungsfonds zu koppeln. Das Kapitalgesellschaftsrecht ist daher allge-

---

107 Wirtschaftliche Vereine unterliegen gemäß § 22 BGB einem Konzessionssystem.

108 Siehe dazu *K. Schmidt*, S. 539; ferner *Keßler*, GmbHR 2002, 945, 948. Vor Schädigungen durch einen nichtwirtschaftlichen Verein werden Gläubiger hingegen vornehmlich durch die Insolvenzantragspflicht geschützt (§ 42 Abs. 2 BGB).

109 Zu den Zielen der Novelle *Röhricht*, in: Festschr. Bundesgerichtshof, 2000, S. 83, 100 („Verstärkung des Gläubigerschutzes").

110 Vgl. BT-Drs. 8/1347, S. 39; ferner den Regierungsentwurf zum KapAEG, ZIP 1997, 706, 709.

111 *Röhricht*, in: Festschr. Bundesgerichtshof, 2000, S. 83, 100. Aus der Rechtsprechung mit demselben Tenor BGH ZIP 1994, 1934, 1938; ferner BGHZ 31, 258, 272 f. Gesellschaftern ist es danach verwehrt, notleidende Unternehmen mit dem Instrument der Fremdfinanzierung „künstlich am Leben" zu erhalten (vgl. BGH WM 1972, 74, 75).

112 BT-Drs. 8/1347, S. 39.

mein von der Absicht getragen, dem rechtsethischen *Prinzip der Symmetrie von Chancen und Risiken*[113] hinreichend Rechnung zu tragen.

Auf der Grundlage der bisherigen Ergebnisse übernehmen daher namentlich Kapitalerhaltungsregeln[114] als *institutionelles Korrelat* für die fehlende persönliche Haftung der Gesellschafter[115] und die damit einhergehende Risikoverlagerung[116] die Funktion, die Ausfallrisiken der Gläubiger einzudämmen[117] und die Unternehmenseigner durch die Sorge um die eingebrachten Vermögenswerte zu einer (reflexartig) auch Gläubigerinteressen berücksichtigenden Unternehmensführung anzuhalten[118]. Insbesondere sind die Unternehmensgläubiger gegenüber den Unternehmenseignern insoweit privilegiert, als aus dem Eigenkapital keine konkurrierenden Ansprüche erwachsen, da die Gesellschafter an Perioden- und Endverlust beteiligt sind (vgl. § 73 Abs. 1, 1. Halbs. GmbHG)[119]. Wirtschaftliche Fehlentwicklungen wirken sich daher zunächst auf die Position der Unternehmenseigner aus, bevor sie auf die Werthaltigkeit von Gläubigeransprüchen durchschlagen.

---

113 Hierzu mit Blick auf die Eigenkapitalersatzregeln *Fleischer*, S. 88.

114 Die Kapitalerhaltungsvorschriften werden freilich insbesondere durch Insolvenzantragspflichten, die Vorschriften betreffend die Liquidation einer Kapitalgesellschaft sowie Publizitätsvorschriften ergänzt.

115 *Fabritius*, ZHR 144 (1980), 628, 631; *Hennrichs*, ZGR 1999, 837, 838 und 846; *Hirte*, Rn. 605; *Hueck/Fastrich*, in: Baumbach/Hueck, GmbHG, § 3 Rn. 16; *Keßler*, GmbHR 2002, 945, 948; *Lutter*, Kapital, S. 42, 51; *derselbe*, in: Festschr. GmbHG, 1992, S. 49, 65; MüKo-AktG/*Heider*, § 7 Rn. 6; *Raiser*, § 1 Rn. 2; *K. Schmidt*, S. 538 f.; *Strobl*, in: Festschr. für Clemm, 1996, S. 389, 402; Scholz/*Westermann*, GmbHG, § 30 Rn. 1; *Wiedemann*, S. 203, 557 f.

116 *Lutter*, in: Kölner Kommentar zum AktG, Vorb. § 53 a Rn. 8; *derselbe*, in: Festschr. für Riesenfeld, 1983, 165, 167.

117 *Hirte*, Rn. 586; vgl. auch BGHZ 28, 77, 78; *Stimpel*, in: Festschr. für Goerdeler, 1987, S. 601, 608. Allgemein zu den Funktionen des Eigenkapitals *Wiedemann*, in: Großkommentar zum AktG, vor § 182 Rn. 5 ff.; *Lutter*, in: Kölner Kommentar zum AktG, Vorb. § 53 a Rn. 8.

118 *Meyer*, S. 957 glaubt allerdings „ohne weitere empirische Analyse" feststellen zu können, dass „eine unbeschränkte Haftung zahlreiche Insolvenzen verhindern und in einer großen Vielzahl weiterer Fälle zu einer deutlichen Erhöhung der Insolvenzquoten führen würde.".

119 Vgl. dazu *Röhricht*, in: Festschr. Bundesgerichtshof, 2000, S. 83, 100; ferner *Mödl*, JuS 2003, 14, 16; *K. Schmidt*, JZ 1984, 771, 772; *derselbe*, S. 515; *Wiedemann*, in: Großkommentar zum AktG, vor § 182 Rn. 6; ferner BGH BB 2002, 1823, 1824.

2. *Entwicklung des Aktienrechts als „Lernprozess" im Umgang mit der beschränkten Haftung*

In historischer Perspektive ist die gesetzgeberische *Risikosteuerung* durch Kapitalaufbringungs- und Kapitalerhaltungsvorschriften freilich keine Selbstverständlichkeit. Allerdings scheinen die Grundwertungen, die dafür verantwortlich zeichneten, dass das Aktienrecht vor 1937 ein gesetzlich fixiertes Mindestkapital nicht kannte (vgl. § 7 Abs. 1 AktG 1937 500.000 RM)[120], weithin überwunden.

Tatsächlich bewegte sich das Aktienrecht im Verlauf seiner Entwicklungsgeschichte stets in dem Spannungsfeld zwischen dem Erfordernis, marktfähige Gesellschaftsformen bereitzustellen und der allgemeinen Schutzfunktion der Rechtsordnung, mithin ordnungspolitischen Erwägungen[121]. Insofern stellt sich der Weg über die Abschaffung des Konzessionssystems durch die 1. Aktienrechtsnovelle von 1870 und die daraus resultierenden Erfahrungen mit unzureichenden Gründungs-, Kapitalaufbringungs- und Kapitalerhaltungsvorschriften, auf die mit dem Ausbau des Normativsystems durch die 2. Aktienrechtnovelle reagiert wurde, bis zur Festlegung eines Mindestnennkapitals durch das Aktiengesetz 1937 als gesetzgeberischer Lernprozess im Umgang mit dem Trennungsprinzip dar[122].

Die gegenwärtige Kapitalschutzkonzeption ist mithin Ausdruck eines Abwägungsvorgangs, in den verschiedenste wirtschaftliche und ordnungspolitische Faktoren eingeflossen sind. Der rechtliche Entwicklungsprozess insbesondere der Aktiengesellschaft spiegelt insoweit die in der jeweils früheren Entwicklungsperiode gewonnenen Erfahrungen wider, die lediglich von aktuellen wirtschaftspolitischen Bedürfnissen überlagert wurden. Mit Rücksicht darauf, dass sich sowohl das Konzessionssystem als auch der weitgehende Verzicht auf Mindestkapitalanforderungen bereits als untaugliche Regulierungsleitlinien erwiesen haben, muss der erreichte Status quo als bislang höchste Entwicklungsstufe des Aktienrechts angesehen werden.

---

120 Siehe hierzu *Ballerstedt*, ZHR 135 (1971), 383, 385.

121 Vgl. *Hueck/Windbichler*, § 20 Rn. 14; instruktiv zur Entwicklung des Aktienrechts *Assmann*, in:Großkommentar zum AktG, Einl Rn. 6 ff. (insbes. Rn. 44 ff.); *Großfeld*, Aktiengesellschaft, S. 113 ff.

122 Besonders deutlich tritt dieser Gesichtspunkt in den Gesetzesmaterialien zur Aktienrechtsreform von 1884 hervor, vgl. Verhandlungen des Reichstages, 5. Legislaturperiode – IV. Session 1884, S. 301 f.: „(...) sind die Fehltritte in der letzten wirtschaftlichen Periode des unangemessenen Aktienverkehrs so bedeutende gewesen, daß eine Abhülfe auf dem Wege der Gesetzgebung, soweit dies hier überhaupt möglich ist, sich *als ein Gebot der Nothwendigkeit* ergiebt" (Beibehaltung ursprünglicher Orthografie, Hervorh. d. d. Verf.); vgl. auch *Assmann*, in: Großkommentar zum AktG, Einl Rn. 83 ff.

3. Position der Rechtsprechung: „Durchsetzung" kapitalschützender Mechanismen im Wege der „Durchgriffshaftung"

Während die Literatur in ihrer Meinung über die Zweckmäßigkeit und Wirksamkeit des kapitalschutzbasierten Gläubigerschutzsystems uneins ist[123], verfolgt die Rechtsprechung zu seiner Verteidigung eine konsequente Strategie, die den Entzug des Haftungsprivilegs mit einschließt. Zentraler Anknüpfungspunkt ist dabei das Bestreben, der *Zweckbindung* des Gesellschaftsvermögens umfassend Geltung zu verschaffen[124]. Dieser „teleologische Ansatz" gründet auf der Vorstellung, dass das zum Zwecke der Befriedigung von Gläubigerforderungen benötigte Vermögen in der Gesellschaft verbleiben muss, um dem Zugriff von Gläubigern zur Verfügung zu stehen[125]. Mit Rücksicht auf diese Zweckbindung sieht die Rechtsprechung die *gesetzliche Funktion* der Kapitalgesellschaft gerade darin begründet, den Gesellschaftsgläubigern „anstelle ihrer Gesellschafter als Haftungsträger zu dienen"[126]. Sofern eine Kapitalgesellschaft diese Aufgabe etwa infolge existenzvernichtender Eingriffe nicht mehr (adäquat) ausfüllen kann, entfällt – im Gegenzug –das Privileg der beschränkten Haftung[127].

123 Namentlich *Wiedemann* (S. 558) bewertet das System des garantierten Eigenkapitals als (europäische) „Kulturleistung ersten Ranges". Gestützt auf die statistisch belegbare geringe Wahrscheinlichkeit, dass Gläubigerforderungen im Rahmen eines Insolvenzverfahrens befriedigt werden sowie die US-amerikanische Rechtsentwicklung wird die Effizienz des gesellschaftsrechtlichen Kapitalschutzes indes zusehends in Zweifel gezogen (vgl. *Kübler*, Aktie, S. 29 ff., 61; *derselbe*, NZG 2003, 358 ff.; *Hirte*, Rn. 615 ff.; *Hüttche*, RIW 1996, 1018, 1024; *Merkt*, AG 2003, 126, 132 [„statistisch belegbare Untauglichkeit des traditionellen Kapitalschutzsystems")]; *Strobl*, in: Festschr. für Clemm, 1996, S. 389, 408. Umfassend zu den Argumenten *Küblers*: *Assmann*, in: Großkommentar zum AktG, Einl Rn. 480 ff.). Darüber hinaus wird die Qualität eines Regelungssystems mit unmittelbarem wirtschaftlichen Bezug zunehmend auch daran gemessen, inwieweit es geeignet ist, zur Förderung der volkswirtschaftlichen Entwicklung beizutragen. Vor diesem Hintergrund wird die Regulierungstiefe des aktienrechtlichen Kapitalschutzes vermehrt als Standortnachteil wahrgenommen, der Investitionsbereitschaft und Wachstum hemme (*Kübler*, AG 1998, 345).

124 Siehe dazu auch *Group of German Experts on Corporate Law*, ZIP 2002, 1310, 1316 f.

125 BGH ZIP 2002, 1578, 1579 f.; ZIP 2002, 848, 850; NJW 2001, 3622, 3623; vgl. dazu auch *Röhricht*, in: Festschr. Bundesgerichtshof, 2000, S. 83, 101; ferner *Keßler*, GmbHR 2002, 945 ff.; *Ulmer*, JZ 2002, 1049 ff.; *Wiedemann*, ZGR 2003, 283 ff.

126 BGH ZIP 2002, 1578, 1580; siehe auch *Röhricht*, in: Festschr. Bundesgerichtshof, 2000, S. 83, 100 f.

127 Dies wird insbesondere damit begründet, dass die Vorschriften betreffend das Liquidationsverfahren einer Kapitalgesellschaft (vgl. insbes. §§ 72 f. GmbHG) missachtet wurden, siehe dazu *Mödl*, JuS 2003, 14, 16; vgl. ferner BGH BB 2002, 1823, 1824.

Vor diesem Hintergrund werden die strikte Trennung der Vermögenssphären von Gesellschaft und Gesellschaftern sowie die Beachtung der Zweckbindung des Gesellschaftsvermögens als notwendige Voraussetzungen für die Inanspruchnahme des Haftungsprivilegs angesehen[128]. Entsprechendes gilt nach der Rechtsprechung des BGH allerdings auch für die *Funktionsfähigkeit der Kapitalerhaltungsvorschriften schlechthin*[129], die freilich insbesondere durch vermögensvermischende Maßnahmen in Frage gestellt wird[130]. Sofern der Schutz des Haftungsfonds daher durch Handlungen außer Funktion gesetzt wird, die etwaige Transfers aus dem Vermögen der Gesellschaft in die Privatsphäre der Gesellschafter nicht mehr kontrollierbar erscheinen lassen, gestattet der BGH den „Durchgriff" auf das Vermögen der Gesellschafter[131].

Bei Lichte besehen setzt sich die Rechtsprechung in diesem Zuge über prägende kapitalgesellschaftsrechtliche Strukturmerkmale hinweg[132], die das „Wesen" von GmbH und Aktiengesellschaft entscheidend mitbestimmen (vgl. Kap. 2 A.). Dies geschieht allerdings weder leichtfertig noch schrankenlos[133], sondern als Reaktion auf die Außerkraftsetzung[134] derjenigen Mechanismen, die die Bekämpfung von Vermögensverschiebungen im Verhältnis zwischen Gesellschaft

---

128 BGH ZIP 2002, 1578, 1580 (zustimmend *Keßler*, GmbHR 2002, 945, 949 ff.); vgl. auch BGHZ 22, 226, 230; 95, 330, 334; ferner *Lutter/Hommelhoff*, in: Lutter/Hommelhoff, GmbHG, § 13 Rn. 13 f.

129 Vgl. BGH NJW 2001, 3702, 3703; NJW 1994, 1801 f.; in diesem Sinne auch BSG NJW-RR 1997, 94, 95; *Röhricht*, in: Festschr. Bundesgerichtshof, 2000, S. 83, 100 ff.; *Stimpel*, in: Festschr. für Goerdeler, 1987, S. 601, 605 m.w.N.

130 Der „Tatbestand" der Vermögensvermischung gilt mit Recht als gesichertster Auslöser einer Durchgriffshaftung, vgl. *Wiedemann*, ZGR 2003, 283, 288 m.w.N; siehe dazu auch *Keßler*, GmbHR 2002, 945, 949.

131 Im Grundsatz von BGH NJW 1994, 1801, 1802 auch für die Nichteinhaltung von Buchführungspflichten bejaht, vgl. auch BSG NJW-RR 1997, 94, 95; *Stimpel*, in: Festschr. für Goerdeler, 1987, S. 601, 607.

132 Tatsächlich nimmt der BGH eine teleologische Reduktion des § 13 Abs. 2 GmbHG vor (so zutr. *Ulmer*, JZ 2002, 1049, 1050; siehe auch *Wiedemann*, ZGR 2003, 283, 285). Zur methodischen Begründung des unmittelbaren Haftungsanspruchs der Gesellschaftsgläubiger gegen die Gesellschafter (als „Haftungsbrücke") zieht *Ulmer* (a.a.O.) eine Analogie zu den §§ 105, 128 HGB.

133 Siehe dazu BGHZ 61, 380, 383; BSG NJW 1984, 2117, 2118; NJW-RR 1997, 94 m.w.N.

134 Instruktiv zur theoretischen Fundierung der Durchgriffshaftung BSG NJW 1984, 2117, 2118. Allgemein geht der BGH (BGHZ 20, 4, 14; mit gleichem Tenor *Lutter/Hommelhoff*, in: Lutter/Hommelhoff, GmbHG, § 13 Rn. 6) davon aus, dass die „Rechtsfigur der juristischen Person nur in dem Umfang Beachtung finden (kann), in dem ihre Verwendung dem Zweck der Rechtsordnung entspricht.".

und Gesellschaftern[135] zum Ziel haben. Gewährleisten die Kapitalschutzvorschriften daher (im konkreten Fall) keinen adäquaten, d.h. rechtsethisch angemessenen Ausgleich für die Haftungsbeschränkung, muss dieser in Gestalt einer subsidiären Ausfallhaftung[136] der Gesellschafter zur Verfügung gestellt werden[137].

Im Gegensatz dazu rechtfertigt eine sog. materielle Unterkapitalisierung wohl keinen Durchgriff auf das Privatvermögen der Gesellschafter[138]. Diese Sichtweise trägt dem Umstand Rechnung, dass weder das AktG noch das GmbHG eine angemessene Eigenkapitalausstattung voraussetzen[139]. Insoweit fehlt es insbesondere an einem Verstoß gegen die ohnehin strengen Normativbestimmungen im Recht der Kapitalgesellschaften[140].

Das „Recht zur Inanspruchnahme einer auf das Gesellschaftsvermögen beschränkten Haftung beruht(e)" – nach Eintragung einer Gesellschaft – daher vornehmlich auf der Beachtung der formalen Trennung der Vermögenssphären von

135 *Röhricht*, in: Festschr. Bundesgerichtshof, 2000, S. 83, 100 ff. (*Röhricht* spricht insofern von „systemsprengende(n), die Spielregeln verletzende(n) Verhaltensweisen" [a.a.O., S. 102]); vgl. auch *Schön*, ZHR 166 (2002), 1, 4 f.

136 BGH ZIP 2002, 1578, 1580; siehe dazu *Keßler*, GmbHR 2002, 945, 950; *Ulmer*, JZ 2002, 1049, 1051; *Wiedemann*, ZGR 2003, 283, 291 f.

137 Zur Nichtanerkennung der Haftungsbeschränkung einer englischen Limited (jedenfalls) in Missbrauchsfällen siehe auch AG Hamburg BB 2003, 1457, 1458.

138 Übersicht über die Rechtsprechung bei *Altmeppen*, ZIP 2002, 1553, 1555 ff. *Altmeppen* weist weiter darauf hin, dass „der Tatbestand" der materiellen Unterkapitalisierung allenfalls den Anwendungsbereich des § 826 BGB eröffnen kann (a.a.O., S. 1556; siehe auch *derselbe*, in: Roth/Altmeppen, GmbHG, § 13 Rn. 33; *Michalski*, in: Michalski, GmbHG, Syst. Darst. 1 Rn. 68 m.w.N.; a.A. offenbar BSG NJW 1984, 2117, 2119; NJW-RR 1997, 94, 95; *Stimpel*, in: Festschr. für Goerdeler, 1987, S. 601, 607 ff.; ferner *Lutter/Hommelhoff*, in: Lutter/Hommelhoff, GmbHG, § 13 Rn. 7; *Raiser*, in: Festschr. für Lutter, 2000, S. 637, 647 ff.; *Ulmer*, in: Hachenburg, GmbHG, 8. Aufl., § 63 Rn. 24; *derselbe*, JZ 2002, 1049 [jeweils für Fälle sog. qualifizierter Unterkapitalisierung]; vgl. ferner *Wiedemann* [S. 727], der einen Haftungsausschluss generell von einer „korrekten Eigenkapitalausstattung" abhängig machen will; *derselbe*, ZGR 2003, 283, 296).

139 Eher ablehnend auch *K. Schmidt*, S. 240 ff. Auch der Gesetzgeber (BT-Drs. 8/1347, S. 38 f.) hat mit Verweis auf das „Gebot der Rechtssicherheit" von der Normierung eines dem Geschäftsumfang angepassten, flexiblen (GmbH-rechtlichen) Haftungsfonds abgesehen, da andernfalls die Gefahr bestehe, dass die GmbH „als solche" in Frage gestellt werde. Diese Richtungsentscheidung des Gesetzgebers darf nicht durch Einführung einer Durchgriffshaftung wegen materieller Unterkapitalisierung unterlaufen werden (in diese Richtung auch *Michalski*, in: Michalski, GmbHG, Syst. Darst. 1 Rn. 68; a.A. *Raiser*, in: Festschr. für Lutter, 2000, S. 637, 649 f.).

140 Siehe auch *Röhricht*, in: Festschr. Bundesgerichtshof, 2000, S. 83, 95 f.; weiterhin ähnlich *Michalski*, in: Michalski, GmbHG, Syst. Darst. 1 Rn. 68.

Gesellschaft und Gesellschaftern[141]. Die konsequente Abgrenzung der Vermögenssphären bildet mithin das Fundament der gegenwärtigen Kapitalschutzmechanismen, das naturgemäß nicht zur Disposition der Gesellschafter gestellt werden darf.

4. Neuausrichtung des Gläubigerschutzes auf europäischer Ebene

Obgleich das durch die 2. gesellschaftsrechtliche Richtlinie fundierte Kapitalschutzschutzsystem als ein Eckpfeiler („cornerstone") des europäischen Gesellschaftsrechts gilt[142], sieht es sich derzeit erheblichen Angriffen ausgesetzt. Namentlich die von der Europäischen Kommission eingesetzte High Level Group of Company Law Experts (High Level Group) erkennt hinsichtlich der tragenden Prinzipien der Kapitalrichtlinie erheblichen Verbesserungsbedarf, den sie nach Auswertung der Reaktionen auf ein Konsultationspapier in einem Abschlussbericht zusammengefasst hat[143]. In diesem Rahmen zeigt sich die High Level Group von der Untauglichkeit des gegenwärtigen Kapitalschutzsystems überzeugt[144]. Sie lässt dabei klar erkennen, dass sie langfristig einem auf Insolvenztests beruhenden Gläubigerschutzsystem US-amerikanischer Prägung zuneigt (vgl. dazu Kap. 6 B. 4.)[145]. Damit müsse zwar nicht unweigerlich eine Abstandnahme vom Konzept des festen Grundkapitals verbunden sein. Gleichwohl tritt die High Level Group dafür ein, die Ausschüttungsmöglichkeiten von Kapitalgesellschaften nicht dauerhaft dem Regime des Art. 15 KapRiLi zu unterstellen. Die High Level Group sieht allerdings davon ab, der Kommission eine Festlegung auf das „Insolvenztestmodell" zu empfehlen. Dieses soll vielmehr als Alternative (in Gestalt eines Mitgliedsstaatenwahlrechts) neben das gegenwärtige Kapitalschutzsystem treten, das in seinen tragenden Prinzipien Bestand haben könne[146]. Kurzfristig

---

141 Vgl. BGH BB 2002, 1823, 1824.

142 So auch die *High Level Group of Company Law Experts*, Chapter IV, S. 78 (abrufbar unter http://europa.eu.int/comm/internal_market/en/company/company/news/index.htm).

143 *High Level Group*, Chapter IV, S. 78 - 89.

144 *High Level Group*, Chapter IV, S. 81 („[...] the Group believes that the criticism directed at the current regime is so fundamental and serious that indeed an alternative regime aimed at efficient shareholder and creditor protection needs to be developed."); nunmehr vorsichtig beipflichtend auch *Wiedemann*, ZGR 2003, 283, 292.

145 Dazu *High Level Group*, Chapter IV, S. 86 ff.; so auch die Deutung von *Merkt*, AG 2003, 126, 129 sowie der *Group of German Experts on Corporate Law*, ZIP 2002, 1310, 1316.

146 *High Level Group*, Chapter IV, S. 87; vgl. auch jüngst *Group of German Experts on Corporate Law*, ZIP 2003, 863, 871 f. Diese Positionierung der High Level Group

befürwortet die High Level Group lediglich eine Überarbeitung der Kapitalrichtlinie nach Maßgabe der Vorschläge der „SLIM Group", die die Ausschüttungskonzeption unberührt lassen[147].

Ungeachtet dessen lässt die High Level Group keinen Zweifel daran, dass die Festlegung eines Mindestkapitals (vgl. Art. 6 KapRiLi) ihrer Ansicht nach keinen nachhaltig positiven Einfluss auf die Qualität des Kapitalschutzes hat. Die einzige Funktion des Mindestkapitals könne darin gesehen werden, der „vorschnellen" Gründung haftungsbeschränkter Gesellschaften entgegenzuwirken, ohne dass aber zu belegen sei, dass die gegenwärtige Mindestkapitalregelung diese Wirkung tatsächlich entfalte[148]. Insbesondere eine „Pufferfunktion" des Grundkapitals vermag die High Level Group nicht zu erkennen.

C. Eigene Bewertung

Auf der Grundlage der skizzierten „Grundkoordinaten" lässt sich zunächst nicht ernsthaft in Zweifel ziehen, dass gesetzliche Kapitalschutzmechanismen keinen dauerhaften Beitrag zur Unternehmenserhaltung leisten können, da eine verlustbedingte Aufschmelzung eingebrachter Mittel nicht zu verhindern ist[149]. Weitgehend unbestritten gilt das Eigenkapital freilich als wichtiger Baustein der Finanzplanung eines Unternehmens. Eigenkapital ist zugleich auch *Betriebskapital*, das einer Einwirkung durch externe Faktoren weithin entzogen ist und dem Unternehmen mithin dauerhaft zur Verfügung steht (sog. Kontinuitätsfunktion)[150]. Es trägt folglich zur Stabilisierung der wirtschaftlichen Situation bei[151]. Diesem Gesichtspunkt tragen die gegenwärtigen Eigenkapitalanforderungen daher *jedenfalls im Ansatz* Rechnung. Mindestkapitalvorschriften fordern so besehen nur das ein,

dürfte nicht zuletzt auf die ablehnenden Stellungnahmen zurückzuführen sein, die als Reaktion auf ihr Konsultationspapier gegen eine grundlegende Abkehr vom derzeitigen Kapitalschutzsystem eingingen (vgl. *High Level Group*, Chapter IV, S. 80; ferner *Arbeitskreis Bilanzrecht*, BB 2002, 2372, 2376).

147 Zusammengefasst im Bericht der *High Level Group*, Chapter IV, S. 81 ff.

148 *High Level Group*, Chapter IV, S. 82.

149 Vgl. MüKo-AktG/*Heider*, § 7 Rn. 6; *Hirte*, Rn. 612 ff.; *Schön*, ZHR 166 (2002), 1, 5; ferner *Ballerstedt*, ZHR 135 (1971), 383, 385; *Joost*, in: Festschr. für Lutter, 2000, S. 473; *Kübler*, S. 153; *Lutter*, in: Festschr. für Riesenfeld, 1983, S. 165, 168.

150 *Lutter*, Kapital, S. 51; vgl. auch *Gelhausen*, S. 68.

151 *K. Schmidt*, S. 517 („Beitrag zur Unternehmenserhaltung") m.w.N.; abweichend *Schön*, Der Konzern 2004, 162, 165.

was schon bei rein ökonomischer Betrachtung unverzichtbar erscheint. Ein wirklicher Standortnachteil kann hierin nicht gesehen werden[152].

Verzichtete man ferner auf Eigenkapitalanforderungen und nähme zugleich die Regelungen betreffend die Insolvenzantragspflicht bei Überschuldung ernst (§ 64 Abs. 1 GmbHG, § 92 Abs. 2 AktG), so würde diese Pflicht in der Anlaufphase einer nicht eigenkapitalbasierten Unternehmensgründung nahezu unmittelbar greifen[153].

Weiterhin bieten gesetzliche Kapitalschutzregeln eine Gewähr dafür, dass sich Risiken und Verluste der unternehmerischen Betätigung *zunächst im Eigenkapital* niederschlagen. Insofern bildet das Eigenkapital unbestreitbar einen *Verlustpuffer*[154], der der Beeinträchtigung der Gläubigersphäre „vorgeschaltet" ist. Wirtschaftliche Fehlentwicklungen schlagen daher erst *verzögert* auf die Belange der Gläubiger durch[155]. Als rechtspolitische Gestaltungsentscheidung ist die Breite dieses Puffers allerdings Ausdruck eines vielschichtigen Interessenausgleichs. Vor diesem Hintergrund entspräche etwa eine „Verabsolutierung" des Gläubigerschutzziels von vornherein nicht den (volks-)wirtschaftlichen Erfordernissen und war von Seiten des Gesetzgebers zudem nie beabsichtigt[156]. Da die gesetzgeberische Erwartungshaltung an die Kapitalschutzregeln daher Schädigungen Dritter einbezieht, sind parallel auch die anzulegenden Beurteilungsmaßstäbe entsprechend anzupassen[157]. Insoweit ist freilich einzuräumen, dass die gegenwärtigen Mindestkapitalvorschriften des Aktien- und GmbH-Rechts keineswegs zur Bil-

152 Da die zur Anwendung der Kapitalschutznormen erforderlichen bilanziellen Bezugspunkte ohnehin – aufgrund „originär" handelsrechtlicher Pflichten – zu ermitteln sind, entfaltet ihre bloße Nutzung im Rahmen kapitalschutzbezogener Normen zudem keine eigenständige Belastungswirkung.

153 Vgl. *Lutter*, AG 1998, 375.

154 Z.B. *Lutter*, AG 1998, 375; *Roth*, in: Ott/Schäfer (Hrsg.), Ökonomische Probleme des Zivilrechts, 1991, S. 226, 227; *K. Schmidt*, S. 517; ferner *Goerdeler/Müller*, in: Hachenburg, GmbHG, 8. Aufl., § 30 Rn. 1; zum Interesse der Gläubiger an einem Verlustpuffer *Kahle*, WPg 2003, 262, 268.

155 Vgl. auch *Wiedemann*, DB 1993, 141, 147.

156 Vgl. *Raiser*, in: Festschr. für Lutter, 2000, S. 637, 649. Ein „vollkommener Gläubigerschutz" existiert im Übrigen auch im Personengesellschaftsrecht nicht, vgl. hierzu *Adams*, in: Ott/Schäfer (Hrsg.), Ökonomische Probleme des Zivilrechts, 1991, S. 193, 200 (mit Verweis auf Pfändungsschutzvorschriften); bestätigend *Roth*, in: Ott/Schäfer (Hrsg.), Ökonomische Probleme des Zivilrechts, 1991, S. 226, 228 f.

157 *Group of German Experts on Corporate Law*, ZIP 2002, 1310, 1316; *dieselbe*, ZIP 2003, 863, 872 („Die Aufbringung eines dem Geschäftsumfang angemessenen Eigenkapitals wird von der Richtlinie nicht gefordert, der Mangel kann ihr also auch nicht als Fehler angerechnet werden."); ähnlich auch *Arbeitskreis Bilanzrecht*, BB 2002, 2372, 2375 mit Blick auf die Stellungnahmen im Schrifttum, die von einem Scheitern der gesetzlichen Kapitalschutzkonzeption ausgehen.

dung einer Pufferzone anhalten, die nachhaltig zur Qualität des Kapitalschutzsystems beitragen könnte[158].

Entgegen der Ansicht der High Level Group lässt sich indes kaum bestreiten, dass die Kapitalaufbringungsregeln einen *gewissen Seriositätsnachweis* innerhalb des Gründungsvorgangs einer Kapitalgesellschaft liefern[159]. Erst die Erfüllung von Mindestanforderungen ebnet den Weg zur persönlichen Haftungsfreistellung. So besehen ist das Mindestkapital gewissermaßen „Eintrittskarte zum Trennungsprinzip". Um dem Anreiz zur Spekulation auf Kosten der Gläubiger eine Zutrittsbarriere entgegenzusetzen, erscheint dieser *Nachweis gewisser wirtschaftlicher Fundierung* unverzichtbar[160].

Wie bereits ausgeführt, fügen Kapitalschutzregeln Eigenkapital- und Fremdkapitalgeber zudem – bildlich gesprochen – zu einer Schicksalsgemeinschaft zusammen, in der der Eigenkapitalgeber das (negative) Risiko mit der höchsten Realisierungswahrscheinlichkeit trägt. Die damit einhergehende *Hemmschwellenwirkung* sinkt freilich in Abhängigkeit von der Insolvenznähe der Gesellschaft[161].

Gleichzeitig übernehmen Kapitalschutzmechanismen de lege lata die Aufgabe, die am Rechtsverkehr teilnehmenden Gläubiger vor solchen vermögensrechtlichen Schädigungen zu bewahren, die *nicht* der *unternehmerischen Betätigung* entstammen, sondern auf Gläubiger benachteiligende Eingriffe in die Vermögensordnung der Kapitalgesellschaft zurückgehen[162]. Durch die Bindung einge-

---

158 Die von der *High Level Group* (Chapter IV, S. 82) vertretene Auffassung verdient daher insofern Zustimmung; vgl. auch *Schön*, Der Konzern 2004, 162, 165 („schwächste Glied in der Normenkette des kapitalorientierten Gläubigerschutzes").

159 *Group of German Experts on Corporate Law*, ZIP 2002, 1310, 1316, 1318; *dieselbe*, ZIP 2003, 863, 872; ferner *Ballerstedt*, ZHR 135 (1971), 383, 385; *Fleischer*, in: Michalski, GmbHG, Syst. Darst. 6 Rn. 61; *Keßler*, GmbHR 2002, 945, 948; *Lutter*, AG 1998, 375; *Wiedemann*, S. 565; *derselbe*, ZGR 2003, 283, 295.

160 *K. Schmidt*, S. 540 („für die Sicherung des Rechtsverkehrs nicht zu entbehren"). Vorbehalte gegenüber der sog. Theorie des Risikoeinsatzes äußert indes *Wiedemann*, DB 1993, 141, 147.

161 Sobald daher eine unmittelbare Gefährdung von Gläubigerbelangen festzustellen ist, haben die Gesellschafter neue Eigenmittel einzubringen oder auf die Liquidation der Gesellschaft hinzuwirken, um eine Vertiefung der Krise zu verhindern. Verstößt die *Unternehmensführung* gegen die als rechtspolitischen Ausgleich für die Haftungsbeschränkung installierten Gläubigerschutzanforderungen, hat dies in Konsequenz den Entzug der Haftungsprivilegierung zur Folge, da ein „wechselseitiges Legitimationsverhältnis" von Haftung und Kapitalsicherung besteht (*K. Schmidt*, S. 541; vgl. ferner *Raiser*, in: Festschr. für Lutter, 2000, S. 637, 648 f.).

162 *Röhricht*, in: Festschr. Bundesgerichtshof, 2000, S. 83, 99 ff.; *Schön*, ZHR 166 (2002), 1, 4; *derselbe*, Der Konzern 2004, 162, 167 f.; ferner *Löhr*, StuB 2003, 643, 648; im Grundsatz auch *Kübler*, S. 153 f.

brachter Mittel in der Gesellschaft konzentriert sich das Ausfallrisiko der Gläubiger namentlich auf unternehmerische Fehlleistungen (sowie gesamtwirtschaftliche Risiken). Zudem nimmt dieser Gesichtspunkt innerhalb der skizzierten gläubigerschutzbezogenen Funktionszusammenhänge eine *hervorgehobene Stellung* ein, da die Beschränkung von Kapitalentnahmerechten *unabhängig* vom Umfang des jeweils gebundenen Vermögens wirkt[163]. Die Rechtsprechung trägt diesem Aspekt daher mit Recht vorbehaltlos Rechnung, indem sie die Missachtung der vermögensrechtlichen Trennung von Gesellschafts- und Gesellschaftersphäre mit dem Entzug des Haftungsprivilegs sanktioniert (vgl. Kap. 2 B. 3.).

Zusammenfassend lässt sich danach festhalten, dass einige der benannten Nutzeneffekte des Kapitalschutzsystems – namentlich der „Seriositätsnachweis" sowie der skizzierte „Verzögerungseffekt" – in ihrer Wirkungskraft von dem Umfang des gebundenen Eigenkapitals abhängig sind. Wenn aber die Schutzqualität der Kapitalerhaltungsregeln mit Blick auf das im Verhältnis zur Bilanzsumme nur in geringem Ausmaß gebundene Vermögen teilweise negativ eingeschätzt wird, erschiene es eher konsequent, über eine Ausweitung des Kapitalfonds, etwa in Abhängigkeit bilanzieller Richtgrößen nachzudenken, als für seine Abschaffung zu plädieren[164].

In seiner Grundausrichtung muss der institutionelle Kapitalschutz allerdings als *wirksames* und vor allem *rechtspolitisch fundiertes* Instrument angesehen

---

163 Zutr. *Group of German Experts on Corporate Law*, ZIP 2002, 1310, 1317; *Schön*, ZHR 166 (2002), 1, 4 f.

164 A.A. *High Level Group* (Chapter IV, S. 82; vgl. auch *Schön*, Der Konzern 2004, 162, 165 [mit versicherungstechnischem Ansatz]), die sich ausdrücklich *gegen* eine Anhebung von Mindestkapitalgrößen ausspricht; hingegen befürwortet die *Group of German Experts on Corporate Law* (ZIP 2002, 1310, 1316 f.) eine Stärkung des derzeitigen Systems ohne aber eine Ausdehnung des Haftungsfonds in Betracht zu ziehen (vgl. *dieselbe*, ZIP 2003, 863, 872); anders wiederum *Lutter*, AG 1998, 375; *derselbe*, in: Festschr. für Riesenfeld, 1983, S. 165, 168 freilich mit Hinweis auf das bislang ungelöste Problem, den Kapitalfonds flexibel zu bemessen; siehe hierzu auch *Kahle*, WPg 2003, 262, 268; *K. Schmidt*, S. 240 sowie erneut BT-Drs. 8/1347, S. 38 f. (vgl. aber BSG NJW 1984, 2117, 2119: „Es muß deshalb eine gewisse Relation zwischen dem nach Art und Umfang der beabsichtigten oder tatsächlichen Geschäftstätigkeit bestehenden Finanzbedarf und dem haftenden Eigenkapital gewährleistet sein."). Allerdings kennt bereits das geltende Recht branchenspezifische Regelungen, die zur Vorhaltung einer am Geschäftsrisiko orientierten Eigenmittelausstattung verpflichten [§ 10 KWG, vgl. auch § 53 c Abs. 1 VAG].). Im Übrigen erachtet auch die *Group of German Experts on Corporate Law* (ZIP 2002, 1310, 1317) den Maßstab des *angemessenen Eigenkapitals* im Zusammenhang mit den Verlustanzeigepflichten bei hälftiger Aufzehrung des Grund-/Stammkapitals (§ 92 Abs. 1 AktG, § 49 Abs. 3 GmbHG) für überdenkenswert.

werden[165], das zumindest dazu beiträgt, die mit einer persönlichen Haftungsfreistellung einhergehenden Gefahren für den Rechtsverkehr *zu mindern*[166]. Da das Haftungsprivileg, wie bereits angeklungen, zudem notwendiger Bestandteil der Rechtsordnung ist, sollte parallel auch das Kapitalschutzsystem nicht weiter in Frage gestellt werden, ohne zugleich *zweckadäquate* Alternativen[167] aufzuzeigen[168].

D. Folgerungen

Die vorstehenden Erwägungen münden konsequenterweise in dem Schluss, dass eine (befreiende) Anwendung der IAS/IFRS im Einzelabschluss jedenfalls aus *rechtspolitischen Erwägungen* nicht zugelassen werden *sollte*, sofern sie im Vergleich zur handelsrechtlichen Rechnungslegung und im Zusammenwirken mit den geltenden Kapitalerhaltungsregeln eine „spürbare Risikoverschiebung" zu Lasten der Unternehmensgläubiger – etwa in Gestalt einer „frühzeitigeren" Gewinnrealisation oder nachhaltiger Objektivierungsdefizite – bewirken würden, die den in Kapitel 1 und 2 beschriebenen Prämissen und Intentionen des institutionellen Kapitalschutzes zuwiderliefe. Dieser Gedanke sollte jedenfalls dann unbedingte Beachtung finden, wenn sich einerseits eine angemessene Risikoverteilung zwischen Gläubigern und Unternehmenseignern auch nicht durch „kapitalschutz-

165 So im Ergebnis auch *Group of German Experts on Corporate Law*, ZIP 2002, 1310, 1316; ferner *Adams*, in: Ott/Schäfer (Hrsg.), Ökonomische Probleme des Zivilrechts, 1991, S. 193, 211; MüKo-AktG/*Bayer*, § 57 Rn. 1; *Fleischer*, in: Michalski, GmbHG, Syst. Darst. 6 Rn. 6; *Hüffer*, AktG, § 57 Rn. 1; *Lehmann*, ZGR 1986, 345, 353; vgl. auch Verhandlungen des Reichstages, 5. Legislaturperiode – IV. Session 1884, S. 302 („Gebot der Nothwendigkeit"); *Röhricht* (in: Festschr. Bundesgerichtshof, 2000, S. 83, 99 ff.) erkennt angesichts verbleibender Schutzlücken allerdings einen der Rechtswissenschaft und Rechtsprechung „übertragenen Auftrag", „Regeln zu entwickeln und auszuformulieren, die die vom Gesetzgeber zum Schutz der Gesellschaftsgläubiger bestimmten Normen in systemkonformer Weise gegen mißbräuchliche Praktiken absichern." (a.a.O., S. 102). Im Übrigen sind auch Kritiker des gegenwärtigen Systems der Ansicht, dass die Rechtsordnung mit Blick auf das Trennungsprinzip Vorsorgemaßnahmen zu treffen habe (*Kübler*, in: Festschr. für Budde, 1995, S. 361, 362 f.; *derselbe*, ZHR 159 [1995], 550, 552; *derselbe*, ZGR 2000, 550, 556).

166 Nicht unkritisch allerdings *Hommelhoff*, RabelsZ 62 (1998), 381, 398 f.; ähnlich auch *Merkt*, AG 2003, 126, 132 f.

167 Die Gläubigerschutzeffizienz von sog. Insolvenztests wird erst in Kapitel 6 B. 4. erörtert, da dieses Instrument in einen Zusammenhang zu den IAS/IFRS gestellt werden soll.

168 *Arbeitskreis Bilanzrecht*, BB 2002, 2372, 2375.

bedachte“ Eingriffe in das bilanzielle Bezugsobjekt herstellen ließe und andererseits die derzeitige „Durchgriffsfestigkeit“[169] des Kapitalgesellschaftsrechts bewahrt werden soll. Denn in Anknüpfung an die skizzierte Rechtsprechungspraxis zur Durchgriffshaftung muss das „wechselseitige Legitimationsverhältnis“ von strenger Kapitalsicherung und beschränkter Haftung[170] auch dort berücksichtigt werden, wo in das bilanzielle Bezugsobjekt des Kapitalschutzsystems eingegriffen wird.

---

169 Mit Recht mahnt daher das *IDW* (WPg 2001, 664, 665) an, im Rahmen der Diskussion um die Anwendung der IAS/IFRS im Einzelabschluss auch die Auswirkungen auf haftungsrechtliche Vorschriften zu bedenken. Zur Frage der Durchgriffshaftung vgl. auch *Schön*, Der Konzern 2004, 162, 165 f. m.w.N.

170 Siehe *K. Schmidt*, S. 541.

Kapitel 3 – Kapitalschutz im Aktien- und GmbH-Recht

Wie bereits angedeutet, weisen Aktien- und GmbH-Recht in ihren Konstruktionselementen charakteristische Überschneidungen auf, die wesentlich auf das gemeinsame Merkmal der Trennung von Gesellschafts- und Gesellschafterebene zurückzuführen sind. Vor diesem Hintergrund soll nachfolgend untersucht werden, welche aktienrechtlichen und GmbH-rechtlichen Normenkomplexe unter dem Einfluss bilanzrechtlicher Vorgaben stehen und wie etwaige Modifikationen der in Bezug genommenen Rechnungslegungsordnung auf das jeweilige Kapitalschutzsystem einwirken. Weiter wird überlegt, ob Aktien- und GmbH-Recht „gleichlaufende" Anforderungen an ein bilanzielles Bezugssystem stellen.

A. Aktienrechtlicher Kapitalschutz als Systemanspruch

I. Aktienrechtliche Vermögensbindung und die Gewinnermittlung

Im Aktienrecht kommt der Kapitalerhaltungsgedanke vornehmlich in § 57 AktG zum Ausdruck[171]. Diesbezüglich wird „bereits" § 57 Abs. 1 Satz 1 AktG ein umfassendes Rückgewährverbot entnommen, das sich auf *sämtliche* Zuwendungen einer AG an „ihre" Gesellschafter bezieht, die sich nicht als Ausschüttung des ordnungsgemäß festgestellten[172] und zur Verteilung vorgesehenen Bilanzgewinns darstellen oder auf einer anderweitigen ausdrücklichen Erlaubnis des Aktiengesetzes beruhen[173]. Dem Verbotstatbestand unterfällt daher jede – nicht aus der eigentlichen unternehmerischen Tätigkeit herrührende – *wertmäßige Beeinträch-*

171 MüKo-AktG/*Bayer*, § 57 Rn. 1; ferner *Hüffer*, AktG, § 57 Rn. 1; *K. Schmidt*, S. 890.

172 RGZ 149, 385, 400; BGHZ 90, 381, 386.

173 *Henze*, in: Großkommentar zum AktG, § 57 Rn. 8; *Hüffer*, AktG, § 57 Rn 2, 7. Diese „Lesart" des § 57 Abs. 1 Satz 1 AktG ist allerdings allein aus historischer Perspektive erklärbar (hierzu *Lutter*, in: Kölner Kommentar zum AktG, § 57 Rn. 5; *Joost*, ZHR 149 [1985], 419, 420). Allerdings unterfallen Zuwendungen auf der Grundlage neutraler Drittgeschäfte („at arms length") von vornherein nicht dem Anwendungsbereich des § 57 Abs. 1 Satz 1 AktG (vgl. KG NZG 1999, 161; OLG Frankfurt AG 1992, 194, 196).

tigung des Gesellschaftsvermögens[174]. Aktiengesellschaften unterliegen demnach einem objektiven[175], nicht disponiblen Vermögensbindungsprinzip, das auch solche Vermögensbestandteile mit einer Ausschüttungssperre belegt, die nicht zur Deckung der Grundkapitalziffer erforderlich sind[176].

Das aus diesem System herauslösbare, *verteilungsfähige* Vermögen wird insoweit durch die von § 57 Abs. 3 AktG in Bezug genommene Größe „Bilanzgewinn“ bestimmt[177]. Der Bilanzgewinn ergibt sich dabei durch Weiterrechnung des Jahresüberschusses (vgl. § 158 Abs. 1 AktG), welcher wiederum *Produkt der Gewinnermittlung* ist. Vor diesem Hintergrund kommt dem Bilanzgewinn in kapitalschutzrechtlicher Perspektive essentielle Bedeutung zu, da das allgemeine Ausschüttungsverbot lediglich nach Maßgabe des Bilanzgewinns zurückgenommen wird. Eine effiziente Abwendung verdeckter Gewinnausschüttungen unterstellt, markiert der Bilanzgewinn daher die zentrale „Einbruchstelle“, durch die kapitalschutzinadäquate Einflüsse Eingang in das ansonsten konsistente Kapitalschutzsystem der AG erhalten können. Jegliche Stringenz aktienrechtlicher Kapitalschutzvorschriften ginge daher „ins Leere“, wenn die handelsrechtliche Gewinnermittlung der kapitalschutzorientierten Ausrichtung des Aktienrechts nicht gleichsam Rechnung trüge[178]. Insbesondere wirkt die „Strenge“ der Gewinnermittlungsregeln unmittelbar auf den Saldierungsvorgang ein, dessen Ausfluss der Jahresüberschuss und mittelbar auch Bilanzgewinn ist.

---

174 OLG Frankfurt AG 1992, 194, 196; *Joost*, ZHR 149 (1985), 419, 420; *Henze*, in: Großkommentar zum AktG, § 57 Rn. 10 f.; *Hüffer*, AktG, § 57 Rn. 3; *Lutter*, in: Kölner Kommentar zum AktG, § 57 Rn. 5. Dabei kommt es insbesondere auf eine „Stoffgleichheit“ von Einlage- und Rückgewährgegenstand nicht an (vgl. *Ballerstedt*, S. 123 f.).

175 Daher kann es für die Feststellung einer verdeckten Einlagenrückgewähr nicht auf subjektive Kriterien ankommen, zutr. *Hüffer*, AktG, § 57 Rn. 11 m.w.N.; vgl. auch BGH NJW 1996, 589, 590 (für das GmbH-Recht).

176 Vgl. z.B. *Group of German Experts on Corporate Law*, ZIP 2002, 1310, 1317; *Henze*, in: Großkommentar zum AktG, § 57 Rn. 10; *K. Schmidt*, S. 890.

177 Die eigentliche Ausschüttungssperrwirkung entfaltet insoweit die gesetzestechnische Maßnahme, das Grundkapital auf der Passivseite der Bilanz zum Nennbetrag auszuweisen (§ 152 Abs. 1 Satz 1 AktG, §§ 266 Abs. 3 A. I., 272 Abs. 1, 283 HGB). Diese Einordnung in das bilanzrechtliche Gliederungsschema bewirkt, dass ein Bilanzgewinn i.S. des § 158 AktG nur entsteht, wenn die Summe der Aktiva die Summe aus Grundkapital und Verbindlichkeiten übersteigt (siehe *Wiedemann*, S. 557; *Fleischer*, in: Michalski, GmbHG, Syst. Darst. 6 Rn. 61 [„bilanztechnischer Sparstrumpf“]).

178 Siehe hierzu jüngst *Streim/Esser*, StuB 2003, 736, 737; ferner *Gross*, in: Festschr. für Ludewig, 1996, 333, 337 ff.; *Schulze-Osterloh*, in: Schruff (Hrsg.), Bilanzrecht unter dem Einfluß internationaler Reformzwänge, 1996, S. 121, 125; *Strobl*, in: Festschr. für Clemm, 1996, S. 389, 404.

2. *Ausschluss von Rückgewähransprüchen*

Als flankierende Ausprägung des Kapitalschutzes[179] belegt das Aktienrecht verbotswidrig[180] in die Gesellschaftersphäre transferierte Leistungen mit einem Rückgewähranspruch der AG (§ 62 Abs. 1 Satz 1 AktG), der – Werthaltigkeit vorausgesetzt – eine unmittelbare Kompensation des unrechtmäßigen Vermögensabflusses bewirkt. Von *systemprägender Bedeutung* ist insoweit allerdings, dass eine (ex ante) zulässige Gewinnausschüttung grundsätzlich[181] Bestand hat, da sie nicht ex post in Widerspruch zu den Vorschriften des Aktiengesetzes geraten kann[182]. Rückgewähransprüche sind folglich ausgeschlossen, sofern sich Dividendenzuweisungen auf eine (ex ante) vertretbare und *mithin zutreffende* Anwendung von Gewinnermittlungsregeln zurückführen lassen[183].

Die damit einhergehende Begrenzung aktienrechtlicher Rückgewähransprüche kann indes nur auf der Erwägung beruhen, dass ein in Anwendung *gläubigerschutzbedachter Gewinnermittlungsregeln* ermittelter Gewinn unter Wertungsgesichtspunkten *vorbehaltlos* in die Gesellschaftersphäre transferiert werden darf[184]. Trüge die aktienrechtlich in Bezug genommene Rechnungslegungskonzeption dem Gedanken des – so verstanden – präventiven Gläubigerschutzes hin-

---

179 Vgl. MüKo-AktG/*Bayer*, § 62 Rn. 1; *Henze*, in: Großkommentar zum AktG, § 62 Rn. 8; *Hüffer*, AktG, § 62 Rn. 1.

180 Zur Privilegierung des gutgläubigen Dividendenbezugs durch § 62 Abs. 1 Satz 2 AktG vgl. insbesondere *Lutter*, in: Kölner Kommentar zum AktG, § 62 Rn. 31; MüKo-AktG/*Bayer*, § 62 Rn. 58; ferner *Henze*, in: Großkommentar zum AktG, § 62 Rn. 64, 76.

181 Liegt dem Dividendenbezug indes ein anfechtbarer Gewinnverwendungsbeschluss zugrunde, erwächst der Rückgewähranspruch der AG aus einer später erfolgten Anfechtung (vgl. MüKo-AktG/*Bayer*, § 62 Rn. 37; *Hüffer*, AktG, § 62 Rn. 7 m.w.N.).

182 Vgl. *Oestreicher/Spengel*, RIW 2001, 889, 893; *Strobl-Haarmann*, in: Festschr. für Rädler, 1999, S. 607, 625 f.; siehe auch *Gross*, in: Festschr. für Ludewig, 1996, S. 333, 339; kritisch zur gegenwärtigen Rechtslage *Joost*, in: Festschr. für Lutter, 2000, S. 473, 474 ff.

183 Zur GmbH-rechtlichen Parallelvorschrift des § 31 GmbHG *Schulze-Osterloh*, in: Festschr. 100 Jahre GmbH-Gesetz, 1992, S. 501, 507; *Staub*, Kommentar zum Gesetz betreffend die Gesellschaften mit beschränkter Haftung, 1903, § 42 Anm. 21; RGZ 88, 428, 429; vgl. auch BGH WM 1987, 1040; *Hueck/Fastrich*, in: Baumbach/Hueck, GmbHG, § 30 Rn. 6; für die Kommanditistenhaftung auch BGHZ 109, 334, 337 ff. Wie sich aus § 61 Abs. 1 Satz 2 AktG ergibt (vgl. MüKo-AktG/*Bayer*, § 62 Rn. 70; *Hüffer*, AktG, § 62 Rn. 11; *Lutter*, in: Kölner Kommentar zum AktG, § 62 Rn. 33), ist der Zeitpunkt des Empfangs der Leistung der allein maßgebliche zeitliche Anknüpfungspunkt des § 62 AktG.

184 Vgl. dazu *Ernst*, BB 2003, 1487, 1489.

gegen nicht hinreichend Rechnung, erschiene eine *Erweiterung des Rückgewähranspruchs* in sachlicher (und zeitlicher) Hinsicht sachgerecht[185].

Freilich wäre ein so verstanden „reaktiver Gläubigerschutz" mit dem Nachteil verbunden, dass die Unternehmensgläubiger mit dem Bonitätsrisiko der Unternehmenseigener – zu denen sie nicht in vertraglicher Beziehung stehen – belastet würden.

Die sachliche Erweiterung des aktienrechtlichen Rückgewährtatbestandes wäre indes mit einem *scharfen Systembruch* verbunden, da zunächst rechtmäßig empfangene Ausschüttungen nachträglich in Frage gestellt werden könnten. Der Dividendenbezug würde insoweit einen *nur vorläufigen* und mithin unsicheren Charakter erlangen[186]. Sofern allerdings das maßgebliche bilanzielle Bezugssystem in erheblichem Umfang noch unsichere (vorläufige) Zukunftserwartungen abbildete, wäre es rechtspolitisch folgerichtig, auch bereits abgeschlossene Vermögensverlagerungen neuerlich auf den Prüfstand zu stellen.

Die gegenwärtige Regelung setzt daher ein gläubigerschutzbedachtes bilanzielles Bezugssystem voraus. Dessen Modifikation, zumindest aber seine Ersetzung durch ein vollkommen abweichend ausgerichtetes Rechnungslegungsrecht ließe folglich auch Rückwirkungen auf § 62 AktG befürchten.

3. *Zwingendes Aktienrecht und die Folgerichtigkeit des Rechnungslegungsrechts*

Aktienrecht ist weithin zwingendes Recht. Tragende aktienrechtliche Regelungen sind der Satzungskompetenz der Gesellschafter durch den sog. Grundsatz der Satzungsstrenge entzogen (§ 23 Abs. 5 AktG). Die Schaffung eines weithin zwingenden korporativen Rechts zielt insbesondere darauf, das das Gesellschaftsrecht prägende Prinzip der Gestaltungsfreiheit[187] im öffentlichen sowie im Interesse von Gläubigern und Anlegern zu beschränken[188]. Das Aktienrecht wird

185 Siehe auch *Arbeitskreis Bilanzrecht*, BB 2002, 2372, 2376.

186 Ein damit einhergehendes Defizit an Rechtssicherheit könnte freilich negative Rückkopplungen auf die Kapitalmarkttauglichkeit des deutschen Aktienrechts nach sich ziehen. Die gegenwärtige Regelung trägt demgegenüber insbesondere dem Vertrauensbedürfnis des Kapitalmarktes Rechnung, vgl. MüKo-AktG/*Bayer*, § 62 Rn. 59.

187 Allgemein zur Gestaltungsfreiheit im Gesellschaftsrecht *Hopt*, ZGR-Sonderheft, 1998, S. 123 ff.; zu ihren Grenzen vgl. *K. Schmidt*, S. 109 ff.

188 *K. Schmidt*, S. 110; als Gründe für ein zwingendes Gesellschaftsrecht führt auch *Hopt* (in: ZGR-Sonderheft, 1998, S. 123, 128 ff.) den Gläubigerschutz, den Minderheitenschutz und den Kapitalanlegerschutz an; vgl. ferner MüKo-AktG/*Semler*,

mithin von den Prinzipien der *Rechtssicherheit und Rechtsklarheit* beherrscht, um seine Akzeptanz im Rechtsverkehr zu gewährleisten. Die Auferlegung eines strengen „Rechtskorsetts" ist daher ein wesentliches Abgrenzungsmerkmal zu anderen Gesellschaftsformen[189].

Freilich sind auch die aktienrechtlichen Kapitalschutzvorschriften nicht disponibel. Dies versteht sich gewissermaßen von selbst, da ihr zwingender Charakter unproblematisch als eine ihrer wesentlichen Funktionsgrundlagen auszumachen ist. Vor dem Hintergrund der notwendigen Verzahnung von Kapitalerhaltungsregeln und Rechnungslegung ist es daher unerlässlich, dass auch die in Bezug genommene Bilanzrechtskonzeption diesen Grundsätzen weithin folgt und den Gewinn nicht zur Disposition der Gesellschaft respektive ihrer Organe stellt. Aus der Perspektive des Kapitalschutzes resultiert daraus die Forderung nach einem objektivierten Rechnungslegungsrecht[190]. Ein in diesem Sinne *folgerichtiges Rechnungslegungsrecht* muss daher darum bemüht sein, Entscheidungsspielräume in Bezug auf Ansatz- und Bewertungsentscheidungen – so weit wie möglich – durch trennscharfe Tatbestandsmerkmale auszuschließen oder zu verengen.

Inkompatibilitäten zwischen aktienrechtlichem Kapitalschutz und seinem bilanziellen Bezugssystem können mithin bereits aus dem zwingenden Charakter des Aktienrechts erwachsen. Auch dieser Zusammenhang muss bei gesetzgeberischen Eingriffen in die Rechnungslegungsordnung Beachtung finden.

4. Zwischenergebnis und Folgerungen

Das aktienrechtliche Kapitalschutzsystem ist darauf ausgerichtet, einen abgerundeten Schutz des gesicherten Haftungsfonds zu gewährleisten, um Gläubigern einen angemessenen Ausgleich für die fehlende persönliche Einstandspflicht der Unternehmenseigner für Gesellschaftsschulden zur Verfügung zu stellen.

Durch seine rechtliche Verknüpfung mit den Vorgaben der in Bezug genommenen Gewinnermittlungskonzeption ist das aktienrechtliche Kapitalschutzsystem indes den Einflüssen unabgestimmter Eingriffe in die Grundlagen der Gewinnermittlung (schutzlos) ausgesetzt. Sachfremde Rückkopplungen aus dem Be-

---

Einl. Rn. 17. *Röhricht* (in: Großkommentar zum AktG, § 23 Rn. 167) erkennt diesbezüglich sogar eine „programmatische Absage an das Prinzip der Vertragsfreiheit".

189 Vgl. *Röhricht*, in: Großkommentar zum AktG, § 23 Rn. 167.

190 Allgemein zum bilanzrechtlichen Objektivierungsgebot vgl. *Beisse*, in: Festschr. für Beusch, 1993, S. 77, 83 f.; *Euler*, S. 120 ff.; *derselbe*, BB 2002, 875, 876; *Moxter*, in: HdWW: Bilanztheorien, S. 670, 677; *Schildbach*, in: HURB, S. 428, 429; *Schön*, StuW 1995, 366, 376: „Nichts anderes (sc. als die objektivierte Gewinnermittlung) ist aber Ziel der Handelsbilanz".

reich der Gewinnermittlung sind daher geeignet, die Effizienz des Kapitalschutzsystems ernsthaft zu beeinträchtigen. Festzuhalten bleibt daher, dass eine kapitalschutzbedachte, objektivierte Gewinnermittlung unerlässlich ist, um das Kapitalschutzsystem in seiner derzeitigen Gestalt funktionsfähig zu halten. Zu den aktienrechtlichen Prämissen, die durch nachhaltige Eingriffe in die Grundlagen der Gewinnermittlung ins Wanken[191] geraten könnten, gehört namentlich der Ausschluss von Rückgewähransprüchen hinsichtlich rechtmäßig empfangener Dividenden (vgl. § 62 Abs. 1 Satz 1 AktG).

Gleichsam gilt es zu beachten, dass, wie insbesondere der geringe Umfang des Mindesthaftungsfonds belegt, das aktienrechtliche Kapitalschutzsystem seine Qualität zuvorderst aus der (präventiv wirkenden) Beschränkung zulässiger Ausschüttungen auf den Gewinn bezieht. Vor diesem Hintergrund wird deutlich, dass eine pauschalierende Verbreiterung des Haftungsfonds durch Anhebung des Mindestgrundkapitals des § 7 AktG kein adäquates Instrument zur Kompensation etwaiger aus dem Bereich der Gewinnermittlung herrührender Unvereinbarkeiten sein kann[192]. Denn durch eine Erweiterung des ausschüttungsgesperrten Haftungsfonds ließe sich die gegenwärtige Qualität des Kapitalschutzsystems allenfalls dann bewahren[193], wenn sie sich an den spezifischen Veränderungen orientierte, die ein Eingriff in das bilanzielle Bezugssystem für das jeweilige Unternehmen und seine „individuelle Gewinnermittlung" mit sich brächte. Ein so besehen „ausschüttungsunwirksamer" Eingriff in das Bilanzrecht kann folglich nur durch flexible Abstimmungsmechanismen realisiert werden.

---

191 Das *IDW* (WPg 2001, 664, 665) fordert daher mit Recht dazu auf, „haftungsrechtliche Vorschriften" in die rechtspolitischen Erwägungen hinsichtlich der Ausübung des Mitgliedsstaatenwahlrechts für die Anwendung der IAS/IFRS im Einzelabschluss einzubeziehen.

192 So aber *Schulze-Osterloh*, in: IDW (Hrsg.), Neuorientierung der Rechnungslegung, 1995, S. 123, 137 f.; wohl auch *Budde/Steuber*, AG 1996, 542, 550; dagegen mit zutr. Argumenten *Siegel*, in: Festschr. für Baetge, 1997, S. 117, 139 f.; *Strobl*, in: Festschr. für Clemm, 1996, S. 389, 411; vgl. nunmehr auch *Schulze-Osterloh*, ZIP 2003, 93, 99 f.

193 Entsprechend könnte eine Stärkung des Kapitalschutzsystems durch Anhebung des Mindestgrundkapitals nur dann bewirkt werden, wenn gleichzeitig die bilanziellen Grundlagen der Gewinnermittlung unberührt und mithin das, was als Gewinn aus dem Haftungssystems herauslösbar ist, konstant bliebe.

B. GmbH-rechtlicher Kapitalschutz und seine Abhängigkeit von der Gewinnermittlung

In Parallelität zum Aktienrecht unterliegt auch das Gesellschaftsvermögen einer GmbH einer dem Gläubigerschutz dienenden gesetzlichen Bindung[194], die seiner Auskehrung in die Gesellschaftersphäre Grenzen setzt. Ausschüttungen (Auszahlungen) sind danach nicht gestattet, wenn das (Rein-) Vermögen einer GmbH die satzungsmäßig bestimmte Stammkapitalziffer nicht deckt oder eine eben solche Unterdeckung durch Auszahlungen hervorgerufen würde (§ 30 Abs. 1 GmbHG). Abweichend vom Aktienrecht sieht das GmbH-Recht mithin von einer Verkettung zulässiger Ausschüttungen mit dem ordnungsgemäß festgestellten Bilanzgewinn ab[195]. Die „Ausschüttungspolitik" einer GmbH lässt sich daher ungleich flexibler gestalten als jene einer Aktiengesellschaft[196]. Hieraus resultiert ein *qualitativer* Unterschied zwischen der aktien- und der GmbH-rechtlichen Kapitalschutzkonzeption[197].

Das Reinvermögen als maßgebliche kapitalschutzrechtliche Bezugsgröße des GmbH-Rechts ergibt sich dabei *grundsätzlich*[198] als Residualbetrag der bilanziell erfassbaren Aktiva abzüglich der Passiva zu fortgeführten Buchwerten – unter Ausschluss des Stammkapitals und fakultativer Reservepositionen[199]. Entspre-

---

194 Stellv. *Goerdeler/Müller*, in: Hachenburg, GmbHG, 8. Aufl., § 30 Rn. 1.

195 Näher *Röhricht*, in: Festschr. Bundesgerichtshof, 2000, S. 83, 93 f.; ferner *Fabritius*, ZHR 144 (1980), 628 ff.; siehe dazu auch *Wiedemann*, ZGR 2003, 283, 293 f.

196 Vgl. *Hueck/Fastrich*, in: Baumbach/Hueck, GmbHG, § 30 Rn. 3; *K. Schmidt*, S. 518; Scholz/*Westermann*, GmbHG, § 30 Rn. 6; *Fabritius*, ZHR 144 (1980), 628, 633. Die gegenüber dem Aktienrecht erhöhte „Ausschüttungselastizität" sucht der Gesetzgeber allerdings durch eine in Teilbereichen strengere Sanktionsnorm auszugleichen (vgl. § 31 Abs. 3 GmbHG), siehe *Heidinger*, in: Michalski, GmbHG, § 30 Rn. 3; *Hueck/Fastrich*, in: Baumbach/Hueck, GmbHG, § 30 Rn. 3; ferner Scholz/*Westermann*, GmbHG, § 30 Rn. 6.

197 In diesem Sinne *Group of German Experts on Corporate Law*, ZIP 2002, 1310, 1317; ferner BGHZ 95, 330, 335; *Keßler*, GmbHR 2002, 945, 948; *Schön*, in: Festschr. für Kropff, 1997, S. 285, 293; vgl. auch *Ulmer*, in: Hachenburg, GmbHG, 8. Aufl., Einl Rn. 48; Scholz/*Westermann*, GmbHG, § 30 Rn. 5 f. m.w.N.; für eine strengere Ausgestaltung des GmbH-rechtlichen Kapitalschutzsystems *Wiedemann*, ZGR 2003, 283, 294; hierzu rechtsvergleichend *Fleischer*, in: Michalski, GmbHG, Syst. Darst. 6 Rn. 67 ff.

198 Streitig ist etwa, ob ein aktivierter Geschäfts- oder Firmenwert (§ 255 Abs. 4 HGB) im Rahmen der nach § 30 Abs. 1 GmbHG erforderlichen Betrachtung den berücksichtigungsfähigen Aktiva zuzurechnen ist (dagegen *Lutter/Hommelhoff*, in: Lutter/Hommelhoff, GmbHG, § 30 Rn. 15; a.A. *Goerdeler/Müller*, in: Hachenburg, GmbHG, 8. Aufl., § 30 Rn. 35).

199 OLG Brandenburg, GmbHR 1999, 297, 299; *Goerdeler/Müller*, in: Hachenburg, GmbHG, 8. Aufl., § 30 Rn. 28 ff.; Scholz/*Westermann*, GmbHG, § 30 Rn. 13 f.;

chend „strahlt" die Ausrichtung des bilanziellen Bezugssystems unmittelbar auf die Ermittlung des Nettoaktivvermögens ein und beeinflusst dergestalt die Ausschüttungsfähigkeit einer GmbH[200]. Insofern macht sich das GmbHG die in den handelsrechtlichen Ansatz- und Bewertungsvorschriften zum Ausdruck kommenden Wertungen zu Eigen[201]. Durch die Kopplung von Kapitalerhaltungsregeln und bilanziellem Bezugssystem kommt dem Handelsbilanzrecht insoweit eine *Risikoverteilungsfunktion* zu, da es den Umfang des ausschüttungsgesperrten GmbH-rechtlichen Haftungsfonds steuert[202]. Ein erkennbarer Ausdruck dieser Risikoverteilungsfunktion besteht darin, dass stille Reserven keine das Ausschüttungspotential steigernde Wirkung entfalten[203]. Stille Reserven sind zwar – im untechnischen Sinn – Vermögensbestandteil der Gesellschaft[204]; gleichwohl bleiben sie auch im Rahmen der sog. Unterbilanzrechnung ausgeblendet, da sie mit Unsicherheiten behaftet sind, die sich nach dem Willen des Gesetzgebers nicht nachteilig auf die Position der Unternehmensgläubiger auswirken sollen. Daraus folgt, dass dem Gesetzgeber des GmbH-Gesetzes im Falle eines nachhaltigen Eingriffs in die Rechnungslegungsordnung unweigerlich eine Modifikation der

---

vgl. auch BGHZ 76, 326, 335. In gewissem Widerspruch hierzu steht indes die Entscheidung des BGH vom 24.11.2003 (NJW 2004, 1111, 1111 f.), in der sich der II. Zivilsenat mit Rücksicht auf die Bedeutung des § 30 Abs. 1 GmbHG gegen eine „rein bilanzrechtliche Betrachtungsweise" ausspricht. Die Entscheidung, die die – ersichtlich treuwidrige – Gewährung eines Gesellschafterdarlehens zum Gegenstand hat und deren Tragweite noch nicht absehbar ist, wurde in der Literatur – jedenfalls im Hinblick auf ihren recht apodiktischen Grundtenor – überwiegend kritisch aufgenommen, vgl. etwa *Vetter*, BB 2004, 1509, 1509 ff.

200 Siehe dazu *Röhricht*, in: Festschr. Bundesgerichtshof, 2000, S. 83, 95 f.; *Strobl*, in: Festschr. für Clemm, 1996, S. 389, 404.

201 Vgl. dazu BGHZ 109, 334, 338 (zur Kommanditistenhaftung); ferner *Lutter/Hommelhoff*, Lutter/Hommelhoff, GmbHG, § 30 Rn. 15: „Für die Unterbilanz-Rechnung (...) gilt das gläubigerschützende Vorsichtsprinzip.".

202 Siehe *Busse von Colbe*, in: Ballwieser (Hrsg.), US-amerikanische Rechnungslegung, 2000, S. 485, 490: „Die Gewinnermittlungsvorschriften lassen sich als standardisierte Risikoverteilungsregeln zwischen Anteilseignern und Gläubigern interpretieren." Diese Risikoverteilung ist Ausfluss der Ausschüttungsbemessungsfunktion des Jahresabschlusses. Die Ausschüttungsbemessungsfunktion kommt allerdings im GmbH-Recht nur „unvollkommen" zur Geltung, da die Ausschüttungsfähigkeit einer GmbH – wie gezeigt – nicht unmittelbar vom Jahresergebnis abhängig ist.

203 Vgl. dazu OLG Brandenburg, GmbHR 1999, 297, 299; *Lutter/Hommelhoff*, in: Lutter/Hommelhoff, GmbHG, § 30 Rn. 15; Scholz/*Westermann*, GmbHG, § 30 Rn. 14 m.w.N. auch zu Gegenansichten.

204 So sind stille Reserven etwa bei der Bemessung des Abfindungsanspruchs eines Personengesellschafters in der sog. Abfindungsbilanz zu berücksichtigen (zu § 738 Abs. 1 Satz 2 BGB vgl. BGH NJW 1985, 192, 193; Palandt/*Sprau*, BGB, § 738 Rn. 5).

ursprünglich intendierten Kapitalschutzintensität „aufdrängt" würde[205]. Denn die ihr zugedachte Wirkung entwickelt die GmbH-rechtliche Kapitalschutzkonzeption ausschließlich im Zusammenwirken mit den hergebrachten Ansatz- und Bewertungsvorschriften des Handelsbilanzrechts.

In Übereinstimmung zum Aktienrecht ließe sich eine Neujustierung des GmbH-rechtlichen Kapitalschutzes auch nicht durch eine pauschalierende Ausdehnung des gebundenen Vermögens kompensieren[206], da gerade das bilanzielle Bezugssystem und weniger die formale Definition des Haftungsfonds die „Kapitalschutzintensität" steuert. Eine Konservierung der gegenwärtigen Kapitalschutzqualität könnte folglich nur dann gewährleistet werden, wenn die spezifischen Unterschiede der jeweiligen bilanziellen Regelsysteme herausgefiltert und deren Auswirkungen gesondert aufgefangen würden[207].

Festzuhalten ist insoweit, dass das bilanzielle Bezugssystem des GmbH-rechtlichen Kapitalschutzes *keineswegs beliebig austauschbar ist.* Entsprechende Eingriffe in die Rechnungslegungsordnung müssen daher stets mit Bedacht auf den Kapitalschutz vorgenommen werden[208].

C. Bilanzrechtlicher Gleichlauf in der Rechnungslegung von AG und GmbH vor dem Hintergrund ihrer Kapitalschutzkonzepte?

I. Historische Ausgangslage

Die gesetzliche Differenzierung zwischen AG und GmbH beruht wesentlich auf der Kapitalmarktorientierung der Aktiengesellschaft, der eine eher binnenstrukturell angelegte GmbH gegenübersteht[209]. Vor diesem Hintergrund erscheint es nachvollziehbar, wenn das Aktienrecht dem besonderen Bedürfnis nach Solidität und Seriosität durch eine strengere Kapitalschutzkonzeption Rechnung trägt. Entsprechend sollte sich die unterschiedliche Grundausrichtung des Aktien- und

205 Siehe dazu auch *Schulze-Osterloh*, in: IDW (Hrsg.), Neuorientierung der Rechnungslegung, 1995, S. 123, 136 f.

206 Vgl. Kap. 3 A. 4.

207 Siehe dazu Kapitel 6 B. 5.

208 Dies erscheint umso mehr geboten, als nur strikte Kapitalaufbringungs- und Kapitalerhaltungsvorschriften die GmbH als akzeptablen Partner im Rechtsverkehr ausweisen (*Stimpel*, in: Festschr. für Goerdeler, 1987, S. 601, 605). Daher sind die GmbH-rechtlichen Kapitalschutzregeln nach der Rechtsprechung (besonders) streng auszulegen, vgl. BGHZ 51, 157, 162; RGZ 168, 292, 297 f.; siehe auch *Ballerstedt*, S. 134; *Heidinger*, in: Michalski, GmbHG, § 30 Rn. 5.

209 Vgl. *Hopt*, in: ZGR-Sonderheft, 1998, S. 123, 139; ferner *Goerdeler/Müller*, in: Hachenburg, GmbHG, 8. Aufl., § 30 Rn. 15.

GmbH-Rechts nach den Vorstellungen des historischen Gesetzgebers auch in abweichenden „Rechnungslegungsordnungen" fortsetzen[210]. So sei in Bezug auf die GmbH nicht zu befürchten, dass versucht werde, den Beteiligungswert durch ungerechtfertigte Ausschüttungen „künstlich" zu steigern[211]. Im Übrigen *sollte* die in § 31 Abs. 1 GmbHG verankerte Erstattungspflicht von der Ausschüttung „fiktiver Gewinne" abhalten[212]. Lediglich Wertsteigerungen des Anlagevermögens sollten das Ausschüttungspotential einer GmbH nicht anreichern, da die Realisierung darin angelegter Wertpotentiale als „durch die Natur der Sache von vornherein ausgeschlossen" galt[213]. Der Gesetzgeber war mithin darum bedacht, eine eigenständige GmbH-rechtliche „Rechnungslegungsordnung" zu etablieren, die sich erkennbar von dem durch das Anschaffungswertprinzip geprägten bilanziellen Rechtsrahmen der Aktiengesellschaften unterschied[214].

2. *Parallele Rechnungslegungsordnungen als Ausfluss des kapitalgesellschaftsrechtlichen Trennungsprinzips*

Ungeachtet der divergierenden Wurzeln der kapitalgesellschaftsrechtlichen Rechnungslegung weisen Aktien- und GmbH-Recht systemprägende Überscheidungen auf, die sich aus *rechtspolitischem* Blickwinkel besehen in den jeweiligen bilanziellen Bezugssystemen *kongruent* niederschlagen müssen: Zunächst ist bei-

---

210 Siehe dazu *Schulze-Osterloh*, in: Festschr. 100 Jahre GmbH-Gesetz, 1992, S. 501, 506 f.; *Kropff*, in: Festschr. für Baetge, 1997, S. 65, 82.

211 Verhandlungen des Reichstages, 8. Legislaturperiode – I. Session 1890/92, Fünfter Anlagenband, S. 3749.

212 Tatsächlich erwies sich die unterstellte Präventivfunktion des § 31 GmbHG als Trugschluss, da ein auf der Grundlage gesetzlicher Vorschriften ermittelter Gewinn keinesfalls als „fiktiv" (i.S.v. nicht ausschüttungsfähig) gelten kann (für Nachweise siehe Kap. 3 A. 2.). Allgemein kritisch zur Effektivität des § 31 GmbHG (Nichteinbeziehung von „Dominoeffekten") *Wiedemann*, ZGR 2003, 283, 292; ferner *Keßler*, GmbHR 2002, 945, 949.

213 Vgl. Verhandlungen des Reichstages, 8. Legislaturperiode – I. Session 1890/92, S. 3749.

214 Obschon das GmbH-rechtliche „Anschaffungspreisprinzip" expressis verbis auf das Anlagevermögen beschränkt wurde, konnte sich eine Bewertung zu Zeitwerten nicht durchsetzen. Bei Inkrafttreten des Bilanzrichtliniengesetzes galt das Anschaffungswertprinzip vielmehr als allgemeingültiger GmbH-rechtlicher Bewertungsmaßstab, vgl. dazu *Schulze-Osterloh*, in: Festschr. 100 Jahre GmbH-Gesetz, 1992, S. 501, 509 ff.; ferner *Goerdeler/Müller*, in: Hachenburg, GmbHG, 7. Aufl., § 42 Rn. 174. Eine dem entgegenstehende Entscheidung des RG (RGZ 80, 330, 334 f.) konnte die in der Praxis vorherrschende ablehnende Haltung gegenüber einer Zeitbewertung nie überwinden.

den Regelungsmaterien gemein, dass sie sich über den allgemeinen Leitgedanken hinwegsetzen, wonach der Handelnde für die Folgen seiner wirtschaftlichen Betätigung mit seinem (gesamten) Vermögen einzustehen hat[215]. Wenn das Gesetz aber von diesem Grundmotiv abweicht und Rechtsformen zur Verfügung stellt, die mit arteigenen Gefahren für den Rechtsverkehr verbunden sind, hat der Gesetzgeber entsprechend seiner Ordnungsfunktion[216] dafür Sorge zu tragen, dass deren gesamtwirtschaftlicher Nutzen nicht durch Gläubigerschädigungen überkompensiert wird[217]. Das gemeinsame Bestreben des Aktien- und GmbH-Rechts muss daher darauf gerichtet sein, einen rechtspolitisch angemessenen Ausgleich für die Freistellung der Unternehmenseigner von einer persönlichen Haftung zu gewährleisten[218]. Die insoweit *übereinstimmenden Interessenlagen* setzten sich mithin folgerichtig in *gleich gelagerten* Gläubigerschutzkonzepten fort, die auf dem gemeinsamen Gedanken der (wertmäßigen) Vermögensbindung und der Idee eines dem Gläubigerzugriff exklusiv vorbehaltenen Haftungsfonds beruhen[219]. Von tragender Bedeutung für die Ausgestaltung des jeweiligen bilanziellen Bezugssystems ist darüber hinaus, dass ehedem rechtsmäßig in die Gesellschaftersphäre abgeflossene Vermögensbestandteile auch dann nicht (gemäß § 31 Abs. 1 GmbHG und § 62 Abs. 1 Satz 1 AktG) „rückholbar" sind, wenn sich der Vermögensabfluss aus ex post-Perspektive als auf falschen, ursprünglich indes zumindest vertretbaren Annahmen beruhend herausstellt[220].

Vor diesem Hintergrund muss sich der Gesetzgeber bewusst sein, dass er in Gestalt von Rechnungslegungsnormen unmittelbare *Interessenregelung* betreibt[221]. Um einen Konflikt mit dem Kapitalgesellschaftsrecht (im engeren Sinn)

---

215 Vgl. *K. Schmidt*, S. 540: „kein Naturgesetz... (aber)...rechtspolitisches Postulat"; *Adams*, in: Ott/Schäfer (Hrsg.), Ökonomische Probleme des Zivilrechts, 1991, S. 193, 198 f.; *Raiser*, in: Festschr. für Lutter, 2000, S. 637, 648 f.

216 Siehe dazu Verhandlungen des Reichstages, 5. Legislaturperiode – IV. Session 1884, S. 303; ferner BGHZ 51, 157, 162 („im Interesse des redlichen Rechtsverkehrs"); vgl. auch BGH ZIP 2002, 848, 849 (zu § 31 Abs. 3 GmbHG). Namentlich *Hommelhoff* (in: Staub: Großkommentar zum HGB, § 292 Rn. 26) erkennt mit Recht einen dem Gesetzgeber zugewiesenen „Steuerungsauftrag", dem dieser durch die Normierung einer Rechnungslegungsordnung zu entsprechen hat.

217 *Röhricht*, in: Festschr. Bundesgerichtshof, 2000, S. 83, 98 f.; vgl. ferner *Fleischer*, in: Michalski, GmbHG, Syst. Darst. 6 Rn. 85; deutlich in diese Richtung auch der Aktiengesetzgeber von 1884, vgl. Verhandlungen des Reichstages, 5. Legislaturperiode – IV. Session 1884, S. 303.

218 Stellv. *Goerdeler/Müller*, in: Hachenburg, GmbHG, 8. Aufl., § 30 Rn. 1 (für das Recht der GmbH).

219 Vgl. dazu *Goerdeler/Müller*, in: Hachenburg, GmbHG, 8. Aufl., § 30 Rn. 12 ff.; *Joost*, ZHR 149 (1985), 419, 437 f.

220 Zu Nachweisen vgl. Kap. 3 A. 2.

221 Siehe *Baetge/Thiele*, in: Festschr. für Beisse, 1997, S. 11, 19.

zu vermeiden, muss sich diese Interessenregelung notwendigerweise an den Leitlinien orientieren, die vorstehend mit Blick auf das Trennungsprinzip formuliert wurden[222]. Die wesentliche Übereinstimmung beider Kapitalerhaltungskonzeptionen lässt es daher angezeigt erscheinen, auch die jeweiligen bilanziellen Bezugsrahmen an dem gemeinsamen Kapital- und Gläubigerschutzgedanken auszurichten. Dabei ist insbesondere dafür Sorge zu tragen, dass „vorschnelle" und insoweit „ungerechtfertigte" Vermögensverschiebungen in die Gesellschaftersphäre ausbleiben. Mithin sind auch die vom Reformgesetzgeber von 1884 formulierten Argumente[223] – die weder an Aktualität noch an Fundiertheit eingebüßt haben[224] – für eine *konsequent ausschüttungsbegrenzende*, am Realisationsprinzip orientierte Rechnungslegung widerspruchsfrei auf die GmbH-gesetzlich vorgegebene Interessenlage übertragbar[225].

Die skizzierten Zusammenhänge und rechtspolitischen Wertungen führen endlich zu dem Schluss, dass Differenzierungen im „Kernbereich" der Rechnungslegungsordnung(en) von Aktiengesellschaften und Gesellschaften mit beschränkter Haftung nicht indiziert sind. Freilich ist damit nicht ausgeschlossen, dem Kapitalmarktbezug der AG *ergänzend* und *gesondert* Rechnung zu tragen.

3. *Zusammenfassung*

Insgesamt ist daher festzuhalten, dass die kapitalgesellschaftsrechtstypische Haftungsfreistellung der Unternehmenseigner in rechtspolitischer Hinsicht kompensierende gesetzliche Maßnahmen erforderlich macht, die in dem Prinzip der Vermögensbindung konsequenten Ausdruck gefunden haben. Die Wirkungskraft dieses Ausgleichsinstruments wird allerdings durch die jeweilig in Bezug genommene Rechnungslegungsordnung bestimmt. Deren Ausrichtung ist daher notwendig auf die Anforderungen der Kapitalschutzkonzeption abzustimmen. Insoweit bedingt eine auf dem Prinzip der Vermögensbindung gründende Kapitalschutzkonzeption ein auf Vorsicht und Objektivierung bedachtes bilanzielles Be-

---

222 Jüngst hierzu etwa *Streim/Esser*, StuB 2003, 736, 737.

223 „Die letztere Einschränkung (sc. die Festschreibung der Anschaffungs- und Herstellungspreise als Bewertungsobergrenze) ist dem Artikel 31 fremd, findet aber in dem *Wesen der Aktiengesellschaft ihre Rechtfertigung*, weil mit Rücksicht auf die regelmäßig eintretende Vertheilung des Reingewinns verhindert werden muß, daß nicht schon ein zwar nominell vorhandener, thatsächlich aber noch nicht durch Verkauf der betreffenden Vermögensstücke verwirklichter Gewinn zur Vertheilung gelangt", vgl. Verhandlungen des Reichstages, 5. Legislaturperiode – IV. Session 1884, S. 303 (Beibehaltung urspr. Orthografie, Hervorh. d. d. Verf.).

224 Das merkt namentlich *Zeitler* (DB 2003, 1529, 1534) mit Recht an.

225 Zutr. *Schulze-Osterloh*, in: Festschr. 100 Jahre GmbH-Gesetz, 1992, S. 501, 510.

zugssystem, das die mit dem Trennungsprinzip einhergehenden rechtspolitischen Wertungen auf bilanzrechtlicher Ebene folgerichtig „weiterdenkt“[226]. Ein Bilanzrecht, das diesen Ansprüchen genügt, ist daher selbst als angemessene Reaktion auf das Trennungsprinzip zu begreifen. Da Aktien- und GmbH-Recht vor diesem Hintergrund identische Strategien zur Gewährung eines rechtsethisch fundierten Gläubigerschutzes verfolgen, existiert ungeachtet des ungleichen Schutzniveaus der jeweiligen Kapitalbindungsvorschriften eine breite Schnittmenge „kapitalgesellschaftsrechtsangemessener“ Bilanzierungsregeln. Die verschiedenen Wurzeln der aktien- und der GmbH-rechtlichen Rechnungslegungsordnungen mündeten daher zu Recht in einem gemeinsamen Bilanzrecht.

D. Exkurs: Kommanditistenhaftung und Handelsbilanzrecht

Das wechselseitige Legitimationsverhältnis von gesetzlicher Haftungsfreistellung einerseits und Kapitalaufbringungs- sowie Kapitalerhaltungsregeln andererseits prägt über den Bereich des Kapitalgesellschaftsrechts hinaus allerdings auch die Außenhaftung des Kommanditisten[227]. So muss etwa ein Kommanditist der KG den – durch die Haftsumme bestimmten – Einlagegegenwert belassen, um sich den Schutz der Haftungsbefreiung fortwährend zu *verdienen* (§ 172 Abs. 4 Satz 1 HGB)[228]. Lässt sich ein Kommanditist hingegen seine bereits erbrachte Einlage zurückgewähren, nimmt er damit in Kauf, dass seine Haftung auflebt, sofern sein Kapitalkonto unter den Betrag der Haftsumme sinkt[229]. Die kommanditgesellschaftsrechtliche „Vermögensbindung“[230] ist mithin eher als *Obliegenheit* denn als Verpflichtung konzipiert[231]. Dessen ungeachtet beruht auch die „Haft-

226 *Röhricht* (in: Festschr. Bundesgerichtshof, 2000, S. 83, 95) spricht daher mit Recht von „der bilanzrechtlichen Ebene des § 30 GmbHG“.

227 Vgl. *Arbeitskreis Bilanzrecht*, BB 2002, 2372, 2373.

228 Siehe dazu *K. Schmidt*, S. 1565.

229 Vgl. BGH NJW 1982, 2500, 2501.

230 Insoweit bezeichnet *K. Schmidt* (in: MüKo-HGB, §§ 171, 172 Rn. 67) § 172 Abs. 4 HGB zutreffend als „Kapitalsicherungsnorm“.

231 Tatsächlich setzen die §§ 171 f. HGB einem an sich „nicht gebotenen“ Vermögensrückfluss im Unterschied zum GmbH-Recht (§ 30 Abs. 1 GmbHG) keine Verbotsschranken entgegen. Der kommanditgesellschaftsrechtliche Kapitalerhaltungseffekt resultiert daher allein aus dem disziplinierend wirkenden *Wiederaufleben* der (ursprünglichen, durch die Haftsumme begrenzten) personengesellschaftsrechtlichen Haftung (siehe hierzu *K. Schmidt*, NJW 1982, 2501, 2502 [Anm. zu BGH NJW 1982, 2501]).

summenhaftung" des Kommanditisten auf einer rechtspolitisch fundierten Interessenregelung, die derjenigen des Aktien- und GmbH-Rechts ähnelt[232].

Die aufgezeigten Parallelen setzen sich darin fort, dass zur Beurteilung der Haftungsverhältnisse eines Kommanditisten *gleich gerichtete* Anforderungen an den bilanziellen Bezugsrahmen anzulegen sind, wie sie auch aus dem aktien– und GmbH-rechtlichen Kapitalschutzsystem folgen[233]. Der II. Zivilsenat des BGH[234] hat daher *folgerichtig* entschieden, dass insbesondere die mit stillen Reserven einhergehenden Unwägbarkeiten im Interesse eines effektiven Gläubigerschutzes dazu anhalten, solche unsicheren Vermögensbestandteile ausgeblendet zu belassen. Die Korrelation von Enthaftung und „Vermögensbindung" bedingt insoweit auch in Bezug auf die Haftungsverfassung der Kommanditgesellschaft, dass den berechtigten Gläubigerbelangen durch objektivierte und durch das Realisationsprinzip geprägte Bilanzierungsregeln Rechnung getragen wird[235].

Gegenwärtig „strahlen" mithin die in den GoB zum Ausdruck kommenden Wertungen unmittelbar auf die gläubigerschutzbezogene Wertigkeit der Kommanditistenhaftung ein. Eine Entkopplung der Kommanditistenhaftung von der handelsrechtlichen Gewinnermittlung könnte demzufolge negative Rückwirkungen in Gestalt einer Risikoverschiebung zu Lasten der Unternehmensgläubiger zur Folge haben. Auch diese Zusammenhänge muss der Gesetzgeber im Auge behalten, wenn er beabsichtigt, in die Rechnungslegungsordnung einzugreifen.

E. Kapitalgesellschaftsrechtliche Verlustanzeigepflichten

Die enge Verzahlung von Kapitalgesellschaftsrecht und Rechnungslegung kommt darüber hinaus auch in den Verlustanzeigepflichten des Aktien- und GmbH-Rechts zum Ausdruck (§ 92 Abs. 1 AktG, § 49 Abs. 3 GmbHG)[236], die allerdings nach vorherrschender Ansicht keine unmittelbar gläubigerschützende Wirkung

---

232 Abweichend wohl BGH NJW 1982, 2500, 2501 (unter II. 2 der Gründe); berechtigte Kritik hierzu in der Anm. von *K. Schmidt* (NJW 1982, 2501, 2502).

233 BGHZ 109, 334, 337 ff.; *Hopt*, in: Baumbach/Hopt, § 172 Rn. 8; MüKo-HGB/*K. Schmidt*, §§ 171, 172 Rn. 64; vgl. hierzu allerdings erneut BGH NJW 1982, 2500, 2501, wo der II. Zivilsenat des BGH auf die vormals noch bestehenden merklichen Unterschiede in der Rechnungslegung von Personengesellschaften und Aktiengesellschaften rekurriert.

234 BGHZ 109, 334, 337 ff.; mit gleichem Tenor MüKo-HGB/*K.Schmidt*, §§ 171, 172 Rn. 64.

235 Zutr. BGHZ 109, 334, 337 ff.

236 *Busse von Colbe*, ZfbF 2002, 159, 169; *Schulze-Osterloh*, in: IDW (Hrsg.), Neuorientierung der Rechnungslegung, 1995, S. 123, 125 f.; *derselbe*, ZIP 2001, 1433, 1436.

entfalten[237]. Sie übernehmen vielmehr eine das Kapitalschutzsystem ergänzende *Krisenwarnfunktion*[238], indem sie die Unternehmensführung im Falle einer hälftigen Aufzehrung des Grund- respektive Stammkapitals zur Einberufung von Haupt- bzw. Gesellschafterversammlung verpflichten und die Unternehmenseigner in der Folge mit der Entscheidung über die Fortführung oder Liquidation der Gesellschaft konfrontieren[239].

Nach nahezu einhelliger Ansicht, die im Wortlaut des § 49 Abs. 3 GmbHG sowie in dem des § 92 Abs. 1 AktG eindeutigen Anklang findet, kommt es für die Einberufungspflicht darauf an, ob sich der Kapitalverlust auf der Grundlage einer nach den handelsrechtlichen Gewinnermittlungsvorschriften erstellten Bilanz (Zwischenbilanz) ergibt[240]. Jeder Eingriff in die Bilanzierungsgrundlagen bedingt folglich eine Verschiebung des Zeitpunkts, in dem die Informationspflicht einsetzt und das Krisenwarninstrument seine Wirkung entfaltet. Eine Erweiterung der Aktivierungsmöglichkeiten, die Entbindung vom Anschaffungswertprinzip oder auch eine Beschränkung der Passivierungspflichten hätte daher unweigerlich zur Folge, dass sich eine nach derzeitigen Maßstäben bereits bestehende Unternehmenskrise weiter vertiefen und mithin der Gefährdungsgrad der Gesellschaft weiter ansteigen könnte, bevor der Krisenwarnmechanismus greift. Im Ergebnis könnte dies dazu gereichen, dass das Einsetzen der Verlustanzeigepflicht mit den gesellschaftsrechtlichen Überschuldungstatbeständen[241] weitgehend synchroni-

---

237 *Roth*, in: Roth/Altmeppen, GmbHG, § 49 Rn. 11; *Hüffer*, in: Hachenburg, GmbHG, 8. Aufl., § 49 Rn. 29; Scholz/*K. Schmidt*, GmbHG, § 49 Rn. 21 (siehe auch § 49 Abs. 2 GmbHG [„im Interesse der Gesellschaft"]); a.A. *Lutter/Hommelhoff*, in: Lutter/Hommelhoff, GmbHG, § 49 Rn. 2.

238 *W. Müller*, ZGR 1985, 191, 197; ferner *Group of German Experts on Corporate Law*, ZIP 2002, 1310, 1317; *Fleischer*, in: Michalski, GmbHG, Syst. Darst. 6 Rn. 64; *Roth*, in: Roth/Altmeppen, GmbHG, § 49 Rn. 11; Scholz/*K. Schmidt*, GmbHG, § 49 Rn. 21.

239 *Schulze-Osterloh*, in: IDW (Hrsg.), Neuorientierung der Rechnungslegung, 1995, S. 123, 125 f.; *W. Müller*, ZGR 1985, 191, 194.

240 Näher dazu *W. Müller*, ZGR 1985, 191, 204 ff.; ferner *Hüffer*, in: Hachenburg, GmbHG, 8. Aufl., § 49 Rn. 23; *Römermann*, in: Michalski, GmbHG, § 49 Rn. 110; *Roth*, in: Roth/Altmeppen, GmbHG, § 49 Rn. 13; Scholz/*K. Schmidt*, GmbHG, § 49 Rn. 22; *Schulze-Osterloh*, in: Baumbach/Hueck, GmbHG, § 84 Rn. 11; zumindest missverständlich demgegenüber BGH WM 1958, 1416, 1417; OLG Köln AG 1978, 17, 22. Streitig ist die Anwendung der GoB allerdings bei negativer Fortbestehensprognose, siehe dazu *Hüffer*, in: Hachenburg, GmbHG, 8. Aufl., § 49 Rn. 25.

241 Freilich ist auch die Wirksamkeit der Insolvenzantragspflichten (§ 92 Abs. 2 AktG, § 64 Abs. 1 GmbHG) von ihrem „Auslösezeitpunkt" abhängig (vgl. *Group of German Experts on Corporate Law*, ZIP 2002, 1310, 1318). Dieser wird allerdings nicht von der handelsrechtlichen Rechnungslegung gesteuert. Der sog. Überschuldungsstatus hat vielmehr im Gegensatz zur Handelsbilanz die Aufgabe, die Schuldendeckungsfähigkeit festzustellen (MüKo-AktG/*Hennrichs*, § 246 Rn. 23; *Hüffer*,

siert würde. Freilich wäre dem Sinn und Zweck der Verlustanzeigepflichten auf dieser Grundlage nicht entsprochen, da geeignete Maßnahmen zur Abwendung einer Insolvenz kaum noch ergriffen werden könnten[242]. Folglich wäre eine entsprechende Anpassung der § 92 Abs. 1 AktG, § 49 Abs. 3 GmbHG wohl unausweichlich[243].

Darüber hinaus wird die Effektivität der Krisenwarnfunktion merklich von der zweifelsfreien Feststellbarkeit ihrer Determinanten beeinflusst[244]. Da insbesondere die Vorstände börsennotierter Aktiengesellschaften ein nachhaltiges Interesse daran haben, eine Verlustanzeige – im Rahmen des noch Vertretbaren – möglichst lange hinauszuzögern, darf das bilanzielle Bezugssystem nur geringe Spielräume belassen, um die Wirksamkeit der Einberufungspflicht und ihrer flankierenden Sanktionsmechanismen (vgl. § 93 Abs. 2 AktG, § 43 Abs. 2 GmbHG)[245] nicht zu minimieren. Der Zweck der Verlustanzeigetatbestände bedingt daher ein weithin objektiviertes bilanzielles Bezugssystem[246].

---

in: Festschr. für Wiedemann, 2002, S. 1047, 1063) und folgt mithin eigenen Regeln, vgl. BGHZ 125, 141, 146; BGH NJW 2001, 1136; ZIP 2001, 839 (wonach der buchmäßigen Überschuldung „allenfalls indizielle Bedeutung" beizumessen ist); *Schulze-Osterloh*, in: Baumbach/Hueck, GmbHG, § 64 Rn. 13, 24; zur Neufassung des Überschuldungstatbestandes durch § 19 Abs. 2 InsO vgl. Scholz/*K. Schmidt*, GmbHG, Vor § 64 Rn. 16 ff.; *Schulze-Osterloh*, in: Baumbach/Hueck, GmbHG, § 64 Rn. 11. Maßgeblich sind insoweit Liquidations- oder Fortführungswerte. Im Überschuldungsstatus kommt es daher zur Auflösung stiller Reserven (BGHZ 125, 141, 146; *Schulze-Osterloh*, in: Baumbach/Hueck, GmbHG, § 64 Rn. 24; ferner *Hüffer*, in: Festschr. für Wiedemann, 2002, S. 1047, 1056 ff.). Eine rechtliche Verbindung zum Handelsbilanzrecht besteht danach nicht. Allerdings ist der Überschuldungsstatus „zweckmäßigerweise" aus der Handelsbilanz abzuleiten (*Altmeppen*, in: Roth/Altmeppen, GmbHG, Vorb § 64 Rn. 16; *Schulze-Osterloh*, in: Baumbach/Hueck, GmbHG, § 64 Rn. 13 m.w.N.), sodass ein nachhaltiger Eingriff in das Handelsbilanzrecht für die Praxis der Überschuldungsprüfung nicht ohne Folgen bliebe.

242 Vgl. *W. Müller*, ZGR 1985, 191, 197; siehe auch *Roth*, in: Roth/Altmeppen, GmbHG, § 49 Rn. 11.

243 *Schulze-Osterloh* (in: IDW [Hrsg.], Neuorientierung der Rechnungslegung, 1995, S. 123, 138) regt insoweit an, dass die Anzeigepflicht bereits einsetzen könnte, „wenn nach dem Bilanzausweis das Grund- oder Stammkapital erstmals angegriffen wird."; de lege ferenda für eine Vorverlegung der Reaktionsschwelle auch *Roth*, in: Roth/Altmeppen, GmbHG, § 49 Rn. 11; vgl. auch *Group of German Experts on Corporate Law*, ZIP 2002, 1310, 1317.

244 In diese Richtung auch *W. Müller*, ZGR 1985, 191, 204 ff.; ferner *Schulze-Osterloh*, in: Baumbach/Hueck, GmbHG, § 84 Rn. 11 b.

245 Dazu *Hüffer*, in: Hachenburg, GmbHG, 8. Aufl., § 49 Rn. 29; Scholz/*K. Schmidt*, GmbHG, § 49 Rn. 31.

246 Zutr. *Hüffer*, in: Hachenburg, GmbHG, 8. Aufl., § 49 Rn. 23; vgl. auch *Schulze-Osterloh*, in: Baumbach/Hueck, GmbHG, § 84 Rn. 11, 11 b.

Zusammenfassend bleibt daher festzuhalten, dass Eingriffe in das Handelsbilanzrecht unmittelbar auch die Effektivität der aktien- und GmbH-rechtlichen Verlustanzeigepflichten beeinflussen. Eine diesbezügliche Abstimmung von Rechnungslegung und Kapitalgesellschaftsrecht ist mithin unerlässlich.

F. Zusammenfassung und Folgerungen

Insgesamt bleibt festzuhalten, dass das Kapitalgesellschaftsrecht nachhaltig dem Einfluss der in Bezug genommenen (handelsrechtlichen) Rechnungslegungsordnung ausgesetzt ist. Um einen rechtspolitisch tragfähigen Interessenausgleich für die Gewährung von Haftungsfreistellungen zu bewerkstelligen, ist das bilanzielle Bezugssystem daher notwendig auf die Anforderungen der Kapitalschutzsysteme abzustimmen. Die wichtigste Folgerung aus diesen Zusammenspiel ist darin zu sehen, dass eine „Entkopplung" der Kapitalschutzsysteme von gläubigerschutzbedachten Rechnungslegungsvorschriften Anlass geben könnte, den Ausschluss von Rückgewähransprüchen im Hinblick auf rechtmäßig empfangene Gewinnausschüttungen (§ 62 Abs. 1 Satz 1 AktG, § 31 Abs. 1 GmbHG) zu überdenken[247]. Sofern demnach erwogen wird, ohne Rücksicht auf schützenswerte Gläubigerbelange nachhaltig in die Bilanzrechtsordnung einzugreifen, muss man sich der Gefahr bewusst werden, dass das ohnehin fragile Trennungsprinzip vollends ins Wanken geraten könnte. Denn die Abschirmung der Gesellschafter von persönlicher Inanspruchnahme ist rechtspolitisch nur zu rechtfertigen, wenn ausschüttungsfähige Beträge ausschließlich aus dauerhaften und gesichert feststellbaren Nettovermögensmehrungen gespeist werden.

Zwar verfolgt das gegenwärtige GmbH-Recht eine gegenüber dem Aktienrecht weniger strenge Kapitalerhaltungsstrategie[248], indem es davon absieht, Ausschüttungen von bilanzmäßig ausgewiesenen Gewinnen abhängig zu machen. Dessen ungeachtet trägt das GmbH-Recht den in den vorstehenden Erwägungen zum Ausdruck kommenden Grundwertungen jedenfalls dann auch in seiner derzeitigen Gestalt Rechnung, wenn die in Bezug genommene handelsrechtliche Rechnungslegung sicherstellt, dass Ausschüttungen allein auf solche Vermögens-

---

247 Vgl. dazu *Röhricht* (in: Festschr. Bundesgerichtshof, 2000, S. 83, 99 ff.), der „bereits" angesichts aktuell verbleibender Schutzlücken einen der Rechtswissenschaft und Rechtsprechung „übertragenen Auftrag" erkennt, „Regeln zu entwickeln und auszuformulieren, die die vom Gesetzgeber zum Schutz der Gesellschaftsgläubiger bestimmten Normen in systemkonformer Weise gegen mißbräuchliche Praktiken absichern." (a.a.O., S. 102).

248 Zu Reformbestrebungen, die auf eine Angleichung auf das Schutzniveau des § 57 AktG zielen, siehe *Fleischer*, in: Michalski, GmbHG, Syst. Darst. 6 Rn. 90.

bestandteile gestützt werden können, die der Gesellschaft mit hinreichender Sicherheit tatsächlich zur Verfügung stehen. Insoweit gilt es zu verhindern, dass das Reinvermögen als maßgebliche Bezugsgröße des GmbH-rechtlichen Kapitalerhaltungskonzepts durch Aktivposten „angereichert" wird, die sich von schlichten Erwartungen oder bloßen Hoffnungen noch nicht zu konkret fassbaren Vermögenswerten verdichtet haben. Demnach ist weniger entscheidend, ob Nettovermögensmehrungen[249] aus der vergangenen Rechnungslegungsperiode oder einer früheren herrühren. Maßgeblich für die Effektivität der hier betrachteten Kapitalschutzkonzeptionen ist vielmehr der Grad an sicherer Werthaltigkeit der in den Jahresabschluss einbezogenen Vermögenspositionen. Da ihre Wirkungskraft somit vorrangig durch das gemeinsame bilanzielle Bezugssystem gesteuert wird, reagieren die aktien- und GmbH-rechtlichen Kapitalschutzkonzeptionen gleich „sensibel" auf gesetzgeberische Eingriffe in die Bilanzrechtsordnung. Hieraus erklärt sich auch, dass sich das weitestgehend einheitliche Fundament der kapitalgesellschaftsrechtlichen Rechnungslegung (§§ 264 ff. HGB) mit den ungleichen Schutzniveaus der aktien- und GmbH-rechtlichen Kapitalerhaltungsvorschriften verträgt.

Vor diesem Hintergrund übernimmt die handelsrechtliche Gewinnermittlung im Zusammenwirken mit den Kapitalerhaltungsregeln eine Risikoverteilungsfunktion, die über die Qualität des Kapitalschutzes entscheidet und dergestalt auf die widerstreitenden Belange von Unternehmensgläubigern und Unternehmenseignern einwirkt. In Parallelität hierzu steht auch die gläubigerschutzbezogene Wertigkeit der Kommanditistenhaftung unmittelbar unter dem Einfluss ihres bilanziellen Bezugssystems.

Weiterhin drohten insbesondere die bei hälftigem Verlust des Grund- respektive Stammkapitals einsetzenden aktien- und GmbH-rechtlichen Verlustanzeigepflichten (§ 92 Abs. 1 AktG, § 49 Abs. 3 GmbHG) im Falle eines nachhaltigen Eingriffs in das bilanzielle Bezugssystem „leer zu laufen".

Dies belegt, dass ein bilanzrechtlicher „Paradigmenwechsel" wohl überlegt sein will, da er unweigerlich mit mannigfachen Rückkopplungen[250] auf das Kapital- und Gesellschaftsrecht im Allgemeinen verbunden wäre.

---

249 Typischerweise bewirken erst Nettovermögensmehrungen ein Anwachsen des Reinvermögens über das Stammkapital. Sie bilden damit regelmäßig die Grundlage einer mit § 30 Abs. 1 GmbHG vereinbaren Ausschüttung.

250 *Zeitler* (DB 2003, 1529, 1532) weist überdies auf die Abhängigkeit des Bankaufsichtsrechts von der handelsrechtlichen Rechnungslegung hin (siehe etwa § 10 Abs. 1, 2a KWG).

Kapitel 4 – Handelsbilanzieller Bezugsrahmen des Kapitalschutzes

Nachdem im vorangegangenen Kapitel die Abhängigkeit des Kapitalschutzes von seinem handelsbilanziellen Bezugssystem herausgearbeitet wurde, soll im Folgenden die *handelsrechtliche Umsetzung* der von der Kapitalrichtlinie – implizit – vorausgesetzten Leitlinien an die externe Rechnungslegung betrachtet werden. Nach den geleisteten Vorarbeiten müssen die damit bezeichneten Anforderungen an das Rechnungslegungsrecht gewissermaßen als Vorbedingung für eine adäquate Erfüllung der insbesondere mit der Kapitalrichtlinie verfolgten Zwecke angesehen werden. Im hier zur Verfügung stehenden Rahmen kann es freilich allein darum gehen, die „besonders kapitalschutzsensiblen" Regelungsbereiche des Handelsbilanzrechts herauszufiltern, um einen aussagekräftigen Kontrollmaßstab zu gewinnen, an dem die IAS/IFRS-Rechnungslegung anschließend gemessen werden kann. Die Auswahl der zu betrachtenden handelsrechtlichen GoB orientiert sich dabei maßgeblich an dem in Kapitel 1 erstellten Anforderungsprofil, das das Prinzip der Vermögensmessung, die vorsichtsbedachte Gewinnermittlung unter Ausschluss sog. „fiktiver Dividenden" sowie das Objektivierungsprinzip umfasst.

A. Erfassung von Vermögensgegenständen und Schulden als Grundlage der Gewinnermittlung

Das in § 246 Abs. 1 Satz 1 HGB verankerte sog. Vollständigkeitsgebot lässt zunächst erkennen, dass in der Bilanz grundsätzlich sämtliche Vermögensgegenstände, Schulden sowie Rechnungsabgrenzungsposten auszuweisen sind. Die Regelung knüpft damit inhaltlich an § 242 Abs. 1 Satz 1 HGB an, der den Kaufmann verpflichtet, „einen das Verhältnis seines Vermögens und seiner Schulden darstellenden Abschluß (Eröffnungsbilanz, Bilanz) aufzustellen". Die Bilanz ist daher als Vermögensbilanz konzipiert[251]. Während sich der Regelungsgehalt des § 242 Abs. 1 Satz 1 HGB indes darin erschöpft, dem Normadressaten im öffentlichen Interesse eine (grundrechtlich relevante) gesetzliche Verpflichtung aufzu-

251 *Hüffer*, in: Staub: Großkommentar zum HGB, § 242 Rn. 8; *Kessler*, DB 1997, 1, 7.

erlegen[252], formt § 246 Abs. 1 Satz 1 HGB den Inhalt dieser Verpflichtung jedenfalls generalklauselartig aus.

Handelsbilanzrechtlich steuern die Aktivierungs- und Passivierungsvorschriften – ergänzt durch die Bewertungsregeln des § 252 Abs. 1 HGB – allerdings zugleich die Realisierung von Gewinn- und Verlustbeiträgen, da die Zu- und Abnahme bilanziell erfassbarer Vermögensgegenstände und Schulden mit Erträgen und Aufwendungen korrespondiert, die in die GuV eingehen und dergestalt unmittelbar den Periodenerfolg beeinflussen[253]. Der Zugang eines Vermögensgegenstands wirkt sich daher zwingend gewinnwirksam aus, wenn er nicht mit einem wertgleichen Abgang anderer Aktiva oder einer entsprechenden Zunahme der Schulden einhergeht.

Der Gesetzgeber formuliert daher mit § 246 Abs. 1 Satz 1 HGB eine vor dem Hintergrund der handelsbilanzrechtlichen Rechenschaftsfunktion[254] an sich selbstverständliche Anforderung an den Inhalt des Jahresabschlusses, da eine teilweise Nichterfassung von Aktiva und Passiva unweigerlich einen „unzutreffenden" Gewinnausweis nach sich zieht[255].

Durch die inhaltliche Verknüpfung der Ansatz- und Bewertungsvorschriften mit der GuV etabliert das Gesetz zugleich das Prinzip der (Rein)-Vermögensmessung als Grundlage der handelsrechtlichen Gewinnermittlung. Die handelsbilanzielle Gewinnermittlung ist mithin darauf gerichtet, die periodische Veränderung des Reinvermögens auszuweisen[256]. Diese bereits in § 246 Abs. 1 Satz 1 HGB angelegte „Gewinnermittlungstechnik" trägt den impliziten Anforderungen der Kapitalrichtlinie (vgl. Kap. 1 C. 3.) Rechnung.

B. Ausschluss selbst erstellter immaterieller Anlagewerte: Objektivierung und Vorsicht

Das Vollständigkeitsgebot steht allerdings unter dem Vorbehalt davon abweichender gesetzlicher Vorschriften (§ 246 Abs. 1 Satz 2 HGB). Eine die handels-

252 *ADS*, § 242 Rn. 1; *Hüffer*, in: Staub: Großkommentar zum HGB, § 242 Rn. 2.
253 MüKo-AktG/*Hennrichs*, § 246 Rn. 18; vgl. ferner *Kessler*, DB 1997, 1, 7.
254 Eingehend dazu *Kleindiek*, ZGR 1998, 466 ff.
255 Vgl. MüKo-AktG/*Hennrichs*, § 246 Rn. 2; ferner *Kessler*, DB 1997, 1, 7; *Thiele*, in: Baetge/Kirsch/Thiele, § 246 Rn. 4.
256 *Streim/Esser*, StuB 2003, 736, 737; ferner *Hüffer*, in: Staub: Großkommentar zum HGB, § 242 Rn. 8.

rechtliche Gewinnermittlung insoweit prägende[257] *Einschränkung* des Vollständigkeitsgebots sieht § 248 Abs. 2 HGB für nicht entgeltlich erworbene immaterielle Vermögensgegenstände des Anlagevermögens vor. Angesichts des in der EG-Bilanzrichtlinie vorgesehenen Mitgliedsstaatenwahlrechts (Art. 9 „Aktiva" C I. 2. lit. b, Art. 10 C. I. 2 lit. b BiRiLi), das eine Aktivierung selbst erstellter immaterieller Anlagewerte ermöglicht, hat der nationale Gesetzgeber den von der europäischen Rechtsgrundlage gewährten „Aktivierungsrahmen" nicht voll ausgeschöpft[258].

Gedanklicher Hintergrund des Aktivierungsverbots ist namentlich die mit der Unkörperlichkeit immaterieller Werte verbundene Unsicherheit hinsichtlich Existenz, Werthaltigkeit und Dauerhaftigkeit[259]. Das Gesetz trägt diesen Unwägbarkeiten Rechnung, indem es selbst erstellte immaterielle Anlagewerte im Sinne *höchstmöglicher Objektivierung* allgemein von der bilanziellen Berücksichtigung ausschließt[260]. Dem Bilanzersteller wird auf diese Weise die mitunter von außen kaum überprüfbare Entscheidung[261] hinsichtlich Existenz und Werthaltigkeit nicht derivativ erworbener immaterieller Anlagewerte von vornherein aus der Hand genommen. Das Aktivierungsverbot begegnet somit der Gefahr, dass der zur Rechnungslegung Verpflichtete ansonsten unvermeidbare Ermessensspielräume nach Maßgabe bilanzpolitischer Präferenzen ausfüllt.

Darüber hinaus schließt aber auch eine gewissenhafte Beurteilung immaterieller Vermögensgegenstände Fehlurteile nicht aus. Bezöge man selbst erstellte immaterielle Vermögensgegenstände gleichwohl in die Gewinnermittlung ein, könnte es daher zu einer Überbewertung der Aktiva kommen, die sich unweigerlich in

---

257 Diese gesetzgeberische Wertungsentscheidung beeinflusst gerade die externe Rechnungslegung solcher Unternehmen in besonderem Maße, deren Tätigkeitsschwerpunkt auf den Gebieten der Forschung und Entwicklung liegt, vgl. *Ranker/Wohlgemuth/Zwirner*, KoR 2001, 269, 271.

258 Dem Gesetzgeber war namentlich daran gelegen, im Rahmen seines Transformationsspielraumes an die traditionelle Beurteilung immaterieller Vermögensgegenstände anzuknüpfen, vgl. BT-Drucks. 10/317, S. 80; ferner *Claussen/Korth*, in: Kölner Kommentar zum AktG, § 248 Rn. 1.

259 *Baetge/D. Fey/C.-P. Weber*, in: HdR, § 248 Rn. 34; *Goerdeler/Müller*, in: Hachenburg, GmbHG, 7. Aufl., § 42 Rn. 87; *Hommel*, ZfbF 1996, 345, 346; *Knobbe-Keuk*, S. 90; *Marx*, BB 1994, 2379, 2384; *Niehus/Scholz*, in: Meyer-Landrut u.a., GmbHG, §§ 238-335 HGB Rn. 336; *Wiedmann*, § 248 Rn. 8.

260 Zur Objektivierungsfunktion des § 248 Abs. 2 HGB vgl. BGHZ 109, 334, 338; siehe auch *Flume*, DB 1958, 1045, 1046; *Marx*, BB 1994, 2379, 2384; *Moxter*, BB 1987, 1846, 1847 („zusätzliche Objektivierungsentscheidung des Gesetzgebers").

261 Die Zugrundelegung von Herstellungskosten würde insbesondere die intersubjektive Nachprüfbarkeit des Jahresabschlusses beträchtlich mindern, vgl. *Küting/Ulrich*, DStR 2001, 953, 955; ferner *Moxter*, BB 1979, 1102, 1105 („willkürliche Ausübung von Kostenzurechnungsmöglichkeiten").

einer ungerechtfertigten Ausschüttung „fiktiver Dividenden“ fortsetzen würde. Damit geriete die handelsrechtliche Gewinnermittlung in Widerspruch zu den impliziten Anforderungen der Kapitalrichtlinie, da sich das latente Werthaltigkeitsrisiko in die Sphäre der Unternehmensgläubiger transferieren ließe. So besehen verwirklicht die handelsrechtliche Rechnungslegung die impliziten Vorgaben der Kapitalrichtlinie *konsequenter*, als dies von der EG-Bilanzrichtlinie eingefordert wird. Parallel wird die von der Kapitalrichtlinie gleichsam vorausgesetzte Ausschüttungsbemessungsfunktion des Jahresabschlusses im Rahmen des Transformationsspielraumes der EG-Bilanzrichtlinie eigens betont. Die handelsbilanzrechtliche Ausrichtung der Ausschüttungsbemessungsfunktion schließt daher – streng folgerichtig – solche Werte von einer bilanziellen Berücksichtigung aus, die nicht anhand objektiver Kriterien nachprüfbar sind[262].

Handelsbilanzrechtlich sind immaterielle Anlagewerte daher nur abzubilden, sofern deren Existenz und Werthaltigkeit infolge eines entgeltlichen Erwerbs, der die an autonomen wirtschaftlichen Erwägungen orientierte Wertbemessung durch die Vertragsparteien widerspiegelt, als nahezu gesichert erscheint. Dieser auf das Anschaffungswertprinzip zurückgreifende Aktivierungsmechanismus beruht auf der Annahme der *Gleichwertigkeit der Gegenleistungen*[263], die allein berechtigten Anlass gibt, auf die Werthaltigkeit immaterieller Anlagegegenstände zu schließen[264]. Zugleich ist eine effizientere Methode, nicht werthaltige immaterielle Anlagegegenstände von einer bilanziellen Berücksichtigung auszuschließen, nicht ersichtlich. Ungeachtet dieses grundsätzlich unnachgiebig wirkenden Objektivierungsverfahrens verbleiben freilich *Einbruchstellen*, die durch zweckadäquate – am Vorsichts- und Objektivierungsprinzip orientierte Auslegung des § 248 Abs. 2 HGB[265] – zu schließen sind.

---

262 In diesem Sinne auch BGHZ 109, 334, 338, *Richter*, in: HdJ, II/2, Rn. 52; *Moxter*, BB 1987, 1846.

263 In diese Richtung *Marx*, BB 1994, 2379, 2384; zu den Kriterien des entgeltlichen Erwerbs vgl. etwa *Schulze-Osterloh*, in: Baumbach/Hueck, GmbHG, § 42 Rn. 71. Bedenken wegen des damit verbundenen Ausschlusses „gleichwertiger", nicht fremdbezogener immaterieller Vermögensgegenstände äußert z.B. *Küting*, S. 134.

264 Eine Aktivierung eines immateriellen Posten setzt allerdings gleichsam voraus, dass die allgemeinen Voraussetzungen eines Vermögensgegenstands erfüllt sind, vgl. z.B. *Moxter*, BB 1979, 1102, 1103 („der entgeltliche Erwerb ist eine notwendige, nicht auch eine hinreichende Aktivierungsbedingung").

265 Nach einhelliger Ansicht gilt § 248 Abs. 2 HGB als Ausprägung des allgemeinen Vorsichtsgedankens, vgl. BFH BStBl. II 1992, 977, 981; *ADS*, § 248 Rn. 14; *Merkt*, in: Baumbach/Hopt, § 248 Rn. 2; *Knobbe-Keuk*, S. 48, 90; *Niehus/Scholz*, in: Meyer-Landrut u.a., GmbHG, §§ 238-335 HGB Rn. 334; MüKo-AktG/*Tiedchen*, § 252 Rn. 44.

- Besondere Schwierigkeiten bereitet insbesondere der Erwerb eines immateriellen Anlagewertes von *konzernverbundenen Unternehmen.* In den Fällen des konzerninternen entgeltlichen Bezugs sind die formalen Kriterien des § 248 Abs. 2 HGB ohne weiteres gegeben; ein von § 248 Abs. 2 HGB implizit vorausgesetzter *Markttest* hat indes nicht stattgefunden. Da es an der Unabhängigkeit der Vertragspartner und daher u.U. an der Gegensätzlichkeit der Zielvorstellungen der Kaufvertragsparteien[266] fehlt, ist § 248 Abs. 2 HGB teleologisch zu reduzieren, um die intendierte Objektivierungswirkung zu gewährleisten[267].
- Ähnlich gelagerte Probleme stellen sich, wenn immaterielle Anlagewerte unter Vereinbarung eines Gesamtkaufpreises im Verbund erworben werden. In diesem Fall ist der Anschaffungsgesamtpreis entsprechend dem Einzelbewertungsgrundsatz (§ 252 Abs. 1 Nr. 3 HGB) im Verhältnis der jeweiligen Zeitwerte auf die einzelnen Vermögensgegenstände zu verteilen[268]. Tatsächlich versagt insoweit allerdings die objektivierende Wirkung des Anschaffungswertprinzips, da die auf den einzelnen Vermögensgegenstand entfallenden Erwerbskosten nicht offen liegen[269].
- Zudem hebt das Gesetz immaterielle Anlagewerte nur im Rahmen der Zugangsbewertung besonders hervor[270], sodass sich die auf dieser Ebene vermiedenen Schwierigkeiten im Rahmen der Folgebewertung neuerlich stellen[271]. Dies ist nicht unproblematisch, da die Werthaltigkeit immaterieller Vermögensgegenstände im Zeitablauf bereits wegen des typischerweise fehlenden Referenzmarktes kaum kontrollierbar ist[272].

Obgleich es der handelsrechtlichen Rechnungslegung vor diesem Hintergrund nicht gelingt, sämtliche hinsichtlich der Werthaltigkeit immaterieller Vermögens-

266 Vgl. BFH BStBl. II 1997, 808, 810: „Das Entgelt muß sich auf den abgeleiteten Erwerb des Wirtschaftsguts beziehen und nach den Vorstellungen beider Vertragsteile *die Gegenleistung für die erlangten Vorteile* darstellen" (Hervorh. d. d. Verf.).

267 MüKo-AktG/*Hennrichs*, § 248 Rn. 23; *Euler*, BB 2001, 2631, 2634; *Moxter,* S. 30; mit Einschränkungen auch *Kropff*, in: Geßler u.a., AktG, § 153 Rn. 48; a.A. (teilweise unter Rückgriff auf ergänzende Objektivierungskriterien) *ADS*, § 248 Rn. 15; *Förschle*, in: Beck`scher BilKomm, § 248 Rn. 9; *Hömberg/König*, in: Baetge/Kirsch/Thiele, § 248 Rn. 39.

268 *ADS*, § 255 Rn. 104 ff.; *Kleindiek*, in: Staub: Großkommentar zum HGB, § 255 Rn. 7; *Schulze-Osterloh*, in: Baumbach/Hueck, § 42 Rn. 272; MüKo-AktG/*Tiedchen*, § 255 Rn. 39; *Wohlgemuth*, in: HdJ I/9, Rn. 18, 91.

269 Vgl. *Knop/Küting*, in: HdR, § 255 Rn. 441.

270 Vgl. allerdings § 255 Abs. 4 Satz 2 und 3 HGB betreffend die Behandlung des derivativ erworbenen Geschäfts- oder Firmenwerts, der nach umstrittener, aber zutreffender Ansicht (MüKo-AktG/*Hennrichs*, § 246 Rn. 58; a.A. z.B. *Knobbe-Keuk*, S. 95 f.) gleichsam als immaterieller Vermögensgegenstand des Anlagevermögens zu gelten hat.

271 *Küting/Ulrich*, DStR 2001, 953, 955.

272 *Euler*, BB 2001, 2631, 2635 („nur eine mehr oder weniger willkürliche Schätzung").

gegenstände bestehenden Risiken auszuschalten[273], löst § 248 Abs. 2 HGB das Spannungsverhältnis[274] zwischen der (gläubigerschutzbedachten) Ausschüttungsbemessungsfunktion und den Informationsbedürfnissen der Unternehmenseigner sachgerecht auf. Denn die Bezugnahme auf hinreichend verlässliche Rechnungslegungsdaten ist zugleich Prämisse jedweder Rechenschaftslegung und zuverlässigen Information durch Jahresabschlüsse[275]. Zudem ist der Rückgriff auf tatsächlich vollzogene Markttransaktionen *am ehesten* geeignet, den für die Kapital- und Gläubigerschutzfunktion der Rechnungslegung unerlässlichen Werthaltigkeitsnachweis zu erbringen[276].

C. Das Prinzip vorsichtiger Bewertung

Zwar ist weithin anerkannt, dass das in § 252 Abs. 1 Nr. 4, 1. Halbs. HGB verankerte Vorsichtsprinzip entgegen seiner Stellung unter den allgemeinen Bewertungsgrundsätzen auch für den Ansatz von Vermögensgegenständen und Schulden Bedeutung erlangt[277]; seine Reichweite ist gleichwohl umstritten. Teilweise wird sein Anwendungsbereich auf Sachverhalte begrenzt, in denen aufgrund unvollständiger Informationen Ermessensspielräume verbleiben[278]. Eine verbreitete Ansicht[279] betrachtet das Vorsichtsprinzip hingegen als „oberste Bilanzierungsleitlinie", die auf das „GoB-System" in seiner Gesamtheit einstrahlt. Richtiger-

---

273 Vgl. *Ellrott/Schmidt-Wendt*, in: Beck`scher BilKomm, § 247 Rn. 391 („gewisse Objektivierung"); so auch *Wiedmann*, § 248 Rn. 8; kritisch auch *Baetge/D. Fey/C.-P. Weber*, in: HdR, § 248 Rn. 17, 34; *Küting*, S. 16; Schmidt/*Weber-Grellet*, EStG, § 5 Rn. 162.

274 Siehe *Hennrichs*, S. 144.

275 Vgl. hierzu insbes. *Kleindiek*, ZGR 1998, 466, 484 f.; ferner *Löhr*, StuB 2003, 643, 644 ff.; *Schulze-Osterloh*, ZIP 2004, 1128, 1128 ff.

276 Ähnlich *Hayn*, IStR 1996, 354, 355; vgl. auch BFH BStBl. II 1992, 977, 981 (Transferentschädigung); *Moxter*, S. 29; *Merkt*, in: Baumbach/Hopt, § 248 Rn. 3; ferner BFH BStBl. II 1976, 13, 14; *Goerdeler/Müller*, in: Hachenburg, GmbHG, 7. Aufl., § 42 Rn. 87.

277 *Beisse*, in: Festschr. für Beusch, 1993, S. 77, 85; *Gross*, in: Festschr. für Ludewig, 1996, S. 333, 335 f.; *Selchert*, in: HdR, 5. Aufl., § 252 Rn. 85; ferner MüKo-HGB/*Ballwieser*, § 252 Rn. 55; *Woerner*, BB 1988, 769, 772.

278 *Leffson*, S. 466 f.; ähnlich *Baetge/Ziesemer*, in: Baetge/Kirsch/Thiele, § 252 Rn. 142 ff.; die Bedeutung des Vorsichtsprinzips auch einschränkend *Weber-Grellet*, DB 1996, 2089, 2090.

279 Namentlich *Beisse*, in: Festschr. für Beusch, 1993, S. 77, 83 („Es ist das Leitprinzip des GoB-Systems."); *Woerner*, BB 1988, 769, 771 f.; LG Stuttgart DB 2001, 1025, 1026; vgl. auch BVerfG NJW 2000, 129, 130 („eines der tragenden Prinzipien des deutschen Bilanzrechts").

weise sind gesetzliche Bilanzierungsvorschriften indes vorrangig „aus sich selbst heraus" auszulegen[280]. Erst wenn nach Zugrundelegung der konkreten Zwecke der Einzelnorm Auslegungsfreiräume verbleiben, sind diese mit Rücksicht auf die Jahresabschlussfunktionen zu schließen. In diesem Rahmen kommt neben dem Gebot der Vermittlung eines möglichst getreuen Bildes der Vermögens-, Finanz- und Ertragslage (§ 264 Abs. 2 HGB, Art. 2 Abs. 3 BiRiLi) allerdings auch dem Vorsichtsprinzip hervorgehobene Bedeutung zu[281], da das Vorsichtsprinzip und seine Ausprägungen manifester Ausdruck der (gläubigerschutzbedachten) Ausschüttungsbemessungsfunktion sind[282].

Der insoweit häufig auftretende Konflikt zwischen dem Gebot vorsichtiger Bilanzierung und der Hauptzielsetzung der EG-Bilanzrichtlinie (Art. 2 Abs. 3 BiRiLi) ist dabei einem möglichst schonenden Ausgleich zuzuführen[283]. Entsprechend muss für den konkreten Einzelfall untersucht werden, welches Bilanzierungsziel im Einzelfall zurückstehen muss und insoweit nicht zu „voller" Geltung gebracht werden kann[284].

Das Handelsbilanzrecht verwirklicht das Ziel vorsichtiger und kapitalschutzbedachter Bilanzierung freilich vorrangig durch verschiedene Einzelregelungen[285], die dem allgemeinen Vorsichtsgedanken durch ihre spezifisch vorsichtsbedachte Ausgestaltung Rechnung tragen[286]. Es bedarf insoweit keines Rückgriffs auf ein „mystifiziertes" Vorsichtsprinzip[287]. Gleichsam rechtfertigt das Vorsichtsprinzip keine willkürliche Bildung stiller Reserven[288]. Sog. stille

280 *Hennrichs*, S. 81 ff. (insbes. S. 84); ferner *Großfeld*, Rn. 63.
281 Vgl. dazu EuGH DB 1999, 2035 f., Tz. 25 ff.
282 *Kleindiek*, in: Staub: Großkommentar zum HGB, § 252 Rn. 36; *Moxter*, in: Festschr. für Goerdeler, 1987, S. 361, 368; ferner *Beisse*, in: Festschr. für Beusch, 1993, S. 77, 83 ff.
283 Eingehend dazu *Hennrichs*, S. 148 ff.; vgl. auch Kap. 5 C. 4. d) (3) (b) sowie e) (2) (b).
284 *Hennrichs*, S. 149.
285 Obgleich beispielsweise die Verpflichtung zur Bildung von Drohverlustrückstellungen (§ 249 Abs. 1 Satz 1, 2. Alt. HGB) gleichsam dem Gebot des vollständigen Schuldenausweises dient (§§ 242 Abs. 1 i.V.m. 246 Abs. 1, 264 Abs. 2 Satz 1 HGB), entspricht es auch und gerade dem Gebot vorsichtiger Bilanzierung (§ 252 Abs. 1 Nr. 4, 1. Halbs. HGB), einen (wahrscheinlichen) Verpflichtungsüberschuss als vermögensbelastenden Sachverhalt in die kapitalschutzrelevante Vermögensmessung einzubeziehen (vgl. dazu MüKo-AktG/*Hennrichs*, § 249 Rn. 7).
286 *ADS*, § 252 Rn. 73; Heymann/*Walz*, § 252 Rn. 31; vgl. ferner *Kessler*, DB 1997, 1, 2.
287 Siehe auch *ADS*, § 252 Rn. 73; *Claussen/Korth*, in: Kölner Kommentar zum AktG, § 252 Rn. 24.
288 Siehe dazu *ADS*, § 252 Rn. 71; *Hennrichs*, S. 11 ff.; *Schulze-Osterloh*, in: Baumbach/Hueck, GmbHG, § 42 Rn. 17; *Selchert*, in: HdR, 5. Aufl., § 252 Rn. 87 (je m.w.N.); MüKo-AktG/*Tiedchen*, § 252 Rn. 47; *Weber-Grellet*, DB 1996, 2089,

Zwangsreserven sind vielmehr Produkt spezieller Bilanzierungsnormen und werden lediglich in dem durch diese Vorschriften bestimmten Umfang als „notwendiges Übel" einer kapitalschutzbedachten Rechnungslegung hingenommen[289].

Das im Gebot vorsichtsbedachter Bewertung (§ 252 Abs. 1 Nr. 4, 1. Halbs. HGB) unmittelbar zum Ausdruck kommende Motiv, Risiken stärker als Chancen zu gewichten und auf diesem Wege eine Überbewertung von Aktiva sowie eine Unterbewertung von Passiva zu verhindern[290], korrespondiert allerdings trefflich mit dem herausgearbeiteten (impliziten) Anforderungsprofil der Kapitalrichtlinie[291]. Da die Unternehmenseigner durch das kapitalgesellschaftsrechtliche Trennungsprinzip von der Gefahr einer persönlichen Inanspruchnahme abgeschirmt werden, wäre es unangemessen, das Risiko eines – im Nachhinein – ungerechtfertigten Vermögensabflusses vollkommen wertfrei zu beurteilen. Der vom Handelsbilanzrecht eingeforderte eher „zurückhaltend-skeptische Blick" auf den Vermögensstand des Rechnungslegungspflichtigen zieht den Ausschüttungsmöglichkeiten mithin konsequent engere Grenzen als bei Anlegung eines neutralen („unvorsichtigen") Beurteilungsmaßstabes zu verzeichnen wären[292]. Vor dem Hintergrund der Kapitalschutzfunktion des Jahresabschlusses ist dieser Standpunkt – ungeachtet der Gefahren, die mit der Auflösung stiller Reserven verbunden sind[293] – gerechtfertigt und folgerichtig[294].

D. Das Realisationsprinzip

In Bezug auf die mit der Kapitalrichtlinie verfolgten Zielsetzungen kommt dem Erfolgsausweis essentielle Bedeutung zu, da der Periodengewinn – namentlich im

---

2090. Auch die wahlrechtsinduzierte Möglichkeit zur Bildung von „Verlustpolstern" ist mit dem Vorsichtsprinzip nicht zu begründen (siehe MüKo-HGB/*Ballwieser*, § 252 Rn. 59; MüKo-AktG/*Hennrichs*, § 249 Rn. 147; *derselbe*, S. 72 f.; *Schildbach*, in: HURB, S. 428, 433).

289 *Schön*, ZGR 2000, 706, 714.

290 EuGH DB 1999, 2035, 2036, Tz. 26 (zur Bildung einer [Pauschal-] Rückstellung für Gewährleistungsrisiken); Scholz/*Crezelius*, GmbHG, Anh. § 42 a Rn. 83.

291 Zum Zusammenhang von vorsichtsbedachter Bilanzierung und Kapitalschutz vgl. *Kleindiek*, in: Staub: Großkommentar zum HGB, § 252 Rn. 36; *Rückle*, in: HURB, S. 403, 406 f.; ferner *ADS*, § 252 Rn. 75; *Beisse*, in: Festschr. für Beusch, 1993, S. 77, 83 ff.; *Claussen/Korth*, in: Kölner Kommentar zum AktG, § 252 Rn. 22; *Gross*, in: Festschr. für Ludewig, 1996, S. 333, 337 f.; *Wöhe*, S. 346. Wie die Kapitalrichtlinie zielen auch das Vorsichtsprinzip und seine Ausprägungen auf einen Schutz der Gäubiger ab, vgl. MüKo-AktG/*Tiedchen*, § 252 Rn. 43.

292 Vgl. MüKo-AktG/*Tiedchen*, § 252 Rn. 43.

293 Vgl. dazu Kap. 6 B. 2. b) (1).

294 Vgl. auch *Löhr*, StuB 2003, 643, 647.

Aktienrecht – *die Schnittstelle* zwischen Kapitalerhaltungsregelungen und handelsrechtlicher Rechnungslegung markiert, durch die kapitalschutzinkompatible Einflüsse Eingang in das Gesellschaftsrecht erhalten können. Aus der Perspektive des bilanziellen Gläubigerschutzes ist mithin die *Kapitalschutzkompatibilität der Erfolgserfassung* vordringlichste Anforderung an das Recht der Rechnungslegung. Vor diesem Hintergrund kommt dem in § 252 Abs. 1 Nr. 4, 2. Halbs. HGB kodifizierten Realisationsprinzip besondere Bedeutung zu, da es ausweislich seines Wortlauts die Berücksichtigung von Gewinnen steuert.

1. Bilanzrechtliche Grundkoordinaten der Gewinnrealisation

Tatsächlich lässt das Realisationskriterium für sich genommen nicht erkennen, *wann* positive Wertveränderungen von Vermögensgegenständen zu berücksichtigen sind. Es bleibt mithin ausfüllungsbedürftig. Der *Realisationszeitpunkt* muss daher mit Rücksicht auf den Zweck des Realisationsprinzips im Kontext korrespondierender Ansatz- und Bewertungsvorschriften bestimmt werden[295].

a) GoB der Nichtbilanzierung schwebender Geschäfte

Gewichtige Hinweise für die gesetzeszweckentsprechende Interpretation des Realisationsmerkmals lassen sich mit Rücksicht auf den GoB der Nichtbilanzierung schwebender Geschäfte gewinnen[296], der zwar nicht explizit kodifiziert, aber von § 249 Abs. 1 Satz 1, 2. Alt. HGB vorausgesetzt wird. Danach sind *entstandene* Forderungen aus zivilrechtlichen Verträgen grundsätzlich nicht zu zeigen, obwohl sie bei „natürlicher Betrachtung" bereits *Vermögensbestandteil* des Forderungsinhabers sind[297]. Tatsächlich stehen sich – bezogen auf Austauschverträge – Forderung und Gegenforderung schon im Zeitpunkt des Vertragsschlusses in synallagmatischer Verknüpfung gegenüber und tangieren jede für sich sowohl die Vermögenslage des Sachleistungs- als auch diejenige des Geldleistungsverpflichteten. Der handelsbilanziellen Systematik entspricht es gleichwohl, derartige unerfüllte Vertragsbeziehungen aus Praktikabilitäts- respektive Vereinfachungs-

295 *Kleindiek*, in: Staub: Großkommentar zum HGB, § 252 Rn. 27.
296 Vgl. auch *Woerner*, BB 1988, 769, 772.
297 Mit Blick auf das Beispiel des gegenseitigen sachleistungsbezogenen Austauschvertrages erwirbt der Sachleistungsverpflichtete den Anspruch auf die Gegenleistung im Zeitpunkt des Vertragsschlusses (vgl. z. B. §§ 433 Abs. 2, 631 Abs. 1 BGB). Stellv. für die bisweilen „ungenauen Formulierungen" in der betriebswirtschaftlichen Literatur *Selchert*, in: HdR, 5. Aufl., § 252 Rn. 103 f.; richtig demgegenüber *Lüders*, S. 23.

gründen[298] auszublenden und das Vollständigkeitsgebot insoweit einzuschränken[299]. Erst § 249 Abs. 1 Satz 1, 2. Alt. HGB verpflichtet den Kaufmann, einen aus einem ungünstigen – negativ unausgeglichenen – Geschäft resultierenden Verpflichtungsüberschuss bilanziell zu erfassen. Der schwebende Vertrag löst daher *erstmals* im Falle *fehlender Gleichwertigkeit* von Leistungsverpflichtung und Gegenleistungsanspruch bilanzielle Folgen aus[300]. Der Vertragsschluss kommt mithin als Realisationszeitpunkt[301] nicht in Betracht, obwohl bereits in diesem Zeitpunkt ein zwischenzeitlicher – eben nicht zwangsläufig endgültiger – Reinvermögenszuwachs eingetreten sein kann. Eine mit § 249 Abs. 1 Satz 1, 2. Alt. HGB korrespondierende Regelung für „Anspruchsüberschüsse" sieht das Handelsbilanzrecht hingegen nicht vor.

b) Konnex von Realisations- und Anschaffungswertprinzip

Das Realisationsprinzip ist zudem ersichtlich mit dem in § 253 Abs. 1 Satz 1 HGB kodifizierten Anschaffungswertprinzip verzahnt, das eine uneingeschränkt zu beachtende Bewertungshöchstgrenze für Vermögensgegenstände fixiert. Daraus folgt notwendig, dass ein im Rahmen eines Umsatzgeschäfts anfallender Gewinn erst dann als realisiert zu gelten hat, wenn der abgehende Vermögensgegenstand dem Regime des Anschaffungswertprinzips entzogen ist, d.h. dem Vermögen des Kaufmanns bei wirtschaftlicher Betrachtung[302] nicht mehr zuzurechnen ist (vgl. § 246 Abs. 1 HGB). Mit der Entlassung des Vermögensgegenstands aus dem von § 246 Abs. 1 HGB umrissenen Zurechnungszusammenhang geht entsprechend eine Entbindung vom Anschaffungswertprinzip einher[303]. Erst die

298 *Schulze-Osterloh*, in: Baumbach/Hueck, § 42 Rn. 90 (Praktikabilitätsgründe); MüKo-AktG/*Hennrichs*, § 246 Rn. 117 (Vereinfachungsgründe); ebenso *Kropff*, in: Geßler u.a., § 149 Rn. 50. Stellv. für die h.M. verweist hingegen beispielsweise *Crezelius* (in: Scholz, GmbHG, Anh. § 42a Rn. 127) auf das Realisationsprinzip (§ 252 Abs. 1 Nr. 4, 2. Halbs. HGB). Hiergegen lässt sich indes anführen, dass das Realisationsprinzip einem Forderungsausweis in Höhe der eigenen Verpflichtung nicht entgegenstünde (MüKo-AktG/*Hennrichs*, § 246 Rn. 117).

299 *Woerner*, BB 1988, 769, 772; ferner MüKo-AktG/*Hennrichs*, § 246 Rn. 117.

300 Zur Behandlung von Vorleistungen vgl. *Knobbe-Keuk*, S. 246.

301 Demgegenüber ließ das RG auf der Grundlage des § 42 GmbHG a.F. die „Absetzbarkeit an feste und sichere Käufer" als Realisationstatbestand ausreichen (RGZ 80, 330, 335).

302 Dazu MüKo-AktG/*Hennrichs*, § 246 Rn. 126 ff.

303 Vgl. MüKo-AktG/*Hennrichs*, § 246 Rn. 41, 119 m.w.N.; ferner *Moxter*, S. 9; offen gelassen von BFHE 111, 89, 93. Der BFH (BStBl. II 1997, 382, 383; vgl. auch *Schulze-Osterloh*, in: Baumbach/Hueck, GmbHG, § 42 Rn. 15) hat nunmehr *in Erwägung* (!) gezogen, bei Abgang eines Wirtschaftsguts (Vermögensgegenstands) die an seine Stelle tretende Kaufpreisforderung zunächst nicht mit ihrem Nennwert,

Aktivierung der gewissermaßen an die Stelle des abgehenden Vermögensgegenstands tretenden Forderung führt mithin zum Ertragsausweis[304]. Der Vorgang der Gewinnrealisation setzt daher eine *Veränderung in der Vermögensstruktur* des Kaufmanns voraus. Anschaffungswert- und Realisationsprinzip sind folglich durch den skizzierten Ausbuchungs- und Aktivierungsmechanismus miteinander *verknüpft* und beeinflussen sich gegenseitig[305].

c) Teleologie des Realisationsprinzips: Ausschluss von Scheingewinnen

Spätestens seit Ende des 19. Jahrhunderts wurde das Realisationserfordernis als *Instrument* zur Herstellung einer sachgerechten *Risikoverteilung* (Risikosymmetrie) zwischen Gesellschaftern und Unternehmensgläubigern genutzt[306]. Insoweit avancierte die „Verteilungsfähigkeit" des Gewinns[307] zum zentralen Gewinnreali-

---

sondern „nur mit den Herstellungskosten des veräußerten Wirtschaftsgutes (Buchwert)" anzusetzen.

304 Vgl. BFH BStBl. II 1997, 382, 383; MüKo-AktG/*Hennrichs*, § 246 Rn. 41, 101; *Hoffmann/Lüdenbach*, DStR 2004, 1758, *Wassermeyer*, DB 2001, 1053, 1054; ferner Schmidt/*Weber-Grellet*, EStG, § 5 Rn. 602; siehe auch *Moxter*, S. 166.

305 MüKo-AktG/*Hennrichs*, § 246 Rn. 41, 119; *derselbe*, DStJG 24 (2001), 301, 315; vgl. auch *Euler*, S. 212; *Förschle/Kroner*, in: Beck`scher BilKomm, § 246 Rn. 32. Das Anschaffungswertprinzip gilt allerdings nach vorherrschender Ansicht lediglich als Ausprägung des Realisationsprinzips (vgl. BGHZ 109, 334, 338; *Baetge/Kirsch/Thiele*, Bilanzen, S. 172; *Euler*, BB 2001, 2631, 2634; Heymann/*Walz*, § 255 Rn. 2; siehe dazu *Kleindiek*, in: Staub: Großkommentar zum HGB, § 252 Rn. 25).

306 Siehe dazu auch *Zeitler*, DB 2003, 1529, 1534. Diese Sichtweise war bereits für den aktienrechtlichen Reformgesetzgeber von 1884 (zum GmbH-Recht vgl. auch Kap. 3 D.) bei der Fixierung des Realisations- und Anschaffungswertprinzips ermessensleitend: „(...) so darf doch die Gesetzgebung sich nicht jeder Einwirkung auf die Bilanzaufstellung enthalten, wenn nicht *gewissenlose Ueberschätzung der Vermögensstücke* unter dem Scheine kaufmännischer Usance soll erleichtert und das auf das Grundkapital gestützte Vertrauen des öffentlichen Kredits soll mißbraucht werden können", und weiter: „Die letztere Einschränkung (sc. Anschaffungs- und Herstellungspreise als Bewertungsobergrenzen) ist dem Artikel 31 fremd, findet aber in dem *Wesen der Aktiengesellschaft ihre Rechtfertigung*, weil mit Rücksicht auf die regelmäßig eintretende Vertheilung des Reingewinns verhindert werden muß, daß nicht schon ein zwar *nominell vorhandener*, *thatsächlich* aber *noch nicht* durch Verkauf der betreffenden Vermögensstücke *verwirklichter Gewinn* zur Vertheilung gelangt" (Beibehaltung ursprünglicher Orthografie; Hervorh. d. d. Verf.), vgl. Verhandlungen des Reichstages, 5. Legislaturperiode – IV. Session 1884, S. 303.

307 Siehe hierzu etwa *Arbeitsgruppe Normierung der Rechnungslegung*, BB 2002, 2595, 2597; *Moxter*, BB 1984, 1780, 1782 f. m.w.N.; schon das RG (RGZ 43, 123, 127) wies dem Realisationsprinzip die Aufgabe zu, „eine trügerische Höherbewertung hintanzuhalten".

sationskriterium. Konkret lässt sich insoweit die *Verwirklichung* des nominellen Wertzuwachses durch einen *marktbezogenen Umsatzakt* als in historischer Perspektive unerlässliche Voraussetzung der Gewinnrealisation identifizieren[308]. Wertsteigerungen werden danach nur insoweit als erfolgsverbesserndes Moment akzeptiert, als sie zuvor einen (im Wesentlichen) endgültigen und unverrückbaren Charakter erlangt haben. Allein eine *hinreichend sichere Vermögensmehrung*[309] berechtigt dazu, nicht rückholbare Vermögensverlagerungen in die Gesellschaftersphäre vorzunehmen[310].

Realisations- und Anschaffungswertprinzip werden daher mit Recht als konsequente Folgeregelungen des allgemeinen Gebots vorsichtsbedachter Bilanzierung (vgl. § 252 Abs. 1 Nr. 4 HGB) verstanden[311]. Tatsächlich erschiene das Vorsichtsprinzip seines Gehalts weitgehend beraubt, sofern nicht der Gedanke vorsichtsbedachter Bilanzierung auch im Rahmen des Realisierungstatbestandes Anklang fände[312].

Auch die Verankerung des Realisationsprinzips in Art. 31 Abs. 1 lit. c aa BiRiLi führte nicht zu einer grundlegenden Neujustierung des nunmehr europäisch geprägten Realisationsprinzips. Auch das auf europäischer Ebene – gleichsam interpretationsoffen[313] – formulierte Realisationsprinzip ist als Ausprägung des Grundsatzes der Vorsicht („Das

---

308 Dazu *Hoffmann/Lüdenbach*, DStR 2004, 1758; *Moxter*, BB 1984, 1780, 1783; vgl. ferner BFH BStBl. II 1976, 541, 542; BStBl. II 1979, 738, 739; siehe auch RG JW 1938, 747, 748; *Arbeitskreis Externe Unternehmensrechnung*, DB 2003, 1585, 1588; *Kropff*, ZGR 1993, 41, 55; *Moxter*, in: Festschr. für Goerdeler, 1987, S. 361, 365; *Siegel et al.*, ZIP 1999, 2077, 2079; MüKo-AktG/*Tiedchen*, § 253 Rn. 10; a.A. RGZ 80, 330, 335; vgl. auch *Herzig/Mauritz* (BB 1997, Beil. 5, S. 1, 6), die für Finanzinstrumente eine „Realisation qua Marktbewertung" preferieren. Eine Beeinträchtigung des Vorsichtsprinzips sei damit nicht verbunden, da eine „klassische" Realisation jederzeit herbeigeführt könne (a.a.O., S. 7; siehe dazu auch Kap. 5 C. 4. c)).

309 Vgl. *Gross*, in: Festschr. für Ludewig, 1996, S. 333, 335 ff. *Thiel*, Rn. 277; ferner *Arbeitskreis Bilanzrecht*, BB 2002, 2372, 2373. Gemeinhin wird formuliert, dass positive Erfolgsbeiträge „so gut wie sicher" bzw. „quasisicher" sein müssen, vgl. BFH/NV 1986, 595, 596; BStBl. II 1992, 904, 907; BStBl. II 1997, 382, 383 f.; BStBl.II 1999, 21, 22; *Beisse*, in: Festschr. für Beusch, 1993, S. 77, 84; *Knobbe-Keuk*, S. 247; *Moxter*, S. 49.

310 Zum Zusammenhang mit der Gläubigerschutzfunktion des Handelsbilanzrechts vgl. MüKo-AktG/*Tiedchen*, § 252 Rn. 60.

311 BFH BStBl. II 1987, 797, 799; MüKo-AktG/*Tiedchen*, § 252 Rn. 60; vgl. auch *Arbeitskreis Bilanzrecht*, BB 2002, 2372, 2373; Scholz/*Crezelius*, GmbHG, Anh. § 42a Rn. 85; *Woerner*, BB 1988, 769, 772; a.A. *Baetge/Ziesemer*, in: Baetge/Kirsch/Thiele, § 252 Rn. 184.

312 Vgl. *Hense/Geißler*, in: Beck`scher BilKomm, § 252 Rn. 44.

313 Siehe *Hennrichs*, S. 151 f.

bedeutet insbesondere ...") konzipiert, der „in jedem Fall" beachtet werden muss (Art. 31 Abs. 1 lit. c BiRiLi)[314].

Bezogen auf Umsatzgeschäfte führt diese Sichtweise dazu, dass der Schwebezustand eines bilanziell bislang nicht erfassten Vertragsverhältnisses endet, wenn die Hauptleistungspflicht, d.h. die den Vertragstypus bestimmende Sach- (oder Dienst)-leistung *erbracht* worden ist[315] und eine überwiegende Wahrscheinlichkeit besteht, dass der Erfolgsbeitrag dem Grunde nach tatsächlich anfällt und der Höhe nach endgültig bestimmbar ist[316]. Freilich steht der aus einem Umsatzgeschäft resultierende Erfolgsbeitrag erst dann abschließend fest, wenn der Veräußerer gewährleistungsrechtlich aus der Verantwortung entlassen wurde[317] und der Eingang der Gegenleistung zu verzeichnen ist. Gemessen an den Ansprüchen und an dem Charakter der Kapitalrichtlinie muss es indes gerade als *systemgerecht* angesehen werden, den Vorsichtsgedanken auch hinsichtlich des bilanziellen Bezugssystems nicht zu verabsolutieren[318]. Denn auch die Kapitalrichtlinie beschränkt sich auf die Gewährleistung eines unabdingbaren Mindestgläubigerschutzes (vgl. Kap. 1 A.). Danach muss der Vorsichts- und Gläubigerschutzgedanke im Rahmen des Realisationstatbestandes lediglich in rechtspolitisch notwendigem Umfang Beachtung finden. Bezogen auf das Institut des Kaufvertrages genügt daher ein *hinreichender Risikoabbau*, der mit dem Zeit-

---

314 Vgl. auch Kap. 5 C. 4. d) (3) (b).

315 St. Rspr. BFH BStBl. II 1997, 735, 737; 1995, 312, 313; 1990, 733, 734; ferner MüKo-AktG/*Hennrichs*, § 246 Rn. 118; *Kropff*, in: Geßler u.a., § 149 Rn. 50; *Schulze-Osterloh*, in: Baumbach/Hueck, GmbHG, § 42 Rn. 15, 90.

316 *Kleindiek*, in: Staub: Großkommentar zum HGB, § 252 Rn. 27.

317 Siehe dazu auch *Gelhausen*, S. 80. Schuldet der Hauptleistungsverpflichtete die Übereignung der Kaufsache, so sieht er sich im Regelfall zwei Jahre der Gefahr ausgesetzt, Nacherfüllung leisten oder gar eine Rückabwicklung des Kaufvertrag nach einem Rücktritt hinnehmen zu müssen (§§ 437 ff. BGB). Verfügt ein Käufer insbesondere über einen Anspruch auf Nachbesserung, hat der Verkäufer die zum Zwecke der Nacherfüllung erforderlichen Aufwendungen, namentlich Transport-, Wege-, Arbeits- und Materialkosten zu tragen (§ 439 Abs. 2 BGB).

318 Vgl. Kap. 1 C. 1. Insoweit zutreffend *Euler*, S. 189; *Kessler*, DB 1997, 1, 5 ff. (freilich ohne Bezugnahme auf die Kapitalrichtlinie); gegen ein „überzogene(s) Vorsichtsdenken" wendet sich auch *Weber-Grellet*, DB 1996, 2089, 2090; ferner *Hennrichs*, S. 148 ff. Daher ist es angemessen, Gewährleistungs- und Bonitätsrisiken als nach allgemeinen Erfahrungssätzen quantifizierbare Gefahren („gering und überschaubar") durch Wertberichtigungen und Rückstellungen zu berücksichtigen, vgl. BFH BStBl. II 1979, 738, 739; ferner BStBl. II 1997, 382, 383 f.; *Kropff*, in: Geßler u.a., AktG, § 149 Rn. 85; dies nur unzureichend berücksichtigend *Baetge/Ziesemer*, in: Baetge/Kirsch/Thiele, § 252 Rn. 184.

punkt des Gefahren- und Lastenübergangs auf den Erwerber (§§ 446 ff. BGB) erreicht ist[319].

Ist namentlich ein Versendungskauf vereinbart, entledigt sich der Veräußerer regelmäßig bereits vor Erfüllung des Risikos eines zufälligen Untergangs der Kaufsache (§ 447 BGB). Der Gefahrenübergang markiert daher einen Zeitpunkt, der *exakt feststellbar* ist[320] und mit dem ein *wesentlicher Risikotransfer* auf den Erwerber verbunden ist. Auch ist der *auf Erfüllung gerichtete Leistungsprozess* mit der Übergabe der Sache an die Transportperson abgeschlossen.

Der so fixierte Realisationszeitpunkt bringt damit eine *spezifische Risikozuordnung* zum Ausdruck[321], die das gesamte Handelsbilanzrecht prägt[322]. Ungeachtet etwaiger Parallel- oder Nebenfunktionen[323] besteht daher ein gemeinsames Ziel des Handelsbilanzrechts, der EG-Bilanz- und Kapitalrichtlinie darin, „Scheingewinne" von der Verteilung auszuschließen – bzw. ihren Ausweis a priori zu verhindern. Die historisch gewachsene kapitalschutzbedachte Ausgestaltung des Realisationsprinzips trägt mithin dem (impliziten) Anforderungsprofil der Kapitalrichtlinie vollumfänglich Rechnung.

d) Folgerungen

Vor diesem Hintergrund bleiben positive Wertveränderungen „am ruhenden Vermögen" handelsbilanziell ausgeblendet. Das Gesetz rückt insoweit vom grundlegenden Prinzip der Gewinnermittlung durch Vermögensveränderungsbetrachtung ab, um dem Gebot vorsichtsbedachter Bilanzierung Rechnung zu tragen. Theoretischer Unterbau der Nichtberücksichtigung unrealisierter Wertsteigerungen ist namentlich deren *fehlende Endgültigkeit*, die erst durch einen marktbezogenen Umsatzakt eintritt. Mit Rücksicht auf das kapitalgesellschafts-

---

319 Zutr. *Gelhausen*, S. 186 ff.; *Hoffmann/Lüdenbach*, DStR 2004, 1758; *Knobbe-Keuk*, S. 247; *Lüders*, S. 76 f.; *Schröer*, S. 142; *Schulze-Osterloh*, in: Baumbach/Hueck, GmbHG, § 42 Rn. 15; MüKo-AktG/*Tiedchen*, § 252 Rn. 64; *Woerner*, BB 1988, 769, 774; a.A. *Leffson*, S. 267. Der BFH rückt hingegen den Übergang des „wirtschaftlichen Eigentums" in den Vordergrund. Allerdings zieht der BFH auch den Gesichtspunkt der Gefahrtragung zur Bestimmung des wirtschaftlichen Eigentums heran (vgl. BFH BStBl. II 1987, 797, 798 f.; BStBl. II 1990, 733, 734 f.), sodass die Ansichten rechtstatsächlich kaum divergieren.

320 Unberechtigte Zweifel bei *Wohlgemuth*, in: Bonner HR, § 252 Rn. 38.

321 In diesem Sinne *Ballwieser*, in: Festschr. für Clemm, 1996, S. 1, 11; vgl. auch *Gross*, in: Festschr. für Ludewig, 1996, S. 333, 335 ff.; ferner *Gelhausen*, S. 68.

322 *Beisse*, in: Festschr. für Beusch, 1993, S. 77, 82 f.; vgl. auch *Schön*, StuW 1995, 366, 376.

323 Freilich verfügt die EG-Bilanzrichtlinie (und damit auch das Handelsbilanzrecht) über eine doppelte Stoß- und Schutzrichtung (vgl. Kap. 1 C. 1.).

rechtliche Trennungsprinzip ist es dem Bilanzierenden mithin versagt, an die *noch im Fluss befindliche Wertentwicklung* eines Vermögensgegenstands Ausschüttungsansprüche zu knüpfen. Eine Ausschüttung unrealisierter positiver Wertveränderungen wäre demgegenüber mit einem (unwiederbringlichen) Abfluss von Haftungsmasse in die Sphäre der Unternehmenseigner verbunden, ohne dass es als hinreichend sicher gelten könnte, dass der (zeitweilig) im Wert gestiegene Vermögensgegenstand dauerhaft zu einer Mehrung des Gesellschaftsvermögens – und damit der Haftungsmasse – beiträgt. Das Risiko einer gegenläufigen Wertentwicklung wäre damit den Unternehmensgläubigern zugewiesen, denen der Zugriff auf das – in ex post-Betrachtung – „ungerechtfertigt" abgezogene Vermögen verwehrt bliebe (vgl. Kap. 3). Das Realisationsprinzip schirmt die Unternehmensgläubiger mithin konsequent von diesem Risiko ab und trifft zugleich eine das Handelsbilanzrecht prägende Interessenregelung[324]. Danach ist es den Unternehmenseignern zuzumuten, zunächst die *Unverrückbarkeit* einer Vermögensmehrung abzuwarten, bevor sich diese im Umfang des Ausschüttungspotentials niederschlägt.

Diese Grundaussage des Realisationsprinzips harmoniert vorbehaltlos mit den in Kapitel 1 herausgearbeiteten – impliziten – Anforderungsprofil der Kapitalrichtlinie an ihr bilanzielles Bezugssystem und führt damit deren Risikostrukturierung folgerichtig und konsequent fort.

2. *Messung des Reinvermögenszuwachses unter Ausschluss unsicherer Komponenten*

Die skizzierte Verknüpfung von Ansatz- und Bewertungsvorschriften führt weiterhin dazu, dass die Gewinnrealisation eine Veränderung in der Vermögensstruktur des bilanzierenden Unternehmens voraussetzt. Diesbezüglich entsprach es den Vorstellungen des Kapitalrichtliniengebers, den Gewinnausweis von der *Feststellung einer gesicherten Reinvermögensmehrung* abhängig zu machen. Die in Bezug genommene Rechnungslegungsordnung muss daher zunächst zur bilanziellen *Vermögensmessung* geeignet sein (Kap. 1 C.). Obgleich namentlich die EG-Bilanzrichtlinie keineswegs konsequent einer „statischen Bilanztheorie"

324 Allgemein zur Interessenausgleichsfunktion des Handelsbilanzrechts *Baetge/Kirsch*, in: HdR, 5. Aufl., Kap 4, Rn. 44; *Baetge/Thiele*, in: Festschr. für Beisse, 1997, S. 11, 18 f.; *Hennrichs*, S. 82.

folgt[325], trägt das Handelsbilanzrecht diesem Anspruch in seinen systemtragenden Elementen *hinreichend* Rechnung[326].

Darüber hinaus ist aber die dem aktienrechtlichen Haftungsfonds zugedachte gläubigerschützende Wirkung nach der – zumindest ursprünglichen – Überzeugung des Richtliniengebers nur dann in ausreichendem Maße gewährleistet, wenn unsichere Vermögenskomponenten von der bilanziellen Berücksichtigung ausgeschlossen sind (Kap. 1 C.). Der „Grundidee" der Kapitalrichtlinie entspricht es daher, *nicht endgültige* Vermögenszuwächse von der Ausschüttung auszunehmen. Diesem Leitgedanken folgend übernimmt namentlich das Realisationsprinzip – i.V.m. § 253 Abs. 1 Satz 1 HGB – die Aufgabe, einen „verfrühten Ausweis" von Reinvermögenszuwächsen zu unterbinden. So bleiben etwa positive Wertentwicklungen „ruhender" Vermögenskomponenten ausgeblendet, obwohl insoweit bereits *eingetretene* Vermögensmehrungen zu verzeichnen sind[327]. Denn solche Vermögenszuwächse unterliegen insbesondere der Gefahr, dass sie durch gegenläufige Wertentwicklungen aufgezehrt werden. Unrealisierte positive Wertveränderungen stellen einen endgültigen Reinvermögenszuwachs daher lediglich in Aussicht. Hintergrund dieser – untechnisch verstanden – *unvollständigen Vermögenserfassung* ist die kapitalschutzbedachte Ausrichtung der europäischen Gesellschaftsrechtsordnung, die die Ausschüttung von „Scheingewinnen" im Dienste des bilanziellen Gläubigerschutzes verhindern will (vgl. Kap. 4 D. 1. c)).

Auch die EG-Bilanzrichtlinie berücksichtigte positive Wertveränderungen am ruhenden Vermögen bis zu ihrer Änderung durch die Fair-Value-Richtlinie[328] nicht (Art. 31

---

325 *Hennrichs*, S. 146 m.w.N.; a.A. *Moxter*, AG 1979, 141, 144 f.

326 Im Grundsatz daher zutreffend *Beisse* (in: Festschr. für Beusch, 1993, S. 77, 85), der die Bilanz im Rechtssinne als „Vermögensdarstellung zum Zwecke des Ausweises des als Vermögenszuwachs realisierten (erwirtschafteten) Gewinns" bezeichnet; in diesem Sinne auch *Streim/Esser*, StuB 2003, 736, 737.

327 *Moxter*, in: Festschr. für Goerdeler, 1987, S. 361, 365; vgl. auch *Knobbe-Keuk*, S. 244 („Ein Gewinn tritt in der Bilanz erst in Erscheinung [...]). Der BGH vertritt die Ansicht, dass „Wertsteigerungen, die ein Aktivum gegenüber diesen Kosten (sc. Anschaffungs- oder Herstellungskosten) erfährt, vor dessen Veräußerung keinen Vermögenszuwachs darstellen" (BGHZ 109, 334, 338). Dem ist nur insoweit zuzustimmen, als keine *bilanziell beachtlich* Vermögensmehrung gegeben ist; stille Reserven sind gleichwohl Vermögensbestandteil im „nichtbilanzrechtlichen Sinne". Dies äußert sich etwa darin, dass stille Reserven bei der Bemessung des Abfindungsanspruchs eines Personengesellschafters in der sog. Abfindungsbilanz zu berücksichtigen sind (zu § 738 Abs. 1 Satz 2 BGB vgl. BGH NJW 1985, 192, 193; Palandt/*Sprau*, BGB, § 738 Rn. 5). Dies bestätigt gleichsam ein „gedanklicher Teilwerttest": So würde ein potentieller Unternehmenserwerber entsprechende Wertpotentiale ohne Zweifel in seine Kaufpreisüberlegungen einfließen lassen.

328 Richtlinie 2001/65/EG des Europäischen Parlaments und des Rates vom 27. September 2001 zur Änderung der Richtlinien 78/660/EWG, 83/349/EWG des Rates

Abs. 1 lit. c, Art. 32 BiRiLi) bzw. gestattete ihre bilanzielle Erfassung nur unter der Voraussetzung ihrer erfolgsneutralen Behandlung (Art. 33 Abs. 2 BiRiLi). Zwar stellt die erfolgswirksame Behandlung positiver Wertveränderungen von Finanzinstrumenten (Art. 42a i. V. m. Art. 42c Abs. 1 Satz 1 BiRiLi) die Folgerichtigkeit der EG-Bilanzrichtlinie nunmehr nachhaltig in Frage; dies ändert freilich nichts an dem Befund, dass diese Modifikationen mit den ursprünglichen Motiven des europäischen Kapitalgesellschaftsrechts – wie sie in der Kapitalrichtlinie zum Ausdruck kommen – nicht in Einklang stehen. Die Abkehr von „klassisch kontinentaleuropäischen Bewertungsprinzipien“[329] gesteht der europäische Gesetzgeber zudem auch konkludent ein, wenn er in Art. 42c Abs. 1 Satz 1 BiRiLi bestimmt, dass positive Zeitwertschwankungen bestimmter Finanzinstrumente *ungeachtet* des Art. 31 Abs. 1 lit. c BiRiLi in der GuV zu erfassen sind.

Das Realisationsprinzip setzt sich mithin über eine rein formale Betrachtung von Vermögensveränderungen hinweg[330], ohne aber die der handelsbilanziellen Gewinnermittlung zugrunde liegende Methodik[331] grundsätzlich in Frage zu stellen. Das Realisationsprinzip wirkt insoweit lediglich *modifizierend*, um die Erfolgsermittlung kapitalschutzadäquat auszugestalten. Folglich trägt es dem bereits in der Kapitalrichtlinie angelegten Ziel Rechnung, einen sachgerechten Interessenausgleich zwischen den Belangen der Unternehmenseigner und denen der Gläubiger herzustellen[332].

3. Objektivierungsfunktion des Realisationsprinzips

Wie bereits angeklungen, ist das Realisationsprinzip zudem durch seine Anbindung an einen *nach außen* in Erscheinung tretenden Vermögenszuwachs ge-

---

im Hinblick auf die im Jahresabschluss bzw. im konsolidierten Abschluss von Gesellschaften bestimmter Rechtsformen und von Banken und anderen Finanzinstituten zulässigen Wertansätze, Abl. EG Nr. L 283 vom 27.10.2001/28 ff.

329 Freilich wurde der „Bruch“ mit dem Realisationsprinzip kontinentaleuropäischer Prägung durch die unlängst verabschiedete sog. EU-Bilanzrechtsmodernisierungsrichtlinie (Amtsbl. EG vom 17.7.2003 Nr. L 178/16) weiter vorangetrieben. Insbesondere verschaffen nunmehr die Mitgliedsstaatenwahlrechte der Artt. 42 e, 42 f der (optional auf den Konzernabschluss *begrenzbaren*) Fair Value-Bilanzierung von Vermögensgegenständen eine breite Grundlage.

330 *Euler* (S. 187 f.; vgl. dazu auch *Moxter*, S. 7) spricht insofern von einer Beschränkung des Vermögensermittlungsprinzips.

331 Zur Gewinnermittlung durch periodischen Vermögensvergleich siehe z.B. *Euler*, BB 2002, 875, 876; *Hoffmann*, DStR 2000, 15 f.; *Kropff*, in: Geßler u.a., AktG, § 152 Rn. 90.

332 Zutr. *Siegel et al.*, ZIP 1999, 2077, 2079. Ist der Realisationstatbestand indes erfüllt, *muss* die nunmehr (wahrscheinlich) endgültige Vermögensmehrung entsprechend der allgemeinen Gewinnermittlungskonzeption berücksichtigt werden (vgl. *Woerner*, BB 1988, 769, 772 [mit Rücksicht auf § 246 Abs. 1 Satz 1 HGB]).

prägt[333]. Danach rechtfertigt allein die Bewährung des abgehenden Vermögensgegenstands am Markt den Gewinnausweis, weil sein Wert nach der Zugangsbewertung nunmehr erstmalig auf objektiver Grundlage[334] bestimmt wird[335].

Die objektivierungsrechtliche Dimension des Realisationsprinzips trägt zudem dafür Sorge, dass der Bilanzierende über den *Zeitpunkt* der Ertragsvereinnahmung *nicht willkürlich* entscheiden und dergestalt auf das Jahresergebnis Einfluss nehmen kann[336]. Mit Rücksicht auf die Ausschüttungsbemessungsfunktion[337] muss namentlich die Gewinnrealisation im Zentrum handelsrechtlichen Objektivierungsstrebens[338] stehen[339]. Nur die genaue Fixierung eines Realisationszeitpunktes bewahrt den durch die Rechnungslegungsvorschriften austarierten Kompromiss zwischen Gesellschafter- und Gläubigerinteressen und gewährleistet damit eine hinreichende „Steuerungsintensität“ des handelsbilanzrechtlichen Normengefüges. Unabdingbare Voraussetzung einer *zweckentsprechenden* Befolgung von Rechnungslegungsnormen ist deshalb, dass sie eine bestimmte Bilanzierungsweise unnachgiebig einfordern[340]. Dies erfordert neben einem Ver-

---

333 *Thiel*, Rn. 277; vgl. auch *Euler*, BB 2002, 875, 876; BFH GrS DStR 2000, 1682, 1685.

334 Zu den Unzulänglichkeiten einer rein formalen Interpretation des Realisationsprinzips im Hinblick auf sale and lease back-Geschäfte *Hoffmann*, DStR 2000, 15, 17 f. Diese Einbruchstelle beruht indes auf einer bewussten Umgehung gesetzlicher Mechanismen, die nach einer teleologischen Auslegung des Realisationsprinzips verlangt.

335 Stellv. *Kropff*, ZGR 1993, 41, 55.

336 Siehe dazu BFHE 111, 89, 93; *Leffson*, S. 81 f. Sollen die in einem Vermögensgegenstand angelegten Ertragspotentiale unmittelbar realisiert werden, muss der Bilanzierende den Vermögensgegenstand daher notgedrungen durch eine Veräußerung aus dem Zurechnungszusammenhang des § 246 Abs. 1 HGB lösen.

337 Zum Zusammenhang von Objektivierung und Rechenschaftslegung *Kleindiek*, ZGR 1998, 466, 484 f.; ausführlich auch *Hennrichs*, S. 4 ff.

338 Allgemein zum handelsrechtlichen Objektivierungsgebot BFH BStBl. II 1995, 312, 314 („bilanzrechtliche Gebot zur größtmöglichen Objektivierung“); *Ballwieser*, in: Beck'sches HdR, B 105, Rn. 42; *Beisse*, in: Festschr. für Beusch, 1993, S. 77, 83 f.; *Euler*, BB 2002, 875, 876; *Leffson*, S. 81 ff.; *Moxter*, S. 7 ff.; *derselbe*, in: HdWW: Bilanztheorien, S. 670, 677; *Schildbach*, in: HURB, S. 428, 429; Heymann/*Walz*, § 253 Rn. 88.

339 *Schön*, StuW 1995, 366, 376: „Nichts anderes (sc. als die objektivierte Gewinnermittlung) ist aber Ziel der Handelsbilanz.“; aus steuerrechtlicher Perspektive vgl. auch BFH GrS DStR 2000, 1682, 1685.

340 Da die Rechnungslegung nachhaltig auch von Eigeninteressen des Bilanzierenden überlagert wird, entsprach es bereits der Auffassung des Aktienrechtsreformgesetzgebers von 1884, dass Bilanzen *wegen der Bedeutung des Grundkapitals* „nach *den schärfsten Grundsätzen* und mit der größten Übersichtlichkeit (aufzustellen sind)“, vgl. Verhandlungen des Reichstages, 5. Legislaturperiode – IV. Session 1884, S. 301 (Hervorh. d. d. Verf.).

zicht auf Wahlrechte allerdings auch, dass die Beachtung bilanzrechtlicher Vorschriften kontrollfähig und deren Missachtung sanktionierbar ist[341]. Eine grundlegende Prämisse der rechtspraktischen Kontroll- und Sanktionsfähigkeit bilanzieller Normen ist freilich darin zu sehen, dass die zugrunde liegenden Tatbestandsmerkmale an *äußerlich erfassbare Vorgänge* anknüpfen[342]. Insoweit erzeugt die Anbindung der Realisation an einen Umsatzakt de lege lata einen unverkennbaren Handlungsimpuls, der die Überprüfbarkeit bilanzieller Vorgänge durch Dritte in einem zentralen Bereich der Rechnungslegung gewährleistet[343]. Kapitalschutzrechtliche Objektivierungserfordernisse finden daher hinreichend Beachtung.

4. Zusammenfassende Bewertung

Auf der Grundlage der gewonnenen Erkenntnisse entspricht das handelsrechtliche Realisationsprinzip vorbehaltlos den Anforderungen einer effektiven Kapitalschutzkonzeption, da es einerseits den unabdingbaren Objektivierungserfordernissen und andererseits, durch die vorsichtsbedachte Bestimmung des Realisationszeitpunktes, den berechtigten Interessen der Unternehmensgläubiger Rechnung trägt. Vor diesem Hintergrund führt das Realisationsprinzip den in der gesellschaftsrechtlichen Kapitalschutzkonzeption angelegten Risikoausgleich zwischen Unternehmenseignern und Gläubigern folgerichtig im Bilanzrecht fort.

341 Strafrechtliches Sanktionsinstrumentarium bieten die §§ 283 - 283b StGB (vgl. insbesondere § 283 Abs. 1 Nr. 5, 7 StGB) sowie § 331 HGB und § 400 AktG.

342 Instruktiv BFH (GrS) DStR 2000, 1682, 1685. Konkret macht der GrS eine Aktivierung *im Interesse der Rechtssicherheit* von dem Nachweis „objektiver, nachprüfbarer und nach außen in Erscheinung tretender Kriterien" abhängig. Zu den bereits aktuell bestehenden Schwierigkeiten bei der Handhabung bilanzrechtlicher Sanktionsnormen, vgl. Scholz/*Tiedemann*, GmbHG, Vor §§ 82 ff. Rn. 74; *Winnefeld*, BB 2002, H. 45, Die erste Seite; siehe ferner *Schulze-Osterloh*, Der Konzern 2004, 173, 176 (mit Blick auf die IAS/IFRS); aus allgemeinzivilrechtlicher Perspektive *K. Schmidt*, JZ 1984, 771, 777: „harte Sanktionen (setzen) klar umrissene Tatbestände voraus" (anschaulich etwa BGH NJW 1997, 1926, 1927 f. (ARAG) zu § 93 Abs. 1 AktG).

343 *Kropff*, in: Geßler u.a., AktG, § 149 Rn. 85.

E. Erfassung von Verlusten: Berücksichtigung negativer Wertveränderungen von Vermögensgegenständen und Rückstellungsbildung

In grundsätzlicher Abweichung zum Regelungsansatz des Realisationsprinzips sind *entstandene* negative Wertveränderungen von Vermögensgegenständen ohne Rücksicht auf ihre Realisation zu erfassen (§ 252 Abs. 1 Nr. 4, 1. Halbs. HGB). Eingetretene Verluste lösen daher anders als eingetretene Gewinne *unmittelbar* bilanzielle Folgen aus. Das Handelsbilanzrecht behandelt Gewinne und Verluste mithin asymmetrisch.

Wurzel nicht unerheblicher Missverständnisse ist in diesem Zusammenhang allerdings die Gesetzesformulierung, wonach *„vorhersehbare Risiken und Verluste"* zu berücksichtigen sind. Verbreitet[344] wird daraus zu Unrecht gefolgert – zumindest aber unscharf formuliert –, solche Verluste seien zwar vorhersehbar, nicht aber bereits eingetreten[345].

---

344 Zutreffendes Verständnis etwa bei *Hoffmann*, StuB 2000, 822, 824; *Kessler*, DB 1997, 1, 2, Fußn. 16; ferner *Leplow*, S. 27; im Grundsatz auch MüKo-AktG/*Tiedchen*, § 252 R. 54; mit Blick auf die Steuerbilanz *Hennrichs*, DStJG 24 (2001), 301, 322; zum insbesondere im betriebswirtschaftlichen Schrifttum verbreiteten Verständnis des Verlustkriteriums vgl. *Baetge/Ziesemer*, in: Baetge/Kirsch/Thiele, § 252 Rn. 162; *Hense/Geißler*, in: Beck`scher BilKomm, § 249 Rn. 34; *Hommel*, in: Baetge/Kirsch/Thiele, § 249 Rn. 106.

345 Eine Möglichkeit zur *Verlustantizipation* eröffnet freilich § 253 Abs. 3 Satz 3 HGB. Vorausgesetzt ist namentlich keine bereits eingetretene Wertminderung eines Vermögensgegenstands, sondern lediglich ein „in der nächsten Zukunft" zu erwartender Verlust. Dies führt zu einer Durchbrechung des Stichtagsprinzips (§ 252 Abs. 1 Nr. 4, 1. Halbs. HGB, vgl. *Schulze-Osterloh*, in: Baumbach/Hueck, GmbHG, § 42 Rn. 315; *derselbe*, ZIP 2004, 1128, 1133; MüKo-AktG/*Tiedchen*, § 253 Rn. 82). Gleichsam setzt sich der Gesetzgeber insoweit über das Prinzip der Gewinnermittlung durch Vermögensvergleich hinweg, da entsprechende Wertminderungen gerade noch nicht eingetreten sind. Da § 253 Abs. 3 Satz 3 HGB somit lediglich *potentielle Wertminderungen* (Verluste) betrifft – die sich allerdings bereits aktuell „abzeichnen" müssen –, kann diese Norm nicht als originäre Ausprägung des (zwingenden) Verlustberücksichtigungsgebots gelten (in diesem Sinne *Thiele/Prigge*, in: Baetge/Kirsch/Thiele, § 253 Rn. 442; anders z.B. *ADS*, § 253 Rn. 545 [„erweitertes Niederstwertprinzip"]; *Kleindiek*, in: Staub: Großkommentar zum HGB, § 253 Rn. 75). Die zugelassene Abweichung von der reinen Vermögensveränderungsbetrachtung fördert indes *schwerwiegende Objektivierungsprobleme* zutage, die auf der *mangelnden Trennschärfe* der verwandten unbestimmten Rechtsbegriffe beruhen. Gleichsam ist kaum zu erwarten, dass die *künftige* und somit *notwendig ungewisse Wertentwicklung* von Vermögensgegenständen zutreffend vorhergesehen werden kann (vgl. dazu *Döring*, in: HdR, § 253 Rn. 180, 182, *Mellwig*, a.a.O., Rn. 57; *Wiedmann*, § 253 Rn. 114).

Die ungleiche Behandlung von Gewinnen und Verlusten ist allerdings mit Blick auf die Ausschüttungsbemessungsfunktion des Jahresabschlusses *systemadäquat* und vor dem Hintergrund des kapitalgesellschaftsrechtlichen Trennungsprinzips *folgerichtig*. Zunächst trägt das Verlustberücksichtigungsgebot den Anforderungen Rechnung, die bereits in § 242 Abs. 1 Satz 1 HGB zum Ausdruck kommen. Namentlich *muss* ein das Verhältnis von Vermögen und Schulden darstellender Abschluss eingetretene Wertminderungen von Vermögensgegenständen zeigen, um Überbewertungen der Aktiva zu vermeiden. Da die Kapitalrichtlinie zudem Ausschüttungen von einem hinreichend sicher feststellbaren Nettovermögenszuwachs abhängig macht, hat ihr bilanzielles Bezugssystem entsprechende Verluste notwendig abzubilden. Insbesondere würde das Ausschüttungspotential einer Aktiengesellschaft andernfalls zu hoch ausgewiesen, da seine Ermittlung unter Berücksichtigung gegenwärtig nicht (mehr) realisierbarer Wertpotentiale erfolgte.

Das *Abschreibungsverbot* für voraussichtlich nicht dauernde Wertminderungen von Anlagewerten, die nicht Finanzanlagen sind (§ 279 Abs. 1 Satz 2 HGB i.V.m. § 253 Abs. 2 Satz 3 HGB) – sowie das *Abschreibungswahlrecht* für ebensolche Wertminderungen von Finanzanlagen –, begründet vor diesem Hintergrund eine an sich systemwidrige Durchbrechung der handelsrechtlichen Vermögensermittlungskonzeption[346]. Tatsächlich wird der *Fortbestand des ursprünglichen Vermögensstandes inklusive* des (systemwidrig) nicht abgeschriebenen Teilbetrags zumindest vorübergehend nur fingiert[347].

Das Verlustberücksichtigungsgebot ist mithin unmittelbarster Ausdruck der Gewinnermittlung durch Vermögensvergleich und gewissermaßen selbstverständlicher Bestandteil eines Bilanzrechtssystems, das den Periodengewinn vorsichtsbedacht ermitteln soll.

346 Für das handelsrechtliche System der Gewinnermittlung durch Vermögensvergleich ist es nach den Wertungen des *Stichtagsprinzips* (§ 252 Abs. 1 Nr. 3 HGB) an sich ohne Bedeutung, ob eine Wertminderung lediglich vorübergehender Natur ist. Auch nach dem Verlustberücksichtigungsgebot (§ 252 Abs. 1 Nr. 4, 1. Halbs. HGB) sind alle *am Abschlußstichtag* entstandenen Verluste zu erfassen (vgl. hierzu *Schulze-Osterloh*, ZIP 2004, 1128, 1133).

347 Dem (partiellen) Abschreibungsverbot liegt der Gedanke zugrunde, dass sich die Wertminderung des Anlagegegenstands bis zu seinem Abgang voraussichtlich wieder ausgleichen wird, da Anlagewerte allgemein dazu bestimmt sind, dauerhaft dem Betrieb zu dienen (§ 247 Abs. 2 HGB). Als Ausnahmetatbestand ist § 253 Abs. 2 Satz 3 HGB indes in jedem Fall eng auszulegen (so mit Recht die h.M. vgl. *ADS*, § 279 Rn. 17; *Schulze-Osterloh*, in: Baumbach/Hueck, GmbHG, § 42 Rn. 309; MüKo-AktG/*Tiedchen*, § 253 Rn. 66; a.A. namentlich MüKo-HGB/*Lange*, § 279 Rn. 18).

Der skizzierten Systematik folgt im Übrigen auch die Passivseite der Handelsbilanz weitumfänglich[348]. Namentlich sind gegenwärtige wirtschaftliche Lasten in Gestalt von Außenverpflichtungen notwendig abzubilden, um das System der Gewinnermittlung durch Vermögensvergleich konsequent auszugestalten[349]. Solche Lasten stehen insbesondere aufgrund der überwiegenden Wahrscheinlichkeit einer tatsächlichen Inanspruchnahme (echten) Verbindlichkeiten handelsbilanziell gleich. Denn letztere unterscheiden sich von rückstellungspflichtigen Sachverhalten allein dadurch, dass die entsprechenden Außenverpflichtungen dem Grunde und der Höhe nach gewiss sind. Mit Blick auf die bilanzrechtlichen Gebote eines zutreffenden Vermögensausweises, einer vollständigen Schuldenerfassung (§§ 242 Abs. 1, 246 Abs. 1 Satz 1 HGB) sowie einer getreuen Abbildung der wirtschaftlichen Verhältnisse (vgl. § 264 Abs. 2 HGB) darf daher auf die Abbildung solcher bereits hinreichend konkretisierten Risiken nicht verzichtet werden[350]. So würden derartige Lasten auch von einem fiktiven Unternehmenserwerber im Rahmen seiner Kaufpreisüberlegungen berücksichtigt werden. Bei wirtschaftlicher Betrachtung geht von dem rückstellungspflichtigen Sachverhalt folglich eine gegenwärtige Belastung der Vermögenslage aus, die unter Kapitalschutzgesichtspunkten als Nettovermögensminderungen zum Ausdruck kommen muss.

In dieses Konzept fügen sich weiterhin auch Verlustrückstellungen (§ 249 Abs. 1 Satz 1 2. Alt. HGB) systemgerecht ein[351]. Wegen § 249 Abs. 1 Satz 1 2. Alt. HGB sind Verbindlichkeiten aus schwebenden Verträgen namentlich in dem Umfang zu zeigen, wie sie nicht durch den Wert korrespondierender Gegenforde-

---

348 Systemwidrig sind allerdings die Rückstellungsvorschriften, die eine Rückstellungsdotierung ohne Rücksicht auf eine bestehende (oder wahrscheinliche) Außenverpflichtung zulassen (dazu *Kleindiek*, in: Staub: Großkommentar zum HGB, § 249 Rn. 5 f.; MüKo-AktG/*Tiedchen*, § 253 Rn. 11; im Ergebnis auch *Streim/Esser*, StuB 2003, 736, 741). Namentlich § 249 Abs. 2 HGB dient *rechtspraktisch* besehen eher der Ergebnisverwendung (MüKo-AktG/*Hennrichs*, § 249 Rn. 123) denn der Ergebnisermittlung (durch periodischen *Vermögens*vergleich) und steht daher offensichtlich in Widerspruch zu allgemeinen Objektivierungserfordernissen (zutreffend *derselbe*, a.a.O., § 249 Rn. 9).

349 MüKo-AktG/*Hennrichs*, § 249 Rn. 6; für die Steuerbilanz *derselbe*, DStJG 24 (2001), 301, 319 f.; vgl. auch *Kleindiek*, in: Staub: Großkommentar zum HGB, § 249 Rn. 11.

350 MüKo-AktG/*Hennrichs*, § 249 Rn. 6 m.w.N.

351 Entgegen der h.M. (*ADS*, § 249 Rn. 137; *Berger/M. Ring*, in: Beck`scher BilKomm, § 249 Rn. 52; *Goerdeler/Müller*, in: Hachenburg, GmbHG, 7. Aufl., § 42 Rn. 115; *Merkt*, in: Baumbach/Hopt, § 249 Rn. 9; *Knobbe-Keuk*, S. 116) handelt es sich bei Verlustrückstellungen jedoch nicht um einen Unterfall der Rückstellung für ungewisse Verbindlichkeiten, insoweit zutr. Scholz/*Crezelius*, GmbHG, Anh. § 42a Rn. 200.

rungen gedeckt sind[352] und entsprechend bei saldierender Betrachtung von Forderung und Verbindlichkeit eine negative Veränderung des Nettovermögens bereits eingetreten ist. Ein „kapitalschutzadäquat ausgestaltetes Bilanzrecht" darf eine solche negative Unausgeglichenheit schwebender Verträge nicht ausblenden, da die zwischenzeitliche – wenn auch nicht notwendig endgültige – Reinvermögensminderung[353] mit Rücksicht auf den bilanziellen Gläubigerschutz und die Systemkonformität der Gewinnermittlung[354] ausschüttungsmindernd zu berücksichtigen sind.

Die danach zu konstatierende weitgehend konsequente Abbildung von Vermögensminderungen (Verlusten) harmoniert ohne Einschränkung mit dem durch die Ausschüttungsbemessungsfunktion vermittelten gesellschaftsrechtlichen Kapitalschutzziel[355]. Rückstellungs- und Niederstwertregeln formen die Handelsbilanz – ungeachtet der aufgezeigten Systembruchstellen – als Vermögensbilanz[356] aus, die unter dem Einfluss des gläubigerschutzinduzierten Realisationsprinzips eine kapitalschutzadäquate Ausschüttungsbemessung gewährleistet. Aus der Perspektive des Kapitalschutzes besehen ist die vorbehaltlose, d.h. ohne Rücksicht auf eine Realisation vorzunehmende Verlustberücksichtigung zudem unverzichtbar. Dies folgt bereits aus der „rechtstechnischen" Kopplung des Kapitalschutzes an die Veränderung des bilanziellen Reinvermögens. „Fiktive Dividenden", deren Ausschüttung mit Rücksicht auf das kapitalgesellschaftsrechtliche Trennungsprinzip – aus unabweisbaren rechtspolitischen Erwägungen – unterbunden werden soll, resultierten insbesondere nicht allein aus dem Ausweis noch nicht hinreichend sicherer Gewinne; spiegelbildlich bedeutete vielmehr auch die Nichtberücksichtigung bereits eingetretener Verluste eine unangemessene Zurücksetzung der Belange der Unternehmensgläubiger, da das Ausschüttungspotential unter

---

352 Instruktiv MüKo-AktG/*Hennrichs*, § 249 Rn. 7, 91 ff.; vgl. ferner *ADS*, § 249 Rn. 137; *Merkt*, in: Baumbach/Hopt, § 249 Rn. 9; zur Abgrenzung des Saldierungsbereichs BFH BStBl. II 1997, 735, 738 f. („wirtschaftliches Synallagma"); *Herzig/Köster*, in: HdJ, III/5, Rn. 255 ff.; mit Recht eher einschränkend *Kleindiek*, in: Staub: Großkommentar zum HGB, § 249 Rn. 56.

353 Entgegen einer verbreiteten Ansicht (*Berger/M. Ring*, in: Beck`scher BilKomm, § 249 Rn. 51; *Hommel*, in: Baetge/Kirsch/Thiele, § 249 Rn. 106; MüKo-AktG/*Tiedchen*, § 252 Rn. 54; siehe auch BFH BStBl. II 1997, 735, 738) verlangt § 249 Abs. 1 Satz 1 2. Alt. HGB mithin keine Verlustantizipation, sondern gebietet eine Erfassung bereits eingetretener Verluste.

354 Etwaige „Anspruchsüberschüsse" sind demgegenüber als Ausfluss des Realisationsprinzips nicht abzubilden (*ADS*, § 249 Rn. 136; *Wiedmann*, § 249 Rn. 53).

355 Vgl. hierzu BFH BStBl. II 1997, 735, 738 („im Interesse der Kapitalerhaltung und des Gläubigerschutzes"); siehe auch *Hommel*, in: Baetge/Kirsch/Thiele, § 249 Rn. 106.

356 Vgl. erneut *Hüffer*, in: Staub: Großkommentar zum HGB, § 242 Rn. 8.

Berücksichtigung tatsächlich nicht mehr vorhandener Wertpotentiale bestimmt würde. Das Risiko, dass eine etwaig unterstellte „Werterholung" ausbleibt, wäre vor diesem Hintergrund auf die Unternehmensgläubiger verlagert, ohne dass ihnen ein Rückgriff auf das Vermögen etwaiger Ausschüttungsempfänger offen stünde[357]. Das Handelsbilanzrecht trägt diesen Erwägungen in zweckangemessener Weise Rechnung und formt die in der Kapitalrichtlinie zum Ausdruck kommenden Grundwertungen mithin systemgerecht aus.

F. Grundsatz der Einzelbewertung

Die Bewertungsvorschriften im engeren Sinne[358] werden überdies durch *komplementäre Objektivierungsregeln* flankiert[359]. In objektivierungsrechtlicher Hinsicht kommt insbesondere dem Einzelbewertungsgrundsatz (§ 252 Abs. 1 Nr. 3 HGB) hervorgehobene Bedeutung zu[360]. So veranlasst § 252 Abs. 1 Nr. 3 HGB insbesondere eine separate Bewertung von Vermögensgegenständen und Schulden zum Abschlussstichtag, um *bilanzzweckwidrigen Kombinationseffekten* vorzubeugen[361]. Diese könnten etwa aus einer saldierenden Gesamtbetrachtung selbständiger Bilanzierungsobjekte[362] erwachsen, die angesichts der asymmetrischen

357 Auch die bilanzielle Ausblendung voraussichtlich nicht dauernder Wertminderungen des Anlagevermögens (§§ 253 Abs. 2 Satz 3, 1. Halbs., 279 Abs. 1 Satz 2 HGB) ist daher nur gerechtfertigt, wenn eine „Werterholung" nachweislich in Aussicht steht (siehe dazu *ADS*, § 253 Rn. 476 [„konkrete Anhaltspunkte"]; *Berger/M. Ring*, in: Beck`scher BilKomm, § 253 Rn. 296; *Kleindiek*, in: Staub: Großkommentar zum HGB, § 253 Rn. 64).

358 Als solche werden hier die Bilanzierungsvorschriften verstanden, die konkrete Handlungsanweisungen für die Wertbemessung von Vermögensgegenständen und Schulden erteilen.

359 Hierzu zählt beispielsweise auch das sog. Stetigkeitsgebot (§ 252 Abs. 1 Nr. 6 HGB), vgl. *Knobbe-Keuk*, S. 47; *Schulze-Osterloh*, in: Baumbach/Hueck, GmbHG, § 42 Rn. 255; umfassend zum Stetigkeitsgebot *Hennrichs*, S. 251 ff.).

360 Zu den objektivierungsrechtlichen Bezügen des Einzelbewertungsgrundsatzes vgl. *Baetge/Kirsch*, in: HdR, 5. Aufl., Kap 4, Rn. 82 und 60; *Baetge/Kirsch/Thiele*, Bilanzen, S. 159 f.; MüKo-HGB/*Ballwieser*, § 252 Rn. 18; *Kupsch*, in: Festschr. für Forster, 1992, S. 339, 341; Heymann/*Walz*, § 252 Rn. 15.

361 Siehe dazu *Wiedmann*, § 252 Rn. 26; *Hense/Geißler*, in: Beck`scher BilKomm, § 252 Rn. 55; *Siegel/Schmidt*, in: Beck`sches HdR, B 161, Rn. 88; *Wohlgemuth*, in: Bonner HR, § 252 Rn. 26; ferner *ADS*, § 252 Rn. 48.

362 Der Anwendungsbereich des § 252 Abs. 1 Nr. 3 HGB ist freilich „erst" eröffnet, wenn verschiedene Bilanzierungsobjekte identifiziert wurden. Im Rahmen dieser vorgeschalteten Beurteilung sind insbesondere individuelle Nutzungs- und Funktionszusammenhänge zu berücksichtigen (stellv. MüKo-AktG/*Tiedchen*, § 252 Rn. 26).

bilanziellen Behandlung von Gewinnen und Verlusten unweigerlich zu systemwidrigen Ergebnissen führen würde[363]. Da Vermögensgegenstände und Schulden mithin *ohne Rücksicht* auf ihre Beziehung zu anderen Bilanzierungsobjekten zu bewerten sind[364], müssen auch engste sachverhaltliche Verknüpfungen – vorbehaltlich des § 252 Abs. 2 HGB[365] – außer Betracht bleiben, damit der genuinen Wertung des Imparitätsprinzips, namentlich der gesetzlich eingeforderten Ungleichbehandlung spiegelbildlicher Wertveränderungen vollumfänglich Geltung verschafft wird. Der Einzelbewertungsgrundsatz verfügt daher auch über eine kapitalschutzbezogene Dimension. Die Vorschrift sichert insbesondere den durch die Bewertungsvorschriften (im engeren Sinne) austarierten *Interessenausgleich* zwischen Unternehmenseignern und Gläubigern ab und verleiht dem Handelsbilanzrecht auf diese Weise die Objektivierungsstrenge, die mit Blick auf die Ausschüttungsbemessungsfunktion unerlässlich ist.

G. Anschaffungs- und Herstellungskosten

Wie im Zusammenhang mit dem Realisationsprinzip bereits dargelegt, unterliegen Vermögensgegenstände in Gestalt der (fortgeführten) Anschaffungs- und Herstellungskosten (§ 253 Abs. 1 Satz 1 HGB) einer *allgemeinen* und *absolut wirkenden* Bewertungsobergrenze. Da das Anschaffungswertprinzip zugleich den Ausgangspunkt für die Bewertung von Vermögensgegenständen festlegt[366], formen die Anschaffungs- und Herstellungskosten den *zentralen Bewertungsmaßstab* des Handelsbilanzrechts aus[367].

---

363 Zur sachlichen Verknüpfung des Einzelbewertungsgrundsatzes mit dem Realisations- und Imparitätsprinzip *Kleindiek*, in: Staub: Großkommentar zum HGB, § 252 Rn. 19; *Kupsch*, in: Festschr. für Forster, 1992, S. 339, 346 ff.; *Selchert*, in: HdR, 5. Aufl., § 252 Rn. 64.

364 *Siegel/Schmidt*, in: Beck`sches HdR, B 161, Rn. 88.

365 Zu den kodifizierten Ausnahmen vom Einzelbewertungsgrundsatz vgl. z.B. *Schulze-Osterloh*, in: Baumbach/Hueck, GmbHG, § 42 Rn. 250; MüKo-AktG/*Tiedchen*, § 252 Rn. 28.

366 Insbesondere bestimmen sie den *Ausgangswert* planmäßiger Abschreibungen auf zeitlich nur begrenzt nutzbare Vermögensgegenstände, sodass sich die Bedeutung der Anschaffungs- und Herstellungskosten kontinuierlich durch den gesamten Nutzungsprozess eines Anlagegegenstandes zieht. Zugleich fungieren die (fortgeführten) Anschaffungs- und Herstellungskosten als stete *Vergleichsgröße* zum beizulegenden Zeitwert (vgl. *Kleindiek*, in: Staub: Großkommentar zum HGB, § 253 Rn. 9; vgl. auch *Wiedmann*, § 253 Rn. 2; *Wohlgemuth*, in: HdJ, I/9, Rn. 1.).

367 Zur Stellung und zum Bedeutungsgehalt des Anschaffungswertprinzips vgl. nur *Siegel/Bareis*, BB 1993, 1477, 1482 („wer das Anschaffungskostenprinzip aus den

1. Objektivierungsqualität: Objektive Wertbemessung

Seine besondere Bedeutung für die Ausschüttungsbemessungsfunktion bezieht das Anschaffungswertprinzip zuvorderst aus der bereits skizzierten inneren Verknüpfung mit dem Realisationsprinzip. Hinsichtlich der Zugangsbewertung fremdbezogener Vermögensgegenstände zeichnet es sich zudem durch die intersubjektive Überprüfbarkeit der von ihm eingeforderten Wertansätze aus. Dies ist Ausfluss seines konkreten Außenbezugs[368]. Für Anschaffungsvorgänge bieten namentlich die Erwerbskosten (vgl. § 255 Abs. 1 Satz 1 HGB) eine der *objektiven Wertbemessung* dienliche Bewertungsgrundlage. Die Anschaffungskosten, deren wesentliche Komponente die Erwerbskosten sind, können insoweit als „vom Markt vorgegebener Wertmaßstab"[369], mithin als Fair Value[370] verstanden werden. Das damit bezeichnete sog. Prinzip der Maßgeblichkeit der Gegenleistung[371] macht daher einen Rückgriff auf die von individuellen Einschätzungen und Einsatzmöglichkeiten geprägte Nutzenbeurteilung durch den Kaufmann entbehrlich. Gerade der Marktbezug gewährleistet mithin eine *hinreichende Wertobjektivierung*[372] und begrenzt die Gefahr von Überbewertungen, da der vereinbarte Erwerbspreis typischerweise als wertmäßiges Äquivalent des angeschafften Vermögensgegenstands gelten kann[373].

Diese Qualität unterscheidet die Anschaffungskosten- indes von der Herstellungskostenbewertung (§ 255 Abs. 2, 3 HGB). Letztere gewährt dem Bilanzie-

---

Angeln hebt, schafft ein völlig neues – und u. E. äußerst gefährliches – Bilanzrechtssystem.").

368 Vgl. etwa *Flume*, DB 1958, 1045, 1046 („weil sie eine feste Grundlage für die Bewertung abgeben"); *Leffson/Schmid*, in: HdJ, I/7, Rn. 107 f.; siehe auch *Hoffmann*, DStR 2000, 15, 16.

369 *Kropff*, in: Geßler u.a., AktG, § 153 Rn. 3; vgl. auch *Leffson/Schmid*, in: HdJ, I/7, Rn. 108.

370 *Baetge/Zülch*, BFuP 1998, 543, 550.

371 Siehe hierzu insbesondere *Wohlgemuth*, in: HdJ, I/9, Rn. 3; ferner *ADS*, § 255 Rn. 5.

372 Vgl. Heymann/*Walz*, § 255 Rn. 3; *Wohlgemuth*, in: HdJ, I/9, Rn. 3; ferner *Euler*, S. 212; *derselbe*, BB 2001, 2631, 2634 (mit Blick auf immaterielle Vermögensgegenstände).

373 *ADS*, § 255 Rn. 5; vgl. auch *Euler*, S. 212; *Kropff*, in: Geßler u.a., AktG, § 153 Rn. 3; *Leffson/Schmid*, in: HdJ, I/7, Rn. 108; *Thiel*, Rn. 463 f. Die Anschaffungskosten werden nach teilweise geäußerter Ansicht auch als (Mindest-) Ertragswert eines Vermögensgegenstands interpretiert. Insoweit wird unter Rückgriff auf das Leitbild des rational handelnden Kaufmanns unterstellt, dass der erworbene Vermögensgegenstand künftig einen Nutzenzufluss in Höhe der Anschaffungskosten generiert (vgl. z.B. *Euler*, BB 2001, 2631, 2634 f.; *Mellwig*, in: Beck`sches HdR, B 164, Rn. 26).

renden infolge der schwer einsehbaren Zuordnung von Kostenkomponenten einen beträchtlichen Bewertungsfreiraum, der durch verschiedene Einbeziehungswahlrechte (vgl. § 255 Abs. 3 Satz 3, 4 HGB) noch verbreitert wird[374]. Die Herstellungskosten eines Vermögensgegenstands können mithin nur sehr eingeschränkt als objektiver *Werthaltigkeitsindikator* fungieren. Vor Absatz eines selbst erstellten Guts bleibt deshalb regelmäßig ungewiss, ob die in Gestalt der Herstellungskosten „zwischengespeicherten" Ausgaben einen am Markt tatsächlich realisierbaren Wert zum Ausdruck bringen[375]. Das Gesetz unterstellt in Ermangelung eines objektiven Werthaltigkeitsindizes und insoweit notgedrungen, dass die Einschätzungen des Kaufmanns (insbesondere) hinsichtlich der Absetzbarkeit eines Guts zu sorgsam kalkulierten Produktionskosten (zzgl. Gewinnspanne) zutreffen und jedenfalls die maximal einbeziehbaren Kosten[376] am Markt erzielbar sind[377].

Individuelle Einschätzungen und Nutzenerwartungen des Kaufmanns kommen zudem bei der Beurteilung zum Tragen, ob ein Vermögensgegenstand eine wesentliche Verbesserung erfahren hat (§ 255 Abs. 2 Satz 1 HGB). Maßgebliches Kriterium für die Annahme nachträglicher Herstellungskosten ist in diesem Zusammenhang die Erhöhung seines „Nutzungspotentials"[378]. Selbst wenn daher mit Recht verlangt wird, dass die Zunahme des Nutzungspotentials anhand objektiver Maßstäbe nachprüfbar sein muss[379], bleibt die konkrete Bilanzierungsentscheidung doch zunächst dem individuellen Erwartungshorizont des Kaufmanns überlassen.

Bedenklich stimmt überdies, dass der Herstellungskostenbegriff vornehmlich an steuerpolitischen – und damit sachfremden – Erwägungen ausgerichtet wurde[380], während die gesetzessystematische Verknüpfung von Bilanz- und Gesellschaftsrecht insoweit in den Hintergrund rückte. Damit entfernt sich der nationale

---

374 *ADS*, § 255 Rn. 248; *Kleindiek*, in: Staub: Großkommentar zum HGB, § 255 Rn. 23; Heymann/*Walz*, § 255 Rn. 42; kritisch auch *Groh*, in: Rechnungslegungskonzeptionen im Widerstreit, 2000, S. 45, 54; *Hennrichs*, S. 59; *Schulze-Osterloh*, ZIP 2003, 93, 101.

375 Vgl. *Hoffmann*, DB 2000, 485 f.; *Moxter*, S. 190. Die geringere „Objektivierungsqualität" der Herstellungskostenbewertung findet zudem in § 248 Abs. 2 HGB ihren Ausdruck.

376 Siehe dazu etwa *ADS*, § 255 Rn. 130 ff.; MüKo-HGB/*Ballwieser*, § 255 Rn. 54.

377 Dass diese Annahme mitunter nicht zutrifft, belegte unlängst der Fall „Holzmann" (vgl. hierzu *Hoffmann*, DStR 2000, 15, 16; siehe auch *Löhr*, StuB 2003, 643, 646).

378 BFH BStBl. II 1996, 632, 635; *Kleindiek*, in: Großkommentar zum HGB, § 255 Rn. 19; *Knop/Küting*, in: HdR, § 255 Rn. 379.

379 BFH BStBl. 1996, 632, 635; *Ellrott/Schmidt-Wendt*, in: Beck`scher BilKomm, § 255 Rn. 387.

380 Vgl. BT-Drs. 10/317, S. 88; Kritik auch bei Heymann/*Walz*, § 255 Rn. 42.

Gesetzgeber nicht nur von den (bindenden) Vorgaben der EG-Bilanzrichtlinie[381], sondern eröffnet in Gestalt der genannten Wahlrechte einen beträchtlichen bilanzpolitischen Gestaltungsspielraum, der keineswegs zu einer besonders vorsichtigen Bilanzierung anhält[382].

Die „Objektivierungsstrenge" des Anschaffungswertprinzips ist daher uneinheitlich. Gerade der handelsbilanzielle Herstellungskostenbegriff offenbart signifikante Einbruchstellen, durch die subjektiv gefärbte Einschätzungen des „selbstbetroffenen" Kaufmanns Eingang in den Jahresabschluss erhalten. Dies hat zunächst zur Folge, dass bewusste Bewertungsmanipulationen nicht von vornherein auszuschließen sind. Aber auch die Gefahr „rechtspolitisch unangemessener Gewinnausschüttungen" ist insofern kaum bestreitbar. Die (vermeidbare) Gewährung erheblichen bilanzpolitischen Steuerungspotentials erscheint dabei gerade mit Blick auf die Ausschüttungsbemessungsfunktion und den bilanziellen Gläubigerschutz als besonders heikel, da sie den kapitalschutzimmanenten Objektivierungsanforderungen ersichtlich zuwiderläuft. Vor diesem Hintergrund bezieht das Anschaffungskostenprinzip seine kapitalschutzfördernde Qualität vornehmlich aus seiner sachlichen Verknüpfung mit dem Realisationsprinzip und der damit einhergehenden Anbindung an absolute Bewertungsobergrenzen.

2. *Die spezifisch kapitalgesellschaftsrechtliche Dimension des Anschaffungswertprinzips*

Wie bereits angeklungen, ist das Anschaffungswertprinzip Ausfluss spezifisch kapitalgesellschaftsrechtlicher Erwägungen, die mit dem Trennungsprinzip verwoben sind. Seine Funktion als Bewertungsobergrenze geht dabei auf die Aktienrechtsreform von 1884 zurück, durch die dem Anschaffungswertprinzip zumindest aktienrechtlich[383] uneingeschränkt Geltung verschafft wurde. Ausweislich der Denkschrift zum HGB stand die Rechnungslegung von Personengesellschaften und Einzelkaufleuten hingegen unter grundlegend anderen Vorzeichen. So wurden gegen eine Erstreckung der aktienrechtlichen Bewertungsvorschriften auf

---

381 *Schulze-Osterloh*, in: Baumbach/Hueck, GmbHG, § 42 Rn. 289 a; *derselbe*, ZIP 2003, 93, 101; ferner *Kleindiek*, in: Staub: Großkommentar zum HGB, § 255 Rn. 33.

382 *Groh*, in: Rechnungslegungskonzeptionen im Widerstreit, 2000, S. 45, 54; Heymann/*Walz*, § 255 Rn. 42.

383 Zur Geltung des Anschaffungswertprinzips im GmbH-Recht, vgl. Kap. 3; siehe auch *Staub*, Kommentar zum Gesetz betreffend die Gesellschaften mit beschränkter Haftung, 1903, § 42 Anm. 21; ferner *Schulze-Osterloh*, in: Festschr. 100 Jahre GmbH-Gesetz, 1992, S. 501, 507.

die Rechnungslegung nicht korporativ organisierter Kaufleute „erhebliche Bedenken" angemeldet[384]. In Ermangelung von Haftungsbeschränkungen galt namentlich das Anschaffungswertprinzip als *Fremdkörper*[385], der im Recht der Personengesellschaften und Einzelkaufleute ohne Funktion bliebe. Aus diesem Grund erhob auch § 40 Abs. 2 HGB a.F. den am Bilanzstichtag erzielbaren Veräußerungspreis zum allgemeinen Bewertungsmaßstab[386].

Aus rechtshistorischem Blickwinkel besehen, stellt sich das Anschaffungswertprinzip daher *gerade wegen* seiner ausschüttungsbegrenzenden Wirkung als spezifisches *Gestaltungselement des Kapitalgesellschaftsrechts* dar. Es fungiert in diesem Rahmen als *Eckpfeiler* objektivierter Ausschüttungsbegrenzung und übt dergestalt maßgeblichen Einfluss auf die gewinngesteuerte Risikoverteilung zwischen Unternehmenseignern und Gläubigern aus.

3. *Das Anschaffungswertprinzip im europäischen Bilanzrecht*

Die Bedeutungsdimension des Anschaffungswertprinzips wird darüber hinaus durch seine europarechtliche Einbettung (Artt. 32 ff. BiRiLi) erhellt. Hervorzuheben ist insofern, dass die EG-Bilanzrichtlinie die Mitgliedsstaaten keineswegs zu einer unbedingten Beachtung des Anschaffungswertprinzips verpflichtet. Namentlich Art. 33 Abs. 1 BiRiLi sieht ein Mitgliedsstaatenwahlrecht für ein Bewertungssystem vor, das abweichend vom Konzept der (bloß) *nominellen Kapitalerhaltung* eine Berücksichtigung inflationärer Tendenzen und mithin eine *effi-*

---

384 Vgl. Reichs-Justizamt (Hrsg.), Entwurf eines Handelsgesetzbuchs mit Ausschluß des Seehandelsrechts nebst Denkschrift, 1896, S. 46: „Die Vorschriften erhalten (...) ihre *wahre Bestimmung* erst im Zusammenhange mit den sonstigen Maßregeln, die das Aktienrecht zur Erhaltung des statutenmäßigen Grundkapitals trifft." (Hervorh. d. d. Verf.).

385 Reichs-Justizamt (Hrsg.), Entwurf eines Handelsgesetzbuchs mit Ausschluß des Seehandelsrechts nebst Denkschrift, 1896, S. 46 („zwecklos und ohne praktische Bedeutung").

386 Siehe dazu *Knobbe-Keuk*, S. 152; *Schulze-Osterloh*, in: Festschr. 100 Jahre GmbHG, 1992, S. 501, 504; *Schön*, ZHR 161 (1997), 133, 139 f. m.w.N.; im Grundsatz auch RGZ 43, 122, 127 („Der Wert ist also im Hinblick auf die unter der Voraussetzung des Fortbestandes des Geschäftes anzunehmende Realisierbarkeit zu bestimmen."); a.A. beispielsweise *Brüggemann* (in: Staub: Großkommentar zum HGB, 3. Aufl., § 40 Anm. 3; vgl. auch *Hildebrandt*, in: Schlegelberger, 5. Aufl., § 40 Rn. 4), der die Äußerungen des Gesetzgebers als „nicht überzeugend" übergeht. Insbesondere müsse verhindert werden, dass sich der Bilanzierende (durch Überbewertungen) selbst über den Vermögensstand seines Unternehmens täuscht. Eine „sachlich richtige Rechnungslegung" könne nur gefördert werden, wenn „die Ausweisung von Vermögenssubstanz als Scheingewinn verhindert (werde)".

zientere Kapitalerhaltung ermöglichen soll[387]. Der Richtliniengeber macht diese Option allerdings von der Bildung einer speziellen Rücklageposition (vgl. Art. 33 Abs. 2 lit. a BiRiLi, sog. Neubewertungsrücklage) abhängig, in die etwaige „Buchwertspitzen" einzustellen sind. Eine Abkehr vom Anschaffungswertprinzip lässt der Richtliniengeber daher nur zu, wenn der nationale Gesetzgeber zugleich – genau vorgezeichnete – *kompensatorische Maßnahmen* ergreift, die die *Fortwirkung* wesentlicher Grundwertungen des Anschaffungswertprinzips gewährleisten. So dürfen in die Neubewertungsrücklage eingestellte Beträge weder unmittelbar noch mittelbar ausgeschüttet werden, falls sie nicht einen bereits realisierten Gewinn darstellen (Art. 33 Abs. 2 lit. c Satz 4 BiRiLi). Die innere Verknüpfung von Anschaffungswert- und Realisationsprinzip bleibt daher auch dann intakt, wenn die Anschaffungs- und Herstellungskosten keine absolute Bewertungsobergrenze markieren. Solange die ausschüttungsbegrenzende Wirkung des Anschaffungswertprinzips mithin Bestand hat, stehen dem Ausweis von Buchwerterhöhungen nach Auffassung des Richtliniengebers weder der bilanzielle Gesellschafter- noch der bilanzielle Gläubigerschutz entgegen.

Auch durch die Verabschiedung der Fair-Value-Richtlinie vom 27. 9. 2001 wurde insoweit *kein Paradigmenwechsel vollzogen*, da das Anschaffungswertprinzip nach wie vor als *allgemeiner Bewertungsmaßstab* (lex generalis) im europäischen Bilanzrecht verankert bleibt (vgl. Artt. 42a, 32 BiRiLi). Entfallen ist allein die Vorbehaltlosigkeit, mit der der europäische Gesetzgeber die Beachtung von Realisations- und Anschaffungswertprinzip zuvor einforderte. Überdies steht es den Mitgliedsstaaten frei, den Anwendungsbereich des Fair Value-Accounting auf den konsolidierten Abschluss zu beschränken (Art. 42a Abs. 1 Satz 2 BiRiLi). Der Richtliniengeber erkennt mithin ein etwaiges Interesse eines Mitgliedsstaates an, die ausschüttungsbegrenzende Wirkung des Anschaffungswertprinzips *uneingeschränkt* zu bewahren[388].

---

387 Das Prinzip der nominellen Kapitalerhaltung interpretiert die Bewertungseinheit Geld als konstanten Wertmesser, sodass inflationäre Tendenzen ungefiltert in die Bewertung einfließen. Werden die auf diese Weise „inflationär angereicherten" Gewinne unter Einschluss der darin enthaltenen „Scheingewinne" vollständig zur Ausschüttung gebracht, lassen sich die zur neuerlichen Erzielung des ausgeschütteten Gewinns benötigten Produktionsfaktoren nicht wiederbeschaffen, vgl. *Karrenbauer*, in: HdR, § 253 Rn. 8; *Kropff*, in: Geßler u.a., AktG, Vorb § 153 Rn. 15; MüKo-AktG/*Tiedchen*, § 253 R. 10. De lege lata sucht der Gesetzgeber diese betriebliche Substanzerhaltung hingegen auf Ebene der Gewinnverwendung durch Bildung offener Rücklagen zu fördern (siehe dazu *Kropff*, in: Geßler u.a., AktG, Vorb § 153 Rn. 17; *Wöhe*, S. 369 f.).

388 Zugleich nimmt der Richtliniengeber allerdings in Kauf, dass der kapitalschutzbezogene bilanzielle Gläubigerschutz in den Mitgliedsstaaten eine fortwährend unein-

Auf der Grundlage der bisherigen Ergebnisse sollte auch der deutsche Gesetzgeber von der Möglichkeit Gebrauch machen, das Recht des Einzelabschlusses mit Bedacht auf den gesellschaftsrechtlichen Kapitalschutz unberührt zu belassen. Nur so kann der mit dem Trennungsprinzip einhergehenden gegensätzlichen Interessenlage von Gläubigern und Unternehmenseignern in *rechtspolitisch angemessener* Weise Rechnung getragen werden[389].

4. Beizulegender Zeitwert als zentrales Objektivierungsproblem des Handelsbilanzrechts

Wie bereits skizziert, weisen Teilaspekte der handelsrechtlichen Folgebewertung ein der Regelungsstringenz des Handelsbilanzrechts insgesamt abträgliches Objektivierungsdefizit auf[390]. Diese Unzulänglichkeiten setzen sich indes bei der Bestimmung des Bewertungsmaßstabs fort, der im Rahmen der Niederstwertvorschriften als „negativ maßgebliche“ Vergleichsgröße zu den (fortgeführten) Anschaffungs- oder Herstellungskosten fungiert. Das Gesetz kennzeichnet diese Bewertungsgröße lediglich als Stichtagswert (vgl. § 253 Abs. 2 Satz 3, Abs. 3 Satz 2 HGB), der den beizulegenden Wert eines Vermögensgegenstands am Bilanzstichtag zum Ausdruck bringt. Obgleich die Verwendung des Terminus „beizulegender Wert“ im deutschen Bilanzrecht Tradition hat (vgl. § 40 Abs. 2 HGB a.F., §§ 154 Abs. 2 Satz 1 Nr. 1, 155 Abs. 2 Satz 2 AktG a.F.), ist keineswegs geklärt, welche „Hilfsbewertungssysteme“ zugrunde zu legen sind, um eine gesetzeszweckentsprechende Anwendung der Niederstwertvorschriften zu gewährleisten[391].

---

heitliche Qualität gewinnt. Dies widerspricht evident den mit der Kapitalrichtlinie verfolgten Zielen (vgl. Kap. 1).

389 Siehe dazu auch Kap. 5 C. 4. c).

390 Diesbezüglich ist vor allem auf die angeführten Wahlrechte des § 253 HGB zu verweisen (§ 253 Abs. 2 Satz 3, 1. Halbs., Abs. 3 Satz 3 HGB), die zudem auf wenig trennscharfe zeitliche Bezugsrahmen zurückgreifen (§ 253 Abs. 2 Satz 3 HGB [„voraussichtlich dauernden Wertminderung“] sowie § 253 Abs. 3 Satz 3 HGB [„in der nächsten Zukunft“]). Unter Objektivierungsgesichtspunkten unbefriedigend ist überdies der Umstand, dass der Bilanzierungspflichtige (nahezu) ungesteuert über die voraussichtliche Nutzungsdauer eines der Abnutzung unterliegenden Vermögensgegenstands entscheidet (stellv. *ADS*, § 253 Rn. 378 [„erheblicher Beurteilungsspielraum"]). Eine gesetzlich vorgeschriebene Orientierung an den AfA-Tabellen des BMF (z.B. als widerlegliche Vermutungen) könnte insoweit Abhilfe schaffen. De lege lata sind AfA-Tabellen freilich handelsrechtlich unverbindlich (stellv. MüKo-AktG/*Tiedchen*, § 253 Rn. 46).

391 Ausdrückliche Vorgaben trifft das Gesetz – vorbehaltlich § 253 Abs. 3 Satz 1 HGB – diesbezüglich nicht. Nach *ADS* (§ 253 Rn. 455) meint der beizulegende Wert im

Hinsichtlich der Folgebewertung des Anlagevermögens herrscht lediglich insoweit weitgehende Einigkeit, als Wiederbeschaffungswerten eine gewisse Vorrangstellung einzuräumen ist[392]. Indes wird ein (aktiver) Markt für abnutzbare Anlagegüter nicht selten fehlen, sodass namentlich Wiederbeschaffungs*zeitwerte* kaum exakt zu ermitteln sind. Hinzukommt, dass der notwendig fiktionale Ansatz dieser Betrachtung[393] unweigerlich mit Unsicherheiten behaftet ist. Ist ein Markt für abnutzbare Anlagegüter nicht vorhanden, sind die Wiederbeschaffungskosten unter Rückgriff auf fortgeführte Wiederbeschaffungs*neuwerte* zu bestimmen. Dadurch werden allerdings neuerlich Einschätzungsspielräume eröffnet, die die Objektivität des beizulegenden Zeitwerts mindern[394]. Existiert überdies auch kein Markt für neue Anlagegüter der betrachteten Gattung, ist – mangels Alternativen – der Ertragswert heranzuziehen[395]. Dessen Herleitung ist freilich insbesondere aufgrund der unausweichlichen Einbeziehung unsicherer Erwartungen mit *beträchtlichen Ungewissheiten* verbunden, die notgedrungen immense *Prognosefreiräume* erschließen[396].

Besondere Schwierigkeiten bereitet die Ermittlung des Ertragswerts solcher Anlagegegenstände, die lediglich im betrieblichen Verbund geeignet sind, Erträge zu generieren. Die insoweit unumgängliche Berücksichtigung von Verbundeffekten zwingt namentlich zu einer Betrachtung, die mit den Erwägungen, auf denen der Einzelbewertungsgrundsatz

---

Sinne des § 253 Abs. 2 Satz 3 HGB „*kein(en) bestimmte(n)* Wert", sondern den Wert, der „nach dem Zweck der Bestimmung (Verhütung eines zu hohen Bilanzansatzes) und unter Berücksichtigung der Verhältnisse des Einzelfalles *der sinnvollste* ist" (Hervorh. d. d. Verf.); vgl. ferner *Kleindiek*, in: Staub: Großkommentar zum HGB, § 253 Rn. 63; *Thiele/Breithaupt*, in: Baetge/Kirsch/Thiele, § 253 Rn. 307.

392 *Schulze-Osterloh*, in: Baumbach/Hueck, GmbHG, § 42 Rn. 309; MüKo-AktG/*Tiedchen*, § 253 Rn. 65; ferner *Berger/M. Ring*, in: Beck`scher BilKomm, § 253 Rn. 288; *Döring*, in: HdR, § 253 Rn. 149 („wichtigste Hilfsgröße"); *Küting/Dawo*, KoR 2003, 228, 229; a.A. *Kropff*, in: Geßler u.a., AktG, § 154 Rn. 26 f. (der dem Ertragswert Priorität einräumt). Demgegenüber gilt der Veräußerungswert allgemein als untauglicher Bewertungsmaßstab, da Anlagegüter grundsätzlich dazu bestimmt sind, dauernd dem Geschäftsbetrieb zu dienen (§ 247 Abs. 2 HGB). Eine Orientierung an Veräußerungswerten ließe sich im Übrigen kaum mit der Fortführungsprämisse des § 252 Abs. 1 Nr. 2 HGB in Einklang bringen.

393 Siehe dazu *Großfeld*, Rn. 216.

394 Vgl. *Döring*, in: HdR, § 253 Rn. 149; *Wöhe*, S. 452; ferner *ADS*, § 253 Rn. 458; *Baetge/Kirsch/Thiele*, Bilanzen, S. 220. Insbesondere sind zwischenzeitliche technische Verbesserungen neuer Anlagen bei der Bemessung des Zeitwerts zu berücksichtigen.

395 *Schulze-Osterloh*, in: Baumbach/Hueck, GmbHG, § 42 Rn. 309; vgl. auch *ADS*, § 253 Rn. 464; *Großfeld*, Rn. 216.

396 Zutr. daher *ADS*, § 253 Rn. 464: „Es liegt in der Natur der Sache, daß der Ertragswert oft nur unter Schwierigkeiten und nur innerhalb eines Schätzrahmens feststellbar ist."; siehe dazu auch *Hoffmann/Lüdenbach*, DStR 2002, 871, 876.

(§ 252 Abs. 1 Nr. 3 HGB) beruht (vgl. Kap. 4 F.), an sich kaum in Einklang zu bringen ist. Insbesondere scheint die Überprüfbarkeit daraus erwachsender Wertansätze nicht vorbehaltlos gewährleistet[397].

Vor diesem Hintergrund kann die Folgebewertung – insbesondere von Anlagegegenständen[398] – mitunter erhebliche Schwierigkeiten bereiten und schlechthin ein „Bewertungsdilemma" auslösen, in dem die (fortgeführten) Anschaffungs- und Herstellungskosten als einzig objektivierbare Größe[399] hervorstechen. Während sich die den Umfang der Anschaffungs- oder Herstellungskosten betreffenden Auslegungs- und Zurechnungsprobleme auf einzelne Komponenten eines im Grundsatz klar definierten und jedenfalls in seinen „Konturen" intersubjektiv überprüfbaren Bewertungssystems beschränken, betreffen die Unsicherheiten, die mit der Ermittlung des beizulegenden Zeitwerts verbunden sind, den *Bewertungsmaßstab an sich*[400]. Eine lückenlose Erfassung von Wertminderungen ist mithin nicht gesichert. Darüber hinaus besteht bisweilen enormes „Abwertungspotential", da *behauptete* Wertminderungen auf unsicherer Tatsachengrundlage kaum zu widerlegen sind.

5. *Folgerungen für die Kapitalschutzkonzeption*

Die vorstehenden Erwägungen führen zu dem Befund, dass die handelsrechtlichen Folgebewertungsregeln die an ein „optimal funktionierendes Kapitalschutzsystem" zu richtenden Anforderungen keineswegs uneingeschränkt erfüllen. Vorbehalte ruft indes weniger die konzeptionelle Ausrichtung der handelsrechtlichen Niederstwertvorschriften hervor, die dem Kapitalschutzgedanken durch die

---

397 Siehe dazu *Kropff*, in: Geßler u.a., AktG, § 154 Rn. 26; Heymann/*Walz*, § 253 Rn. 73; *Wiedmann*, § 253 Rn. 81 („[häufig unlösbare] *Zurechnungsproblematik*" [Hervorg. im Original]).

398 Ähnlich gelagerte Probleme kennzeichnen auch die Folgewertung des Umlaufvermögens, sofern Börsen- oder Marktpreise als vorrangige Objektivierungsinstrumente nicht zur Verfügung stehen (vgl. dazu *Leffson*, S. 360).

399 Allerdings sind auch die fortgeführten Anschaffungs- und Herstellungskosten *nicht werturteilsfrei*. Insbesondere ist es Sache des Bilanzierenden, die voraussichtliche Nutzungsdauer eines abnutzbaren Vermögensgegenstands zu *schätzen* (vgl. § 253 Abs. 2 Satz 2 HGB).

400 Hinzutritt, dass die Ermittlung des beizulegenden Zeitwerts mitunter beträchtlichen Ermittlungsaufwand hervorruft. Im Ergebnis ist daher zu bezweifeln, ob sich die Bewertungspraxis auch rechtstatsächlich mit gebotener Sorgfalt um die Ermittlung des beizulegenden Zeitwerts bemüht.

Pflicht zu einer im Grundsatz konsequenten Erfassung von Wertminderungen[401] einen hohen Geltungsanspruch verschafft. Die Effizienz der bilanziellen Kapitalerhaltung wird vielmehr durch die mit enormen Schwierigkeiten und Unsicherheiten behaftete methodisch-technische Ermittlung des beizulegenden (Zeit-) Werts als „negativ maßgebliche Vergleichsgröße" zu den (fortgeführten) Anschaffungs- und Herstellungskosten beeinträchtigt. Aus der Perspektive des Kapitalschutzes bezeichnet daher die *systematisch notwendige* Erfassung eines geminderten Zeitwerts die *zentrale – wenngleich kaum zu beseitigende – Schwachstelle* der handelsrechtlichen Gewinnermittlung[402].

Durchaus systemgerecht erscheint es freilich, wenn das Handelsbilanzrecht im Zusammenhang mit der Berücksichtigung unrealisierter Verluste einen im Vergleich zu den Gewinnrealisierungsvorschriften geringeren Objektivierungsgrad *in Kauf nimmt*[403], um den Anforderungen an eine kapitalschutzadäquate Rechnungslegung möglichst weitgehend zu entsprechen. Das Gesetz weist dem allgemeinen bilanzrechtlichen Objektivierungsgebot *insoweit* zu Recht einen *geringeren Stellenwert* zu, um eine vorsichts- und damit kapitalschutzbedachte Bewertung überhaupt erst *zu ermöglichen.* Das skizzierte Objektivierungsdefizit der Folgebewertungsregeln stellt sich daher als *systembedingte Unzulänglichkeit* des bilanziellen Gläubigerschutzes dar. Gleichsam systemgerecht und konsequent bleibt aber der „Wirkungsbereich" der handelsrechtlichen Fair Value-Bilanzierung auf das die (fortgeführten) Anschaffungs- und Herstellungskosten unterschreitende Bewertungsspektrum begrenzt[404]. Die systemimmanenten Objektivierungsmängel der Fair Value-Bilanzierung erzeugen daher keine kapitalschutzinkompatiblen Wirkungen „nach oben"[405].

Festzuhalten bleibt allerdings, dass es der *Interessenregelungsfunktion* des Handelsbilanzrechts entspräche, auch die angesprochenen Objektivierungslücken zu schließen, da sie unabweisbar einen Ansatzpunkt für eine gesetzeszweckwid-

---

401 Wie bereits dargelegt, bildet § 253 Abs. 2 Satz 3 HGB eine (insoweit) systemwidrige Ausnahme.

402 Zutr. daher *Hoffmann/Lüdenbach*, DStR 2002, 871, 876 („Schattenseite der überkommenen Bilanzierungswelt").

403 In diese Richtung auch *Wiedmann* (§ 253 Rn. 83), der in der Maßgeblichkeit von Wiederbeschaffungswerten einen „akzeptable(n) Kompromiß zwischen Imparitätsprinzip und Objektivierungserfordernissen" erkennt. Faktisch „toleriert" das Gesetz daher in gewissen Grenzen eine fehleranfällige Ermittlung des beizulegenden Werts, „da die richtige Tendenz bei der Bilanzierung eingeschlagen ist" (*Baetge/Kirsch/Thiele*, Bilanzen, S. 220).

404 Der Fair Value fungiert in diesem System vornehmlich – zur Wertaufholung sogleich im Text – als Instrument zur „Gewinndämpfung" (imparitätisches Fair Value-Konzept, vgl. *Baetge/Zülch*, BFuP 1998, 543, 550).

405 Siehe dazu *Hoffmann/Lüdenbach*, DStR 2002, 871, 876.

rige Bilanzierung bieten, die auf die berechtigten Interessen der Unternehmensgläubiger[406] (und Minderheitsgesellschafter) durchschlagen kann. Da ein kapitalschutzbedachtes bilanzielles Regelwerk den beizulegenden Zeitwert freilich nicht ignorieren kann, berechtigt dieser Befund indes nicht dazu, die Kapitalschutzadäquanz des Handelsbilanzrechts nachdrücklich in Frage zu stellen.

H. Berücksichtigung von Buchwertsteigerungen

Während die handelsrechtliche Niederstwertkonzeption darauf bedacht ist, eingetretene Buchwertminderungen bilanziell zu erfassen, legitimiert und fordert das in § 280 Abs. 1 HGB verankerte Wertaufholungsgebot Zuschreibungen bis an die Grenze der (fortgeführten) Anschaffungs- oder Herstellungskosten, soweit dadurch vorherige außerordentliche Wertminderungen rückgängig gemacht werden. Das Wertaufholungsgebot setzt sich insofern allerdings in gewissen Widerspruch zu *wesentlichen Grundwertungen* des Realisationsprinzips (§ 252 Abs. 1 Nr. 4, 2. Halbs. HGB), das eine erfolgswirksame Erfassung (eingetretener) Wertsteigerungen gerade bis zu ihrer Bestätigung durch einen marktbezogenen Umsatzakt aussetzt[407]. Insbesondere ermöglicht das Wertaufholungsgebot die Zuwendung von Beträgen an die Unternehmenseigner, die nach Ansicht des (nationalen) Gesetzgebers infolge einer *späteren, neuerlich negativen* Wertentwicklung des aufgewerteten Vermögensgegenstands den Charakter einer „ungerechtfertigten" Ausschüttung erlangen könnten[408]. Ungeachtet dessen verneint das bilanzrechtliche Schrifttum einen Konflikt mit dem Realisationsprinzip[409], da der Regelungsbereich des Wertaufholungsgebots nur so weit reiche, wie die außerplanmäßige Wertminderung eines Vermögensgegenstands durch dessen weitere Wertentwick-

---

406 Zu denken ist insoweit vor allem an die Auflösung willkürlich gelegter stiller Reserven, vgl. hierzu Kap. 6 B. 2. b) (1).

407 Vgl. MüKo-HGB/*Lange*, § 280 Rn. 62: „(...) das Ausschüttungspotential wird vermindert (sc. durch die Einstellung in die anderen Gewinnrücklagen), weil der Wertaufholungsertrag ein unrealisierter Buchgewinn ist.".

408 BT-Drs. 10/317, S. 90. Der nationale Gesetzgeber hat auf diesen Konfliktbereich reagiert, indem er den Verwaltungsorganen von AG und GmbH die *Möglichkeit* einräumt, den Eigenkapitalanteil (dazu *Baetge/Kirsch/Thiele*, Bilanzen, S. 230) einer Wertaufholung in die anderen Gewinnrücklagen einzustellen (§ 58 Abs. 2a AktG, § 29 Abs. 4 GmbHG).

409 MüKo-HGB/*Lange*, § 280 Rn. 1; ferner *Claussen/Korth*, in: Kölner Kommentar zum AktG, § 280 Rn. 3; *Leplow*, S. 21; siehe auch *Herzig/Rieck*, WPg 1999, 305, 314.

lung obsolet geworden ist. Insoweit werde lediglich eine „Verlustvorsorge“ rückgängig gemacht, die sich im Nachhinein als unbegründet erwiesen habe[410].

Zusätzlicher Beweggrund für eine „Ergänzung“ des Realisationsprinzips ist die berechtigte Skepsis gegenüber stillen Reserven[411]. Zudem schärft das Wertaufholungsgebot den Einblick in die wirtschaftlichen Verhältnisse des Kaufmanns[412] und fördert auf die Weise die Rechenschaftsfunktion des Jahresabschlusses.

Auch wenn die vorstehende Argumentation nicht darüber hinwegtäuschen kann, dass sich auf der Grundlage des § 280 Abs. 1 HGB Ausschüttungen vornehmen lassen, die an nicht durch einen Umsatzakt bestätigte und insoweit unsichere Werterhöhungen knüpfen, gerät das Wertaufholungsgebot gleichwohl nicht in Konflikt zu den Anforderungen eines effektiven Kapitalschutzes. Die Ergänzung des Realisationsprinzips in Gestalt des Wertaufholungsgebots ist insbesondere mit Blick auf die dem Anschaffungswertprinzip immanente *Werthaltigkeitsvermutung*, die über die Zugangsphase eines Vermögensgegenstands *fortwirkt*, gerechtfertigt. Ein zwischenzeitliches Absinken des beizulegenden Zeitwerts unter die fortgeführten Anschaffungs- oder Herstellungskosten beseitigt mithin die ursprüngliche Wertobjektivierung nicht endgültig und vollständig, sondern setzt sie lediglich zeitweilig außer Kraft[413].

Vor diesem Hintergrund ist es auch aus dem Blickwinkel des Kapitalschutzes „angemessen“, insoweit geringere Objektivierungsanforderungen genügen zu lassen. Eine Verbreiterung des Ausschüttungspotentials kann daher auch auf eine Erhöhung des beizulegenden Zeitwerts von Vermögensgegenständen gestützt werden, ohne dass die berechtigten Interessen der Unternehmensgläubiger substanziell zurückgesetzt würden.

---

410 Vgl. *Küting/Zündorf*, in: HdR, § 280 Rn. 51; MüKo-HGB/*Lange*, § 280 Rn. 1; *Moxter*, AG 1979, 141, 145 („Korrektur unnötig gewordener Vorsicht"); *Siegel*, in: Beck`sches HdR, B 169, Rn. 14. Auch werde das Anschaffungswertprinzip, das als Ausfluss des Realisationsgedankens zu gelten habe, wegen der Beachtung der durch die fortgeführten Anschaffungs- oder Herstellungskosten vorgegebenen Wertobergrenze nicht verletzt, vgl. *Herzig/Rieck*, WPg 1999, 305, 314; *Leplow*, S. 21.

411 Siehe Heymann/*Herrmann*, § 280 Rn. 1; vgl. ferner BT-Drs. VI/2875, S. 25; *Hennrichs*, S. 211.

412 Vgl. Heymann/*Herrmann*, § 280 Rn. 2; *Herzig/Rieck*, WPg 1999, 305, 315; *Leplow*, S. 22 f.; ferner *Hense/Taetzner*, in: Beck`scher BilKomm, § 280 Rn. 1.

413 In diese Richtung auch *Herzig/Rieck* (WPg 1999, 305, 314), die darauf verweisen, dass auf eine Marktrealisierung verzichtet werden könne, sofern „ein Erfolgsausweis unter Risiko- und Objektivierungsgesichtspunkten hinreichend konkretisiert ist.".

I. Zusammenfassung der Ergebnisse

Auf der Grundlage der in diesem Kapitel gewonnenen Erkenntnisse erweist sich das Handelsbilanzrecht zunächst insoweit als kompatibel mit den impliziten Anforderungen der Kapitalrichtlinie, als es die Gewinnermittlung als *Vermögensveränderungsbetrachtung* anlegt. Zu diesem Zweck ordnet das Gesetz insbesondere die Gegenüberstellung von Vermögenskomponenten und Schulden an (vgl. §§ 242 Abs. 1, 246 Abs. 1 Satz 1, 264 Abs. 2 HGB).

Freilich durchbricht das Handelsbilanzrecht diese Struktur in vielfältiger Hinsicht, einerseits um gerade die Kapital- und Gläubigerschutzadäquanz der Rechnungslegung zu gewährleisten, andererseits aber auch um Parallel- und Nebenaufgaben des Jahresabschlusses gesondert zur Geltung zu bringen. *Systemwidrig* – da weder mit der Ausschüttungsbemessungs- noch mit der Rechenschaftsfunktion des Jahresabschlusses vereinbar – ist insofern allerdings die insbesondere durch § 249 Abs. 2 HGB eröffnete Möglichkeit, Aufwandsrückstellungen zu bilden[414].

Andere Abweichungen von der damit umrissenen Grundstruktur der Handelsbilanz stehen hingegen unmittelbar im Dienste des bilanziellen Gläubiger- und Kapitalschutzes und korrelieren daher mit der (zweiten) Primäranforderung an ein kapitalschutzadäquates Bilanzrecht. Ausdruck der vorsichts- und gläubigerschutzbedachten Ausrichtung des Handelsbilanzrechts ist insbesondere der Ausschluss nicht fremdbezogener immaterieller Anlagegüter aus dem Kreis der ansatzfähigen Vermögensgegenstände (§ 248 Abs. 2 HGB). Insoweit stellt das Handelsbilanzrecht die „vollständige Information" der Abschlussadressaten über die wirtschaftlichen Verhältnisse des Bilanzierenden gewissermaßen unter den *Vorbehalt* der Kapitalschutzkompatibilität der hierzu an sich erforderlichen Abbildungsregeln[415].

Angesichts der systematischen Verknüpfung von Gewinnrealisierungs- und Ansatzvorschriften fügt sich auch das für die Zielverwirklichung der Kapitalrichtlinie besonders wichtige Realisationsprinzip (§ 252 Abs. 1 Nr. 4, 2. Halbs. HGB) in den Kontext der Regelungen ein, die aus gläubigerschutzbezogenen Motiven von dem Prinzip der Gewinnermittlung durch Vermögensvergleich abweichen. So hat etwa der Anstieg des Zeitwerts eines Vermögensgegenstands über seine (fortgeführten) Anschaffungs- und Herstellungskosten die Ansammlung stiller (Zwangs-)Reserven zur Folge, die – obgleich Vermögensbestandteil der Gesell-

414 Siehe hierzu etwa *Schulze-Osterloh*, ZIP 2004, 1128, 1132.

415 In die gleiche Richtung *Baetge/Kirsch*, in: HdR, 5. Aufl., Kap 4, Rn. 45; *Baetge/Zülch/Matena*, StuB 2002, 365, 367.

schaft[416] – bilanziell ausgeblendet bleiben, um einen „vorsichtig“ ermittelten und *mithin* „verteilungsangemessenen Gewinn“ auszuweisen. Eingetretene, aber noch nicht realisierte Gewinne werden daher vornehmlich mit Rücksicht auf das durch die Ausschüttungsbemessungsfunktion des Jahresabschlusses vermittelte Gläubigerschutzziel des Handelsbilanz- und Kapitalgesellschaftsrechts nicht berücksichtigt. Die aus dem systematischen Zusammenwirken mit dem Verlustberücksichtigungsgebot und dessen Ausformungen (§§ 252 Abs. 1 Nr. 4, 1. Halbs., 249 Abs. 1 Satz 1, 253 Abs. 2 und 3 HGB) – die sich in Abweichung zum Realisationsprinzip in das Konzept der Gewinnermittlung durch Vermögensvergleich passgenau einfügen – erwachsende asymmetrische Behandlung von Gewinnen und Verlusten bedingt mithin eine „Ausschüttungsbegrenzung“, die mit dem Regelungsansatz der Kapitalrichtlinie durchaus harmoniert.

Teleologisch eng verwoben mit der „vorsichtsbedachten“ Ausrichtung des Handelsbilanzrechts zielen wesentliche, „primärzweckbestimmende GoB“ darüber hinaus auf eine Objektivierung der Rechnungslegung. Insbesondere ist es mit Blick auf die *Schutzfunktion* des Handelsbilanzrechts unerlässlich, dass Ansatz- und Bewertungsentscheidungen möglichst weitgehend von subjektiven Einschätzungen und Prognosen des Bilanzierenden abstrahieren, um die Prüf- und Sanktionierbarkeit der Rechnungslegung zu gewährleisten. Diese objektivierungsrechtliche Dimension des Handelsbilanzrechts kommt etwa in §§ 248 Abs. 2, 252 Abs. 1 Nr. 3, 6 HGB, dem Ansatzverbot für den nicht derivativ erworbenen Geschäfts- oder Firmenwert sowie im Realisations- und Anschaffungswertprinzip (§§ 252 Abs. 1 Nr. 4, 2. Halbs., 253 Abs. 1 Satz 1 HGB) zum Ausdruck. Der Regelungsgehalt dieser Vorschriften beschränkt sich zum Teil darauf, einen objektivierungsbedachten Rechtsrahmen für die Rechnungslegung festzulegen (vgl. § 252 Abs. 1 Nr. 3, 6 HGB, sog. Rahmengrundsätze). Andere Vorschriften mit vornehmlich objektivierungsrechtlichem Bedeutungsinhalt sind demgegenüber unmittelbar um eine Wertobjektivierung des Bilanzansatzes bemüht. In diesem Sinne sind insbesondere das Anschaffungswert- und Realisationsprinzip (§§ 253 Abs. 1 Satz 1, 252 Abs. 1 Nr. 4, 2. Halbs. HGB) darauf gerichtet, einen Bewertungsmaßstab vorzugeben, mit dem eine hinreichende Wahrscheinlichkeit für eine entsprechende *Mindestwerthaltigkeit* der abgebildeten Vermögensgegenstände verbunden ist. Zu diesem Zweck nimmt das Gesetz auch einen aus betriebswirtschaftlicher Perspektive unvollständigen Vermögensausweis in Kauf[417], um zu verhindern, dass eine ansonsten unweigerlich willkürbehaftete Rechnungs-

416 Vgl. Kap. 4 D. 2.
417 *Baetge/Kirsch*, in: HdR, 5. Aufl., Kap 4, Rn. 46, 61.

legung den Ausweis von Gewinnen ermöglicht[418], deren Ausschüttung mit Rücksicht auf das kapitalgesellschaftsrechtliche Trennungsprinzip als nicht hinnehmbar erschiene.

Mit Blick auf die objektivierungsrechtliche „Unvollkommenheit" des handelsrechtlichen Herstellungskostenbegriffs (§ 255 Abs. 2 HGB) gelingt eine Wertobjektivierung allerdings nicht uneingeschränkt. Dessen ungeachtet wird im Rahmen der Zugangsbewertung ein notwendiges Mindestmaß objektiver Wertbemessung nicht unterschritten, sodass ein Konflikt mit den (impliziten) Anforderungen der Kapitalrichtlinie, die – wie in Kapitel 1 dargelegt – lediglich um einen Mindestgläubigerschutz bedacht ist, ausbleibt.

Demgegenüber schlägt eine an sich wünschenswerte Wertobjektivierung hinsichtlich der Folgebewertung fehl, sofern ein *objektiv feststellbarer* Zeitwert im Sinne eines „echten Marktwerts" (vgl. § 253 Abs. 3 Satz 1 HGB) nicht zur Verfügung steht. Diese Unzulänglichkeiten sind der Gewinnermittlung durch stichtagsbezogenen Vermögensvergleich allerdings immanent. Da sie mithin bereits im methodischen Ansatz der 2. gesellschaftsrechtlichen Richtlinie angelegt sind, konfligiert das Handelsbilanzrecht auch insofern nicht mit dem an eine kapitalschutzadäquate Rechnungslegung zu richtenden Anforderungsprofil.

Der „vorsorgende Charakter" des Handelsbilanzrechts wird indes nicht konsequent durchgesetzt. Beleg hierfür sind die zahlreichen Wahlrechte[419], die die Bilanzierung in beträchtlichem Umfang den bilanzpolitischen Präferenzen des Bilanzierenden aussetzt. Aus der Perspektive des Kapitalschutzes besonders bedenklich ist dabei, dass Wahlrechte – soweit sie in der EG-Bilanzrichtlinie nicht ausdrücklich vorgesehen sind – nicht nur die rechenschaftsbezogene Hauptzielsetzung der EG-Bilanzrichtlinie (Art. 2 Abs. 3 BiRiLi) konterkarieren, sondern durch die Möglichkeit, stille Willkürreserven zu bilden und diese wieder aufzulösen, dem gesellschaftsrechtlichen Kapital- und Gläubigerschutzziel zuwiderlaufen[420]. Vor diesem Hintergrund entspricht das Handelsbilanzrecht (bereits de lege

---

418 Das allgemeine handelsrechtliche Objektivierungsgebot ist daher *uneinheitlich* streng verwirklicht worden (zutr. *Hayn*, IStR 1996, 354, 355; *Hoffmann*, StuB 2000, 822, 824; ferner *Moxter*, BB 1987, 1846, 1847 („Grundsatz imparitätischer Objektivierung"). Beleg hierfür ist etwa die von § 249 Abs. 2 HGB zugelassene „entobjektivierte" Dotierung von Aufwandsrückstellungen, die kein aktivisches Äquivalent kennt.

419 Vgl. etwa §§ 253 Abs. 2 Satz 3, 1. Halbs., Abs. 3 Satz 3; 255 Abs. 3 Satz 2, Abs. 4 HGB.

420 Siehe hierzu einerseits *Löhr*, StuB 2003, 643, 645; *Wohlgemuth*, in: Bonner HR, § 252 Rn. 32; näher dazu auch Kap. 6 mit weiteren Nachweisen zur einschlägigen Literatur. Wahlrechte lassen sich im Übrigen auch nicht mit dem „Kompromisscharakter" der EG-Bilanzrichtlinie (vgl. Kap. 1 B. 3.) erklären oder gar rechtfertigen, da die 4. gesellschaftsrechtliche Richtlinie allein dazu bestimmt ist, die berech-

lata) *keineswegs vorbehaltlos* dem Anforderungskanon einer kapitalschutzadäquaten Rechnungslegung[421].

Ungeachtet dessen bleibt festzuhalten, dass das Handelsbilanzrecht erkennbar darauf bedacht ist, „fiktive Dividenden“[422] respektive „imaginäre Gewinne“[423] im Dienste des bilanziellen Gläubigerschutzes von einer Verteilung auszuschließen. Die erforderliche „Grundkompatibilität“ der teleologischen Ansätze von Kapitalrichtlinie und Handelsbilanzrecht ist mithin gegeben. Auch deswegen setzt das Handelsbilanzrecht die impliziten Vorgaben der Kapitalrichtlinie folgerichtig und in Teilbereichen sogar konsequenter um, als es die EG-Bilanzrichtlinie einfordert (vgl. Kap. 4 B.). Zudem beeinträchtigt die insbesondere in der EG-Bilanzrichtlinie zum Ausdruck kommende mehrdimensionale Schutzrichtung des Handelsbilanzrechts (vgl. Kap. 1 B. 3.) seine Kapitalschutzkompatibilität nicht substanziell. In seinen strukturgebenden Elementen stellt das Handelsbilanzrecht dem gesellschaftsrechtlichen Kapitalschutz daher eine zweckadäquate Grundlage zur Verfügung.

---

tigten Belange der Unternehmenseigner und Unternehmensgläubiger zu koordinieren; sie dient hingegen nicht dazu, der Unternehmensleitung bilanzpolitische Manövriermasse zur Verfügung zu stellen.

421 Zu diesbezüglichen Vorschlägen zur Bilanzrechtsmodernisierung vgl. *Schulze-Osterloh*, ZIP 2004, 1128, 1129 ff.

422 Vgl. Erläuterungen zu Art. 13 des Richtlinienvorschlags der Kommission vom 9.3.1970 für eine zweite gesellschaftsrechtliche Richtlinie (Amtsbl. EG vom 24.4.1970 Nr. C 48/11).

423 Vgl. Verhandlungen des Reichstages, 5. Legislaturperiode – IV. Session 1884, S. 301.

Kapitel 5 – Einzelabschluss auf Grundlage der IAS/IFRS

A. Die politische Dimension der Rechnungslegung

I. Aufgaben und Zusammensetzung des IASB

Als International Accounting Standards (IAS) werden die Rechnungslegungsvorschriften bezeichnet, die das International Accounting Standards Board (IASB) veröffentlicht. Diese zuvor dem International Accounting Standards Commitee (IASC) obliegende Aufgabe hatte das IASB zum 01.04.2001 übernommen[424]. Die Gründung des IASC am 29.5.1973 geht wesentlich auf die Initiative des britischen Berufsverbandes der accountants zurück. Triebfeder war es dabei, gewissermaßen ein Gegengewicht zu den auf europäischer Ebene fortschreitenden Bemühungen zur Harmonisierung der Rechnungslegung in Form der EG-Bilanzrichtlinie zu setzen, die maßgeblich von deutschen Einflüssen geprägt waren[425]. Das IASC wurde folglich als berufständische Interessenvertretung konzipiert, um der im angelsächsischen Rechtsraum bislang weitgehend unbekannten Verrechtlichung der Rechnungslegung[426] durch demokratisch legitimierte Gremien und dem damit notwendigerweise einhergehenden Einflussverlust entgegen zu wirken[427].

Beachtlich ist darüber hinaus der in der IASC- (nunmehr IASB-) Satzung formulierte Anspruch der IAS/IFRS-Rechnungslegung: Namentlich soll den Einzelstandards zu globaler Geltung verholfen werden (IASB-Satzung, Par. 2 lit. [a]). Dabei steht außer Zweifel, dass sich die Verwirklichung des erhobenen Geltungsanspruchs insbesondere an der Akzeptanz der IAS/IFRS durch die SEC messen lassen muss[428]. Das Streben nach Akzeptanz am US-amerikanischen Finanzmarkt bereitet allerdings einer einseitigen Anglei-

424 Umfassend zu Aufgaben, Struktur, Entwicklung und Bedeutung des IASB *Kleekämper/Kuhlewind/Alvarez*, in: IAS/IFRS Kommentar, Kap. I Tz. 20 ff.

425 Statt vieler *Pellens*, S. 415.

426 Siehe dazu *Gross*, in: Festschr. für Ludewig, 1996, S. 333, 340.

427 *Baetge/Kümmel*, in: Baetge/Kirsch/Thiele, Einführung, Rn. 751; *Kleekämper/Kuhlewind/Alvarez*, in: IAS/IFRS Kommentar, Kap. I Tz. 21.

428 Vgl. *Baetge/Kümmel*, in: Baetge/Kirsch/Thiele, Einführung, Rn. 793; *Claussen/Scherrer*, in: Kölner Kommentar zum AktG, § 292 a HGB Rn. 48.

chung an die US-GAAP den Weg[429], die das IASB im Ergebnis selbst in Frage stellen könnte[430].

Während der Einfluss des IASC auf die internationale Rechnungslegung im vergangenen Jahrzehnt stetig wuchs, sah es sich zugleich zunehmender Kritik ausgesetzt, in deren Zentrum seine mangelnde Legitimation und Unabhängigkeit stand. Diese Beanstandungen waren letztlich Auslöser einer grundlegenden Neuorganisation, durch die u.a. eine Demokratisierung von Entscheidungsprozessen erreicht werden sollte[431]. Struktureller Ausfluss dieser Aktivitäten ist insbesondere die Neuorganisation des Board (nunmehr IASB), das als maßgebliches Entscheidungsgremium stellvertretend für die Gesamtorganisation die Verantwortung für veröffentlichte Rechnungslegungsstandards trägt.

Zentrales Auswahlkriterium für Board-Mitglieder, die von den Treuhändern (Trustees) berufen werden (IASB-Satzung, Par. 16 lit. [a]), ist ihre fachliche Kompetenz (IASB-Satzung, Par. 20; ferner Anhang zur IASB-Satzung „Kriterien für Mitglieder des Board"). Darüber hinaus soll die Zusammensetzung des Board regionale Schwerpunktbildungen vermeiden (IASB-Satzung, Par. 21), wodurch offenbar der Zugang angloamerikanischer Interessenvertreter begrenzt werden soll. Darüber hinaus sticht insbesondere das angestrebte „Gleichgewicht" hinsichtlich des beruflichen Hintergrunds der Board-Mitglieder hervor (IASB-Satzung, Par. 22), das eine Beherrschung des Board durch die berufsständischen Vertreter der Wirtschaftsprüfer verhindern soll[432].

Neben der erkennbaren angelsächsischen Überrepräsentation im Board[433] bleibt allerdings auch der Einfluss berufsständischer Interessenvertreter[434] nach

---

429 Vgl. *Niehus*, WPg 2001, 737, 739; so wies etwa Exposure Draft ED 3 Business Combinations – siehe nunmehr IF 3 – immense Anleihen bei den SFAS 141 und 142 auf.

430 Vgl. *Wüstemann/Duhr*, BB 2003, 247, 248 und 253; siehe aber den Regierungsentwurf zum BilReG (BT-Drs. 15/3419, S. 22), wonach die IAS „das maßgebende internationale Regelwerk" darstellen.

431 Vgl. *Kleekämper/Kuhlewind/Alvarez*, in: IAS/IFRS Kommentar, Kap. I Tz. 36 ff.

432 Von den 14 Board-Mitgliedern dürfen nunmehr höchstens sieben (mindestens fünf) dem Lager der Wirtschaftsprüfer zuzurechnen sein.

433 In diesem Sinne bereits *Ekkenga*, BB 2001, 2362, 2368; *Euler*, BB 2002, 875, 876. Die augenfällige (aktuelle) Dominanz angelsächsischer Board-Mitglieder (vgl. IFRS 2004, Introduction, S. XIV) versetzt diese – einheitliches Stimmverhalten unterstellt – in die Lage, Standards gegen die Stimmen der übrigen Board-Mitglieder zu verabschieden.

434 Zum Postulat der Neutralität im Rahmen von Normsetzungsprozessen auf dem Gebiet der Rechnungslegung vgl. *Achleitner*, S. 51 f. Allgemein zu den Anforderungen an die Besetzung eines Standard Setting Body *Hommelhoff/Schwab*, BFuP 1998, 38, 48 ff.

der Neustrukturierung ungebrochen[435]. Durch seine Regulierungspraxis belegt das IASB zudem seine Empfänglichkeit für Einflussnahmen „von außen“[436].

2. *Exkurs: Die Interessenausgleichsfunktion der Rechnungslegung und Gesetzeswirkung privater Rechungslegungsstandards*

Mit Blick auf die für Normsetzungsprozesse unabdingbare Unabhängigkeit des Normgebers[437] scheinen mithin ernsthafte Zweifel angebracht, ob das IASB in der Lage ist, gesetzgeberische Aufgaben zu übernehmen. Vor dem Hintergrund der IAS/IFRS-VO ist insbesondere kritisch zu hinterfragen, inwieweit das IASB bei der Abfassung neuer sowie bei der Überarbeitung bestehender Standards darauf bedacht sein wird, sämtliche auf die Ausgestaltung bilanzrechtlicher Normen einwirkenden und mitunter divergierenden Interessen zu berücksichtigen und einem *wohlbedachten Ausgleich* zuzuführen[438]. Tatsächlich bieten sich für bilanzrechtliche Fragestellungen zumeist mehrere strategische Lösungsansätze an, die einer Bewertung anhand der Kategorien „richtig“ und „falsch“ kaum zugänglich sind[439]. Hauptmerkmal der Standardsetzung ist gerade die *Gewichtung* voneinander abweichender Interessen, die letztlich den Ausschlag für eine der in Betracht kommenden Regelungsalternativen ausmacht[440]. Die insofern unerlässliche Be-

---

435 So schon *Euler*, BB 2002, 875, 876; weniger kritisch *Baetge/Kümmel*, in: Baetge/Kirsch/Thiele, Einführung, Rn. 768 („ausgewogenes Verhältnis”); *Böcking*, WPg 2001, 1433, 1438.

436 So war etwa IAS 40 (2000) zunächst als wahlrechtsloser Standard konzipiert. Wie vom IASB auch freimütig bekannt (vgl. Einführung zu IAS 40.8 [2000]), wurde ursprünglich eine reines Fair Value-Modell befürwortet. Erst die von potentiellen Anwendern geäußerten Vorbehalte „nötigten“ das IASB zu einer einstweiligen Abstandnahme von dieser Strategie.

437 Speziell zum Bereich der Rechnungslegung *Achleitner*, S. 48 ff.

438 Zur Notwendigkeit des Interessenausgleichs vgl. *Hommelhoff/Schwab*, BFuP 1998, 38, 41; *Schuppert/Bumke*, in: Kleindiek/Oehler (Hrsg.), Die Zukunft des deutschen Bilanzrechts, 2000, S. 71, 77.

439 Vgl. *Hommelhoff/Schwab*, BFuP 1998, 38, 41; ferner *Achleitner*, S. 45 f.; *Löhr*, StuB 2003, 643, 643 („Absolute Wahrheiten in der Rechnungslegung existieren nicht.“).

440 Jüngst dazu auch *Löhr*, StuB 2003, 643. Die politische Dimension der Rechnungslegung ist jüngst auch bei der Abfassung von SFAS 142 zum Ausdruck gekommen. SFAS 142 verbietet nunmehr die planmäßige Abschreibung des Goodwills und ermöglicht es somit akquisitionsfreudigen Unternehmen, erhebliche Ergebnisbelastungen zu vermeiden, zumal die turnusmäßig durchzuführenden Werthaltigkeitstests ein beträchtliches bilanzpolitisches Gestaltungspotential bergen (vgl. dazu *Kleindiek*, BB 2001, 2572, 2576 f.).

stimmung von Prioritäten ist grundsätzlich eine originär staatliche Aufgabe[441]. Allein die demokratische Legitimationskette gewährleistet, dass *Wertungsentscheidungen* auf den Willen des Staatsvolkes (in seiner Gesamtheit, vgl. Art. 20 Abs. 2 Satz 1 GG) rückführbar sind und *aus diesem Grund* auch von denjenigen gesellschaftlichen Gruppierungen hinzunehmen sind, deren Belange zurückgesetzt werden.

Insbesondere der sog. due process, den Standards von ihrer Entwicklung bis zu ihrer Verabschiedung durchlaufen, genügt demokratischen Anforderungen nicht. Die jeweils betroffene Regelungsmaterie ist vielmehr dem freien Spiel der im IASB gebündelten gesellschaftlichen Kräfte ausgesetzt[442].

Vor diesem Hintergrund sprechen gewichtige Gründe[443] für die Existenz eines von Verfassung wegen zugewiesenen „Steuerungsauftrags", den der demokratisch legitimierte Gesetzgeber grundsätzlich in eigener Verantwortung wahrzunehmen hat[444]. Staatliche Regulierungsaufgaben im Bereich des Rechnungslegungsrechts dürfen mithin nicht vorbehaltlos in die Hände des IASB übertragen

---

441 Eingehend *Zeitler*, DB 2003, 1529, 1532 f.

442 Zwar wird interessierten Gruppen in verschiedenen Phasen des due process Gelegenheit zur Stellungnahme gegeben (vgl. dazu *Hommelhoff*, in: Staub: Großkommentar zum HGB, Anh. § 292a Rn. 7 f. m.w.N.), ohne dass aber sichergestellt wäre, dass auch die Interessen derjenigen gesellschaftsrechtlichen Gruppierungen zur Geltung kämen, die nicht über einen *unmittelbaren* Zugang zu diesem Verfahren verfügen.

443 Allgemein besitzen Rechnungslegungspflichten seit jeher Schutzcharakter (*Achleitner*, S. 42; vgl. auch *Moxter*, in: HdWW: Bilanztheorien, S. 670, 677). Ferner finden auch die EG-Bilanz- und Konzernbilanzrichtlinie ihre (rechtfertigende) Grundlage in Art. 44 Abs. 2 lit. g EG, der es erlaubt, die in den Mitgliedsstaaten im Interesse der Gesellschafter sowie Dritter erlassenen *Schutzbestimmungen* zu koordinieren, vgl. dazu *Schön*, ZGR 2000, 706 ff. Die im Wege der Selbstregulierung geschaffene Rechnungslegungskonzeption des IASB ist einem solchen (umfassenden) Schutzgedanken hingegen nicht verpflichtet. Die IAS/IFRS-Rechnungslegung dient insbesondere auch nicht unmittelbar dem Anleger*schutz*. Ansonsten wäre kaum erklärlich, warum sie weit reichende Bilanzierungsfreiheit gewährt (dazu sogleich), die (auch) den Anlegerschutz zur Disposition der nach IAS/IFRS bilanzierenden Unternehmen stellt.

444 So namentlich *Hommelhoff*, in: Staub: Großkommentar zum HGB, § 292a Rn. 26; jüngst auch *Zeitler*, DB 2003, 1529, 1533; vgl. auch *Hellermann*, NZG 2000, 1097, 1098; *Hommelhoff/Schwab*, BFuP 1998, 38, 44. Ob sich dieser (auf die EU übertragene) Steuerungsauftrag in konkreten, staatlichen Schutzpflichten – etwa zu Gunsten von Unternehmensgläubigern – fortsetzt, muss indes beizweifelt werden. Insbesondere werden staatliche *Schutzpflichten* auf Grundlage des Grundgesetzes zumeist auf bedeutende Rechtsgüter wie Leben und Gesundheit beschränkt (vgl. BVerfGE 53, 30, 57 ff. [Mülheim-Kärlich]; 56, 54, 73 ff. [Flughafen Düsseldorf-Lohhausen]).

werden, da weder der Board noch seine Mitglieder demokratisch legitimiert sind und dem IASB folglich jede Rechtsetzungskompetenz fehlt[445].

Die aufgeworfenen Bedenken sind freilich unbegründet, solange sich einerseits die Anwender den IAS/IFRS freiwillig unterwerfen und andererseits das (staatliche) Rechnungslegungsrecht nicht dem Einfluss des IASB ausgesetzt ist. Wie bereits angedeutet, ebnet die IAS/IFRS-VO allerdings den Weg für ein Ineinandergreifen von privater Selbstregulierung und Bilanzrecht. Daher ist zunächst kritisch zu beleuchten, ob die zum Einsatz gebrachten europarechtlichen Mechanismen auch forthin gewährleisten, dass sich wichtige Interessenregelungen auf Entscheidungsprozesse eines demokratisch legitimierten Normgebers zurückführen lassen.

Besondere Beachtung verdient zudem der Gesichtspunkt, dass das Handelsbilanzrecht Teil des öffentlichen Rechts ist[446]. Insbesondere belegt es Kaufleute im öffentlichen Interesse mit Pflichten[447], die den verfassungsrechtlichen Vorgaben des Art. 12 Abs. 1 Satz 2 GG standhalten müssen[448]. Handelsbilanzrecht ist damit – in Parallelität zum Steuerrecht – zunächst (staatliches) *Eingriffsrecht* und verfügt daher – wie soeben angedeutet – über eine *verfassungsrechtliche Dimension*[449], die sich in formellen und materiellen Anforderungen an das ordnungsgemäße Zustandekommen von Rechtsnormen ausdrückt. Insofern bleibt klärungsbedürftig, ob es dem (europäischen) Gesetzgeber (unions-) verfassungsrechtlich untersagt ist, seine Normsetzungskompetenz auf dem Gebiet der Rechnungslegung *unter Bezugnahme* auf die IAS/IFRS wahrzunehmen. Eine Verpflichtung zur Beachtung internationaler Rechnungslegungsstandards könnte sich daher als (unions-) verfassungswidrig[450] erweisen, sofern namentlich die Anforderungen

---

445 Vgl *Hellermann*, NZG 2000, 1097, 1101; *Hommelhoff*, in: Staub: Großkommentar zum HGB, Anh. § 292a Rn. 9; *Oestreicher/Spengel*, RIW 2001, 889, 891.

446 Vgl. *Ballerstedt*, S. 57; *Canaris*, § 12 Rn. 15; *Hommelhoff/Schwab*, BFuP 1998, 38, 39 f.; *Schulze-Osterloh*, ZIP 2001, 1433, 1437; a.A. *Claussen/Korth*, in: Kölner Kommentar zum AktG, § 238 Rn. 6; offenbar auch *Zeitler*, DB 2003, 1529, 1532; ausführlich zur Frage der Rechtsnatur des Handelsbilanzrechts: *Icking*, Die Rechtsnatur der Handelsbilanz, 2000.

447 *Canaris*, § 13 Rn. 15.

448 Zutreffend *Schulze-Osterloh*, in: Festschr. 100 Jahre GmbH-Gesetz, 1992, S. 501, 517; zum Eingriffscharakter auch *Kirchhof*, ZGR 2000, 681, 681; aus betriebswirtschaftlicher Perspektive *Pellens/Fülbier*, ZGR 2000, 572, 576 ff.

449 *Heintzen*, KoR 2001, 150, 150; vgl. auch *Hellermann*, NZG 2000, 1097, 1101 f.

450 Deren Rechtmäßigkeit ist nach gefestigter Rechtsprechung des BVerfG indes nicht am Maßstab des Grundgesetzes zu messen, solange die Rechtsprechung des EuGH die Gewähr für eine *gleichwertige* Rechtskontrolle nach Maßgabe des Unionsverfassungsrechts bietet (vgl. BVerfGE 89, 155, 171 f., 187 („Maastricht"); ferner *Ekkenga*, BB 2001, 2362, 2366; *Heintzen*, BB 2001, 825, 826). Die „Selbstbeschränkung" des BVerfG steht daher unter dem ausdrücklichen Vorbehalt, dass das einem

des Demokratieprinzips (vgl. Art. 6 Abs. 1 EU-Vertrag) einer Delegation von Rechtsetzungskompetenzen auf private Institutionen entgegenstünden[451].

a) Verfahrenstechnische Einbindung der IAS/IFRS

Wie bereits angedeutet, sind privatrechtlich organisierte Standard Setting Bodies in Ermangelung einer demokratischen Legitimation nicht zur Rechtsetzung befugt, sodass ihre Verlautbarungen „aus sich selbst heraus" keine rechtlichen Wirkungen entfalten. Europarechtlich *in Bezug genommene* IAS/IFRS gehen somit in ihrer genuinen Gestalt als außerrechtliche Handlungsanweisungen nicht auf einen parlamentarischen Willensbildungsprozess zurück. Unbestritten ist allerdings, dass ein außerrechtlicher Normenkomplex von einem demokratisch legitimierten Gesetzgebungsorgan als „Entstehens- und Erkenntnisquelle" genutzt und insofern *vereinnahmt* werden kann[452]. Freilich sind die Grenzen eines solchen Rezeptionsprozesses problematisch.

Schwierigkeiten bereitet insbesondere die Beantwortung der Frage[453], ob das Verfahren zur Überführung der von privater Seite konzipierten Rechnungslegungsstandards in Gemeinschaftsrecht unionsrechtlich zu beanstanden ist. Nach den insoweit in Bezug genommenen Komitologie-Regeln (vgl. Art. 6 Abs. 2 IAS/IFRS-VO) passieren neue und revidierte Standards ein sog. Regelungsausschussverfahren[454], in dem sie nach Billigung durch den Regelungsausschuss von der Kommission anzunehmen sind[455]. Änderungen des IAS/IFRS-Regelwerks werden somit nicht selbsttätig, sondern erst nach Durchlaufen eines Anerkennungsverfahrens Teil der europäischen Rechtsordnung. Dieser verfahrenstechnische Zwischenschritt fungiert gewissermaßen als „konzentrierter Demokratisierungsprozess", der es – jedenfalls bei formaler Betrachtung – ausschließt, von ei-

---

Grundrechtsträger auf europäischer Ebene gewährte Schutzniveau nicht hinter demjenigen des Grundgesetzes zurückbleibt.

451 Zu den Anforderungen des Demokratieprinzips im Bereich des Gesellschaftsrechts vgl. *Group of German Experts on Corporate Law*, ZIP 2002, 1310 f. Zu bedenken ist freilich, dass demokratische und rechtsstaatliche Prinzipien allein in ihrer *europarechtlichen Ausprägung* als Rechtmäßigkeitsschranke für abgeleitetes Unionsrecht heranzuziehen sind, vgl. *Hummer*, in: Grabitz/Hilf, Art. 155 Rn. 100; siehe auch *Heintzen*, BB 2001, 825, 826.

452 Stellv. *Kirchhof*, ZGR 2000, 681, 682 und 685 m.w.N.

453 A.A. offenbar *Arbeitskreis Externe Unternehmensrechnung*, DB 2001, 160, 161 (vorgeschaltete Gesetzgebungsverfahren ablehnend).

454 Vgl. Art. 5 des Ratsbeschlusses vom 28. Juni 1999 zur Festlegung der Modalitäten für die Ausübung der der Kommission übertragenen Durchführungsbefugnisse (1999/468/EG), Abl. EG Nr. L 184 vom 17.7.1999/23 ff.

455 Näher dazu *Ernst*, BB 2001, 823, 824; *Schulze-Osterloh*, ZIP 2003, 93, 98.

ner dynamischen Verweisung[456] zu sprechen[457]. Tatsächlich wahrt der europäische Gesetzgeber fortwährend seinen Einfluss auf den Inhalt der von ihm installierten Rechnungslegungspflichten[458]. Der schwierigen Frage der unionsrechtlichen Zulässigkeit dynamischer Verweisungen[459] meint die Kommission offenbar aus dem Wege gegangen zu sein.

Auf einer anderen Ebene gründet hingegen das Problem der *Verlagerung legislativer Steuerungsaufgaben* auf die Exekutivebene der Gemeinschaft[460].

b) Das Problem der faktischen Selbstbindung

Bei näherem Zusehen sind gleichwohl erhebliche Bedenken gegen die Zulässigkeit der skizzierten verfahrenstechnischen Einbindung der IAS/IFRS anzumelden. Problematisch erscheint insbesondere der unter Berücksichtigung *des angestrebten Zwecks* zu erwartende *Anerkennungsautomatismus*, mit dem neue und revidierte Standards im Rahmen des Komitologie-Verfahrens „abgesegnet" werden könnten[461]. Generell ist die „Einbindung" privater Stellen im Bereich des Bi-

---

456 Zu den Charakteristika dynamischer Verweisungen *Kirchhof*, ZGR 2000, 681, 685.

457 *Heintzen*, BB 2001, 825, 827; *Ekkenga*, BB 2001, 2362, 2369; ferner *Euler*, BB 2002, 875, 876.

458 Auch Vorbehalte unter dem Aspekt der sog. Wesentlichkeitstheorie (hierzu *Zeitler*, DB 2003, 1529, 1532 f.; mit Blick auf § 292a HGB auch *Hellermann*, NZG 2000, 1097, 1101 f.) sind daher bei „bloß formaler" Betrachtung ausgeschlossen.

459 Zur Zulässigkeit dynamischer Verweisungen „auf dem Boden" des Grundgesetzes *Kirchhof*, ZGR 2000, 681, 685 f. Entsprechende Bedenken gegen dynamische Verweisungen teilt offenbar auch die Kommission, die den durch das Anerkennungsverfahren eingesetzten Zwischenschritt als politisch und rechtlich notwendige Voraussetzung ansieht, um demokratische und rechtsstaatliche Anforderungen an die Rechtsetzung nicht zu verletzten (Presseerklärung der Kommission vom 13.2.2001, abrufbar unter http://europa.eu.int/comm/internal_market/en/company/account/news/iasfaq.htm).

460 Dazu *Heintzen*, BB 2001, 825, 827 f.; allgemein auch *Hummer*, in: Grabitz/Hilf, Art. 155 Rn. 99.

461 Auch die Kommission (a.a.O.) erwartet, dass das „Anerkennungsverfahren eine gewisse Eigendynamik entwickel(t)". Hierfür spricht nicht zuletzt, die vorbehaltlose Übernahme der meisten derzeit existierenden IAS mit der Verordnung (EG) Nr. 1725/2003 der Kommission vom 29.09.2003, ABl. EU 2003 Nr. L 261 S. 1. In diesem Rahmen wurden zunächst lediglich die Standards ausgespart (IAS 32, 39), die sich zum maßgeblichen Zeitpunkt in Überarbeitung befanden, vgl. Regierungsentwurf zum BilReG, BT-Drs. 15/3419, S. 22. Mit Verordnung vom 19. 11. 2004 hat die Europäische Kommission im Übrigen jüngst auch die Übernahme des IAS 39 beschlossen. In diesem Rahmen wurde allerdings – aus noch aufzuzeigenden Gründen (vgl. Kap. 5 C. 4. e)) – insbesondere das sog. Hedge Accounting ausgeklammert.

lanzrechts *nicht* vorrangig durch die Erschließung der besonderen Sachkompetenz[462] oder Unabhängigkeit eines privaten Standardsetzers motiviert. Triebfeder ist vor allem die Steigerung der Effizienz der europäischen Kapitalmärkte und die damit einhergehende Verbesserung der Wettbewerbssituation kapitalmarktorientierter Unternehmen (vgl. Art. 1 IAS/IFRS-VO)[463]. Die internationale Akzeptanz der europäischen Rechnungslegung lässt sich freilich nur durch eine *konsequente* Hinwendung zu global anerkannten Standards herstellen. Dem so formulierten Anspruch wäre mithin nicht entsprochen, wenn die Kapitalmarktteilnehmer damit rechnen müssten, dass die EU Modifikationen und Ergänzungen der IAS/IFRS-Rechnungslegung nicht mitträgt[464]. Es steht daher zu erwarten, dass künftigen IAS/IFRS kaum die Anerkennung durch die EU versagt bleibt, um das Entstehen von „EU-IAS/IFRS"[465] – die freilich eine IAS/IFRS-konforme Rechnungslegung *nicht* ermöglichten – zu verhindern[466].

Aus den aufgezeigten Zwängen resultiert folglich ein kontinuierlicher *Anpassungsdruck*, der schlechterdings dazu gereichen könnte, dass das Komitologie-Verfahren kaum mehr als eine „Alibifunktion" erfüllt. Als Konsequenz aus der beschriebenen Selbstbindung könnte der *materielle Gehalt*[467] des Anerkennungsverfahrens daher dem einer dynamischen Verweisung entsprechen.

Die nur vordergründig unbedenkliche Einkleidung des Rezeptionsprozesses in das Regelungsausschussverfahren vermag somit nicht darüber hinweg zu täuschen, dass der europäische Gesetzgeber darauf angewiesen ist, dass das IASB akzeptierungsfähige Standards produziert[468]. Die Union begibt sich damit in eine

---

462 Vgl. dazu *Schuppert/Bumke*, in: Kleindiek/Oehler (Hrsg.), Die Zukunft des deutschen Bilanzrechts, 2000, S. 71, 77.

463 Siehe auch den entsprechenden Verordnungsvorschlag der Kommission (KOM [2001] 80, S. 9 f. [Erwägungsgrund 2 ff.]).

464 Siehe auch *Schön*, ZGR 2000, 706, 736, der sich allerdings entschieden gegen eine ungeprüfte Übernahme von IAS/IFRS-Standards wendet.

465 Gegen eine modifizierende oder nur partielle Einbindung der IAS/IFRS in die europäische Rechnungslegungsordnung (sowie eigenständige „europäische IAS") *Arbeitskreis Externe Unternehmensrechnung*, DB 2001, 160, 161; *Busse von Colbe*, KoR 2001, 199, 201; *IDW*, WPg 2001, 664, 667; ferner *Kahle*, WPg 2003, 262, 263.

466 *Schulze-Osterloh*, ZIP 2003, 93, 99.

467 In diesem Sinne wohl auch *Euler*, BB 2002, 875, 876; *Hommelhoff*, in: Staub: Großkommentar zum HGB, Anh. § 292a Rn. 11 („europäische Unterwerfungserklärung"); *Kahle*, WPg 2003, 262, 263; *Schulze-Osterloh*, ZIP 2003, 93, 99 („Von einer echten inhaltlichen Kontrolle durch den Regelungsausschuß wird daher keine Rede sein können."); *derselbe*, Der Konzern 2004, 173, 174.

468 Ob künftige IAS/IFRS-Standards in diesem Sinne akzeptabel sind, muss mit Blick auf die fortwährende Angleichung an die US-GAAP in Zweifel gezogen werden. Beispielsweise ist die anvisierte Übertragung der Regeln des SFAS 142 betreffend

Abhängigkeit[469], die einem demokratischen Meinungsbildungs- und Entscheidungsfindungsprozess nicht zuträglich ist. Gerade mit Blick auf die lobbyistisch geprägte Zusammensetzung des IASB (vgl. Kap. 5 A. 1.) fällt es schwer, sich mit diesem Rechtszustand abzufinden[470]. Mit besonderer Aufmerksamkeit wird daher zu verfolgen sein, ob im Rahmen des Anerkennungsverfahrens eine *echte* Vereinbarkeitskontrolle (vgl. Art. 3 Abs. 2 IAS/IFRS-VO) stattfindet, da andernfalls die durch das „Maastricht"-Urteil gezogene Grenze für die Kontrolle von sekundärem Gemeinschaftsrecht am Maßstab des Grundgesetzes überschritten sein könnte[471].

B. Kapitalschutz und Grundausrichtung der IAS/IFRS-Rechnungslegung

Auf der Grundlage der in Kapitel 1 geleisteten Vorarbeiten setzte der europäische Gesetzgeber bei der Abfassung der Kapitalrichtlinie voraus, dass eine nachfolgende Harmonisierung des Gemeinschaftsrechts auf dem Gebiet der externen Rechnungslegung die impliziten Anforderungen des durch die 2. gesellschaftsrechtliche Richtlinie installierten Kapitalschutzsystems beachten würde, um das europäische Gesellschaftsrecht insgesamt widerspruchsfrei und folgerichtig zu halten. Unter diesen Vorzeichen musste die Grundausrichtung der EG-Bilanzrichtlinie *mit Bedacht* auf den mittels Kapitalerhaltung zu verwirklichenden Mindestgläubigerschutz austariert werden. Unerlässlich ist daher, dass der Gläubigerschutz jedenfalls als *mitbestimmender Faktor* im Funktionskanon des europäischen (wie nationalen) Rechnungslegungsrechts Beachtung findet. Die Zwecke von Kapital- und EG-Bilanzrichtlinie müssen namentlich zumindest partiell deckungsgleich sein, da die durch das jeweilige Rechtsetzungsorgan (respektive den jeweiligen Standardsetzer) vorgenommene Funktionszuweisung *wesentlicher Bestimmungsfaktor* der in den Einzelnormen zum Ausdruck kommenden Grundaus-

---

das Verbot der planmäßigen Abschreibung des Goodwills für den Einzelabschluss nicht hinnehmbar. Die Kommission (vgl. Presseerklärung der Kommission vom 13.2.2001, a.a.O.) ist demgegenüber der Ansicht, dass die skizzierten Zwänge dazu beitragen könnten, dass künftige Standards „auch für die EU akzeptabel sein werden".

469 So auch *Kirsch*, WPg 2002, 743, 749; im Anschluss daran *Kahle*, WPg 2003, 262, 263; im Ergebnis gleicher Ansicht ferner *Zeitler*, DB 2003, 1529, 1533.

470 Auch *Schön* (ZGR 2000, 706, 736) ist mit Recht der Ansicht, dass ein Anerkennungsverfahren auf europäischer Ebene als „Filter" fungieren müsse, um nicht tragfähige IAS/IFRS abzuwehren.

471 Vgl. *Hommelhoff*, in: Staub: Großkommentar zum HGB, Anh. § 292a Rn. 11; *Schulze-Osterloh*, ZIP 2003, 93, 99.

richtung eines bilanziellen Regelungssystems ist[472]. Während der Gesetzgeber des BiRiLiG – im Gegensatz zum Richtliniengeber[473] – von einer expliziten Zweckbestimmung des Bilanzrechts absah, werden die Zwecke der IAS/IFRS-Rechnungslegung sowohl im Rahmenkonzept (F.12 ff.) als auch in IAS 1.7 ausdrücklich herausgestellt[474].

1. Zielsetzungen der IAS/IFRS-Rechnungslegung

Singuläre Zielsetzung der IAS/IFRS-Rechnungslegung ist es, Informationen über die Vermögens- und Finanzlage, die Ertragskraft und die Cashflows eines Unternehmens bereitzustellen (IAS 1.7 Satz 2)[475]. IAS/IFRS-Abschlüsse sind namentlich dazu bestimmt, einem in F.9 näher bestimmten Adressatenkreis nützliche Informationen für finanzielle Dispositionen zur Verfügung zu stellen (F.12, sog. decision-usefulness-Ansatz)[476]. Die Informationsvermittlung ist dabei insgesamt von der Absicht getragen, den Abschlussadressaten zu helfen, die künftigen Cashflows des Unternehmens sowie insbesondere Zeitpunkt und Sicherheit des Entstehens von Zahlungsmitteln und Zahlungsmitteläquivalenten vorauszusagen (IAS 1.7 Satz 5; vgl. F.15)[477]. Der IAS/IFRS-Abschluss[478] ist mithin als *Informationsmedium* zur *Prognose* künftiger Zahlungsmittelzugänge konzipiert[479].

---

472 Zu diesem Zusammenhang vgl. *ADS International*, Konzeptionelle Grundlagen, Rn. 251; *Baetge/Thiele*, in: Festschr. für Beisse, 1997, S. 11, 11 und 20; Deutsche Bundesbank, Monatsbericht Juni 2002, S. 52; *Hommelhoff/Schwab*, BFuP 1998, 38, 41; *Kessler*, DB 1997, 1, 3; *Löhr*, StuB 2003, 643; *Pellens/Fülbier*, ZGR 2000, 572, 586 f.; *Strobl*, in: Festschr. für Clemm, 1996, S. 389, 396 f., 407; ferner *Knobbe-Keuk*, S. 152 (zur Ausgestaltung von Bewertungsvorschriften).

473 Die Zwecke der EG-Bilanzrichtlinie kommen insbesondere in ihren Erwägungsgründen zum Ausdruck.

474 Das IASB wählt damit einen grundlegend anderen Ansatz als der handelsrechtliche Gesetzgeber, da es die Funktionen der IAS/IFRS-Rechnungslegung den Einzelstandards voranstellt und diese mithin als Instrument zur Verwirklichung der zuvor formulierten Ziele versteht. Handelsrechtlich kommen die Funktionen des Jahresabschlusses hingegen in den Einzelnormen zum Ausdruck, wodurch sichergestellt wird, dass sämtliche Einzelvorschriften vorrangig aus sich selbst heraus auszulegen sind (vgl. Kap. 4 C.).

475 Vgl. auch den Regierungsentwurf zum BilReG, BT-Drs. 15/3419, S. 23; *ADS International*, Konzeptionelle Grundlagen, Rn. 42 ff.; ferner *Baetge/Thiele*, in: Festschr. für Beisse, 1997, S. 11, 15; *Schulze-Osterloh*, BB 2003, 351.

476 Dazu *Hennrichs*, ZGR 2000, 627, 628 ff.

477 Zum parallelen Ansatz des DRSC vgl. E-Rahmenkonzept, Tz. 11.

478 In Abweichung zur handelsrechtlichen Rechnungslegung (zu den Zwecken der Konzernrechnungslegung MüKo-HGB/*Busse von Colbe*, Vor § 290 Rn. 23 ff.; vgl. auch *Hennrichs*, ZGR 2000, 627, 628 ff.; *Schulze-Osterloh*, ZIP 2003, 93, 95) diffe-

Die Festlegung des durch die Einzelstandards zu vermittelnden Informationsinhalts orientiert sich dabei an den Informationsbedürfnissen aktueller und potentieller Investoren, denen es im Wesentlichen darum geht, das Verhältnis von Ertragschancen und Investitionsrisiko abschätzen zu können (F.10; .9 lit. [a])[480]. Diese Konzentration auf die Informationsfunktion begründet zweifelsfrei einen methodischen Vorteil, da die IAS/IFRS-Einzelregelungen nicht zwischen den Zielen der Kapitalerhaltung und Kapitalmarktinformation vermitteln müssen[481].

Bereits aus diesem von spezifischen Ansatz- und Bewertungsregeln abstrahierenden Blickwinkel muss es als zweifelhaft angesehen werden, ob sich die IAS/IFRS-Rechnungslegung passgenau in einen kapitalschutzbedachten gesellschaftsrechtlichen Kontext einbinden lässt. Tatsächlich findet der kapitalerhaltungsbasierte Gläubigerschutz nicht einmal als nachrangiges Funktionselement in der IAS/IFRS-Rechnungslegungskonzeption eine Grundlage[482]. Die Belange der Unternehmensgläubiger sollen vielmehr als Teil des (umfassenderen) Informationsbedarfs der Investoren berücksichtigt werden. Nach dem Ansatz des IASB werden Gläubiger daher allein auf informationeller Grundlage geschützt (sog. in-

---

rieren daher auch die Zweckbestimmungen von Einzel- und Konzernabschluss nicht (vgl. F.6, IAS 1.3). Da sich die Zielsetzungen von Einzel- und Konzernabschluss decken, folgen beide Informationsinstrumente konsequenterweise im Wesentlichen identischen Ansatz- und Bewertungsregeln (vgl. *Baetge/Kümmel*, in: Baetge/Kirsch/Thiele, Einführung, Rn. 838).

479 Ungeachtet dieser perspektivischen Ausrichtung bildet der IAS/IFRS-Abschluss insbesondere die Auswirkungen von Ereignissen der Vergangenheit ab. Aus der Einnahme dieser grundsätzlich retrospektiven Perspektive resultieren bereits erste Unzulänglichkeiten im Hinblick auf die definierte Zielsetzung (vgl. F.13; diesen Ansatz verteidigend *Roth*, ÖBA 2000, 193, 196 f.; kritisch demgegenüber *Kahle*, WPg 2003, 262, 265 f.).

480 Vgl. *Pellens*, S. 438; *Wagenhofer*, S. 81 f. Als Unterfall der allgemeinen Informationsfunktion hebt das Framework in Par. 14 zudem die Rechenschaftsfunktion des Jahresabschlusses (stewardship funktion) hervor, vgl. auch *ADS International*, Konzeptionelle Grundlagen, Rn. 43; zur parallelen Funktion des handelsrechtlichen Jahresabschlusses *Hennrichs*, S. 95 f.; *Kropff*, in: Geßler u.a., AktG, Vorb 149 Rn. 3 ff.

481 In diesem Sinne *Baetge/Thiele*, in: Festschr. für Beisse, 1997, S. 11, 17 und 20; *Hommelhoff*, in: Staub: Großkommentar zum HGB, Anh. § 292a Rn. 43; *Hüttche*, RIW 1996, 1018, 1023; *Pellens/Fülbier*, ZGR 2000, 572, 587; *Schön*, ZGR 2000, 706, 738; *Zabel*, WPg 2002, 919, 920; vgl. auch *Ekkenga*, BB 2001, 2362, 2365; *Herzig*, in: Küting/Weber (Hrsg.), Wertorientierte Konzernführung, 2000, S. 57, 84 („Die Chance einer funktionsspezifischen – an Stelle einer multifunktionalen und damit kompromissbehafteten – Rechnungslegung [...]); *Moxter*, DB 2001, 605, 606 („Der Einzelabschluss hat zwei 'Kernfunktionen', von denen man weiß, dass sie in erheblichem Maß konfliktär zueinander stehen:").

482 Stellv. *Wagenhofer*, S. 82.

formationeller Gläubigerschutz)[483]. Der IAS/IFRS-Abschluss *ist* somit *kein* Ausschüttungsbemessungsabschluss[484]; weiterhin ist schon bei vordergründiger Betrachtung äußerst fraglich, ob er zu einem solchen „umgewidmet" werden kann. Namentlich bleibt die Abfassung der Einzelstandards von gesellschaftsrechtlich induzierten Einflüssen weithin unberührt, sodass deren Kompatibilität zum gesellschaftsrechtlichen Kapitalschutzziel als höchst zweifelhaft gelten muss.

Zwar findet der Gesichtspunkt der Bestimmung des Gewinnausschüttungspotentials bereits im Preface des Frameworks Erwähnung (F – 4). Ausschüttungsbemessungswirkung entfaltet die IAS/IFRS-Rechnungslegung gleichwohl nicht. Der investorenorientierte Informationsabschluss soll allenfalls die Grundlage für selbständige Ausschüttungsentscheidungen bereiten. Eine Ausschüttungs*bemessung* auf Ebene der Gewinn*ermittlung* wird hingegen nicht angestrebt.

Bereits auf dieser Grundlage steht daher zu erwarten, dass sich die Funktionsdivergenz zwischen handelsrechtlicher und IAS/IFRS-Rechnungslegung in nachhaltig abweichenden Ansatz- und Bewertungsvorschriften niederschlägt, da dem Kapitalschutz bei der Ausgestaltung von Rechnungslegungsnormen nur handelsrechtlich ermessensleitende Wirkung zukommt.

2. *Leitlinien zur Verwirklichung des Informationsziels*

Die IAS/IFRS-Rechnungslegung basiert auf zwei grundlegenden Annahmen („underlying assumptions"), die sowohl im Framework (F.22, .23) als auch in IAS 1 verankert sind.

Obgleich der Grundsatz der Unternehmensfortführung handelsrechtlich nicht als Grundannahme der Rechnungslegung ausgestaltet wurde und formal auf einer Ebene mit anderen Bewertungsregeln angesiedelt ist[485], ergeben sich diesbezüglich keine ins Gewicht fallenden Abweichungen zu der going concern-Prämisse der IAS/IFRS-Rechnungslegung (IAS 1.23 f.)[486]. Allerdings erfordert die decisi-

---

483 Vgl. auch *ADS International*, Konzeptionelle Grundlagen, Rn. 42; *Hommelhoff*, in: Staub: Großkommentar zum HGB, Anh. § 292a Rn. 13.

484 *Schruff*, BFuP 1993, 400, 408; vgl. auch *ADS International*, Konzeptionelle Grundlagen, Rn. 42; *Baetge/Thiele*, in: Festschr. für Beisse, 1997, S. 11, 18.

485 Tatsächlich sind die in Art. 31 Abs. 1 BiRiLi (sowie in § 252 Abs. 1 HGB) verankerten Bilanzierungsprinzipien abstrakt gleichrangig, vgl. dazu *Hennrichs*, S. 144 ff. (insbes. S. 146) m.w.N. auch zu abweichenden Ansichten.

486 Vgl. *Baetge/Ziesemer*, in: Baetge/Kirsch/Thiele, § 252 Rn. 525. Nach *ADS* (§ 252 Rn. 23) gehört der Grundsatz der Unternehmensfortführung auch handelsrechtlich zu den „fundamentalen Bilanzierungsgrundsätzen". Überdies ist die Bedeutung des going concern-Prinzips nach zutr. Ansicht nicht auf Bewertungfragen beschränkt, sondern beeinflusst gleichsam den Ansatz von Vermögensgegenständen und Schul-

on-usefulness-Prämisse darüber hinaus eine periodengerechte Aufwands- und Ertragsverrechnung, sodass Geschäftsvorfälle unabhängig von tatsächlichen Einnahmen und Ausgaben der Geschäftsperiode zuzuordnen sind, der sie wirtschaftlich zugehören („accrual basis"; IAS 1.25 f., F.22). Der Grundsatz der Periodenabgrenzung gilt auch im Handelsrecht (§ 252 Abs. 1 Nr. 5 HGB). Unterschiede ergeben sich gleichwohl im Hinblick auf das *Gewicht* der Vorschriften im jeweiligen Regelungskomplex. Handelsrechtlich kommt dem Periodisierungsgrundsatz keine dem allgemeinen Vorsichtsgedanken übergeordnete Bedeutung zu[487]. Wie das Aktivierungsverbot für selbst erstellte immaterielle Vermögensgegenstände des Anlagevermögens (§ 248 Abs. 2 HGB) belegt[488], ist die periodengerechte Aufwands- und Ertragszuordnung *keine vorbehaltlos* zu berücksichtigende Ansatz- und Bewertungsprämisse des Handelsrechts. Mitunter ist daher im Konfliktbereich zum handelsrechtlichen Vorsichtsprinzip – und seinen spezifischen Ausformungen (insbesondere zum Realisationsprinzip) – abzuwägen, welcher Bilanzierungsgrundsatz im konkreten Einzelfall zurückstehen muss[489]. Dessen ungeachtet wird weithin – insbesondere mit Rücksicht auf die Ausschüttungsbemessungsfunktion des Jahresabschlusses – nicht in Zweifel gezogen, dass entstandene Minderungen des Stichtagsvermögens handelsrechtlich *unabhängig* von ihrer *wirtschaftlichen Verursachung* zu erfassen sind[490]. Etwaige Widersprüche zu be-

---

den, vgl. *Schulze-Osterloh*, in: Baumbach/Hueck, GmbHG, § 42 Rn. 14, 240; MüKo-AktG/*Hennrichs*, § 246 Rn. 23; MüKo-AktG/*Tiedchen*, § 252 Rn. 1, 16; Heymann/*Walz*, § 255 Rn. 14; a.A. *Hüffer*, in: Staub: Großkommentar zum HGB, Anh. § 243 Rn. 20 f.; *Lutz*, in: IDW (Hrsg.), Neuorientierung der Rechnungslegung, 1995, S. 81, 87 ff.

487 *Tiedchen* (in: MüKo-AktG, § 252 Rn. 76 m.w.N.) bezeichnet das Prinzip der periodengerechten Erfolgsermittlung gar als „Folgeprinzip" der in § 252 Abs. 1 Nr. 4 HGB verankerten Bilanzierungsprinzipien. Dem steht freilich entgegen, dass die in § 252 Abs. 1 HGB kodifizierten Bilanzierungsgrundsätze, wie bereits dargelegt, abstrakt gleichrangig sind.

488 Vgl. *Baetge/Ziesemer*, in: Baetge/Kirsch/Thiele, § 252 Rn. 228 f.

489 Dazu *Hennrichs*, S. 148 ff. Dieses Abwägungserfordernis stellt sich nachdrücklich in Bezug auf die Frage der phasengleichen Dividendenaktivierung (dazu insbesondere BFH [GrS] DStR 2000, 1682 ff.).

490 Ausdrücklich *Kleindiek*, in: Staub: Großkommentar zum HGB, § 252 Rn. 39. Als Ausformung dieses Regelsatzes sind insbesondere rechtlich bereits entstandene Verbindlichkeiten, die lediglich der Höhe nach ungewiss sind, entgegen einer verbreiteten Ansicht unabhängig vom Zeitpunkt ihrer wirtschaftlichen Verursachung zu passivieren, so mit Recht BFH BB 2001, 1893, 1895 f.; *ADS*, § 249 Rn. 69; MüKo-AktG/*Hennrichs*, § 249 Rn. 29; *Kleindiek*, in: Staub: Großkommentar zum HGB, § 249 Rn. 36; *Schulze-Osterloh*, in: Baumbach/Hueck, GmbHG, § 42 Rn. 189; nunmehr auch *Berger/M. Ring*, in: Beck`scher BilKomm, § 249 Rn. 34 ff.; a.A. MüKo-HGB/*Ballwieser*, § 249 Rn. 17, 21 („rückstellungsbegrenzende Wir-

triebswirtschaftlichen Grundsätzen wie dem sog. „matching principle“ nimmt das Handelsrecht somit in Kauf, um dem Bilanzierungsziel der periodischen Gewinnermittlung durch Vermögensvergleich gerecht zu werden[491]. Einen allgemeinen Rechtsgrundsatz, wonach Aufwendungen den Erträgen zuzuordnen sind, durch die sie wirtschaftlich veranlasst sind, kennt das Handelsrecht damit im Gegensatz zur IAS/IFRS-Rechnungslegung (vgl. F.95) nicht[492]. Der Geltungsbereich des Realisationsprinzips bleibt folglich auf die Aktivseite der Bilanz beschränkt, während Passivierungskriterien wesentlich unter dem Einfluss des Imparitätsprinzips stehen[493].

Demgegenüber indiziert bereits die Zuordnung des matching principle zum „Konzept der Periodenabgrenzung“ als underlying assumption seine übergeordnete Stellung in der Rechnungslegungskonzeption des IASB[494]. Freilich gilt das matching principle auch auf Grundlage der IAS/IFRS nicht einschränkungslos (IAS 1.26, vgl. auch F.95)[495]. Namentlich sind Aufwendungen nur dann zu periodisieren, wenn zugleich die Kriterien eines assets erfüllt sind[496]. Gleichwohl deutet schon die tragende Funktion des Periodisierungsgedankens in der IAS/IFRS-Rechnungslegungskonzeption darauf hin, dass Vorsichtsgedanken *weitumfänglicher* zurückstehen, als dies nach HGB der Fall ist[497]. Die bereits im Framework angelegte Verschiebung der Bedeutungsgewichte von Vorsicht und Realisation einerseits und dem Grundsatz der Periodenabgrenzung andererseits bereitet somit den Weg für einen im Vergleich zum Handelsrecht tendenziell früheren Ertragsausweis[498]. Der damit einhergehende Bedeutungsverlust des Reali-

---

kung des Realisationsprinzips“); *Herzig/Köster*, in: HdJ, III/5, Rn. 129, 139; *Moxter*, S. 109; Schmidt/*Weber-Grellet*, EStG, § 5 Rn. 384; *derselbe*, DB 1996, 2089.

491 BFH BB 2001, 1893, 1896; MüKo-AktG/*Hennrichs*, § 249 Rn. 29.

492 BFH BB 2001, 1893, 1896; BStBl. II 1992, 600, 604; a.A. etwa *Löhr*, StuB 2003, 643, 644.

493 MüKo-AktG/*Hennrichs*, § 249 Rn. 29 m.w.N (auch zu abweichenden Ansichten).

494 Vgl. *Baetge/Ziesemer*, in: Baetge/Kirsch/Thiele, § 252 Rn. 585; *Wagenhofer*, S. 109.

495 Vgl. auch *ADS International*, Konzeptionelle Grundlagen, Rn. 48.

496 Ausdruck dieser Beschränkung ist etwa das Verbot der Aktivierung eines originären Geschäfts- oder Firmenwerts (IAS 38.48) sowie von Forschungskosten (IAS 38.54). Zudem sehen die IAS/IFRS die Passivierung von Aufwandsrückstellungen nicht vor (vgl. IAS 37.14 i.V.m. IAS 37.20), was als weitere Einschränkung des matching principle angesehen werden kann (vgl. *Wagenhofer*, S. 109).

497 *Oestreicher/Spengel*, RIW 2001, 889, 893 (mit Blick auf die Steuerbilanz); *Pellens*, S. 446; siehe auch MüKo-AktG/*Tiedchen*, § 252 Rn. 49 („'Unvorsichtige' Bilanzierung und Bewertung sind dem handelsrechtlichen Bilanzrecht grundsätzlich fremd.“).

498 Vgl. *ADS International*, Konzeptionelle Grundlagen, Rn. 253; MüKo-AktG/*Tiedchen*, § 252 Rn. 59 („Hinwendung zu einer paritätischen Zeitwertbewertung“).

sationsgedankens[499] ist freilich unweigerlich mit einem Eingriff in die hergebrachte handelsbilanzrechtliche Interessenregelung zwischen Unternehmenseignern und Gläubigern verbunden.

3. Spannungsverhältnis zwischen Relevanz und Verlässlichkeit sowie der Vorrang des Einblicksgebots

Die underlying assumptions werden weiterhin durch qualitative Anforderungen flankiert (sog. Primärgrundsätze: Verständlichkeit, Relevanz, Verlässlichkeit und Vergleichbarkeit, vgl. F.25 ff.), die den Qualitätsanspruch der IAS/IFRS-Rechnungslegung definieren, um den Informationsbedürfnissen des in Bezug genommenen Adressatenkreises zu genügen (F.24)[500].

Vor diesem Hintergrund ist der „natürliche Spannungsbogen" zwischen den Erfordernissen der Relevanz und Verlässlichkeit[501] von besonderer Brisanz (vgl. F.32). Da nur verlässliche Informationen entscheidungsrelevant sind, muss das IASB bei der Ausgestaltung von Einzelstandards darauf bedacht sein, dem definierten perspektivischen Informationsanspruch gerecht zu werden, ohne die Zuverlässigkeit der vermittelten Einzelinformationen zugleich in Frage zu stellen[502]. Grundsätzlich ist allerdings jede Information relevant, die *geeignet* ist, Entscheidungen des Adressaten über finanzielle Dispositionen zu beeinflussen. Da solche finanziellen Richtungsentscheidungen maßgeblich durch ihren Zukunftsbezug

---

Das Realisationsprinzip „handelsrechtlicher Prägung" findet im Framework mithin kein Äquivalent. Die spezifischen Realisationskriterien der Einzelstandards (IAS 11, 18) konkretisieren vielmehr das Konzept der Periodenabgrenzung, dessen Ausdruck sie sind.

499 Namentlich weist das IASB in F.76 darauf hin, dass grundsätzlich auch unrealisierte Erträge aus Werterhöhungen des ruhenden Vermögens der Ertragsdefinition unterfallen.

500 Die qualitativen Anforderungen dienen insbesondere dem IASB als konzeptionelle Grundlage zur Erarbeitung eines in sich abgestimmten und widerspruchsfreien Regelungsgerüsts (*ADS International*, Konzeptionelle Grundlagen, Rn. 59).

501 *Schildbach*, StuB 2001, 857, 857 („unlösbare Anforderungen"); *Wulf*, S. 115 („Grundproblem des Rechnungswesens"); ferner *Baetge/Zülch*, BFuP 2001, 543, 559; *Busse von Colbe*, in: Ballwieser (Hrsg.), US-amerikanische Rechnungslegung, 2000, S. 485, 492; *Ekkenga*, BB 2001, 2362, 2366.

502 Vgl. *ADS International*, Konzeptionelle Grundlagen, Rn. 70; *Küting/Dawo/Heiden*, BB 2001, 615; *Kley*, DB 2001, 2257, 2258; *Lorchheim*, RIW 1997, 124, 127; *Pellens*, S. 439; ferner *Wulf*, S. 111. Nach teilweise vertretener Ansicht soll der „reliability-Aspekt" insbesondere bei der Abfassung von IAS 38 in den Vordergrund gerückt worden sein (vgl. *Fülbier/Honold/Klar*, RIW 2000, 833, 844; *Küting/Dawo/Heiden*, BB 2001, 615; *Wagenhofer*, S. 86).

(etwa die Höhe künftiger Ausschüttungen, Kursentwicklungen sowie die Kreditwürdigkeit) geprägt sind, erlangen insbesondere *prognostische* Informationen besondere Bedeutung, die freilich typischerweise mit dem Manko geringer Verlässlichkeit behaftet sind[503].

Mit Blick auf die Prognoserelevanz zukunftsbezogener Informationen *akzeptiert* die IAS/IFRS-Rechnungslegungskonzeption ausdrücklich auch Schätzungen, die die Verlässlichkeit der vermittelten Informationen nach Ansicht des IASB nicht beeinträchtigen (vgl. F.86, IAS 8.33). Ein *grundsätzlicher* Konflikt mit den Erfordernissen kapitalschutzbedachter Rechnungslegung resultiert daraus freilich zunächst nicht. Tatsächlich ist jede Abschlusserstellung unweigerlich mit Schätzungsvorgängen verbunden, wie die Bewertung Not leidender Forderungen, die Taxierung der Nutzungsdauer abnutzbarer Vermögensgegenstände[504] sowie die Dotierung von Rückstellungen[505] belegen. Obgleich die Schätzung somit (notgedrungen) *gebilligtes* Instrument handelsrechtlicher Rechnungslegung ist, unterliegt sie engen systemprägenden Restriktionen. Auf der Grundlage des Handelsrechts haben Schätzungen danach weniger prognostischen *Bezug*, sondern werden lediglich in Kauf zu genommen, um aktuelle Sachverhaltsungewissheiten zu überwinden. Die IAS/IFRS-Rechnungslegung erstreckt Schätzungen hingegen auch auf Sachverhalte, hinsichtlich derer eine Objektivierungseinbuße nicht mit Vorsichtserwägungen, sondern allein mit Blick auf die Prognoseorientiertheit des IAS/IFRS-Abschlusses zu rechtfertigen ist. Sofern dem IAS/IFRS-Abschluss daher zusätzlich Ausschüttungsbemessungswirkung zukäme, wäre neben einer Zunahme der jahresabschlusspolitischen Gestaltungsmöglichkeiten auch eine allgemeine Risikoverschiebung zum Nachteil der Unternehmensgläubiger zu befürchten.

Der systematisch dem „reliability-Kriterium" zugeordnete Grundsatz der Vorsicht (prudence) vermag diese Gefahr nicht nachhaltig zu verringern[506]. Zwar

---

503 Vgl. *ADS International*, Konzeptionelle Grundlagen, Rn. 70.

504 Siehe MüKo-AktG/*Tiedchen*, § 253 Rn. 46; vgl. ferner *Kirsch*, BB 2003, 1111; *von Keitz*, DB 2003, 1801, 1802.

505 *Kleindiek*, ZGR 1998, 466, 485; BFH BStBl. II 2001, 311, 314 (zur „betriebsgewöhnlichen Nutzungsdauer i.S.v. § 7 Abs. 1 Satz 2 EStG); zur Rückstellungsbildung MüKo-AktG/*Hennrichs*, § 249 Rn. 37; *Schulze-Osterloh*, BB 2003, 351, 352; vgl. auch EuGH DB 2003, 181, 185, Tz. 105 ff. („BIAO"). Mit Recht weist *Ballwieser* (in: Beck'sches HdR, B 105, Rn. 47) darauf hin, dass die in Bezug auf die Rückstellungsdotierung geringe Objektivierungsqualität der handelsrechtlichen Rechnungslegung „in der Natur der Sache liegt, wenn man unsichere Objekte erfassen will". Zum Einfluss von Schätzungen auf die handelsrechtliche Rechnungslegung vgl. auch *Hoffmann*, StuB 2000, 822, 826 f.

506 Das Vorsichtsprinzip stellt sich in dieser Ausprägung eher als methodische Vorgabe zur Erstellung eines Abschlusses, denn als ein das Gesamtsystem beeinflussender

verlangt Par. 37 des Frameworks, dass mit Sachverhaltsungewissheiten behaftete Ermessensentscheidungen ein gewisses Maß an Vorsicht erkennen lassen[507], um der Gefahr eines euphemistischen Vermögens- und Ertragsausweises zu begegnen[508]. Tatsächlich zielen die IAS/IFRS allerdings keineswegs auf eine vorsichtsbedachte Bilanzierung. Sie fordern vielmehr eine möglichst sachgerechte und *neutrale* Abbildung der wirtschaftlichen Lage eines Unternehmens ein[509]. Der Gesichtspunkt vorsichtiger Bilanzierung ist daher im Vergleich zum Handelsrecht insgesamt schwächer ausgeprägt[510].

Tatsächlich ist die auf Neutralität bedachte Perspektive der IAS/IFRS-Rechnungslegung vor dem Hintergrund ihrer Kapitalmarktorientierung folgerichtig. Namentlich wirkt sich *jede* Abweichung der abgebildeten wirtschaftlichen Lage von den tatsächlichen Verhältnissen *gleichermaßen negativ* (vg. IAS 1.17) auf die Kapitalmarkttauglichkeit der IAS/IFRS aus[511]. Eine unzutreffende Abbildung der wirtschaftlichen Verhältnisse eines Unternehmens kann insbesondere dafür verantwortlich sein, dass Anteile „zu billig" abgegeben werden oder anvisierte Anteilserwerbe nicht vollzogen werden. Insoweit scheint

---

Grundsatz dar (*Wollmert/Achleitner*, WPg 1997, 245, 248). Zudem ist der Grundsatz der Vorsicht als dem Prinzip der Verlässlichkeit dienendes Sekundärprinzip zugleich der Maxime der periodengerechten Erfolgsvermittlung verpflichtet (vgl. *dieselben*, a.a.O., S. 246; *Pellens*, S. 441; *Wulf*, S. 112).

507 Dazu *Hommelhoff*, in: Staub: Großkommentar zum HGB, Anh. § 292a Rn. 29: „Vorsicht in den IAS meint lediglich ein erhöhtes Maß an Sorgfalt im 'Umgang mit dem Ungewissen' (...)"; ferner *Lorchheim*, RIW 1997, 124, 129.

508 Umstritten ist zudem, ob die Bedeutung des Grundsatzes der Vorsicht auf Bewertungsfragen beschränkt ist (so *Wollmert/Achleitner*, WPg 1997, 245, 248). Dagegen lässt sich anführen, dass F.37 allgemein auf die Abschlusserstellung Bezug nimmt. Ansatz- und Bewertungsfragen unterliegen zudem häufig gleichartigen Unsicherheiten, die folgerichtig nach übereinstimmenden Kriterien aufzulösen sind (im Ergebnis ebenso *ADS International*, Konzeptionelle Grundlagen, Rn. 78; wohl auch *Lorchheim*, RIW 1997, 124, 130).

509 *ADS International*, Konzeptionelle Grundlagen, Rn. 252; *Oestreicher/Spengel*, RIW 2001, 889, 893. Das Framework lässt allerdings offen, welches Maß an Vorsicht zur Anwendung zu bringen ist. Tatsächlich wäre aber jede Benennung von Wahrscheinlichkeitsziffern mit Scheinobjektivierungseffekten verbunden (vgl. *Ernst*, WPg 2001, 1440, 1444; siehe auch *Ballwieser*, in: Beck`sches HdR, B 105, Rn. 13; *Kleindiek*, in: Staub: Großkommentar zum HGB, § 249 Rn. 28 [mit Blick auf die Notwendigkeit einer 51 %-igen Wahscheinlichkeit einer Vermögensbelastung im Rahmen der Rückstellungsbildung]; ferner *Kley*, DB 2001, 2257, 2259). Das Framework verzichtet daher aus nachvollziehbaren Gründen auf eine derartige „Augenwischerei".

510 *Baetge/Thiele*, in: Festschr. für Beisse, 1997, S. 11, 20; *Pellens*, S. 440; *Wagenhofer*, S. 86; vgl. auch *Ballwieser*, in: Baetge/Kirsch/Thiele, § 264 Rn. 537.

511 Bezeichnend ist insoweit, dass aus einer Bandbreite möglicher Werte nicht der Vorsichtigste, sondern der Wahrscheinlichste anzusetzen ist (vgl. IAS 37.36 ff.).

das Bemühen um einen neutralen Standpunkt nicht nur verständlich, sondern sogar unerlässlich, um hinreichende *Wiedergabetreue* zu gewährleisten.

Die eigentliche Risikoverschiebung liegt indes schon darin begründet, dass unter Zurückdrängung objektivierungsfähiger Bilanzierungsmethoden schlechterdings *weitumfänglich* auf Schätzungen zurückzugreifen ist[512]. Die Beachtung des Gesichtspunkts vorsichtiger Bilanzierung wird damit wesentlich in den Verantwortungsbereich des Abschlusserstellers verlagert, während tragende handelsrechtliche Bilanzierungsvorschriften bestehende Sachverhaltsunsicherheiten durch den Ausschluss jeden Ermessens von vornherein aus der Abschlusserstellung heraushalten (vgl. insbes. § 248 Abs. 2 HGB, § 253 Abs. 1 Satz 1 HGB hinsichtlich eines die fortgeführten Anschaffungs- und Herstellungskosten übersteigenden beizulegenden Zeitwerts).

Die gesteigerte Eigenverantwortlichkeit des Abschlusserstellers exemplifiziert zudem die in IAS 1.17 verankerte Abweichungsbefugnis von Einzelstandards. Diese Regelung verkörpert in Abgrenzung zum handelsrechtlichen true and fair view-Gebot den grundsätzlichen *Vorrang des Einblicksgebots*[513], wenngleich er-

---

512 Vgl. *Oestreicher/Spengel*, RIW 2001, 889, 893; ferner *von Keitz*, DB 2003, 1801, 1802.

513 Dazu *Ballwieser*, in: Baetge/Kirsch/Thiele, § 264 Rn. 522. Diese Divergenz zum Handelsrecht besteht dabei losgelöst von der Frage, ob man der Abkopplungsthese folgt (befürwortend namentlich *Moxter*, AG 1979, 141, 145; ferner *Beisse*, in: Festschr. für Beusch, 1993, S. 77, 90 f.; *Knobbe-Keuk*, S. 44; mit Recht a.A. *Hennrichs*, ZGR 1997, 66, 78 ff.; *derselbe*, S. 137 ff.; *Schulze-Osterloh*, in: Baumbach/Hueck, GmbHG, § 42 Rn. 27), da der Einfluss des true an fair view-Gebots nicht dazu berechtigt, Einzelnormen unangewendet zu lassen (*Kleindiek*, ZGR 1998, 466, 483 f.; vgl. ferner *Hense/Schellhorn*, in: Beck`scher BilKomm, § 264 Rn. 25; a.A. namentlich *Weber-Grellet*, DB 1996, 2089, 2090; wohl auch *Budde/Steuber*, AG 1996, 542, 544 f.; *Claussen/Korth*, in: Kölner Kommentar zum AktG, § 264 Rn. 25, 33, 36 ff., *Leffson*, S. 105; de lege ferenda befürwortend *Sprissler*, in: IDW (Hrsg.), Kapitalmarktorientierte Unternehmensüberwachung, 2001, S. 85, 95 ff.). Das true and fair view-Gebot strahlt danach zwar auf die Auslegung von Einzelbestimmungen des Handelsbilanzrechts ein (*Großfeld*, Rn. 64; *Hennrichs*, S. 133 f., 143 f.; dies auch konzedierend *Moxter*, AG 1979, 141, 143), ohne aber ihren Sinngehalt verkehren zu können. Das handelsrechtliche true and fair view-Gebot ist folglich *nicht vorbehaltlos*, d.h. ohne Rücksicht auf die Einzelnormen durchzusetzen. Es schafft in Kollisionsfällen lediglich – aber immerhin – ein Gegengewicht zu den allgemeinen, in § 252 Abs. 1 HGB (Art. 31 Abs. 1 BiRiLi) verankerten Bilanzierungsgrundsätzen (*Hennrichs*, S. 302 f.; vgl. auch EuGH ZIP 1996, 1168, 1169, Tz. 18). Während das Handelsrecht das true and fair view-Gebot und die Einzelvorschriften mithin in einen *wechselseitigen* Wertungs- und Auslegungszusammenhang einbindet (*Großfeld*, Rn. 64; *Hennrichs*, S. 143), verlangt die IAS/IFRS-Rechnungslegungskonzeption seine *uneingeschränkte* Verwirklichung.

sichtlich ist, dass IAS 1.17 nur unter engen Voraussetzungen zur Anwendung gelangen *soll*[514]. Ohne Rücksicht auf die weitreichenden Angabenerfordernisse[515] lässt sich indes kaum bestreiten, dass die Abweichungsbefugnis den Abschluss für standardfremde Einflüsse *zugänglich* macht[516]. Das IASB *vertraut* daher gewissermaßen auf eine sachgerechte und „faire" Befolgung seiner Bilanzierungsregeln (professional judgement)[517]. Die starke Orientierung am Leitbild der neutralen Abschlusserstellung ignoriert freilich, dass das Management bei der Abschlusserstellung auch in eigenen Angelegenheiten tätig wird (vgl. F.14)[518] und schon insofern nicht als vollkommen unbefangen gelten kann[519]. Handgreiflich ist dies, wenn die Unternehmensleitung durch aktienkursbasierte Entlohnungssysteme auf eine uneingeschränkte Förderung des shareholder value ausgerichtet ist[520].

Ungeachtet der Regelungsdichte der IAS/IFRS, die diejenige des Handelsrechts deutlich übersteigt, erscheint das „Bilanzierungskorsett" der geltenden

---

514 Siehe F.46; zutr. daher *ADS International*, Konzeptionelle Grundlagen, Rn. 108 ff.; *Wagenhofer*, S. 93, der ein „overriding" nur dann als zulässig erachtet, wenn der „anwendbare IAS offensichtlich ungeeignet ist und eine faire Darstellung unmöglich macht."; ferner *Achleitner/Behr*, S. 91 („in den ganz seltenen Fällen"). Nach in der Literatur vertretener Ansicht soll insbesondere ein Abweichen von IAS 18.30 lit. (c) in Betracht kommen, der einer „phasengleichen" Dividendenaktivierung entgegen steht, vgl. *Ordelheide/Böckem*, in: IAS/IFRS Kommentar, IAS 18 Tz. 94 m.w.N. sowie Kap. 5 C. 4. b (2).

515 Vgl. IAS 1.18 lit. (a) - (d).

516 Jüngst *Tanski*, DStR 2004, 1843 f.; *Arbeitsgruppe Normierung der Rechnungslegung*, BB 2002, 2595, 2597 (zu DRSC, E-Rahmenkonzept, Tz. 16); ferner *Pellens*, S. 441; *Wollmert/Achleitner*, WPg 1997, 209, 213; vgl. auch *Gross*, in: Festschr. für Ludewig, 1996, S. 333, 349 f.; zur Haltung des IASB siehe auch F.34, wonach das Risiko fehlerhafter Finanzinformationen gerade nicht auf „verzerrende Einflüsse (der Abschlussersteller)" zurückzuführen sei.

517 Zutreffende Bewertung des „professional judgement" bei *Schildbach*, BFuP 2002, 263, 264.

518 *Baetge/Thiele*, in: Festschr. für Beisse, 1997, S. 11, 14; vgl. auch *Baetge/Zülch*, BFuP 2001, 543, 558; *Hommel*, ZfbF 1997, 345, 350; mit Blick auf die EG-Bilanzrichtlinie auch *Hennrichs*, S. 95.

519 Zutreffend *Euler*, BB 2002, 875, 879: „Die Rechnungslegenden haben ein massives Interesse am Ergebnis, so dass damit gerechnet werden muss, dass alle vagen Aktivierungs, Passivierungs- und Bewertungsnormen konsequent genutzt werden, um Bilanzpolitik zu betreiben."; *Freidank*, in: Lachnit/Freidank (Hrsg.), Investororientierte Unternehmenspublizität, 2000, S. 3, 16; *Hoffmann/Lüdenbach*, DStR 2002, 871, 877; siehe auch *Kessler*, DB 1997, 1, 3, 5; etwas zurückhaltender *Müller/Wulf*, BB 2001, 2206, 2213.

520 *Hoffmann/Lüdenbach*, StuB 2002, 541, 542 f.; vgl. auch *Hüttche*, RIW 1996, 1018, 1024; äußerst kritisch zu diesem Gesichtspunkt auch *Dries*, FAZ vom 27. 06. 2002, Nr. 146, S. 15.

IAS/IFRS-Standards daher gleichwohl *durchlässiger*, sodass letztlich auch eine getreue Erfüllung der Informationsfunktion nicht gesichert ist. Die mithin zu verzeichnende „Entobjektivierung" der Rechnungslegung konfligiert zudem mit der *Schutzfunktion*, die dem Rechnungslegungsrecht de lege lata zukommt. Entobjektivierter Interessenschutz ist schlechterdings nicht vorstellbar[521], da eine zweckentsprechende Befolgung von Bilanzierungsnormen allein durch unnachgiebige Tatbestandsmerkmale erreichbar ist (vgl. Kap. 4 D. 3.)[522].

Vor diesem Hintergrund stünde der gesellschaftsrechtlichen Kapitalschutzkonzeption namentlich in Gestalt des Frameworks keine tragfähige Grundlage zur Verfügung.

C. Analyse ausgesuchter IAS/IFRS

Freilich muss im Rahmen dieser Arbeit angesichts der zu verzeichnenden Regelungsdichte auf eine vollständige Betrachtung sämtlicher IAS/IFRS-Einzelregelungen verzichtet werden, sodass insbesondere solche Regelungen einer näheren Untersuchung unterzogen werden sollen, die mit wesentlichen, die Gläubigerschutzorientierung des HGB-Einzelabschlusses unterstreichenden Normen korrelieren. Ein besonderes Augenmerk soll daher auf die IAS/IFRS-Aktivierungs- und Gewinnrealisationsregeln gerichtet werden[523].

I. Aktivierungskonzeption als Grundgerüst der Gewinnermittlung

Als prioritärer Ansatzpunkt für die Analyse der Kapitalschutzkompatibilität der IAS/IFRS-Rechnungslegung ist deren Aktivierungskonzeption heranzuziehen. Insbesondere steuern die Vorschriften über den Ansatz von Vermögensgegenständen handelsrechtlich zugleich die Gewinnrealisierung und damit die für das gesellschaftsrechtliche Kapitalschutzkonzept maßgebliche bilanzielle Bezugsgröße (Kap. 4 A.).

---

521 In diese Richtung auch *Kessler*, DB 1997, 1, 7; vgl. auch *Ballwieser*, in: Beck`sches HdR, B 105, Rn. 42; *Moxter*, in: HdWW: Bilanztheorien, S. 670, 677.

522 Dies belegt, dass das IASB nicht den Anspruch verfolgt, Schutzregeln zu konzipieren. Selbst die intendierte Information des Kapitalmarkts ist mithin nicht als Instrument des Aktionärsschutzes angelegt.

523 Die Konzentration auf die Aktivseite der Bilanz rechtfertigt sich insbesondere mit Blick auf die an Bedeutung gewinnende unternehmenswertsteigernde Informationspolitik, in deren Zentrum insbesondere Aktivierungsentscheidungen gerückt werden (vgl. Einleitung, C.).

Aus diesem Blickwinkel besehen lässt die IAS/IFRS-Rechnungslegungskonzeption keine *grundsätzlichen* Abweichungen zum Handelsbilanzrecht erkennen. Vermögenswerte, Schulden und das Eigenkapital bilden in (notwendiger) Parallelität zur handelsrechtlichen Rechnungslegung das Grundgerüst der IAS/IFRS-Bilanz (F.49). Ertragsrealisation und Aufwandserfassung sind in Übereinstimmung mit dem Handelsbilanzrecht an die Zunahme sowie die Abnahme von Vermögenswerten und Schulden gekoppelt (F.92, .94)[524]. In methodischer Hinsicht entsprechen sich somit Handelsbilanzrecht und IAS/IFRS-Rechnungslegung, da sich das Jahresergebnis jeweils durch periodischen (Betriebs-)Vermögensvergleich und somit durch die Gegenüberstellung des bilanziellen Reinvermögens am Beginn und am Ende des Geschäftsjahres ergibt[525]. Ein die Grundfeste des Gewinnermittlungssystems berührender Paradigmenwechsel droht insofern folglich nicht. So betrachtet stünde dem durch die 2. gesellschaftsrechtliche Richtlinie implementierten Kapitalschutzsystem daher eine *systemadäquate* bilanzielle Bezugsbasis zur Verfügung.

2. *Ausgestaltung der Aktivierungskonzeption*

Das Kapitalschutzsystem berührende Unterschiede könnten freilich aus der Definition dessen erwachsen, über das Rechnung zu legen ist. Vor diesem Hintergrund kommt der Frage besondere Bedeutung zu, welche Sachverhalte als Vermögensbestandteil definiert und in die Gewinnermittlungskonzeption einbezogen werden[526]. Namentlich würde die Bezugnahme auf einen im Vergleich zum Handelsbilanzrecht weiteren Vermögensbegriff (entsprechend auf einen engeren Schuldenbegriff) mittelbar auf das gesellschaftsrechtliche Kapitalschutzsystem einstrahlen. Der Focus soll daher insbesondere auf die spezifischen Aktivierungsvoraussetzungen der IAS/IFRS-Konzeption gerichtet werden.

Die *Leitlinien* für den Inhalt von IAS/IFRS-Abschlüssen steckt insoweit bereits das Framework ab, indem es allgemeine (abstrakte) Defintionskriterien für aktivisch zu berücksichtigende Sachverhalte festlegt (F.49 lit. [a]), die durch konkrete Ansatzkriterien (F.89 f.) ergänzt werden[527]. Die insoweit durch das Framework vorgegebene Grundausrichtung erfüllt indes lediglich eine Komplementärfunktion, da die Erfassung von Vermögenswerten vorrangig durch die Einzelstandards gesteuert wird (z.B. IAS 2, 16, 38, 40).

---

524 Vgl. MüKo-AktG/*Hennrichs*, § 246 Rn. 41, 18.

525 Zutr. *Streim/Esser*, StuB 2003, 736, 737 („[...]wird klar, dass die Gewinnkonzeptionen von der grundsätzlichen Vorgehensweise her übereinstimmen [...]"); vgl. *Hoffmann*, DStR 2000, 15.

526 Vgl. *Schildbach*, BB 1995, 2635, 2636.

527 Vgl. etwa *Streim/Esser*, StuB 2003, 736, 738.

Das im Framework angelegte zweistufige Aktivierungskonzept zum Ansatz von Vermögenswerten findet allerdings in den Einzelstandards eine grundsätzliche Entsprechung[528].

Allgemein definiert das Framework den asset-Begriff als „eine in der Verfügungsmacht des Unternehmens stehende Ressource, die ein Ergebnis von Ereignissen der Vergangenheit darstellt, und von der erwartet werden kann, dass dem Unternehmen aus ihr künftiger wirtschaftlicher Nutzen zufließt" (F.49 lit. [a]). Das IASB orientiert sich insoweit merklich an betriebswirtschaftlichen Vorstellungen zum Vermögensbegriff[529], die sich im Wesentlichen auf die Frage verengen lassen, ob ein Sachverhalt geeignet scheint, direkt oder indirekt zum Zufluss von Zahlungsmitteln beizutragen (F.53). Die Fähigkeit zur Entwicklung des relevanten Nutzenstroms ist freilich auch nach Vorstellung des IASB in einer Ressource gebunden (F.53), welche die bilanziell zu erfassende (positive) Vermögenskomponente bildet. Indes dient die Aktivierung allein der bilanziellen Vorwegnahme von Zahlungsströmen[530]. Maßgeblich sind daher an sich nicht die gegenwärtigen Eigenschaften eines Vermögenswerts, sondern seine künftigen Auswirkungen[531]. Durch die enge Anlehnung an „ökonomische Vermögensdefinitionen" weist die IAS/IFRS-Rechnungslegung zugleich klare Bezüge zur sog. „dynamischen Bilanztheorie" auf[532] und grenzt sich mithin unzweideutig von der Handelsbilanz ab, die *eher* als stichtagsbezogene statische Vermögensbetrachtung (vgl. Kap. D. 2) angelegt ist[533].

---

528 *Wollmert/Achleitner*, WPg 1997, 209, 215. Die allgemeinen Aktivierungsvoraussetzungen des Frameworks werden freilich teilweise ergänzt oder konkretisiert (siehe *ADS International*, Konzeptionelle Grundlagen, Rn. 144).

529 Dazu *Hoffmann*, DStR 2000, 15, 16; *Schildbach*, BB 1995, 2635, 2636.

530 Die Aktivierung einer Ressource erfolgt allein mit Bedacht auf das von ihr repräsentierte Nutzenzuflusspotential. Bilanziell abgebildet wird gleichwohl die Ressource, nicht hingegen der erwartete Nutzenstrom (vgl. beispielsweise IAS 38.19 [1998] [siehe jetzt IAS 38.21], wonach „ein immaterieller Vermögenswert [...] anzusetzen [ist]..."). Die Ressource erfüllt insoweit gewissermaßen eine „Platzhalterfunktion" für den erwarteten Nutzenstrom. Auch das Framework bezieht dazu unzweideutig Stellung: „Informationen über die in der Verfügungsmacht des Unternehmens stehenden wirtschaftlichen Ressourcen und seine Fähigkeit in der Vergangenheit, den Ressourcenbestand zu ändern, *sind nützlich, um* die Fähigkeit des Unternehmens *zur zukünftigen Erwirtschaftung von Zahlungsmitteln* und Zahlungsmitteläquivalenten *zu prognostizieren*" (F.16 Satz 2, Hervorh. d. d. Verf.).

531 *Wollmert/Achleitner*, WPg 1997, 209, 215.

532 Vgl. *von Keitz*, S. 187; *Lutz*, in: IDW (Hrsg.), Neuorientierung der Rechnungslegung, 1995, S. 81, 97 f.; *Schruff*, BFuP 1993, 400, 414 f.; *Wulf*, S. 117; a.A. *Hommel*, ZfbF 1997, 345, 352.

533 Vgl. etwa *Hennrichs*, S. 145. Zuzugestehen ist freilich, dass die handelsrechtliche Rechnungslegung auch „dynamische Anleihen" aufweist (vgl. z.B. § 249 Abs. 2 HGB; zum Konzept der EG-Bilanzrichtlinie *Hennrichs*, S. 146). Allgemein gilt je-

Losgelöst von der bilanztheoretischen Fundierung der IAS/IFRS-Aktivierungskonzeption droht indes nur dann eine kapitalschutzrelevante Verschiebung innerhalb der bilanzrechtlichen Interessenregelung zwischen Gläubigern und Unternehmenseignern, wenn die IAS/IFRS im Vergleich zum Handelbilanzrecht (rechtspraktisch wirkende) niedrigere Aktivierungshürden installieren oder ein Objektivierungsdefizit aufweisen.

a) Identifizierbarkeit

(1) Das Kriterium der Identifizierbarkeit nach IAS/IFRS

Grundlegendes Merkmal aktivierungsfähiger Vermögenskomponenten ist deren Abgrenzbarkeit (Separierbarkeit) vom Geschäfts- oder Firmenwert[534]. Besondere Beachtung verdient dabei der Umstand, dass die Übertragbarkeit der betrachteten Ressource auf andere Rechtsträger vom IASB zwar als hinreichende[535], nicht aber als notwendige Voraussetzung für die Annahme genügender Abgrenzbarkeit angesehen wird (vgl. IAS 38.12 lit. [a])[536]. Insbesondere gilt auch ein Vermögenswert, der allein im Verbund mit anderen Vermögenswerten geeignet ist, Nutzen zu erzeugen, als identifizierbar, sofern der Anwender den Nutzen „aus dem

---

doch, dass der deutsche Gesetzgeber nicht beabsichtigte, eine (vorgefertigte) Bilanztheorie in Gesetzesform zu gießen. Vielmehr bedeutet Bilanzrecht stets unmittelbare Regelung auch divergierender Interessen, weswegen der Gesetzgeber *ohne Rücksicht auf bilanztheoretische Hintergründe* allein um eine sach- und interessengerechte Lösung bilanzrechtlicher Fragen bemüht war (*Hennrichs*, S. 82). Ungeachtet dessen erlangen die „dynamischen Elemente" der daraus erwachsenen Gesamtkodifikation kein systemprägendes Gewicht.

534 Eine schneidige Abspaltung der selbständig erfassbaren Vermögenswerte vom Goodwill ist systematisch unerlässlich, da der originäre Goodwill gemäß IAS 38.48 explizit von einer Aktivierung ausgeschlossen ist. Im Übrigen lässt sich einer Ressource ein konkreter wirtschaftlicher Nutzenstrom nicht zuordnen, wenn sie im Goodwill aufgeht. Angesichts der besonderen Schwierigkeiten, die mit der bilanziellen Abbildung immaterieller Vermögenswerte verbunden sind, erteilt IAS 38 diesbezüglich detailliertere Handlungsanweisungen (vgl. Par. 10 ff., näher auch Kap. 5 C. 3.).

535 Vgl. IAS 38.11 Satz 2 (1998): „Von einer Separierbarkeit des Vermögenswertes wird ausgegangen (...)".

536 Vergegenwärtigt man sich, dass die Werthaltigkeit eines Vermögenswerts – die bilanziell gerade zum Ausdruck gebracht werden soll (vgl. *Hommel* [ZfbF 1997, 345, 352], der zudem mit Recht betont, dass das Merkmal des zukünftigen Nutzens auch das zentrale Vermögensgegenstandskriterium bilden muss) – seine rechtsgeschäftliche Übertragbarkeit nicht voraussetzt, belegt dies insbesondere vor dem Hintergrund der Zielsetzungen der IAS/IFRS-Rechnungslegung zugleich die Unbrauchbarkeit dieses Kriteriums.

Vermögenswert identifizieren kann“ (IAS 38.12 Satz 5 [1998]). Da das ohnehin wenig trennscharfe Kriterium der Separierbarkeit mithin kein unverzichtbares Merkmal eines identifizierbaren Vermögenswerts bildet, bleibt das Kriterium der Abgrenzbarkeit weithin *unausgefüllt*. Seine Ausschließungskraft reduziert sich namentlich auf solche Posten, die keinen wirtschaftlichen Nutzenzufluss in Aussicht stellen (vgl. IAS 38.12 Satz 5 a.E. [1998])[537].

Als uneingeschränkte Abgrenzbarkeitsprämisse verbleibt daher allein das Erfordernis eines *eigenständigen „Nutzen(beitrag)potentials“*. Mit Rücksicht auf die insoweit unausweichliche *perspektivische Betrachtung*[538] sticht die Gefahr einer unkontrollierbaren Anwendung durch den Bilanzersteller deutlich hervor. Insbesondere dürfte der Bilanzersteller (naturgemäß) außer Stande sein, eine *sichere Vorhersage* über die künftige „Cashflow-Fähigkeit“ eines Vermögenswerts zu treffen, da er seine Beurteilung notgedrungen auf – subjektiv gefärbte – Annahmen und Prognosen stützen muss. Unter Objektivierungsgesichtspunkten vermag das Identifizierbarkeitskriterium folglich (an sich) nicht zu überzeugen[539].

(2) Der Wirtschaftsguts-/Vermögensgegenstandsbegriff des BFH

Spannt man den Bogen zur handelsrechtlichen Rechnungslegung, lässt sich zunächst feststellen, dass auch die GoB nicht explizit bestimmen, wann die erforderliche Abgrenzbarkeit eines Vermögensgegenstands gegeben ist. Begreift man die selbständige Verwertbarkeit zudem im Einklang mit der finanzgerichtlichen Rechtsprechung zum Wirtschaftsgutsbegriff nicht als Wesensmerkmal des Vermögensgegenstandsbegriffs – lässt man vielmehr eine Übertragbarkeit im Zusammenhang mit dem Unternehmen genügen[540] –, werden Parallelen zur Aktivie-

537 Ein zusätzliche Schwierigkeit resultiert freilich daraus, dass einem Vermögenswert, der lediglich im Zusammenwirken mit anderen Vermögenswerten Nutzen erzeugt, ein konkreter (isolierbarer) Nutzenstrom kaum zugeordnet werden kann. Die interdependente Beziehung der Vermögenswerte führt dazu, dass jedenfalls der Umfang eines singulären „Nutzenimpulses“ nicht zu ermitteln ist, vgl. *Euler*, BB 2001, 2631, 2633.

538 Dies belegt zugleich, dass die IAS/IFRS-Rechnungslegung zum Zwecke der Approximation künftiger Cashflow-Beiträge nicht nur Informationen über aktuell erfassbaren Zustände nutzt, sondern weitumfänglich auf Absichten, Annahmen, Prognosen und Schätzungen abstellt (vgl. *Euler*, BB 2002, 875, 877).

539 Mit diesem Tenor etwa *Löhr*, StuB 2003, 643, 648.

540 Zuletzt eingehend zum Wirtschaftsguts- bzw. Vermögensgegenstandsbegriff BFH (GrS) DStR 2000, 1682, 1684; ferner BFH BStBl. II 1992, 383, 384; aus der Literatur im Wesentlichen gleicher Ansicht etwa MüKo-AktG/*Hennrichs*, § 246 Rn. 23 ff.; siehe auch *Zeitler*, DB 2003, 1529, 1531; dezidiert a.A. beispielsweise *ADS*,

rungskonzeption der IAS/IFRS deutlich. Bereits die vom BFH vorgenommene Einbeziehung tatsächlicher Zustände und konkreter Möglichkeiten, „d.h. sämtliche(r) Vorteile für den Betrieb, deren Erlangung sich der Kaufmann etwas kosten lässt“[541], deutet eine gewisse Nähe zum Begriff der Ressource an.

Nach der Rechtsprechung des BFH erfährt der Vermögensgegenstands-/Wirtschaftsgutsbegriff allerdings dadurch eine (weitere) Eingrenzung, dass der Geschäftsverkehr dem jeweiligen Vorteil einen *selbständigen Wert* beimessen muss[542]. Im Rahmen der insoweit erforderlichen Betrachtung bedient sich der BFH eines „Kunstgriffs“, indem er die selbständige Bewertbarkeit in Anlehnung an die Teilwertdefinition des § 6 Abs. 1 Nr. 1 Satz 3 EStG bestimmt[543]. Entscheidend ist danach, ob ein *gedachter Erwerber* des gesamten Unternehmens in dem betrachteten Posten einen greifbaren, gegenüber dem Geschäftswert abgrenzbaren Einzelwert erkennen würde, der ihm Anlass gäbe, diesen bei der Gesamtkaufpreisbemessung gesondert zu berücksichtigen[544]. Der betrachtete Wert müsse daher „als Einzelheit ins Gewicht fallen“[545].

---

§ 246 Rn. 26; *von Keitz*, S. 31 f.; *Kleindiek*, in: Staub: Großkommentar zum HGB, § 246 Rn. 5 (selbständige Verwertbarkeit); *Löhr*, StuB 2003, 643, 647; noch enger z.B. *Schulze-Osterloh*, in: Baumbach/Hueck, GmbHG, § 42 Rn 70 (Vermögensgegenstand muss Gegenstand der Einzelvollstreckung sein können). Ungeachtet der Streitbefangenheit des Vermögensgegenstandsbegriffs kann die selbständige Verwertbarkeit als Ausfluss einer „zerschlagungstheoretischen“ Sichtweise keine Anerkennung finden. Namentlich die nicht nur Bewertungs-, sondern auch Ansatzfragen überlagernde going concern-Prämisse (vgl. Kap. 5 B. 2.) steht einer an Liquidationsgesichtspunkten orientierten Auslegung entgegen (MüKo-HGB/*Hennrichs*, § 246 Rn. 23). Bestätigung findet diese Ansicht auch in rechtspraktischen Bilanzierungsfragen. Wäre die selbständige Übertragbarkeit Voraussetzung für die Aktivierung eines Vermögensgegenstands, schlösse dies mitunter auch eindeutig werthaltige und selbständig bewertbare Posten von einer Aktivierung aus (vgl. BFH BStBl. II 1990, 15, 17; *Euler*, BB 2001, 2631, 2633 [Güterfernverkehrsgenehmigung]).

541 BFH (GrS) DStR 2000, 1682, 1684; ferner BFH BStBl. II 1975, 809, 810; 1978, 370, 371; 1990, 794, 795; aus der Literatur *Hommel*, ZfbF 1997, 345, 352 f. Den Verfechtern eines „engeren Vermögensgegenstandsbegriffs“ ist freilich zuzugeben, dass es jedenfalls dem Gesichtspunkt der *Rechtssicherheit* entspräche, an „schneidigere Kategorien” anzuknüpfen (insoweit zutr. *Moxter*, S. 11).

542 BFH BStBl. II 1987, 15, 17; 1990, 15, 17; 1990, 794, 795; 1991, 346, 347.

543 Dazu MüKo-AktG/*Hennrichs*, § 246 Rn. 21; ferner *ADS*, § 246 Rn. 25.

544 Z.B. BFH BStBl. II 1987, 14.

545 BFH (GrS) DStR 2000, 1682, 1684; BFH BStBl. II 1975, 809, 811; 1990, 15, 17; ferner *Hommel*, ZfbF 1997, 345, 353. Im Ergebnis sind die Begriffe Vermögenswert und Vermögensgegenstand nach der Rechtsprechung des Bundesfinanzhofs nicht deckungsgleich. Während sich ein Vermögensgegenstand durch seine Greifbarkeit auszeichnet, ist dieses Kriterium kein zwingendes Merkmal eines Vermögenswerts, vgl. BFH (GrS) DStR 2000, 1682, 1684; ferner BFH BStBl. II 1975, 809, 811: „Die Greifbarkeit erst erweist das Wirtschaftsgut (...)”. Die bilanziell erfassbaren Vermö-

Bei Lichte besehen beruht (auch) der skizzierte Teilwerttest auf einer bloßen Fiktion. Namentlich ist der Bilanzierende mit der in Bezug genommenen Situation aktuell nicht konfrontiert. Die Ansatzfrage kann daher gerade nicht auf Grundlage äußerlich erfassbarer Vorgänge[546] getroffen werden. Gegenständlich ist der Bilanzierende gehalten, sich in die Situation seines gedachten Vertragspartners zu versetzen, um aus dessen Blickwinkel zu beurteilen, ob der betrachtete Posten einen separaten Ausweis rechtfertigt – oder sich gewissermaßen im Geschäfts- oder Firmenwert verliert. Unbesehen der tatsächlichen Schwierigkeiten, die mit Fiktionen allgemein verbunden sind[547], ist überaus zweifelhaft, ob die dem Kaufmann abverlangte Beurteilung in der Rechtswirklichkeit von dessen (subjektiven) Erwartungen hinsichtlich der Werthaltigkeit des betrachteten Sachverhalts unberührt bleiben kann[548]. Ihm wird es insbesondere kaum möglich sein, seinen individuellen Erfahrungsschatz und Erwartungshorizont in Gänze auszublenden. Bei näherem Zusehen wird der Bilanzierende daher gewissermaßen in die Rolle des *Richters in eigenen Angelegenheiten* gedrängt, was grundlegenden Objektivierungsanforderungen des Handelsrechts zuwiderläuft.

(3) Konsequenzen für die Bewertung der IAS/IFRS-Aktivierungskonzeption

Mit Rücksicht auf die skizzierten Unzulänglichkeiten des von der h.M. mit Recht vertretenen Vermögensgegenstandsbegriffs wird man kaum zu dem Urteil gelangen können, dass die handelsrechtliche Aktivierungskonzeption derjenigen der IAS/IFRS-Rechnungslegung in objektivierungsrechtlicher Hinsicht erkennbar überlegen wäre. Namentlich vermag auch die handelsrechtliche Rechnungslegung die mit dem Greifbarkeits-/Identifizierbarkeitskriterium verbundenen Schwierigkeiten nur unvollkommen aufzulösen, sodass sie sich insoweit kaum positiv von der IAS/IFRS-Konzeption abhebt[549].

---

gensgegenstände eines Kaufmanns lassen sich daher als Teilmenge der ihm zuzurechnenden Vermögenswerte begreifen.

546 Nach Ansicht des GrS des BFH (DStR 2000, 1682, 1685) sollten Aktivierungsregelungen „im Interesse der Rechtssicherheit" (grundsätzlich) allein auf objektivierte, nachprüfbare und nach außen in Erscheinung tretende Merkmale zurückgreifen.

547 Vgl. dazu die Formulierung des GrS des BFH (DStR 2000, 1682, 1685): „Es ist aus *tatsächlichen Gründen schwer vorstellbar*, dass ein *fremder* Kaufmann sich schon am Bilanzstichtag den Erwerb der zivilrechtlich noch nicht entstandenen Forderung etwas kosten lassen würde" (Hervorh. d. d. Verf.).

548 Hat ein Kaufmann insbesondere Anstrengungen unternommen, um einen Vermögenswert herauszubilden, wird er ihm auch einen separaten Wert zuweisen wollen – sofern das Interesse an einer Ergebnisbelastung nicht überwiegt.

549 Mit Blick auf den Gesichtspunkt der Rechtssicherheit kritisch zum Wirtschaftsgutbegriff des BFH etwa *Thiel* (Rn. 353), der indes die mit den Wertungen des § 252

Auch de lege lata mündet die Betrachtung unweigerlich in der zentralen Fragestellung, ob der zu beurteilende Posten ein (selbständiges) Wertpotential verkörpert[550]. Zwar ist diese Entscheidung auf der Grundlage der vom BFH geprägten Auffassung nach Maßgabe der aktuellen Wertbeilegung durch einen *Dritten*, den fiktiven Unternehmenserwerber – der gewissermaßen als Neutralitätsinstanz fungiert –, zu treffen. Dieser würde seinem Urteil indes *seine Einschätzung* darüber zugrunde legen, inwieweit der betrachtete Sachverhalt ein Wertpotential repräsentiert, das nach dem Erwerb des Unternehmens, d.h. künftig, zur Erzielung von Einzahlungsüberschüssen nutzbar zu machen ist[551]. Bei Lichte besehen bezieht das Handelsbilanzrecht mithin eine mit der IAS/IFRS-Rechnungs-

---

Abs. 1 Nr. 2 HGB nicht in Einklang zu bringende Konsequenz zieht, dass die selbständige Verkehrsfähigkeit als zusätzliches Objektivierungskriterium erforderlich sei.

550 Ähnlich *Hommel*, ZfbF 1997, 345, 352 f.: „Sachen und Rechte bilden weder eine notwendige noch eine hinreichende Aktivierungsvoraussetzung. Aktivierungsfähig sind *vielmehr alle Vermögenswerte* und damit nach höchstrichterlicher Finanzrechtsprechung 'auch tatsächliche Zustände, konkrete Möglichkeiten und Vorteile für den Betrieb', wenn sie *einen zukünftigen Ertragswertbeitrag erwarten* und sich als Einzelheit hinreichend konkretisieren *lassen*" (Hervorh. d. d. Verf.). Die in der bilanzrechtlichen Literatur verbreitet vertretene Ansicht, die eine – wie auch immer verstandene (vgl. dazu *ADS*, § 246 Rn. 15 ff.) – selbständige Verkehrsfähigkeit des betrachteten Postens fordert, knüpft insoweit an *für die Werthaltigkeit* des Vermögenswerts *an sich irrelevante* Kriterien an (siehe auch *Hommel*, ZfbF 1997, 345, 352: „Die Aktivierung von Sachen und Rechten, die dem Unternehmen keinen wirtschaftlichen Vorteil [mehr] versprechen, führt auch im Rahmen einer statischen Bilanzierungsweise zu einem überhöhten Vermögens- und Gewinnausweis"). Auch die Verfechter eines engeren Vermögensgegenstandsbegriffs (vgl. *Tschesche*, S. 174 f.) müssen daher bekennen, dass „rein faktische Positionen nur dann einen Vermögensgegenstand (bilden), wenn sie offenkundig *werthaltig* sind" (Hervorh. d. d. Verf.). Dies veranschaulicht, dass letztlich die Werthaltigkeit der Einzelposition entscheidend ist. Die Übertragungsfähigkeit des Postens ist hingegen ein *sachfremdes* Kriterium.

551 Vgl. BFH BStBl. II 1990, 15, 17 („Auch der Kläger führt aus, daß [...] die Bewertung der Konzession von einer *Bezifferung der Gewinnchancen* und damit von den *Möglichkeiten* einer Armortisation des für die Konzession gezahlten Kaufpreises abhängt. Diese *Gewinnchancen* können (...) der Konzession zugeordnet werden, die somit nicht lediglich ein geschäftswertbildender Faktor ist." (Hervorh. d. d. Verf.). Eine entsprechende Sichtweise kommt zum Ausdruck, wenn der BFH die Annahme eines Wirtschaftsguts davon abhängig machen will, „ob am Bilanzstichtag ein wirtschaftlich *ausnutzbarer* Vermögensvorteil vorliegt, der als *realisierbarer Vermögenswert* angesehen werden kann (BFH BStBl. II 1987, 14, Hervorh. d. d. Verf.). Systematisch konsequent beansprucht diese Perspektive auch im Rahmen des § 255 Abs. 2 Satz 1 HGB Geltung. Mit Recht stellt der BFH (BStBl. II 1996, 632, 635) somit heraus, dass eine wesentliche Verbesserung dann anzunehmen ist, wenn durch sie „für die Zukunft ein höheres 'Nutzungspotential' (erschlossen wird)".

legungskonzeption durchaus vergleichbare Perspektive. Die Zukunft betreffende und daher unsichere Erwartungen bilden *hier wie dort* die Grundlage der Ansatzentscheidung[552].

Als Beleg für dieses Verständnis lässt sich trefflich auf den Geschäfts- oder Firmenwert verweisen, der nach zutreffender Ansicht als immaterieller Vermögensgegenstand zu gelten hat[553]. Denn ungeachtet seiner Rechtsnatur bildet ein positiver Geschäfts- oder Firmenwert stets künftige *Ertragserwartungen* ab[554]. Dadurch dass der Geschäfts- oder Firmenwert in seiner durch einen Unternehmenserwerb objektivierten Gestalt ansatzfähig – oder sogar ansatzpflichtig[555] – ist, wird mithin ersichtlich, dass auch die handelsrechtliche Aktivierungskonzeption wesentlich auf die Erfassung von Wertpotentialen abzielt.

In objektivierungsrechtlicher Perspektive ergibt sich eine Überlegenheit des Handelsbilanzrechts zudem nicht daraus, dass die erforderliche Beurteilung auf dem Boden der vom Großen Senat des BFH vertretenen Ansicht aus dem Blickwinkel eines neutralen und sachkundigen Dritten vorzunehmen ist. Vielmehr besteht auch ein qualitativer Anspruch der IAS/IFRS-Rechnungslegung darin, verzerrende Einflüsse aus der Abschlusserstellung herauszuhalten (vgl. F.31). Ob der Bilanzersteller aber qua Regelwerk zur Neutralität verpflichtet oder durch auferlegten Perspektivwechsel in eine vermeintlich neutrale Position gedrängt wird, begründet in der Sache keinen Unterschied[556].

552 In diesem Sinne *Hommel*, ZfbF 1997, 345, 352; a.A. etwa *Löhr*, StuB 2003, 643, 647. Nicht unverständlich erscheint es insoweit, wenn die Rechtsprechung des BFH teilweise (vgl. *von Keitz*, S. 30) als „eher dynamisch" charakterisiert wird. Aber selbst wenn man die in der bilanzrechtlichen Literatur verbreitet vertretene Auffassung einbezieht, die die selbständige Verwertbarkeit als Merkmal des Vermögensgegenstandsbegriffs identifiziert, bleiben „dynamische" Begründungsansätze erkennbar: So ist nach *ADS* (§ 246 Rn. 28) insbesondere „das Vorhandensein eines *verwertbaren Potentials* zur Deckung der Schulden des Unternehmens (entscheidend)", Hervorh. d. d. Verf.; vgl. ferner *Baetge/Kirsch/Thiele*, Bilanzen, S. 129.

553 MüKo-AktG/*Hennrichs*, § 246 Rn. 58; a.A. MüKo-AktG/*Tiedchen*, § 255 Rn. 86 je m.w.N.

554 Vgl. Heymann/*Walz*, § 255 Rn. 68; *Richter*, in: HdJ, II/9, Rn. 10 („Ausdruck für die Gewinnchancen eines Unternehmens"); aus der fehlenden Einzelveräußerlichkeit des Geschäfts- oder Firmenwerts leiten *Streim/Esser* (StuB 2003, 736, 739) ab, dass das „Ansatzwahlrecht" des § 255 Abs. 4 HGB mit der Ausschüttungsbemessungsfunktion des Jahresabschlusses nicht in Einklang steht.

555 Siehe dazu MüKo-AktG/*Hennrichs*, § 246 Rn. 113 f.; *derselbe*, S. 155 ff.

556 Tatsächlich dürfte der verordnete Perspektivwechsel in der Rechtspraxis erst auf (finanz-)gerichtlicher Ebene Gestalt annehmen.

Vor diesem Hintergrund ist mithin ein weitreichender Gleichklang zwischen dem von der finanzgerichtlichen Rechtsprechung geprägten Greifbarkeitskriterium und dem zentralen Merkmal des asset-Begriffs feststellbar[557].

b) Verfügungsmacht

Durch das Kriterium der Verfügungsmacht werden solche Werte von einer Aktivierung – beim Bilanzersteller – ausgeschlossen, deren wirtschaftliches Nutzenpotential nicht in Richtung auf das betrachtete Unternehmen kanalisierbar ist. Lassen sich insbesondere Dritte nicht von einer Nutzenquelle ausgrenzen, verliert sich deren Wert im Gemeingut, sodass eine individuelle Zuordnung zum Vermögen des Anwenders nicht angezeigt ist.

Diesbezüglich gibt das Framework (F.57) in wesentlicher Überstimmung mit dem Handelsbilanzrecht[558] eine wirtschaftliche Betrachtungsweise vor. Im Vordergrund steht daher die Frage, wer dazu in der Lage ist, den einem Vermögenswert innewohnenden wirtschaftlichen Nutzen zu vereinnahmen[559], wobei dem Eigentum lediglich indizielle Bedeutung beigemessen wird[560]. Der insoweit parallele Ansatz von Handelsbilanzrecht und IAS/IFRS-Rechnungslegung bedingt, dass die für die wirtschaftliche Zuordnung jeweils maßgeblichen Kriterien im Grundsatz übereinstimmen[561] und Verschiebungen hinsichtlich der wirtschaftlichen Zurechnung von Vermögenswerten/Vermögensgegenständen zwischen handelsrechtlicher und IAS/IFRS-Rechnungslegung mithin auf Sonderkonstellatio-

---

557 In diesem Sinne *Hommel*, ZfbF 1997, 345, 352; vgl. ferner *Lutz*, in: IDW (Hrsg.), Neuorientierung der Rechnungslegung, 1995, S. 81, 86; siehe auch *Streim/Esser* (StuB 2003, 736, 739 und 740), die den Unterschied zwischen handelsrechtlicher und IAS/IFRS-Aktivierungskonzeption *allein* darin begründet sehen, dass IAS/IFRS die abstrakte Einzelveräußerbarkeit eines Vermögenswerts nicht voraussetzen.

558 Dazu insbesondere MüKo-AktG/*Hennrichs*, § 246 Rn. 124 ff. (mit Bezügen zu den IAS/IFRS); ferner BFH BStBl. II 2001, 311, 314; *Schulze-Osterloh*, in: Baumbach/Hueck, GmbHG, § 42 Rn. 80 ff.

559 Vgl. F.51, .57.

560 *Baetge/Kirsch/Thiele*, Bilanzen, S. 150.

561 Siehe auch *Langecker/Mühlberger*, StuB 2002, 334, 335 (zu E-DRS 14). Näher zu den handelsbilanzrechtlichen Zuordnungskriterien MüKo-AktG/*Hennrichs*, § 246 Rn. 128 f. m.w.N.; siehe ferner BFH BStBl. II 2001, 311, 314; BGHZ 137, 378, 380. Handelrechtlich spricht zwar zunächst eine Vermutung dafür, dass der Eigentümer auch handelsbilanzrechtliches Zurechnungsobjekt des jeweiligen Vermögensgegenstands ist. Fallen wirtschaftliche Verfügungsgewalt und rechtliches Eigentum allerdings auseinander, sind Zurechnungskriterien zur Anwendung zu bringen, die in der IAS/IFRS-Rechnungslegungskonzeption eine Entsprechung finden.

nen beschränkt bleiben[562]. Gleichsam hebt sich das Handelsbilanzrecht auch in objektivierungsrechtlicher Hinsicht keineswegs positiv von der IAS/IFRS-Konzeption ab.

c) Wahrscheinlichkeit des Nutzenzufluss

Wie bereits angeklungen, ist die Werthaltigkeit eines Sachverhalts auch in der IAS/IFRS-Rechnungslegungskonzeption grundlegendes, die Einbeziehung in den periodischen Vermögensvergleich rechtfertigendes Kriterium. Assets müssen daher erwarten lassen, dass sie künftig einen Nutzenzufluss auslösen.

Beachtlich ist in diesem Zusammenhang, dass getätigte Ausgaben das Vorliegen eines Vermögenswertes lediglich indizieren (vgl. F.59, „substanzieller Hinweis“)[563].

Bilanziell berücksichtigungsfähig sind allerdings nicht sämtliche Ressourcen, die ein Nutzenzuflusspotential repräsentieren, sondern nur solche, die mit *hinreichender Wahrscheinlichkeit* (F.83 lit [a], .89, .50 Satz 3) direkt oder indirekt einen Zufluss von Zahlungsmitteln oder Zahlungsmittelsubstituten (vgl. F.53) in Aussicht stellen[564]. Welche Wahrscheinlichkeit indes zu einer bilanziellen Abbildung berechtigt, lässt das Framework offen (vgl. F.85)[565]. Der insoweit unvermeidliche einzelfallbezogene Entscheidungsprozess[566] hat sich mithin an den qualitativen Anforderungen der IAS/IFRS-Rechnungslegung zu orientieren.

Dem Anwender wird auf dieser Grundlage freilich ein kaum überprüfbarer Einschätzungsspielraum eröffnet[567]. Daher stößt insbesondere die Unbestimmtheit des Wahrscheinlichkeitskriteriums in der handelsbilanzrechtlichen Literatur

---

562 Zur wirtschaftlichen Zuordnung bei sale and lease back-Transaktionen siehe Kap. 5 C. 4. b) (3).

563 Eine Abweichung zum Handelsbilanzrecht ergibt sich daraus nicht. Auch insoweit wird nicht eine Ausgabe aktiviert, sondern das „für sie Erlangte” (vgl. *Moxter*, S. 11; ferner *Hommel*, ZfbF 1997, 345, 354). In Parallelität zum Handelsrecht (vgl. § 248 Abs. 2 HGB) berührt aber auch die Unentgeltlichkeit des Erwerbs einer Ressource deren Einordnung als asset nicht.

564 Vgl. auch DRS 12, Tz. 8. Überdies wird der Bilanzansatz davon abhängig gemacht, dass sich seine Anschaffungs- oder Herstellungskosten oder ein anderer *Wert* des Postens *verlässlich* ermitteln lassen (F.83 lit. [b]).

565 Ebenso DRSC, E-Rahmenkonzept, Tz. 69.

566 Vgl. *Wollmert/Achleitner*, WPg 1997, 209, 218. Namentlich darf eine Ressource nicht abgebildet werden, sofern sich der Anwender zu einer verlässlichen Schätzung des Nutzenzuflusses außer Stande sieht (*Lorchheim*, RIW 1997, 124, 127 f.; *Wulf*, S. 119).

567 Nach *Wulf* (S. 115, 119) resultiert daraus ein (Ansatz-)Freiraum, der zur Legung stiller Reserven geeignet ist; vgl. auch *von Keitz*, S. 187.

auf nachhaltige Kritik[568]. Die offenbar befürwortete Festlegung von Wahrscheinlichkeitsziffern wäre indes kaum geeignet, *systemimmanente* Einschätzungsspielräume zu verengen[569]. Die Bestimmung konkreter Wahrscheinlichkeitsziffern suggerierte vielmehr eine *trügerische* und mithin in keiner Hinsicht förderliche *Scheingenauigkeit*[570].

Gleich gelagerte Schwierigkeiten belasten – wie bereits angeklungen – allerdings auch die Objektivierungsqualität der handelsrechtlichen Rechnungslegung. Ob ein fiktiver Kaufmann einen Posten im Rahmen eines Unternehmenserwerbs in seinen Kaufpreisüberlegungen gesondert berücksichtigen würde, ist namentlich gleichsam davon abhängig, *mit welcher Wahrscheinlichkeit* – und in welchem Umfang – sich ein erkanntes Ertragspotential abschöpfen lässt. Probleme bereitet daher insbesondere der Umstand, dass die zu beurteilende Frage an sich ein Bewertungsproblem betrifft, da sich die geringere Wahrscheinlichkeit eines Nutzenzuflusses schlicht in einem geringeren (Markt-)Wert der durch das Nutzenpotential repräsentierten *Chance* ausdrücken würde. Die unerlässliche Abgrenzung von Chancen und Vermögensgegenständen[571] mündet mithin auch auf dem Boden des Handelsbilanzrechts in einer Wahrscheinlichkeitsanalyse[572]. Zwischen „bloßen" Chancen und „echten" Vermögensgegenständen besteht daher schon de lege lata ein fließender Übergang[573].

---

568 Exemplarisch *von Keitz*, S. 187; vgl. auch *Lutz*, in: IDW (Hrsg.), Neuorientierung der Rechnungslegung, 1995, S. 81, 97; siehe dazu ferner MüKo-HGB/*Ballwieser*, § 246 Rn. 116.

569 So käme dem Ermessen des Bilanzierenden doch erhebliche Bedeutung bei der Beurteilung zu, ob ein Nutzenzufluss mit 75,0 %-iger oder lediglich mit 74,9 %-iger Wahrscheinlichkeit zu *erwarten* ist.

570 Bei näherem Zusehen wird dem Jahresabschlussadressaten freilich gleichsam ein Nutzenzufluss*potential* vorenthalten, wenn dieses aufgrund einer geringen Wahrscheinlichkeit des Nutzenzuflusses nicht Eingang in den Jahresabschluss erhält. Dem Informationsinteresse des Adressaten entspräche es grundsätzlich, wenn ihm das *Ausmaß der Unsicherheit*, mit dem ein Nutzenzufluss behaftet ist, mitgeteilt würde. Ansatzregeln sind freilich nicht in der Lage, entsprechende Abstufungen abzubilden.

571 *Ellrott/Krämer*, in: Beck`scher BilKomm, § 247 Rn. 10; *Schulze-Osterloh*, in: Baumbach/Hueck, GmbHG, § 42 Rn. 68.

572 MüKo-AktG/*Hennrichs*, § 246 Rn. 27 f.

573 Die aufgezeigten Probleme stellen sich hier wie dort vordringlich in Bezug auf die von der Eigentumsordnung nicht eigens – respektive nur rudimentär – geschützten sog. rein wirtschaftlichen Güter. Sie markieren gewissermaßen den *Grenzbereich* handelsrechtlich berücksichtigungsfähiger Positionen. Insbesondere Sachen und (absolute) Rechte stehen hingegen unter dem besonderen Schutz der Rechtsordnung (Art. 14 Abs. 1 Satz 1 GG, § 823 Abs. 1 BGB). Der flankierende Schutz, den ihnen die Rechts-/Eigentumsordnung gewährt, erleichtert zudem die Beurteilung ihrer

d) *Zusammenfassende Würdigung*

Die vorstehenden Erkenntnisse legen den Befund nahe, dass sich Handelsbilanzrecht und IAS/IFRS-Rechnungslegung hinsichtlich der Objektivierungsqualität ihrer jeweiligen Aktivierungskonzeptionen *nicht ins Gewicht fallend* voneinander abheben[574]. Tatsächlich hat der Bilanzierende auf der Grundlage *beider* Rechnungslegungskonzeptionen *eigene Wertungen einzubringen*, die naturgemäß kaum steuerbar sind, sich häufig nicht als richtig oder falsch bewerten lassen und daher zudem kaum sanktionierbar sind.

Ungeachtet der aufgezeigten Ermessensspielräume können die *allgemeinen Aktivierungsregeln* des Frameworks[575] daher *nicht schlechthin* als für Zwecke der Ausschüttungsbemessung ungeeignet bewertet werden. Denn auch das geltende Handelsbilanzrecht stellt kein trennschärferes Instrumentarium zur Verfügung, mit dessen Hilfe sich schwierige Grenzfälle exakter beurteilen ließen.

3. *Immaterielle Vermögenswerte*

Bereits in Kapitel 4 ist die Bedeutung der handelsrechtlichen Aktivierungsschranke für unentgeltlich erworbene immaterielle Anlagegüter (§ 248 Abs. 2 HGB) in Bezug auf den kapitalschutzbasierten Gläubigerschutz aufgezeigt worden. Überdies stehen immaterielle Güter angesichts der mit ihrer Substanzlosigkeit verbundenen Unsicherheiten sowie wegen ihrer wachsenden Bedeutung für die Beurteilung der wirtschaftlichen Situation eines Unternehmens in einem Spannungsverhältnis zwischen den Erfordernissen einer vorsichtig objektivierenden Bilanzierung und dem Ziel, einen umfassenden Einblick in die Vermögens-

---

Werthaltigkeit (vgl. dazu *Hommel*, ZfbF 1997, 345, 354; ferner *Küting/Zwirner*, FB 2001, Beil. 3, S. 15; *Moxter*, BB 1979, 1102, 1103 f.).

574 Vgl. *Hommel*, ZfbF 1997, 345, 354, der mit Recht feststellt, dass auch auf dem Boden des Handelsrechts sowohl der Existenznachweis als auch die Wertbemessung rein wirtschaftlicher Positionen in aller Regel nur erheblich ermessensbehafteter und spekulativer erfolgen (kann) als bei Sachen und Rechten".

575 Hinsichtlich des Umfangs aktivierungsfähiger assets sind allerdings die Regelungen der Einzelstandards (z.B. IAS 38.51 ff. [dazu sogleich] einzubeziehen. Bereits an dieser Stelle soll indes festgehalten werden, dass sich asset- und Vermögensgegenstandsbegriff insofern unterscheiden, als die asset-Definition auch Sachverhalte erfasst, die handelsrechtlich allein als Bilanzierungshilfen und Rechnungsabgrenzungsposten aktivische Berücksichtigung finden können (vgl. *Baetge/Kirsch/Thiele*, Bilanzen, S. 151).

Finanz- und Ertragslage zu gewähren[576]. Die Regelungen betreffend immaterielle Vermögenswerte/Vermögensgegenstände gewähren daher unweigerlich einen ungetrübten Blick auf die Grundausrichtung eines bilanziellen Regelwerks[577].

a) Rahmenbedingungen für die Behandlung immaterieller Vermögenswerte gemäß IAS 38

IAS 38 behandelt die Bilanzierung immaterieller Vermögenswerte, die nicht in anderen IAS/IFRS gesondert betrachtet werden, und übernimmt somit die Funktion des lex generalis für unkörperliche Vermögenswerte (vgl. IAS 38.2 lit. [a], .3)[578]. Kennzeichnend ist weiter, dass die Kriterien für die bilanzielle Erfassung von intangible assets[579] (IAS 38.9 – 17, .18 ff.) in enger inhaltlicher Anlehnung an die im Framework verankerten allgemeinen Voraussetzungen für die Berücksichtigung von Vermögenswerten (vgl. Kap. 5 C. 2.) abgefasst wurden[580]. Daraus resultiert ein *weitgehender Gleichlauf* hinsichtlich der Erfassung materieller und immaterieller Vermögenskomponenten[581]. Insbesondere für immaterielle Vermö-

576 *Baetge/von Keitz*, in: IAS/IFRS Kommentar, IAS 38 Tz. 1; *Küting/Ulrich*, DStR 2001, 953, 955; *Küting*, S. 130; *Pellens/Fülbier*, in: Baetge (Hrsg.), Zur Rechnungslegung nach International Accounting Standards (IAS), 2000, S. 35, 39 („Zieldualismus").

577 In diesem Sinne *Hommel*, ZfbF 1997, 345, 346 f.

578 Dabei sind monetäre Werte aus dem Anwendungsbereich genauso ausgeschlossen, wie die Behandlung eines im Rahmen von Akquisitionen entstandenen Geschäfts- oder Firmenwerts (Goodwills), die von den IF 3 geregelt wird.

579 Gleichsam werden immaterielle Vermögenswerte, die der laufenden Geschäftstätigkeit dienen und mithin dem Umlaufvermögen des Unternehmens zuzuordnen sind, nicht von IAS 38 erfasst (IAS 38.3 lit. [a]). Die Abgrenzung immaterieller Anlagewerte zum Umlaufvermögen erfolgt vorrangig nach Maßgabe ihrer betrieblichen Widmung (IAS 2.6, .8) und ist daher einer gewissen Steuerung durch den Anwender zugänglich, die indes auch das Handelsbilanzrecht nicht in Gänze ausschließen kann (vgl. dazu BFH BStBl. II 1990, 706, 707 f.; *ADS*, § 247 Rn. 105).

580 Vgl. *Baetge/von Keitz*, in: IAS/IFRS Kommentar, IAS 38 Tz. 39. Die wesentliche Deckungsgleichheit der Aktivierungsvoraussetzungen führt bisweilen dazu, dass der Ansatz immaterieller Vermögenswerte expressis verbis vom Vorliegen der im Framework benannten Ansatzvoraussetzungen abhängig gemacht wird (vgl. z.B. *Schellhorn/Weichert*, DStR 2001, 865). Dabei wird indes verkannt, dass das Framework keineswegs dazu bestimmt ist, den Anwendungsbereich der Einzelstandards einzuschränken (vgl. F.2).

581 Sofern sämtliche Aktivierungsvoraussetzungen erfüllt sind, geht mit dem Ansatzrecht eine Ansatzpflicht einher (vgl. IAS 38.19 [1998]: „Ein immaterieller Vermögenswert *ist* dann *anzusetzen*, aber nur dann, wenn ..." [Hervorh. d. d. Verf.]). Insofern unterscheiden sich Handelsbilanzrecht und IAS 38 nicht (vgl. § 246 Abs. 1 Satz 1 HGB).

genswerte, die aus der Entwicklungstätigkeit des bilanzierenden Unternehmens hervorgehen, sind allerdings zusätzliche Ansatzkriterien vorgesehen (vgl. IAS 38.57). Daneben benennt IAS 38 wichtige Beispiele, in denen es von vornherein an einem (ansatzfähigen) intangible asset fehlt[582]. Darüber hinaus schließt IAS 38 bestimmte immaterielle Posten, die die Kriterien eines assets grundsätzlich erfüllen könnten[583], vorbehaltlos von einer bilanziellen Berücksichtigung aus. Davon sind neben Forschungskosten (IAS 38.54) insbesondere nicht derivativ erworbene Markennamen und Drucktitel[584] (IAS 38.63 f.) betroffen.

b) Gegenüberstellung mit § 248 Abs. 2 HGB und Konsequenzen für die Ausschüttungsbemessungsfunktion

Die IAS/IFRS-Rechnungslegung unterscheidet daher in Abweichung zum Handelsbilanzrecht (vgl. § 248 Abs. 2 HGB) *nur in einem engen Teilbereich* zwischen selbst erstellten und fremdbezogenen immateriellen Vermögenswerten. Die Ansatzrestriktionen des IAS 38 sind daher lediglich als *Ausnahmetatbestände* konzipiert. Immaterielle Vermögenswerte erlangen somit in den primären Rechnungslegungsinstrumenten auch dann Bedeutung, wenn sie bislang keine Bestätigung durch ein entgeltliches Drittgeschäft erfahren haben. Unter Bezugnahme auf die finanzgerichtliche Rechtsprechung zum Greifbarkeitserfordernis[585] bleibt daher weitumfänglich unerwiesen, ob ein fiktiver Erwerber einen selbst erstellten immateriellen Posten in seine Kaufpreisüberlegungen einbeziehen würde. Während die handelsrechtliche Rechnungslegung entsprechenden Ungewissheiten auf der Ebene der konkreten Aktivierungsfähigkeit uneingeschränkt Rechnung trägt, indem sie nicht entgeltlich erworbene immaterielle Anlagegegenstände *insgesamt* von der bilanziellen Berücksichtigung ausnimmt, sieht das IASB von einer allgemeinen Ausschlussregel ab[586]. Vorsichts- und insbesondere Objektivierungs-

---

582 Zusammengefasst bei MüKo-AktG/*Hennrichs*, § 246 Rn. 66.

583 Ein nicht berücksichtigungsfähiger originärer Geschäfts- oder Firmenwert (IAS 38.48) erfüllt indes nicht die Merkmale eines assets, vgl. dazu *Baetge/von Keitz*, in: IAS/IFRS Kommentar, IAS 38 Tz. 61 m.w.N.

584 Auf die Erstellung solcher Posten bezogene Kosten indizieren keinen spezifizierbaren Nutzenstrom, da sie sich gewissermaßen im Geschäfts- oder Firmenwert verlieren (vgl. ferner *ADS*, § 246 Rn. 41).

585 Siehe Kap. 5 C. 2. a) (2).

586 Dabei ist die Ausgestaltung der Ansatzkriterien auch für die IAS/IFRS-Rechnungslegungskonzeption von hervorgehobener Bedeutung. Kosten für den Erwerb oder die interne Erstellung nicht ansatzfähiger Posten sind in der Periode als Aufwand zu erfassen, in der sie anfallen (IAS 38.10 Satz 2). Eine bilanzielle Zwischenspeicherung solcher Kosten schlägt sich daher unmittelbar in dem vermittelten Bild der Erfolgs- und Vermögenslage des Unternehmens nieder.

gedanken kommen folglich im Vergleich zum Handelsbilanzrecht weniger nachhaltig zum Tragen[587].

Mit Rücksicht auf die Ausschüttungsbemessungsfunktion des Jahresabschlusses muss die handelsrechtliche Rechnungslegung indes darauf bedacht sein, nicht werthaltige Posten mit *hinreichender Sicherheit* von einer Aktivierung auszuschließen und Überbewertungen auf diesem Wege zu vermeiden. Wie bereits dargestellt, lassen sich die damit verbundenen Objektivierungsschwierigkeiten auch auf Grundlage der handelsrechtlichen Rechnungslegung *nicht vollständig* ausräumen (vgl. Kap. 5 C. 2. a)). Die Ungewissheiten betreffend die Werthaltigkeit selbst erstellter immaterieller Posten erreichen indes typischerweise eine eigene Qualität[588], die in *rechtspolitischer* Hinsicht nach gesonderten Vorsorgemaßnahmen verlangt. Als Reaktion auf dieses spezifische Regelungsbedürfnis schließt § 248 Abs. 2 HGB folgerichtig solche immateriellen Posten von einer bilanziellen Erfassung *vorbehaltlos* aus, deren Werthaltigkeit und Existenz nicht zumindest in der Vergangenheit durch einen entgeltlichen Zugang von außen „annähernde Bestätigung" erlangt hat[589]. Vor diesem Hintergrund ist weiter zu unterstreichen, dass den Unternehmensgläubigern durch die Aktivierung selbst erstellter immaterieller Vermögenswerte das Risiko zugewiesen würde, dass entsprechende Investitionen zumindest in Höhe der aktivierten Herstellungskosten Nutzen stiften. Bei Lichte besehen wären die Unternehmenseigner auf dieser Grundlage von einem *typischen Unternehmerrisiko* entlastet, ohne dass die Gläubiger als neue Risikoträger dieser Verlagerung zugestimmt hätten.

---

587 Nach h.M. weisen die Aktivierungsschranken des IAS 38 einen „Vorsichtsbezug" nicht auf, vgl. *Hayn*, IStR 1996, 354, 360; ferner *Baetge/von Keitz*, in: IAS/IFRS Kommentar, IAS 38 Tz. 63 („vor allem klarstellende Wirkung"); *Wehrheim*, DStR 2000, 86, 87. Um falsche Anreize zu vermeiden, bedarf der Jahresabschluss allerdings auch in seiner Eigenschaft als Informations- und Rechenschaftsinstrument hinreichender Objektivierung, vgl. dazu mit Blick auf immaterielle Vermögensgegenstände *Haller*, in: Festschr. für Coenenberg, 1998, S. 561, 573; *Marx*, BB 1994, 2379, 2380; allgemein auch F.31 f.; *Kleindiek*, ZGR 1998, 466, 484 f.; siehe auch *Baetge/Kirsch*, in: HdR, 5. Aufl., Kap. 4, Rn. 63 („Sie [sc. die objektivierte aber mitunter weniger aussagefähige Information] bietet aber stets die Gewähr der Manipulationsfreiheit und ist daher für Rechenschaftszwecke vorzuziehen.").

588 Anschaulich *Euler*, BB 2001, 2631, 2636.

589 Vgl. BGHZ 109, 334, 338; *Richter*, in: HdJ, II/2, Rn. 52; *Moxter*, BB 1987, 1846 ff. Die Fundiertheit dieser vom handelsrechtlichen Gesetzgeber bezogenen Position bestätigt in gewisser Hinsicht sogar das IASB, indem es bestimmt, dass bei der Abschätzung der Wahrscheinlichkeit eines künftigen Nutzenflusses – was der aktuellen Werthaltigkeit im Wesentlichen entspricht – „externen substanziellen Hinweisen" eine größeres Gewicht beizumessen ist (IAS 38.23), siehe dazu auch *Baetge/von Keitz*, in: IAS/IFRS Kommentar, IAS 38 Tz. 40.

Die damit bereits angedeutete Unvereinbarkeit des IAS 38 mit den Anforderungen an ein gläubigerschutzbedachtes bilanzielles Regelwerk lässt sich durch weitere Gesichtspunkte unterfüttern:

- Der Verzicht auf das Merkmal des entgeltlichen Erwerbs als Aktivierungsvoraussetzung erschwert die Beurteilung, ob sich ein immaterieller Posten vom Goodwill separieren lässt oder in diesem aufgeht[590]. Insofern droht die Umgehung des Verbots der Aktivierung eines originären Geschäfts- oder Firmenwerts (IAS 38.48), die das IASB durch IAS 38.63 zu verhindern sucht (vgl. IAS 38.51 lit. [b]). Problematisch erscheint allerdings, dass das IASB dem Bilanzierenden die Aufgabe zuweist, gleich gelagerte („ähnliche") Sachverhalte i.S.d. IAS 38.63 in eigener Verantwortung zu bestimmen. Der faktisch gewährte Einschätzungsspielraum könnte mithin zu einer den Wertungen des IAS 38.48 widersprechenden Bilanzierung missbraucht werden.
- Auch in Bezug auf selbst erstellte immaterielle Posten erhebt das IASB deren eigentumsrechtliche Absicherung nicht zur Aktivierungsvoraussetzung (IAS 38.13 Satz 3, 4)[591], obwohl immaterielle Werte mit Recht als in besonderer Weise „konkurrenzbedroht" gelten[592]. Die Unternehmensgläubiger hätten daher das „*originär unternehmerische* Risiko" zu tragen, dass sich ein tatsächlich vorhandenes Nutzenpotential mangels Kontrollfähigkeit nicht in Richtung auf den Bilanzierenden kanalisieren und von ihm abschöpfen lässt. Zwar erfüllen ungeschützte immaterielle Werte – wie z. B. rechtlich nicht abgesicherte Erfindungen – u.U. auch die Definitionskriterien eines Vermögensgegenstands[593]. Gläubigerschutz und Objektivierung werden indes *präventiv* durch die Aktivierungsschranke des § 248 Abs. 2 HGB genügend abgesichert. War ein Rechnungslegungspflichtiger etwa bereit, eine ungeschützte Erfindung unter Marktbedingungen entgeltlich zu erwerben, besteht Anlass zu der Vermutung, dass hinreichende „control" auch ohne den Schutz der Eigentumsordnung gewährleistet ist.

---

590 Siehe auch *Baetge/von Keitz*, in: IAS/IFRS Kommentar, IAS 38 Tz. 46.

591 Vgl. dazu auch *Wehrheim*, DStR 2000, 86, 87. Im Übrigen weist das IASB bereits im Framework darauf hin, dass auch (ungesichertes) Know-how die Kriterien des asset-Begriffs erfüllt, wenn das Unternehmen „durch Geheimhaltung (...) die Verfügungsmacht über den daraus erwarteten Nutzen ausübt" (F.57 Satz 5).

592 *Küting/Zwirner*, FB 2001, Beil. 3, S. 15; *Moxter*, BB 1979, 1102, 1108. Da immaterielle Werte typischerweise auf einer geistigen Leistung beruhen, lässt sich ein in einer solchen Ressource gebundenes Wertpotential bisweilen gar nicht oder nur eingeschränkt gegenüber unternehmensfremden Aktivitäten abschirmen. Die Ressource ist in diesen Fällen der fortwährenden und gesteigerten Gefahr ausgesetzt, von der dritter Seite „entleert" und zur „substanzlosen Hülle" zu werden.

593 *Knobbe-Keuk*, S. 90; ferner *ADS*, § 246 Rn. 40.

- Da dem Bewertungsmaßstab der Herstellungskosten ein gerade mit Blick auf immaterielle Werte unerlässlicher Außenbezug fehlt, ist eine hinreichende Kontrollmöglichkeit der Wertansätze nicht gesichert. Die mangelnde Kontrollfähigkeit ermöglicht demzufolge eine „willkürliche Ausübung von Kostenzurechnungsmöglichkeiten“[594]. Die Bewertung nach Maßgabe der Herstellungskosten kann daher in Bezug auf immaterielle Posten keine Vermutung „tatsächlicher Wertdeckung“ für sich in Anspruch nehmen[595]. Bereits die Gefahr einer missbräuchlichen Kostenzurechnung impliziert mithin eine Risikoverschiebung zum Nachteil der Unternehmensgläubiger.

c) Sonderfall: Verbunderwerb im Rahmen von Unternehmenszusammenschlüssen

Besondere Objektivierungsschwierigkeiten bereitet zudem die zuverlässige Bemessung der Anschaffungskosten eines immateriellen Vermögenswerts, der nicht Gegenstand eines gesonderten Beschaffungsvorgangs ist, sondern im Rahmen eines Unternehmenszusammenschlusses zugeht. Typischerweise wird dabei der für den verbundmäßigen Erwerb sämtlicher Vermögenswerte und Schulden zu entrichtende Kaufpreis nicht gesondert aufgeschlüsselt, sodass die Anschaffungskosten der immateriellen (wie materiellen) Vermögenswerte den Parteivereinbarungen nicht zu entnehmen sind[596].

Diesbezüglich bestimmt IAS 38.39, dass zur Bestimmung der Anschaffungskosten der einzelnen immateriellen Vermögenswerte vorrangig die auf einem aktiven Markt zu verzeichnenden Angebotspreise heranzuziehen sind[597]. Hinderlich ist freilich, dass aktive Märkte für immaterielle Vermögensgegenstände nur sel-

594 *Moxter*, BB 1979, 1102, 1105; vgl. auch *Küting/Ulrich*, DStR 2001, 953, 955.

595 Siehe dazu *Euler* (BB 2001, 2631, 2635), der mit Recht darauf verweist, dass vernünftigerweise allein das im Rahmen eines abgeleiteten Erwerbs für einen immateriellen Vermögensgegenstand Hingegebene als repräsentativ für dessen Mindestertragswert angesehen werden kann. Der aufgezeigten Gefahr sucht das IASB insbesondere durch die in IAS 38.67 vorgenommene sachliche Abgrenzung der Herstellungskosten zu begegnen. Nicht zu den berücksichtigungsfähigen Kostenbestandteilen gehören insbesondere „eindeutig identifizierbare Ineffizienzen und anfängliche Betriebsverluste, die auftreten, bevor ein Vermögenswert seine geplante Ertragskraft erreicht hat“ (lit. [b]).

596 Allgemein zur Fair Value-Bewertung bei Erwerb einer Sachgesamtheit sowie im Anschluss an einen Unternehmenserwerb *Küting/Dawo*, KoR 2003, 228, 230 f.

597 Zustimmend *Pellens*, S. 456 („[...] läßt sich auf jeden Fall ermitteln, wenn ein funktionsfähiger Markt für den immateriellen Vermögensgegenstand vorliegt.“).

ten zur Verfügung stehen (vgl. IAS 38.78)[598]. Subsidiär sind daher Hilfsmethoden zur Anwendung zu bringen, die auch indirekte Schätzverfahren einschließen (IAS 38.40 f.)[599]. Den damit angedeuteten Objektivierungsproblemen vermag freilich auch die handelsrechtliche Rechnungslegung nicht aus dem Wege zu gehen[600]. Insbesondere verlangt gerade der objektivierungsbezogene Einzelbewertungsgrundsatz eine Auffächerung der Gesamtanschaffungskosten auf die einzelnen Vermögensgegenstände (vgl. Kap. 4 B.). Darüber hinaus steht das Anschaffungswertprinzip einer Orientierung an den Buchwerten des erworbenen Unternehmens entgegen. Weiterhin sind auch die zugegangenen immateriellen Vermögensgegenstände bilanziell zu erfassen, die bislang im originären Geschäfts- oder Firmenwert des abgebenden Unternehmensträgers aufgingen. IAS 38 formuliert daher insoweit nur das, was das Handelsbilanzrecht stillschweigend[601] voraussetzt.

d) Forschungs- und Entwicklungskosten

Ein selbst erstelltes immaterielles *Produkt*, das auf eigenem Gedankengut des bilanzierenden Unternehmens beruht, ist grundsätzlich allein danach zu beurteilen, ob es für den Betrieb hinreichend wahrscheinlich künftigen Nutzen erzeugen wird und anhand seiner Herstellungskosten zuverlässig bewertbar ist. Danach ist beispielsweise selbst erstellte, im Unternehmen einsatzfähige und aktuell Nutzen bringende Software anzusetzen, sofern in Form der Herstellungskosten ein verlässlicher Bewertungsmaßstab zur Verfügung steht. Die in den Par. 54 ff. des IAS 38 verankerten Regelungen betreffen demgegenüber zunächst *nur unfertige*, im

---

598 Allgemeiner Meinung entspricht es zudem, dass die Neubewertung immaterieller Vermögenswerte nur *sehr geringe praktische Bedeutung* erlangen kann (*Berger/Schramm/M. Ring*, in: Beck`scher BilKomm, § 253 Rn. 683; *Küting/Dawo*, KoR 2003, 228, 231), da die engen Voraussetzungen eines aktiven Markts (vgl. IAS 38.8) *offenkundig* ganz überwiegend nicht vorliegen (vgl. IAS 38.78 i.V.m. .75). Aus diesem Grund wird die Neubewertung immaterieller Vermögenswerte nachfolgend nicht gesondert betrachtet.

599 Besonders problematisch erscheint in diesem Zusammenhang die unumgängliche Festlegung der Nutzungsdauer bestimmter immaterieller Vermögenswerte (z.B. von Marken, vgl. dazu MüKo-AktG/*Tiedchen*, § 253 Rn. 34, 46).

600 Dazu *ADS*, § 255 Rn. 104 ff.; *Kleindiek*, in: Staub: Großkommentar zum HGB, § 255 Rn. 7; *Ellrott/Schmidt-Wendt*, in: Beck`scher BilKomm, § 255 Rn. 81 f.; *Knop/Küting*, in: HdR, § 255 Rn. 23 f.; *Moxter*, S. 31; *Schulze-Osterloh*, in: Baumbach/Hueck, § 42 Rn. 272; *Wohlgemuth*, in: HdJ, I/9, Rn. 18, 91.

601 Deutlich hingegen *Wohlgemuth*, in: HdJ, I/9, Rn. 91: „Ihre Ermittlung dürfte häufig nur im Wege der Schätzung möglich sein.".

Entstehen begriffene immaterielle Vermögenswerte[602]. In Abgrenzung zu *einsatzfähigen* selbst erstellten immateriellen Anlagewerten sind folglich allein Zwischenprodukte aus *noch nicht abgeschlossenen* Entwicklungsprozessen angesprochen[603]. Allerdings setzt die Aktivierung eines selbst erstellten immateriellen Vermögenswerts stets voraus, dass insbesondere die Par. 57 ff. zuvor zur Anwendung gelangt sind.

Insbesondere sind einem selbst erstellten immateriellen Produkt die Herstellungskosten zuzuordnen, die ab dem Zeitpunkt angefallen sind, in dem erstmals die speziellen Ansatzvoraussetzungen des IAS 38.57 erfüllt waren (IAS 38.65). Die Ansatzvoraussetzung der zuverlässigen Bestimmbarkeit der Herstellungskosten (vgl. IAS 38.21 lit. [b], .51 lit. [b]) erfüllt ein selbst erstelltes immaterielles Produkt – das aus eigener Forschungs- und Entwicklungstätigkeit hervorgegangen ist – daher nur, sofern zuvor der nach Maßgabe des Par. 57 zu fixierende Zeitpunkt ermittelt wurde[604]. Hat das Unternehmen demzufolge „ein Interesse" daran, einen selbst geschaffenen immateriellen Vermögenswert zu aktivieren, kann es die Entwicklungsphase nicht ignorieren, da die Zugangsbewertung andernfalls in Ermangelung zuverlässig bemessbarer Herstellungskosten fehlschlagen muss.

Dem damit bezeichneten Regelungszusammenhang kommt mithin hervorgehobene Bedeutung zu, die nach einer intensiven Betrachtung verlangt.

(1) Unterscheidung zwischen Forschungs- und Entwicklungskosten

Anders als die EG-Bilanzrichtlinie[605] differenziert IAS 38 zwischen Forschungs- und Entwicklungskosten. Entstammt ein (unfertiger) immaterieller Vermögenswert der Entwicklungsphase, kommt eine Aktivierung dieses Werts grundsätzlich in Betracht. Demgegenüber schließt IAS 38.54 einen in der Forschung entstehenden immateriellen Wert von der bilanziellen Berücksichtigung aus, da das IASB die Nichterweislichkeit eines künftigen wirtschaftlichen Nutzens unwiderleglich

---

602 Vgl. IAS 38.57 lit. (a), (b) und (e). Auch IAS 38.58 bezieht sich auf eine Beurteilung, die *in* der Entwicklungsphase vorzunehmen ist.

603 Richtiges Verständnis bei *Hömberg/König*, in: Baetge/Kirsch/Thiele, Bilanzrecht, § 248 Rn. 528: „In der Entwicklungsphase (...) ist ein immaterieller Vermögenswert zu aktivieren (...)".

604 Hat das bilanzierende Unternehmen diesen Zeitpunkt nicht bestimmt, lassen sich die Herstellungskosten des fertigen Vermögenswerts nicht zuverlässig bemessen (vgl. IAS 38.53 [1998] [sowie IAS 38.65]: „Die Herstellungskosten eines selbst geschaffenen immateriellen Vermögenswerts [...] entsprechen der Summe der Kosten, die ab dem Zeitpunkt anfallen, wenn der immaterielle Vermögenswert die in den Paragraphen 19 - 20 und 45 beschriebenen Ansatzkriterien erstmals erfüllt.").

605 Vgl. Artt. 9 Aktiva C. I. 1., 10 Aktiva C. I. 1. BiRiLi.; auch *Flume* (DB 1958, 1045, 1045) verzichtet im Rahmen seiner bilanzrechtlichen Untersuchung auf eine Differenzierung zwischen Forschungs und Entwicklungsphase.

vermutet (vgl. IAS 38.55). Der theoretische Hintergrund dieser Unterscheidung besteht in der berechtigten Annahme, dass ein in der Entwicklungsphase entstehender immaterieller Wert typischerweise bereits über einen höheren Reifegrad verfügt[606], sodass seiner Fertigstellung und Nutzung geringere Risiken entgegenstehen. Lässt sich die Entwicklungsphase nicht exakt gegen die Forschungsphase abgrenzen, hat (im Zweifel) eine Zuordnung zur Forschungsphase zu erfolgen (IAS 38.53).

Die Unterteilung des Erstellungsprozesses steht indes faktisch im freien Ermessen des bilanzierenden Unternehmens (vgl. IAS 38.52)[607]. Tatsächlich existieren keine konkreten Leitlinien zur sachgerechten Abstufung der Reifestadien, sodass sich die vom Unternehmen getroffene Abgrenzung nur in „krassen (Missbrauchs-)Fällen" in Frage stellen lässt. Das hierin angelegte bilanzpolitische Steuerungspotential konfligiert allerdings nicht allein mit den Erfordernissen verlässlicher Rechenschaftslegung[608]. Aus der Perspektive des Kapitalschutzes besehen stehen implizite Wahlrechte vor allem dem vorgeschalteten Ziel der Ausschüttungsbemessung evident entgegen[609]. Denn der denknotwendige Ansatzpunkt der Ausschüttungsbemessungsfunktion des Jahresabschlusses kann nur darin gesehen werden, wirtschaftliche Sachverhalte durch klar umrissene Normen mit „lenkenden Tatbestandsmerkmalen" in eine vorhersehbare, prüfbare und gesetzliche gewollte Bilanzierung zu kanalisieren. Diesen Ansprüchen genügt der betrachtete Regelungszusammenhang freilich nicht, da der Bilanzersteller weniger den gesetzgeberischen als vielmehr seinen eigenen, bilanzpolitisch motivierten Willen verwirklicht[610]. Als bilanzielles Bezugsobjekt eines Kapitalschutzsystems ist der Normenkomplex daher untauglich.

---

606 MüKo-AktG/*Hennrichs*, § 246 Rn. 68; *Leibfried/Pfanzelt*, KoR 2004, 491, 492.

607 *Hennrichs*, ZGR 2000, 627, 642; *Euler*, BB 2001, 2631, 2636 („große Grauzone"); *Fischer*, S. 160; *Kahle*, WPg 2003, 262, 266; vgl. ferner *Baetge/von Keitz*, in: IAS/IFRS Kommentar, IAS 38 Tz. 49; *Hömberg/König*, in: Baetge/Kirsch/Thiele, § 248 Rn. 529; *Leibfried/Pfanzelt*, KoR 2004, 491, 492; *Meyer/Meisenbacher*, DStR 2004, 567, 570; *Pellens*, S. 457; *Pellens/Fülbier*, in: Baetge (Hrsg.), Zur Rechnungslegung nach International Accounting Standards (IAS), 2000, S. 35, 48 f.; *Wagenhofer*, S. 151.

608 Allgemein zur Wirkung faktischer Wahlrechte MüKo-AktG/*Hennrichs*, § 246 Rn. 43 m.w.N. Eine Aktivierung von Forschungskosten (wie Entwicklungskosten) soll auch handelsrechtlich in Ausnahmefällen in Betracht kommen, wenn sie als Herstellungskosten von Sachanlagen einzustufen sind, d.h. „als Sondereinzelkosten der Fertigung unmittelbar zur Fertigstellung aufgewendet (wurden)", vgl. *Hayn*, IStR 1996, 405; *Richter*, in: HdJ, II/2, Rn. 35.

609 Dazu *Hennrichs*, S. 13 ff.

610 Vgl. *Meyer/Meisenbacher*, DStR 2004, 567, 570.

(2) *Trennschärfe der Aktivierungsvoraussetzungen für aus Entwicklungstätigkeit erwachsende intangible assets*

Für „entstehende" immaterielle Vermögenswerte, die Ausfluss betrieblicher *Entwicklungstätigkeit* sind, sieht IAS 38.57 spezielle (zusätzliche) Aktivierungsvoraussetzungen[611] vor, die auf eine nachhaltigere Objektivierung der allgemeinen Ansatzkriterien zielen[612]. Augenfällig ist insofern, dass das Vorliegen der unter Par. 57 lit. (a) - (f) aufgeführten Aktivierungsvoraussetzungen *expressis verbis* durch *Nachweise* bekräftigt werden muss[613]. Dadurch hebt das IASB selbst erstellte immaterielle Vermögenswerte aus dem Kreis der allgemein aktivierungsfähigen assets hervor[614] und trägt den erhöhten Unsicherheiten Rechnung, die allgemein mit der bilanziellen Erfassung nicht fremdbezogener immaterieller Güter verbunden sind (vgl. Kap. 5 C. 3. b). Höhere Anforderungen an die Aktivierung resultieren dabei *allein* aus dem Umstand, dass insbesondere die Wahrscheinlichkeit des Nutzenflusses eindeutiger und nachvollziehbarer („can demonstrate") belegt werden muss[615]. Namentlich kreisen die in IAS 38.57 lit. (a) - (f) abgefassten speziellen Aktivierungsvoraussetzungen lediglich diejenigen Faktoren ein, die einen künftigen Nutzenzufluss *bedingen* und die das bilanzierende Unternehmen daher *ohnehin* zu berücksichtigen hätte[616]. Bei Lichte besehen wären die konkretisierenden Ansatzkriterien daher *überflüssig*, sofern eine zweckentsprechende Anwendungen der allgemeinen Aktivierungsvoraussetzungen unterstellt werden könnte.

Die *Auffächerung* allgemeingültiger Nutzenzuflusskriterien belegt zunächst, dass das IASB die allgemeinen Aktivierungskriterien in Bezug auf selbst erstellte

---

611 MüKo-AktG/*Hennrichs*, § 246 Rn. 68.

612 Siehe dazu *Baetge/Kirsch/Thiele*, Bilanzen, S. 291 („sechs strenge Objektivierungskriterien").

613 Vgl. insoweit auch BFH (GrS) DStR 2000, 1682, 1685 zum *Nachweis*, dass ein Gesellschafter endgültig entschlossen ist, eine bestimmte Gewinnverwendung zu beschließen. Nach Ansicht des GrS müssen die Nachweise auch hinsichtlich innerer Tatsachen „einen sicheren Schluss zulassen und können weder unterstellt noch vermutet werden".

614 Zu den allgemeinen Anforderungen an den „Nachweis" eines künftigen Nutzenzuflusses *Küting/Pilhofer/Kirchhof*, WPg 2002, 73, 75.

615 Zutr. *Baetge/von Keitz*, in: IAS/IFRS Kommentar, IAS 38 Tz. 53; vgl. aber auch *Euler* (BB 2002, 875, 877, Fn. 38), der die Ansicht vertritt, dass die deutsche Übersetzung den „irreführenden Eindruck" erzeuge, „dass besonders strenge Nachweise zu erbringen sind.".

616 Hat der Bilanzierende beispielsweise nicht die Absicht einen immateriellen Vermögenswert fertigzustellen und einer wirtschaftlichen Nutzung zuzuführen (vgl. IAS 38.57 [b]), kann dieser kaum als Vermögensbestandteil verstanden werden, da es an seiner Eignung mangelt, künftige Einzahlungsüberschüsse zu generieren.

immaterielle Posten als zu grob und wenig trennscharf erachtet. Die Spezialregelung *dient* vor diesem Hintergrund der *Lenkung des Ansatzermessens*. Auf die notgedrungen prospektive Perspektive ist es gleichwohl zurückzuführen, dass eine nennenswerte Verengung der Entscheidungsspielräume des Anwenders kaum zu verzeichnen ist. Beispielsweise ist die künftige Fähigkeit zur Nutzziehung (vgl. IAS 38.57 [c]) wesentlich davon abhängig, ob ein (marktbezogenes) Produkt der *künftigen* Bedürfnisstruktur des anvisierten Abnehmerkreises entspricht. Diese befindet sich freilich genauso im Fluss[617] wie die wirtschaftliche Lage des Bilanzierenden. Auch das Liquiditäts- und Finanzierungsrisiko (vgl. IAS 38.57 [e]) belastet daher den gesamten Entwicklungsprozess des immateriellen Vermögenswerts bis zur Marktreife des Produkts.

Weiterhin kann es sich als schwierig erweisen, die technische Realisierbarkeit der Fertigstellung eines immateriellen Vermögenswerts zu prognostizieren (vgl. IAS 38.57 [a])[618]. Tatsächlich dürften mögliche Realisierungshindernisse vielfach auch im Entwicklungsstadium noch nicht vollständig überschaubar sein[619].

Gänzlich unverträglich mit den Objektivierungserfordernissen eines Ausschüttungsbemessungsabschlusses ist überdies die Bezugnahme auf *innere Tatsachen*, wie die Absicht, einen immateriellen Wert fertig zu stellen und zu nutzen

---

617 Freilich kann durch Marktforschungserhebungen nachgewiesen werden, dass für zu entwickelnde Produkte *aktuell* ein Markt vorhanden ist (vgl. *Baetge/von Keitz*, in: IAS/IFRS Kommentar, IAS 38 Tz. 58; *Fülbier/Honold/Klar*, RIW 2000, 833, 838). Die entsprechende Bedürfnisstruktur unterliegt indes einem steten Wandel. Auch aus diesem Grund lässt sich der wirtschaftliche Erfolg von Entwicklungstätigkeit kaum planen (vgl. *Menn*, in: IAS Kommentar, 1997, IAS 9 Rn. 43; *Wöhe*, S. 402; *Knop/Küting*, in: HdR, § 255 Rn. 346). Eine positive Prognose bezüglich der Nutzungs- und Verwertungsmöglichkeit begründet einen zukünftigen Nutzenfluss daher auch dann nicht sicher, wenn die Prognose mit maximaler Sorgfalt durchgeführt wurde. Insbesondere könnte ein aktuell feststellbares Bedürfnis durch ein Konkurrenzunternehmen vorzeitig abgedeckt werden (vgl. *Kirsch*, BB 2003, 1111, 1112; *Knobbe-Keuk*, S. 90).

618 Adäquates Instrumentarium zum Nachweis einer Fertigstellungsmöglichkeit scheint (beinahe) nur in Form externer Gutachten zur Verfügung zu stehen. Neben hohen „Reportingkosten" dürften aber insbesondere Geheimhaltungsbedürfnisse gegen eine solche „Nachweispraxis" sprechen.

619 Jüngst *von Keitz*, DB 2003, 1801, 1802. Besonders greifbar scheint die Gefahr erfolgloser Entwicklungstätigkeit, wenn sie auf Produktentwicklungen gerichtet ist, die einem behördlichen Genehmigungs- und Zulassungsverfahren unterliegenden (vgl. *Menn*, in: IAS Kommentar, 1997, IAS 9 Rn. 50; ferner *Baetge/von Keitz*, in: IAS/IFRS Kommentar, IAS 38 Tz. 58; *Fülbier/Honold/Klar*, RIW 2000, 833, 837 f.).

(IAS 38.57 [b])[620]. Die Anknüpfung an innere Vorgänge und Zustände widerspricht insbesondere der – allgemeinrechtlichen – Forderung nach *Rechtssicherheit*[621]. Rechtssichere Aktivierungsvoraussetzungen zeichnen sich hingegen dadurch aus, dass deren Prüfung allein anhand objektiver, nachprüfbarer und nach außen in Erscheinung tretender Kriterien vorgenommen werden kann[622].

Offen bleibt im Übrigen, welche Anforderungen an den geforderten Nachweis zu stellen sind. Einiges spricht dafür, dass das Nachweiserfordernis nicht sonderlich streng auszulegen ist, da eine aktivische Erfassung entsprechender Sachverhalte andernfalls als nahezu ausgeschlossen gelten müsste[623]. Insbesondere IAS 38.61, der in diesem Kontext die Einbeziehung von Unternehmensplänen nahe legt, deutet im Gegenteil darauf hin, dass das IASB der Aktivierung selbst erstellter immaterieller Werte keine allzu hohen Hürden in den Weg stellen will. Freilich bieten gerade prospektive Planrechnungen für Objektivierungszwecke keine geeignete Grundlage[624].

Zieht man die Summe unter die vorstehenden Überlegungen bleibt festzuhalten, dass das IASB die hinsichtlich der Werthaltigkeit (unfertiger) selbst erstellter immaterieller Posten bestehenden Unsicherheiten perfekt „einkreist", ohne aber zum eigentlichen Problemkern durchzudringen[625]. Das verbleibende Objektivierungsdefizit lässt sich allerdings unschwer darauf zurückführen, dass die im fraglichen Zusammenhang unausweichlichen Prognosenentscheidungen *ihrer Natur entsprechend nicht objektivierbar* und daher untrennbar mit dem individuellen Erfahrungshorizont sowie den bilanzpolitischen Präferenzen des jeweiligen Ent-

---

620 In Bezug auf die Bewertung von Finanzinstrumenten gemäß IAS 39 *Löhr*, StuB 2003, 643, 645 f. Nach *Baetge/von Keitz* (in: IAS/IFRS Kommentar, IAS 38 Tz. 57) soll insoweit genügen, dass der Bilanzierende belegt, dass er die Entwicklungstätigkeit aktuell fortsetzt.

621 In diesem Sinne *Kirsch*, BB 2003, 1111, 1112; vgl. in diesem Zusammenhang erneut BFH (GrS) DStR 2000, 1682, 1685; ferner *Euler*, BB 2002, 875, 877.

622 BFH (GrS) DStR 2000, 1682, 1685; vgl. auch *Euler*, BB 2001, 2631, 2633; MüKo-AktG/*Hennrichs*, § 246 Rn. 43; *derselbe*, S. 51 f.

623 Mit Recht meinen *Fülbier/Honold/Klar* (RIW 2000, 833, 837; vgl. auch *Baetge/von Keitz*, in: IAS/IFRS Kommentar, IAS 38 Tz. 58; *Euler*, BB 2002, 875, 877, Fn. 38), dass eine strenge Auslegung dieses Kriteriums einem faktischen Aktivierungsverbot gleichkäme. Insbesondere juristische Beweiserfordernisse können insoweit nicht zur Anwendung gelangen, da *aus tatsächlichen Gründen* nicht *bewiesen* werden *kann*, dass ein bislang nicht fertig gestelltes Produkt zukünftig nutzbar oder verkäuflich sein wird. Denn dem Beweise zugänglich sind allein vergangene und gegenwärtige Tatsachen.

624 *Kleindiek*, ZGR 1998, 466, 473 („der Willkür Tür und Tor geöffnet"); vgl. auch *Leffson*, S. 69, 88 ff.; *Meyer/Meisenbacher*, DStR 2004, 567, 570 („nahezu inhaltsleer").

625 Ähnlich MüKo-AktG/*Hennrichs*, § 246 Rn. 69; *derselbe*, ZGR 2000, 627, 641.

scheidungsträgers verknüpft sind. Auch bleibt die Frage unweigerlich unbeantwortet, ob ein noch unfertiger immaterieller Posten künftig zur Generierung von Einzahlungsüberschüssen wird beitragen können. Diese für die bilanzielle Erfassung gemäß IAS 38 fundamentale Fragestellung vermag ein bilanzielles Regelwerk nicht zu steuern[626].

(3) Rechtspolitische Beurteilung

Auf dieser theoretischen Grundlage suggerieren die IAS/IFRS-Regelungen betreffend die Behandlung selbst erstellter immaterieller Vermögenswerte eine Genauigkeit und Objektivierungsstrenge, die sie in tatsächlicher Hinsicht nicht zu erzeugen vermögen[627]. Handgreiflich wird dies, wenn man sich vergegenwärtigt, dass der Anwender schlicht darauf verzichten kann, sich um die Beibringung erforderlicher Nachweise zu bemühen. Ist der Bilanzierende daher grundsätzlich in der Lage, entsprechende Nachweise zu führen, offenbart IAS 38.57 seinen wahlrechtsgleichen Charakter[628], der den Zielsetzungen des IASB offensichtlich zuwiderläuft[629]. Obgleich jede Informationsselektion den im Framework formulierten Ansprüchen nicht gerecht wird (vgl. F.31), bereiten die IAS 38.51 ff. damit den Weg für eine „entobjektivierte Rechnungslegung". Die Rechtswirklichkeit steht folglich in eindeutigem Widerspruch zu dem grundsätzlichen Bestreben des IASB, bilanzpolitische Spielräume einzuschränken[630].

Mit Rücksicht auf die mehrschichtigen handelsbilanzrechtlichen *Schutzfunktionen* sind solche impliziten Wahlrechte als *rechtspolitisch* verfehlt zu brandmarken[631]. Die europäische und nationale Gesetzgebung muss hingegen um

---

626 Hierzu auch *Kirsch*, BB 2003, 1111 f.

627 Siehe z.B. *Fülbier/Honold/Klar*, RIW 2000, 833, 838.

628 Jüngst *von Keitz*, DB 2003, 1801, 1802; ferner *Baetge/von Keitz*, in: IAS/IFRS Kommentar, IAS 38 Tz. 59; *Hömberg/König*, in: Baetge/Kirsch/Thiele, § 248 Rn. 528; *Schildbach*, BB 1995, 2635, 2638 (noch zu IAS 9); vgl. auch *Wagenhofer*, S. 154; *Wulf*, StuB 2001, 1097, 1101 f.

629 Tatsächlich sieht IAS 38.45 (1998) (vgl. jetzt auch IAS 38.57) ausdrücklich eine Ansatzpflicht vor („Ein aus der Entwicklung [...] entstehender immaterieller Vermögenswert *ist dann, aber nur dann*, zu aktivieren, wenn [...]", Hervorh. d. d. Verf.).

630 Vgl. *Hennrichs*, ZGR 2000, 627, 641 f.; *Küting/Pilhofer/Kirchhof*, WPg 2002, 73, 85; *Schildbach*, in: Festschr. für Moxter, 1994, S. 699, 714.

631 MüKo-Akt/*Hennrichs*, § 246 Rn. 69. Insbesondere die Verlässlichkeit der Rechnungslegung sowie die Vergleichbarkeit von Jahresabschlüssen ist auf dieser Grundlage nicht gewährleistet, vgl. dazu auch *Engel-Ciric*, DStR 2002, 780, 781; *Euler*, BB 2001, 2631 („Wohl gefährlicher ist das 'mehr Scheinen als Sein' [...]"); *Hennrichs*, S. 4 ff., 75 f., 434 ff.; MüKo-AktG/*Hennrichs*, § 246 Rn. 43; *Kleindiek*, ZGR 1998, 466, 467 und 484 f.; *Schruff*, BFuP 1993, 400, 415 f.

Vorgaben bemüht sein, die eine eindeutige, nachprüfbare und willkürfreie Rechnungslegung ermöglichen und einfordern[632]. Insbesondere IAS 38.57 stellt demgegenüber Objektivierungsgesichtspunkte in einer Weise hintan, die zumindest indiziert, dass sich die IAS/IFRS in einen *schutzrechtlich* angelegten Regelungszusammenhang insgesamt nicht einpassen lassen. In objektivierungsrechtlicher Hinsicht bedeutete eine „Verrechtlichung" des IAS 38 jedenfalls einen substanziellen Rückschritt gegenüber dem geltenden Handelsbilanzrecht, das das bilanzpolitische Ermessen des Kaufmanns in Bezug auf selbst erstellte immaterielle Anlagegegenstände auf Null reduziert[633]. Vor diesem Hintergrund scheint die fortwährende Nichtabbildung selbst erstellter immaterieller Anlagewerte als geringeres Übel[634] hinnehmbar[635].

(4) Zahlungsbemessungsfunktion

Sofern IAS 38.57 in ein mit Ausschüttungsbemessungsaufgaben betrautes Regelwerk eingebunden wird, das als bilanzielles Bezugsobjekt eines Kapitalschutzsystems fungiert, wirken sich die skizzierten, objektivierungsbezogenen Unzulänglichkeiten auch ungefiltert auf den bilanziellen Kapitalschutz aus. Rechenschafts- und Zahlungsbemessungsfunktion ist insoweit gemein, dass sie ihre gesetzeszweckentsprechende Wirkung nur entfalten können, wenn sie sich auf nachprüfbare, objektivierte Rechnungslegungsinhalte beziehen[636]. Die aufgezeigten Auslegungs- und Ermessensspielräume versetzen das bilanzierende Unternehmen namentlich in die Lage, Ausschüttungspotentiale entsprechend bilanzpo-

632 So namentlich *Hennrichs*, S. 51 f.; MüKo-AktG/*Hennrichs*, § 246 Rn. 43; vgl. auch BFH (GrS) DStR 2000, 1682, 1685.

633 In diese Richtung offenbar auch *Schildbach*, BB 1995, 2635, 2638 („Verglichen mit dem *zumindest klaren Verbot* beim originären immateriellen Anlagevermögen in Deutschland hilft weder [...] noch die Pflicht zum Ansatz von Entwicklungsausgaben unter bestimmten Voraussetzungen nach IAS 9 weiter.", Hervorh. d. d. Verf.).

634 *Hennrichs*, ZGR 2000, 627, 642; a.A. *Küting/Dawo/Heiden*, BB 2001, 615; zu dieser rechtspolitischen Frage vgl. auch *Hommel*, ZfbF 1997, 345, 346; *Scheffler*, in: Festschr. für Strobel, 2001, S. 3, 26.

635 Die Vermengung traditioneller und damit zumeist sicherer Vermögensbestandteile mit unsicheren Komponenten führt darüber hinaus dazu, dass der *Erfolgsausweis insgesamt* keine verlässliche Informationsgrundlage bietet. Die konservative Vermögenserfassung nach Maßgabe der GoB gewährleistet demgegenüber eine *einheitliche Qualität* und stellt sich als vergleichsweise gesicherte Informationsquelle dar. Der darin liegende Vorzug gegenüber der IAS/IFRS-Rechnungslegung wird allerdings nur selten gewürdigt (vgl. aber *Schildbach*, in: Festschr. für Moxter, 1994, S. 699, 715 f.).

636 *Kleindiek*, ZGR 1998, 466, 484 f.; vgl. auch *Kropff*, in: Festschr. für Baetge, 1997, S. 65, 89 f.

litischer Präferenzen zu steuern, was, wie bereits angeklungen, insbesondere darauf zurückzuführen ist, dass IAS 38.57 die Periodisierung der auf einen immateriellen Wert bezogenen Herstellungskosten gewissermaßen von einem „zusätzlichen" – faktisch freiwilligen – Engagement des Bilanzierenden abhängig macht. Die betrachtete Regelung eignet sich daher vortrefflich zur Gewinnglättung[637] und damit zur zumindest temporären Kaschierung negativer Entwicklungen der Ertragslage[638]. Die Einbringung gesetzeszweckfremder bilanzieller Gestaltungskriterien bewirkt darüber hinaus aber, dass Ausschüttungspotentiale in einem Umfang ausgewiesen werden, der sich mit den originären gesetzgeberischen Zielvorstellungen jedenfalls nicht vollkommen deckt.

Bezieht man ferner die dem gegenwärtigen europäischen Kapitalgesellschaftsrecht immanente *Risikoverteilungsstruktur* zwischen Unternehmenseignern und Gläubigern in die Betrachtung ein, verfestigt sich der Eindruck, dass sich IAS 38 insgesamt nicht sachgerecht in den Regelungszusammenhang von Gesellschaft- und Handelsbilanzrecht einpassen lässt. De lege lata gründen handelsrechtliche Aktivierungsmechanismen gerade auf der Prämisse, Vermögensmehrungen erst abzubilden, wenn sie als nahezu (quasi-) sicher gelten können (Kap. 4 D. 1. c)). Der daraus ableitbare Grundgedanke, noch unsichere Vermögenskomponenten auszublenden (z.B. eine Gegenforderung aus einem zweiseitig verpflichtenden Rechtsgeschäft [§ 252 Abs. 1 Nr. 4, 2. Halbs. HGB]) ist insbesondere mit der bilanziellen Erfassung noch unausgereifter immaterieller Anlagewerte nicht in Einklang zu bringen[639]. Namentlich die *Werthaltigkeit* des aus unternehmerischer Entwicklungstätigkeit erwachsenden, aber noch unvollendeten immateriellen Werts lässt sich auf der Grundlage des IAS 38.57 nicht in einer Weise „verifizieren", die eine bilanzielle Zwischenspeicherung angefallener Kosten rechtfertigte[640]. Obschon eine Bewertung nach Maßgabe der Herstellungskosten (vgl. IAS 38.65 f.) künftige Erfolgsbeiträge von der Aktivierung ausschließt, besteht doch insoweit ein Gleichlauf zwischen aktivischer Erfassung von Kosten und Gewinnrealisierung, als *beide* Vorgänge Vermögens*umschichtungen* respektive Vermögenszuwächse voraussetzen[641]. Die gesellschaftsrechtlich induzierte

---

637 Das bilanzpolitische Steuerungspotential wird indes durch das Verbot einer „Nachaktivierung" von Kosten begrenzt, die in einer vorangegangenen Periode als Aufwand erfasst wurden (IAS 38.65).

638 *Schildbach*, BB 1995, 2635, 2638.

639 In diesem Sinne *Kahle*, WPg 2003, 262, 269; vgl. aber *Wulf* (StuB 2001, 1097, 1099), die meint, dass es sich aus betriebswirtschaftlicher Sichtweise bei Entwicklungskosten „unter bestimmten Umständen sehr wohl um einen ansatzfähigen Vermögensgegenstand handeln (kann)".

640 Dies übersehen *Streim/Esser*, StuB 2003, 736, 739.

641 Siehe dazu auch *Schildbach*, in: Festschr. für Moxter, 1994, S. 699, 710.

Risikozuweisungsstruktur des Handelsbilanzrechts lässt daher *auch* eine *Zwischenspeicherung* von Kosten nur dann als *angemessen* erscheinen, wenn eine überwiegende Wahrscheinlichkeit für die Werthaltigkeit des jeweiligen Postens spricht. Eine „Wertdeckungsvermutung", wie sie das Handelsrecht – mit gewissen Einschränkungen – in Bezug auf Anschaffungs- und Herstellungskosten materieller sowie Anschaffungskosten immaterieller Vermögensgegenstände implizit zugrunde legt (vgl. Kap. 4 B., G. 1., H., I.), vermag demgegenüber IAS 38.57 hinsichtlich der Kosten, die auf die Herstellung eines immateriellen Vermögenswerts verwandt wurden, nicht zu vermitteln. Dem bilanzierenden Unternehmen wird vielmehr Gelegenheit gegeben, einen wesentlichen Teil des *allgemeinen Investitionsrisikos* – mithin ein originäres Unternehmerrisiko – in die Gläubigersphäre abzuwälzen.

Mit Blick auf das erkennbare Objektivierungsdefizit der in IAS 38.51 ff. abgefassten Regelungen muss dieser Befund besonders nachdenklich stimmen, da nicht wenige Unternehmen ein erhebliches Interesse[642] daran haben dürften, Entwicklungsausgaben nicht unmittelbar gewinnmindernd berücksichtigen zu müssen[643]. Die Integration von IAS 38 in ein auf Ausschüttungsbemessung bedachtes bilanzielles Regelwerk würde folglich zu einer weiteren Risikoverlagerung zu Lasten der ohnehin durch erweiterte Ausschüttungsmöglichkeiten belasteten Gläubiger führen[644].

Europäische und handelsrechtliche Bilanzierungsgrundlagen weisen demgegenüber eine (notwendig) einheitliche Grundhaltung auf: Freilich sehen die Artt. 9 Aktiva C. 2. lit. b und 10 C. 2. lit. b BiRiLi ein Mitgliedsstaatenwahlrecht zur Aktivierung von Forschungs- und Entwicklungskosten vor, von dem der nationale Gesetzgeber keinen Gebrauch gemacht hat; Art. 37 Abs. 1 i.V.m. Art. 34 Abs. 1 lit. b BiRiLi bindet die aktivische Berücksichtigung von Forschungs- und Entwicklungskosten allerdings an eine Ausschüttungssperre. Allein unter dieser Voraussetzung schien es dem europäischen Gesetzgeber hinnehmbar, derartige Kosten gewinnneutral zu behandeln[645].

---

642 Vgl. DRSC, E-Rahmenkonzept, Tz. 8. Der verstärkte Ausweis immaterieller Vermögenswerte (vgl. die Untersuchung von *Burger/Fröhlich/Ulbrich*, KoR 2004, 353, 361 f.) kann ferner im Rahmen von Kreditverhandlungen Bedeutung erlangen (Richtigerweise sind selbst erstellte immaterielle Anlagewerte im Rahmen der von § 18 KWG eingeforderten Prüfung der Kreditunterlagen aus dem Jahresabschluss herauszurechnen (mit Recht *Fischer*, S. 161).

643 Bestrebungen dieser Art sind im Zuge jüngerer „Bilanzierungsskandale" („Worldcom") nachdrücklich in das Bewusstsein einer breiten Öffentlichkeit getreten.

644 Zutr. *Schön*, WPg-Sonderheft 2001, 74, 76.

645 Vgl. dazu den Vorschlag einer 4. Richtlinie der EG-Kommission vom 16.11.1971, Begr. zu Art. 8, abgedr. bei *Schruff*, S. 42. Auch nach *Moxter* (in: Festschr. für Beisse, 1997, S. 347, 350) indiziert die Begrenzung des Ausschüttungspotentials

Festzuhalten ist danach, dass es sich verbietet, insbesondere die IAS 38.51 ff. in ein auf Ausschüttungsbemessung bedachtes Bilanzrecht zu integrieren, sofern der bilanzielle Gläubigerschutz nicht spürbar zurückgesetzt werden soll.

e) Zusammenfassung

Zusammenfassend ist zu konstatieren, dass IAS 38 der Rechnungslegung ihre objektivierte Grundlage entzieht. Neben der unkontrollierbaren und in zeitlicher Hinsicht willkürlichen Abgrenzung von Forschungs- und Entwicklungsausgaben stellen die konkreten Aktivierungsvoraussetzungen für unfertige immaterielle Werte, die aus der Entwicklungsphase hervorgehen, keineswegs dasjenige Maß an Rechtssicherheit her, das für Rechenschaftslegung und Ausschüttungsbemessung unabdingbar ist. Während die handelsrechtliche Rechnungslegung jedenfalls insoweit durch eine unzweideutige Grenzziehung besticht, bietet IAS 38 eine Plattform für weitgehende „Bilanzierungsbeliebigkeit". Im Rahmen eines auf Ausschüttungsbemessung bedachten bilanziellen Regelwerks würde IAS 38 durch seine Rückkopplung auf gesellschaftsrechtliche Kapitalschutzmechanismen mithin eine nachhaltige Zurücksetzung der Belange der Unternehmensgläubiger bewirken[646].

4. Erfassung von Erfolgsbeiträgen

Wie bereits in Kapitel 1 dargelegt, kommt den Regelungen betreffend den Ausweis von Erfolgsbeiträgen hervorgehobene Bedeutung zu, sofern ein bilanzielles Regelwerk dazu bestimmt ist, neben Informationsaufgaben auch eine Ausschüttungsbemessungsfunktion zu erfüllen (Kap. 1 C. 2., 3.). Freilich sind Vorschriften über die Berücksichtigung von Erfolgsbeiträgen notwendig mit den Regelungen verknüpft, die sich auf die Erfassung von Vermögenswerten und Schulden beziehen. Erfolgs- und Vermögenserfassung lassen sich daher im System der Gewinnermittlung durch Vermögensvergleich nicht trennen (vgl. Kap. 4 D. 1. b), F.92)[647]. Gleichwohl sehen die IAS/IFRS in Übereinstimmung mit dem Handelsbilanzrecht spezielle Regelungen vor, die sich eigens mit der Erfolgsberücksichtigung befassen. Nachfolgend soll daher untersucht werden, ob diese Regelungen die dem europäischen Kapitalgesellschaftsrecht immanente Risikoverteilungs-

---

u.a. in Bezug auf Forschungs- und Entwicklungskosten die „Ausschüttungssperraufgabe" der EG-Bilanzrichtlinie.

646 Mit dem gleichen Tenor nunmehr auch *Arbeitskreis Externe Unternehmensrechnung*, DB 2003, 1585, 1588.

647 Vgl. auch *ADS International*, Konzeptionelle Grundlagen, Rn. 192.

struktur zwischen Unternehmenseignern und Unternehmensgläubigern (zumindest reflexartig) respektieren und als deren spezifische Ausformung insbesondere den Realisationsgedanken (in seiner handelsbilanziellen Gestalt) beachten (vgl. Kap. 1 C. 3).

a) Grundlegung

Diesbezüglich wurde bereits skizziert, dass die IAS/IFRS-Regelungen betreffend den Erfolgsausweis insbesondere dem Gedanken der Periodenabgrenzung verpflichtet sind, während handelsbilanzrechtlich vornehmlich das vorsichtsgeprägte Realisationsprinzip zum Tragen kommt (vgl. Kap. 5 B. 2.). Der Anwender der IAS/IFRS hat demgegenüber den Gesichtspunkt vorsichtiger Bilanzierung lediglich als Ermessensleitlinie für die Vornahme von Schätzungen zu beachten (F.37 Satz 3), da sich eine vorsichtsbedachte Bilanzierung nach Ansicht des IASB nicht mit den unabdingbaren Anforderungen an Neutralität und Zuverlässigkeit der IAS/IFRS-Rechnungslegung vereinbaren lässt[648]. Dem Grundsatz der Periodenabgrenzung ist demgegenüber innerhalb der IAS/IFRS-Rechnungslegungskonzeption die „oberste Hierarchieebene" zugeordnet (vgl. Kap. 5 B. 2.). Er vereinnahmt als allgemeines Abgrenzungskonzept das Realisationsprinzip (realisation principle), den Grundsatz der sachlichen Abgrenzung (matching principle) sowie die Regelungen betreffend die Verteilung zeitraumbezogener Aufwendungen und Erträge (deferrals). Das Realisationsprinzip ist danach in Abgrenzung zur handelsrechtlichen Rechnungslegung *nicht* als *notwendiges Folgeprinzip* des Gebots vorsichtsbedachter Bilanzierung[649] ausgestaltet, sondern dient allein der periodengerechten Aufwands- und Ertragszuordnung[650].

b) Gewinnrealisationsregeln nach IAS/IFRS

Die im Framework verankerten allgemeinen Kriterien für die Erfassung von Erträgen (vgl. F.92 f., .82 ff.) werden insbesondere durch IAS 18 (Erträge) ausgeformt[651], der den Zeitpunkt der Ertragsrealisation[652] für wichtige Geschäftsvorfälle bestimmt.

648 Aus diesem Grund untersagt das Framework ausdrücklich die Legung stiller Reserven durch bewusste Unterbewertung von Aktiv- oder Überbewertung von Passivpositionen (F.37 Satz 4).
649 Stellv. *Selchert*, DB 1990, 797, 798.
650 Vgl. z.B. *Kleindiek*, in: Staub: Großkommentar zum HGB, § 252 Rn. 29; *Krawitz*, DStR 1997, 886, 887 f.
651 *Ordelheide/Böckem*, in: IAS/IFRS Kommentar, IAS 18 Tz. 1.

Der Standard behandelt dabei ausschließlich Ertragsformen, die der gewöhnlichen Geschäftstätigkeit des Unternehmens (revenue [Erlöse]) zuzurechnen sind (F.74)[653]. Die Erfassung anderer Erträge (gains), wie beispielsweise Wertsteigerungen von Vermögenswerten oder Wertminderungen von Schulden (vgl. F.76), wird demgegenüber von speziellen Standards geregelt (z.B. IAS 39, 40, 41).

(1) Realisation von Erträgen aus dem Verkauf von Gütern

Die Realisation von Erträgen aus dem Verkauf von Waren ist nach Maßgabe der in IAS 18.14 verankerten Kriterien zu beurteilen[654]. Dessen zentrale Realisationsvoraussetzung ist darin zu sehen, dass die mit dem Eigentum an dem Verkaufsgut verbundenen wesentlichen Chancen und Risiken auf den Käufer übergegangen sein müssen (IAS 18.14 lit. [a]). Dem Veräußerer darf weiterhin kein Verfügungsrecht an dem Gegenstand des Kaufvertrages verbleiben, das gewöhnlicherweise mit dem Eigentumsrecht verbunden ist (ebenda lit. [b]). Darüber hinaus müssen die Erlöshöhe sowie die im Zuge der Vertragserfüllung für den Verkäufer insgesamt anfallenden Kosten verlässlich bestimmbar und der wirtschaftliche Nutzenzufluss *hinreichend wahrscheinlich* sein (ebenda lit. [c] - [e]).

Spiegelt man diese Voraussetzungen an den handelsrechtlichen Realisationskriterien (Kap. 4 D. 1. c)), wird deutlich, dass insoweit eine Verschiebung des Realisationszeitpunktes „nach vorn" regelmäßig nicht zu erwarten steht. Hier wie dort *bestimmt* typischerweise der *Übergang der Preisgefahr* – sofern dieser nicht mit dem Zeitpunkt der Eigentumsverschaffung zusammenfällt – den maßgeblichen Realisationszeitpunkt. Mit Erreichen dieses Zeitpunkts geht insbesondere die Gefahr des zufälligen Untergangs auf den Erwerber über, der nunmehr den wirtschaftlichen Nutzen zu ziehen berechtigt ist. Damit ist der Übergang der wirtschaftlichen Verfügungsgewalt verbunden, mit der auch die handelsrechtliche Zuordnung eines Vermögensgegenstands zum Vermögen des Veräußerers endet[655].

Ein Kaufvertrag, zu dessen Erfüllung der Verkäufer bereits das seinerseits Erforderliche unternommen hat, ermöglicht ferner regelmäßig die Bemessung des Erlöses. Zudem ist die Bestimmung der insgesamt im Rahmen der Vertragserfüllung anfallenden Kosten

---

652 IAS 11 behandelt demgegenüber auch den Zeitpunkt der Aufwandsrealisation, den IAS 18 ausblendet.

653 *Ordelheide/Böckem*, in: IAS/IFRS Kommentar, IAS 18 Tz. 2; siehe auch *ADS International*, Konzeptionelle Grundlagen, Rn. 188.

654 IAS 18 wurde im Zuge seiner Überarbeitung durch einen umfangreichen Anhang ergänzt, der zwar nicht Teil des Standards ist, gleichwohl aber wertvolle Hinweise für dessen Auslegung bereitstellt, welche die Einzelregelungen des IAS 18 indes nicht verdrängen.

655 Vgl. dazu MüKo-AktG/*Hennrichs*, § 246 Rn. 127 ff.

im Zeitpunkt des Gefahrenübergangs gemeinhin mit hinreichender Sicherheit durchführbar.

Da das „gemeinsame" Erfordernis des Gefahrenübergangs somit typischerweise die übrigen Realisationskriterien prädisponiert, unterscheiden sich die jeweils maßgeblichen Realisationszeitpunkte grundsätzlich nicht[656]. Sofern „Quasisicherheit" trotz des Übergangs der Preisgefahr *ausnahmsweise* nicht gegeben ist, scheint insbesondere auch IAS 18 den wirtschaftlichen Nutzenzufluss nicht als hinreichend wahrscheinlich zu erachten (vgl. IAS 18.18).

Gleichsam eine eher „vorsichtsbedachte Position" bezieht das IASB – in Abweichung zum BFH[657] –, wenn es die Ertragsrealisation unterbindet, sofern der Verkäufer ein vertragliches Rücktrittsrecht gewährt und die Wahrscheinlichkeit des Rücktritts nicht einschätzbar ist (IAS 18.16 lit. [d] sowie Anhang zu IAS 18, Tz. 2 lit. [b]).

Eine Abweichung zum Handelsbilanzrecht resultiert endlich auch nicht daraus, dass IAS 18 – unter einschränkenden Voraussetzungen[658] – eine Ertragserfassung zulässt, wenn sich die Übereignung des Kaufvertragsgegenstands (ausnahmsweise) entsprechend § 930 BGB vollzieht (vgl. Anhang zu IAS 18, Tz. 1)[659].

Auf dieser Grundlage ist folglich von einem *weitgehenden Gleichlauf*[660] der einerseits nach Handelsbilanzrecht und andererseits nach IAS 18.14 – 19 maßgeblichen Realisationszeitpunkte auszugehen. Ein ins Gewicht fallender Eingriff in die bilanzrechtlich vermittelte Risikoverteilungsstruktur zwischen Unternehmensgläubigern und Unternehmenseignern kann von dem betrachteten Regelungskomplex mithin nicht ausgehen[661]. Dieser Befund mag zwar vor dem Hin-

---

656 Insbesondere auch der in der Praxis wichtige Fall der Veräußerung unter Eigentumsvorbehalt wird nach HGB und IAS 18 gleich behandelt (vgl. einerseits IAS 18.17 Satz 2 f. und andererseits MüKo-AktG/*Hennrichs*, § 246 Rn. 133; *Schulze-Osterloh*, in: Baumbach/Hueck, GmbHG, § 42 Rn. 81).

657 BFH BStBl. II 1997, 382, 383; mit Recht a.A. allerdings die h.M. in der Literatur *ADS*, § 252 Rn. 82; MüKo-AktG/*Hennrichs*, § 246 Rn. 133; *Schulze-Osterloh*, in Baumbach/Hueck, GmbHG, § 42 Rn. 15.

658 Insbesondere ein sog. „Leerverkauf", bei dem der Verkäufer über die verkaufte Sache noch nicht (unmittelbar) verfügen kann, berechtigt nicht zur Ertragsrealisation.

659 *Ordelheide/Böckem*, in: IAS/IFRS Kommentar, IAS 18 Tz. 38; zum Handelsrecht auch *Selchert*, in: HdR, 5. Aufl., § 252 Rn. 105;.

660 Dazu auch *Ordelheide/Böckem*, in: IAS/IFRS Kommentar, IAS 18 Tz. 98.

661 Anders müsste das Urteil ausfallen, wenn der vom DSR veröffentlichte Entwurf eines Rahmenkonzepts – ohne weitere gesetzgeberische Anpassung – zur Grundlage der Ausschüttungsbemessung erhoben würde (vgl. insbesondere DRSC, E-Rahmenkonzept, Tz. 40, wonach eine Leistung oder Lieferung als realisierbar gilt, wenn sie „gegenüber einem vertragswilligen Käufer jederzeit erbracht werden könnte und die mit ihnen verbundenen Vermögenswerte jederzeit in Zahlungen oder Zahlungsansprüche getauscht werden könnten." [kritisch dazu mit objektivierungsbezogener

tergrund verwundern, dass die IAS/IFRS-Rechnungslegung *im Grundsatz* und in Abweichung zum Handelsbilanzrecht bereits dann eine Ertragsberücksichtigung vorsieht, wenn eine Vermögensmehrung *realisierbar* ist[662].

Eine Entsprechung auf der Passivseite findet die darin zum Ausdruck kommende Sichtweise namentlich in dem Abzinsungsgebot für langfristige Rückstellungen (IAS 37.45), dem handelsrechtlich in Gestalt des § 253 Abs. 1 Satz 2, 2. Halbs. HGB ein (grundsätzliches) Abzinsungsverbot gegenübersteht[663]. Eine Abzinsung wäre namentlich mit einer systemwidrigen Vorwegnahme künftiger Erträge verbunden[664].

Hinsichtlich der Behandlung kaufvertraglicher Rechtsbeziehungen werden die jeweils maßgeblichen, „realisationsbestimmenden" Kriterien des wahrscheinlichen Nutzenzuflusses einerseits sowie die „Quasisicherheit" des Gegenanspruchs andererseits gleichwohl im Wesentlichen inhaltsgleich verstanden[665]. Sofern IAS 18 somit zur kapitalschutzbezogenen Ausschüttungsbemessung herangezogen würde, stünden negative Folgewirkungen auf den bilanziellen Gläubigerschutz *insoweit* nicht zu befürchten.

Akzentuierung *Arbeitsgruppe Normierung der Rechnungslegung*, BB 2002, 2595, 2598]).

662 Vgl. F.92; ferner *ADS International*, Konzeptionelle Grundlagen, Rn. 188; *Achleitner/Behr*, S. 103; näher dazu *Ordelheide/Böckem*, in: IAS/IFRS Kommentar, IAS 18 Tz. 9 ff.

663 Streitbefangen ist allerdings die Frage, ob das Abzinsungsverbot auch auf Verlustrückstellungen Anwendung findet (so MüKo-AktG/*Hennrichs*, § 249 Rn. 117; *Schulze-Osterloh*, in: Baumbach/Hueck, GmbHG, § 42 Rn. 192; nunmehr auch BFH/NV 2001, 155 f.). Das Abzinsungsgebot beruht dabei auf der Annahme, dass eine erst künftig zu tilgende Schuld weniger belastend wirkt als eine sofort fällige (IAS 37.46), da das zur Begleichung der Verpflichtung Aufzuwendende in der Zwischenzeit erwirtschaftet werden kann (vgl. *Herzig*, WPg 2000, 104, 115).

664 Jüngst *Schulze-Osterloh*, ZIP 2004, 1128, 1136; *derselbe*, BB 2003, 351, 354; MüKo-AktG/*Hennrichs*, § 249 Rn. 117; MüKo-AktG/*Tiedchen*, § 253 Rn. 27; vgl. auch *Moxter*, BB 1999, 519, 523; a.A. offenbar *Ernst*, BB 2003, 1487, 1490 (der eine entsprechende Änderung des § 253 HGB in Aussicht stellt); einen Verstoß gegen das Realisationsprinzip hingegen offen lassend *Herzig*, WPg 2000, 104, 115.

665 Auch in Bezug auf die Erfassung von Erträgen aus Dienstleistungsverträgen entsteht kein Widerspruch zwischen den Kriterien des IAS 18.20 und dem Handelsbilanzrecht, vgl. *Wagenhofer*, S. 104; a.A. offenbar *Ordelheide/Böckem*, in: IAS/IFRS Kommentar, IAS 18 Tz. 59.

(2) Erträge aus der Nutzungsüberlassung an Dritte, insbesondere Erfassung von Dividendenforderungen

Erträge, die aus der Nutzungsüberlassung von Vermögenswerten an Dritte herrühren, sind zu erfassen, wenn der Nutzenzufluss *hinreichend wahrscheinlich* ist und die Erträge verlässlich bestimmt werden können.

In *Konkretisierung* dieser allgemeinen Kriterien verlangt IAS 18.30, die periodengerechte (zeitproportionale) Berücksichtigung von Zinsansprüchen entsprechend ihrer Effektivverzinsung[666]. Auch Nutzungsentgelte sind zeitlich abzugrenzen, sofern dadurch nicht der wirtschaftliche Gehalt der zugrunde liegenden vertraglichen Vereinbarungen unzutreffend wiedergegeben wird (vgl. IAS 18.33)[667]. Die IAS/IFRS und die handelsrechtliche Rechnungslegung folgen insoweit gleichen Grundsätzen. Namentlich werden Gewinne aus Dauerschuldverhältnissen – unter Durchbrechung des Grundsatzes der Nichtbilanzierung schwebender Geschäfte – auch auf Grundlage des Handelsbilanzrechts zeitanteilig und damit ohne Rücksicht auf die Fälligkeit des zugrunde liegenden Zahlungsanspruchs realisiert[668].

Eine bilanzielle Berücksichtigung von Dividendenforderungen setzt gemäß IAS 18.30 lit. (c) deren *rechtliche Entstehung* voraus. Ein Dividendenanspruch entsteht freilich erst durch den Gewinnverwendungs- (bzw. Gewinnausschüttungs-)Beschluss der Haupt- respektive Gesellschafterversammlung[669]. Im Rahmen konzernrechtlicher Strukturen kommt es auf dieser Grundlage typischerweise zu einer „phasenverschobenen" Aktivierung von Dividendenforderungen.

(a) „Phasengleiche" Dividendenaktivierung de lege lata

Sowohl im handelsbilanzrechtlichen Schrifttum als auch in der Rechtsprechung ist demgegenüber umstritten, ob eine phasengleiche Aktivierung von Dividendenansprüchen (aus Mehrheitsbeteiligungen) zulässig oder gar geboten ist[670]. Insbesondere der BGH neigt in dieser Frage einer vom EuGH[671] gebilligten wirt-

666 Vgl. dazu insbesondere *Ordelheide/Böckem*, in: IAS/IFRS Kommentar, IAS 18 Tz. 82 (mit Blick auf die handelsrechtliche Rechnungslegung).

667 Zur bilanzrechtlichen Behandlung siehe Schmidt/*Weber-Grellet*, EStG, § 5 Rn. 692 m.w.N.

668 BFH BB 2003, 841 f.; MüKo-AktG/*Tiedchen*, § 252 Rn. 65 jeweils m.w.N.

669 BGHZ 65, 230, 235 f.; 137, 378, 381; BFH BB 2003, 841, 842.

670 Umfassend zu dieser Problematik MüKo-AktG/*Hennrichs*, § 246 Rn. 38 ff.; *Kleindiek*, in: Staub: Großkommentar zum HGB, § 246 Rn. 17 ff.

671 EuGH ZIP 1996, 1168 ff. („Tomberger"). Nach Ansicht des EuGH ist die Auslegung des BGH mit den Vorgaben der EG-Bilanzrichtlinie, insbesondere mit dem Realisationsgrundsatz (Art. 31 Abs. 1 lit. c Unterabs. aa BiRiLi) sowie mit dem Grundsatz der Bilanzwahrheit (Art. 2 Abs. 3 BiRiLi) vereinbar.

schaftlichen Betrachtungsweise zu und fordert eine phasengleiche Aktivierung eines Gewinnanspruchs, sofern dieser bereits so weitgehend konkretisiert ist, dass er als zum Vermögen des bilanzierenden (Mutter-)Unternehmens gehörig angesehen werden könne[672]. Die Diskussion um die phasengleiche Aktivierung von Gewinnansprüchen hat indes durch den Beschluss des Großen Senats des BFH[673] – freilich vom Standpunkt des Steuerbilanzrechts – neue Nahrung erhalten. Der Große Senat verneint diesbezüglich jedenfalls „im Grundsatz" eine Pflicht – sowie ein Recht[674] – zur phasengleichen Dividendenaktivierung. Zugleich fasst er die Voraussetzungen einer ausnahmsweise denkbaren phasengleichen Dividendenaktivierung mit Blick auf Objektivierungserfordernisse derart eng[675], dass diese de facto nahezu ausgeschlossen sein dürfte.

(b) Eigene Bewertung

Das Rechtsproblem der phasengleichen Aktivierung von Gewinnansprüchen schärft den Blick für den zentralen bilanzrechtlichen Widerstreit von Kapitalerhaltungs- und Ausschüttungsinteressen[676]. Vor dem Hintergrund der handels- und steuerbilanzrechtlichen Kontroverse um die phasengleiche Erfassung von Gewinnansprüchen in Konzernbeziehungen mag die „kompromisslose" Haltung des IASB in dieser Frage zunächst erstaunen, da dessen Standardsetzung von Kapitalerhaltungserwägungen unbeeinflusst ist (vgl. Kap. 5 B. 1.). Ungeachtet dessen sah das IASB bislang[677] von der Möglichkeit ab, Ausnahmeregelungen – etwa in Anlehnung an die vom BGH dargelegten Voraussetzungen[678] – zu formu-

---

672 BGHZ 137, 378, 382; vgl. ferner *ADS*, § 275 Rn. 152; *Schulze-Osterloh*, in: Baumbach/Hueck, GmbHG, § 42 Rn. 141 (schon bei einfacher Mehrheitsbeteiligung); grundsätzlich auch *Kropff*, in: Geßler u.a., AktG, § 151 Rn. 74; siehe auch *Weber-Grellet*, DB 1996, 2089 f.

673 BFH (GrS) DStR 2000, 1682 ff.; dazu *Wassermeyer*, DB 2001, 1053 ff.; vgl. ferner MüKo-AktG/*Hennrichs*, § 246 Rn. 41 ff.; *Knobbe-Keuk*, S. 221 f.; MüKo-AktG/*Tiedchen*, § 252 Rn. 71; kritisch zum Beschluss des GrS Schmidt/*Weber-Grellet*, EStG, § 5 Rn. 27 (unter „Dividendenansprüche").

674 BFH (GrS) DStR 2000, 1682, 1686 („Statt dessen ist nach allgemeinen Voraussetzungen des Wirtschaftsguts- und Vermögensgegenstandsbegriffes darüber zu entscheiden, ob ein solches anzusetzen ist oder nicht.").

675 Vgl. BFH (GrS) DStR 2000, 1682, 1685; siehe dazu auch BFH BB 2003, 841, 842.

676 Siehe dazu *Henssler*, JZ 1998, 701, 703.

677 Ein diesbezüglicher Richtungswechsel zeichnet sich derweil auch nicht ab. Beleg hierfür ist, dass auch die nunmehr neuerlich überarbeitete Fassung des IAS 10 die Anwender dazu verpflichtet, erst nach dem Bilanzstichtag vorgeschlagene oder beschlossene Dividenden zum Bilanzstichtag *nicht* als Schulden auszuweisen (IAS 10.12).

678 Vgl. BGHZ 137, 378, 381 f.

lieren, obschon dies zumindest bei vordergründiger Betrachtung nahe gelegen hätte[679]. Das IASB weicht demgegenüber in dieser heiklen Frage von der ansonsten verfolgten wirtschaftlichen[680] zugunsten einer *rechtlichen Betrachtungsweise* ab[681]. Den Anstoß zu dieser „konservativen Positionierung" dürften indes die vom Großen Senat treffend formulierten Objektivierungsschwierigkeiten gegeben haben. Diese würden einen informationsorientierten Abschluss in vergleichbarer Weise belasten, wie einen solchen, der der Bemessung von Zahlungsansprüchen dient.

Dies verkennen namentlich *Ordelheide/Böckem*, wenn sie mit Rücksicht auf die vermeintlich *systeminkonsistente* Betonung von Objektivierungsgedanken und entgegen der unzweideutigen Handlungsanweisung des IAS 18.30 lit. (c) eine phasengleiche Dividendenaktivierung nach Maßgabe der vom BGH benannten Kriterien (s.o.) als mit IAS 18 vereinbar erachten[682].

Ungeachtet dessen ist auf Grundlage des IAS 18.30 lit. (c) eine vom *Standpunkt des Kapitalschutzes* relevante[683] *Vorverschiebung* des handelsrechtlich maßgeblichen Realisationszeitpunktes augenscheinlich ausgeschlossen. Zugleich trägt die Bezugnahme auf das rechtliche Entstehen des Dividendenanspruchs den mit Rücksicht auf die Ausschüttungsbemessungsfunktion unabdingbaren Objektivierungsanforderungen vollumfänglich Rechnung.

---

679 Nach Auffassung des BGH (vgl. BGHZ 137, 378, 384.; vgl. ferner BGHZ 65, 230, 235) hat der vom IASB eingenommene formalrechtliche Standpunkt zur Folge, dass „ein objektiv unrichtiges Bild von der Ertragslage" der Muttergesellschaft gezeichnet wird; a.A. BFH (GrS) DStR 2000, 1682, 1686; siehe auch *Arbeitsgruppe Normierung der Rechnungslegung*, BB 2002, 2595, 2597 („Allerdings ist nicht vorstellbar, dass eine an den Rechnungslegungszwecken orientierte Auslegung einer Norm dem Gebot, ein den tatsächlichen Verhältnissen entsprechendes Bild der Vermögens-, Finanz- und Ertragslage zu vermitteln, zuwiderlaufen kann.").

680 Vgl. IAS 18.29, F.35, .89.

681 *Ordelheide/Böckem* (in: IAS/IFRS Kommentar, IAS 18 Tz. 94) erkennen einen „starke(n) Gegensatz zu der die IAS beherrschenden wirtschaftlichen Betrachtungsweise (...)".

682 *Ordelheide/Böckem*, in: IAS/IFRS Kommentar, IAS 18 Tz. 94; zu den objektivierungsbezogenen Funktionsvoraussetzungen handelsrechtlicher Rechenschaftslegung MüKo-AktG/*Hennrichs*, § 246 Rn. 43. Im Übrigen entspräche allein eine unumgehbare Aktivierungspflicht dem true and fair view-Gedanken (vgl. *Henssler*, JZ 1998, 701, 706).

683 Siehe dazu BGHZ 65, 230, 236 f. Nach Ansicht des BGH droht allerdings kein gläubigergefährdender Substanzentzug, „wenn bei der Aktivierung der Dividende deren Ausschüttung bei vernünftiger kaufmännischer Beurteilung mit Sicherheit feststeht." (a.a.O., S. 237).

(3) *Ertragsrealisation bei sale and lease back-Transaktionen*

Die bilanzielle Behandlung von Leasing-Verhältnissen bildet einen unter vielen Gesichtspunkten diskutierten Problemkreis, den IAS 17 im Gegensatz zum Handelsbilanzrecht einer detaillierten Regelung zuführt. Innerhalb dieses Themenbereichs nehmen allerdings sale and lease back-Transaktionen eine Sonderstellung ein: Als mehraktige Geschäftsvorgänge zeichnen sie sich durch die Veräußerung eines Vermögenswerts/Vermögensgegenstands und dessen anschließenden „Rückerwerb" im Rahmen eines Leasingverhältnisses aus.

Die tragenden Vereinbarungen des Kaufvertrages (insbes. die Bestimmung des Kaufpreises) werden dabei typischerweise *mit Rücksicht auf das Anschlussgeschäft* ausgestaltet (vgl. IAS 17.58 Satz 2), sodass der Kaufpreis häufig nicht den aktuellen Wert des Transaktionsgegenstands am Markt widerspiegelt.

Ziel des späteren Leasing-Nehmers ist daher nicht die Beschaffung des Leasing-Objekts, sondern vorrangig die Stärkung seiner Liquiditätssituation. Aus der Perspektive der kapitalschutzbezogenen Ausschüttungsbemessungsfunktion ist zudem besonders problematisch, dass sale and lease back-Geschäfte weithin darauf zielen, die im Transaktionsgegenstand angelegten stillen Reserven nutzbar zu machen.

(a) *Behandlung von sale and lease back-Transaktionen gemäß IAS 17*

IAS 17 betrachtet die benannten, an sich selbständigen Rechtsgeschäfte entsprechend ihrem wirtschaftlichen Gehalt als Einheit (vgl. IAS 17.58 ff.)[684]. Entscheidende Weichenstellung für die Behandlung von sale and lease back-Transaktionen ist dabei, ob sich das Anschlussgeschäft als Finance lease oder Operating lease darstellt[685]. Ist ein Leasingverhältnis als Finance Lease zu beurteilen, darf ein positiver Saldo aus der Kaufpreisvereinbarung und dem bisherigen Buchwert des Transaktionsgegenstands nicht unmittelbar als Ertrag erfasst werden (IAS 17.59). Die erfolgsneutrale Behandlung des „Veräußerungsgewinns" trägt insofern dem *Finanzierungscharakter* der *Gesamttransaktion* Rechnung (IAS 17.60), der darin zum Ausdruck kommt, dass das wirtschaftliche

684 Vgl. *Gelhausen/Gelhausen*, in: HdJ, I/5, Rn. 160.
685 Zur Differenzierung MüKo-AktG/*Hennrichs*, § 246 Rn. 176 ff.; *Kirsch*, in: IAS/IFRS Kommentar, IAS 17 Tz. 65. Kennzeichnend dürfte sein, dass der Leasing-Geber beim Operating Lease die wesentlichen Risiken und Ertragschancen des Leasingguts trägt und das Leasing im Wesentlichen den Charakter einer, gemessen an der betriebsgewöhnlichen Nutzungsdauer, nur kurzfristigen entgeltlichen Gebrauchsüberlassung hat (vgl. *ADS*, § 246 Rn. 386).

Vermögen des Leasing-Nehmers in seiner Zusammensetzung unberührt bleibt, eine Vermögensumschichtung mithin nicht stattfindet[686]. Liegt demgegenüber ein Operating Lease-Verhältnis vor, kommt es insbesondere dann zu einer unmittelbar erfolgswirksamen Vereinnahmung eines Kaufpreisüberschusses, sofern „klar ist", dass die Kaufpreisvereinbarung den beizulegenden Zeitwert des Vermögenswerts zum Ausdruck bringt (vgl. IAS 17.61)[687]. Insgesamt sind einer unmittelbar erfolgswirksamen Behandlung von sale and lease back-Transaktionen enge Grenzen gezogen[688]. Dies ist insbesondere darauf zurückzuführen, dass kaufvertragliche Abreden im Rahmen von sale and lease back-Transaktionen *typischerweise* mit *Finance Lease-Vereinbarungen* gekoppelt werden[689], was *unweigerlich* eine Abgrenzung etwaiger Kaufpreisüberschüsse nach sich zieht.

Gemessen an den in IAS 17.10 f. benannten Abgrenzungskriterien ist eine Einordnung als Finance Lease-Vereinbarung *der Regelfall*, da das Leasing-Objekt für den Leasing-Nehmer typischerweise „betriebsnotwendig" ist. Auch nach Beendigung des Leasingverhältnisses ist es für den Leasing-Nehmer daher häufig unverzichtbar (vgl. IAS 17.10 lit. [a]). Im Übrigen ist das Leasing-Objekt regelmäßig speziell auf die Bedürfnisse des Leasing-Nehmers abgestimmt (ebenda lit. [e]), da es von diesem bereits vor der Transaktion beschafft wurde. Der Leasing-Nehmer trägt daher konsequenterweise sämtliche mit dem Transaktionsgegenstand verbundenen Chancen und Risiken (vgl. IAS 17.11 lit. [b]).

(b) Bewertung unter Berücksichtigung der Ausschüttungsbemessungsfunktion

Vor diesem Hintergrund lässt sich die Behandlung von sale and lease back-Transaktionen gemäß IAS 17.58 ff. als prägnantes Beispiel dafür identifizieren, dass die ausschließlich mit Informationsaufgaben betrauten IAS/IFRS nicht uneingeschränkt eine im Verhältnis zum Handelsbilanzrecht „unvorsichtigere" Bilanzierung zulassen. Tatsächlich eröffnen gerade sale and lease back-Geschäfte eine Einbruchstelle in das – auf formellen Marktobjektivierungsmechanismen gründende – Realisationsprinzip handelsrechtlicher Prägung. Tatsächlich schlägt in sale and lease back-Konstellationen eine Wertbestätigung am Absatzmarkt fehl, da die Leasingabrede als Kopplungsvereinbarung den wirtschaftlichen Ge-

686 Vgl. auch *Kirsch*, in: IAS/IFRS Kommentar, IAS 17 Tz. 67.
687 In dieser Konstellation wird gewissermaßen unterstellt, dass ein „normaler Verkaufsvorgang" vorliegt und sich auch die nachfolgenden Leasingraten an den realen Wertverhältnissen des Leasinggegenstands orientieren.
688 Vgl. *Förschle/Kroner*, in: Beck'scher BilKomm, § 246 Rn. 205; *Gelhausen/Gelhausen*, in: HdJ, I/5, Rn. 208 f.
689 Vgl. *Förschle/Kroner*, in: Beck'scher BilKomm, § 246 Rn. 32; *Kirsch*, in: IAS/IFRS Kommentar, IAS 17 Tz. 64.

halt des Kaufvertrags regelmäßig in einem anderen Licht erscheinen lässt[690]. Endlich kommt es typischerweise nicht zu einer für den Realisationstatbestand unerlässlichen Entkopplung vom wirtschaftlichen Vermögen des Leasing-Nehmers (vgl. Kap. 4. D. 1. b))[691]. Zweifelhaft ist allerdings, ob die handelsrechtliche Bilanzierungspraxis diesen Sachgesetzlichkeiten vollumfänglich Rechnung trägt[692].

Die Praxis[693] folgt überwiegend den Erlassen der Finanzverwaltung[694], die nach verbreiteter Ansicht tendenziell eine Zurechnung zum Vermögen des Leasing-Gebers fördern[695]. Im Ergebnis kommt es daher auf der Grundlage des IAS 17 wohl *seltener* zu einer – aus handelsrechtlicher Sicht – *ungerechtfertigten Realisation* stiller Reserven[696].

Auch könnte die im Vergleich zum Handelsbilanzrecht eindeutigere Regelung des IAS 17.58 ff. für einen Disziplinierungseffekt sorgen, der Unternehmen eher davon abhält, eine aus Kapitalschutzperspektive unangemessene Gewinnrealisation durch Vertragsgestaltungen anzustreben, die letztlich auf eine Umgehung des gesetzgeberischen Willens zielen. Die in objektivierungsrechtlicher Hinsicht gleichwohl verbleibenden Defizite sind indes kaum zu vermeiden, da der Norm-/Gesetzgeber nach hiesigem Rechtsverständnis selbst dann nicht dazu berufen wäre, sämtliche denkbaren Vertragsgestaltungen gesondert zu regeln, wenn dies als möglich erschiene. Zusammenfassend scheint daher auf Grundlage der IAS 17.58 ff. eine weitgehende Kapitalschutzkompatibilität gewährleistet, insbesondere weil in die handelsrechtliche Risikoverteilung zwischen Unternehmenseignern und Gläubigern zumindest nicht zum Nachteil der Letztgenannten eingegriffen wird.

---

690 Vgl. dazu auch *Hoffmann*, DStR 2000, 15, 17 f.

691 *ADS*, § 246 Rn. 395; *Förschle/Kroner*, in: Beck`scher BilKomm, § 246 Rn. 32; MüKo-AktG/*Hennrichs*, § 246 Rn. 174; *Kropff*, ZGR 1993, 41, 54 f.

692 Vgl. hierzu *Kirsch*, in: IAS/IFRS Kommentar, IAS 17 Tz. 117; ferner *ADS*, § 246 Rn. 395; *Gelhausen/Gelhausen*, in: HdJ, I/5, Rn. 54; siehe in diesem Zusammenhang auch *Kessler*, DB 1997, 1, 3.

693 Vgl. dazu *Tschesche*, S. 180 ff.; siehe auch BFH BStBl. II 2001, 311, 314.

694 Abgedruckt z.B. bei *Gelhausen/Gelhausen*, in: HdJ, I/5, Rn 212. Die Erlasse der Finanzverwaltung entfalten als norminterpretierende Verwaltungsvorschriften indes keine Bindungswirkung (BFH BStBl. II 2001, 311, 314).

695 *Kirsch*, in: IAS/IFRS Kommentar, IAS 17 Tz. 94; *Schruff*, BFuP 1993, 400, 416; *Wagenhofer*, S. 238 f.; ferner *Tschesche*, S. 187; offenbar auch *Ballwieser*, in: Baetge/Kirsch/Thiele, § 264 Rn. 68.

696 Vgl. *Wagenhofer*, S. 239 f.

c) Fair Value-Accounting am Beispiel des IAS 40

Während die mittlerweile auf europäischer Ebene durch die Fair-Value-Richtlinie nachvollzogene Zeitwertbilanzierung von Finanzinstrumenten (IAS 39) – keineswegs ungeteilte[697] – Zustimmung erfahren hat, beschreitet das IASB mit der Fair Value-Bilanzierung nicht finanzieller Vermögenswerte einen Weg, der verbreitet kritisch gesehen wird[698]. Tatsächlich liegt es in der (unterschiedlichen) Natur verschiedener Bewertungsobjekte begründet, dass das Fair Value-Accounting *kein einheitlich* zu beurteilendes Problemfeld darstellt. Insoweit kann es nicht verwundern, dass internationale Standardsetter die Bilanzierung von Finanzinstrumenten als Ausgangspunkt einer fortschreitenden Tendenz zur Zeitwertbilanzierung auserkoren haben, da jedenfalls börsennotierte finanzielle Vermögenswerte aufgrund der tagesaktuellen Bestimmbarkeit des beizulegenden Zeitwerts eine tragfähige Grundlage für ein Fair Value-Accounting bilden[699].

---

697 Mit Recht Bedenken äußernd *Strobl-Haarmann*, in: Festschr. für Rädler, 1999, S. 607, 605: („Das Risiko einer nachträglichen Entwertung der financial instruments bzw. einer Verpflichtungserhöhung im Falle einer Verbindlichkeit wird somit einseitig auf die Gläubiger übergewälzt." Und weiter: „Das stellt den Gläubigerschutz nachhaltig in Frage."). Kritisch dazu, dass die *Absichten* der Unternehmensleitung über die Einordnung der gehaltenen Finanzinstrumente entscheiden jüngst *Kirsch*, BB 2003, 1111, 1113; vgl. auch *Hoffmann/Lüdenbach*, DStR 2002, 871, 873 ff.

698 Vgl. beispielsweise *Scheffler*, in Festschr. für Strobel, 2001, S. 3, 23; *Baetge/Zülch/Matena*, StuB 2002, 417, 422.

699 Siehe dazu *Schildbach*, BFuP 1998, 580, 587. Ungeachtet der insoweit gewährleisteten objektivierten Ermittelbarkeit von Zeitwerten sind negative Folgewirkungen auf den Kapitalschutz unausweichlich, sofern unrealisierte Werterhöhungen zur Ausschüttung gelangen, obgleich offen bleibt, ob die jeweilige Wertsteigerung bis zur Transformation des Finanzinstruments in Zahlungsmittel Bestand haben wird (*Kahle*, ZfB 2002, 695, 702; *derselbe*, WPg 2003, 262, 269; *Strobl-Haarmann*, in: Festschr. für Rädler, 1999, 607, 624 f.; diesen Aspekt würdigen *Herzig/Mauritz* [BB 1997, Beil. 5, S. 1, 7] nicht genügend). Einen eindrucksvollen Beleg für den Widerspruch zum gesellschaftsrechtlichen Kapitalschutzziel liefert namentlich Art. 42c Abs. 1 BiRiLi, der als lex specialis ausdrücklich von den allgemeinen Anforderungen des Art. 31 Abs. 1 lit. c BiRiLi suspendiert. Einer solchen Sonderregelung bedürfte es von vornherein nicht, wenn die Fair Value-Bewertung von Finanzinstrumenten mit dem allgemeinen Vorsichts- und Realisationsprinzip der Bilanzrichtlinie in Einklang zu bringen wäre (vgl. auch den Vorschlag einer Fair Value-Richtlinie, KOM [2000] 80, S. 9: „Aus einer vorsichtigen Perspektive bzw. aus Sicht der Kapitalerhaltung könnte es als unvorsichtig angesehen werden, diese Gewinne zur Ausschüttung an die Anteilseigner zur Verfügung zu stellen." [mit dem gleichen Tenor *Ernst*, BB 2003, 1487, 1489]. In systematischer Hinsicht vermag allerdings die Formulierung der Kommission nicht zu überzeugen, dass Wertschwankungen von Finanzinstrumenten, die zu Handelszwecken gehalten werden, „als 'realisiert'" gelten [a.a.O., S. 9, so auch *van Hulle*, ZGR 2000, 537, 542]. Vielmehr

Namentlich IAS 39 avanciert damit zu einem Einfallstor für eine grundlegende Hinwendung zur Fair Value-Bilanzierung[700].

Vor diesem Hintergrund entfaltet die Fair Value-Bewertung von Immobilien ein *arteigenes* Bilanzierungsproblem[701]. Allgemein stellt die Bilanzierung von Immobilien nicht zuletzt wegen der bisweilen besonders hohen stillen Reserven[702] ein streitträchtiges Thema dar[703], mit dem sich schon das Reichsgericht auseinanderzusetzen hatte[704]. Zudem hat sich die deutsche Rechts- und vor allem Gerichtspraxis „nahezu täglich" mit (den spezifischen Schwierigkeiten) der Zeit-/Verkehrswertermittlung von Immobilien zu befassen[705], sodass es angezeigt ist, IAS 40 einer intensiveren Betrachtung zu unterziehen.

(1) Grundlegung

(a) Überblick

In grundsätzlicher Abkehr vom Anschaffungskostenprinzip *erlaubt* IAS 40, *bestimmte* Immobilien[706] (vgl. Par. 2 - 15) im Rahmen der Folgebewertung[707] mit ihrem beizulegenden Zeitwert zu erfassen (Par. 33 - 55), ohne diese Option aller-

---

spricht Art. 42c Abs. 1 Fair Value-Richtlinie [sowie die durch die sog. EU-Bilanzrechtsmodernisierungsrichtlinie neu eingeführten Artt. 42 e, 42 f] dafür, dass *sämtliche* positiven Wertveränderungen unveräußerter Finanzinstrumente *entsprechend der Grundnorm* des Art. 31 Abs. 1 lit. c BiRiLi als unrealisiert zu gelten haben. Eine erfolgswirksame Berücksichtigung von Erträgen wird mithin zugelassen, obwohl eine Realisation noch aussteht.).

700 *Baetge/Zülch/Matena*, StuB 2002, 417, 422; *Kley*, DB 2001, 2257, 2258; vgl. auch jüngst *Küting/Dawo*, KoR 2003, 228.

701 Als Ausfluss der Besonderheiten des Grundbesitzes (BT-Drs. 13/5952, S. 27 f.) sieht daher etwa auch das BewG spezifische Bewertungsregeln vor (insbes. §§ 146 ff. BewG für bebaute Grundstücke), vgl. auch BFH, Beschluss vom 22. 5. 2002, Az: II R 61/99, GmbHR 2002, 917, 927 f.

702 *Siegel et al.*, ZIP 1999, 2077, 2080.

703 Vgl. *Hoffmann*, DB 2000, 485 ff.; *Hoffmann/Lüdenbach*, DStR 2002, 871, 876 f.

704 RG JW 1938, 747 f.

705 Vgl. etwa BGHZ 26, 373; 29, 217; 119, 62; BB 1962, 202 (Enteignungsentschädigung); BGH FamRZ 1986, 37, 39 f.; FamRZ 1992, 918, 919 f. (Zugewinnausgleich).

706 In seiner derzeitigen Gestalt etabliert IAS 40 somit ein sog. „mixed-Konzept" (*Baetge/Zülch/Matena*, StuB 2002, 365, 368; kritisch zu dieser Vorgehensweise *Hoffmann/Lüdenbach* [DStR 2002, 871, 873 f.] mit Blick auf die Bewertung von Finanzinstrumenten; vgl. auch *Hennrichs*, ZGR 2000, 627, 637; *Löhr*, StuB 2003, 643, 646).

707 Für die Eingangsbewertung sind gem. IAS 40.20 die Anschaffungs- und Herstellungskosten maßgeblich.

dings zur Benchmark-Methode[708] zu erheben. Gleichwertig[709] neben dem Fair Value-Modell steht die Möglichkeit, an der „traditionellen Bewertung" entsprechend dem Anschaffungskostenmodell (Par. 56 i.V.m. IAS 16.15) festzuhalten[710]. Um allerdings ein bilanzpolitisch motiviertes „Pendeln" zwischen den Bewertungsmethoden zu unterbinden, das die Vergleichbarkeit der Abschlüsse (eines Unternehmens im Zeitablauf) beeinträchtigen würde[711], ist das Wahlrecht für sämtliche, dem Anwendungsbereich des IAS 40 unterfallende Immobilien einheitlich auszuüben[712].

(b) Konzeptionelle Ansatz der Fair Value-Bewertung

Als beizulegenden Zeitwert definiert IAS 40.5 den Betrag, den verständige, vertragswillige und voneinander unanhängige Geschäftspartner (at arm`s length) (kauf-)vertraglich vereinbaren würden[713]. Die IAS/IFRS-Rechnungslegung bedient sich damit eines – dem „gedanklichen Teilwerttest" des Bundesfinanzhofs (vgl. Kap. 5 C. 2. a) (2)) ähnelnden – Kunstgriffs, um den Barwert der von der Bewertungseinheit künftig generierbaren Cashflows (vgl. IAS 40.40) bilanziell abbilden zu können[714] und parallel der Bildung stiller Reserven entgegenzuwirken. Die „exit price-Ausrichtung" des Fair Value-Modells fungiert in diesem Zusammenhang indes lediglich als „sachnächstes Instrument" zur Bestimmung des von der Bewertungsressource repräsentierten Wertpotentials[715]. Die damit be-

708 Allerdings würde auch eine Bezeichnung einer Bilanzierungsregel als benchmark treatment nicht zu einer Einschränkung des Auswahlermessens führen („echtes Wahlrecht", vgl. *ADS International*, Konzeptionelle Grundlagen, Rn. 10; *Beck*, KoR 2004, 498, 499; *Tanski*, DStR 2004, 1843, 1844).

709 Zutr. *Kirsch*, BB 2003, 1111, 1114; zumindest missverständlich hingegen *Baetge/Zülch/Matena* (StuB 2002, 365 f.), die das Modell des beizulegenden Zeitwerts gemäß IAS 40.33 ff. als „bevorzugte Bewertungsmethode" bezeichnen.

710 In Abweichung zu IAS 40 ordnet IAS 41 (Par. 12) für bestimmte – allein branchenspezifisch relevante – Vermögenswerte eine Fair Value-Bewertung zwingend an.

711 *Helmschrott*, DB 2001, 2457 f.

712 Zu Ausnahmen vgl. IAS 40.53 f.

713 Siehe dazu *Küting/Dawo*, KoR 2003, 228, 230.

714 Weiterführend zu diesem Ansatz *Ordelheide*, in: Festschr. für Busse von Colbe, 1988, S. 275, 279 ff.; vgl. auch *Scheffler*, in: Festschr. für Strobel, 2001, S. 3, 21.

715 *Pellens/Fülbier*, ZGR 2000, 572, 584 („Marktpreise [Fair Values] können als eine heuristische Annäherung an den Ertragswert verstanden werden."); vgl. auch *Kley*, DB 2001, 2257, 2258 f. Bereits § 112 ALR definierte den „gemeinen Wert" als *Nutzen*, den eine Sache einem jeden Besitzer gewähren kann (vgl. auch RGZ 32, 298, 300: „durch seine Benutzungsfähigkeit bedingte Wert"). Siehe ferner § 4 des Preußischen Schätzungsamtgesetzes vom 8.6.1918, wonach zur „Schätzung" des gemeinen Werts „in erster Linie der Ertrag, den das Grundstück bei ordnungsgemä-

stimmte Grundausrichtung des Fair Value-Accounting entspricht nach im handelsbilanzrechtlichen Schrifttum vorherrschender Ansicht[716] am ehesten den Informationsbedürfnissen aktueller sowie potentieller Investoren und wird damit (grundsätzlich) den an eine „kapitalmarktorientierte Rechnungslegung" zu richtenden Anforderungen gerecht[717].

Jedenfalls in ihrem konzeptionellen Ansatz vermag diese Sichtweise zu überzeugen, da das Fair Value-Accounting durch seine Orientierung an der Fähigkeit, (künftig) Einnahmenüberschüsse zu erzielen, für Prognosezwecke geeigneter scheint, als die mitunter von zwischenzeitlich überholten Umweltbedingungen geprägten (fortgeführten) Anschaffungs- und Herstellungskosten. Wie bereits angeklungen, haben Informationen freilich nur dann einen Wert, wenn sie hinreichend verlässlich sind (Kap. 5 B. 3.). Die Entscheidungsnützlichkeit einer (jeden) Fair Value-Konzeption steht mithin unter dem Vorbehalt der intersubjektiv überprüfbaren Ermittelbarkeit beizulegender Zeitwerte. Daraus folgt notwendig, dass die Prognosequalität der Fair Value-Bewertung in Abhängigkeit vom jeweiligen Bilanzierungsobjekt unterschiedlich zu beurteilen sein kann. Die Tauglichkeit des IAS 40 als Instrument der Kapitalmarktinformation lässt sich daher nicht abstrakt, sondern allein unter Berücksichtigung des Objektivierungsgrades der Zeitwertermittlung einschätzen.

Ungeachtet dessen bietet IAS 40 den Anwendern in Gestalt des Wahlrechts zwischen Anschaffungskosten- und Fair Value-Modell eine Möglichkeit, sich hinsichtlich der Zeitwerte ihrer als Finanzinvestitionen gehaltenen Immobilien bedeckt zu halten. Die in diesem Fall zu beachtenden umfangreichen Anhangvorschriften (IAS 40.79) beseitigen das hiermit einhergehende Vergleichbarkeitsdefizit nicht vollständig, da die Kernbestandteile des Jahresabschlusses nach wie vor im Zentrum öffentlicher Aufmerksamkeit stehen[718]. Überdies bezieht sich das angesprochene Wahlrecht schlechthin auf *die* zentrale Bewertungsfrage des IAS 40. Das IASB pendelt daher zwischen „grundverschiedenen Bi-

---

ßer Bewirtschaftung jedem Besitzer nachhaltig gewähren kann (...)" maßgeblich war. Im Übrigen stimmt der Verkehrswertbegriff inhaltlich mit dem in § 9 Abs. 2 BewG definierten Begriff des gemeinen Werts überein (vgl. z.B. BT-Drs. III/336, S. 107; BGH BB 1962, 202).

716 Jedenfalls *im Grundsatz Baetge/Zülch*, BFuP 2001, 543, 558; *Baetge/Zülch/Matena*, StuB 2002, 365; ferner *Kley*, DB 2000, 2257, 2258; *Wiedmann*, in: Festschr. für Havermann, 1995, S. 779, 789; vgl. auch *Ernst*, BB 2003, 1487, 1489.

717 Vgl. dazu *Hennrichs*, ZGR 2000, 627, 636: *„Zeitwerte haben für den Nutzer von Finanzberichten wohl die höchste Relevanz*, denn sie vermitteln *gegenwärtige* Informationen über *gegenwärtige* ökonomische Bedingungen." (Hervorh. im Orig.); so auch *Theile*, GmbHR 2001, 892, 897.

718 So *Pellens/Fülbier*, ZGR 2000, 572, 585 (mit Verweis auf empirische Untersuchungen); vgl. auch *Ekkenga*, S. 111; ferner MüKo-AktG/*Hennrichs*, § 246 Rn. 188; MüKo-HGB/*Beater*, § 264 Rn. 21; *Busse von Colbe*, in: Ballwieser (Hrsg.), US-amerikanische Rechnungslegung, 2000, S. 485, 497.

lanzierungsphilosophien", sodass der Eindruck eines konsistenten Regelwerks nicht erzeugt werden kann[719].

Mit Blick auf die in Kapitel 1 definierten Funktionsvoraussetzungen eines kapitalschutzbedachten bilanziellen Regelwerks wirkt die damit aufgeworfene Frage der zuverlässigen Ermittelbarkeit des beizulegenden Zeitwerts von Immobilien zugleich unmittelbar auf die Integrierbarkeit des IAS 40 in einen kapitalschutzorientierten Funktionszusammenhang ein[720].

(2) Zeitwertobjektivierung

Auf dieser theoretischen Grundlage soll nachfolgend untersucht werden, ob IAS 40 unter Berücksichtigung der tatsächlichen Verhältnisse im Immobiliensektor eine *zuverlässige Ermittlung* des beizulegenden Werts gewährleistet. Wie bereits angeklungen, ist die Verkehrswertermittlung von Grundstücken im deutschen Recht kein unbekannter Faktor[721], da in verschiedenen Rechtsbereichen ein nicht substituierbares Bedürfnis für eine Bestimmung aktueller Grundstückswerte besteht. Insoweit ist jedenfalls in konzeptioneller Hinsicht auch eine Immobilienbewertung qua Marktwertermittlung akzeptiert[722]. Vor diesem Hintergrund sollen nachfolgend neben den materiellen Grundlagen auch die formellen Rahmenbedingungen der Verkehrswertermittlung im deutschen Recht beleuchtet werden, um Aufschluss über die rechtspolitische Fundiertheit der Fair Value-Bewertung von Immobilien zu erlangen. Dieser Betrachtung soll zunächst eine Analyse der Objektivierbarkeit von Marktwerten unter Berücksichtigung der allgemeinen Zielsetzungen der IAS/IFRS-Rechnungslegung vorangestellt werden.

(a) Objektivierung qua Marktbewertung

Das Fair Value-Modell zielt als marktorientierter Wertmaßstab darauf, die dem Unternehmensvermögen zuzurechnenden Vermögenswerte mit ihren am Bilanzstichtag erzielbaren Preisen abzubilden (vgl. IAS 40.38). Zu diesem Zweck sieht IAS 40 ein mehrstufiges Konzept vor, an dessen Spitze die Bezugnahme auf den

719 Ähnlich *Helm*, S. 178. Folgerichtig ist es daher, dass sich das IASB offenbar die Beseitigung dieses „Missstands" auf die Fahnen geschrieben hat (vgl. Einführung vor IAS 40.8 [2000]: „zum gegenwärtigen Zeitpunkt nicht umsetzbar").

720 Offensichtlich ist zunächst, dass IAS 40 die Anschaffungs- oder Herstellungskosten als Bewertungsobergrenze nicht anerkennt und Bewertungsspitzen entgegen der hergebrachten Auslegung des Realisationsprinzips gewinnwirksam behandelt (IAS 40.35).

721 *Simon/Kleiber*, Schätzung, Rn. 1.1 („keineswegs [...] terra incognita").

722 Siehe *Simon/Kleiber*, Schätzung, Rn. 1.48 ff.

Marktwert (market value) steht[723]. So sah die inzwischen überarbeitete Fassung des IAS 40 (2000) in Par. 29 vor, dass der beizulegende Zeitwert der als Finanzinvestition gehaltenen Immobilien „in der Regel der Marktwert (ist)"[724].

Diese Ausrichtung überzeugt grundsätzlich, da namentlich sachverständige, vertragswillige und unabhängige Vertragspartner ihre Verhandlungsführung regelmäßig am Marktwert einer Immobilie ausrichten werden. Weiterhin ist angesichts der von IAS 40 unterstellten gleichwertigen Verhandlungsposition der fiktiven Vertragsparteien anzunehmen, dass kein anderer als der durch den Markt „bestimmte" Wert mit höherer Wahrscheinlichkeit den kaufvertraglichen Vereinbarungen[725] zugrunde gelegt wird.

Der von IAS 40 (2000) in Bezug genommene Marktwert stellt sich daher als Produkt der Koordinierungsfunktion des Marktes dar und kommt auf der Grundlage moderner Werttheorien[726] einem „tatsächlichen" und mithin *überindividuellen Wert*[727] zumindest sehr nahe. Der Markt kristallisiert insofern gewissermaßen einen *objektiven* Wert heraus[728], dessen bilanzieller Ausweis die Bildung stiller

723 Die vorrangige Orientierung an Marktwerten ist nachvollziehbar, da das in IAS 40 normierte Fair Value-Modell von der jederzeitigen Veräußerungsmöglichkeit einer Immobilie zum Fair Value ausgeht (*Baetge/Zülch*, BFuP 2001, 543, 554; *Baetge/Zülch/Matena*, StuB 2002, 417, 418).

724 Siehe demgegenüber IAS 40.36.

725 Dabei ist grundsätzlich der semantische Unterschied zwischen den Begriffen (Kauf-) Preis und Wert eines Vermögenswerts zu beachten. So muss der für ein Objekt gezahlte Preis nicht notwendig seinem Wert entsprechen (BGH NJW 1968, 150, 151; BGHZ 119, 62, 65 f.). Gemäß § 194 BauGB wird der Verkehrswert zwar *durch den* (erzielbaren) *Preis* bestimmt. Die Regelung gebietet allerdings ein *generalisierendes* Verständnis des Preisbegriffs (*Dieterich*, in: Ernst u.a., BauGB, § 194 Rn. 9, 17, 22). Erfasst werden soll daher der *übliche* bzw. der *angemessene* Preis (vgl. RGZ 3, 230, 241 zum gemeinen Wert). Dieser angemessene Preis wird in der Regel durch den Marktwert bestimmt. „Unvernünftige Abweichungen" von der allgemeinen Wertbeimessung sucht der Gesetzgeber durch Bezugnahme auf den „gewöhnlichen Geschäftsverkehr" zu eleminieren.

726 Zu den Wertlehren vgl. *Simon/Kleiber*, Schätzung, Rn. 1.43 ff.

727 Vgl. RGZ 3, 230, 241; 32, 298, 300; BGHZ 119, 62, 65 („allgemeiner Wert"); BGH ZMR 1965, 233, 235 („objektive Wert"); ferner *Simon/Kleiber*, Schätzung, Rn. 1.50; *Dieterich*, in: Ernst u.a., BauGB, § 194 Rn. 13. Ungeachtet der grundsätzlichen Realitivität des Nutzenwerts (dazu *Simon/Kleiber*, Schätzung, Rn. 1.48. Zudem kann der Wert einer Sache nicht als deren Eigenschaft gelten [stellv. BGHZ 16, 54, 57]) sind individuelle Nutzenvorstellungen am Markt auf ihre Durchsetzbarkeit zu testen und verengen sich dergestalt zu einem Marktwert.

728 Der Marktwert ermöglicht gewissermaßen einer „bewertungstechnische Emanzipation vom individuellen Entscheidungsfeld des Bilanzierenden" (*Herzig/Mauritz*, BB 1997, Beil. 5, S. 1, 3; vgl. auch *Hennrichs*, ZGR 2000, 627, 636 ff.), da er von subjektiven Nutzungsmöglichkeiten und individuellen Wertvorstellungen abstrahiert.

Reserven ausschlösse[729]. Soweit der Marktwert einer Bewertungsimmobilie daher anhand intersubjektiv überprüfbarer Umstände „ablesbar“ wäre[730], ließe sich das betrachtete Zeitwertkonzept jedenfalls unter Objektivierungsgesichtspunkten vorbehaltlos in einen kapitalschutzbedachten Funktionszusammenhang setzen. Auf der Grundlage modellhafter Betrachtung beseitigt die Marktbewertung insbesondere subjektive Ermessens- und Beurteilungsspielräume und gewährleistet auf diese Weise eine optimale Befolgung gesetzgeberischer Steuerungsimpulse. Vorbehaltlich der Funktionsfähigkeit einer ebensolchen Objektivierung qua Marktbewertung und ohne Rücksicht auf die Anforderungen des für die Kapitalschutzperspektive unabdingbaren Realisationsprinzips ließe sich IAS 40 daher auch in ein kapitalschutzbedachtes Regelungssystem einbinden.

(b) Realisierbarkeit der Marktwerterhöhung

Ungeachtet der „allgemeinen Kapitalschutzkompatibilität“ des IAS 40 und vor dem Hintergrund der Erfolgswirksamkeit von Zeitwerterhöhungen (IAS 40.35) sowie deren Fundierung im Framework (F.92) muss ein mittels Marktbewertung ermittelter Wert jederzeit in Zahlungsmittel respektive Zahlungsmitteläquivalente transferierbar und auf diesem Wege *realisierbar* sein. Wesentliches Charakteristikum von Marktwerten ist es daher, dass sie auf objektiver Grundlage den Betrag bestimmen, der bei Aufbringung „geschäftsüblicher Veräußerungsanstrengungen“ am Markt erzielbar ist[731]. Daraus folgt wiederum, dass von einer „echten“ Markt-/Verkehrswertermittlung an sich nicht gesprochen werden kann, sofern entsprechende Absatz- oder Erwerbsbemühungen fehlschlagen[732]. Vor diesem Hintergrund bleibt festzuhalten, dass sich IAS 40.35 – eine zutreffende Ermitt-

---

729 Zutr. daher *Schildbach*, BFuP 1998, 580, 587: „Insoweit stellt sie (sc. die Zeitbewertung) einen Meilenstein auf dem Wege zu einem umfassenden Vermögensausweis und zur Aufdeckung von heimlichen Ansammlungen oder Auflösungen stiller Reserven dar.“.

730 Sinngemäß *Herzig/Mauritz*, BB 1997, Beil. 5, S. 1, 11 (mit Blick auf die Marktbewertungsfähigkeit derivativer Finanzinstrumente); vgl. auch allgemein *Küting/Dawo*, KoR 2003, 228, 229 („Lediglich unter vollkommenen Marktverhältnissen ist der Begriff des fair value bestimmt und kann unmittelbar am Markt beobachtet werden.“). Vergleiche dazu auch die Kriterien, die gemäß IAS 38.8 zur Annahme eines „aktiven Markts“ berechtigen. Insbesondere müssen die auf einem aktiven Markt herausgebildeten Preise der Öffentlichkeit zur Verfügung stehen.

731 Vgl. dazu erneut die Definition eines „aktiven Markts“ in IAS 38.8. Insbesondere müssen vertragswillige Käufer und Verkäufer „in der Regel jederzeit“ auffindbar sein.

732 Dazu *Herzig/Mauritz*, BB 1997, Beil. 5, S. 1, 11 f.; ferner *Schildbach*, BFuP 1998, 580, 587; zutr. auch BGH NJW-RR 2001, 732, 733.

lung von Marktwerten vorausgesetzt – passgenau in das im Framework (F.92) angelegte Gewinnrealisierungskonzept einfügt.

(3) Formelle Grundlagen der Verkehrswertermittlung im deutschen Recht

Neben enormen zivilrechtlichen Bezügen verfügt die Verkehrswertermittlung von Grundstücken im deutschen Recht vor allem über eine, die Rechtsmaterie insgesamt prägende öffentlich-rechtliche Dimension.

(a) Parallelität der Wertkonzeptionen des § 194 BauGB und des IAS 40

Um allerdings Parallelen zwischen öffentlich-rechtlicher Verkehrswertermittlung und IAS 40 ziehen zu können, sollten beide Normenkomplexe auf *inhaltsgleiche Wertbegriffe* Bezug nehmen. Diesbezüglich stimmen der in § 194 BauGB legal definierte Verkehrswert und der durch IAS 40.5, .38 ausgestaltete Begriff des beizulegenden Zeitwerts insoweit überein, als beide Wertkategorien stichtagsbezogen auf den Betrag/Preis abstellen, den fiktive Vertragsparteien einem Grundstück unter Berücksichtigung seiner individuellen Eigenschaften im gewöhnlichen Geschäftsverkehr beimessen würden und der daher im Rahmen eines unter normalen Umständen geschlossenen Veräußerungsgeschäfts[733] zu erzielen wäre. Grundlage der Wertermittlung ist daher *jeweils* eine fiktionale Betrachtung[734], durch die der objektive Wert[735] einer Bewertungsimmobilie als typisierter Einigungspreis erfasst werden soll. Die in den §§ 192 ff. BauGB zum Ausdruck kommenden gesetzgeberischen Wertungen lassen sich daher auch für die Betrachtung des IAS 40 fruchtbar machen[736].

(b) Sachkunde und Unabhängigkeit als Eckpfeiler der Wertermittlung

Der verfassungsrechtliche Rahmen (vgl. insbes. Art. 14 Abs. 3 Satz 2, 3 GG) der enteignungsrechtlichen Verkehrswertermittlung gebietet zuvorderst eine verfahrenstechnische Absicherung der Grundrechtsposition des Betroffenen, um einen

---

733 Dazu etwa BGHZ 30, 281, 286 f.; BGH ZMR 1965, 233, 235. Sämtliche Markttransaktionen sind daher aus der Betrachtung zu eliminieren, wenn sie nicht Ausdruck einer „gewachsenen Marktpreisentwicklung" sind.

734 Dies betonend BVerwG JZ 1979, 342, 344.

735 BGH ZMR 1965, 233, 235; ferner RGZ 3, 230, 241 (zum gemeinen Wert); abweichend aber RGZ 32, 298, 301.

736 Siehe auch *Böckem/Schurbohm*, KoR 2002, 38, 45; ferner *Beck*, KoR 2004, 498, 499.

„wirklichen (Wert-)Ausgleich" relevanter Vermögenseinbußen sicherzustellen[737]. Eine angemessene Berücksichtigung der Belange des Enteigneten wird insofern insbesondere durch die zwingende Einbindung regional zuständiger Gutachterausschüsse gewährleistet, die von der Enteignungsbehörde mit der Erstellung von Wertgutachten zu betrauen sind (§ 107 Abs. 1 Satz 4 BauGB). Zunächst erfüllen die von Gutachterausschüssen erstellten Verkehrswertgutachten eine *Aufklärungsfunktion*, indem sie fundiert darüber informieren, welcher Entschädigungsbetrag in einem Verfahren vor den ordentlichen Gerichten zu erstreiten wäre[738]. Die obligatorische und *unparteiische* Begutachtung durch ein selbständiges und weisungsfreies öffentlich-rechtliches Gremium[739] dient allerdings vorrangig der Stärkung des öffentlichen Vertrauens in die *Objektivität* der Wertermittlung[740]. Überdies sind *Sachkunde* und *Erfahrung* auf dem Gebiet der (Grundstücks-)Wertermittlung primäre Qualifikationskriterien für die Mitgliedschaft in Gutachterausschüssen (vgl. § 192 Abs. 3 Satz 1 BauGB). „Sachfremde Einflüsse" auf die Zusammensetzung von Gutachterausschüssen[741] und mithin auf die eigentliche Verkehrswertermittlung werden demzufolge minimiert, um eine *fachgerechte* Bewertung *zu ermöglichen.*

Vor diesem Hintergrund lassen sich Sachkunde und Unabhängigkeit der Bewertungsinstanz als funktionssichernde Eckpfeiler enteignungsrechtlicher Verkehrswertermittlung identifizieren.

---

737 Vgl. etwa BGHZ 29, 217, 218. Der grundgesetzlich eingeforderte wirkliche Wertausgleich soll den durch das Sonderopfer Belasteten in die Lage versetzen, sich ein gleich*wertiges* Objekt zu beschaffen (z.B. BGHZ 26, 373 f.; 29, 217, 221).

738 Vgl. auch BT-Drs. III/336, S. 107. Insbesondere ist dem Eigentümer eine Abschrift des Gutachtens zu übersenden (§ 193 Abs. 5 BauGB). Erst die so geschaffene Transparenz versetzt den Eigentümer in die Lage, eine unangemessene Entschädigung zu erkennen, ohne selbst ein (kostenträchtiges) Wertgutachten in Auftrag zu geben.

739 Siehe §§ 192 Abs. 1, 3; 199 Abs. 2 Nr. 1 BauGB i.V.m. § 3 Abs. 2 GAVO NW (vgl. dazu auch BFH/NV 1997, 236 f.). Die Unabhängigkeit der Gutachter ist „wesentliches Merkmal" der Gutachterausschüsse (BT-Drs. 10/4630, S. 148). Über § 3 Abs. 3 GAVO NW findet darüber hinaus § 20 VwVfG NW Anwendung, der Ausschlusstatbestände normiert, die die Gefahr von Interessenkonflikten indizieren, welche einer objektiven Wertermittlung entgegenstünden. Freilich werden die Mitglieder der Gutachterausschüsse gemäß § 2 GAVO NW durch den Regierungspräsidenten bestellt.

740 Vgl. dazu BT-Drs. III/336, S. 106. Der öffentlichen Meinung bleibt insbesondere kaum verborgen, dass die professionelle Immobilienbewertung verbreitet kritisch gesehen wird (*Simon/Kleiber*, Schätzung, Rn. 1.1. [„wissenschaftlicher Dilettantismus" und weiter: „Beharrlich hält sich die These, daß jede Wertfindung subjektiver Natur sei."]).

741 Vgl. BT-Drs. 10/4630, S. 149.

(c) Übertragbarkeit der Erkenntnisse zur Gewinnung eines Objektivierungsmaßstabs

Zweifellos erfordert die mit Enteignungen einhergehende einschneidende Beeinträchtigung grundgesetzlich geschützter Belange schon wegen Art. 14 Abs. 3 Satz 2 GG einen *besonders hochwertigen verfahrensrechtlichen* Schutz. Indes ruft die Verkehrswertermittlung von Grundstücken in allen ihren Anwendungsbereichen *ähnlich gelagerte* Konflikte hervor. Insofern steht der Entschädigungsanspruch des Enteigneten gegen den Enteignungsbegünstigten (vgl. § 94 Abs. 2 BauGB) stellvertretend für verschiedene Rechtsbereiche, in denen der Wert einer Immobilie für die *Bemessung von Zahlungsansprüchen* relevant wird[742]. Quelle und gemeinsames Element der damit einhergehenden Streitigkeiten sind die regelmäßig mit der Immobilienbewertung verbundenen Unsicherheiten[743]. Namentlich bietet der Bewertungsvorgang häufig Raum für konträre Einschätzungen der jeweiligen Zahlungsverpflichteten und Anspruchsinhaber. Die *rechtsstaatlich folgerichtige Reaktion* hierauf besteht daher in der Auslagerung der Bewertungsentscheidung auf eine *neutrale Instanz*, die darüber hinaus über hinreichende Sachkenntnis verfügt, um *zumindest* die *beherrschbaren* Wertermittlungsschwierigkeiten zu entschärfen. Die in Enteignungssituationen vorherrschende Interessenlage unterscheidet sich daher *dem Grunde nach* nicht von zivilrechtlichen Konstellationen, in denen die Wertbemessung eines Grundstücks über das Bestehen respektive den Umfang von Zahlungsansprüchen entscheidet. Konsequent ist es daher, wenn Gutachterausschüsse – bzw. unabhängige Grundstücksgutachter – regelmäßig in (gerichtliche) Entscheidungsprozesse eingebunden werden, die die Verkehrswertbestimmung von Grundstücken zum Gegenstand haben[744].

---

742 In der Rechtspraxis (vgl. bereits oben Kap. 5 C. 4. c)) gewinnt die Grundstücksbewertung etwa vor dem Hintergrund aktienrechtlicher Ausgleichs- und Abfindungsansprüche (§§ 304 Abs. 1, 305 Abs. 3 AktG) an Bedeutung (stellv. dazu OLG Düsseldorf AG 2002, 398, 401; OLG Hamburg AG 2002, 406, 407). Eine Übersicht der *zivilrechtlichen Zahlungsansprüche*, für deren Bemessung der Verkehrswert von Grundstücken Bedeutung erlangt, findet sich bei *Dieterich*, in: Ernst u.a., BauGB, § 192 Rn. 5.

743 Siehe auch *Hennrichs*, DStJG 24 (2001), 301, 316. Diese kennzeichnende Unsicherheit führte sogar dazu, dass der Gesetzgeber *für den privaten Grundstücksverkehr* eine Pflichtschätzung angedacht hatte, um Transparenz zu schaffen und krassen Übervorteilungen entgegenzuwirken. Freilich wurde diese Überlegung verworfen, da sie zu stark in die Privatautonomie (Art. 2 Abs. 1 GG) eingreifen würde (BT-Drs. III/336, S. 106).

744 Z.B. BGH NJW 1991, 2698 f. (zur Bemessung der Kaufpreishöhe bei bestehendem Ankaufsrecht); BGH FamRZ 1992, 918, 919 f. (Zugewinnausgleich); BFH BStBl. II 1990, 497, 498 ff. (§ 16 Abs. 3 EStG).

Sollten die IAS/IFRS vor diesem Hintergrund zur Ausschüttungsbemessung herangezogen und in einen Funktionszusammenhang zum gesellschaftsrechtlichen Kapitalschutz gestellt werden, wären ebensolche Zahlungsansprüche betroffen, da IAS 40 durch die Fair Value-Bewertung von Renditeimmobilien auf die Ausschüttungsansprüche der Unternehmenseigner einwirken würde, denen das Interesse der Unternehmensgläubiger an der Erhaltung der Haftungssubstanz ihrer Schuldner zuwiderläuft. Diese wesentliche Übereinstimmung mit der, in den gesetzlichen Vorschriften zur Grundstückswertermittlung zum Ausdruck kommenden Regelung widerstreitender (Zahlungs-)Interessen gibt Anlass, den verfahrenstechnischen Implikationen der Fair Value-Bilanzierung nach Maßgabe des IAS 40 die formellen Rahmenbedingungen der enteignungsrechtlichen Wertbestimmung gegenüberzustellen.

(d) Gegenüberstellung mit IAS 40

Der zentrale Unterschied zwischen dem enteignungsrechtlichen und dem IAS 40 zugrunde liegenden Wertermittlungsverfahren besteht darin, dass IAS 40.32 die Verkehrswertermittlung im Verantwortungsbereich des Managements belässt und eine Übertragung dieser Aufgabe auf unabhängige und sachverständige Wertgutachter *lediglich empfiehlt*. Da die Abschlusserstellung indes zugleich eigene Interessen der Unternehmensleitung wesentlich berührt (vgl. Kap. 5. B. 3.), scheint das hierin zum Ausdruck kommende Vertrauen[745] in eine neutrale Entscheidung von Bewertungsfragen kaum tragfähig, um eine fachgerechte und neutrale Verkehrswertbemessung zu gewährleisten[746]. Sofern die *materiellen* Wertermittlungsregeln des IAS 40 daher nicht dazu geeignet sind, die der Unternehmensleitung anheim gestellte Wertermittlungskompetenz so zu kanalisieren, dass ein hinreichender Objektivierungsgrad erreicht wird, wäre das Management in der Lage, Ausschüttungspotentiale nach eigenem Ermessen zu steuern und die Haftungssubstanz einer Kapitalgesellschaft unwiederbringlich zu verringern. Festzuhalten bleibt danach, dass die formellen Rahmenbedingungen der Fair Value-Bilanzierung gemäß IAS 40 die Objektivierung der Rechnungslegung nicht in ei-

745 Das IASB lässt damit zugleich die Chance ungenutzt, durch eine verpflichtende Hinzuziehung externer Fachkompetenz das allgemeine Vertrauen in die neutrale Erstellung von IAS/IFRS-Abschlüssen zu stärken.

746 Die Gefahr eines Interessenkonflikts hat offenbar auch das IASB gesehen. Andernfalls wäre kaum erklärlich, warum es die Einschaltung unabhängiger Gutachter *empfiehlt*. Siehe auch IAS 16.32, der bestimmt, dass „man sich (sc. zur Ermittlung des *Marktwertes*) normalerweise der Berechnungen *hauptamtlicher Gutachter* (bedient)".

nem Umfang stützen, der mit Rücksicht auf den bilanziellen Gläubigerschutz wünschenswert wäre.

(e) Die formellen Grundlagen der Zeitwertbilanzierung von Immobilien in der Versicherungsbilanzrichtlinie

Offen geblieben ist bislang allerdings, ob die eher negativ ausgefallene Beurteilung der Zeitwertbilanzierung von Immobilien gemäß IAS 40 mit Blick auf europäische Rechtsentwicklungen aufrechterhalten werden kann. Anlass zu einer Korrektur der bisherigen Bewertung könnte insofern die Versicherungsbilanzrichtlinie[747] (VersBiRiLi) geben, die die Fair Value-Bilanzierung von Immobilien erstmals auf europäischer Ebene etablierte.

(i) Zeitwertbilanzierung in der Versicherungsbilanzrichtlinie

Entsprechend dem (bloß) ergänzenden Charakter der Versicherungsbilanzrichtlinie[748] findet das in Art. 32 BiRiLi verankerte Anschaffungskostenprinzip grundsätzlich auch auf Versicherungsunternehmen Anwendung (Art. 45 VersBiRiLi). Art. 46 Abs. 1 VersBiRiLi sieht indes ein Mitgliedsstaatenwahlrecht vor, das eine Bewertung von Kapitalanlagen – also auch der vom Unternehmen selbst genutzten Grundstücke und Bauten (Art. 6 C. I. VersBiRiLi) – zum Zeitwert ermöglicht[749]. Die aus Zeitwertschwankungen[750] resultierenden Zuschreibungsgewinne sind allerdings in eine Neubewertungsrücklage einzustellen und damit einer Ausschüttung bis zum Realisationszeitpunkt entzogen (Art. 47 VersBiRiLi i.V.m. Art. 33 Abs. 2 lit. c Satz 4 BiRiLi).

Die Maxime der *erfolgsneutralen Behandlung von Zeitwertschwankungen* durchbricht freilich Art. 44 Abs. 1 Satz 2 VersBiRiLi, wonach unrealisierte Gewinne aus Kapitalanlagen für Rechnung und Risiko von Inhabern von Lebensversicherungspolicen in die GuV einfließen. Hält ein Mitgliedsstaat im Übrigen am Anschaffungskostenprinzip fest, sind die Zeitwerte der Kapitalanlagen im An-

---

747 Richtlinie des Rates vom 19. Dezember 1991 über den Jahresabschluß und den konsolidierten Abschluß von Versicherungsunternehmen (91/674/EWG), Amtsbl. EG 1991 Nr. L 374/7 ff.

748 Das Ziel einer Koordinierung des europäischen Gesellschaftsrechts ließ es nach Ansicht des Richtliniengebers nicht zu, ein vollkommen unabhängiges branchenspezifisches Regelwerk zu schaffen (vgl. Amtsbl. EG 1991 Nr. L 374/8).

749 Abweichend hiervon sind die Kapitalanlagen für Rechnung und Risiko von Inhabern von Lebensversicherungspolicen gemäß Art. 46 Abs. 2 VersBiRiLi mit ihrem Zeitwert auszuweisen (vgl. dazu *Geib*, S. 53 ff.).

750 Gleiches gilt für Zuschreibungen, die aus der Anwendung der Neubewertungsmethode resultieren (zur Neubewertung siehe *Geib*, S. 53 f.).

hang anzugeben (Art. 46 Abs. 3 VersBiRiLi)[751]. Nach Ablauf der Übergangsfristen (Art. 46 Abs. 3 Satz 2 VersBiRiLi) ist die Marktwertermittlung[752] von Immobilien mithin unausweichlich.

Im Rahmen der allgemeinen Vorschriften zur Ermittlung des Marktwerts von Kapitalanlagen (Artt. 48 f. VersBiRiLi) nehmen die Regelungen betreffend Immobilien und Bauten eine Sonderstellung ein (vgl. Art. 49 VersBiRiLi). Hinsichtlich der formellen Rahmenbedingungen der Marktwertermittlung ist allerdings richtungweisend, dass die endgültige Richtlinienfassung in Abweichung zum ersten Entwurfsvorschlag (vgl. Art. 45 Abs. 3)[753] von einer Spezifizierung des für die Wertermittlung zuständigen Personenkreises absieht. Eine Auslagerung der Marktwertermittlung auf unabhängige Fachkreise ist daher auch in der Versicherungsbilanzrichtlinie nicht zwingend vorgeschrieben.

(ii) Eigene Bewertung

Zunächst erweist sich die erfolgswirksame Berücksichtigung positiver Zeitwertschwankungen nach der Konzeption der Versicherungsbilanzrichtlinie als Ausnahmetatbestand[754]. Auch bleibt der Einfluss auf die Gewinnbeteiligungsansprüche gering, da mit der erfolgswirksamen Erfassung von Zeitwerterhöhungen die Pflicht zur ergänzenden Dotierung von Rückstellungen verbunden ist[755]. Vor allem aber ist die Versicherungsbilanzrichtlinie unter dem Eindruck entstanden, dass Versicherungsunternehmen eher dazu neigen, sich hinsichtlich ihrer wirtschaftlichen Lage bedeckt zu halten, um Begehrlichkeiten der Gewinnbeteiligungsberechtigten sowie des Staates zu unterdrücken[756]. Ein „accounting for growth", das zu einer Beeinträchtigung von Gläubigeransprüchen hätte gereichen können, stand nicht zu erwarten.

Der Verzicht auf eine obligatorische Einbindung fachkompetenter und unabhängiger Gutachter ist gleichwohl als *echtes Defizit* der Versicherungsbilanzrichtlinie zu identifizieren, da die Ausfüllung bestehender Bewertungsspielräume in

751 Hieran entzündet sich der Streit, ob die Angabe des Zeitwerts der Kapitalanlagen in einer Summe zulässig ist (befürwortend *Geib*, S. 56 f.; a.A. *Donath*, EuZW 1992, 719, 723; *Hesberg*, in: Beck`sches HdR, B 910, Rn. 251 ff.).

752 Vergleichend zu den Begriffen des Marktwerts i.S.d. Art. 49 VersBiRiLi und des Verkehrs-werts i.S.d. § 194 BauGB *Kleiber*, in: Kleiber/Simon/Weyers, IV, BauGB, § 194 Rn. 207.

753 Amtsbl. EG 1987 Nr. C 131/17.

754 *Welzel/Oos*, WPg 1981, 463, 469.

755 Siehe dazu *Fourie/Velthuysen*, VersWirtsch 2001, 648, 649 f.

756 Stellv. hierzu *Konrath*, VersWirtsch 1987, 1494, 1504.

das weithin ungesteuerte Ermessen der Bilanzierungspflichtigen gestellt wird[757]. Die Unvollkommenheit der Versicherungsbilanzrichtlinie in dieser Frage ist freilich Ausdruck legislativen Konsensstrebens, das darauf abzielte, die Marktbewertung von Kapitalanlagen gegen den erklärten Widerstand der Versicherungswirtschaft durchzusetzen[758]. Mit Blick auf den ursprünglichen Richtlinienvorschlag ist daher davon auszugehen, dass sich der Richtliniengeber dieser Unzulänglichkeit bewusst war. Als vermeintlich geringeres Übel nahm er den Objektivierungsmangel allerdings in Kauf, um dem Transparenzziel der Versicherungsbilanzrichtlinie Vorschub zu leisten.

Zieht man die Summe aus den vorstehenden Erwägungen, so gibt auch die Versicherungsbilanzrichtlinie keinen Anlass, das in dem Verzicht auf eine obligatorische Einbeziehung von Sachverständigen zum Ausdruck kommende Objektivierungsdefizit des IAS 40 milder zu bewerten. Der vorbehaltlose Rückgriff auf die Unabhängigkeit und Sachkenntnis externer Gutachter muss vielmehr als grundlegendes Qualitätssicherungsinstrument der Marktbewertung von Grundstücken gelten[759], auf dessen Nutzung das IASB – im Anschluss an den europäischen Gesetzgeber – ohne substanzielle Rechtfertigung[760] verzichtet.

(4) Analyse der Wertermittlungskonzeption

Wie bereits angeklungen, installiert das IASB in Gestalt des IAS 40 (2000) ein mehrstufiges Konzept zur Ermittlung des beizulegenden Zeitwerts von zu Renditezwecken gehaltenen Immobilien[761], das durch seine vorrangige Bezugnahme

---

757 Zutreffend *Donath*, EuZW 1992, 719, 724; ähnlich auch *Geib*, S. 60 f. Auch *Welzel/Oos* (WPg 1981, 463, 469) wenden sich mit dem Argument bestehender Bewertungsunsicherheiten gegen eine Zeitbewertung von Kapitalanlagen.

758 Der Richtliniengeber trug damit nicht zuletzt den von der deutschen Versicherungswirtschaft (vgl. *Konrath*, VersWirtsch 1987, 1502, 1504; ferner *Welzel/Oos*, WPg 1981, 463, 468 f.) geäußerten Bedenken gegen eine zusätzliche Kostenbelastung Rechnung.

759 Zutreffend *Engel-Ciric*, DStR 2002, 780, 782.

760 Das diagnostizierte Objektivierungsmanko beeinträchtigt namentlich auch die Verlässlichkeit der vermittelten Rechnungslegungsdaten, sodass IAS 40 *auch aus der Perpektive der Informationsfunktion nicht als sachangemessene* Regelung erachtet werden kann.

761 Erhebliche Schwierigkeiten kann die Abgrenzung von Renditeobjekten und eigengenutzten Immobilien bereiten. Welches Maß an Eigennutzung insbesondere die Anwendung des IAS 40 ausschließt (dazu *Böckem/Schurbohm*, KoR 2002, 38, 40 f.; *Beck*, KoR 2004, 498 f.), bleibt weithin der Ermessensentscheidung des Bilanzierenden vorbehalten (vgl. *Ballwieser*, in: IAS/IFRS-Kommentar, IAS 40 Tz. 8: „Wenn die Grenzen verschwimmen [...]"; *Kirsch*, BB 2003, 1111, 1114; *Meyer/Meisenbacher*, DStR 2004, 567, 570; *Schildbach*, BFuP 2002, 263, 264). IAS

auf Marktwerte jedenfalls theoretisch geeignet erscheint, einen hinreichenden Objektivierungsgrad zu erzeugen (vgl. Kap. 5. C. 4. c) (2) (a)). Eine wesentliche Funktionsvoraussetzung dieser Objektivierung qua Marktbewertung besteht freilich in der *zuverlässigen Bestimmbarkeit* der Marktwerte von Renditeimmobilien (s.o.). Da überdies die Verkehrswertermittlung nach Maßgabe des BauGB unter Einschluss der WertV und das Fair Value-Modell des IAS 40 in ihren Zielsetzungen übereinstimmen, erfolgt die nachfolgende Analyse der Wertermittlungskonzeption des IAS 40 unter besonderer Berücksichtigung der nationalen Grundlagen für die Verkehrswertermittlung von Immobilien.

Während der Verordnungsgeber der WertV die getrennte Ermittlung von Bodenwert und dem Wert der baulichen Anlagen vorgesehen hat (§ 15 Abs. 1 WertV) und sich damit bewusst über die rechtliche Einheit von Grundstück und seinen wesentlichen Bestandteilen (§ 94 BGB) hinwegsetzt[762], behandelt IAS 40 Grundstück und Gebäude – gleichsam in Abweichung zu IAS 16.58 – als einheitliches Bewertungsobjekt[763] und rückt damit die „natürlichen" Gegebenheiten des Grundstücksverkehrs („Schicksalsgemeinschaft" von Grundstück und Gebäude[764]) in den Vordergrund. Die verfahrensmäßige Trennung der Wertermittlungsvorgänge in der WertV ist demgegenüber von der Absicht getragen, eine *genauere* Verkehrswertermittlung zu gewährleisten[765]. Der damit in bilanzrechtlicher Hinsicht verbundene Verstoß gegen den Einzelbewertungsgrundsatz[766] soll an dieser Stelle allerdings ausgeklammert bleiben. Festzustellen ist allerdings, dass IAS 40 eine im Vergleich zur WertV vergröbernde Perspektive bezieht[767].

40.10 Satz 3 begrenzt diesen Entscheidungsspielraum allein dadurch, dass *ein mehr als unbedeutender* Eigennutzungsanteil der Anwendung des IAS 40 entgegensteht. Auch aus dem Blickwinkel der Ausschüttungsbemessungsfunktion käme dieser Frage einige Bedeutung zu. Zwar gewährt auch IAS 16 in Gestalt der Neubewertungsmethode (IAS 16.31 ff.) ein „echtes Wahlrecht", das es ermöglicht, Immobilien mit ihrem Zeitwert abzubilden. Buchwerterhöhungen sind indes grundsätzlich in einer Neubewertungsrücklage im Eigenkapital zu erfassen (IAS 16.39 Satz 1). Da die GuV insoweit unberührt bleibt, bestehen essenzielle Unterschiede zum Fair Value-Modell des IAS 40.

762 Siehe dazu *Zimmermann/Heller*, A.4, Rn. 83.

763 Vgl. IAS 40.4 (2000): „Als Finanzinvestionen gehaltene Immobilien sind Immobilien (Grundstücke oder Gebäude – oder Teile von Gebäuden – *oder beides*)..." (Hervorheb. d. d. Verf).

764 Das IASB folgt damit der sog. „Grundrententheorie", zum Ganzen: *Kleiber* in: Ernst u.a., WertV, § 15 Rn. 4 ff.

765 Dazu *Zimmermann/Heller*, A.4, Rn. 83.

766 Vgl. MüKo-AktG/*Hennrichs*, § 246 Rn. 34.

767 Die getrennte Wertermittlung von Grundstück und Gebäude basiert zudem auf dem Gedanken, dass zwischen dem (grundsätzlich) wertbeständigen Boden und dem typischerweise infolge von Abnutzung an Wert einbüßenden Gebäude differenziert werden muss, vgl. *Kleiber* in: Ernst u.a., WertV, § 15 Rn. 5.

(a) Marktwertbilanzierung gemäß IAS 40

Eine hinreichend verlässliche Immobilienbewertung nach Maßgabe von Marktwerten setzt zunächst die Existenz eines aktiven und mithin funktionierenden Markts voraus (vgl. IAS 40.29 Satz 1 [2000]), der einen überindividuellen und folglich objektiven Marktwert produziert. Der Marktwert bietet zudem nur dann eine zuverlässige und kontrollfähige Bewertungsgrundlage, wenn er darüber hinaus sowohl für den zur Rechnungslegung Verpflichteten als auch für den Abschlussprüfer erkennbar ist. Hinsichtlich der letztgenannten Bedingung lässt sich festhalten, dass tagesaktuelle Veröffentlichungen von Marktwerten im Immobiliensektor – anders als für börsennotierte Finanzinstrumente (vgl. IAS 39.48 i.V.m. AG71 des Anhangs A zu IAS 39) – nicht zur Verfügung stehen[768].

(i) Verkehrswertermittlung von Immobilien im deutschen Recht

(1) Terminologische Betrachtung

Während der erste Entwurf eines BBauG zur Ermittlung des Verkehrswerts noch eine Pflicht*schätzung* durch die *Schätz*stelle vorsah (§ 124 E-BBauG)[769], ging der schließlich Gesetz gewordene Entwurf von dieser Begrifflichkeit ab, indem er die Wendung „Wertermittlung" verwandte und den Ausdruck Schätzstelle durch „Gutachterausschuss" ersetzte[770]. Der begriffliche Wandel sollte insbesondere „klarstellen, daß es sich nicht um die Abgabe subjektiver Meinungsäußerungen handelt, sondern um eine nach objektiven Gesichtspunkten vorgenommene *Ermittlung* des Grundstückswertes durch unabhängige Ausschüsse"[771]. Mit Blick auf die enteignungsrechtliche Sondersituation dürfte die „begriffliche Verobjektivierung" allerdings wohl maßgeblich von dem Bestreben geleitet worden sein, dem Eindruck der Unvorhersehbarkeit und Beliebigkeit, der mit der gesetzlichen Verwendung des Begriffs „Schätzung" unweigerlich einherginge, entgegenzuwir-

---

768 BVerwG JZ 1979, 342, 344; BFH, Beschluss vom 22. 5. 2002, Az: II R 61/99, GmbHR 2002, 917, 927: („Für Grundstücke gibt es – anders als z.B. für Geld oder börsennotierte Aktien – keinen exakten [...] feststellbaren bzw. feststehenden Wert").

769 Vgl. BT-Drs. II/3028, S. 118. Auch der nachfolgende Regierungsentwurf hielt an dieser Begrifflichkeit fest (vgl. § 161 RegE-BBauG, siehe dazu BT-Drs. III/336, S. 106).

770 Dazu BT-Drs. III/1794, S. 26.

771 BT-Drs. III/1794, S. 26 (Hervorh. d. d. Verf.). Beachtlich ist, dass die terminologische Abgrenzung zur (bloßen) Wertschätzung auf eine Initiative des zuständigen Fachausschusses zurückgeht, in dem insbesondere auch die Wertermittlungspraxis Gehör findet.

ken. Das Bekenntnis zu einer ausschließlich auf Grundlage objektiver Faktoren vorzunehmenden Wertermittlung ist daher zu relativieren.

(2) Verkehrswertermittlung von Renditeimmobilien de lege lata

Im deutschen Recht wird das materielle Fundament der Wertermittlung von bebauten und unbebauten Grundstücken von der WertV gebildet[772]. Verkehrswertgutachten müssen sich insbesondere notwendig auf die in § 7 Abs. 1 Satz 1 WertV bezeichneten Wertermittlungsverfahren – Vergleichswert-, Ertragswert- und Sachwertverfahren – stützen[773]. Hiervon abweichende Wertermittlungsmethoden führen nach der Konzeption der WertV demgegenüber nicht zu einem Verkehrswert i.S.d. § 194 BauGB[774].

Besonders augenfällig ist darüber hinaus, dass der Verordnungsgeber davon absieht, zur Bemessung des Verkehrswerts einer Immobilie schlicht auf ihren „Marktwert“ Bezug zu nehmen. Der Verkehrswert ist vielmehr aus dem Ergebnis der jeweils angewandten Verfahren „unter Berücksichtigung der Lage auf dem Grundstücksmarkt (§ 3 Abs. 3) zu bemessen“ (§ 7 Abs. 1 Satz 2 WertV)[775]. Die WertV weist „dem Markt“ mithin lediglich eine *Korrektivfunktion* zu und erkennt ihn als originäres Wertbestimmungsinstrument *nicht* an.

Mit Blick auf die Vorgaben des § 7 Abs. 2 WertV orientiert sich die Auswahl der anzuwendenden Wertermittlungsmethode wesentlich an den auf dem jeweili-

---

772 Die WertV 1988 (BGBl. I S. 2209) normiert aus der Wertermittlungspraxis erwachsene „allgemein anerkannte Regeln der Wertermittlungslehre“ (vgl. BFH BStBl. II 1990, 497, 499), die auch außerhalb ihres originären Anwendungsbereichs Bindungswirkung entfalten (BGH NJW-RR 2001, 732 f.).

773 Das Gesetz geht dabei grundsätzlich von der Gleichwertigkeit der Wertermittlungsmethoden aus (BFH BStBl. II 1990, 497, 499), um eine flexible Handhabung der WertV durch den Gutachter zu ermöglichen (vgl. BR-Drs. 352/88, S. 43). § 7 Abs. 1 Satz 3 WertV lässt zudem erkennen, dass den Verfahren in Abhängigkeit von den konkreten einzelfallabhängigen Umständen unterschiedliche Aussagekraft beigemessen werden kann. Nach paralleler Anwendung mehrerer Methoden verbietet sich demzufolge eine pauschalierende Mittelwertbildung. Die Gewichtung der einzelnen *Bewertungsergebnisse* ist daher unerlässlich.

774 Vgl. *Zimmermann/Heller*, A.4, Rn. 1.

775 Vergleichs-, Ertrags- und Sachwertverfahren führen somit nicht schablonenhaft zum Verkehrswert (*Kleiber*, in: Ernst u.a., WertV, § 7 Rn. 50; vgl. auch BR-Drs. 265/72, S. 3). Werden allerdings sämtliche wertbeeinflussenden Faktoren bereits im Rahmen des jeweiligen Wertermittlungsverfahrens zur Geltung gebracht (dazu im Einzelnen BR-Drs. 352/88, S. 43 f.), sind nach Auffassung des Verordnungsgebers allenfalls noch „geringfügige Korrekturen“ erforderlich, da das gefundene Ergebnis dem Verkehrswert i.S.d. § 194 BauGB bereits sehr nahe kommt (BR-Drs. 352/88, S. 43; *Kleiber*, in: Ernst u.a., WertV, § 7 Rn. 51).

gen Immobilienteilmarkt wirkenden Preis bildenden Faktoren, d.h. an den dort zugrunde gelegten Verkehrswertermittlungsmethoden[776]. Wie bereits angeklungen, werden Käufer und Verkäufer von Renditeimmobilien ihre An- bzw. Verkaufsentscheidungen grundsätzlich an ihren Erwartungen hinsichtlich der künftig erzielbaren Einnahmenüberschüsse ausrichten[777], weswegen dem Sachwert eines Grundstücks gemeinhin lediglich nachrangige Bedeutung beigemessen wird[778]. Mit Rücksicht auf diese Preisbildungsusancen befürworten Rechtsprechung und Literatur die Anwendung des Ertragswertverfahrens (§§ 15 ff. WertV)[779], ohne aber eine *ergänzende* Anwendung weiterer Wertermittlungsmethoden auszuschließen[780].

(3) Verkehrswertermittlung in Rechtsprechung und Literatur

In der Rechtsprechungspraxis hat das gesetzgeberische Bekenntnis zu einer willkürfreien, objektivierten Verkehrswert*ermittlung* kaum Anklang gefunden. Nach wie vor entspricht es der Auffassung des BGH, dass sich der Verkehrswert eines Grundstücks „in der Regel einer exakten Ermittlung" entzieht[781]. Insoweit formuliert der III. Zivilsenat[782] auch unverhohlen, dass „die Bewertung (...) im Wege der Schätzung (§ 287 ZPO)" vorzunehmen sei.

Da hinsichtlich der Entschädigungshöhe ein strenger Beweis kaum zu führen sei[783], erweitert der BGH zudem die Möglichkeiten freier richterlicher Beweiswürdigung über

---

776 *Zimmermann/Heller*, A.4, Rn. 45 f.; ferner *Kleiber*, in: Ernst u.a., WertV, § 7 Rn. 13; *Simon/Kleiber*, Schätzung, Rn. 1.124.

777 BayObLG NJW-RR 2001, 1582, 1583; vgl. auch WertR 91/76 unter 1.5.5.3.

778 Das Sachwertverfahren gibt allerdings u.U. Hinweise auf die Langfristigkeit der erzielbaren Einnahmen (zutreffend *Simon/Kleiber*, Schätzung, Rn. 1.133).

779 Vgl. BGH NJW 1970, 2018, 2019; NJW 1997, 129 f.; BGHZ 120, 38, 47; BFH BStBl. II 1990, 497, 499; BayObLG NJW-RR 2001, 1582, 1583; *Aust/Jacobs/Pasternak*, Rn. 90 f.; *Kleiber*, in: Ernst u.a., WertV, § 7 Rn. 30; *Simon/Kleiber*, Schätzung, Rn. 1.133; *Zimmermann/Heller*, A.4, Rn. 45 f. Mit Blick die gesetzliche Festlegung auf das Ertragswertverfahren in § 1376 Abs. 4 BGB (Zugewinnausgleichsverfahren bei bestehendem land- oder forstwirtschaftlichen Betrieb, dazu BVerfG NJW 1985, 1329 ff.) verwundert es freilich, dass diese „Vorrangigkeit" des Ertragswertverfahrens keinen unmittelbaren Eingang in die WertV gefunden hat.

780 BFH/NV 2000, 184, 185; BGH NJW-RR 1995, 911, 913; a.A. möglicherweise BGH NJW 1997, 129, 130.

781 BGH BB 1962, 202; ferner BGH ZMR 1965, 233, 235 („entzieht sich im allgemeinen der exakten Berechnung"); BGHZ 119, 62, 65 („wird sich regelmäßig nicht exakt errechnen lassen").

782 BGH WM 1991, 1654, 1656.

783 Vgl. BGHZ 29, 217, 218; BGH, Urteil vom 2.6.1980, Az: III ZR 148/78.

die von § 286 f. ZPO gezogenen Grenzen hinaus[784], sodass die Wertermittlung einer revisionsgerichtlichen Kontrolle weithin entzogen ist[785].

Auch nach Ansicht des BVerwG bleibt der Verkehrswert eines Grundstücks „offenkundig“ selbst bei fachgerechter Anwendung der Wertermittlungsbestimmungen „– mehr oder weniger – ungewiß“, da er sich weder errechnen noch einer Tabelle entnehmen lasse[786]. Zudem handele es sich um einen hypothetischen Wert. Schon allein deswegen seien die Möglichkeiten seiner exakten Ermittlung „sehr gering“[787]. In das damit umrissene Meinungsbild fügt sich auch die Rechtsprechungspraxis des BFH[788] nahtlos ein.

Die Rechtsprechung befindet sich darüber hinaus im Einklang mit der in der Fachliteratur vorherrschenden Auffassung, die gar von der Existenz eines Grundsatzes der „Unmöglichkeit exakter Wertermittlung" ausgeht[789]. Unabhängig von der Frage, welche Umstände für die mit der Verkehrswertermittlung von Grundstücken einhergehenden Schwierigkeiten verantwortlich sind[790], stimmt die Literatur im Grundsatz darin überein, dass divergierende Verkehrswertgutachten angesichts der bestehenden Wertermittlungsfreiräume unabwendbar sind.

---

784 BGHZ 26, 373, 375 f.; 119, 62, 66; BGH ZMR 1965, 233, 235; BGH NJW 1982, 2179, 2181; NJW 1985, 387 f.; BGH NJW-RR 1995, 911, 912; 2001, 732, 733). Der BGH sieht sich dergestalt zu „einer *besonders freien* Würdigung (s.c. des Sachverhalts)" ermächtigt (so ausdrücklich BGH ZMR 1965, 233, 235; Hervorh. d. d. Verf.).

785 Kontrollfähig bleibt daher die Frage, ob die angewandten Wertermittlungsverfahren unter Berücksichtigung der Umstände des Einzelfalls geeignet erscheinen, den „vollen Gegenwert des zu bewertenden Gegenstands zu erfassen, ohne das Wertbild zu verzerren“ (BGH NJW-RR 1995, 911, 912; 2001, 732, 733; vgl. auch BGHZ 120, 38, 46). Darüber hinaus behält sich der BGH die Überprüfung vor, ob die Wertermittlung auf „grundsätzlich fehlerhaften Erwägungen“ beruht oder entscheidungserhebliche Tatsachen unberücksichtigt geblieben sind (BGH WM 1991, 1654, 1655).

786 BVerwG JZ 1979, 342, 344 f.; ferner BVerwG NJW 1982, 398.

787 BVerwG NJW 1982, 398; vgl. wiederum BVerwG JZ 1979, 342, 344 f. Mit Rücksicht auf die problematische Ermittlung des Verkehrswerts fordert das BVerwG sogar eine verfassungskonforme Auslegung von Rechtsnormen, die auf den Verkehrswert eines Grundstücks abstellen (BVerwG NJW 1982, 398).

788 BFH, Beschluss vom 22. 5. 2002, Az: II R 61/99, GmbHR 2002, 917, 927 ff.; ferner BFH BStBl. II 1990, 497, 499; BFH/NV 2000, 184.

789 Namentlich *Kleiber*, in: Kleiber/Simon/Weyers, V, BauGB, § 194 Rn. 118; in diese Richtung auch *Dieterich*, in: Ernst u.a., BauGB, § 194 Rn. 34; *Kleiber*, in: Ernst u.a., WertV, Vorb. Rn. 22; *Reisnecker*, in: Brügelmann, BauGB, § 95 Rn. 16.

790 Dazu einerseits *Reisnecker*, in: Brügelmann, BauGB, § 95 Rn. 16 und andererseits *Dieterich*, in: Ernst u.a., BauGB, § 194 Rn. 34.

Festzuhalten bleibt danach, dass nach überwiegender Auffassung kein exakt feststellbarer Wert für Grundstücke existiert. Auf der Grundlage des geltenden Rechts wird der Verkehrswert mithin als bloßer Näherungswert interpretiert. Daher kann sich allenfalls ein *Marktwertniveau* herausbilden, welches eine Vielzahl „vertretbarer Marktwerte" vereinigt[791].

(ii) Übertragung der gewonnenen Erkenntnisse auf das Marktwertermittlungskonzept des IAS 40

Berücksichtigt man die grundgesetzlichen Implikationen der Verkehrswertermittlung von Grundstücken, ist es an sich nur schwer hinnehmbar, dass ein exakter Verkehrswert nach herrschender Ansicht nicht existiert, da ein „voller Wertausgleich" des Geschädigten auf dieser Grundlage kaum gesichert scheint[792]. Dieser Rechtszustand belegt allerdings eindrucksvoll, dass es nur schwerlich möglich ist, richterliches und gutachterliches Ermessen durch abstrakt-generelle Regelungen enger zu kanalisieren. Dies beruht insbesondere darauf, dass ein schablonenhaft anzuwendendes Wertermittlungskonzept nicht zur Verfügung steht[793]. Für die bilanzielle Abbildung von Marktwerten nach Maßgabe des IAS 40 (2000) folgt daraus, dass das vorgesehene Stufenkonzept ein Trugbild vermittelt, da es Regelungsstrenge vorspiegelt, wo bei Lichte besehen ein weiter Bewertungsspielraum unweigerlich verbleiben muss. Die Dimension dieses Ermessensspielraums gilt es nachfolgend genauer auszuleuchten.

Zieht man jedoch zunächst die Summe aus den vorstehenden Überlegungen, ist zu konstatieren, dass das vorrangige Wertermittlungsinstrument des IAS 40 (2000), nämlich der Marktwert (IAS 40.29), gewissermaßen aus dieser Wertermittlungskonzeption „herausbricht", da ein solcher nach zutreffender Ansicht gerade für Grundstücke nicht existiert[794] und erst recht nicht in objektivierter Weise

---

791 Stellv. für die h.M. BFH, Beschluss vom 22. 5. 2002, Az: II R 61/99, GmbHR 2002, 917, 927 m.w.N.

792 Die hohen verfahrensrechtlichen Anforderungen des Art. 14 Abs. 3 GG verpflichten den Gesetzgeber insbesondere dazu, die enteignungsrechtliche Entschädigung hinsichtlich *Art* und *Umfang* an enge Vorgaben zu binden. Ungeachtet dessen muss sich die Enteignungsentschädigung nicht notwendig nach dem Verkehrswert bemessen muss (BVerfG NVwZ 1999, 62).

793 Vgl. BGH BB 1962, 202; ferner BGH MDR 1982, 914; BFH/NV 2000, 184 f.

794 BFH, Beschluss vom 22. 5. 2002, Az: II R 61/99, GmbHR 2002, 917, 927; vgl. auch BVerwG JZ 1979, 342, 344. Dem steht freilich der Wortlaut des § 194 BauGB entgegen. So wird nicht ganz ohne Berechtigung angemerkt, dass die Unzulänglichkeiten der Verkehrswertermittlung an sich nicht zu der Annahme berechtigten, ein Verkehrswert existiere nicht (vgl. z.B. *Reisnecker*, in: Brügelmann, BauGB, § 95 Rn. 16). Tatsächlich aber legt das Gesetz in § 194 BauGB eine „idealisierende

Eingang in die Rechnungslegung finden kann. Tatsächlich fehlt es insoweit an einem dem Wertpapiermarkt vergleichbaren, regelmäßigen Austausch- bzw. Handelsplatz für *eng typisierte* Objekte[795].

Zweifelhaft ist allerdings, ob eine derart enge Auslegung „des Marktwerttatbestandes" tatsächlich den Vorstellungen des IASB entsprach, da der Anwendungsbereich des IAS 40.29 (2000) insoweit nur selten eröffnet gewesen sein dürfte. Nahe liegend ist vielmehr, dass der Marktwert nach der Sichtweise des IASB unter Einbeziehung auch solcher Immobilien zu ermitteln war, die *im Wesentlichen* über identische wertbildende Eigenschaften verfügen. Par. 29 war daher in praxi von vornherein in Zusammenhang mit Par. 39 zu lesen[796].

Diese Zweifelsfrage hat die Neufassung des IAS 40 (2004) indes beseitigt: Insbesondere verzichtet das IASB nunmehr darauf, den Marktwert der jeweiligen Bewertungsimmobilie zu einer eigenständigen Bewertungskategorie zu erheben (vgl. IAS 40.36)[797]. Das IASB hat damit die Konsequenz aus dem Umstand gezogen, dass eine spezifische Bewertungsimmobilie aufgrund ihrer Individualität typischerweise über keinen feststellbaren Marktwert verfügt.

Betrachtungsweise" zugrunde, die in den tatsächlichen Verhältnissen nur selten eine Entsprechung findet. Gleichwohl ist es nicht ausgeschlossen, dass sich *ein* Verkehrswert herausbildet, sofern insbesondere im Wesentlichen identische – unbebaute – Grundstücke zur Veräußerung stehen.

795 *Baetge/Zülch*, BFuP 2001, 543, 556; *Baetge/Zülch/Matena*, StuB 2002, 417, 418; *Böckem/Schurbohm*, KoR 2002, 38, 42; *Vater*, BuW 2002, 535, 536; vgl. auch *Beck*, KoR 2004, 498, 500; *Hennrichs*, ZGR 2000, 627, 638; *Küting/Dawo*, KoR 2003, 228, 235. Der Immobilienmarkt wird insofern verbreitet als „unvollkommener Markt" bezeichnet (*Baetge/Zülch/Matena*, StuB 2002, 417, 419; *Vater*, BuW 2002, 535, 536). Freilich ist das Entstehen eines Marktwerts von der jeweiligen gattungsmäßigen *Eingrenzung* abhängig. Führt allerdings nur ein aktiver Handel mit Objekten, die über *identische* wertbildende Eigenschaften verfügen, zum Entstehen eines Marktpreises (vgl. hierzu *Küting/Dawo*, KoR 2003, 228, 229: [„Lediglich unter vollkommenen Marktverhältnissen ist der Begriff des fair value bestimmt und kann unmittelbar am Markt beobachtet werden."]), kommt die Existenz eines Marktpreises für Immobilien kaum in Betracht, da sich diese insbesondere hinsichtlich ihrer Lage *stets* voneinander unterscheiden.

796 Dafür sprach auch, dass IAS 40.39 (2000) von einem „*bestmöglichen* substanziellen Hinweis" auf den beizulegenden Zeitwert spricht. Die Stellungnahmen zu IAS 40 (2000) sahen in der Bezugnahme auf ähnliche Immobilien indes eine eigenständige – zweite und damit nachrangige – Bewertungsstufe (*Baetge/Zülch*, BFuP 2001, 543, 556; wohl auch *Böckem/Schurbohm*, KoR 2002, 38, 42).

797 A.A. *Beck* (KoR 2004, 498, 500), der auch auf Grundlage des überarbeiteten IAS 40 von einem dreistufigen Bewertungskonzept ausgeht.

(b) Berücksichtigung ähnlicher Immobilien

Vor diesem Hintergrund kommt der Berücksichtigung ähnlicher Immobilien besondere praktische Bedeutung zu. Ähnliche Immobilien zeichnen sich dadurch aus, dass sie sich am *gleichen* Ort sowie im *gleichen* Zustand wie das Bewertungsobjekt befinden und darüber hinaus Gegenstand *vergleichbarer* Vertragsverhältnisse sind (IAS 40.45). Es stellt sich daher vordringlich die Frage, ob ein etwaig ermittelbarer Marktwert ähnlicher Immobilien einen *zuverlässigen* Schluss auf den („Markt")-Wert des Bewertungsobjekts zulässt.

(i) Marktpreis ähnlicher Immobilien und das Kriterium der Ähnlichkeit

Die bisherigen Ergebnisse haben aufgezeigt, dass zwischen der Feststellbarkeit eines Marktpreises und dem Merkmal der „Ähnlichkeit" ein *Spannungsverhältnis* besteht. Je enger dieses Kriterium gefasst wird, desto ungewisser ist es, ob sich insoweit feststellbare Marktpreise abzeichnen. Demgegenüber steigt durch ein weites Verständnis der „Vergleichbarkeitsmerkmale" die Wahrscheinlichkeit, dass die Summe der beobachtbaren Markttransaktionen einen aktiven Markt herausbildet[798].

Gegen ein weit gefasstes „Ähnlichkeitskriterium" spricht allerdings, dass die Aussicht, den am Abschlussstichtag[799] durch einen Immobilienverkauf tatsächlich realisierbaren Betrag abzubilden, wiederum abnimmt, sofern sich die in Bezug genommenen Geschäfte auf Immobilien beziehen, die *keine hinreichende Überstimmung* mit dem Bewertungsobjekt aufweisen und denen daher jeder repräsentative Erkenntniswert fehlt. Beachtlich ist insofern zunächst, dass bereits marginale Unterschiede der jeweilig wertbildenden Faktoren (z.B. Lageabweichungen[800]) geeignet sein können, die Vergleichbarkeit stark zu beeinträchtigen. Darüber hinaus wirkt ein Spektrum verschiedenster Einflussfaktoren auf den Wert einer Immobilie am Markt ein. Mit Rücksicht auf die Verlässlichkeit der

---

798 Im Rahmen des Vergleichswertverfahrens berücksichtigt auch der BGH (BGHZ 119, 62, 66) nur solche Preise, die Ausdruck eines „gesunden Markts" sind. Bei enger Kategorisierung besteht zudem die Gefahr, dass Besonderheiten bei der Kaufpreisbildung, die nicht auf einem allgemeinen Marktgeschehen beruhen (insbesondere IAS 40.33 [2000] sowie IAS 40.40 [2004]), ihre Erkennbarkeit verlieren (vgl. dazu BGH WM 1991, 1654, 1655 f.).

799 Als Maßstab der Folgebewertung soll der beizulegende Zeitwert die konkreten Verhältnisse am Bilanzstichtag und gerade keine Vergangenheitswerte widerspiegeln (IAS 40.38; ferner *Hennrichs*, ZGR 2000, 627, 636), sodass von einer Pflicht zur jährlichen Neubestimmung des Zeitwerts auszugehen ist (so auch *Beck*, KoR 2004, 498, 499).

800 Siehe dazu *Kleiber*, in: Ernst u.a., WertV, § 13 Rn. 20.

Rechnungslegung ist es daher geboten, „Ähnlichkeit" im Sinne *relativer Identität* zu verstehen[801]. Das engt den Kreis geeigneter Vergleichsimmobilien freilich stark ein, sodass dieses Wertermittlungsinstrument regelmäßig nicht zum Zuge kommen kann[802].

(ii) Vergleichswertverfahren nach der WertV und gemäß IAS 40

Dessen ungeachtet gehört die von IAS 40 in Bezug genommene Vergleichswertmethode „seit jeher" zu den anerkannten Wertermittlungsmethoden für Grundstücke[803] und wurde durch ihre Verankerung in der WertV zudem vom Verordnungsgeber ausdrücklich anerkannt (§§ 7 Abs. 1, 13 f. WertV). Überdies herrscht in Rechtsprechung und Literatur die Auffassung vor, dass das Vergleichswertverfahren in besonderer Weise geeignet sei, den Wert einer Immobilie *zutreffend* und *sicher* zu bestimmen[804], da es sich insbesondere durch seine einfache Handhabung von anderen Wertermittlungsmethoden unterscheide[805]. Die Vergleichswertmethode setzt allerdings voraus, dass Vergleichspreise *in ausreichendem Maße* zur Verfügung stehen[806]. Ihr originäres Anwendungsgebiet ist daher in der Bewertung unbebauter Grundstücke zu sehen[807], da deren Wert von einer geringeren Anzahl wertbildender Faktoren (Variablen) beeinflusst wird[808]. Allgemeiner Ansicht entspricht es daher, dass eine hinreichende Übereinstimmung zwischen bebauten Vergleichsobjekten nur selten vorliegt[809]. Zumindest hinsichtlich

---

801 Ähnlich wohl auch *Baetge/Zülch*, BFuP 2001, 543, 556 und *Baetge/Zülch/Matena*, StuB 2002, 417, 418 f.: „sollte nahezu identisch (...) sein".

802 Die Gruppe der zu Vergleichszwecken heranziehbaren Grundstückstransaktionen wird zusätzlich durch eine zeitliche Komponente beeinflusst (vgl. IAS 40.45 „*current prices* in an active market", Hervorh. d. d. Verf.). Zur Anpassung an aktuelle Marktverhältnisse vorgenommene Indizierungen tragen indes eine zusätzliche Fehlerquelle in den Wertermittlungsvorgang hinein (*Kleiber*, in: Ernst u.a., WertV, § 13 Rn. 22).

803 Vgl. BR-Drs. 352/88, S. 52; *Kleiber*, in: Ernst u.a., WertV, § 7 Rn. 16.

804 Vgl. BGHZ 98, 341, 344; BGH BB 1962, 202; *Krohn/Löwisch*, Rn. 381 ff., 386; *Kleiber*, in: Ernst u.a., WertV, § 13 Rn. 2.

805 BGHZ 98, 341, 344; vgl. auch *Kleiber*, in: Kleiber/Simon/Weyers, V, WertV, Vorbem. zu §§ 13 f. Rn. 4.

806 Vgl. WertR 91/76 unter 3.4.

807 BGHZ 98, 341, 344.

808 Diese Einschätzung kommt auch in der WertV zum Ausdruck. So ist der Bodenwert auch bei Anwendung des Ertragswert- und Sachwertverfahrens in der Regel nach dem Vergleichswertverfahren zu bestimmen ist (§§ 15 Abs. 2, 21 Abs. 2 WertV).

809 *Kleiber*, in: Kleiber/Simon/Weyers, V, WertV, § 7 Rn. 51 und Vorbem. zu §§ 13 f. Rn. 5: „(...) für bebaute Grundstücke sind nach der Natur der Sache Vergleichsob-

des Gebäudewerts bleibt die Anwendung des Vergleichswertverfahrens mithin auf *strikt typisierbare* Immobilien beschränkt[810].

Dies änderte auch die Novellierung der WertV nicht wesentlich[811], obschon der Verordnungsgeber vor allem bestrebt war, den Anwendungsbereich des Vergleichswertverfahrens zu erweitern[812]. Da das Ziel der WertV indes darin besteht, eine *zutreffende* Ermittlung von Immobilienwerten zu gewährleisten, muss sich das besagte Kriterium bei gesetzeszweckentsprechender Auslegung als *echte Schranke* erweisen[813].

Vor diesem Hintergrund und unter Berücksichtigung seines zentralen Anwendungsbereichs dürfte das Vergleichswertverfahren *bei sachgerechter und zweckadäquater Anwendung* auch im Rahmen von IAS 40 lediglich geringe Bedeutung erlangen. Tatsächlich dürfte die Bewertung bebauter Grundstücke einen wesentlichen Teil des Anwendungsbereichs von IAS 40 abdecken. Zum einen sind unbebaute Grundstücke lediglich dann dem Regime des IAS 40 unterworfen, wenn sie als (langfristige) Spekulationsobjekte gehalten werden (IAS 40.8). Darüber hinaus sind bebaute Renditeobjekte wohl eher selten strikt typisierbar[814]. Zweifelhaft bleibt weiterhin, ob aktive Märkte für (ähnliche) Immobilien existieren, die sich *am gleichen Ort* und *im gleichen Zustand* wie die Bewertungsimmobilie befinden und die zudem *Gegenstand vergleichbarer Mietverhältnisse* sind[815].

---

jekte weniger leicht zu finden (...)"; *derselbe*, in: Ernst u.a., WertV, § 7 Rn. 17; ferner *Zimmermann/Heller*, A.4, Rn. 18 ff.

810 *Simon/Kleiber*, Schätzung, Rn. 1.130; *Zimmermann/Heller*, A.4, Rn. 20; vgl. auch WertR 91/76 unter 3.4; weniger einschränkt *Krohn/Löwisch*, Rn. 385 f. Nach Ansicht von *Kleiber* (in: Kleiber/Simon/Weyers, V, WertV, § 7 Rn. 50) bleibt die Brauchbarkeit des Vergleichswertverfahrens daher überwiegend bloße „Wunschvorstellung".

811 *Kleiber*, in: Kleiber/Simon/Weyers, V, WertV, § 7 Rn. 51 und § 13 Rn. 403; *derselbe*, in: Ernst u.a., WertV, § 13 Rn. 6; *Zimmermann/Heller*, A.4, Rn. 18.

812 BR-Drs. 352/88, S. 54, 52. § 13 Abs. 1 Satz 1 WertV 1988 verlangt nunmehr in Abweichung zu § 4 WertV 1972 (lediglich) eine *hinreichende* Übereinstimmung der wertbeeinflussenden Merkmale von Bewertungsgrundstück und Vergleichsobjekten.

813 Dies gilt umso mehr, als die verfügbaren Informationsquellen über Ausstattung und Unterhaltung potentieller Vergleichsobjekte keinen Aufschluss geben, sodass zumindest die hinreichende Übereinstimmung der Kernvergleichsmerkmale streng zu beurteilen ist.

814 Vgl. dazu WertR 91/76 unter 3.1.1.

815 Ebenfalls skeptisch *Baetge/Zülch/Matena*, StuB 2002, 417, 419; *Beck*, KoR 2004, 498, 501; *Vater*, BuW 2002, 535, 536; anders wohl *Küting/Dawo*, KoR 2003, 228, 235.

(iii) Objektivierungsdefizit

Wie die Erfahrungen mit dem deutschen Bewertungsrecht dokumentieren, stellt das Vergleichswertverfahren zudem enorme Anforderungen an Sachkompetenz und Neutralität, denen mitunter nicht einmal Gutachterausschüsse vorbehaltlos gerecht zu werden vermögen[816]. Das Vergleichswertverfahren mag daher zwar *theoretisch* den sichersten Schluss auf den beizulegenden Zeitwert zulassen. Bleibt aber allgemein unsicher, ob es berechtigterweise zur Anwendung gelangt, erweist es sich ungeachtet seiner fachwissenschaftlichen Fundierung für Rechnungslegungszwecke als untauglich. Die Einbindung des Vergleichswertverfahrens in die Bewertungskonzeption des IAS 40 belegt mithin, dass das IASB weithin bereit ist, auf objektivierungsbedachte Regelungsstrukturen zu verzichten, um marktnahe Bewertungsinstrumente zum Einsatz zu bringen. Die für einen in ein Kapitalschutzsystem eingebundenen Jahresabschluss unerlässlichen Objektivierungserfordernisse werden auf dieser Grundlage nicht genügend berücksichtigt. So ist etwa das Kriterium der „Ähnlichkeit" äußerst flexibel handhabbar[817]. Dadurch entsteht unweigerlich ein enormer *Toleranzbereich* vertretbarer Abweichungen, der durch Datenselektion mit bilanzpolitischen Zielvorstellungen koordiniert werden kann. Den damit einhergehenden gesteigerten Anforderungen an einen verantwortungsvollen „Umgang" mit dem Vergleichswertverfahren ließe sich allenfalls durch eine obligatorische Auslagerung dieser Einschätzungsspielräume auf eine neutrale Bewertungsinstanz entsprechen[818]. IAS 40 überlässt dieses Feld hingegen dem Anwender, ohne ihn zumindest ergänzend auf öffentlich zugängliche Informationsquellen zu verweisen[819].

(c) Nachrangige Wertermittlungsmethoden

Mit Blick auf die nur bedingte Tauglichkeit des („engen") Vergleichswertverfahrens soll nunmehr untersucht werden, ob die als nachrangige Hilfsverfahren konzipierten marktferneren Wertermittlungsmethoden (vgl. IAS 40.46) einen hinreichenden Objektivierungsstandard gewährleisten.

---

816 Vgl. hierzu BGH WM 1991, 1654 ff.

817 Kritisch auch *Vater*, BuW 2002, 535, 536. Zuzugestehen ist freilich, dass ein Rückgriff auf unbestimmte Rechtsbegriffe unausweichlich ist, sofern Scheinobjektivierungseffekte vermieden werden sollen.

818 Siehe auch *Baetge/Zülch/Matena* (StuB 2002, 417, 421), die aber mit Recht darauf verweisen, dass auch Sachverständige mit den Unsicherheiten einer marktorientierten Immobilienbewertung konfrontiert wären.

819 Berechtigter Hinweis bereits bei *Böckem/Schurbohm*, KoR 2002, 38, 42.

(i) Parallelität verschiedener Wertermittlungsmethoden

Auf der dritten Ebene der vom IASB installierten Stufenkonzeption ist der Anwender gehalten, Informationen „verschiedenster Quellen" zu berücksichtigen, um „Schlussfolgerungen" auf den beizulegenden Zeitwert der Bewertungsimmobilie" ziehen zu können[820]. Freilich eröffnet diese Bezugnahme auf einen vielschichtigen *Informationspool*, die darüber hinaus jede Prioritätenbildung vermissen lässt[821], weitergehendes bilanzpolitisches Steuerungspotential, obgleich das IASB mit Recht annimmt, dass die Hilfsmethoden typischerweise voneinander abweichende Schlüsse hinsichtlich des Zeitwerts einer Bewertungsimmobilie nahe legen[822]. Der Anwender ist daher aufgefordert, die Entstehensgründe differierender Schätzwerte in eigener Verantwortung zu analysieren und eine „vernünftige" Abschätzung des Zeitwerts vorzunehmen (IAS 40.47); das Bewertungsermessen wird dabei lediglich durch einen Schätzrahmen[823] begrenzt, der durch den niedrigsten und den höchsten der ermittelten Werte („Schlussfolgerungen") abgesteckt wird[824]. Eine *„echte Schrankenwirkung"* ist hiermit freilich nur dann verbunden, wenn die Hilfsmethoden selbst einer bilanzpolitischen Steuerung durch den Anwender weithin entzogen sind.

Die Verpflichtung zu einer *vernünftigen* Analyse der ermittelten Schätzwerte erzeugt demgegenüber von vornherein keine nennenswerte Begrenzung des Bewertungsermessens. Die Verwendung *weicher Kriterien* verlangt vielmehr zwingend nach einer Auslagerung der Entscheidungskompetenz auf eine neutrale Instanz. Mit den an eine objektivierte und kapitalschutzadäquate Rechnungslegung zu richtenden Anforderungen ist die mit IAS 40.47 verfolgte Strategie der eigenverantwortlichen Festlegung bilanzieller Eckwerte daher unvereinbar.

---

820 Die in IAS 40.46 lit. (a) - (c) genannten Wertermittlungsverfahren sind dabei allerdings verpflichtend einzubeziehen (a.A. zu IAS 40.40 [2000] *Baetge/Zülch/Matena*, StuB 2002, 417, 419).

821 Auch die in § 7 Abs. 1 WertV aufgeführten Wertermittlungsmethoden stehen *grundsätzlich* gleichrangig nebeneinander.

822 Vgl. auch § 7 Abs. 1 Satz 3 WertV („[...] aus den Ergebnissen der angewandten Verfahren [...]").

823 Von einer expliziten Festlegung einer – „scheinobjektivierenden" – Schwankungsbandbreite sah der Standardsetzer allerdings wohl deshalb ab, um nicht einer breitflächigen Anwendung des Anschaffungskostenmodells den Weg zu bereiten (vgl. IAS 40.47).

824 In Übereinstimmung mit der WertV (vgl. insbes. § 7 Abs. 1 Satz 3 WertV; ferner *Simon/Kleiber*, Schätzung, Rn. 1.141) berechtigt IAS 40.47 wohl nicht zu einer schlichten Mittelwertbildung (sog. Berliner Methode).

(ii) *„Erweiterte" Vergleichswertmethoden*

Die in IAS 40.46 lit. (a) und (b) verankerten Hilfsmethoden sind als spezielle Ausformungen des „engen" Vergleichswertverfahrens zunächst mit dessen – bereits skizzierten – Unzulänglichkeiten behaftet. Um eine hinreichende Transaktionsdichte zu gewährleisten, verbreitern sie allerdings die Bezugsbasis des Vergleichswertverfahrens in sachlicher Hinsicht auf *„unähnliche"* Immobilien – die nicht unter das Tatbestandsmerkmal „ähnlicher Immobilien" i.S.d. Par. 45 subsumierbar sind – sowie in zeitlicher Hinsicht auf Transaktionen, die inzwischen *überholten Marktbedingungen* unterlagen.

Hinsichtlich der zeitlichen Erweiterung des Vergleichsrahmens ist einzuräumen, dass Indizierungen von Kaufpreisen jedenfalls im Grundsatz hinreichend überprüfbar sind[825]. Ungeachtet dessen ist auch eine temporale Erweiterung des Bezugsrahmens mit einem Anstieg der Fehleranfälligkeit verbunden[826]. Überdies bleibt die zeitliche Begrenzung des Bezugsrahmens äußerst vage („vor kurzem")[827].

Die sachliche Ausdehnung der Bezugsbasis wird allerdings durch die Notwendigkeit zur Vornahme von Anpassungen „teuer erkauft". So steht die im bewertungsrechtlichen Schrifttum vorherrschende Ansicht[828] derartigen sog. mittelbaren Vergleichen (vgl. § 14 WertV) skeptisch gegenüber, da es an geeigneten Abstimmungsmechanismen fehle. Entsprechend gibt auch IAS 40 keinen Aufschluss darüber, nach welchen Regeln unausweichliche Anpassungen vorzunehmen sind[829]. Rechtspraktisch geht mit dem so gewährten Freiraum die Möglichkeit einher, nachträglich für fehlerhaft befundene Wertermittlungen nicht als Manipulationen, sondern als aus ex ante-Perspektive vertretbare Fehleinschätzungen darzustellen. Das erweiterte Vergleichswertverfahren steht einer objektivierten

---

825 Insoweit bieten die von den Gutachterausschüssen erstellten Indexreihen (vgl. § 9 WertV) eine nachprüfbare Entscheidungsgrundlage, der auch eine (gewisse) Bindungswirkung zukommen könnte.

826 *Kleiber*, in: Ernst u.a., WertV, § 13 Rn. 22; allgemein zu den IAS/IFRS auch *Löhr*, StuB 2003, 643, 645.

827 Insoweit aber ähnlich § 253 Abs. 3 Satz 3 HGB („in der nächsten Zukunft").

828 *Simon/Kleiber*, Schätzung, Rn. 1.132 („Man kann nur vor der Illusion warnen, die Unterschiede in den wertrelevanten Merkmalen könnten durch einen geeigneten Vergleichsmaßstab ausgeglichen werden."); *Aust/Jacobs/Pasternak*, Rn. 89; vgl. auch *Zimmermann/Heller*, A.4, Rn. 19; anders wohl *Küting/Dawo*, KoR 2003, 228, 232).

829 Darüber hinaus sieht sich der Anwender mit dem Problem konfrontiert, dass zumeist nicht alle, den Wert der Vergleichsimmobilien mitbestimmenden Eigenschaften erkennbar sind und auch das Ausmaß der Abweichungen kaum richtig einzuschätzen ist (*Baetge/Zülch*, BFuP 2001, 543, 558; *Baetge/Zülch/Matena*, StuB 2002, 417, 420).

Rechnungslegung folglich im Wege[830] und lässt sich mithin nicht systemadäquat in einen kapitalschutzbedachten Regelungszusammenhang einbinden.

(iii) Discounted Cashflow-Methode

Neben die skizzierten Varianten des Vergleichswertverfahrens tritt die Discounted Cashflow-Methode (IAS 40.46 lit. [c]), die nachhaltige Bezüge zu dem in der WertV verankerten Ertragswertverfahren (§§ 15 ff. WertV) aufweist[831]. Wie bereits angeklungen, räumen Rechtsprechung und Literatur dem Ertragswertverfahren für Renditeobjekte eine gewisse Vorrangstellung ein, da es sich besonders nah an den „im gewöhnlichen Geschäftsverkehr bestehenden Gepflogenheiten" orientiert (§ 7 Abs. 2, 1. Halbs. WertV)[832]. Ungeachtet seiner finanztheoretischen Fundiertheit[833] ist das Discounted Cashflow-Verfahren allerdings mit vielfältigen „Stellschrauben" versehen, durch die auf das Ergebnis des Wertermittlungsvorgangs Einfluss genommen werden kann[834]. Vordergründig eröffnet insbesondere die Notwendigkeit, künftig zufließende Einnahmenströme zu taxieren[835], ein Einfallstor, durch das verklärte Zukunftserwartungen ungefilterten Eingang in Wertermittlung und Rechnungslegung finden können. Vor dem Hintergrund der mangelnden Prognosefähigkeit des Immobilien- und Mietmarktes[836] besteht namentlich ein beträchtlicher Toleranzbereich *begründbarer* Zukunftsentwicklungen, durch den der Bilanzierende gegen den Vorwurf zu optimistischer (oder zu pessimistischer) Rechnungslegung weithin gefeit ist. Insbesondere schließt die Be-

---

830 So auch *Engel-Ciric*, DStR 2002, 780, 783.

831 Vgl. *Kleiber*, in: Kleiber/Simon/Weyers, V, WertV, Vorbem. zu §§ 15 - 20 Rn. 227.

832 Dies führt dazu, dass Anlageobjekte in der Bewertungspraxis „ausschließlich im Ertragswertverfahren bewertet" werden (*Zimmermann/Heller*, A.4, Rn. 48).

833 Siehe *Behr*, Schweizer Treuhänder 2001, 219, 221; vgl. auch *Engel-Ciric*, DStR 2002, 780, 783.

834 Wissenschaftliche Belege bei *Kleiber*, in: Kleiber/Simon/Weyers, V, WertV, Vorbem. zu §§ 15 - 20 Rn. 236.

835 Relevante Faktoren (dazu *Vater*, BuW 2002, 535, 537) sind insbesondere die künftigen Mietzahlungen, Instandhaltungskosten, Leerstandsperioden etc. Namentlich *Baetge/Zülch/Matena* (StuB 2002, 417, 420) weisen zudem mit Recht darauf hin, dass die in der Vergangenheit erzielten Mieteinnahmen nicht notwendig repräsentativ für die Zukunft sein müssen.

836 Vgl. *Baetge/Zülch/Matena*, StuB 2002, 417, 418; *Beck*, KoR 2004, 498, 501. Demgegenüber hat etwa der handelsrechtliche Lagebericht (§ 289 Abs. 2 Nr. 2 HGB) nur einen Prognosezeitraum von zwei Jahren abzudecken (*Schulze-Osterloh*, in: Baumbach/Hueck, GmbHG, § 42 Rn. 459). Die Prognoseanforderungen, die das Discounted Cashflow-Verfahren stellt, überschreiten diese Zeitspanne in Abhängigkeit von der Restnutzungsdauer des Bewertungsobjekts daher bei weitem.

zugnahme auf künftige Cashflows ohne aktuell fassbaren Marktbezug allgemein eine objektive und effektive Kontrolle durch den Abschlussprüfer aus[837].

Bei Lichte besehen avanciert allerdings der in Abhängigkeit[838] von Restnutzungsdauer, der fortwährend unsicheren Ertragsentwicklung sowie unprognostizierbarer konjunktursensibler Faktoren (z.B. des Kapitalmarktzinsniveaus) auszutarierende Diskontierungszins zum eigentlichen Steuerungsinstrument der Grundstückswertermittlung[839]. Bedenklich ist insbesondere, dass der Diskontierungszins in Abhängigkeit von den Rendite*vorstellungen* des Investors festzulegen ist[840]. Berücksichtigt man weiter, dass der IAS/IFRS-Abschluss als Instrument zur Investorengewinnung ausgestaltet ist[841], verschwimmt die Grenze zwischen begründeten Erwartungen und für die Rechnungslegung an sich irrelevanten Hoffnungen[842]. Vor diesem Hintergrund dürfte eine neutrale und ermessensfehlerfreie Ausfüllung der bestehenden Ermessensspielräume illusorisch sein. Als reines Prognoseverfahren bietet das Discounted Cashflow-Verfahren aber auch

---

837 Betreibt der Immobilienbewerter insbesondere hinreichenden Begründungsaufwand, lassen sich die von ihm „unterstellten Entwicklungen" nicht widerlegen; Unkorrektheiten erweisen sich daher regelmäßig erst in ex post-Perspektive (dazu *Hoffmann*, DB 2000, 485, 486 [„Ohnmacht des Abschlussprüfers"]; vgl. auch *Heidemann/Sickmann*, StuB 2003, 652, 653; *Kleiber*, in: Kleiber/Simon/Weyers, V, WertV, Vorbem. zu §§ 15 - 20 Rn. 236; *Scheffler*, in: Festschr. für Strobel, 2001, S. 3, 24).

838 *Kleiber*, in: Kleiber/Simon/Weyers, V, WertV, Vorbem. zu §§ 15 - 20 Rn. 235; zu den Einzelkomponenten, die für den Diskontierungszinssatz bestimmend sein sollen vgl. *Behr*, Schweizer Treuhänder 2001, 219, 221.

839 Siehe auch *Beck*, KoR 2004, 498, 501; *Löhr*, StuB 2003, 643, 645. So besehen kann der Diskontierungszinssatz gewissermaßen als „Schwingungsdämpfer" fungieren, der kurzfristige gesamtbetriebliche Sonder- bzw. Fehlentwicklungen einebnet.

840 *Baetge/Zülch*, BFuP 2001, 543, 559; *Baetge/Zülch/Matena*, StuB 2002, 417, 420; *Engel-Ciric*, DStR 2002, 780, 783; stark relativierend *Behr*, Schweizer Treuhänder 2001, 219, 221 („gewisse Subjektivität"). *Baetge/Zülch/Matena* (a.a.O.) schlagen daher vor, die Anhangangaben zu erweitern. Konkret sollten die „bestehenden Mietpreisspannen" mit den dazugehörigen Eintrittswahrscheinlichkeiten angegeben werden, um dem Adressaten einen Hinweis auf „die Bandbreite möglicher Zeitwerte" zu geben. Auf diese Weise lässt sich der „Verlust an Zuverlässigkeit" allerdings kaum abmildern, da die Prognoseuntauglichkeit des Immobilienmarkts gleichsam auf die *Verlässlichkeit* der *jeweiligen Eintrittswahrscheinlichkeiten* durchschlagen würde.

841 Gegen diese Ausrichtung *Moxter*, DB 2001, 605, 606: „Rechnungslegung ist nicht Marketing.".

842 Vgl. *Euler*, BB 2002, 875, 879. Typischerweise *erwartet* ein Immobilienerwerber gerade *eine Realmietsteigerung*, (*Simon/Kleiber*, Schätzung, Rn. 4.155 f.).

bei sachgerechter Anwendung keine Gewähr für eine zutreffende Abbildung der aktuellen Wertverhältnisse der Bewertungsimmobilie[843].

(d) Zusammenfassende Würdigung

Das durch IAS 40 implementierte Marktbewertungskonzept für Immobilien markiert die Vorstufe zu einer vollständigen Abkehr vom Anschaffungskostenprinzip, dessen Kapitalmarkttauglichkeit durch die unvermeidbare Schaffung stiller Zwangsreserven scheinbar verwirkt ist. Das Fair Value-Modell des IAS 40 steht damit *allein* im Zeichen der *Kapitalmarktinformation* und *erhebt in keiner Weise den Anspruch*, integraler Bestandteil einer Rechnungslegungsordnung sein zu können, die auch mit Ausschüttungsbemessungsaufgaben betraut ist. Eine Würdigung des IAS 40 muss diesem Umstand Rechnung tragen und daher differenzieren. Freilich existiert *kein vorbehaltloser* Antagonismus zwischen der Informations-/Rechenschaftsfunktion und einer (gläubigerschutzbedachten) Ausschüttungsbemessungsfunktion, da in Gestalt des Objektivierungsgebots eine Schnittmenge gemeinsamer Mindestanforderungen existiert[844].

Vor diesem gedanklichen Hintergrund exemplifiziert IAS 40, dass mit der Hinwendung zu einem „Full Fair Value-Konzept“ unweigerlich eine grundlegende Abkehr von Mindestobjektivierungsanforderungen einherginge, da das *Marktgeschehen* nur für *eng typisierte* Vermögenswerte (und Schulden) als *verlässlicher Wertindikator* fungieren kann[845]. Allein ein funktionierender, atomistischer Markt vermag die – freilich auf eine „Kappung von Wertspitzen“ beschränkte – Objektivierungswirkung des Anschaffungskostenprinzips adäquat zu ersetzen. Tatsächlich wirkt insbesondere auf bebaute Grundstücke ein Spektrum unterschiedlichster wertbildender Faktoren ein, sodass sich ein Marktwert für eine (spezifische) Bewertungsimmobilie nur in Ausnahmefällen herausbilden kann. Die *Individualität* von Immobilien ist daher Grund für das Versagen direkter Marktbewertungsverfahren[846].

Eine Annäherung an einen dem Marktwert funktional gleichstehenden Wert kann daher allein unter Rückgriff auf marktfernere Bewertungsinstrumente gelingen, die allerdings allesamt mit dem Manko ins Gewicht fallender Ermessenspiel-

---

843 *Kleiber*, in: Kleiber/Simon/Weyers, V, WertV, Vorbem. zu §§ 15 - 20 Rn. 235; siehe auch *Hennrichs*, ZGR 1999, 837, 850 Fn. 58 („Prophetie ist den Menschen nicht eigen.“).

844 Zutreffend *Kleindiek*, ZGR 1998, 466, 484 f.; ferner *Löhr*, StuB 2003, 643, 644 ff.

845 *Herzig/Mauritz*, BB 1997, Beil. 5, S. 1, 11 f.; vgl. auch *Scheffler*, in: Festschr. für Strobel, 2001, S. 3, 25.

846 *Baetge/Zülch*, BFuP 2001, 543, 558; *Meyer/Meisenbacher*, DStR 2004, 567, 571; siehe auch *Beck*, KoR 2004, 498, 502.

räume behaftet sind. Innerhalb des Kanons nebeneinander stehender Wertermittlungsmethoden dürfte dem Discounted Cashflow-Verfahren hervorgehobene Bedeutung zukommen, da es am ehesten auf die Wertbestimmung von Renditeobjekten zugeschnitten ist. Das Discounted Cashflow-Verfahren ist allerdings als reines Prognoseverfahren auf die Abschätzung zukünftiger und daher gänzlich unsicherer Entwicklungen *angewiesen*. Jedenfalls bei nicht unerheblicher Restnutzungsdauer des Bewertungsobjekts führt die Wirkung des Diskontierungszinses zu einer immensen Bandbreite vertretbarer Bewertungsergebnisse[847], die abseits finanzmathematischer Verdunkelung – gewissermaßen bei „natürlicher Betrachtung" – nicht sämtlich dem tatsächlichen Wert der Immobilien entsprechen können. Auf dieser Grundlage stellt sich das von IAS 40 initiierte Verfahren zur Ermittlung des beizulegenden Zeitwerts freilich weder als Wert*messung* noch als Wert*ermittlung* dar, sondern kommt einer von den gegenwärtigen Verhältnissen weithin losgelösten Wert*beilegung*[848] zumindest nahe. Das Ergebnis des Wertfindungsvorgangs wird daher nicht unwesentlich zur *Disposition des Standardanwenders* gestellt.

Die Ergebnisse des Discounted Cashflow-Verfahrens geben daher bestenfalls Aufschluss über die wirklichen Erwartungen des Bewertenden. Darüber hinaus steht zu erwarten, dass die zugrunde liegenden Erwartungen allenfalls in Bezug auf „erkennbare Prognoseauswüchse" einer Kontrolle durch den Abschlussprüfer zugänglich sind, sodass auch bloße Hoffnungen gemeinhin ungefilterten Eingang in die Rechnungslegung erhalten. Das IASB nimmt dieses Objektivierungsdefizit des Fair Value-Accounting allerdings in Kauf, um einer allgemeinen Marktbewertungstendenz Vorschub zu leisten[849].

Ungeachtet der Tatsache, dass die Notwendigkeit des Abrückens von marktnächsten Wertermittlungsverfahren bereits die mangelnde Fundiertheit der Bewertungskonzeption des Fair Value-Modells des IAS 40 erweist[850], verlangen

---

847 Vgl. *Baetge/Zülch/Matena*, StuB 2002, 417, 420; ferner *Hoffmann/Lüdenbach*, DStR 2002, 871, 877; zur Streubreite der im Rahmen der Unternehmensbewertung angewandten Ertragswertmethode vgl. *Hennrichs*, ZGR 1999, 836, 850 ff.

848 Bezeichnend ist insoweit, dass IAS 40.40 (2000) den Begriff „Wertermittlungsverfahren" vermeidet und von Schätzwerten spricht, die „Schlussfolgerungen" auf den tatsächlichen Wert des Bewertungsobjekts ermöglichen sollen.

849 Dabei begrenzt das IASB die Möglichkeiten, vom Fair Value-Modell abzuweichen, ganz erheblich. Erst *eindeutige substanzielle Hinweise* für eine nicht hinreichend verlässliche Ermittelbarkeit des beizulegenden Zeitwerts berechtigen dazu, auf das Anschaffungskostenmodell überzugehen.

850 Berücksichtigt man insbesondere, dass namentlich die Vergleichswertmethode als „marktgerechteste Methode" zur Bestimmung des Verkehrswerts von Immobilien bezeichnet wird (*Simon/Kleiber*, Schätzung, Rn. 1.127; *Zimmermann/Heller*, A.4, Rn. 17), kann das Marktbewertungskonzept des IAS 40 seinem Anspruch kaum ge-

derartige Ermessensfreiräume nach einer *Auslagerung des Bewertungsvorgangs* auf eine erwiesenermaßen neutrale Instanz, also auf denjenigen, *„den es nicht angeht*". Von einer solchen Maßnahme sieht das IASB indes ab und überlässt die Abschlussadressaten damit den bilanzpolitischen Präferenzen des Anwenders. Die jüngsten Erfahrungen mit unzutreffenden Kapitalmarktinformationen belegen freilich, dass ein wohl verstandenes Maß an vorbeugender Skepsis angebracht wäre, wo IAS 40 implizit die Neutralität der Rechnungslegung postuliert.

Dem Ziel der unvoreingenommenen Kapitalmarktinformation ist IAS 40 daher keinesfalls förderlich. In einem mit *Schutzfunktionen* betrauten *Bilanzrecht* gerät IAS 40 allerdings zum *Fremdkörper*, der negativ auf das gesamte Regelungssystem einstrahlen könnte[851]. Auch der Umstand, dass die deutsche Rechtsordnung in Gestalt der WertV auf ähnliche Bewertungsmechanismen zurückgreift, gibt keinen Anlass zu einer abweichenden Beurteilung. Tatsächlich kann es im Wirtschafts- und Rechtsleben unumgänglich sein, den Verkehrswert von (bebauten) Grundstücken zu bestimmen, sofern Unbilligkeiten vermieden werden sollen. Dass der Verkehrswert dabei typischerweise vornehmlich auf Schätzungen beruht, wird vom Gesetzgeber mit Blick auf höherwertige (Rechts-) Güter in Kauf genommen.

Vor dem Hintergrund der aufgezeigten Schwierigkeiten ist allerdings aus der Perspektive des *Bilanzrechts* nicht ersichtlich, warum die Jahresabschlussadressaten auf mitunter irreführende Prognosewerte verwiesen werden sollten, wenn mit dem Anschaffungswertprinzip ein zumindest objektivierungsbedachter Bewertungsmaßstab zur Verfügung steht[852]. Insoweit soll nicht verkannt werden, dass insbesondere die Unternehmenseigner ein schützenswertes Interesse daran

---

recht werden. Schließlich kann eine Bewertungskonzeption insgesamt nur dann als marktorientiert gelten, wenn ein Ausweichen auf marktfernere „Reservemethoden" auf eng begrenzte Ausnahmefälle beschränkt bleibt. Erweisen sich die gewissermaßen als Hilfsverfahren konzipierten Wertermittlungsmethoden des IAS 40.46 allerdings als Regelverfahren, wird die mit der Stufenfolge dokumentierte Zielsetzung, eine Bewertung anhand marktnächster Kriterien einzufordern, verfehlt.

851 Mit gleichem Tenor auch der Vortrag *Baetges* auf dem 19. Münsterschen Tagesgespräch am 22. 5. 2003, wiedergegeben bei *Heidemann/Sickmann*, StuB 2003, 652, 653.

852 In diesem Sinne *Ekkenga*, BB 2001, 2362, 2367: „Das Ergebnis ist nicht Information, sondern Desinformation, weil persönliche Wertschätzungen des Rechnungslegungspflichtigen in das Zahlenwerk von Bilanz und Gewinn- und Verlustrechnung einfließen und vom Kapitalmarkt so verarbeitet werden, als handelte es sich um objektivierte Daten."; siehe auch *Löhr*, StuB 2003, 643, 648; a.A. *Siegel*, BFuP 1998, 593, 598 f.

besitzen, über die wirtschaftlichen Verhältnisse „ihres“ Unternehmens „vollständig“ aufgeklärt zu werden[853].

De lege lata wird die *diesbezüglich relevante* Vermögens-, Finanz- und Ertragslage allerdings durch das Zusammenwirken der einzelnen Ansatz- und Bewertungsregeln (die freilich „im Lichte“ der bilanzrechtlichen Generalnorm [Art. 2 Abs. 3 BiRiLi] auszulegen sind) *unter Einschluss des Anschaffungskostenprinzips* definiert. Tatsächlich nimmt das Gesetz daher die Wirkungen des Anschaffungskostenprinzips in Kauf, auch um die mit der Fehleranfälligkeit von Zeitwertmodellen einhergehenden Schwierigkeiten auszuschließen. Das Anschaffungskostenprinzip hat insofern keinen verzerrenden Einfluss, sondern trägt zur Ausformung des jahresabschlussrelevanten Vermögens bei[854], das freilich einige für Prognosezwecke wichtige Wertpotentiale nicht zeigt.

Eine taugliche Grundlage zur Befriedigung dieses Bedürfnisses bietet IAS 40 allerdings ob seines Objektivierungsdefizits nicht. Eine rein prognostische Betrachtung von Ertragspotentialen berührt vielmehr den genuinen Regelungsbereich des Lageberichts (vgl. § 289 Abs. 2 Nr. 2 HGB) und sollte diesem auch vorbehalten bleiben, da er anders als das Zahlenwerk von Bilanz und Gewinn- und Verlustrechnung nicht den Eindruck unumstößlicher Richtigkeit vermittelt.

(5) Ausschüttungsbemessungsfunktion

Über die aufgezeigten Objektivierungsschwierigkeiten hinaus[855] ist auch die Missachtung des Realisationsgedankens dafür verantwortlich, dass sich IAS 40 nicht in ein gläubigerschutzbedachtes bilanzielles Regelsystem einpassen lässt. So ist die handelsrechtliche Ausschüttungsbemessungsfunktion von dem Gedanken getragen, dass nur „quasisichere“ Wertsteigerungen von Vermögenswerten

853 Nach Ansicht des BVerfG (ZIP 1999, 1801, 1803) werden Aktionäre durch eine Auskunftsverweigerung des Vorstands hinsichtlich bestehender stiller Reserven „in ihrem grundrechtlich geschützten Informationsrecht nicht nur völlig unerheblich beeinträchtigt (…)“; vgl. ferner *Hennrichs*, ZGR 2000, 627, 636; *Roth*, ÖBA 2000, 193, 196 f.; *Siegel et al.*, ZIP 1999, 2077, 2078 ff.; siehe auch *Ekkenga*, BB 2001, 2362, 2367; *Schildbach*, BFuP 1998, 580, 586 f.; allgemein zur Rechenschaftspflicht *Kleindiek*, ZGR 1998, 466, 467.

854 Dies verkennend BVerfG ZIP 1999, 1801, 1802 f.

855 Bilanzpolitischer Spielraum könnte zudem aus der Möglichkeit der Umwidmung von betrieblich genutzten Grundvermögen in „investment property“ resultieren. Entsprechende Wertveränderungen sind zwar zunächst im Eigenkapital zu erfassen (IAS 40.61 f.). Im Falle einer anschließenden Veräußerung bleibt allerdings unklar, ob die Wertveränderung wiederum zwingend in eine andere Eigenkapitalposition umzubuchen ist oder ob nunmehr auch eine erfolgswirksame Erfassung möglich ist (für die Möglichkeit einer erfolgswirksamen Behandlung z.B. *Schildbach*, BFuP 2002, 263, 267 m.w.N.).

(sowie ebensolche Minderungen von Schulden) Anlass zu einer Erhöhung des Ausschüttungspotentials geben sollen. Demgegenüber macht das Fair Value-Modell in Übereinstimmung mit dem Framework (vgl. F.92) den Ertragsausweis nicht von einem (marktbezogenen) Umsatzakt abhängig, sodass letztlich unsicher bleibt, ob ausgewiesene Wertsteigerungen Bestand haben werden. Darüber hinaus stellen bereits die skizzierten Wertermittlungsverfahren keineswegs sicher, dass etwaig abgebildete Werterhöhungen die aktuellen Wertverhältnisse des Bewertungsobjekts zutreffend abbilden. Wenn Fehlbewertungen zudem typischerweise erst in einem der Bewertungsentscheidung wesentlich nachgelagerten Zeitpunkt offenkundig werden, widerspräche es evident dem kapitalgesellschaftsrechtlichen Gebot einer sachgerechten Risikoverteilung zwischen Unternehmenseignern und Gläubigern, an eine solche, mitunter nur vermeintliche Werterhöhung Ausschüttungsansprüche zu knüpfen[856]. Sofern sich derartige „Fehlbewertungen“ auf im Bewertungszeitpunkt *vertretbare* Ermessensentscheidungen zurückführen ließen – und eine Nichtigkeit des Jahresabschlusses (gemäß § 256 Abs. 5 Satz 1 Nr. 1 AktG) daher nicht drohte –, wäre eine entsprechende Vermögensverlagerung in die Gesellschaftersphäre nicht umkehrbar. Namentlich die Separierung von Gesellschafts- und Gesellschaftersphäre bedingt daher, dass aus der unternehmerischen Tätigkeit bezogene Vorteile zunächst „im Unternehmen angekommen sein müssen“. IAS 40 legitimiert hingegen den Ertragsausweis, ohne dass ein insoweit unerlässlicher Risikoabbau auch nur eingeleitet wäre. Die dadurch bedingte Risikoverlagerung zu Lasten der Unternehmensgläubiger ist vor dem Hintergrund des kapitalgesellschaftsrechtlichen Trennungsprinzips nicht hinnehmbar.

(6) Exkurs: Erfolgsneutrale Zeitwertbilanzierung

In Abweichung zum Zeitbewertungskonzept des IAS 40 sieht das den IAS 16 und 38 zugrunde liegende Fair Value-Modell eine *erfolgsneutrale* Erfassung von Zeitwertveränderungen vor (vgl. IAS 16.39, 38.85). Damit setzt sich das IASB in Widerspruch zu seinem konzeptionellen Ansatz, wonach Aufwendungen *und Erträge* schlicht auf Wertveränderungen von Vermögenswerten beruhen (F.92)[857]. Da die Erfolgsrechnung mithin unberührt bleibt, werden positive Veränderungen des beizulegenden Zeitwerts in einer Neubewertungsrücklage (revaluation surplus) aufgefangen. Zu einer erfolgswirksamen Erfassung von Zeitwerterhö-

856 In diesem Sinne *Ernst*, BB 2003, 1487, 1489 (mit Blick auf das 10-Punkte-Programm der Bundesregierung „Unternehmensintegrität und Anlegerschutz“); vgl. auch *Beck*, KoR 2004, 498, 502.

857 Siehe auch Kap. 5 C. 4. c) (2) (b).

hungen kommt es nur insoweit, wie zuvor als Aufwand erfasste Wertminderungen „rückgängig" gemacht werden[858]. Demgegenüber sind erstmalige Zeitwertminderungen stets erfolgswirksam zu erfassen (IAS 16.40 Satz 1, 38.86 Satz 1). Folgen Zeitwertminderungen allerdings einer erfolgsneutral erfassten Erhöhung des Zeitwerts nach, ist diese gegen die Neubewertungsrücklage zu verrechnen (IAS 16.40 Satz 2, 38.86 Satz 2). Das IASB verfolgt mithin in gewisser Parallelität zum Handelsbilanzrecht eine „imparitätische Zeitwertstrategie".

Aus der Perspektive des Kapitalschutzes besehen schlagen sich allerdings die Unsicherheiten, die mit der Zeitwertermittlung auch im Rahmen der IAS 16 und 38 unweigerlich verbunden sind, nicht in einer Erhöhung des Ausschüttungspotentials nieder. Vielmehr wirkt sich ein gestiegener Zeitwert erfolgsmindernd aus, da die für die Bemessung der regelmäßigen Abschreibungen maßgebliche Ausgangsgröße entsprechend zu erhöhen ist. Vor diesem Hintergrund lässt sich mithin festhalten, dass kapitalschutzbedachte gesellschaftsrechtliche Regelungszusammenhänge durch die Anwendung des Neubewertungsmodells jedenfalls nicht außer Kraft gesetzt würden[859]. Tatsächlich beruht das Neubewertungsmodell gerade auf Mechanismen, die bereits im Rahmen der EG-Bilanzrichtlinie Eingang in die europäische Rechnungslegung gefunden haben[860].

d) Langfristige Auftragsfertigung

Als bedeutender Kristallisationspunkt der unterschiedlichen Zwecksetzungen von handelsrechtlicher und IAS/IFRS-Rechnungslegung gilt ferner die Behandlung langfristiger Auftragsfertigung[861], deren Kapitalschutzkompatibilität nachfolgend untersucht werden soll.

(1) Grundlegung: Zivilrechtlicher und betriebswirtschaftlicher Rahmen

Unter langfristige Auftragsfertigung versteht man gemeinhin ein vielschichtiges Produktionsgeschehen, dem ein zivilrechtliches – zumeist werkvertragliches – Vertragsverhältnis zugrunde liegt und das auf die Erstellung eines Produkts innerhalb eines längerfristigen Zeitraums gerichtet ist[862]. Der mehrperiodische Erstellungszeitraum bedingt insofern, dass die (Werkunternehmer-)Vergütung in einer dem Fertigungsbeginn nachgelagerten Rechnungslegungsperiode fällig wird

858 Dazu *Küting/Dawo*, KoR 2003, 228, 236.
859 Insoweit zutr. *Böcking*, Der Konzern 2004, 177, 181 f.
860 Vgl. hierzu auch Kapitel 4 G. 3; zu den Wirkungen aus bilanzpolitischer Perspektive aber *Tanski*, DStR 2004, 1843, 1845.
861 Vgl. z.B. *Kahle*, StuB 2001, 1201, 1202 ff.
862 Zur Begriffsbestimmung vgl. auch *Kahle*, StuB 2001, 1201, 1202.

(vgl. § 641 Abs. 1 Satz 1 BGB)[863]. Aufgrund der zumeist hohen Auftragsvolumina sind Verträge über langfristige Auftragsfertigungen für die Beurteilung der wirtschaftlichen Lage des fertigenden Unternehmens häufig von entscheidender Bedeutung. Langfristige Auftragsfertigung bedingt zudem typischerweise eine Bündelung der Produktionskapazitäten, sodass der wirtschaftliche Erfolg des Unternehmens maßgeblich von nur wenigen Projekten abhängt. Da das einzelne Fertigungsprojekt in das Vertragsverhältnis von Besteller und Werkunternehmer eingebunden ist, *entfällt* freilich das *Abnahmerisiko*. Der Werkunternehmer trägt allerdings das *Funktionsrisiko*[864]. Ihm obliegt der Nachweis, dass das Werk den vertraglich vereinbarten Anforderungen des Bestellers entspricht. Den „Auftragnehmer" trifft schlechthin eine *Erfolgshaftung*, da er unbesehen der Spezifika langfristiger Auftragsfertigung ein funktionstaugliches und zweckentsprechendes Werk schuldet[865].

Hat der „Auftragnehmer" daher einen bestimmten Erfolg zu einem bestimmten Preis versprochen, bleibt er hieran, vorbehaltlich einer Anwendbarkeit der Regelungen über den Wegfall der Geschäftsgrundlage (§ 313 BGB), gebunden, auch wenn die Ausführung tatsächlich aufwendiger ist als bei Vertragsschluss vorausgesetzt[866].

(2) Bilanzielle Behandlung langfristiger Auftragsfertigung gemäß IAS 11

Sofern für ein dem Anwendungsbereich des IAS 11 unterfallendes Vertragsverhältnis eine feststehende Vergütung vereinbart ist, besteht die entscheidende Weichenstellung für die bilanzielle Behandlung langfristiger Fertigungsaufträge darin, ob das Ergebnis des Fertigungsauftrages verlässlich ermittelt werden kann (IAS 11.22 f.)[867]. Ist dies zu bejahen[868], hat der Anwender die sog. percentage of

---

863 Ein durchsetzbarer Teilvergütungsanspruch entsteht lediglich, wenn nach den Vertragsvereinbarungen (ausdrückliche, vgl. BGHZ 125, 111, 115 [keine Vermutung für einen Anspruch auf Teilabnahme]) Teilabnahmen vorgesehen sind (§ 641 Abs. 1 Satz 2 BGB).

864 Z.B. *Kahle*, StuB 2001, 1201, 1202; vgl. auch *Kropff*, in: Geßler u.a., AktG, § 149 Rn. 89; siehe dazu MüKo-AktG/*Tiedchen*, § 252 Rn. 67.

865 Vgl. BGH NJW-RR 2000, 465, 466; NJW 1984, 2457, 2458 f.

866 BGH NJW 1984, 2457, 2458.

867 Das Ergebnis des Fertigungsauftrages kann verlässlich geschätzt werden, sofern neben Auftragserlösen und Auftragskosten auch der Grad der Fertigstellung verlässlich ermittelt werden kann und ein Nutzenzufluss wahrscheinlich ist (vgl. IAS 11.23 lit. [a] - [d]).

868 Lässt sich das Ergebnis des Fertigungsauftrages nicht verlässlich prognostizieren, ist der Erlös lediglich in Höhe der angefallenen und wahrscheinlich einbringbaren Auftragskosten zu erfassen (IAS 11.32 lit. [a]). Durch den *vollen Selbstkostenansatz*

completion-Methode (POC-Methode) anzuwenden[869]. Danach sind die dem jeweiligen Fertigungsauftrag zuzuordnenden Auftragserlöse und Auftragskosten entsprechend dem Leistungsfortschritt am Bilanzstichtag als Erträge und Aufwendungen zu erfassen. Sofern die erwarteten Erlöse die erwarteten Auftragskosten übersteigen, kommt es daher zu einer anteiligen Gewinnrealisierung vor Abnahme des Werks[870].

Der Auftragnehmer weist Fertigungsaufträge mit einem positiven Saldo als (realisierte) Forderungen (Vermögenswerte) in der Bilanz aus (IAS 11.42 lit. [a])[871]. Dies führt beispielsweise dazu, dass bei einem erwarteten Auftragserlös von 100 GE und geschätzten Auftragsaufwendungen von 80 GE sowie einem Fertigstellungsgrad von 50 % ein Gewinn von 10 GE als vereinnahmt zu gelten hat.

Zusammenfassend lässt sich daher festhalten, dass IAS 11 die Ertragsrealisation nicht von der Abnahme von Teilleistungen abhängig macht. Teilleistungen werden gewissermaßen zum Zwecke der Realisation und im Dienste einer sachgerechten Periodenzuordnung fingiert (vgl. IAS 11.25)[872]. Dem liegt der Gedanke zugrunde, dass der durch die Auftragsabwicklung veranlasste Erfolgsbeitrag kontinuierlich anwächst und gerade nicht Resultat eines einzelnen „Wertsprungs" ist (vgl. IAS 11.26 Satz 1)[873].

(3) Gewinnrealisierung bei langfristiger Auftragsfertigung nach HGB

Gegen die Kapitalschutzadäquanz von IAS 11 lassen sich allerdings von vornherein nur dann Einwände erheben, wenn der Standard eine mit den GoB nicht in Einklang stehende Behandlung der langfristigen Auftragsfertigung einfordert. Sind die Regelungen des IAS 11 hingegen GoB-konform, mag dies zwar im Sinne eines umfassend verstandenen Gläubigerschutzes suboptimal sein. Wie bereits dargestellt, ist das Handelsbilanzrecht indes nicht allein dem Gläubigerschutz

---

kommt es zu einer Neutralisierung der bislang angefallenen Aufwendungen (vgl. *Krawitz*, DStR 1997, 886, 892).

869 Die Anwendung der completed contract-Methode ist nach der Überarbeitung von IAS 11 im Jahr 1993 nicht mehr zulässig.

870 Ein erwarteter Verlustbeitrag ist hingegen in jedem Fall – und in Übereinstimmung mit dem Handelsbilanzrecht (vgl. *Reinhart*, RIW 1999, 417, 419) – *unmittelbar erfolgswirksam* zu behandeln (vgl. IAS 11.22, .32, .36)

871 Vgl. dazu *Wagenhofer*, S. 218; ferner *Krawitz*, DStR 1997, 886, 893.

872 Vgl. *Wagenhofer*, S. 218; ferner *Krawitz*, DStR 1997, 886, 893; *Marx/Löffler*, in: Beck`sches HdR, B 700, Rn. 121 f.; *Richter*, in: Ballwieser (Hrsg.), US-amerikanische Rechnungslegung, 2000, S. 139, 157.

873 *Seeberg*, in: IAS/IFRS Kommentar, IAS 11 Tz. 11; ablehnend zu diesem Ansatz *Leffson*, S. 249 f.

verpflichtet, sondern hat vielmehr einen umfassenden Interessenausgleich zu bewerkstelligen. Der Gläubigerschutz ist daher auch de lege lata keine absoluter Faktor[874].

(a) Die POC-Methode de lege lata: Streitstand

Die handelsbilanzrechtliche Behandlung der langfristigen Auftragsfertigung ist seit jeher umstritten. Teile des Schrifttums weisen der langfristigen Auftragsfertigung insbesondere mit Blick auf die Informationsfunktion des Jahresabschlusses eine Sonderstellung zu, die es ermöglichen soll, in Abkehr von einem streng verstandenen Realisationsprinzip Erträge ausnahmsweise bereits vor Abnahme des Werks zu erfassen[875]. Sofern demgegenüber hergebrachte Realisationskriterien zur Anwendung gelangten, stehe namentlich die damit einhergehende *unstete Erfolgsentwicklung*[876] einer realitätsnahen bilanziellen Berichterstattung entgegen[877]. Die Grundlage dieser spezifischen Behandlung wird dabei überwiegend in § 252 Abs. 2 HGB gesehen[878]. Teilweise wird allerdings auch ein Widerspruch zum Gebot vorsichtsbedachter Bilanzierung bzw. zum Realisationsprinzip schlechthin verneint[879]. Insbesondere sei eine anteilige Gewinnrealisierung nach dem Vorbild der POC-Methode gerechtfertigt, da ein Absatzrisiko wegen der Abnahmeverpflichtung des Bestellers nicht bestehe[880]. Verbreitet wird hingegen eine „verbesserte" POC-Methode vorgeschlagen, die nach Maßgabe einschränkender Kriterien darauf zielt, dem Gesichtspunkt vorsichtiger Bilanzierung hinreichend Geltung zu verschaffen, ohne einem periodengerechten Erfolgsausweis unüberwindbare Hindernisse zu bereiten[881].

---

874 Siehe dazu *Hennrichs*, S. 138 f.

875 *Selchert*, DB 1990, 797, 801; *derselbe*, in: HdR, 5. Aufl., § 252 Rn. 113; vgl. auch *Herzig*, WPg 2000, 104, 114.

876 Siehe dazu auch MüKo-AktG/*Tiedchen*, § 252 Rn. 66.

877 *Selchert*, DB 1990, 797, 799; *derselbe*, in: HdR, 5. Aufl., § 252 Rn. 113; *Stewing*, BB 1990, 100, 103.

878 Vgl. *ADS*, § 252 Rn. 87; *Claussen/Korth*, in: Kölner Kommentar zum AktG, § 252 Rn. 68; *Seeberg*, in: IAS/IFRS Kommentar, IAS 11 Tz. 49; Heymann/*Walz*, § 252 Rn. 34; wohl auch *Hense/Geißler*, in: Beck`scher BilKomm, § 252 Rn. 72; *Stewing*, BB 1990, 100, 105.

879 *Selchert/Lorchheim*, S. 112 ff. und S. 157; *Selchert*, in: HdR, 5. Aufl., § 252 Rn. 120.

880 *Selchert*, DB 1990, 797, 801; *derselbe*, in: HdR, 5. Aufl., § 252 Rn. 115.

881 Vgl. *ADS*, § 252 Rn. 86 ff.; *Seeberg*, in: IAS/IFRS Kommentar, IAS 11 Tz. 49; *Stewing*, BB 1990, 100, 105 f.; Heymann/*Walz*, § 252 Rn. 34; *Wiedmann*, § 252 Rn. 31.

Die wohl überwiegende Ansicht will demgegenüber ohne Rücksicht auf die Besonderheiten langfristiger Auftragsfertigung an der hergebrachten Interpretation des Realisationsprinzips festhalten[882]. Insbesondere gebiete der Vorsichtsbezug des Realisationsprinzips, Gewinne nur auszuweisen, wenn sie gesichert erscheinen[883]. Vor diesem Hintergrund berechtige allein die Abnahme selbständig zu erbringender und gesondert zu vergütender Teilleistungen zu einem Erfolgsausweis vor Abschluss der Gesamtarbeiten[884].

(b) Stellungnahme

Tatsächlich bietet das Handelsbilanzrecht in Gestalt des § 252 Abs. 2 HGB einen gesetzlichen Anknüpfungspunkt[885], der es ermöglicht, bilanzrechtliche Konstellationen, in denen verschiedene Bilanzierungsprinzipien i.S.d. § 252 Abs. 1 HGB kollidieren, sachgerecht aufzulösen. Zweck des § 252 Abs. 2 HGB ist es insoweit, ein „bewegliches System" allgemeiner Bilanzierungsgrundsätze zu schaffen, das eine einzelfallorientierte Optimierung kollidierender Bilanzierungsprinzipien möglich macht[886]. Vor diesem Hintergrund scheint der Anwendungsbereich des § 252 Abs. 2 HGB mit Blick auf die langfristige Auftragsfertigung eröffnet, da die Anwendung des Realisationsprinzips mit der Forderung nach einem periodengerechten Erfolgsausweis (Art. 31 Abs. 1 lit. d BiRiLi; § 252 Abs. 1 Nr. 5 HGB) konfligiert[887]. Der Grundsatz der Periodenabgrenzung wiederum ist nachdrücklichste Konkretisierung der bilanzrechtlichen Generalnorm(en) (§ 264

882 *Ballwieser*, in: Baetge/Kirsch/Thiele, § 264 Rn. 57; *Euler*, Gewinnrealisierung, S. 95; *Kleindiek*, in: Staub: Großkommentar zum HGB, § 252 Rn. 31; *Krawitz*, DStR 1997, 886, 892; *Kropff*, in: Geßler u.a., AktG, § 149 Rn. 89; *Marx/Löffler*, in: Beck`sches HdR, B 700, Rn. 85; *Reinhart*, RIW 1999, 417, 418; *Schröer*, S. 236; *Schulze-Osterloh*, in: Baumbach/Hueck, GmbHG, § 42 Rn. 91; *Siegel*, in: Festschr. für Forster, 1992, S. 585, 590 ff.; MüKo-AktG/*Tiedchen*, § 252 Rn. 66; wohl auch *Kahle*, StuB 2001, 1201, 1207; *Schruff*, BFuP 1993, 400, 407; BFH BStBl. II 1976, 541, 543 (der erkennende Senat meldet „erhebliche Bedenken" gegen ein Abweichen vom „strengen Realisationsprinzip" an).

883 *Euler*, Gewinnrealisierung, S. 95.

884 Vgl. BFH BStBl. II 1976, 541, 542 f.

885 Teile des Schrifttums gehen indes davon aus, dass eine Abweichung vom Realisationsprinzip von vornherein unzulässig ist, vgl. z.B. *Baetge/Ziesemer*, in: Baetge/Kirsch/Thiele, § 252 Rn. 272; MüKo-AktG/*Tiedchen*, § 252 Rn. 74; stark einschränkend auch *Kleindiek*, in: Staub: Großkommentar zum HGB, § 252 Rn. 37 („[nur] theoretisch möglich").

886 Zur Handhabung des Art. 31 Abs. 2 BiRiLi: *Hennrichs*, S. 300 ff.; zur Anwendung des § 252 Abs. 2 HGB vgl. MüKo-AktG/*Hennrichs*, § 246 Rn. 121.

887 Stellv. *Beisse*, JDStJG 1981, 13, 22.

Abs. 2 S. 1 HGB, Art. 2 Abs. 3 BiRiLi)[888]. Dies berücksichtigend hat sich die Bestimmung entsprechender „Abweichungsfälle" einerseits an der Optimierungsfunktion des § 252 Abs. 2 HGB und andererseits an der Hauptzielsetzung der EG-Bilanzrichtlinie (Art. 2 Abs. 3 BiRiLi) zu orientieren[889]. Ein Abweichen von § 252 Abs. 1 Nr. 4, 2. Halbs. HGB (Art. 31 Abs. 1 lit. c aa BiRiLi) käme daher in Betracht, wenn die CC-Methode „im Lichte" der Hauptzielsetzung der EG-Bilanzrichtlinie „kein den tatsächlichen Verhältnissen soweit wie möglich" entsprechendes Bild vermittelte[890]. Auf dieser theoretischen Grundlage ist mithin zu fragen, ob das Realisationsprinzip zurücktreten muss, um gegenläufigen Bilanzierungsprinzipien im konkreten Einzelfall ein höheres Gewicht beimessen zu können. Entscheidend ist demzufolge, ob ein unter Außerachtlassung von Realisationskriterien „erreichbarer Fortschritt" eine etwaige Belastung der Zahlungsbemessungsfunktion aufwiegt[891]. Insofern hat eine Gesamtbetrachtung derjenigen Auswirkungen zu erfolgen, die die in Betracht kommenden Bilanzierungsmethoden auf die Zielerreichungsqualität des handelsrechtlichen Jahresabschlusses haben.

Gedanklich vorgeschaltet ist freilich die Überlegung, ob die auf dem Boden des Handelsrechts „herrschende" Interpretation des Realisationsprinzips dem (alleinigen) Verständnis der EG-Bilanzrichtlinie entspricht, da ein Abweichen von kodifizierten Bilanzierungsprinzipien andernfalls von vornherein überflüssig wäre. Diesbezüglich kann zunächst festgestellt werden, dass Handelsrecht und EG-Bilanzrichtlinie insoweit konform gehen, als sie das Realisationsprinzip jeweils als Ausprägung des Gebots vorsichtiger Bilanzierung einordnen (vgl. Art. 31 Abs. 1 lit. c BiRiLi, § 252 Abs. 1 Nr. 4 HGB) – was freilich die (jeweilige) Gewichtung des Vorsichtsgedankens offen lässt. Wie bereits angeklungen (Kap. 4 D. 2.), belegen allerdings die jüngsten Modifikationen der EG-Bilanzrichtlinie durch die Schaffung eines *ergänzenden* Realisationstatbestandes (vgl. Art. 42c Abs. 1 BiRiLi)[892], dass eine bloße *Ertragsrealisierbarkeit* den Realisationstatbe-

---

888 So z.B. MüKo-AktG/*Hennrichs*, § 249 Rn. 145.

889 Jüngst EuGH DB 2003, 181, 185, Tz. 116 (zum Grundsatz der Einzelbewertung).

890 Vgl. EuGH DB 2003, 181, 185, Tz. 116; ferner ZIP 1996, 1168, 1169, Tz. 18.

891 Vor diesem Hintergrund ist nicht erforderlich, dass das „Mehr" an Rechenschaft die Zurücksetzung der Ausschüttungsbemessungsfunktion kompensiert. Ein Ausgleich kann auch auf einer anderen Ebene (hier: auf der Informationsebene) stattfinden. Eine Kompensation von Vor- und Nachteilen kann also gewissermaßen zwischen den einzelnen Jahresabschlussfunktionen (interfunktionell) erfolgen, was als Folge der doppelten Schutzrichtung des Jahresabschlussrechts – vgl. dazu den ersten Erwägungsgrund der EG-Bilanzrichtlinie – verstanden werden kann.

892 Entsprechendes gilt für die durch die sog. Bilanzrechtsmodernisierungsrichtlinie (Amtsbl. EG vom 17.7.2003 Nr. L 178/16) neu eingeführten Artt. 42 e, 42 f, die der (optional auf den Konzernabschluss beschränkbaren) Fair Value-Bilanzierung von

stand des Art. 31 Abs. 1 lit. c aa BiRiLi nicht erfüllt. Darüber hinaus übernimmt die EG-Bilanzrichtlinie nach den Vorstellungen des Richtliniengebers eine Ergänzungsfunktion zur Kapitalrichtlinie (Kap. 1 B. 2.). Dies bedingt ein vorsichtsbedachtes Verständnis des Realisationsprinzips (Kap. 1 C. 3. b)). Entsprechend befindet sich das „handelsrechtliche Verständnis" des Realisationsprinzips im Einklang mit der EG-Bilanzrichtlinie, sodass eine Erfolgsrealisation vor Abnahme allein nach Maßgabe des § 252 Abs. 2 HGB[893] in Betracht kommt.

Wie dargelegt, ist der Konflikt zwischen dem Realisationsprinzip und dem Periodisierungsgrundsatz einer Auflösung nach Maßgabe abstrakter Wertigkeitsbetrachtungen nicht zugänglich. Es ist vielmehr im Einzelfall zu entscheiden, welchem Bilanzierungsziel Vorrang einzuräumen ist[894]. Insoweit kann es keinen durchgreifenden Zweifeln unterliegen, dass ein Festhalten an den „traditionellen Realisationskriterien" der Ausschüttungsbemessungsfunktion zu (nahezu) optimaler Geltung verhilft. Gerade das *spezifische Gefährdungspotential* der langfristigen Auftragsfertigung legt sogar ein besonders strenges Realisationsverständnis nahe[895]. So ist etwa die Vertragserfüllung typischerweise mit außergewöhnlichen Risiken behaftet, die aus der Individualität des jeweiligen Projekts herrühren[896]. Sofern daher nicht ausnahmsweise der Besteller das Kostenrisiko für nicht vorhersehbare Erfüllungsschwierigkeiten übernommen hat, *weiß* der Unternehmer während der Herstellungszeit regelmäßig nicht, ob dem jeweiligen Projekt wirtschaftlicher Erfolg beschieden sein wird[897]. Ließe man vor diesem Hintergrund eine Durchbrechung des Realisationsprinzips zu, blieben *unvorhersehbare* und

---

Vermögensgegenständen in Gestalt eines Mitgliedsstaatenwahlrechts eine breite Grundlage verschaffen.

893 § 252 Abs. 2 HGB gewährt im Übrigen kein *Recht* zu Abweichungen von kodifizierten Bilanzierungsgrundsätzen. Ein Wahlrecht würde insbesondere Manipulationsspielräume eröffnen, die mit der Hauptzielsetzung der EG-Bilanzrichtlinie unvereinbar wären. Im Wege der richtlinienkonformen Auslegung ist es daher geboten, § 252 Abs. 2 HGB in Übereinstimmung mit Art. 31 Abs. 2 BiRiLi in dem Sinne zu verstehen, dass Abweichungen vorzunehmen *sind*, wenn sie „angebracht" sind (vgl. EuGH, DB 2003, 181, 185, Tz. 116).

894 Vgl. *Hennrichs*, S. 302 (mit Blick auf den Konflikt zwischen dem Vorsichts- und dem Stetigkeitsprinzip).

895 In diese Richtung *Kleindiek*, in: Staub: Großkommentar zum HGB, § 252 Rn. 31; vgl. ferner *Schruff*, BFuP 1993, 400, 407; *Schulze-Osterloh*, ZIP 2004, 1128, 1136.

896 Vgl. *Backhaus*, in: Festschr. für Ludewig, 1996, S. 21, 39; *Kümpel*, S. 155; *Schildbach*, in: Festschr. für Moxter, 1994, S. 699, 717; MüKo-AktG/*Tiedchen*, § 252 Rn. 66.

897 Siehe auch MüKo-AktG/*Tiedchen*, § 252 Rn. 66; vgl. ferner *Kirsch*, BB 2003, 1111, 1113. Die von IAS 11.23 lit. (c) vorausgesetzte Ermittelbarkeit der noch anfallenden Kosten dürfte daher regelmäßig mit erheblichen Unsicherheiten behaftet sein (vgl. *Leffson*, S. 24).

auch nicht pauschal abschätzbare Erfüllungsrisiken unberücksichtigt[898]. Darüber hinaus muss der Bilanzersteller in Anwendung der POC-Methode eigenverantwortlich darüber entscheiden, ob und in welchem Umfang ein erkanntes Hindernis auf dem Weg zur Fertigstellung des Projekts zusätzliche Kosten verursachen wird. Die damit unweigerlich einhergehenden Einschätzungsspielräume[899] schließen es namentlich aus, die Objektivierungswirkung des handelsrechtlichen Realisationstatbestandes adäquat zu substituieren. Stark zu bezweifeln ist ferner, ob die Abschlussprüfung diesbezüglich eine echte Kontrollwirkung erzeugen kann. Die POC-Methode gerät damit ersichtlich in Widerspruch zu der Zielsetzung, einen nach *objektiven Kriterien* ermittelten (umsatzbasierten) und *damit „ausschüttungsangemessenen* Gewinn"[900] auszuweisen.

---

898 Auch das vom EuGH (DB 1999, 2035, 2035 f.; vgl. dazu auch MüKo-AktG/*Hennrichs*, § 249 Rn. 28; MüKo-AktG/*Tiedchen*, § 252 Rn. 29) bestätigte Instrument der Pauschalrückstellung vermag die damit verbundenen Risiken nicht adäquat aufzufangen. Zwar lässt sich grundsätzlich auch einer abstrakten Gefahr, Schadensersatz wegen Nichterfüllung leisten zu müssen, durch Bildung einer Rückstellung begegnen (vgl. EuGH, a.a.O., S. 2036, Tz. 25). Ein kaum zu überwindendes Hindernis resultiert allerdings daraus, dass sich die Bewertung solcher Rückstellungen an *Erfahrungswerten* zu orientieren hat, die aufgrund der typischen Individualität der jeweiligen Projekte gerade nicht zur Verfügung stehen. Die vorangehende Abwicklung *ähnlicher Verträge* (vgl. EuGH, a.a.O., Tz. 37) kann somit zur Bestimmung der „Gefahrenrealisationswahrscheinlichkeit" nicht herangezogen werden. Einziger Orientierungspunkt bleibt somit das spezifische Vertragsverhältnis. Wie der Unternehmer allerdings gerade durch die Teilgewinnrealisierung dokumentiert, rechnet er nicht ernsthaft damit, mit weiteren Verpflichtungen aus dem Vertrags-/Gewährleistungsverhältnis belastet zu werden (vgl. IAS 11.23 lit. [c], [d]; aus seiner Sicht sprechen mehr Gründe gegen als für das Entstehen einer Verbindlichkeit). Da die bloße Möglichkeit des Entstehens einer Verbindlichkeit zudem nicht ausreichend ist (MüKo-AktG/*Hennrichs*, § 249 Rn. 36 m.w.N.), ist die Bildung einer Rückstellung regelmäßig ausgeschlossen.

899 Eindringlich etwa *Schildbach*, in: Festschr. für Moxter, 1994, S. 699, 717: „Welcher Zeit, welchen Einsatzes und welcher Kosten unter Berücksichtigung möglicher Konventionalstrafen es zur Fertigstellung des Auftrags demzufolge bedürfen wird, kann ein gewöhnlicher Sterblicher schwerlich verläßlich sagen."; *Schildbach*, BFuP 2002, 263, 266; ferner *Herzig*, WPg 2000, 104, 114; *Kirsch*, BB 2003, 1111, 1113; *Leffson*, S. 284; *Tanski*, DStR 2004, 1843, 1847.

900 Dazu auch *Kümpel*, S. 162 f. Ein Übergehen maßgeblicher Realisationskriterien kann zudem nicht mit Rücksicht auf ein fehlendes Absatzrisiko gerechtfertigt werden, da der Wegfall des Absatzrisikos nur *eine vorgeschaltete* Voraussetzung für das Erreichen des Realisationszeitpunktes beschreibt. Wesensbestimmendes Element innerhalb des Realisationsvorgangs ist gerade die „Quasisicherheit" der seit Vertragsschluss bestehenden Gegenforderung. Das Stadium der „Quasisicherheit" ist allerdings erst erreicht, wenn der Unternehmer seine Leistung erbracht und die Gefahr des zufälligen Untergangs auf den Besteller übergegangen ist.

Andererseits gewährt der Jahresabschluss bei Anwendung der CC-Methode keinen „realitätsgetreuen" Einblick in die langfristige Erfolgslage eines Unternehmens, das in nennenswertem Umfang im Bereich der langfristigen Auftragsfertigung tätig ist[901]. Dieses in der Disharmonie von Rechnungslegungsintervall und Vertragsabwicklungsdauer angelegte Informationsdefizit lässt sich allerdings nur bei vordergründiger Betrachtung durch die POC-Methode *beheben.* Zwar führt ihre Anwendung dazu, dass Erträge in der Rechnungslegungsperiode ausgewiesen werden, in der die zu ihrer Erwirtschaftung durchgeführten Tätigkeiten vorgenommen wurden. Gleichwohl ist die POC-Methode auch in informationeller Hinsicht mit einem *spezifischen Makel* behaftet, da sie durch den Rückgriff auf Schätzungen einem immensen Fehlerrisiko ausgesetzt ist[902], das die CC-Methode hingegen nicht aufweist[903]. Insbesondere die Bemessung des Leistungsfortschritts anhand der bis zum Stichtag angefallenen Auftragskosten (vgl. IAS 11.30 lit. (a))[904] ist von einer hohen Fehlerhäufigkeit geprägt, da sich die maßgebliche Bezugsgröße in Gestalt der geschätzten Auftragsgesamtkosten „im Fluss" befindet. Aufgrund der Individualität des jeweiligen Projekts stellen gerade die Auftragsgesamtkosten keine verlässliche Kalkulationsgrundlage dar[905]. Da

---

901 Vgl. *Marx/Löffler*, in: Beck`sches HdR, B 700, Rn. 16 f.; ferner *Baetge/Kirsch/Thiele*, Bilanzen, S. 622 f.; *Kleindiek*, in: Staub: Großkommentar zum HGB, § 252 Rn. 29; *Krawitz*, DStR 1997, 886, 886. Schwierigkeiten bereitet insbesondere der Umstand, dass die Informationsfunktion des Jahresabschluss an sich einen (idealtypischen) kontinuierlichen Aufwands- und Ertragsanfall voraussetzt. Der langfristigen Auftragsfertigung hingegen fehlt ein derartiger Aufwands- und Ertragssynchronismus.

902 Vgl. *Krawitz*, DStR 1997, 886, 892: „(...) Ausweis noch nicht realisierter und damit per definitionem unsicherer Gewinne (...)"; *Schruff*, BFuP 1993, 400, 407; vgl. auch *Kropff*, in: Geßler u.a., AktG, § 149 Rn. 89. Auch *Backhaus* (in: Festschr. für Ludewig, 1996, S. 21, 42) geht davon aus, dass die POC-Methode wegen der Unmöglichkeit zuverlässiger Schätzungen „nicht zur Anwendung kommen wird". *Schildbach* (in: Festschr. für Moxter, 1994, S. 699, 717) geht demgegenüber wegen der Unmöglichkeit verlässlicher Schätzungen mit Recht davon aus, dass das IASC (I-ASB) eine weniger strenge Auslegung dieses Kriteriums befürwortet (ebenso auch *Richter*, in: Ballwieser (Hrsg.), US-amerikanische Rechnungslegung, 2000, S. 139, 158). Dafür lässt sich auch anführen, dass das IASB *lediglich* in Bezug auf die „frühen Phasen eines Auftrages" davon ausgeht, dass sich dessen Ergebnis nicht verlässlich schätzen lässt, vgl. IAS 11.33 Satz 1.

903 So ausdrücklich auch das IASC, WPg 1979, 446, 448.

904 Diese sog. cost to cost-Methode ist das gängigste Verfahren zur Ermittlung des Fertigstellungsgrades, vgl. *Backhaus*, in: Festschr. für Ludewig, 1996, S. 21, 26; *Richter*, in: Ballwieser (Hrsg.), US-amerikanische Rechnungslegung, 2000, S. 139, 157.

905 Vgl. dazu *Backhaus*, in: Festschr. für Ludewig, 1996, S. 21, 39, der eine verlässliche Ermittlung des Fertigungsstandes nur für möglich erachtet, wenn das Unternehmen über eine „mitlaufende Auftragskalkulation" verfügt, die einem Großteil

aber auch die Rechenschafts-/Informationsfunktion des Jahresabschlusses auf eine zuverlässige Datengrundlage angewiesen ist[906], wird die Informationsqualität durch die POC-Methode *jedenfalls nicht entscheidend* gesteigert[907]. Auch ist die Einbeziehung *prospektiver* Plankalkulationen (etwa zur Bestimmung der Auftragsgesamtkosten) mit dem retrospektiven Charakter handelsrechtlicher *Rechenschaftslegung* kaum vereinbar[908].

Zweifelhaft ist insbesondere, ob es der *vergangenheitsorientierten Rechenschaftsfunktion* des Jahresabschlusses überhaupt entspräche, Erträge entsprechend der POC-Methode abzubilden, bevor durch die Abnahme des Werks eine überwiegende Wahrscheinlichkeit des dauerhaften Zugangs von Zahlungsmitteln (bzw. Zahlungsmitteläquivalenten) und damit einer *endgültigen* Vermögensmehrung gegeben ist[909]. Der zivilrechtlichen Wirklichkeit entspricht es, dass ein *durchsetzbarer* Anspruch auf die Gegenleistung erst mit Abnahme des Werks gegeben ist. Die Forderung tritt daher gewissermaßen „als einheitlicher Vermögenswert" in das Stadium der Durchsetzbarkeit ein. Diese Information würde durch ein künstliches „Splitting" der Forderung verfälscht.

Besondere Beachtung verdient zudem der Umstand, dass das erkennbare Objektivierungsdefizit der POC-Methode gleichsam negativ auf die Rechenschafts- und Informationsfunktion des Jahresabschlusses einstrahlt[910]. Die einschränkenden Voraussetzungen der POC-Methode versetzen den Rechnungslegenden insbesondere in die Lage, durch schlichten Hinweis auf die mangelnde Vorhersehbarkeit der noch ausstehenden Auftragskosten bei der CC-Methode stehen zu bleiben[911] und die Ertragsrealisierung zu retardieren[912]. Mit Rücksicht auf das in-

---

der „Anlagenbauer" fehlt (*Seeberg*, in: IAS/IFRS Kommentar, IAS 11 Tz. 50). Die Fehlerhäufigkeit der Kalkulation lasse sich gleichwohl auch bei vorhandener mitlaufender Auftragskalkulation nicht beheben („'Bis 90 % Fertigstellungsgrad laufen die Projekte nach Plan, der Rest wird dann chaotisch und unkontrollierbar.'", vgl. *Backhaus*, a.a.O., S. 39).

906 Stellv. *Kleindiek*, ZGR 1998, 466, 484 f.

907 In diese Richtung *Tanski*, DStR 2004, 1843, 1846; a.A. *Baetge/Ziesemer*, in: Baetge/Kirsch/Thiele, § 252 Rn. 204 f.; *Kümpel*, S. 161, die zwar eine Stärkung der Informationsfunktion unterstellen, die Zulässigkeit der POC-Methode allerdings wegen ihres Effekts auf die Ausschüttungsbemessungsfunktion ablehnen.

908 Insbesondere *Kleindiek*, ZGR 1998, 466, 472 f.; ferner *Leffson*, S. 64, 69.

909 Vgl. *Ballwieser*, in: Baetge/Kirsch/Thiele, § 264 Rn. 62; *Lüders*, S. 103 („Der Gewinnausweis wird in den Bilanzen nicht schief dargestellt, er ist schief."). Insoweit drängt sich zudem eine Parallele zum Problem der phasengleichen Dividendenaktivierung auf (vgl. dazu Kap. 5 C. 4. b (2)).

910 Vgl. *Kleindiek*, ZGR 1998, 466, 484 f.

911 Bzw. auf Grundlage des IAS 11 einen Vollkostenansatz vorzunehmen.

912 Sobald dem Anwender eine verlässliche Schätzung hingegen (wieder) möglich erscheint, ist die POC-Methode (erneut) zur Anwendung zu bringen (IAS 11.35). Dadurch kommt es zu einem „Nachholen" von Teilgewinnen einer etwaigen Vorperio-

härente Prognoseelement lässt sich die Richtigkeit dieser Einschätzung kaum widerlegen. Die POC-Methode wirkt daher *wahlrechtsgleich*[913].

Zusammenfassend ist daher festzustellen, dass mit der Anwendung der POC-Methode keine ins Gewicht fallenden Vorteile für die *handelsrechtliche* Rechenschafts-/Informationsfunktion verbunden wären. Eine (Über-)Kompensation der Nachteile, die demgegenüber mit einem Abweichen vom Realisationsprinzip insbesondere für die Ausschüttungsbemessungsfunktion einhergingen, kommt daher von vornherein nicht in Betracht. Der Grundsatz der Periodisierung hat daher (auch) in Bezug auf das spezifische Bilanzierungsproblem der langfristigen Auftragsfertigung hinter dem Realisationsprinzip zurückzustehen.

Die Anwendung der POC-Methode ist daher handelsrechtlich unzulässig.

(c) Auswirkungen der Anwendung von IAS 11 im kapitalgesellschaftsrechtlichen Kontext

Die vorstehenden Erwägungen haben bereits nahe gelegt, dass die Anwendung des IAS 11 im Rahmen eines mit Ausschüttungsbemessungsaufgaben betrauten Rechnungslegungssystems nicht zweckadäquat wäre. Namentlich würde das Realisationsprinzip kontinentaleuropäischer Prägung, das Unternehmensgläubiger bislang davor bewahrt, dass der Haftungsmasse im Nachhinein ausbleibende Gewinne bereits vor Abwicklung des Leistungsprozesses entzogen werden, durch IAS 11 wesensfremd definiert. Ein solcher Wandel des Realisationsverständnisses bedeutete zugleich eine Kehrtwendung in einem zentralen bilanzrechtlichen Konfliktbereich, da das Spannungsverhältnis zwischen den Kriterien der Relevanz und der Verlässlichkeit nunmehr unter Verzicht auf trennscharfe Objektivierungskriterien neu und andersartig aufgelöst würde.

Die weithin unterstellte Verbesserung der Informationsqualität der Rechnungslegung müsste daher – ohne Not[914] – durch tief greifende Einschnitte in das

---

de (vgl. *Backhaus*, in: Festschr. für Ludewig, 1996, S. 21, 41; *Schildbach*, in: Festschr. für Moxter, 1994, S. 699, 716). Der Übergang auf die POC-Methode wird dabei nicht als Methodenänderung, sondern als Planänderung verstanden (vgl. *Seeberg*, in: IAS/IFRS Kommentar, IAS 11 Tz. 19, 41), wodurch ein vorzügliches Instrument zur Gewinnsteuerung zur Verfügung gestellt wird.

913 Dies gilt allerdings nur, wenn die Anwendungsvoraussetzungen der POC-Methode grundsätzlich erfüllt sind und der Bilanzierende gewissermaßen „freiwillig" auf eine Ermittlung der noch anstehenden Auftragskosten „verzichtet", vgl. auch *Schildbach*, in: Festschr. für Moxter, 1994, S. 699, 716.

914 Ein effektives Alternativkonzept ist von *Schildbach* (in: Festschr. für Moxter, 1994, S. 699, 719) bereits aufgezeigt worden. Er schlägt insbesondere vor, die Folgen des diskontinuierlichen Gewinnanfalls durch Nebenrechnungen aufzufangen. Sinnvoll könnte es freilich sein, auf *spezielle* Konfliktlösungen zu verzichten und diesen Ge-

gesellschaftsrechtliche Kapitalerhaltungskonzept teuer erkauft werden. Bei Lichte besehen wäre den Unternehmensgläubigern auf der Grundlage des IAS 11 etwa das Risiko zugewiesen, dass die Kostenkalkulation des bilanzierenden Unternehmens unzutreffend erfolgt ist. Auch würde sich die am Abschlussstichtag kaum überschaubare Gefahr, dass Vertragsstrafen wegen der verspäteten Fertigstellung einer Anlage einen erwarteten Gewinn aufzehren, in der Position der Gläubiger niederschlagen, sofern Kapital zuvor infolge unrichtiger Prognosen an die Unternehmenseigner ausgekehrt wurde. Die damit bezeichneten Gefahren kennzeichnen freilich *echte Unternehmerrisiken*[915]. Gerade deren Abwälzung suchte der europäische Gesetzgeber indes zu verhindern, als er ausweislich der Materialien zur Kapitalrichtlinie anmahnte, „fiktive Dividenden" – gewissermaßen als Prämisse des kapitalgesellschaftsrechtlichen Trennungsprinzips – von der Ausschüttung auszunehmen. Vor diesem Hintergrund wäre die dem europäischen Kapitalgesellschaftsrecht immanente Risikoverteilungsstruktur zwischen Unternehmenseignern und Gläubigern durch die Vorverlagerung des Realisationszeitpunkts nachhaltig zu Lasten der Unternehmensgläubiger verschoben[916].

Neben den Gesichtspunkt der allgemeinen Risikoverschiebung tritt der Aspekt, dass der Rechnungslegende aufgrund der unvermeidlichen Prognosespielräume weithin nach eigenem Ermessen darüber entscheiden könnte, ob von ihm erwartete Gewinne bereits aktuell Erfolgswirkungen auslösen sollen[917]. Dadurch entfiele die Objektivierungswirkung des handelsrechtlichen Realisationsprinzips ersatzlos. Dem Rechnungslegenden bliebe es gewissermaßen als „Richter in eigenen Angelegenheiten" überlassen, eigene Belange (respektive diejenigen der Unternehmenseigner) ohne Rücksicht auf die Interessen der Unternehmensgläubiger durchzusetzen. Dieser Verzicht auf wirksame Ermessensbeschränkungen wurde bereits treffend als „Vertrauen in die 'ehrliche' (...) Informationsbereitschaft der Unternehmensleitung" qualifiziert[918]. Dem öffentlichrechtlichen Schutzcharakter des Bilanzrechts entspricht es freilich, die gesetzeszweckentsprechende Behandlung „gläubigerschutzsensibler" Bilanzierungsfragen durch

---

danken in einen größeren Kontext zu stellen, was im Ergebnis auf eine gesetzliche Verpflichtung zur Erstellung zweier – isoliert zu betrachtender – Abschlüsse hinausliefe (vgl. dazu Kap. 6).

915 Zutr. *Schön*, WPg-Sonderheft 2001, 74, 76.

916 Vgl. *Richter*, in: Ballwieser (Hrsg.), US-amerikanische Rechnungslegung, 2000, S. 139, 166; ferner *Ballwieser*, in: Festschr. für Beisse, 1997, S. 25, 33; *Löhr*, StuB 2003, 643, 648; *Reinhart*, RIW 1999, 417, 418.

917 Siehe dazu *Kirsch*, BB 2003, 1111, 1113.

918 *Richter*, in: Ballwieser (Hrsg.), US-amerikanische Rechnungslegung, 2000, S. 139, 158; vgl. auch *Kahle*, WPg 2003, 262, 269.

möglichst trennscharfe Objektivierungsregeln einzufordern und sie gerade nicht der vertrauensvollen Handhabung des Selbstbetroffenen anheim zu stellen.

Zusammenfassend kann daher festgestellt werden, dass von der Einbindung des IAS 11 in einen mit Ausschüttungsbemessungsaufgaben betrauten Jahresabschluss abgesehen werden sollte. In der von IAS 11 vorgesehenen Gestalt (d.h. unter Verzicht auf Ausschüttungssperren[919]) geht namentlich von der POC-Methode eine beträchtliche Gefahr für den kapitalgesellschaftsrechtlichen Gläubigerschutz aus. Der in der bilanzrechtlichen Literatur angemahnte „faire Interessenausgleich“[920] zwischen Unternehmenseignern und Gläubigern wäre unter diesen Vorzeichen nicht mehr gewährleistet.

e) Einzelbewertungsgrundsatz vs. Abbildung von Sicherungszusammenhängen

Eine weitere „offene Flanke“ des gesellschaftsrechtlichen Kapitalschutzsystems bietet die bilanzielle Behandlung von Sicherungszusammenhängen[921]. Namentlich zielt das – im internen Rechnungswesen bereits verbreitet zum Einsatz kommende – sog. Hedge Accounting darauf, korrespondierende Wertschwankungen von Grund- und Sicherungsgeschäft in aggregierter Form abzubilden, um die neutralisierende Wirkung von Risikomanagementmaßnahmen in der (externen) Rechnungslegung zum Ausdruck zu bringen.

(1) Behandlung von Sicherungszusammenhängen gemäß IAS 39 am Beispiel von Fair Value-Hedges

Diesem Ansatz folgend sieht IAS 39 insbesondere die Berücksichtigung sog. Fair Value Hedges[922] vor, die dadurch gekennzeichnet sind, dass Marktwertveränderungen von Grundgeschäften entgegen den „allgemeinen Bewertungsregeln“[923] erfolgswirksam zu erfassen sind. Die Behandlung des Grundgeschäfts folgt damit derjenigen des Sicherungsgeschäfts (vgl. IAS 39.89 lit. [b])[924], wodurch es in Konsequenz zu einer symmetrischen Erfassung positiver und negativer Wert-

919 Siehe dazu Kap. 6 A. 2. e.

920 Stellv. *Baetge/Thiele*, in: Festschr. für Beisse, 1997, S. 11, 19.

921 Vgl. auch den Vorschlag einer Fair Value-Richtlinie, KOM (2000) 80, S. 10.

922 Zu den unterschiedlichen bilanziellen Wirkungen von Fair Value-Hedges und Cashflow-Hedges vgl. *Bellavite-Hövermann/Brackow*, in: IAS/IFRS Kommentar, IAS 39 Tz. 167.

923 Vgl. IAS 39.45 ff.

924 Als Sicherungsinstrumente kommen vorrangig derivative Finanzinstrumente in Betracht (IAS 39.72), die gemäß IAS 39.46 der Fair Value-Bewertung unterliegen.

schwankungen von Grund- und Sicherungsgeschäft kommt[925]. Neben der Absicherung des beizulegenden Zeitwerts einzelner Vermögenswerte und Verbindlichkeiten gestattet IAS 39 insbesondere auch die zusammenfassende Betrachtung von in einem Portfolio gebündelten Finanzinstrumenten, die ein vergleichbares Risikoprofil aufweisen (IAS 39.78, .83)[926]. Die Anerkennung einer Sicherungsbeziehung wird allerdings vom Vorliegen verschiedener Voraussetzungen abhängig gemacht, die auch über eine objektivierungsrechtliche Dimension verfügen (vgl. IAS 39.88)[927].

(2) Problembeschreibung

Negative Folgewirkungen auf das gesellschaftsrechtliche Kapitalschutzsystem könnten von IAS 39 freilich nur dann ausgehen, wenn die vorgesehene Behandlung von Sicherungszusammenhängen gegen die GoB verstieße. Ob die Berücksichtigung von Sicherungszusammenhängen allerdings handelsbilanzrechtlich zulässig oder gar geboten ist, erscheint zweifelhaft.

Handelsrechtlich bleiben derivative Finanzinstrumente als schwebende Geschäfte grundsätzlich ausgeblendet[928], sodass sie als „Kompensationsobjekt“ für wertgeminderte Grundgeschäfte an sich nicht in Betracht kommen.

Entsprechend dem Gebot eines zutreffenden und vollständigen Schuldenausweises (§§ 242 Abs. 1 i.V.m. 246 Abs. 1, 264 Abs. 2 Satz 1 HGB) ist allein ein am Bilanzstichtag entstandener Verpflichtungsüberschuss durch Dotierung einer Rückstellung für drohende Verluste zu zeigen (§ 249 Abs. 1 Satz 1, 2. Alt. HGB)[929]. Eine korrespondierende Regelung für „Forderungsüberschüsse“ sieht das HGB hingegen gerade nicht vor.

---

925 Buchwertveränderungen des gesicherten Grundgeschäfts sind jedenfalls insoweit erfolgswirksam zu erfassen, wie sie auf dem abgesicherten Risiko beruhen.

926 Allerdings versagt IAS 39 sog. Makro-Hedges die Anerkennung, die sich durch die „instrumentenübergreifende“ Absicherung einer von verschiedensten Grundgeschäften gebildeten „Risikospitze“ auszeichnen. Eine pauschale Abbildung der Gesamtrisikoposition eines Unternehmens lässt sich daher auch auf Grundlage des IAS 39 nicht erreichen (vgl. allerdings *Bellavite-Hövermann/Brackow*, in: IAS/IFRS Kommentar, IAS 39 Tz. 161).

927 *Prahl/Naumann* (in: HdJ, II/10, Rn. 308) erkennen insoweit gar eine „falsch verstandene Objektivierungsdominanz“.

928 Vgl. MüKo-HGB/*Böcking/Benecke*, § 340e Rn. 64; *Glaum/Förschle*, DB 2000, 1525, 1526; *Strobl-Haarmann*, in: Festschr. für Rädler, 1999, S. 607, 610.

929 Zu dieser Systematik MüKo-AktG/*Hennrichs*, § 249 Rn. 91. Kapitalgesellschaften & Co. haben ferner § 285 Nr. 3 HGB zu beachten.

Da einer Marktbewertung von Finanzinstrumenten aktuell noch unüberwindbare Grenzen gezogen sind (vgl. § 252 Abs. 1 Nr. 4, 2. Halbs. HGB)[930], bemüht sich das bilanzrechtliche Schrifttum zusehends darum, Sicherungszusammenhänge durch Bildung von Bewertungseinheiten zu berücksichtigen[931], womit namentlich der Einzelbewertungsgrundsatz in den Fokus gerückt wird[932]. Gemeinsames Ziel der „Hedge Accounting-Strategien" ist es, die als verzerrend empfundene Sicherungswirkung des Einzelbewertungsgrundsatzes außer Funktion zu setzen. Der Einzelbewertungsgrundsatz verhindere insbesondere, dass der Jahresabschluss ein den tatsächlichen Verhältnissen entsprechendes Bild der wirtschaftlichen Lage des bilanzierenden Unternehmens vermitteln kann[933].

Auch führe eine streng formale Befolgung des Einzelbewertungsgrundsatzes zu unangemessenen Ergebnissen, da risikoaverses Verhalten „bestraft" werde, wohingegen der „sorglose" Kaufmann nur im Falle einer Wertminderung des (an sich absicherungsbedürftigen) „Grundgeschäfts" zur Verlusterfassung gezwungen sei[934].

(a) Handelsrechtliche Behandlung von Sicherungszusammenhängen

Mit Rücksicht auf die skizzierten Argumentationsstrukturen ist die bilanzielle Berücksichtigung von Sicherungszusammenhängen im Grundsatz akzeptiert[935].

---

930 Vgl. demgegenüber § 340h HGB.

931 Ablehnend allerdings *Herzig/Mauritz*, BB 1997, Beil. 5, S. 1, 2, die einen allgemeinen Marktbewertungsansatz für Finanzinstrumente befürworten.

932 Z.B. *Kuhner*, in: Baetge/Kirsch/Thiele, § 246 Rn. 865.

933 *Wiedmann*, in: IDW (Hrsg.), Neuorientierung der Rechnungslegung, 1995, S. 101, 107; vgl. ferner *Bellavite-Hövermann/Brackow*, in: IAS/IFRS Kommentar, IAS 39 Tz. 182; *Glaum*, DB 1997, 1625, 1627.

934 So namentlich *Glaum*, DB 1997, 1625, 1627, Fn. 15; *Menninger*, RIW 1994, 43, 54; vgl. auch *Wiedmann*, in: IDW (Hrsg.), Neuorientierung der Rechnungslegung, 1995, S. 101, 107.

935 Jüngst *Christiansen*, DStR 2003, 264, 266; ferner *ADS*, § 246 Rn. 363; MüKo-HGB/*Ballwieser*, § 252 Rn. 27; MüKo-HGB/*Böcking/Benecke*, § 340e Rn. 91; *Berger/M. Ring*, in: Beck`scher BilKomm, § 253 Rn. 77; *Glaum*, DB 1997, 1625, 1627; *Kuhner*, in: Baetge/Kirsch/Thiele, § 246 Rn. 865 ff.; *Schildbach*, BB 1995, 2635, 2641; *Schulze-Osterloh*, in: Baumbach/Hueck, GmbHG, § 42 Rn. 250; *Strobl-Haarmann*, in: Festschr. für Rädler, 1999, S. 607, 611. Dabei neigt die Literatur wohl mehrheitlich einer funktionalen Interpretation des Imparitäts- und des Einzelbewertungsprinzips zu, um die (unterstellt) wahlrechtsgleiche Wirkung des § 252 Abs. 2 HGB auszuschließen (vgl. *Kupsch*, in: Festschr. für Forster, 1992, S. 339, 357; *Wiedmann*, in: Festschr. für Moxter, 1994, S. 454, 475; in diesem Sinne auch *Menninger*, RIW 1994, 43, 53 f.; *Prahl/Naumann*, in: HdJ, II/10, Rn. 178). Nach anderer Ansicht ist § 252 Abs. 2 HGB anzuwenden, so *ADS*, § 253 Rn. 105; *Christiansen*, DStR 2003, 264, 266; *Schulze-Osterloh*, in: Baumbach/Hueck, GmbHG, § 42 Rn. 250; MüKo-AktG/*Tiedchen*, § 252 Rn. 30.

Die Bildung von Bewertungseinheiten wird allerdings an – im Einzelnen äußert umstrittene – Voraussetzungen geknüpft, die einer Abweichung vom Einzelbewertungsgrundsatz mehr oder weniger enge Grenzen setzen. Angesichts der Umgehung[936] des vornehmlich objektivierungsbezogenen Einzelbewertungsgrundsatzes (Kap. 4 F.)[937] wird insbesondere der intersubjektiven Nachprüfbarkeit der Absicherungsintention Bedeutung beigemessen[938]. Als substituierendes Objektivierungskriterium wird namentlich der Dokumentation der Absicherungsabsicht hervorgehobene Bedeutung beigemessen[939]. Weiterhin müssen Sicherungsinstrument und Grundgeschäft einem homogenen Risiko unterliegen, das auf die Komponenten des Sicherungszusammenhangs konträr einwirkt. Erforderlich sei daher ein „zwangsläufiger (Teil-)Ausgleich" der gegensätzlichen Wertentwicklungen[940].

Die wohl noch vorherrschende Ansicht macht die bilanzielle Berücksichtigung von Sicherungszusammenhängen zudem von einer eindeutigen – „paarweisen" – Zuordnung von *einem* Sicherungs- zu *einem* Grundgeschäft abhängig[941]. Der Einzelbewertungsgrundsatz – sowie parallel das Realisations- und Imparitätsprinzip – wird insoweit auf die kleinstmögliche Sicherungseinheit bezogen[942], sodass insbesondere der Anerkennung sog. Makro Hedges die Grundlage entzogen ist[943]. Der wohl überwiegende Teil des Schrifttums[944] steht aber auch den

---

936 So mit Recht *Prahl/Naumann*, in: HdJ, II/10, Rn. 176 (Umgehung eines „bilanzrechtlichen Kernsatzes").

937 Nachdrücklich *Baetge/Ziesemer*, in: Baetge/Kirsch/Thiele, § 252 Rn. 117.

938 MüKo-HGB/*Böcking/Benecke*, § 252 Rn. 92; *Kuhner*, in: Baetge/Kirsch/Thiele, § 246 Rn. 866.

939 Vgl. dazu *Wiedmann*, in: Festschr. für Moxter, 1994, S. 454, 476 m.w.N.

940 *Kupsch*, in: Festschr. für Forster, 1992, S. 339, 347, 349; vgl. auch *Schildbach*, BB 1995, 2635, 2641; ferner *Christiansen*, DStR 2003, 264, 265 („'Wenn-dann'-Relation").

941 *Glaum*, DB 1997, 1625, 1627; *Strobl-Haarmann*, in: Festschr. für Rädler, 1999, S. 607, 611; MüKo-AktG/*Tiedchen*, § 252 Rn. 30; ferner *Kuhner*, in: Baetge/Kirsch/Thiele, § 246 Rn. 877 f.; wohl auch *Schildbach*, BB 1995, 2635, 2641.

942 Vgl. auch MüKo-HGB/*Böcking/Benecke*, § 340e Rn. 77.

943 Vgl. MüKo-HGB/*Ballwieser*, § 252 Rn. 33; *Glaum*, DB 1997, 1625, 1627; *Steiner/Tebroke/Wallmeier*, WPg 1995, 533, 539; *Strobl-Haarmann*, in: Festschr. für Rädler, 1999, S. 607, 611; ferner *Christiansen*, DStR 2003, 264, 266; *Kuhner*, in: Baetge/Kirsch/Thiele, § 246 Rn. 878; a.A. *Förschle*, in: Beck`scher BilKomm, § 246 Rn. 103; *Prahl/Naumann*, in: HdJ, II/10, Rn. 227 (mit Verweis auf „betriebswirtschaftlich sinnvolle Überlegungen" [a.a.O., Rn. 223]); Arbeitskreis „Externe Unternehmensrechnung" der Schmalenbach-Gesellschaft, DB 1997, 637, 639 f.

944 *Glaum*, DB 1997, 1625, 1627; *Glaum/Förschle*, DB 2000, 1525, 1531; *Schildbach*, BB 1995, 2635, 2641; *Strobl-Haarmann*, in: Festschr. für Rädler, 1999, S. 607, 611; *Tschesche*, S. 241; grundsätzlich auch *Steiner/Tebroke/Wallmeier*, WPg 1995,

verschiedentlich diskutierten Formen des Portfolio Hedging[945] ablehnend gegenüber. Einige Autoren weisen allerdings dem Bankensektor mit Rücksicht auf die praktischen Bedürfnisse der Finanzwirtschaft eine Sonderstellung zu[946], die es rechtfertige, das Realisationsprinzip – neuerlich unter abweichend formulierten engsten Voraussetzungen[947] – auf Portfolio-Ebene anzuwenden[948].

(b) Stellungnahme

Obgleich Grund- und Sicherungsgeschäft als separate Vermögensgegenstände/Schulden zu gelten haben[949], könnte namentlich § 252 Abs. 2 HGB dazu verpflichten, Sicherungszusammenhänge zu einer Bewertungseinheit zusammenzu-

---

533, 539; so wohl auch *Christiansen*, DStR 2003, 264, 266, der die Bildung von Bewertungseinheiten von der Fälligkeitskongruenz ihrer Komponenten abhängig macht; mit Einschränkungen MüKo-HGB/*Ballwieser*, § 252 Rn. 32, 28; vorsichtig auch MüKo-HGB/*Böcking/Benecke*, § 340e Rn. 62: „Nur auf der Grundlage eines *funktionsfähigen Risikocontrolling und –managementsystems* kann über die bilanzielle Anerkennung von Bewertungseinheiten, die über eine 'eins zu eins'-Absicherung (Mikro-Hedge) hinausgehen, nachgedacht werden."; befürwortend allerdings *Förschle*, in: Beck`scher BilKomm, § 246 Rn. 103.

945 Faktisch hat sich allerdings noch keine klare begriffliche Abgrenzung für Makro- und Portfolioeinheiten herausgebildet (vgl. *Glaum*, DB 1997, 1625, 1627, Fn. 21).

946 *Wiedmann*, in: Festschr. für Moxter, 1994, S. 454, 482: „Allein für Kreditinstitute sind die Anforderungen (...) zu lockern (...)."; *Bellavite-Hövermann/Brackow*, in: IAS/IFRS Kommentar, IAS 39 Tz. 182 ff.; a.A. wohl *Steiner/Tebroke/Wallmeier*, WPg 1995, 533, 540 („Gestaltungsalternative de lege ferenda"); vgl. auch *Christiansen*, DStR 2003, 264 ff.

947 Zusammenfassung der Anforderung bei *Kuhner*, in: Baetge/Kirsch/Thiele, § 246 Rn. 876.

948 Im Bereich des Cashflow-Hedging lassen sich darüber hinaus auch antizipative Hedging-Strategien verfolgen (dazu *Bellavite-Hövermann/Brackow*, in: IAS/IFRS Kommentar, IAS 39 Tz. 166), die handelsrechtlich keine Grundlage finden (vgl. *Christiansen*, DStR 2003, 264, 267 [Stichtagsprinzip]; *Förschle*, in: Beck`scher BilKomm, § 246 Rn. 103). Bei Lichte besehen werden beim Cashflow-Hedging reale Wertänderungen mit denen eines fiktiven Kompensationsgeschäfts verrechnet (*Wagenhofer*, S. 295 f.). Hierdurch werden neuerlich Gestaltungsmöglichkeiten eröffnet, die mit den Jahresabschlusszwecken nicht vereinbar sind (zutr. *Glaum/Förschle*, DB 2000, 1525, 1533 f.). Die erfolgsneutrale Behandlung *tatsächlich eingetretener* Wertminderungen führt darüber hinaus zu einem tendenziell zu positiven Erfolgsausweis, da handelsrechtlich eine Verlustberücksichtigung geboten wäre (§ 249 Abs. 1 Satz 1, 2. Alt. HGB).

949 *Christiansen*, DStR 2003, 264, 266; ferner *Wiedmann*, in: Festschr. für Havermann, 1995, S. 779, 806; vgl. auch *Baetge/Ziesemer*, in: Baetge/Kirsch/Thiele, § 252 Rn. 114.

fassen[950]. Ein Abweichen von § 252 Abs. 1 Nr. 3 HGB (Art. 31 Abs. 1 lit. e BiRiLi) ist daher in Betracht zu ziehen[951], sofern die isolierte Betrachtung von Grund- und Sicherungsinstrument „im Lichte" der Hauptzielsetzung der EG-Bilanzrichtlinie „kein den tatsächlichen Verhältnissen soweit wie möglich" entsprechendes Bild vermittelt[952]. Erörterungsbedürftig ist insofern, ob der Einzelbewertungsgrundsatz zurücktreten muss, um dem true and fair view-Gebot im konkreten Einzelfall ein höheres Gewicht beilegen zu können. Richtungweisend ist daher, ob ein mit der Bildung einer Bewertungseinheit verbundener „jahresabschlusszweckbezogener Fortschritt" etwaige nachteilige Folgewirkungen aufwiegt. Ergänzend sind zudem die Zwecke des Realisations- und Imparitätsprinzips heranzuziehen, da die zentrale Funktion des Einzelbewertungsgrundsatzes gerade darin besteht, deren Umgehung zu verhindern[953].

Das Zusammenwirken von Realisations- und Imparitätsprinzip zielt insbesondere darauf, das kaufmännische Vermögen auf vorsichtsbedachter Grundlage zu ermitteln, um im Rahmen des periodischen Vermögensvergleichs einen – mit Rücksicht auf das kapitalgesellschaftliche Trennungsprinzip – objektivierten und mithin ausschüttungsfähigen Gewinn auszuweisen. Ist vor diesem Hintergrund allerdings *sichergestellt*, dass eine aus zwei Bilanzierungsobjekten gebildete Einheit in perspektivischer Betrachtung insgesamt nicht zu einer Minderung des Nettoaktivvermögens führen *kann*, ist die Befolgung des Normbefehls des § 252 Abs. 1 Nr. 3 HGB nicht durch die *Jahresabschlusszwecke* veranlasst[954]. Unter diesen Voraussetzungen ist demnach eine „realitätsgetreuere" Abbildung der wirtschaftlichen Verhältnisse durch die Bildung von Bewertungseinheiten möglich zu machen. Der Einzelbewertungsgrundsatz hat insoweit zurückzutreten.

Ein schonender Ausgleich der widerstreitenden Bilanzierungsprinzipien (Einzelbewertungsgrundsatz vs. true and fair view-Prinzip) setzt allerdings eine zweckadäquate Substitution der Objektivierungswirkung des Einzelbewertungsgrundsatzes voraus. Insbesondere muss die funktionale Zusammenfassung gegenläufiger Geschäftsvorfälle „von außen" prüfbar sein. Ein möglicher *Ansatzpunkt*

---

950 Zur Anwendung des § 252 Abs. 2 HGB bereits Kap. 5 C. 4. d) (2) (b).

951 In diese Richtung deutet auch die in dem Vorschlag zur sog. Fair Value-Richtlinie verwandte Formulierung: „Auch wenn auf die 'Hedge-Rechnungslegung' in den Rechnungslegungsrichtlinien nicht speziell eingegangen wird, verstößt sie nicht gegen die allgemeinen Grundsätze dieser Richtlinien" (a.a.O., S. 10).

952 EuGH DB 1999, 2035, 2036, Tz. 32; DB 2003, 181, 185, Tz. 116; vgl. auch MüKo-AktG/*Tiedchen*, § 252 Rn. 30.

953 *Kleindiek*, in: Staub: Großkommentar zum HGB, § 252 Rn. 19; *Menninger*, RIW 1994, 43, 53 f.; Heymann/*Walz*, § 252 Rn. 15.

954 In diese Richtung *Kupsch*, in: Festschr. für Forster, 1992, S. 339, 347; vgl. ferner MüKo-AktG/*Tiedchen*, § 252 Rn. 30 (mit Blick auf Mikro-Hedges); *Wiedmann*, in: IDW (Hrsg.), Neuorientierung der Rechnungslegung, 1995, S. 101, 119.

scheint diesbezüglich mit der Dokumentation der Sicherungsintention gefunden[955]. Die intersubjektive Nachprüfbarkeit des Sicherungszusammenhangs wäre freilich erheblich eingeschränkt, wenn die Objektivierungsstringenz des Einzelbewertungsgrundsatzes durch eine zur Pauschalisierung neigende *Gesamtbetrachtung* unrealisierter Wertveränderungen ersetzt würde. Nur die *trennscharfe Zuordnung* von Sicherungs- und Grundgeschäft vermag daher die durch eine Durchbrechung des Einzelbewertungsgrundsatzes entstandene Objektivierungslücke annähernd auszufüllen. Makro *und* Portfolio Hedges gehen allerdings über die damit gezogenen Grenzen hinaus, da sie sich nicht auf eine *paarweise* („eins-zu-eins") Zuordnung von Grundgeschäft und Sicherungsinstrument beschränken und zu Mischbetrachtungen auffordern[956]. Demnach liefe die Bildung von Makro und Portfolio Hedges auf eine gesetzeszweckwidrige Nichtbeachtung des Einzelbewertungsgrundsatzes ohne adäquaten Ausgleich hinaus. Zudem gibt auch die im betriebswirtschaftlichen Schrifttum als „schwerwiegendes Risiko" gebrandmarkte Gefahr des Versagens interner Kontrollsysteme[957] Anlass dazu, insbesondere mit Rücksicht auf die handelsbilanzrechtliche Ausschüttungsbemessungsfunktion *nicht zu weit* vom Einzelbewertungsgrundsatz abzuweichen.

Sämtliche Ansätze des Hedge Accounting weisen darüber hinaus den Makel auf, dass der Einblick in die wirtschaftliche Lage nur geschärft wird, wenn bestehende Sicherungszusammenhänge *zwingend* als solche abgebildet werden. Auf der Grundlage der vorgeschlagenen Hedge Accounting-Strategien hat es der Bilanzierende freilich selbst in der Hand, verfolgte Sicherungsstrategien in die (ex-

955 Bedenken beiseite schiebend *Wiedmann*, in: Festschr. für Moxter, 1994, S. 454, 476: „Hier hilft wohl nur auf die Erklärung des Bilanzierenden zu vertrauen (...)". Auch der Kommissionsvorschlag zur Fair Value-Richtlinie (KOM [2000] 80, S. 10) meldete grundsätzliche Vorbehalte gegen das Hedge Accounting an („noch nicht ausgereift").

956 Sofern im Bereich der Kreditwirtschaft ein dringliches Bedürfnis für die Verrechnung von Wertveränderungen im Portfolio-Management besteht, muss erwogen werden, dem durch *gesetzgeberische Maßnahmen* abzuhelfen. Hiermit einhergehende Gefahren sollten auf anderer Ebene beherrschbar zu machen sein (etwa durch Sicherheitsleistungen nach Maßgabe des BAFin oder durch den Zwang zu versicherungstechnischen Absicherungen).

957 *Achleitner/Behr*, S. 147, vgl. auch den Vorschlag zur Fair Value-Richtlinie (KOM [2000] 80, S. 3): „Die Verwendung dieser Instrumente für Risikomanagementzwecke kann jedoch selbst auch erhebliche Begleitrisiken für die betreffenden Unternehmen bergen." *Prahl/Naumann* (in: HdJ, II/10, Rn. 227) halten den Bedenkenträgern hingegen schlicht „Unsicherheiten im Umgang mit wertkompensierenden Sicherungsgeschäften" vor. Vor dem Hintergrund jüngerer Erfahrungen, die im Zuge des Zusammenbruchs des Bankhauses Barings gewonnen werden konnten (vgl. MüKo-HGB/*Böcking/Benecke*, § 340e Rn. 62), scheint die Skepsis gegenüber internen Kontrollinstitutionen gleichwohl berechtigt.

terne) Rechnungslegung einfließen zu lassen oder aber an der hergebrachten handelsrechtlichen Bilanzierung festzuhalten[958]. Sicherungszusammenhänge können daher gewissermaßen erst bei Bedarf offen legt werden[959]. Dies hat unweigerlich zur Folge, dass eine getreue Rechenschaftslegung i.S.d. § 264 Abs. 2 HGB (Art. 2 Abs. 3 BiRiLi) erst recht nicht gewährleistet ist. Vor diesem Hintergrund vermag das true and fair view-Gebot von vornherein kein Gegengewicht zum Einzelbewertungsgrundsatz zu schaffen, das dazu verpflichtete, eine Bildung von Bewertungseinheiten *auch insoweit* vorzunehmen.

Dem Hedge Accounting sind folglich enge Grenzen gezogen, die neben Makro auch Portfolio Hedges von einer handelsrechtlichen Berücksichtigung ausschließen, da sie ungeachtet allgemeiner Bedenken gegen das Hedge Accounting Gefahren eigener Qualität entstehen lassen.

(c) Hedge Accounting und Ausschüttungsbemessungsfunktion

Auf der Grundlage der vorstehenden Erwägungen würde die von IAS 39 zugelassene Kompensation von Wertminderungen einzelner Portfoliokomponenten durch andere in Sicherungszusammenhänge einbezogene Einzelwerterhöhungen – im Falle einer Bezugnahme gesellschaftsrechtlicher Mechanismen auf die IAS/IFRS-Rechnungslegung – zu einer Verschiebung innerhalb der kapitalgesellschaftsrechtlichen Risikostruktur beitragen. Insbesondere erscheint es nicht hinreichend sicher („quasisicher"), dass sämtliche am Abschlussstichtag eingetretenen negativen Wertveränderungen durch anderweitige Werterhöhungen *dauerhaft ausgeglichen* werden. Dies ist namentlich darauf zurückzuführen, dass Portfolio-Sicherungszusammenhänge eine *Beherrschbarkeit* vermissen lassen, die allein es rechtfertigte, tatsächlich eingetretene Wertminderungen auszublenden.

Mit Blick auf die gesellschafts- und handelsbilanzrechtlich getroffene Interessenregelung zwischen Unternehmenseignern und Gläubigern wäre es zudem systemwidrig, den Unternehmensgläubigern das Risiko für das Funktionieren eingesetzter Sicherungsmechanismen zuzuweisen. Aus der (möglichen) Ineffizienz von Sicherungsstrategien herrührende Gefahren bezeichnen vielmehr „echte Unter-

958 Berechtigte Kritik daher bei *Herzig/Mauritz*, BB 1997, Beil. 5, S. 1, 4: „Es gilt, daß Finanzderivaten 'so gut wie nie auf der Stirn geschrieben steht, welchen Nutzen sie dem Unternehmen insgesamt bringen sollen'".

959 Vgl. *Berger/M. Ring* (in: Beck`scher BilKomm, § 253 Rn. 78), die das von ihnen angenommene „Kompensationswahlrecht" u.a. damit begründen, dass eine Kompensation wegen der subjektiven Zweckbestimmung des Sicherungsmittels „schon faktisch nicht zwingend sein kann"; ferner *Glaum/Förschle*, DB 2000, 1525, 1527.

nehmerrisiken“[960], die nicht in die Gläubigersphäre auslagert gehören. Gespiegelt an den Wertungen der de lege lata im Dienste des bilanziellen Gläubigerschutzes stehenden handelsrechtlichen Bilanzierungsprinzipien (Verlustberücksichtigungsgebot, Realisationsprinzip) käme es somit tendenziell zu einer ungerechtfertigten Erhöhung zur Verfügung stehender Ausschüttungsvolumina[961]. Überdies schafft die bilanzielle Berücksichtigungsmöglichkeit von Sicherungszusammenhängen bilanzpolitisch nutzbare Gestaltungsfreiräume, die (auch) der handelsbilanzrechtlichen Ausschüttungsbemessungsfunktion zuwiderlaufen würden[962].

IAS 39 lässt sich daher kaum systemgerecht in eine Bilanzrechtsordnung einpassen, die als bilanzielles Bezugsobjekt von Kapitalschutzregeln fungiert[963].

5. *Zugangsbewertung nach IAS/IFRS im Vergleich zum Handelsrecht*

Der Umfang der aktivierbaren Anschaffungs- und Herstellungskosten hat unmittelbaren Einfluss auf den Periodenerfolg. Aus diesem Grund ist es angezeigt, maßgebliche IAS/IFRS-Regelungen auf ihre Kompatibilität mit den Anforderungen eines kapitalschutzbedachten bilanziellen Regelwerks zu untersuchen.

a) Ausgestaltung des Anschaffungs- und Herstellungskostenbegriffs

Eine „lex generalis“ zur Bemessung der Anschaffungs- und Herstellungskosten kennen die IAS/IFRS nicht. Das Framework definiert allerdings in Gestalt der historical cost einen Bewertungsmaßstab (F.100 lit. [a]), dem ein mit dem Anschaffungswertprinzip vergleichbares Verständnis zugrunde liegt. Insbesondere das handelsrechtliche Prinzip der Maßgeblichkeit der Gegenleistung (vgl. Kap. 4 G. 1.) findet in den IAS/IFRS eine Entsprechung. Für die *erstmalige Einbezie-*

960 Vgl. in diesem Zusammenhang auch § 91 Abs. 2 AktG, der dem Vorstand die Verantwortung für die Einrichtung von Überwachungssystemen auferlegt, durch die Entwicklungen, die den Fortbestand der Gesellschaft gefährden könnten, frühzeitig erkennbar werden.

961 In diese Richtung deutet auch die Begründung des Kommissionsvorschlags zur Fair Value-Richtlinie (KOM [2000] 80, S. 10): „Folglich gestattet der Vorschlag, daß Änderungen im Wert der absichernden Instrumente eher unter den Eigenkapitalposten als in der Gewinn- und Verlustrechnung ausgewiesen werden.“.

962 Mit Recht daher *Glaum/Förschle*, DB 2000, 1525, 1527: „Hedge Accounting bietet dem Management der Unternehmungen faktisch Spielräume für Bilanz- und Ergebnispolitik.”.

963 Die angemeldeten Vorbehalte dürften nicht zuletzt Grund dafür gewesen sein, dass die Europäische Kommission die Übernahme des IAS 39 mit Verordnung vom 19. 11. 2004 nur unter Ausklammerung des Hedge Accounting beschlossen hat.

hung eines fremdbezogenen Vermögenswerts sind danach allgemein dessen Anschaffungskosten maßgeblich (vgl. z.B. IAS 16.15, 38.24, 40.20)[964]. Die Feinsteuerung des Anschaffungskostenbegriffs übernehmen allerdings die jeweils einschlägigen Einzelstandards.

In seinen *Grundstrukturen*[965] stimmt der den IAS/IFRS zugrunde liegende Anschaffungskostenbegriff allerdings mit demjenigen des Handelsbilanzrechts überein[966]. Einer Deckungsgleichheit der jeweiligen Wertbegriffe steht freilich bereits entgegen, dass die IAS/IFRS den Anschaffungskosten grundsätzlich sämtliche direkt zurechenbaren Kosten zuordnen. Dies schließt insbesondere auch direkt zurechenbare Gemeinkosten ein (vgl. z.B. IAS 16.19 f.)[967], die handelsrechtlich nicht berücksichtigungsfähig sind[968].

Die Ausgestaltung des Herstellungskostenbegriffs ist wesentlich darauf gerichtet, mit Rücksicht auf den Grundsatz der Periodenabgrenzung (F.22) die Erfolgsneutralität von Herstellungsvorgängen zu gewährleisten[969]. Vor diesem Hintergrund wird *konsequenterweise* auf Einbeziehungswahlrechte verzichtet, wodurch in Abweichung zum Handelsbilanzrecht, das nach h.M. einen *Teilkostenansatz gestattet*[970], ein *verpflichtender Vollkostenansatz* eingefordert wird[971]. Die

964 *Wohlgemuth*, in: HdJ, I/9, Rn. 98.

965 Näher dazu *ADS International*, Abschnitt 9, Rn. 21 ff.

966 Unterschiede zum Handelsrecht (vgl. *ADS*, § 255 Rn. 78; *Kahle*, in: Baetge/Kirsch/Thiele, § 255 Rn. 90) ergeben sich grundsätzlich auch nicht daraus, dass ein in dem Erwerbspreis enthaltener Zinsanteil für die Bemessung der Anschaffungskosten zu eliminieren und als Zinsaufwand zu erfassen ist (IAS 38.32). Allerdings soll eine Pflicht zur Bereinigung der Anschaffungskosten erst bei Zahlungszielen einsetzen, die ein Jahr übersteigen (vgl. *Wohlgemuth*, in: HdJ, I/9, Rn. 39).

967 Im Detail ist diese Regelung nicht unproblematisch, vgl. dazu einerseits *Wohlgemuth*, in: HdJ, I/9, Rn. 111; sowie andererseits *Ballwieser*, in: IAS/IFRS Kommentar, IAS 16 Tz. 17; *Ellrott/Schmidt-Wendt*, in: Beck`scher BilKomm, § 255 Rn. 571.

968 *ADS*, § 255 Rn. 116; *Schulze-Osterloh*, in: Baumbach/Hueck, GmbHG, § 42 Rn. 272.

969 Als Ausfluss des Grundsatzes der Periodenabgrenzung werden Aufwendungen entsprechend dem matching-Prinzip zeitgleich mit den Erträgen realisiert, die Ausfluss desselben Geschäftsvorfalls sind (vgl. dazu *Wagenhofer*, S. 109).

970 Nach zutreffender Ansicht hat der Gesetzgeber des BiRiLiG die Artt. 35 Abs. 3, 39 Abs. 2 BiRiLi, die die Einbeziehung (mittelbar) zurechenbarer Gemeinkosten *verlangen*, durch § 255 Abs. 2 HGB nicht richtlinienkonform umgesetzt (vgl. z.B. *Arbeitskreis Bilanzrecht*, BB 2002, 2372, 2378). Nach h.M. ist § 255 Abs. 2 HGB einer richtlinienkonformen Auslegung allerdings nicht zugänglich (*Schulze-Osterloh*, in: Baumbach/Hueck, GmbHG, § 42 Rn. 289a).

971 MüKo-AktG/*Tiedchen*, § 255 Rn. 82; *Wohlgemuth/Ständer*, WPg 2003, 203, 208 (Einbeziehungspflicht für produktionsbezogene Vollkosten). Dabei ist es für die Ausgestaltung der Herstellungskosten im Grundsatz ohne Bedeutung, ob der hergestellte Vermögenswert dem Anlage- (IAS 16) oder Umlaufvermögen (IAS 2) zuzu-

zulässige Wertobergrenze selbst erstellter Vermögenswerte weicht damit von der verpflichtend zu beachtenden Wertuntergrenze allein durch die optionale Einbeziehung von Fremdkapitalkosten[972] ab[973]. Die hieraus resultierenden Divergenzen zwischen handelsrechtlicher und IAS/IFRS-Rechnungslegung lassen indes *keine Beeinträchtigung* des *kapitalschutzbasierten Gläubigerschutzes* befürchten. Denn schließlich *gestattet* auch das Handelsbilanzrecht die Einbeziehung von Gemeinkosten[974] und Fremdkapitalzinsen im Rahmen von Herstellungsvorgängen (vgl. § 255 Abs. 2, 3 Satz 2 HGB). Folglich geben auch die GoB Gelegenheit, unter „Ausreizung" bestehender Aktivierungsmöglichkeiten weniger „vorsichtsbetont" zu bilanzieren. Der Gedanke vorsichtsbedachter Bilanzierung (§ 252 Abs. 1 Nr. 4, 1. Halbs. HGB) ist insofern nur sehr zurückhaltend verwirklicht worden[975].

§ 255 HGB gewährt damit einen beträchtlichen bilanzpolitischen Spielraum, der nur – aber immerhin – durch das Stetigkeitsgebot begrenzt wird[976]. Insoweit heben sich die IAS/IFRS positiv vom Handelsbilanzrecht ab, da sie bilanzpolitische Spielräume – unbesehen etwaiger Kostenzuordnungsprobleme[977] – auf die Aktivierung von Fremdkapitalkosten[978] begrenzen.

Auf der Grundlage der vorstehenden Erwägungen dürfte daher insgesamt davon auszugehen sein, dass der *maximale* Herstellungskostenansatz nach IAS/IFRS lediglich in Nuancen von demjenigen des Handelsbilanzrechts ab-

---

rechnen ist (vgl. *Ballwieser*, in: IAS/IFRS Kommentar, IAS 16 Tz. 20; *Wohlgemuth*, in: HdJ, I/10, Rn. 209; *Wohlgemuth/Ständer*, WPg 2003, 203, 207), sodass auf eine diesbezüglich Differenzierung verzichtet wird.

972 Dazu sogleich im Text.

973 *Jacobs*, in: IAS/IFRS Kommentar, IAS 2 Tz. 24; *Kahle*, in: Baetge/Kirsch/Thiele, § 255 Rn. 591.

974 Siehe dazu *ADS*, § 255 Rn. 135; *Baetge/Kirsch/Thiele*, Bilanzen, S. 189 ff.; *Wohlgemuth/Ständer*, WPg 2003, 203, 204 und 208.

975 Kritisch zu den Auswirkungen des Vollkostenansatzes auf den bilanziellen Gläubigerschutz *Kahle*, WPg 2003, 262, 269.

976 Dazu *Hennrichs*, S. 316 ff.; ferner *Kahle*, in: Baetge/Kirsch/Thiele, § 255 Rn. 157; MüKo-AktG/*Tiedchen*, § 252 Rn. 82 ff. Um die mit diesen Manipulationsmöglichkeiten einhergehenden negativen Effekte auf den Kapitalschutz (sowie insbesondere die Rechenschaftsfunktion) auszuschließen, sollte der Gesetzgeber vielmehr eine Behandlungsweise verbindlich vorgeben (so mit Recht *Schulze-Osterloh*, ZIP 2003, 93, 101; *derselbe*, ZIP 2004, 1128, 1133).

977 Dazu z.B. *Wohlgemuth*, in: HdJ, I/10, Rn. 222.

978 SIC – 2 schafft allerdings insoweit Abhilfe, als das Wahlrecht zur Einbeziehung von Fremdkapitalkosten stetig auszuüben ist.

weicht[979]. Ins Gewicht fallende Auswirkungen auf den kapitalschutzbasierten Gläubigerschutz stehen somit mit Blick auf die *im Wesentlichen* deckungsgleichen Herstellungskostenbegriffe nicht zu erwarten. Nichts Anderes gilt im Übrigen für den Anschaffungskostenbegriff der IAS/IFRS. Wie bereits angedeutet, schließt dieser zwar auch handelsrechtlich nicht berücksichtigungsfähige Gemeinkosten ein. Über die im Rahmen der *Herstellungskostenerfassung gesetzgeberisch gebilligten* Abgrenzungsprobleme hinaus sind jedoch keine Gründe ersichtlich, (allein) die im Rahmen von Anschaffungsvorgängen anfallenden Gemeinkosten von einer Aktivierung auszuschließen.

b) Erstreckung der Anschaffungs- und Herstellungskosten auf nicht sicher „werthaltige" Aufwandsposten

In Abweichung zum Handelsbilanzrecht[980] schließen die IAS/IFRS allerdings die Aktivierung von Fremdkapitalkosten auch im Rahmen von Anschaffungsvorgängen nicht aus (vgl. IAS 38.32), sofern angeschaffte Vermögenswerte über qualifizierende Merkmale[981] verfügen (vgl. IAS 23.11). Zudem liegt IAS 23 ein weiter Fremdkapitalkostenbegriff zugrunde, der insbesondere auch Nebenkosten ohne Zinscharakter einschließt (vgl. IAS 23.5)[982], während § 255 Abs. 3 Satz 2 HGB lediglich die Aktivierung von Zinsen („als Herstellungskosten") zulässt[983]. Darüber hinaus gestattet IAS 21.21 (1993) – allerdings nur noch für Abschlüsse, die

979 Vgl. *Jacobs*, in: IAS/IFRS Kommentar, IAS 2 Tz. 32 f., der im Ergebnis davon ausgeht, dass die handelsrechtliche Wertobergrenze über dem Vollkostenansatz der IAS/IFRS liegt.

980 *Ellrott/Schmidt/Wendt*, in: Beck`scher BilKomm, § 255 Rn. 500; *Kahle*, in: Baetge/Kirsch/Thiele, § 255 Rn. 78; *Kleindiek*, in: Großkommentar zum HGB, § 255 Rn. 10; Schmidt/*Glanegger*, EStG, § 6 Rn. 140 („Finanzierungskosten").

981 Ein „gewöhnlicher asset" unterscheidet sich von einem qualifizierten Vermögenswert i.S.d. IAS 23.11 dadurch, dass „ein beträchtlicher Zeitraum erforderlich ist, um ihn in seinen beabsichtigten gebrauchs- oder verkaufsfähigen Zustand zu versetzen" (IAS 23.4).

982 Vgl. auch *Schönbrunn*, in: IAS/IFRS Kommentar, IAS 23 Tz. 71.

983 Zutr. *Wohlgemuth*, in: HdJ, I/10, Rn. 213; *Wohlgemuth/Ständer*, WPg 2003, 203, 208; vgl. auch *Tanski*, DStR 2004, 1843, 1844. In Bezug auf § 255 Abs. 3 Satz 2 HGB ist freilich umstritten, ob Kosten der *Fremdkapitalbeschaffung* dem aktivierungsfähigen Zinsaufwand hinzugerechnet werden dürfen (so z.B. *ADS*, § 255 Rn. 207). Ein derart weites Verständnis des § 255 Abs. 3 Satz 2 HGB ist allerdings weder mit seinem Ausnahmecharakter (Bewertungshilfe) noch mit seinem Wortlaut vereinbar. Zudem ist eine extensive Auslegung auch mit Rücksicht auf die Ausschüttungsbemessungsfunktion des Jahresabschlusses nicht geboten (zutr. daher *Kahle*, in: Baetge/Kirsch/Thiele, § 255 Rn. 225).

sich auf ein vor dem 01. Januar 2005 beginnendes Wirtschaftsjahr beziehen[984] – die aktivische Erfassung von Fremdwährungsverlusten, die im Rahmen von Beschaffungsvorgängen anfallen, als nachträgliche Anschaffungskosten[985]. Die damit bezeichneten ergänzenden Aktivierungsspielräume sollen den Anwender in die Lage versetzen, Anschaffungs- und Herstellungsvorgänge möglichst vollumfänglich erfolgsneutral zu behandeln[986].

Voraussetzung für eine aktivische Behandlung von Fremdkapitalkosten ist dabei *insbesondere*, dass die Fremdfinanzierungskosten („als solche") den zu erwartenden wirtschaftlichen Nutzen des Vermögenswerts wahrscheinlich erhöhen (vgl. IAS 23.12 Satz 2)[987]. Überaus zweifelhaft bleibt freilich, ob der Wert eines assets – der als Ertragswert den zu erwartenden Nutzenzufluss repräsentiert – von seiner Finanzierungsform beeinflusst wird[988]. Dem steht grundsätzlich entgegen, dass ein identischer, durch Eigenkapital finanzierter Vermögenswert keineswegs weniger geeignet ist, künftig Einzahlungsüberschüsse zu generieren[989]. Die Finanzierungsform gehört folglich regelmäßig nicht zu den wertbildenden Faktoren eines Vermögenswerts.

Auch § 255 Abs. 3 HGB legt insofern keine andere Bewertung nahe. Vielmehr stellt § 255 Abs. 3 Satz 1 HGB klar, dass Fremdkapitalzinsen kein „originärer" Bestandteil der Herstellungskosten sind. Der Gesetzgeber hat Satz 2 lediglich als Bewertungshilfe für *fik-*

---

984 IAS 21.28 (2004) fordert demgegenüber nunmehr die erfolgswirksame Erfassung von Fremdwährungsverlusten ein.

985 In Bezug auf beide angesprochenen Sachverhalte ist der Anwender jeweils gehalten, sich zwischen den Alternativen der sofortigen erfolgswirksamen Erfassung (vgl. IAS 23.7 f., IAS 21.15 [1993] [„benchmark treatment"]) und der Einbeziehung in die Anschaffungskosten zu entscheiden.

986 *Wohlgemuth*, in: HdJ, I/9, Rn. 132 (mit Blick auf IAS 21).

987 Vgl. *Schönbrunn*, in: IAS/IFRS Kommentar, IAS 23 Tz. 13; *Wohlgemuth*, in: HdJ, I/9, Rn. 135. Bedenklich ist insofern, dass das Vorliegen dieses Aktivierungskriteriums, das im Einklang mit den allgemeinen Aktivierungsvoraussetzungen für assets steht (vgl. F.53), aus ex ante-Perspektive kaum zuverlässig beurteilt werden kann.

988 Siehe dazu insbesondere *ADS*, § 255 Rn. 35 f., die dies im Grundsatz verneinen (a.a.O., Rn. 35), jedoch für Fremdkapitalkosten, die im Zusammenhang mit *Anzahlungen* und *Vorauszahlungen* für die Anschaffung von Neuanlagen mit *längerer Bauzeit* anfallen, eine andere Position beziehen.

989 Konkurriert etwa das bilanzierende Unternehmen mit einem anderen, das über eine eigenkapitalfinanzierte Maschine verfügt, ist das letztgenannte Unternehmen theoretisch in der Lage, produzierte Waren billiger anzubieten als das Erste. Das wiederum verringert den Nutzen, den die fremdkapitalfinanzierte Maschine herbeiführen kann.

tive Herstellungskosten konzipiert[990]. Eine Werthaltigkeitsvermutung ist daher mit der Aktivierung von Zinsen für Fremdkapital nicht verbunden[991].

Auch in die Anschaffungskosten einbezogene Fremdwährungsverluste indizieren keinen Anstieg des Nutzenzuflusspotentials. Vielmehr bietet allein die aus den konträren Interessen der Kaufvertragsparteien erwachsene Kaufpreisvereinbarung eine hinreichende Gewähr für die „Wertdeckung"[992] eines Vermögenswerts[993]. IAS 21.21 (1993) ermöglicht insofern die bloße Fiktion eines erhöhten Nutzenzuflusspotentials sowie einer damit einhergehenden Wertsteigerung.

Handelsrechtlich werden die Anschaffungskosten eines auf Ziel angeschafften Vermögensgegenstands hingegen folgerichtig durch den Gegenwert der Fremdwährungsverbindlichkeit im Zeitpunkt ihrer Einbuchung *endgültig* bestimmt[994]. Nach diesem Zeitpunkt zu verzeichnende Wechselkursschwankungen wirken sich nicht (mehr) auf die Anschaffungskosten aus[995].

Der allgemeinen Risikoverteilungsstruktur des Handelsbilanzrechts entspricht es hingegen, Aufwendungen, die nicht mit hinreichender Sicherheit zu einer Erhöhung der Werthaltigkeit eines Vermögenswerts beitragen, unmittelbar erfolgswirksam zu behandeln[996]. Nicht hinreichend wahrscheinliche Werterhöhungen müssen daher unberücksichtigt bleiben, bis sie durch die Realisation von Erträgen „sicher im Unternehmen angekommen sind"[997]. Gleichsam sind gemäß IAS 21.21 (1993) neutralisierbare Fremdwährungsverluste notwendig gewinnmin-

---

990 *Ellrott/Schmidt-Wendt*, in: Beck`scher BilKomm, § 255 Rn. 502; *Kleindiek*, in: Staub: Großkommentar zum HGB, § 255 Rn. 37; Heymann/*Walz*, § 255 Rn. 57.

991 Auch aus diesem Grund ist die Aktivierung von Fremdkapitalzinsen im Anhang offenzulegen (§ 284 Abs. 2 Nr. 5 HGB).

992 Vgl. dazu *Kropff*, ZGR 1993, 41, 55; *derselbe*, in: Geßler u.a., AktG, § 153 Rn. 3.

993 Selbst wenn von Seiten des „Fremdwährungsverpflichteten" eine gewisse Wechselkursvolatilität einkalkuliert wurde, wird der Kaufpreisbemessung doch vorrangig das Wechselkursverhältnis im Zeitpunkt des Vertragsschlusses zugrunde gelegt worden sein.

994 *ADS*, § 255 Rn. 64; *Ellrott/Schmidt-Wendt*, in: Beck`scher BilKomm, § 255 Rn. 55; *Schulze-Osterloh*, in: Baumbach/Hueck, GmbHG, § 42 Rn. 272.

995 Übersteigt der Bilanzstichtagskurs den Einbuchungskurs der Fremdwährungsverbindlichkeit, ist die Verbindlichkeit zudem – als Folge des Verlustberücksichtigungsgebots in Verbindung mit dem Höchstwertprinzip – entsprechend höher zu bewerten, vgl. dazu *Thiele/Kahling*, in: Baetge/Kirsch/Thiele, § 253 Rn. 93.

996 Siehe hierzu *Löhr*, StuB 2003, 643, 647.

997 Vgl. auch *Kropff*, ZGR 1993, 41, 55. Wie dargelegt, ist die wahrscheinliche Erhöhung des Nutzenzuflusspotentials Voraussetzung für die aktivische Erfassung von Fremdkapitalkosten. Da aber weder der Anwender noch ein Prüfer sicher beurteilen können, ob diese Voraussetzung erfüllt ist (s.o.), entfaltet sie rechtspraktisch kaum einschränkende Wirkung.

dernd zu berücksichtigen, um der tatsächlich eingetretenen Belastung des Nettoaktivvermögens[998] Rechnung zu tragen[999]. Sofern den IAS/IFRS daher Ausschüttungsbemessungswirkung zukäme, würde die bilanzielle Zwischenspeicherung von Fremdfinanzierungskosten und Fremdwährungsverlusten das Ausschüttungspotential von Kapitalgesellschaften in einer Weise erweitern, die mit den Prämissen des Trennungsprinzips nicht vereinbar wäre[1000].

Die geäußerten Bedenken sind freilich auf die durch § 255 Abs. 3 Satz 2 HGB gebilligte Einbeziehung von Fremdkapitalzinsen in die Herstellungskosten übertragbar – zumal § 255 Abs. 3 Satz 2 HGB keine Ausschüttungssperre vorsieht. Durch die Integration der IAS/IFRS in einen mit Ausschüttungsbemessungsaufgaben betrauten Jahresabschluss würde die Kapitalschutzinkompatibilität dieses Regelungsbereichs indes weiter vertieft. Auch wenn die „kapitalschutzbezogene Tragweite" dieser ergänzenden Aktivierungsmöglichkeiten nur begrenzt wäre[1001], bedeuteten sie aus der Perspektive des institutionellen Kapitalschutzes doch eine unangemessene Schlechterstellung von Unternehmensgläubigern.

6. *Aktive Steuerabgrenzung*

De lege lata kommt die „Kapitalschutzrelevanz" der Steuerabgrenzung bereits darin zum Ausdruck, dass der Gesetzgeber für aktivische Abgrenzungsposten eine Ausschüttungssperre installiert hat (§ 274 Abs. 2 Satz 3 HGB)[1002], die künftig stark an Bedeutung gewinnen könnte: Tatsächlich sind die Abweichungen zwischen handelsbilanzieller und steuerrechtlicher Gewinnermittlung gegenwärtig

---

998 Dies gilt jedenfalls, sofern eingetretene Verluste nicht lediglich vorübergehenden Charakter besitzen (vgl. § 253 Abs. 2 Satz 3 HGB).

999 Auf Grundlage des Handelsbilanzrechts lassen sich nachträgliche Anschaffungskosten nur mit einer objektiven Erhöhung des Nutzenpotentials eines Vermögensgegenstands begründen (vgl. BFH BStBl. II 1996, 632, 635; ferner *Knop/Küting*, in: HdR, § 255 Rn. 366, 379).

1000 Vor diesem Hintergrund stellt sich die überarbeitete Fassung des IAS 21 (2004) im Hinblick auf die erfolgswirksame Erfassung von Fremdwährungsverlusten (IAS 21.28) als Schritt in die richtige Richtung dar.

1001 *Wagenhofer*, S. 117: „praktisch unwesentlicher Unterschied" (mit Blick auf die Berücksichtigungsfähigkeit von Fremdkapitalkosten).

1002 Allgemein dazu *Schulze-Osterloh*, in: Baumbach/Hueck, GmbHG, § 42 Rn. 158 (mit Blick auf die Grundlagen der Steuerabgrenzung in der EG-Bilanzrichtlinie); zur Richtlinienkonformität des § 274 HGB vgl. auch *Hüttemann*, in: Staub: Großkommentar zum HGB, § 274 Rn. 4 ff.

noch „überschaubar“[1003]. Demgegenüber würden die Friktionen zum Steuerbilanzrecht durch eine Anbindung der handelsrechtlichen Gewinnermittlung an die IAS/IFRS wohl nachhaltig zunehmen (vgl. Kap. 6 C. 1. b) (2))[1004].

Bereits bei vordergründiger Betrachtung würde die Einbindung des IAS 12 in die handelsrechtliche Rechnungslegung kapitalschutzrelevante Auswirkungen zeigen, da die IAS/IFRS aktive Steuerposten als vollwertige Vermögenswerte begreifen. Tatsächlich verkörpern aktive Steuerabgrenzungsposten indes keine Forderungen („Steueransprüche“), sondern stellen lediglich Steuerentlastungen in Aussicht[1005], die ausbleiben, sofern steuerbare Ergebnisse künftig nicht zur Verfügung stehen (vgl. IAS 12.24). Aktive Steuerabgrenzungsposten bilden daher lediglich unrealisierte Erträge ab[1006]. Da sie bereits aus diesem Grund die Merkmale eines Vermögensgegenstands nicht erfüllen (können), ist es aus der Perspektive des Kapitalschutzes unabdingbar, ihre systemwidrig ergebnisverbessernde Wirkung durch eine Ausschüttungssperre aufzufangen[1007].

Freilich macht IAS 12.24 den Ansatz „latenter Steueransprüche“ davon abhängig, dass steuerbare Ergebnisse künftig wahrscheinlich zur Verfügung stehen. Das damit angesprochene Risiko, dass steuerlich fassbare Gewinne wider Erwarten nicht erwirtschaftet werden können, bezeichnet indes eine Gefahr, die mit Rücksicht auf das kapitalgesellschaftsrechtliche Trennungsprinzip den Unternehmenseignern zuzuweisen ist. Insofern ist es konsequent, wenn das Handelsbilanzrecht aktive Steuerabgrenzungsposten als Bilanzierungshilfen qualifiziert (§ 274 Abs. 2 Satz 1 HGB), die weder die Merkmale eines Vermögensgegenstands noch – infolge mangelnder Bestimmtheit – diejenigen eines Rechnungsabgrenzungspostens erfüllen[1008]. Die für aktive Steuerabgrenzungsposten vorgese-

---

1003 Ein für die Steuerabgrenzung relevanter Konfliktbereich zwischen Handels- und Steuerbilanzrecht ist jüngst durch das steuerrechtliche Verbot der Verlustrückstellung hinzugetreten (§ 5 Abs. 4a EStG).

1004 Hierfür spricht auch die wesentlich größere Bedeutung der Steuerabgrenzung in den USA und in Großbritannien, die insbesondere auf den nur losen Zusammenhang von handelsbilanzieller und steuerlicher Gewinnermittlung zurückzuführen ist (vgl. *Eberhartinger*, in: Baetge/Kirsch/Thiele, § 274 Rn. 8, 504; *Pellens*, S. 266; *Schmidt*, in: Ballwieser (Hrsg.), US-amerikanische Rechnungslegung, 2000, S. 241, 244).

1005 Kennzeichnend ist insoweit, dass § 274 Abs. 2 Satz 1 HGB lediglich verlangt, dass ein zu hoher Steueraufwand, *voraussichtlich* in nachgelagerten Geschäftsjahren ausgeglichen wird.

1006 Zutr. *Eberhartinger*, in: Baetge/Kirsch/Thiele, § 274 Rn. 131; vgl. ferner *ADS*, § 274 Rn. 13.

1007 Vgl. *Schmidt*, in: Ballwieser (Hrsg.), US-amerikanische Rechnungslegung, 2000, S. 241, 247 f.; ablehnend gegenüber dem derzeitigen Aktivierungswahlrecht namentlich *Schulze-Osterloh*, ZIP 2004, 1128, 1131.

1008 Siehe auch *Karrenbrock*, in: HdJ, I/13, Rn. 22.

hene Ausschüttungssperre (§ 274 Abs. 2 Satz 3 HGB) trägt daher systemgerecht der *mangelnden Werthaltigkeit*[1009] aktiver Steuerlatenzen Rechnung und dient mithin unmittelbar dem Ziel der gläubigerschutzbedachten Ausschüttungsbemessung[1010].

Darüber hinaus sind latente Steueransprüche gemäß IAS 12.34 auch für *steuerliche Verlustvorträge* anzusetzen, sofern eine dadurch bedingte Minderung künftig zu versteuernder Gewinne wahrscheinlich ist[1011]. Dergestalt gibt das IASB dem Anwender freilich ein Instrument zur manipulativen Ergebnisverbesserung an die Hand[1012]. Objektivierungsansätze, die darauf zielen, wahrscheinliche Zukunftserfolge „herauszufiltern" (vgl. IAS 12.36)[1013], müssen unweigerlich an der Unvorhersehbarkeit der Erfolgsentwicklung eines Unternehmens scheitern[1014]. Aus eben diesem Grund können steuerliche Verlustvorträge handelsbilanzrechtlich auch nicht zum Anlass für die Bildung aktiver Steuerabgrenzungsposten genommen werden[1015]. Zwar drohten mit Rücksicht auf die Ausschüttungssperre des § 274 Abs. 2 Satz 3 HGB keine negativen Kapitalschutzeffekte. Das allgemeine handelsbilanzrechtliche *Objektivierungserfordernis/-gebot* schließt es indes aus, die vollkommen offene Beurteilung, ob ein Unternehmen zukünftig steuerbare Gewinne erzielen wird, zur Grundlage von Bilanzierungsentscheidungen zu erheben[1016]. Das Steuerabgrenzungskonzept des IAS 12 ist

---

1009 Vgl. dazu LG Stuttgart DB 2001, 1025, 1026 (Nichtigkeit eines Jahresabschlusses wegen Aktivierung eines vermeintlichen Steuererstattungsanspruchs); *Großfeld*, Rn. 428 f. („'Luftposten'").

1010 *Karrenbrock*, in: HdJ, I/13 Rn. 24; in diesem Sinne auch *Löhr*, StuB 2003, 643, 648; vgl. ferner MüKo-HGB/*Beater*, § 274 Rn. 35; *Berger/Fischer*, in: Beck`scher BilKomm, § 274 Rn. 13; Heymann/*Herrmann*, § 274 Rn. 7; kritisch dazu *Schulze-Osterloh*, in: Baumbach/Hueck, GmbHG, § 42 Rn. 158 m.w.N.

1011 Allerdings spricht der Umstand der aktuell schlechten Erfolgslage „deutlich dafür, dass zukünftiges zu versteuerndes Ergebnis möglicherweise nicht zur Verfügung stehen wird" (IAS 12.35).

1012 Vgl. auch *Engel-Ciric*, DStR 2002, 780, 781 f.; *Kahle*, WPg 2003, 262, 266; *Kirsch*, BB 2003, 1111, 1112 f.; *Löhr*, StuB 2003, 643, 648.

1013 Vgl. auch DRS 10.12 („hinreichend wahrscheinliche").

1014 Tatsächlich werden auch Abschlussprüfer nur selten dazu neigen, die künftige Gewinnerzielungsfähigkeit des zu prüfenden Unternehmens in Abrede zu stellen.

1015 *ADS*, § 274 Rn. 28; *Karrenbrock*, in: HdJ, I/13, Rn. 51; a.A. *Berger/Fischer*, in: Beck`scher BilKomm, § 274 Rn. 19; *Eberhartinger*, in: Baetge/Kirsch/Thiele, § 274 Rn. 61.

1016 Bedenklich ist überdies, dass IAS 12.5 als Ausfluss des sog. „Timing-Konzepts" (vgl. *Karrenbrock*, in: HdJ, I/13 Rn. 12) auch quasi-permanente Divergenzen (vgl. dazu *ADS*, § 274 Rn. 16) zwischen Handels- und Steuerbilanzrecht erfasst, die § 274 Abs. 2 HGB nach ganz h.M. ausblendet (*ADS*, § 274 Rn. 16; MüKo-HGB/*Beater*, § 274 Rn. 8; *Eberhartinger*, in: Baetge/Kirsch/Thiele, § 274 Rn. 44; *Schulze-Osterloh*, in: Baumbach/Hueck, GmbHG, § 42 Rn. 159; a.A. *Karrenbrock*,

auch deswegen besonders kritisch zu hinterfragen, weil sich der Einschätzungsspielraum des Bilanzierenden *nicht* auf *einen konkreten bilanziellen Sachverhalt konzentriert*, sondern vielmehr den zukünftigen Unternehmenserfolg, mithin eine äußerst komplexe Größe zum Gegenstand hat[1017].

Zusammenfassend ist daher festzuhalten, dass IAS 12 keinesfalls – unmodifiziert – zur Ausschüttungsbemessung herangezogen werden sollte, sofern nicht zugleich durch die „Rückholbarkeit" in ex post-Perspektive „zu Unrecht" ausgeschütteter Beträge ein annähernder Ausgleich für die skizzierte Risikoverlagerung geschaffen ist.

---

in: HdJ, I/13, Rn. 27). Die von IAS 12 vorgesehene Berücksichtigung auch *äußerst vager*, da noch *nicht absehbarer* steuermindernder Umkehreffekte würde daher die ohnehin bestehende Inkompatibilität mit der Ausschüttungsbemessungsfunktion *vertiefen*.

1017 Zutr. *Kirsch*, BB 2003, 1111, 1112.

Kapitel 6 – Konsequenzen für den Einzelabschluss

Nachdem in Kapitel 5 anhand verschiedener IAS/IFRS-Einzelregelungen ein beachtlicher Konfliktbereich mit den Anforderungen einer effektiven Kapitalschutzkonzeption aufgezeigt wurde, soll nunmehr erarbeitet werden, welche Konsequenzen aus diesem Befund für die Ausübung der Mitgliedsstaatenwahlrechte der IAS/IFRS-Verordnung sinnvollerweise zu ziehen sind. Im Zentrum der Überlegungen soll dabei die Frage stehen, ob Art. 5 lit. a IAS/IFRS-VO dazu genutzt werden sollte, bestimmten Kapitalgesellschaften oder Kapitalgesellschaften allgemein die Anwendung der IAS/IFRS auch für den Einzelabschluss vorzuschreiben oder zu gestatten. Als Determinante ist dabei zu berücksichtigen, dass die IAS/IFRS-Verordnung Unternehmen, die einen organisierten Kapitalmarkt in Anspruch nehmen oder einen Börsenprospekt für die Zulassung an einen solchen Markt erstellen, für Geschäftsjahre, die am oder nach dem 01.01.2005 beginnen, verpflichtet, Konzernabschlüsse auf der Grundlage der IAS/IFRS zu erstellen (Art. 4 IAS/IFRS-VO). Weiterhin ist der Gesetzgeber angehalten, die von der IAS/IFRS-Verordnung gewährten Mitgliedsstaatenwahlrechte so auszuüben, dass sich deutsche Unternehmen im internationalen Wettbewerb „auf Augenhöhe" mit ihren ausländischen Konkurrenten bewegen können.

A. Einzelabschluss als Harmonisierungsobjekt

Gerade die signifikanten Abweichungen kapitalmarktorientierter Rechnungslegungsstandards von den Charakteristika einer kapital- und damit gläubigerschutzbedachten Rechnungslegungskonzeption waren dafür verantwortlich, dass die Diskussion um die Öffnung des europäischen Bilanzrechts für internationale Standards geraume Zeit auf den Konzernabschluss beschränkt blieb[1018]. Auch der deutsche Gesetzgeber[1019] betonte unlängst die unterschiedlichen funktionalen Rahmenbedingungen des Einzel- und des Konzernabschlussrechts. Namentlich die Einbindung des Jahresabschlusses in gesellschaftsrechtliche Ausschüttungs-

1018 Vgl. etwa *Hommelhoff*, RabelsZ 62 (1998), 381, 384.

1019 Siehe dazu Entwurf zum KapAEG vom 7. 6. 1996, ZIP 1996, 2000, 2001 Absch. 5.1; Regierungsentwurf zum KapAEG, BT-Drs. 13/7141, S. 8; Bericht des Rechtsausschusses, BT-Drs. 13/9909, S. 13.

mechanismen sowie seine Bedeutung für die steuerliche Gewinnermittlung gaben ihm daher Anlass, den Einzelabschluss von internationalen Entwicklungen zunächst abzuschotten.

Dessen ungeachtet nimmt der Druck interessierter und einflussreicher Kreise zu, die weitgehende Kongruenz der Bilanzierungsvorschriften im Jahres- und Konzernabschlussrecht zu bewahren und entsprechend auch den Einzelabschluss für die IAS/IFRS zu öffnen. In diesem Zusammenhang wird insbesondere angeführt, dass auch die Einzelabschlüsse kapitalmarktorientierter Unternehmen für Investoren einen spezifischen Informationsnutzen besäßen, der auf Grundlage der IAS/IFRS augenscheinlich besser befriedigt werde[1020]. Zudem seien auch konzernungebundene kapitalmarktorientierte Unternehmen darauf angewiesen, kapitalmarkttaugliche Abschlüsse veröffentlichen zu können[1021]. Entsprechend verdichteten sich zwischenzeitlich die Anzeichen dafür, dass sogar der Gesetzgeber das deutsche Handelsbilanzrecht – und zwar nicht allein in Bezug auf den Konzernabschluss – als „Auslaufmodell“ betrachtet[1022].

Gleichwohl muss die auf europäischer Ebene bereits vollzogene Öffnung des Jahresabschlussrechts für die IAS/IFRS bei unbefangener Betrachtung zunächst verwundern, da die Kapitalrichtlinie weiterhin geltendes Recht darstellt. Der europäische Gesetzgeber nimmt insoweit Unverträglichkeiten zwischen IAS/IFRS-Rechnungslegung und Kapitalschutz in Kauf, ohne bislang ad hoc wirksame Alternativkonzepte für die mit der Kapitalrichtlinie verfolgten Zielsetzungen verbindlich vorgegeben zu haben[1023]. Die IAS/IFRS-Verordnung bietet dem nationalen Gesetzgeber allerdings die Möglichkeit, Friktionen zwischen Rechnungslegung und Kapitalschutz von vornherein zu vermeiden, da sich der Anwendungs-

---

1020 *Pellens*, WPg-Sonderheft 2001, 101, 102 m.w.N. Demgegenüber sieht etwa *Schulze-Osterloh* (ZIP 2001, 1433, 1437) in Bezug auf den Jahresabschluss grundsätzlich keine Notwendigkeit zur Anpassung an internationale Standards, da allein der Konzernabschluss „den Investitionsentscheidungen der Anleger zugrundegelegt (werde)”.

1021 Vgl. *Herzig/Bär*, DB 2003, 1, 2; siehe auch *Ekkenga*, BB 2001, 2362, 2364. Dass solchen Unternehmen mangels Verbotsregelung die Erstellung eines – freilich „nicht befreienden“ – IAS/IFRS-Abschlusses freisteht, soll an dieser Stelle unberücksichtigt bleiben.

1022 Vgl. Entwurf des Steuerentlastungsgesetzes 1999/2000/2002, BT-Drs. 14/265, S. 171: „Die handelsrechtliche Gewinnermittlung ist inzwischen nicht nur im Hinblick auf die enge Verknüpfung mit der steuerlichen Gewinnermittlung unbefriedigend. Die deutschen Vorschriften werden zunehmend kritisiert, da ihre auf dem Gläubigerschutz basierenden Prinzipien nur einen eingeschränkten Blick auf die tatsächliche Ertragslage ermöglichen. Sie behindert auch die Globalisierungsbemühungen deutscher Unternehmen.“; siehe ferner *Löhr*, StuB 2003, 643 („Die Tage des HGB scheinen gezählt.“).

1023 Siehe dazu Kap. 2 B. 4.

bereich der IAS/IFRS auf den ausschließlich Informationszwecken dienenden Konzernabschluss begrenzen lässt.

Vor diesem Hintergrund will die Ausübung – respektive Neuausübung – des in Art. 5 lit. a IAS/IFRS-VO verankerten Wahlrechts wohl überlegt sein.

B. Gläubigerschutz durch Rechnungslegung nach IAS

Wie bereits angeklungen, deuten sich auf der Grundlage der in Kapitel 5 gefundenen Ergebnisse erhebliche Gefahren für das gesellschaftsrechtliche Kapitalschutzsystem an, die nachfolgend einer zusammenfassenden Bewertung zugeführt werden sollen. Daran anknüpfend soll ein Versuch unternommen werden, den von der IAS/IFRS-VO abgesteckten gesetzgeberischen Gestaltungsrahmen möglichst sinnvoll auszufüllen.

I. Kapitalerhaltung durch Ausschüttungsbemessung auf Grundlage der IAS/IFRS?

Wie in Kapitel 1 herausgearbeitet, ist die Kapitalschutzadäquanz einer Rechnungslegungskonzeption im Wesentlichen von ihrer Objektivierungsstrenge sowie von ihrer vorsichtsbedachten Ausrichtung abhängig. Gespiegelt an diesen Anforderungen legt die in Kapitel 5 vorgenommene Analyse richtungweisender IAS/IFRS-Einzelstandards nahe, dass diese Eckpfeiler eines jeden Kapitalschutzsystems auf Grundlage der IAS/IFRS *keine hinreichende* Beachtung erfahren würden[1024]. Die Kapitalschutzinkompatibilität der IAS/IFRS-Rechnungslegung ist dabei zuvorderst auf ihre Fokussierung auf die Informationsfunktion des Jahresabschlusses zurückzuführen[1025]. Die dadurch bedingte partielle Zweckdivergenz von IAS/IFRS- und handelsrechtlicher Rechnungslegung setzt sich gewissermaßen zwangsläufig in zum Teil grundlegend voneinander abweichenden Einzelvorschriften fort[1026].

1024 *Schön*, ZGR 2000, 706, 738.

1025 Stellv. *Deutsche Bundesbank*, Monatsbericht Juni 2002, S. 52; so denn auch der Regierungsentwurf zum BilReG, BT-Drs. 15/3419, S. 23 („Grund für diese Beschränkung [sc. der IAS auf die „informatorische Funktion" des Einzelabschlusses] ist die heterogene Zwecksetzung des Einzelabschlusses […]".

1026 Dies gilt ungeachtet der Tatsache, dass insbesondere auch die Rechenschaftsfunktion eine hinreichend verlässliche Datengrundlage voraussetzt (vgl. Kap. 4 B.; Kap. 5 C. 3. d) (4)).

Tatsächlich ist das IAS/IFRS-Regelwerk daher von Einzelbestimmungen durchzogen, die den genannten Grundanforderungen an eine kapitalschutzbedachte Rechnungslegung nicht entsprechen. Populäre und zugleich kennzeichnende Beispiele für die Untauglichkeit der IAS/IFRS-Rechnungslegung für Kapitalerhaltungszwecke liefern IAS 11 betreffend die Teilgewinnrealisierung im Rahmen langfristiger Fertigungsaufträge sowie der fortschreitende Trend zum Fair Value-Accounting, der in der Zeitwertbewertung von Renditeimmobilien (IAS 40) kulminierte. Gerade die sich abzeichnende Hinwendung zu einem „Full Fair Value-Konzept“[1027] belegt zudem, dass sich die Unverträglichkeiten zwischen den Leitlinien kapitalschutzbedachter Rechnungslegung und den IAS/IFRS künftig zusehends vertiefen werden[1028]. Darüber hinaus trägt auch das aus der Investoren- respektive Anlegerorientierung entspringende Bemühen um eine möglichst vollständige Abbildung der einem Unternehmen zuzurechnenden Vermögenswerte dem Gesichtspunkt der Kapitalerhaltung nur unzureichend Rechnung, da weitumfänglich auch nicht derivativ erworbene immaterielle Anlagewerte einbezogen werden.

Sofern der deutsche Gesetzgeber die in Art. 5 IAS/IFRS-VO vorgesehenen Mitgliedsstaatenwahlrechte vor diesem Hintergrund dazu nutzt – bzw. genutzt hätte –, den Geltungsbereich der IAS/IFRS-Rechnungslegung auf den Einzelabschluss (kapitalmarktorientierter Unternehmen) zu erstrecken, *entzöge* er *dem Gesellschaftsrecht* damit unweigerlich seine *abgestimmte bilanzielle Bezugsbasis*[1029]. Die angeführten zentralen Abweichungen zwischen handelsrechtlicher und IAS/IFRS-Rechnungslegung führten insbesondere zu einem *tendenziell frühzeitigeren Gewinnausweis* („front loading“)[1030] und beeinflussten auf diesem

---

1027 Vgl. den Regierungsentwurf zum BilReG, BT-Drs. 15/3419, S. 23.

1028 Die im Regierungsentwurf zum KapAEG (BT-Drs. 13/7141, S. 8) geäußerte Vermutung, dass „das Vorsichtsprinzip deutscher Prägung“ auch im Rahmen einer Überarbeitung der IAS (IFRS) „nur eingeschränkt durchgesetzt werden kann“, hat sich daher schon bewahrheitet.

1029 Deutlich *Schön*, ZHR 166 (2002), 1, 3: „Damit wird das Prinzip vorsichtiger Bilanzierung aufgegeben, das in der Vergangenheit (…) das zwingende logische Korrelat zu einem an formellen Bilanzziffern orientierten Kapitalschutz durch Ausschüttungsbegrenzung gebildet hat.“; *derselbe*, Der Konzern 2004, 162, 164; vgl. auch *Baetge/Thiele*, in: Festschr. für Beisse, 1997, S. 11, 15; a.A. *Böcking*, WPg 2002, 925, 927 f.

1030 Siehe *Zeitler*, DB 2003, 1529, 1530. Entsprechende Unterschiede betreffen indes allein die Periodenzuordnung von Erträgen und Aufwendungen; der „Totalgewinn“ bzw. „Totalverlust“ ist demgegenüber von dem jeweils zugrunde gelegten Rechnungslegungssystem unabhängig (so etwa *Busse von Colbe*, BFuP 1995, 373, 386; *Peemöller/Spanier/Weller*, BB 2002, 1799, 1802 f.; *Schön*, ZHR 161 (1997), 133, 156).

Wege unmittelbar die Kapitalschutzqualität[1031]. Mit Blick auf die Verzahnung von Rechnungslegung und Gesellschaftsrecht könnten Ausschüttungspotentiale daher aus Gewinnbeiträgen gespeist werden, die dem Unternehmen nicht notwendigerweise dauerhaft zur Verfügung stehen[1032]. Solche sich im Zeitablauf möglicherweise verflüchtigenden Gewinne sind nach dem der Kapitalrichtlinie zugrunde liegenden Verständnis mit Rücksicht auf die vom Trennungsprinzip ausgelöste Interessenlage nicht ausschüttungsfähig.

Dieser Befund dokumentiert weiter, dass der *Funktionszusammenhang* von Bilanz- und Gesellschaftsrecht durch eine Anbindung der IAS/IFRS-Rechnungslegung an das Kapitalschutzsystem *substanziell gestört* würde[1033]. Eine solche *Kopplung von wesentlich Ungleichem*[1034] müsste aufgrund der – in Kapitel 5 –

1031 Siehe *Schulze-Osterloh*, in: IDW (Hrsg.), Neuorientierung der Rechnungslegung, 1995, S. 123, 136 f.; *derselbe*, in: Schruff (Hrsg.), Bilanzrecht unter dem Einfluß internationaler Reformzwänge, 1996, S. 121, 125; *derselbe*, ZIP 2001, 1433, 1437; ferner *IDW*, WPg 2001, 664, 665; vgl. auch *Hinz*, in: Beck'sches HdR, B 100, Rn. 38, der betont, dass vorsichtsbedachte Bilanzierungsvorschriften die *materielle Wirksamkeit von Ausschüttungssperren bedingen.*

1032 Dazu jüngst *Ernst*, BB 2003, 1487, 1489; *Kahle*, WPg 2003, 262, 268 f.; *Zeitler*, DB 2003, 1529, 1530; vgl. auch *Herzig*, in: Küting/Weber (Hrsg.), Wertorientierte Konzernführung, 2000, S. 57, 83; *derselbe*, WPg 2000, 104, 117; *derselbe*, KoR 2001, 154, 158; *Hüttche*, RIW 1996, 1018, 1024; *Peemöller/Spanier/Weller*, BB 2002, 1799, 1802; *Pellens*, WPg-Sonderheft 2001, 101, 102; vgl. zur Ausschüttungsbemessung auf Grundlage der US-GAAP *Alberth*, WPg 1997, 744; ferner *Schildbach*, StuB 1999, 421, 424 („Ansatz von riesigen Aktiva, die sich bei Gefahr in nichts auflösen.").

1033 *Arbeitskreis Bilanzrecht*, BB 2002, 2372, 2374; *Ernst*, in: Kleindiek/Oehler (Hrsg.), Die Zukunft des deutschen Bilanzrechts, 2000, S. 41, 47; *derselbe*, BB 2003, 1487, 1489; *Euler*, BB 2002, 875, 878 f.; *Herzig/Bär*, DB 2003, 1, 3; *Hüttche*, RIW 1996, 1018, 1024; *IDW*, WPg 2001, 664, 665; *IDW*, WPg 2002, 983, 986; *Kirsch*, WPg 2003, 275, 276 f.; *Peemöller/Spanier/Weller*, BB 2002, 1799, 1801; *Roth*, ÖBA 2000, 193, 197; *Schildbach*, BB 1995, 2635, 2642; *derselbe*, BFuP 2002, 263, 271 ff.; *Schön*, ZGR 2000, 706, 738; *derselbe*, WPg-Sonderheft 2001, 74, 76; *Schulze-Osterloh*, ZIP 2001, 1433, 1440; *derselbe*, ZIP 2003, 93, 96 f.; *derselbe*, Der Konzern 2004, 172, 176 f.; *derselbe*, ZIP 2004, 1128, 1129; *Siegel*, BFuP 1998, 593, 597; vgl. auch *Arbeitsgruppe Normierung der Rechnungslegung*, BB 2002, 2595, 2597; *Ballwieser*, in: Festschr. für Beisse, 1997, S. 25, 33 (mit Blick auf die US-amerikanische Rechnungslegung); *Kirsch*, WPg 2002, 743, 753; *Moxter*, DB 2001, 605, 606; *Niehus*, WPg 2001, 737, 750.

1034 Ein ähnlich gelagertes Problem stellt sich in Bezug auf die GmbH-rechtliche Vorbelastungshaftung. Entgegen einer verbreiteten Ansicht muss die Ermittlung des Gesellschaftsvermögens im Eintragungszeitpunkt unter Berücksichtigung der vorsichtsbedachten handelsbilanzrechtlichen Bilanzierungsgrundsätze erfolgen, da auch die Vorbelastungshaftung dem Gläubigerschutz verpflichtet ist. Um die zugedachte Funktion erfüllen zu können, sind „Gläubigerschutzinstrument" und „Messaufgezeigten Unverträglichkeiten unweigerlich scheitern, sofern nicht korrigierende Maßnahmen ergriffen würden, durch die sich vorsichts- und objektivierungsbezogene Bilanzierungselemente gewissermaßen „nachträglich“ in das IAS/IFRS-Regelwerk „einarbeiten“ ließen[1035].

Vor diesem Hintergrund drohte dem in der 2. gesellschaftsrechtlichen Richtlinie verankerten und in Deutschland – in abgemilderter Form – auf die GmbH erstreckten Kapitalschutzsystem die *Sinnentleerung*[1036]. Auch sind Kapitalaufbringung und Kapitalerhaltung in der Weise miteinander verwoben, dass ein streng regulierter Kapitalaufbringungsvorgang wenig sinnvoll erschiene, wenn sein „nachgeschaltetes Seitenstück“ de facto ausgehebelt wäre. Kapitalaufbringung und Kapitalerhaltung sollen gerade in planvollem Zusammenwirken den gesamten Lebenszyklus einer Kapitalgesellschaft abdecken und dabei den Gläubigern eine *fortwährende* und *konstante Mindestsicherung* als Ausgleich für die fehlende persönliche Haftung der Gesellschafter gewähren. Wird aber ein Element aus dieser Schutzkonstruktion entfernt, kann auch die verbleibende Komponente ihre Funktion nicht mehr mit der ihr zugedachten Stringenz ausfüllen. So wäre namentlich einer Umgehung des Schutzzwecks der Kapitalaufbringungsvorschriften „Tür und Tor“ geöffnet. Sämtliche kapitalbezogenen Vorschriften des Aktien- und GmbH-Rechts drohten daher weithin ihre Berechtigung zu verlieren[1037], sofern die Kapitalerhaltungsvorschriften durch die Anbindung an einen gestaltbaren und zudem rein informationsorientiert ermittelten Gewinn rechtspraktisch „leer liefen“.

Mit Blick auf die in Art. 5 IAS/IFRS-VO verankerten Mitgliedsstaatenwahlrechte ist daher das kontinentaleuropäischer Gesellschaftsrechtstradition entsprechende *abgestimmte Ineinandergreifen* von Rechnungslegung und Gesellschaftsrecht ernsthaft gefährdet. Die nationalen Gesetzgeber sehen sich insoweit mit einer *Richtungsentscheidung* konfrontiert, die das Ende des traditionellen kapitalschutzbasierten Gläubigerschutzes bedeuten könnte[1038]. Dies bedeutet aber auch, dass es der deutsche Gesetzgeber selbst in der Hand hat, den in der IAS/IFRS-VO bestimmten Mindestgeltungsbereich der IAS/IFRS (vgl. Art. 4 IAS/IFRS-VO) unverbreitert zu belassen und damit den Weg für ein Festhalten an klassi-

---

werkzeug“ notwendig aufeinander abzustimmen (vgl. *Hennrichs*, ZGR 1999, 837, 844).

1035 Dazu Kap. 6 B. 5 sowie *Hoffmann/Lüdenbach* (GmbHR 2004, 145, 146) mit an diesem Punkt ansetzender Kritik am BilReG.

1036 In diesem Sinne *Schön*, ZHR 166 (2002), 1, 3.

1037 Zutreffend *Herzig*, in: Küting/Weber (Hrsg.), Wertorientierte Konzernführung, 2000, S. 57, 83.

1038 *Herzig*, in: Küting/Weber (Hrsg.), Wertorientierte Konzernführung, 2000, S. 57, 83; vgl. auch *Havermann*, WPg-Sonderheft 2001, 97.

schen Gläubigerschutzinstrumenten zu ebnen. Jedenfalls auf der Grundlage der bisherigen Ergebnisse wäre eine solche Haltung grundsätzlich *zu befürworten*[1039].

Allerdings bleibt weiter fraglich, ob sich die IAS/IFRS-Rechnungslegung durch Anpassungen entweder auf Ebene der gesellschaftsrechtlichen Kapitalschutzmechanismen oder aber durch korrigierende, exogene Eingriffe in die IAS/IFRS selbst mit den an eine effektive Kapitalschutzkonzeption zu stellenden Anforderungen in Einklang bringen lässt[1040]. Des Weiteren gilt es zu klären, ob sich die bislang vorrangig von der Ausschüttungsbemessungsfunktion des Jahresabschlusses getragene Gläubigerschutzqualität künftig durch informationelle Gläubigerschutzeffekte der IAS/IFRS-Rechnungslegung aufrechterhalten – oder gar überkompensiert – werden kann. Endlich soll überlegt werden, ob es zweckmäßig erschiene, von der derzeitigen Prämisse eines *multifunktionalen Einzelabschlusses* zugunsten einer *„gespaltenen Rechnungslegung“* abzurücken.

2. *Informationeller Gläubigerschutz*

Wie bereits angedeutet, wäre ein Festhalten an der derzeitigen Anbindung des Gesellschaftsrechts an ein vorsichts- und objektivierungsbedachtes bilanzielles Bezugssystem möglicherweise verzichtbar, sofern sich auf Grundlage der IAS/IFRS ein informationeller Gläubigerschutz verwirklichen ließe, der ein zumindest gleichwertiges Schutzniveau gewährleistete. In diesem Sinne streiten gewichtige Stimmen des handelsbilanzrechtlichen Schrifttums[1041] für eine Emanzipation des Gläubigerschutzes vom Gesichtspunkt ausschüttungsorientierter Bilanzierung. Namentlich *Busse von Colbe* vertritt diesbezüglich die Auffassung, dass Gläubiger durch den höheren Informationswert eines IAS/IFRS-Abschlusses „besser geschützt werde(n) als durch eine restriktive Bilanzierung“[1042]. Diese

---

1039 Die im BilReG zum Ausdruck kommende Haltung des deutschen Gesetzgebers bestätigt diese Sichtweise, vgl. dazu *Arbeitskreis Bilanzrecht*, BB 2004, 546, 546; *Hüttemann*, BB 2004, 203, 205.

1040 Vgl. *Schulze-Osterloh* (in: Schruff [Hrsg.], Bilanzrecht unter dem Einfluß internationaler Reformzwänge, 1996, S. 121, 133), der im Falle einer Schwächung des gesellschaftsrechtlichen Kapitalschutzes durch Übernahme internationaler Rechnungslegungsstandards „gesetzgeberische Maßnahmen” zur Stärkung der Kapitalschutzmechanismen verlangt.

1041 *Busse von Colbe*, ZfbF 2002, 159, 170; *Sprissler*, in: IDW (Hrsg.), Kapitalmarktorientierte Unternehmensüberwachung, 2001, S. 85, 92 ff.; wohl auch *Pellens*, WPg-Sonderheft 2001, 101, 102; vgl. ferner *Böcking*, WPg 2001, 1433, 1436 ff.

1042 *Busse von Colbe*, ZfbF 2002, 159, 170; *derselbe*, KoR 2001, 199, 204; ferner *Böcking*, Der Konzern 2004, 177, 178; *Burger/Buchhart*, BB 2000, 2197, 2200 („Die Übernahme des investororientierten Rechnungslegungssystems ist unter dem Aspekt

These stützt er insbesondere auf die Entlastung des Jahresabschlusses von stillen Reserven, deren „stille Auflösung" wiederum den Blick auf die wirtschaftliche Lage des bilanzierenden Unternehmens verstelle[1043].

Allgemein sprechen große Teile des bilanzrechtlichen Schrifttums der angloamerikanischen Rechnungslegung eine im Vergleich zum Handelbilanzrecht „signifikant höher(e) (...) Qualität" zu[1044]. Die IAS/IFRS-Rechnungslegung befähige die Abschlussadressaten daher dazu, ihre finanziellen Dispositionen auf soliderer Grundlage zu treffen. Ausdruck dieser höherwertigen Informationsversorgung sei insbesondere eine Minderung der Kapitalkosten[1045].

Indes müssen auch die Verfechter der IAS/IFRS-Rechnungslegung einräumen, dass die Prognosetauglichkeit eines Rechnungslegungssystems bislang nicht quantifizierbar ist[1046]. Vor allem aber ist der Beurteilung der Informationsqualität von IAS/IFRS-Abschlüssen aus der Perspektive des Gläubigerschutzes die Frage voranzustellen, ob die auf Grundlage der IAS/IFRS vermittelten Daten gerade auch den *Informationsbedürfnissen von Gläubigern* entsprechen.

---

des Gläubigerschutzes zu begrüßen."); *Sprissler*, in: IDW (Hrsg.), Kapitalmarktorientierte Unternehmensüberwachung, 2001, S. 85, 92, 96; ähnlich auch *Budde/Steuber*, AG 1996, 542, 544 f.; *Hüttche*, RIW 1996, 1018, 1024 f.; vgl. dazu auch *Kübler*, ZHR 159 (1995), 550, 560 f.; a.A. *Zabel*, WPg 2002, 919, 920 („Der Verfasser vermag nicht zu erkennen, dass [...] die Entscheidungsnützlichkeit auch für die anderen erwähnten Gruppierungen der Gläubiger [...] im Vordergrund steht oder von wesentlicher Relevanz ist."); offen lassend *Kessler*, DB 1997, 1, 4.

1043 Siehe auch *Busse von Colbe*, in: Ballwieser (Hrsg.), US-amerikanische Rechnungslegung, 2000, S. 485, 493; *Sprissler*, in: IDW (Hrsg.), Kapitalmarktorientierte Unternehmensüberwachung, 2001, S. 85, 95 f.

1044 *Baetge*, in: Festschr. für Meffert, 1998, S. 103, 113; ferner *Baetge/Beermann*, Sparkasse 2000, 79, 81; *Herzig*, KoR 2001, 154, 155, 157; *Hüttche*, RIW 1996, 1018, 1024 f.; *Küting/Dawo/Heiden*, BB 2001, 615; *Wagenhofer*, S. 369 („gehaltvoller, spezifischer und detaillierter"); *Zabel*, WPg 2001, 919 f. (in Bezug auf die Information des Kapitalmarkts); so auch *Ernst*, BB 2003, 1487, 1488 („Die IAS/IFRS sind international das beste im Bilanzrecht, was es zur Information des Anlegers und sonstiger interessierter Kreise derzeit gibt."); *Böcking*, WPg 2001, 1433, 1437; *derselbe*, WPg 2002, 925, 926; vgl. auch *Theile*, GmbHR 2001, 892, 897 („Hier [sc. am Kapitalmarkt] wird eine Überlegenheit von IAS oder US-GAAP praktisch nicht bestritten.").

1045 *Kübler*, ZGR 2000, 550, 555 m.w.N.

1046 *Pellens/Fülbier*, ZGR 2000, 572, 583; vgl. ferner *Kahle*, WPg 2003, 262, 266.

a) *Kongruenz der Informationsbedürfnisse von Gläubigern und Eigenkapitalgebern?*

Vor diesem Hintergrund soll nachfolgend untersucht werden, ob die durch IAS/IFRS-Abschlüsse vermittelten Informationen aus Gläubigerperspektive nützlich sind[1047]. Insoweit *unterstellt* namentlich das Framework (F.10), dass der Informationsbedarf von Kreditgebern und sonstigen Gläubigern von demjenigen der vorrangig in Bezug genommenen Investoren mit umfasst wird (vgl. F.10). Daraus würde folgen, dass spezifisch auf Gläubiger zugeschnittene Informationen entbehrlich wären, da deren Informationsbedürfnisse – gewissermaßen als willkommener Nebeneffekt – von den zur Verfügung gestellten kapitalmarktbezogenen Informationen mit abgedeckt werden.

Tatsächlich sind Gläubiger an Informationen über die Fähigkeit ihrer Schuldner interessiert, künftigen Zahlungs- und sonstigen Leistungspflichten rechtzeitig und vollumfänglich nachkommen zu können. Investoren und Gläubigern ist daher gemein, dass die einem Rechnungslegenden jeweils zur Verfügung gestellten Mittel mit einem „Rücklaufrisiko" behaftet sind. Insoweit *erfordert* auch die Abschätzung des für den Gläubiger *zentralen Ausfallrisikos eine prospektive und prognostische Betrachtung.* Die Informationsinteressen von Gläubigern und Investoren sind daher grundsätzlich *gleichgerichtet*[1048].

Gleichwohl unterscheidet sich die Position eines Eigenkapitalgebers typischerweise beträchtlich vor derjenigen eines Gläubigers. Zwar mag es nicht ungewöhnlich erscheinen, dass ein Gläubiger seine vertragliche Beziehung zum Schuldner gleichsam als Investition (z.B. in eine längerfristige Geschäftsbeziehung) betrachtet. Charakteristisch für das Selbstverständnis eines Eigenkapitalgebers ist es allerdings gerade, dass er beabsichtigt, am zu Beginn seines Engagements noch *vollkommen unbestimmten zukünftigen Erfolg* „seines Unternehmens" zu partizipieren. Sein „natürliches Interesse" geht entsprechend dahin, das bereits im Unternehmen angelegte Nutzen- bzw. Ertragsreservoir und damit die *Perspektiven* und *Chancen* seiner Unternehmensbeteiligung auszuloten[1049], um diese zum latenten Totalverlustrisiko in Beziehung setzen zu können. Bestandteil

1047 Zum informationsökonomischen Verständnis der Information vgl. insbesondere *Ballwieser*, in: Festschr. für Clemm, 1996, S. 1, 18; *derselbe*, in: Festschr. für Beisse, 1997, S. 25, 36.

1048 Zutr. *Hennrichs*, ZGR 2000, 627, 630; ferner *Kahle*, ZfB 2002, 695, 706; *Kübler*, in: Festschr. für Budde, 1995, S. 361, 365; *Schön*, WPg-Sonderheft 2001, 74, 75.

1049 Siehe etwa *Ekkenga* (BB 2001, 2362, 2366), der darauf verweist, dass den Anleger das „in die Zukunft weisende Ertragspotenzial (interessiert)"; ferner *Zeitler*, DB 2003, 1529, 1531. Entscheidend ist daher das aus einem Unternehmen *Herausholbare* (vgl. *Kahle*, WPg 2003, 262, 264 m.w.N.).

dieses Chancenpotentials sind freilich auch unsichere Erfolgskomponenten, die etwa durch selbst erstellte immaterielle Anlagegüter sowie etwaige bislang unrealisierte Zeitwertspitzen repräsentiert werden[1050].

Zumindest in Nuancen anders stellt sich die Interessenlage potentieller Gläubiger[1051] dar: Auch sie sind – bei Fehlen einer entsprechenden Absicherung – mit dem Risiko des Totalverlusts konfrontiert. Allerdings ist ihr Erfolgspotential typischerweise *von vornherein begrenzt*. Entscheidungstheoretisch ist eine derartige Verwendung von Kapital nur sinnvoll, wenn das *geringere Erfolgspotential* durch eine *höhere Eintrittswahrscheinlichkeit* aufgewogen wird. Das insoweit gläubigerspezifische Informationsbedürfnis ist daher nicht auf das dem Schuldnerunternehmen anhaftende Chancenpotential ausgerichtet, sondern betont eher die Gesichtspunkte der Sicherheit und Solidität[1052]. Es konzentriert sich mithin stärker auf die unternehmerischen Risiken des Schuldners sowie auf ebensolche Werte, auf deren Existenz und Werthaltigkeit sich der Gläubiger *nachhaltig verlassen kann* und die deshalb eine *gewisse Planungssicherheit* gewähren. Das gläubigerspezifische Informationsbedürfnis ist folglich durch eine asymmetrische

---

1050 Das Informationsbedürfnis kann sogar beträchtlich über die auf Grundlage der IAS/IFRS sowie US-GAAP zeigbaren Sachverhalte hinausgehen („Erwartungslücke"), vgl. *Küting/Dawo/Heiden*, BB 2001, 615 f.; *Ranker/Wohlgemuth/Zwirner*, KoR 2001, 269, 277.

1051 Zu berücksichtigen ist grundsätzlich auch, dass die Gruppe der Gläubiger inhomogen ist (vgl. *Alberth*, WPg 1997, 744, 745).

1052 Zutr. daher *Pellens/Fülbier* (ZGR 2000, 572, 588 f.), die die Auffassung vertreten, dass einzelne Adressatengruppen grundsätzlich nach spezifischen Informationen verlangen. Einer stark differenzierten Rechnungslegung stünden allerdings die damit verbundenen Publizitätskosten entgegen, sofern diese nicht durch einen zusätzlichen Nutzen aufgewogen würden (siehe dazu auch *Ballwieser*, KoR 2002, 115, 120; *Roth*, in: Ott/Schäfer (Hrsg.), Ökonomische Probleme des Zivilrechts, 1991, S. 226, 230). Dies spricht freilich nicht dagegen, dass von Gläubigern *ergänzend* – um insbesondere den Anforderungen des § 18 KWG zu entsprechen – auch risiko- und chancenorientierte Betrachtungen herangezogen werden (beispielsweise Finanzpläne). Insoweit liegt die Vermutung nahe, dass Kreditinstitute von ihren (potentiellen) Kreditnehmern künftig (auch) Abschlüsse auf der Grundlage der IAS/IFRS verlangen werden (selbst, wenn diese gesetzlich nur zur Anfertigung eines HGB-Abschlusses verpflichtet sein sollten), so *Böcking*, WPg 2001, 1433, 1439 m.w.N.; *Zabel*, WPg 2002, 919; *Peemöller/Spanier/Weller* (BB 2002, 1799, 1800) gehen überdies davon aus, dass die ausschließliche Vorlage eines HGB-Abschlusses ungünstigere Kreditkonditionen nach sich zieht; mit Recht hingegen die Tauglichkeit des IAS/IFRS-Abschlusses als alleinige Kreditunterlage relativierend *Arbeitskreis Bilanzrecht*, BB 2002, 2372, 2377; *Küffner/Hock*, BFuP 1998, 57, 62; *Schildbach*, BFuP 2002, 263, 271; *Schulze-Osterloh*, ZIP 2003, 93, 100 (jeweils mit Blick auf die optimistische, den Gläubigerschutzaspekt vernachlässigende Grundausrichtung der IAS/IFRS).

Haltung bezüglich des Risiko- und Chancenpotentials eines (potentiellen) Schuldners gekennzeichnet[1053], während Anteilseigner eine gleichmäßige Gewichtung positiver und negativer Erfolgspotentiale im Jahresabschluss bevorzugen.

Diese Abstufungen führen in Konsequenz dazu, dass ein auf Investorenanforderungen zugeschnittenes bilanzielles Regelwerk *für Gläubiger lediglich suboptimalen Charakter* besitzen kann. Eine monistische Ausrichtung der Rechnungslegungspolitik am Informationsbedarf von Investoren ist daher für einen informationellen Gläubigerschutz keineswegs zuträglich[1054].

Eine effiziente Informationsvermittlung darf im Übrigen auch den Aspekt der Vorsicht – der auf die jeweils unabdingbaren Objektivierungserfordernisse einstrahlt – nicht marginalisieren[1055]. Vergegenwärtigt man sich vor diesem Hintergrund aber, dass es Ziel der IAS/IFRS ist, „günstige (...) Unternehmens*entwicklungen* (...) frühzeitig abzubilden und dabei auch *erhebliche Unsicherheiten* (...) *hinzunehmen*"[1056], muss dies in klarem Widerspruch zu den vornehmlich an Sicherheitsaspekten orientierten Entscheidungen typischer Kreditgeber stehen[1057].

Der Überlegung, den kapitalschutzbasierten Gläubigerschutz durch einen informationsorientierten Gläubigerschutzansatz auf Basis der IAS/IFRS zu ersetzen, ist daher bereits mit Blick auf deren Grundausrichtung mit Skepsis zu begegnen.

b) Überlegenheit des IAS/IFRS-Abschlusses als Informationsmedium

Losgelöst von der Frage, ob sich die Informationsbedürfnisse von Gläubigern und Investoren so weit decken, dass IAS/IFRS-Abschlüsse gewissermaßen re-

---

1053 In diesem Sinne auch *Burger/Buchhart*, BB 2000, 2197, 2199.

1054 Siehe auch *Freidank*, in: Lachnit/Freidank (Hrsg.), Investororientierte Unternehmenspublizität, 2000, S. 3, 23; ferner *Ballwieser*, KoR 2002, 115, 120: „Wie diese Informationsbedürfnisse zu denjenigen der Investoren passen, bleibt offen. Das IASB schützt sich dadurch, *dass es nur behauptet*, dass der Informationsbedarf der Investoren auch den Informationsbedürfnissen 'der meisten anderen Adressaten' entspricht." (Hervorh. d. d. Verf.). Allgemein eher kritisch zum informationellen Gläubigerschutz durch Rechnungslegung *Ballwieser*, in: Festschr. für Clemm, 1996, S. 1, 17.

1055 *Schildbach*, StuB 1999, 421, 424; in diesem Sinne auch *Arbeitskreis Bilanzrecht*, BB 2002, 2372, 2377; *Schulze-Osterloh*, ZIP 2003, 93, 100; a.A. *Ballwieser*, KoR 2002, 115, 117.

1056 So die Bewertung von *Schön*, WPg-Sonderheft 2001, 74, 76 (Hervorh. d. d. Verf.).

1057 Zudem ist es auch infolge unzureichender Gewinngliederungsvorschriften (vgl. *Dexheimer*, BB 2002, 451, 451 ff.; siehe auch *Niehus*, WPg 2001, 737, 750) kaum möglich, die für den Gläubiger im Vordergrund stehenden Informationen aus einem IAS/IFRS-Abschluss herauszufiltern.

flexartig auch als Informationsmedium für Gläubiger tauglich sind, bedarf es ergänzend der Klärung, ob die IAS/IFRS-Rechnungslegung allgemein dazu geeignet ist, die bilanzielle Informationsvermittlung qualitativ höherwertig zu gestalten[1058].

(1) Beschränkung der Bildung stiller Reserven

Wie bereits angeklungen, konzentriert sich die internationale Kritik an der handelsrechtlichen Rechnungslegung vornehmlich auf ihre vorsichts- und wahlrechtsinduzierte Neigung zur – jedenfalls aus betriebswirtschaftlicher Sicht[1059] – unvollständigen Abbildung der einem Unternehmen zuzurechnenden Wertpotentiale. Darüber hinaus hat sich auch im bilanzrechtlichen Schrifttum zusehends die Auffassung durchgesetzt, dass stille Reserven nicht nur die Informationsfunktion des Jahresabschlusses beeinträchtigen, sondern gerade auch einem wirkungsvollen Gläubigerschutz entgegenstehen. Tatsächlich eignen sich stille Reserven durch die Möglichkeit ihrer selektiven und stillen Auflösung zur Steuerung des Ergebnisausweises. Folglich rücken negative wirtschaftliche Entwicklungen mitunter erst verzögert in das Blickfeld der Abschlussadressaten. Freilich nimmt dadurch nicht zuletzt auch der Nutzen der Rechnungslegung für die Unternehmensgläubiger Schaden[1060]. Stille Reserven können daher allenfalls bei vordergründiger Betrachtung als „wichtiges Instrument der Substanzerhaltung“ von Unternehmen gelten[1061].

1058 Dabei soll nicht in Frage gestellt werden, dass IAS/IFRS-Abschlüsse durch ergänzende Berichtselemente (Segmentberichterstattung, Kapitalflussrechnung, Eigenkapitalspiegel) eine im Vergleich zur handelsrechtlichen Rechnungslegung höhere Informationsdichte bereitstellen (vgl. *Kahle*, KoR 2002, 95, 98; ferner *Theile*, GmbHR 2001, 892, 893). Soweit diese Berichtselemente noch nicht in die handelsrechtliche Rechnungslegung einbezogen sind (vgl. aber § 297 Abs. 1 Satz 2 HGB), sollte ihre Integration (in die Rechnungslegung kapitalmarktorientierter Unternehmen) erwogen werden.

1059 Vgl. Kap. 4 I.

1060 Vgl. dazu *Baetge/Thiele*, in: Festschr. für Beisse, 1997, S. 11, 22; *Hennrichs*, ZGR 2000, 627, 635 f.; *Kleindiek*, ZGR 1998, 466, 474; *Siegel u.a.*, ZIP 1999, 2077 ff.

1061 Siehe *Kropff*, in: Festschr. für Baetge, 1997, S. 65, 89 f.; *Kübler*, ZHR 159 (1995), 550, 560 f.; *derselbe*, ZGR 2000, 551, 556; *derselbe*, NZG 2003, 358, 360; *Roth*, ÖBA 2000, 193, 196; *Siegel*, BFuP 1998, 593, 595; *Siegel u.a.*, ZIP 1999, 2077, 2081 f.; ferner *Ballwieser*, in: Festschr. für Clemm, 1996, S. 1, 12 f.; *Böcking*, WPg 2002, 925, 926; *Herzig*, WPg 2000, 104, 117; *Kahle*, ZfB 2002, 695, 706 f.; speziell zur Unverträglichkeit von Wahlrechten mit dem Kapitalerhaltungsziel *Hennrichs*, S. 13 ff.; *Kahle*, WPg 2003, 262, 268; *Schulze-Osterloh*, in: IDW (Hrsg.), Neuorientierung der Rechnungslegung, 1995, S. 123, 128; *derselbe*, ZIP 2003, 93, 101; *Sprissler*, in: IDW (Hrsg.), Kapitalmarktorientierte Unternehmensüberwa-

Außer Zweifel steht weiterhin, dass der Umfang, in dem eine Rechnungslegungsordnung die Bildung stiller (Zwangs-)Reserven *einfordert*, durch ihre funktionale Ausrichtung bestimmt wird. Namentlich ein gläubigerschutzorientiertes bilanzielles Regelwerk neigt daher infolge der unvermeidlichen Bindung an Realisations- und Anschaffungskostenprinzip (vgl. Kap. 1 C. 3. b)) dazu, die *gegenwärtigen Wertverhältnisse* der einem Unternehmen zuzuordnenden Vermögenswerte (und Schulden) durch die Ausblendung von Zeitwertspitzen untransparent zu belassen. Den Verfechtern eines informationsorientierten Einzelabschlusses ist daher zuzugeben, dass die fortschreitende Tendenz zur Fair Value-Bilanzierung unter optimalen wirtschaftlichen Rahmenbedingungen die „Relevanz" der vermittelten Rechnungslegungsdaten erhöht[1062]. Insbesondere nimmt die Wahrscheinlichkeit zu, dass Prognosen betreffend die künftige wirtschaftliche Entwicklung des bilanzierenden Unternehmens eintreten, wenn sie von dessen neutral und realistisch beurteilten gegenwärtigen Risiko- und Chancenpotenzial ausgehen[1063]. Ungeachtet der Frage, ob der Zeitwert bereits aktuell den zentralen Bewertungsmaßstab der angloamerikanischen Rechnungslegung bildet[1064], steigert daher die zunehmende Abkehr vom sog. cost model *in ihrem theoretischen Ansatz* den informatorischen Nutzen der IAS/IFRS-Rechnungslegung, da sie die Vergleichbarkeit von Jahresabschlüssen erhöht[1065].

---

chung, 2001, S. 85, 93; mit Blick auf das handelsrechtliche Objektivierungsgebot *Schön*, StuW 1995, 366, 376; stille Reserven demgegenüber befürwortend *Leonardi*, ZfgK 1998, 167, 168; bzw. rechtfertigend BVerfG ZIP 1999, 1801, 1803; RGZ 116, 119, 133 („Stille Reserven sind (...) aber auch nur insoweit zulässig, als sie nach gewissenhafter, sorgfältiger kaufmännischer Abwägung aller Verhältnisse notwendig sind, um das Unternehmen für die nächste Zukunft (...) lebens- und widerstandsfähig zu halten."); *Deutsche Bundesbank*, Monatsbericht Juni 2002, S. 41, 54; *Moxter*, BB 1985, 1101, 1103; offenbar auch *Küffner/Hock*, BFuP 1998, 57, 61; *Zabel*, WPg 2002, 919, 921 („Nicht auszuschließen ist, dass sich als Folge die Ansprüche an das Unternehmen erhöhen, die Bildung von Reserven zur Sicherung der Unternehmenssubstanz möglicherweise wesentlich erschwert und damit die Sicherheit von Arbeitsplätzen gefährdet wird.").

1062 Dies mit Recht konzedierend *Hennrichs*, ZGR 2000, 627, 636; ferner *Baetge/Zülch*, BFuP 2001, 543, 558; *Schildbach*, BFuP 1998, 580, 586 f.; ohne Beschränkung auf objektivierbare Zeitwerte *Siegel*, BFuP 1998, 593, 598 ff.; *Siegel u.a.*, ZIP 1999, 2077, 2080; a.A. wohl *Moxter*, AG 1979, 141, 146.

1063 Deshalb ist nach vorherrschender Ansicht die (vollständige) Einbeziehung immaterieller Vermögenswerte erforderlich, da sie zunehmend als zentrale „Werttreiber" von Unternehmen identifiziert werden (vgl. etwa *Fülbier/Honold/Klar*, RIW 2000, 833, 834; *Haller*, in: Festschr. für Coenenberg, 1998, S. 561, 562; *Küting*, S. 18 f.).

1064 Dies „noch" verneinend *Wulf*, StuB 2001, 1097, 1104; *Kahle*, WPg 2003, 262, 268; ferner *ADS International*, Konzeptionelle Grundlagen, Rn. 227; a.A. *Merkt*, AG 2003, 126, 132 („Da sich die IAS durchgängig an Zeitwerten orientieren [...]").

1065 *Hennrichs*, ZGR 2000, 627, 636.

(2) *Fair Value-Accounting als Objektivierungshemmnis?*

Die Relevanz von Rechnungslegungsdaten steht allerdings, wie bereits mehrfach angedeutet, *unter dem Vorbehalt* ihrer hinreichend verlässlichen Erhebung[1066]. Entgegen einer in der bilanzrechtlichen Literatur verfochtenen Ansicht[1067] ist dem Abschlussadressaten nur gedient, wenn die im Jahresabschluss vermittelten Daten die aktuellen Umweltbedingungen nach Maßgabe *objektiver* und *hinreichend nachprüfbarer* Kriterien zum Ausdruck bringen[1068]. Prämisse eines Fair Value-Accounting ist daher die Existenz *tatsächlich aktiver Märkte*, die tagesaktuell ablesbare Marktwerte herausbilden. Die damit umschriebenen idealen Rahmenbedingungen für eine Marktbewertung herrschen indes nur an wenigen Güteraustauschplätzen vor. Zur Bestimmung von Zeitwerten ist daher regelmäßig auf suboptimale, marktfernere Messinstrumente zurückzugreifen. Diese uneinheitliche Praktikabilität des Fair Value-Accounting exemplifizieren namentlich IAS 39 und IAS 40. Während der Zeitwert eines börsennotierten Wertpapiers infolge des handgreiflichen Marktobjektivierungseffektes eine verlässliche Informationsgrundlage bietet, kann insbesondere die Discounted Cashflow-Bewertung von Immobilien zu fatalen Fehlleitungen der Abschlussadressaten führen – dies gilt im Übrigen unabhängig davon, ob neben den Zeitwerten parallel auch die fortgeführten Anschaffungs- oder Herstellungskosten veröffentlicht werden[1069]. Bei Lichte besehen verbietet sich daher eine verallgemeinernde Beurteilung der Informationsqualität des Fair Value-Accounting. Nicht auszuschließen ist allerdings, dass eine (entobjektivierte) Zeitwertschätzung erheblichere Schäden hervorrufen als andererseits positive Effekte – etwa durch die Vereitelung von Akti-

---

1066 *Baetge/Zülch/Matena*, StuB 2002, 365, 366; *Ekkenga*, BB 2001, 2362, 2367; *Hommel*, ZfbF 1997, 345, 349; vgl. auch F.31 ff.

1067 Namentlich *Siegel*, BFuP 1998, 593, 598 f.

1068 Zutr. *Euler*, BB 2002, 875, 878; *Hennrichs*, ZGR 2000, 627, 636; vgl. auch *Herzig*, WPg 2000, 104, 115.

1069 Tatsächlich wird dem Abschlussadressaten durch die Veröffentlichung nicht überprüfbarer Zeitwerte *zumindest ein Potenzial aufgezeigt*, das er bei seinen finanziellen Dispositionen berücksichtigen wird. Seine Entscheidungsfindung wird daher typischerweise durch die Veröffentlichung von Zeitwerten (mit-)*beeinflusst*, auch wenn zusätzlich die fortgeführten Anschaffungs- und Herstellungskosten publiziert werden. Die Veröffentlichung von „Schrottwerten“ (*Siegel*, BFuP 1998, 593, 599) ist daher sehr wohl geeignet, Fehlleitungen zu erzeugen, zumal bereits die Tatsache der Publizierung (im Zahlenwerk des Jahresabschlusses) hinreichende Fundiertheit suggeriert, die tatsächlich nicht gegeben ist. Zur Begrenzung eben dieser Effekte regen *Baetge/Zülch/Matena* (StuB 2002, 417, 420) die Veröffentlichung von Eintrittswahrscheinlichkeiten im Anhang an. Dieser Vorschlag deutet zwar in die richtige Richtung, berücksichtigt indes das Objektivierungsproblem bei der Ermittlung der Eintrittswahrscheinlichkeiten nicht hinreichend.

onärsschädigungen[1070] – generiert würden. Vor allem aber ist für die Abschlussadressaten gemeinhin kaum einsehbar, *in welchem Umfang* die veröffentlichten Zeitwerte auf verlässlicher Grundlage ermittelt wurden oder hingegen ohne konkreten Marktbezug vor allem auf Schätzungen beruhen[1071]. Daher greift die Unsicherheit, mit der jedenfalls eine bedeutende Teilmenge der mit dem Zeitwert ausgewiesenen Bilanzposten belastet ist, auf die übrigen „Zeitwertpositionen" über[1072]. Bereits vor diesem Hintergrund scheint eine durch das Anschaffungskostenprinzip bedingte Ausblendung etwaiger „Zeitwertspitzen" als geringeres Übel durchaus hinnehmbar.

(3) Implizite Wahlrechte und Beurteilungsspielräume

Der informatorische Nutzen der IAS/IFRS-Rechnungslegung wird zudem durch die verbreitete Gewährung von Wahlrechten gemindert. Augenfällig sind insofern zunächst die „offiziellen Wahlrechte", die die IAS/IFRS insbesondere durch die populäre Differenzierung zwischen „benchmark-" und „alternativ zulässiger Methode" bereitstellen. Aus der Perspektive der Informationsfunktion ungleich „gefährlicher" sind allerdings die zahllosen impliziten Wahlrechte, die das gesamte IAS/IFRS-Regelwerk durchziehen[1073]. Solche verdeckten Wahlrechte sind namentlich deswegen besonders bedenklich, weil sie ihren wahren Charakter nicht offen zutage treten lassen. Jedenfalls bei vordergründiger Betrachtung spiegeln sie daher eine trügerische Regelstrenge vor, obgleich die vermittelten Informati-

1070 Siehe hierzu *Kahle*, KoR 2002, 95, 96 f.; vgl. auch BVerfG ZIP 1999, 1801, 1803; *Böckem*, S. 33; *Kübler*, ZHR 159 (1995), 550, 563.

1071 Siehe *von Keitz*, DB 2003, 1801, 1802. Freilich sind etwa gemäß IAS 40.75 lit. (d) die Methoden und wesentlichen Annahmen anzugeben, die bei der Ermittlung des beizulegenden Zeitwerts zugrunde gelegt wurden. Auch ist zu vermerken, ob die Ermittlung „durch Marktdaten unterlegt" oder auf anderen Faktoren beruhte. Diese Angaben haben allerdings einen nur pauschalierenden Charakter, da die Übergänge zwischen marktnahen und marktferneren Bewertungsmethoden fließend sind. Dies belegt insbesondere IAS 40. Hinzukommt, dass derartige Angaben der Wahrnehmung durch eine breite Öffentlichkeit weithin entzogen sind (vgl. *Ekkenga*, S. 111; ferner MüKo-HGB/*Beater*, § 264 Rn. 21).

1072 Vgl. auch *Schildbach*, StuB 1999, 421, 423 (vornehmlich mit Blick auf die US-GAAP).

1073 Zu den impliziten Wahlrechten in der IAS/IFRS-Rechnungslegungskonzeption vgl. jüngst *Tanski*, DStR 2004, 1843 ff. sowie *Engel-Ciric*, DStR 2002, 780 ff.; *Meyer/Meisenbacher*, DStR 2004, 567, 569 ff.; *Müller/Wulf*, BB 2001, 2206 ff.; ferner *Arbeitskreis Bilanzrecht*, BB 2002, 2372, 2374; *Ernst*, WPg 2001, 1440, 1444 („Scheingenauigkeit"); *Euler*, BB 2002, 875, 878; *Kahle*, WPg 2003, 262, 266; *von Keitz*, DB 2003, 1801; *Moxter*, DB 2001, 605, 606; *Schildbach*, BFuP 2002, 263, 264 f.

onen keineswegs frei von bilanzpolitischen Präferenzen des Rechnungslegenden sind[1074].

Unbestritten ist freilich, dass sich derartige Bilanzierungsspielräume kaum gänzlich beseitigen lassen[1075]. Allerdings *bedingt* gerade die *prospektive Ausrichtung* der IAS/IFRS, dass faktische Einschätzungswahlrechte zusehends Einzug in die Rechnungslegung erhalten. Die systemimmanente Unsicherheit, die mit der Prognose künftiger Entwicklungen notgedrungen einhergeht, eröffnet daher eine eigene Dimension bilanzpolitischer Spielräume, die die handelsrechtliche Rechnungslegung jedenfalls nicht in gleichem Umfang kennt[1076]. Vor diesem Hintergrund verlagern sich bilanzpolitische Maßnahmen merklich auf die Ebene der Prognose- und Sachverhaltsgestaltung[1077]. Mit der Reduktion der stillen *Zwangsreserven*[1078] ist folglich keine substanzielle Verbesserung der Informationsqualität verbunden[1079].

1074 Tatsächlich machen die IAS/IFRS die Behandlung ökonomischer Sachverhalte zunehmend auch von den *Absichten* des Managements abhängig (mit Recht kritisch hierzu *Hennrichs*, ZGR 2000, 627, 637 f. [zur Zeitbewertung von Wertpapieren gemäß IAS 39]).

1075 *Schildbach* (StuB 1999, 421, 422) bezeichnet gar den Versuch, bilanzpolitische Spielräume zu schließen, als „eitlen Wahn"; ferner *Wulf*, StuB 2001, 1097, 1098; insoweit zutreffend auch *Busse von Colbe*, in: Ballwieser (Hrsg.), US-amerikanische Rechnungslegung, 2000, S. 485, 493.

1076 So mit Recht *Coenenberg*, S. 38: „Er (sc. der handelsrechtliche Jahresabschluss) ist außerdem weit besser gegen Manipulationen gesichert als jede zukunftsorientierte Rechnung."; *Kahle*, WPg 2003, 262, 266; *Löhr*, StuB 2003, 643, 645; ferner *Hoffmann/Lüdenbach*, DStR 2002, 871, 877; *Schildbach*, StuB 1999, 421, 422 f.

1077 *Böckem*, S. 37; *Kirsch*, BB 2003, 1111, 1111, 1116; dies nur unzureichend berücksichtigend *Peemöller/Spanier/Weller*, BB 2002, 1799, 1803; ferner *Hüttche*, RIW 1996, 1018, 1024 f.

1078 Allerdings ist dem allgemeinen Bestreben um Objektivierung nicht gedient, wenn der Reduzierung von expliziten Wahlrechten mit dem Verweis auf implizite Ermessens- und Einschätzungsspielräume entgegengetreten wird (so aber *Moxter*, DB 2001, 605, 606). Vielmehr ist *jede* Steigerung des Objektivierungsgrades der Rechnungslegung förderungswürdig.

1079 In der Tendenz zutr. *Euler*, BB 2002, 875, 878: „In der Gesamtschau bilden die derzeit gültigen IAS wohl die umständlichste Möglichkeit, Bilanzierungsfreiheit zu gewähren."; nunmehr wohl auch *Baetge* (siehe die Kurzwiedergabe seines Vortrags auf dem 19. Münsterschen Tagesgespräch bei *Heidemann/Sickmann* [StuB 2003, 652, 653]). Die zahlreichen impliziten Wahlrechte beeinträchtigen nicht zuletzt auch die Vergleichbarkeit von IAS/IFRS-Jahresabschlüssen (siehe dazu *Löhr*, StuB 2003, 643, 646; *von Keitz*, DB 2003, 1801 ff.).

(4) *Praktische Erfahrungen mit der „Schutzqualität" der IAS/IFRS-Rechnungslegung*

Hieran anknüpfend stellt sich die Frage, welche Folgerungen aus der spezifischen Gestaltbarkeit der IAS/IFRS für deren Tauglichkeit als Instrument des informationellen Gläubigerschutzes zu ziehen sind.

Obgleich namentlich das IASB-Framework die Neutralität der bilanziellen Berichterstattung postuliert (vgl. Kap. 5 B. 3.), zielt die Rechnungslegung in der Bilanzierungswirklichkeit doch stets darauf, das Verhalten externer Adressaten zu beeinflussen[1080]. Dabei fühlt sich das Management gerade kapitalmarktorientierter Unternehmen typischerweise zuvorderst dem shareholder value-Gedanken verpflichtet[1081], der sich zusehends in einem „accounting for growth" fortsetzt[1082]. Es steht daher zu erwarten, dass die aufgezeigten Gestaltungsspielräume entsprechend den jeweiligen bilanzpolitischen Zielvorstellungen genutzt werden[1083].

Auch scheinen die damit einhergehenden Vorbehalte nicht zuletzt in der Entwicklung des „Neuen Markts", der jedenfalls zeitweilig als „Erprobungsfeld" für kapitalmarktorientierte Rechnungslegungsstandards in Deutschland fungierte[1084], eine Bestätigung gefunden zu haben. Ursprünglich verpflichtete das Regelwerk des Neuen Markts gerade deshalb zur Erstellung kapitalmarktorientierter Abschlüsse[1085], um der spezifischen informationellen Schutzbedürftigkeit von Anle-

---

1080 Vgl. *Freidank*, in: Lachnit/Freidank (Hrsg.), Investororientierte Unternehmenspublizität, 2000, S. 3, 16.

1081 Siehe dazu DRSC, E-Rahmenkonzept, Tz. 8; *Baetge*, in: Festschr. für Meffert, 1998, S. 103, 105 m.w.N.

1082 Dazu *Freidank*, in: Lachnit/Freidank (Hrsg.), Investororientierte Unternehmenspublizität, 2000, S. 3, 16.

1083 Zutr. *Hoffmann/Lüdenbach*, DStR 2002, 871, 877.

1084 Die Deutsche Börse AG hat das privatrechtliche Segment Neuer Markt zum 05. 06. 2003 geschlossen. Alle Unternehmen des Neuen Marktes sind in die neu eingeführten Börsensegmente Prime Standard oder General Standard überführt worden. Unternehmen, die dem Prime Standard Segment angehören, müssen die Publizitätsanforderungen der §§ 62 f. der Börsenordnung für die Frankfurter Wertpapierbörse (Std. 01.07.2003) beachten. Danach ist insbesondere ein konsolidierter Abschluss auf der Grundlage der IAS/IFRS oder der US-GAAP zu erstellen. Allerdings *kann* auch eine Überleitungsrechnung der nationalen Rechnungslegung nach IAS/IFRS oder US-GAAP anerkannt werden (zur Neuordnung der Börsensegmente und den damit verbundenen Publizitätsanforderungen siehe auch *Buchheim/Gröner*, BB 2003, 953, 955).

1085 Vgl. Deutsche Börse AG, Regelwerk Neuer Markt (Stand 18. 10. 2001), Zulassungsbedingungen für den Neuen Markt, Rn. 7.3.2.

gern in diesem Marktsegment Rechnung zu tragen[1086]. Aus „ex post-Perspektive" vollzog sich indes parallel zum Aufstieg und Niedergang des Neuen Markts ein grundlegender Wandel in der öffentlichen Meinung hinsichtlich der Informationsqualität internationaler Rechnungslegungsstandards[1087]. Kritik rief namentlich die bilanzielle Behandlung immaterieller Anlagewerte hervor, die die Prognosetauglichkeit der vorgelegten Abschlüsse nachhaltig negativ beeinflusste[1088]. Überdies kristallisierte sich heraus, dass Abschlussprüfer typischerweise außerstande sind, die Werthaltigkeit von „intangibles" fundiert zu beurteilen und die entsprechenden Wertansätze des Bilanzierenden zu hinterfragen[1089].

Im Wege einer Ausschnittsvergrößerung deuten diese Erfahrungen darauf hin, dass die IAS/IFRS aufgrund ihrer spezifischen Gestaltbarkeit *als Schutzinstrument* insgesamt nicht geeignet sind.

(5) Zusammenfassende Würdigung

Zieht man die Summe unter die vorstehenden Ausführungen, lässt sich festhalten, dass die IAS/IFRS in ihrer Grundausrichtung zwar auf eine abgerundetere Erfüllung kapitalmarktbezogener Informationsbedürfnisse zugeschnitten sind. Im Vergleich zur handelsrechtlichen Rechnungslegung kann die IAS/IFRS-Rechnungslegung – ungeachtet der Unzulänglichkeiten pauschalierender Urteile – gleichwohl nicht als „informativer" gelten. Vielmehr betont das IASB innerhalb des jegliche Informationsvermittlung prägenden natürlichen Spannungsverhältnisses

---

1086 Die Schaffung hinreichender Markttransparenz (vgl. *Glaum/Street*, KoR 2002, 122; *Küting*, S. 6 f.) wurde insofern als zentrale Komponente des kapitalmarktbezogenen Funktionenschutzes verstanden (siehe *d'Arcy/Leuz*, DB 2000, 385; *Zwirner/Ranker/Wohlgemuth*, StuB 2001, 473, 475 f.).

1087 Dazu einerseits *d'Arcy/Leuz*, DB 2000, 385 und andererseits *Ranker/Wohlgemuth/Zwirner*, KoR 2001, 269 m.w.N.; ferner *Glaum/Street*, KoR 2002, 122, 125 ff.; *Zwirner/Ranker/Wohlgemuth*, StuB 2001, 473, 482; vgl. auch *Arbeitskreis Bilanzrecht*, BB 2002, 2372, 2375.

1088 Vgl. *Küting*, S. 16, 18 f. Mit Blick auf die IAS/IFRS kritisch zur Prognosetauglichkeit von Jahresabschlüssen *Kahle*, ZfB 2002, 695, 706; *derselbe*, WPg 2003, 262, 264 ff.; *Schildbach*, BFuP 2002, 263, 276 („Schon die Aussicht auf bessere Information des Kapitalmarkts ist daher mehr als zweifelhaft. Empirische Untersuchungen bestätigen diese Befürchtung.").

1089 Siehe *Küting*, S. 16 ff.; nicht zu Unrecht generalisierend auch *Schildbach*, BFuP 2002, 263, 268 („Auch die Prüfungen sind nicht in der Lage, für eine konsequente Einhaltung der IAS zu sorgen." „Die Ausübung von 'professional judgement' zur Schaffung der 'most useful information' [...] läßt sich schwerlich erzwingen [...]"). Zuzugeben ist freilich, dass die Entwicklungen am Neuen Markt durch schwierige wirtschaftliche Rahmenbedingungen beeinflusst wurden, die junge Unternehmen ohne gesicherte Marktstellung stärker als etablierte Unternehmen treffen.

zwischen Relevanz und Zuverlässigkeit zusehends das Kriterium der Relevanz. Diese Akzentuierung wirkt sich allerdings unweigerlich zu Lasten des zurückgestellten Qualitätskriteriums aus, sofern nicht ausnahmsweise „echte Marktwerte" zur Verfügung stehen, die beiden Gesichtspunkten parallel zu bestmöglicher Geltung verhelfen würden. Da solche idealtypischen Rahmenbedingungen in der Bewertungspraxis freilich kaum anzutreffen sind, führt dies zu dem Befund, dass das IASB das Gebot eines *„schonenden Ausgleichs"* der zentralen, an jede Rechnungslegungsordnung zu richtenden Qualitätsanforderungen substanziell missachtet[1090]. Schon aus diesem Grund fallen Anspruch und Wirklichkeit der IAS/IFRS-Rechnungslegung *notwendig* auseinander. Selbstverständlich können die IAS/IFRS daher auch keine „echten (gesetzlichen) Schutzaufträge" ausfüllen. Insbesondere kann ein informationeller Gläubigerschutz auf Grundlage der IAS/IFRS ein kapitalschutzbasiertes Gläubigerschutzsystem nicht adäquat ersetzen[1091].

Endlich bleibt zu unterstreichen, dass ein informationell angelegtes Gläubigerschutzsystem gerade den Verzicht auf die Kapitalbindungswirkung von Ausschüttungssperren (vgl. Kap. 2 B. 2., C.) nicht auffangen könnte[1092]. Besteht deren vordringlichste Aufgabe gegenwärtig darin, Vermögensverlagerungen aus der Gesellschafts- in die Gesellschaftersphäre zu kontrollieren und zu unterbinden[1093], unterlägen solche Vorgänge in einem informationell ausgerichteten Gläubigerschutzsystem (grundsätzlich) keinen Beschränkungen. Selbst wenn IAS/IFRS-Abschlüsse daher über die aus dem *wirtschaftlichen Leistungsprozess entspringenden Risiken* besser informierten, wären die Unternehmensgläubiger bei einem willkürlichen Entzug der Haftungsmasse zunächst schutzlos gestellt, da die Haftungsprivilegierung nicht bedingungsmäßig mit der Beachtung der (de le-

---

1090 In diese Richtung auch *Baetge/Zülch/Matena*, StuB 2002, 417, 421 (mit Blick auf das Discounted Cashflow-Verfahren): „Der Zuwachs an Entscheidungsrelevanz rechtfertigt nicht den dadurch entstehenden Verlust an Zuverlässigkeit.".

1091 In diesem Sinne namentlich *Schildbach*, BFuP 2002, 263, 272 („Dabei zeigen Untersuchungen auf Basis der US-GAAP, daß im Blick auf Insolvenzprognosen Abschlüsse nach GoB und HGB deutlich treffsicherer sind."); ablehnend gegenüber einem rein informationell angelegten Gläubigerschutzsystem auch *Arbeitskreis Bilanzrecht*, BB 2002, 2372, 2375; *Kahle*, WPg 2003, 262, 266 f. Ungeachtet dessen soll nicht verkannt werden, dass ein Vergleich zwischen informationellem und kapitalschutzbasiertem Gläubigerschutz mit Messproblemen behaftet ist (*Ballwieser*, in: Festschr. für Beisse, 1997, S. 25, 41).

1092 Kritisch zur Effizienz von Informationspflichten im Vergleich zu konkreten gesetzlichen Verboten *Group of German Experts on Corporate Law*, ZIP 2002, 1310, 1311: „Wo hingegen die Information letztlich bewirken soll, dass bestimmte Verhaltensweisen unterbleiben, ist der Gesetzgeber besser beraten, das unerwünschte auch zu verbieten oder jedenfalls mit geeigneten Sanktionen zu belegen.".

1093 Vgl. *Group of German Experts on Corporate Law*, ZIP 2002, 1310, 1316.

ge lata) vorgesehenen Trennung der Vermögenssphären verknüpft wäre[1094]. Der bilanziellen Berichterstattung lässt sich allerdings gerade nicht entnehmen, ob die Unternehmensführung gewillt ist, die Haftungsmasse der Kapitalgesellschaft künftig von solchen Belastungen abzuschirmen, die nicht aus der eigentlichen Geschäftstätigkeit herrühren[1095]. Das kapitalgesellschaftsrechtliche Trennungsprinzip verträgt sich daher nicht mit einem rein informationell angelegten Gläubigerschutz. Rechtsstreitigkeiten, die den (willentlichen) Entzug von Haftungssubstanz zum Gegenstand hatten (vgl. Kap. 2 B. 3.), sollten insofern aufhorchen lassen und mit Nachdruck vor Augen führen, dass ein bloß informationell verstandener Gläubigerschutz zu einem ernstzunehmenden Angriffspunkt für die Konsistenz der Haftungsverfassung von Kapitalgesellschaften gereichen könnten. Ein Verzicht auf wirkungsvolle Ausschüttungsbeschränkungen könnte insbesondere auch die derzeitige „relative Durchgriffsfestigkeit" des Kapitalgesellschaftsrechts in Frage stellen[1096].

3. Alternative: Individuelle Vereinbarungen zum Schutz von Gläubigerbelangen

Unbesehen der Unvollkommenheit einer informationell ausgerichteten Gläubigerschutzkonzeption soll nachfolgend überlegt werden, ob – wie von populären Vertretern der Rechtswissenschaften angeregt – Gläubiger nicht schlechthin aus dem ihnen aufoktroyierten Korsett „paternalistischer Fürsorge"[1097] in die Selbstverantwortlichkeit entlassen werden sollten[1098]. Namentlich die Kritiker ausschüttungsbegrenzender Kapitalschutzregeln verweisen vor diesem Hintergrund auf die Entwicklung des US-amerikanischen Gesellschaftsrechts, das insbesondere wegen seiner Abstandnahme vom System des „legal capital" als vorbildhaft

---

1094 Zur Rechtslage de lege lata vgl. Kap. 2 B. 3.

1095 Vgl. auch *Kahle*, WPg 2003, 262, 268.

1096 Siehe auch *Arbeitskreis Bilanzrecht*, BB 2002, 2372, 2375 f.; *Group of German Experts on Corporate Law*, ZIP 2002, 1310, 1317; rechtsvergleichend zur Durchgriffshaftung *Lutter*, in: Festschr. für Riesenfeld, 1983, S. 165, 167 ff.

1097 Insoweit anknüpfend an eine von *Ballerstedt* (ZHR 135 [1971], 383, 385) geprägte Formulierung *Kübler*, in: Festschr. für Budde, 1995, S. 361, 365; *derselbe*, ZHR 159 (1995), 550, 555; in diese Richtung auch *Niehus*, WPg 2001, 737, 748 f.

1098 Einen ähnlichen Ansatz verfolgt auch *Adams*, in: Ott/Schäfer (Hrsg.), Ökonomische Probleme des Zivilrechts, 1991, S. 193, 200, wenn er hinsichtlich der von ihm verfochtenen Durchgriffshaftung wegen materieller Unterkapitalisierung darauf abhebt, ob der jeweilige Gläubiger als *wohlinformierter Vertragsgläubiger* zu gelten hat (dazu auch *Roth*, in: Ott/Schäfer [Hrsg.], Ökonomische Probleme des Zivilrechts, 1991, S. 226 ff.).

gepriesen wird[1099]. Richtungweisend sei insofern, dass der Vorrang des decision usefulness-Ansatzes – als Parallelerscheinung im Bereich der Rechnungslegung – keiner überkommenen Tradition entspreche, sondern Ergebnis einer fortwährenden Überzeugungsbildung sei[1100]. In diesem Zusammenhang wird darauf verwiesen, dass Gläubigerschutz auch in den USA ursprünglich durch die Begrenzung von Ausschüttungspotentialen verwirklicht werden sollte[1101]; nunmehr werde diese Aufgabe von einem auf Objektivität und Vollständigkeit bedachten Informationssystem übernommen[1102], das durch alternative Sicherungsinstrumente abgerundet werde[1103].

a) Ausschüttungsbeschränkung durch covenants

Zentrales Instrument zur Überwindung der durch die Abstandnahme vom System des legal capital entstandenen Schutzlücke ist im US-amerikanischen Wirtschaftsleben die *Vereinbarung ergänzender Schutzklauseln* (covenants) zwischen Gläubigern und Schuldnern. Namentlich die Finanzwirtschaft sichert ihre Interessen dabei zusehends durch die vertragliche Festlegung von Ausschüttungsregeln (dividend covenants)[1104].

Dividendenausschüttungen dürfen danach typischerweise – soweit sie während der Laufzeit des Kreditvertrages nicht gänzlich ausgeschlossen sind[1105] – allein aus Gewinnen und Eigenkapitalerhöhungen gespeist werden. Demgegenüber führt etwa die Aufnahme von Fremdkapital nicht zu einer Erhöhung des Ausschüttungspotentials[1106].

Dividend covenants werden darüber hinaus verbreitet mit sog. accounting covenants kombiniert. Das Zusammenwirken von Ausschüttungs- und Rechnungslegungsregeln soll insoweit für eine effektive Ausschüttungsbegrenzung sor-

---

1099 *Kübler*, ZHR 159 (1995), 550, 559; zur US-amerikanischen Rechtsentwicklung *Kübler*, Aktie, S. 29 ff.; *Kübler*, in: Festschr. für Budde, 1995, S. 361, 365 ff.

1100 Vgl. *Kübler*, in: Festschr. für Budde, 1995, S. 361, 365 f. und 369; *derselbe*, ZHR 159 (1995), 550, 555.

1101 Vgl. dazu *Wüstemann*, S. 53.

1102 *Kübler*, in: Festschr. für Budde, 1995, S. 361, 365 ff.; ferner *Strobl*, in: Festschr. für Clemm, 1996, S. 389, 409.

1103 *Kübler*, in: Festschr. für Budde, 1995, S. 361, 369 ff.; *derselbe*, ZHR 159 (1995), 550, 559 ff.; vgl. auch *Strobl*, in: Festschr. für Clemm, 1996, S. 389, 409.

1104 *Alberth*, WPg 1997, 744, 745; *Kübler*, Aktie, S. 31. Daneben sind zahlreiche weitere Vertragsinhalte denkbar, die teilweise auch darauf abzielen, dem Gläubiger konkreten Einfluss auf die aktive Geschäftstätigkeit des Schuldners zu verschaffen (vgl. zu den verschiedenen Vertragsgegenständen, *Alberth*, a.a.O.).

1105 Siehe *Merkt*, Rn. 462.

1106 Vgl. *Alberth*, WPg 1997, 744, 745 f.

gen[1107]. In diesem Zusammenhang markieren die US-GAAP regelmäßig nur den Ausgangspunkt für die Ausgestaltung spezifischer Bilanzierungsregeln. Die typisiert gläubigerschutzbedachten Modifikationen der US-GAAP schließen typischerweise auch die Beachtung des Anschaffungskosten- sowie des Niederstwertprinzips ein. Dadurch wird auf vertraglicher Ebene ein bilanzielles Schutzsystem installiert, das der handelsrechtlichen Rechnungslegung weithin ähnelt[1108].

b) Eigene Beurteilung

Die US-amerikanische Rechtsentwicklung lehrt vor diesem Hintergrund zuvorderst, dass in der wirtschaftsrechtlichen Praxis ein handgreifliches Bedürfnis nach einem Rechtszustand besteht, der in Deutschland bislang durch die gesetzlichen Rahmenbedingungen des Gesellschafts- und Bilanzrechts konserviert wird[1109]. Demgegenüber avancieren in der US-amerikanischen Rechtspraxis privatrechtliche Regelungen zum faktischen Surrogat staatlich verordneter Ausschüttungsbeschränkung nach kontinentaleuropäischem Vorbild[1110]. Der „natürliche" Funktions- und Wirkungszusammenhang zwischen Gesellschafts- und Handelsbilanzrecht wird damit in den USA auf privatrechtlicher Ebene *revitalisiert*[1111]. Der Verzicht auf hinreichend wirksame staatliche Ausschüttungsbegrenzungsmechnismen hinterlässt somit offenbar ein *Schutzvakuum*[1112], das marktmächtige Gläubiger mit privatrechtlichem Instrumentarium zu schließen vermögen[1113]. Vieles spricht daher dafür, dass auch die deutsche Rechtspraxis den in den USA

1107 Siehe *Alberth*, ZfB 1998, 803, 821 („Der Abschluß nach HGB entsteht dann wieder in anderem Gewande [...]."); *Schön*, WPg-Sonderheft 2001, 74, 78.

1108 Jüngst *Löhr*, StuB 2003, 643, 649; ferner *Alberth*, WPg 1997, 744, 747; *derselbe*, ZfB 1998, 803, 815, 821; *Kahle*, ZfB 2002, 695, 701.

1109 Ähnlich *Schildbach*, BFuP 2002, 263, 272; vgl. ferner *Kahle*, ZfB 2002, 695, 701; *derselbe*, WPg 2003, 262, 269 f.; *Küffner/Hock*, BFuP 1998, 57, 63.

1110 *Tanski*, DStR 2004, 1843; *Alberth*, WPg 1997, 744; *Schön*, WPg-Sonderheft 2001, 74, 78.

1111 Treffend auch *Schön*, WPg-Sonderheft 2001, 74, 78, wonach der Markt gesellschaftsrechtliche Kapitalerhaltung „simuliert".

1112 Vgl. auch *Group of German Experts on Corporate Law*, ZIP 2002, 1310, 1317.

1113 Beachtlich ist dies gerade deswegen, weil sich auch Kreditinstitute untereinander in einem engen Wettbewerb um Kreditengagements befinden, der es in Anlehnung an den sog. Delaware-Effekt an sich erwarten ließe, dass von der Vereinbarung stark belastender Kreditnehmerpflichten abgesehen wird. Das Ausbleiben eines derartigen „Wettbewerbs nach unten" belegt insofern, dass die skizzierten Vereinbarungen *unabdingbares* Element der Risikovorsorge von Gläubigern sind.

vorgezeichneten Weg beschreiten und entsprechende Sicherungsinstrumente in die Kreditpraxis übernehmen würde[1114].

Vor diesem gedanklichen Hintergrund verlieren freilich zunächst die gegen eine parallele Anwendung verschiedener bilanzieller Normensysteme vorgebrachten Bedenken – namentlich das „Kostenargument"[1115] – an Gewicht. Dies gilt umso mehr, wenn man sich vergegenwärtigt, dass angesichts der aktuell an den Kapitalmärkten vorherrschenden Rahmenbedingungen der kreditwirtschaftlich finanzierte Anteil des Kapitalbedarfs bilanzierungspflichtiger Unternehmen allenfalls langfristig zurückgehen wird. Insbesondere bleibt es in der Belastungswirkung gleich, ob ein Unternehmen ein gläubigerschutzbedachtes Rechnungslegungssystem aufgrund seiner Eigenschaft als Schuldner anzuwenden hat, oder ob ihm dies Kraft gesetzlicher Handlungsanweisung aufgegeben ist.

Schwerer wiegt allerdings, dass privatrechtliche Gläubigerschutzmechanismen eklatante Nachteile aufweisen: Offenkundig ist zunächst, dass nur solche Gläubiger Gelegenheit erhalten, sich durch Schutzklauseln abzusichern, die auf vertraglicher Ebene mit dem bilanzierenden Unternehmen in Kontakt treten[1116]. Ob ein (potentieller) Gläubiger entsprechende covenants tatsächlich durchzusetzen vermag, hängt darüber hinaus entscheidend von seiner Verhandlungsposition ab[1117]. Bestehender Marktdruck könnte mithin dafür sorgen, dass auch „freiwillige Gläubiger" verbreitet auf wirkungsvolle, den Schuldner aber zugleich stark belastende Schutzinstrumente verzichten[1118].

1114 *Siegel*, BFuP 1998, 593, 594; vgl. ferner *Kahle*, ZfB 2002, 695, 704; *Watrin*, DB 2001, 933, 936.

1115 Stellv. *Kübler*, ZGR 2000, 550, 557.

1116 *Schön*, WPg-Sonderheft 2001, 74, 78; vgl. auch *Adams*, in: Ott/Schäfer (Hrsg.), Ökonomische Probleme des Zivilrechts, 1991, S. 193, 200 ff.; *Alberth*, WPg 1997, 744, 749; *Hopt*, ZGR-Sonderheft, 1998, S. 123, 129; *Watrin*, DB 2001, 933, 936. Zu den praktischen Grenzen des covenants-Konzepts *Group of German Experts on Corporate Law*, ZIP 2002, 1310, 1317; *Siegel*, BFuP 1998, 593, 594. Auch wird zum Schutz von Deliktsgläubigern verbreitet eine gesetzliche Pflicht zum Abschluss entsprechender Versicherungsverträge angeregt (vgl. *Kahle*, ZfB 2002, 695, 705 m.w.N.).

1117 *Euler*, BB 2002, 875, 879; *Roth*, in: Ott/Schäfer (Hrsg.), Ökonomische Probleme des Zivilrechts, 1991, S. 226, 228; *Siegel*, BFuP 1998, 593, 594; *Schön*, ZHR 166 (2002), 1, 4; vgl. auch *Pellens*, WPg-Sonderheft 2001, 101, 102; *Schildbach*, BFuP 2002, 263, 272.

1118 Freilich kämen die von einem marktmächtigen Gläubiger durchgesetzten kombinierten accounting und dividend covenants zugleich auch anderen Gläubigern zugute. Solche „Quereffekte" bleiben hier allerdings unberücksichtigt, da sie aus Sicht „unprivilegierter Gläubiger" auf Zufälligkeiten beruhen (siehe dazu *Group of German Experts on Corporate Law*, ZIP 2002, 1310, 1317; ähnlich auch *Siegel*, BFuP 1998, 593, 594).

Die Abstandnahme von einem wirkungsvollen gesetzlichen Gläubigerschutzsystem *verstärkt* zudem den Antrieb marktmächtiger Gläubiger, ihre vertraglichen Ansprüche durch Einsatz komplementärer Sicherungsmittel vollumfänglich auf eine gesicherte Grundlage zu stellen. Die dem „allgemeinen Gläubigerzugriff" verbleibende Insolvenzmasse wird dadurch tendenziell weiter geschmälert. Der Verzicht auf gesetzliche Gläubigerschutzmechanismen treibt somit die Schlechterstellung „unprivilegierter Gläubigergruppen" voran. Es steht daher zu erwarten, dass das – jedenfalls in Ansätzen – nivellierende System „paternalistischer Fürsorge" durch ein Geflecht egoistisch ausgerichteter Selbsthilfemechanismen abgelöst würde. Eine solche Rechtsentwicklung würde allerdings einen Wendepunkt in der Entwicklung der europäischen Privatrechtsordnung markieren.

Diese ist aktuell eher von dem Bestreben geprägt, die Position des (Vertrags-) Schwächeren – entsprechend rechtsethischer Grundprinzipien – nicht vollkommen ungeschützt zu belassen. Jüngere Entwicklungen der europäischen Privatrechtsordnung bestätigen zudem, dass die „regulierende Kraft des Marktes" in diesem Zusammenhang nicht verabsolutiert wird[1119].

Ein Vorzug des gegenwärtigen kontinentaleuropäischen Kapitalerhaltungssystems ist hingegen gerade darin zu sehen, dass es wie ein Kollektivvertrag zwischen Gesellschaftern und Gläubigern wirkt, der eine Mindestsicherung für sämtliche Gläubigergruppen bereitstellt[1120]. Mit Rücksicht auf diese Zusammenhänge sollte sich der Gesetzgeber seiner gerade im Kapitalgesellschaftsrecht bestehenden „Fürsorgepflicht"[1121] nicht entziehen.

1119 So schützt etwa § 475 BGB den mit einem Unternehmer kontrahierenden Verbraucher vor einer vertraglichen Verkürzung seiner Rechte als Käufer.

1120 Mit Recht *Arbeitskreis Bilanzrecht*, BB 2002, 2372, 2375 f.; im Anschluss hieran auch *Löhr*, StuB 2003, 643, 649. Hinzukommt, dass eine verbreitete Nutzung von covenants unweigerlich mit einem Anstieg der Transaktionskosten einherginge (siehe *Arbeitsgruppe Normierung der Rechnungslegung*, BB 2002, 2595, 2597; *Kahle*, ZfB 2002, 695, 702 und 707; *derselbe*, WPg 2003, 262, 270; vgl. auch *Group of German Experts on Corporate Law*, ZIP 2002, 1310, 1317).

1121 Immer noch treffend die Ausführungen von *Staub* (Kommentar zum Gesetz betreffend die Gesellschaften mit beschränkter Haftung, 1903, § 42 Anm. 21): „Gerade bei einer Gesellschaftsform, wie der unsrigen, die nicht im Lichte der Öffentlichkeit arbeitet, (...) und deren einzige Kreditbasis doch das Gesellschaftsvermögen ist, *muß Fürsorge dafür getroffen werden, daß nicht Gewinne verteilt werden, die noch nicht realisiert sind*" (Hervorh. d. d. Verf.). Eine „Fürsorgepflicht" nimmt auch *Kübler* (in: Festschr. für Budde, 1995, S. 361, 362 f.) an: „Deshalb (sc. wegen des Trennungsprinzips) ist es Aufgabe jeder Rechtsordnung, *dafür Sorge zu tragen*, daß das von der Gesellschaft aufgenommene Fremdkapital nicht als Gewinn ausgewie-

4. *Insolvency tests auf Grundlage der IAS/IFRS*

Um künftig eine gesetzliche Mindestkapitalsicherung anbieten zu können, erwägt der europäische Gesetzgeber weiterhin, aus dem US-amerikanischen Rechtskreis bekannte gesetzliche Schutzinstrumente für das europäische Gesellschaftsrecht fruchtbar zu machen[1122]. Im Zentrum dieser Überlegungen stehen sog. insolvency tests[1123], die es erlauben sollen, Ausschüttungspotentiale effektiv zu begrenzen, ohne dass gläubigerschutzbedachte, korrigierende Eingriffe in das bilanzielle Bezugssystem erforderlich wären. Zweifelhaft ist allerdings, ob insolvency tests diesen Ansprüchen genügen, wenn sie auf Daten beruhen, die auf Grundlage der IAS/IFRS ermittelt wurden.

Als beispielhaft für „moderne" US-amerikanische Ausschüttungsmechanismen gelten etwa die Regelungen des Massachusetts Business Corporation Act (MBCA)[1124]. Ausschüttungen sind danach untersagt, wenn die Gesellschaft im Anschluss an entsprechende Zuwendungen außerstande wäre, „its existing and reasonably foreseeable debts, liabilities and obligations, whether or not liquidated, matured, asserted or contingent, as they become due in the usual course of business" zu begleichen (§ 6.40 [c] [1] MBCA 2001). Neben das damit umschriebene Kriterium der *fortbestehenden Zahlungsfähigkeit* tritt als ergänzende Ausschüttungsvoraussetzung die *ausbleibende Überschuldung* (§ 6.40 [c] [2] MBCA 2001). Zuwendungen an Unternehmenseigner dürfen damit nicht zur Folge haben, dass die Summe der Passiva diejenige der Aktiva übersteigt („the corporation's total assets would be less than the sum of its total liabilities")[1125]. Für die Beachtung der vorgenannten Kriterien hat namentlich der Vorstand der Gesellschaft Sorge zu tragen[1126]. Beachtlich ist indes, dass die durchaus erheblich voneinander abweichenden bundesstaatlichen Einzelregelungen typischerweise

---

sen und an die Anteilseigner abgeführt werden kann:" (Hervorh. d. d. Verf.). Mit gleichem Tenor auch *Zeitler*, DB 2003, 1529, 1533.

1122 Siehe dazu Kap. 2 B. 4. Berechtigte methodische Vorbehalte gegen eine Übernahme US-amerikanischer Gläubigerschutzelemente äußert namentlich die *Group of German Experts on Corporate Law*, ZIP 2002, 1310, 1317.

1123 Die Bezeichnung „insolvency surplus test" (vgl. *Schön*, ZHR 166 [2002], 1, 5) bezieht sich stets auf das Konzept des „started (legal) capital", das in „modernen" US-amerikanischen Gesellschaftsrechten nahezu überwunden ist (vgl. *Wüstemann*, S. 59).

1124 So z.B. *Kübler*, Aktie, S. 39. Den nachfolgenden Überlegungen ist die Fassung aus dem Jahr 2001 zugrunde gelegt.

1125 Vgl. dazu allgemein auch *Group of German Experts on Corporate Law*, ZIP 2002, 1310, 1317 („Zugewinn an finanzieller Geschmeidigkeit").

1126 Die Vorstandsmitglieder haften danach sowohl gegenüber der Gesellschaft als auch gegenüber geschädigten Gläubigern (siehe dazu *Bauer*, S. 242 ff.).

keine unmittelbare Bindung an die US-GAAP vorsehen[1127]. Das Management kann das bilanzielle Bezugsobjekt der jeweiligen Ausschüttungsschranken daher grundsätzlich eigenverantwortlich bestimmen. Auch die Berücksichtigung von Tageswerten ist in diesem Zusammenhang nicht ausgeschlossen[1128].

Vor diesem Hintergrund würde aber eine vergleichbare, die IAS/IFRS in Bezug nehmende Ausschüttungsregelung mit einiger Sicherheit zu einer *spürbaren Beeinträchtigung* des aktuellen Gläubigerschutzniveaus führen[1129]. Diese Einschätzung gründet zuvorderst auf der konzeptionell bedingten *Steuerbarkeit* der IAS/IFRS (vgl. Kap. 6 B. 2. b))[1130], die es bei Lichte besehen *insgesamt* ausschließt, sie in ein gesetzliches *Schutzsystem* zu integrieren. Tatsächlich sind die IAS/IFRS nicht für Ausschüttungsbemessungszwecke konzipiert und lassen sich aus diesem Grund auch nicht für das angedachte insolvency test-Modell „umfunktionieren". Wenn die IAS/IFRS gleichwohl zur Ausschüttungsbemessung herangezogen und damit in einen spannungsträchtigen Konfliktbereich mit zentralen Ansatzpunkten des shareholder value-Gedankens gedrängt würden, erschiene aber auch eine „freiwillig" sachangemessene und neutrale Anwendung der IAS/IFRS von vornherein illusorisch (vgl. Kap. 6 B. 2. b) (4))[1131]. Das Absinken des derzeitigen Gläubigerschutzniveaus wäre zudem auf die *allgemeine Risikoverlagerung* zurückzuführen, die etwa mit der breitflächigen Erweiterung der Aktivierungsmöglichkeiten[1132] einherginge[1133]. Dieses Charakteristikum der IAS/IFRS-Rechnungslegung hätte insbesondere auf die für insolvency tests zentrale Überschuldungsbetrachtung nachhaltigen Einfluss. Im Ergebnis stünde somit gar eine weitgehende „Harmonisierung" der gesellschaftsrechtlichen Ausschüttungskontrolle mit den derzeitigen Insolvenzantragspflichten/-tatbeständen (§ 92

1127 Eine Ausnahme bildet insofern die Regelung des Staates Kalifornien, vgl. dazu jüngst *Kahle*, ZfB 2002, 695, 697 ff.

1128 „(...) on the basis of accounting practices and principles that are reasonable in the circumstances or on a fair valuation or other method that is reasonable in the circumstances", vgl. § 6.40 (d) MBCA 2001.

1129 Im Ergebnis gleicher Ansicht *Schön*, ZHR 166 (2002), 1, 5; ferner *Arbeitskreis Bilanzrecht*, BB 2002, 2372, 2375; aus betriebswirtschaftlicher Perspektive mit Recht kritisch *Herzig*, KoR 2001, 154, 158.

1130 So mit Recht auch *Löhr*, StuB 2003, 643, 649.

1131 Auch in den USA hat mittlerweile ein Sensibilisierungsprozess eingesetzt, der von der Einsicht getragen ist, dass es nicht ausreicht, allein „current assets" und „current liabilities" gegenüberzustellen (vgl. *Wüstemann*, S. 55 ff.). Entsprechend sieht die Neufassung des § 6.40 (c) (1) MBCA 2001 nunmehr vor, dass auch *vernünftigerweise vorhersehbare* Schulden im Rahmen des „insolvency tests" in Ansatz zu bringen sind (zur obsoleten Fassung vgl. *Kübler*, Aktie, S. 39; *Wüstemann*, S. 57).

1132 Siehe die Untersuchung von *Burger/Fröhlich/Ulbrich*, KoR 2004, 353 ff.

1133 Zur unerlässlichen Fortgeltung des Vorsichtsprinzips in diesem Zusammenhang *Schön*, Der Konzern 2004, 162, 169 f.

Abs. 2 AktG, § 64 Abs. 1 GmbHG, § 17 ff. InsO)[1134] zu erwarten. Künftig könnte sich daher an die unlängst noch bestehende Ausschüttungsfähigkeit einer Kapitalgesellschaft die Pflicht zur Stellung eines Insolvenzantrages unmittelbar anschließen.

Die Ungeeignetheit der IAS/IFRS für Ausschüttungsbemessungszwecke besteht folglich unabhängig davon, ob die aktuellen Ausschüttungsmechanismen konserviert oder aber in Form von insolvency tests in ein neues, gleichsam aber mit den IAS/IFRS inkompatibles Gewand gegossen würden.

Im Übrigen böte auch die Begründung von *Schadensersatztatbeständen* keine Handhabe, „unangemessene Ausschüttungen" rechtstatsächlich zu verhindern[1135]. Die Verantwortlichkeit des Managements erwiese sich namentlich aufgrund der *typischen, systembedingten Elastizität* der IAS/IFRS[1136] als „stumpfes Schwert"[1137]. So eröffnet das IAS/IFRS-Regelwerk gerade im Konfliktbereich mit dem Handelsbilanzrecht beträchtliche Ermessensspielräume, durch die sich exorbitante *Toleranzbereiche vertretbarer Werte* erschließen lassen (vgl. Kap. 5 C. 4. c) (4) (d)). Zu *evident* unrichtigen Ansatz- und Bewertungsmaßnahmen wird es insoweit – mit Blick auf die allein maßgebliche ex ante-Perspektive („at the time they pay it") – realistischerweise nur vereinzelt kommen[1138]. Aus diesem Grund ließen sich Ausschüttungen – sofern sie die Anforderungen des insolvency tests *formal* beachten – nur selten als unzulässig identifizieren.

Wie bereits angedeutet, müsste die Steuerbarkeit maßgeblicher Ausschüttungsrichtgrößen an sich Anlass zu der Befürchtung geben, dass die „relative Durchgriffsfestigkeit"

1134 Vgl. Fn. 238.

1135 Zu den Beweisschwierigkeiten, die in der US-amerikanischen Rechtspraxis in Bezug auf insolvency tests zu verzeichnen sind, sowie zur Problematik des Verschuldensmaßstabs vgl. *Bauer*, S. 235 ff.; einen Mangel an Rechtssicherheit beklagt auch *Watrin*, DB 2001, 933, 937, der zudem auf weitere unliebsame Folgen im Hinblick auf die Unternehmensführung hinweist (a.a.O., S. 938); vgl. ferner *Arbeitskreis Bilanzrecht*, BB 2002, 2372, 2375; *Schön*, ZHR 166 (2002), 1, 5.

1136 In diesem Sinne *von Keitz*, DB 2003, 1801, 1804 („Insbesondere Spielräume, die aus Schätzungen resultieren, sind nicht zu vermeiden, wenn sie aus der Berücksichtigung künftiger ungewisser Entwicklungen resultieren.").

1137 Darüber hinaus sind Schadensersatzansprüche gegen einen begrenzten Personenkreis mit einem erheblichen Bonitätsrisiko belastet, welches wohl auch durch (in den USA rechtspolitisch umstrittene, vgl. *Bauer*, S. 245) versicherungstechnische Maßnahmen nur eingeschränkt aufzufangen wäre. Zudem ist ein „bad faith" eines Vorstandmitglieds („at the time they pay it") nur schwer nachweisbar, sodass das in den USA in Bezug genommene Instrument der persönlichen Verantwortlichkeit an (unter Umständen gar missliebiger) Abschreckungskraft einbüßt.

1138 Ähnlich gelagerte Probleme (Maßgeblichkeit der ex ante-Perspektive, Beurteilungsspielraum) stellen sich namentlich auch im Rahmen der „Insolvenzverschleppungshaftung", vgl. hierzu BGHZ 126, 181, 199; OLG Frankfurt NZG 2001, 173, 174.

des kontinentaleuropäischen Kapitalgesellschaftsrechts langfristig Schaden nehmen könnte. Indes dürfte das Haftungsprivileg konsequenterweise selbst dann nicht in Frage gestellt werden, wenn die Beeinflussbarkeit maßgeblicher Ausschüttungsrichtgrößen *ausgenutzt* wurde, um „unangemessene" Vermögensverlagerungen in die Gesellschaftersphäre vorzunehmen. Denn die Bestimmung des Ausschüttungsvolumens müsste als *gesetzeskonform* gewertet werden, solange ein Toleranzbereich vertretbarer Wertungen nicht evident überschritten wurde. Der „Durchgriffshaftung" ist damit aber die Grundlage entzogen. Diese Konsequenz stimmt freilich nachdenklich, da „unbillige" Beeinträchtigungen von Gläubigerbelangen unabhängig davon *wirken*, ob sie auf verdeckte Vermögensverlagerungen oder auf einen „noch gesetzeskonformen" Ausschüttungsvorgang zurückgehen.

Die Mangelhaftigkeit des US-amerikanischen Modells wird im Übrigen durch die verbreitete Vereinbarung „privater", mit accounting covenants kombinierter Ausschüttungssperren bestätigt[1139].

Zusammenfassend bleibt daher festzuhalten, dass auf Grundlage der IAS/IFRS vorgenommene insolvency tests wohl keine gleichwertige Alternative zum abgestimmten Ineinandergreifen des gegenwärtigen Handelsbilanzrechts und den kapitalgesellschaftsrechtlichen Ausschüttungsbegrenzungsregeln darstellen[1140].

5. *Gesetzliche Ausschüttungssperre für unrealisierte Gewinne*

Mit Blick auf die Unzulänglichkeiten der skizzierten Regelungsalternativen wird verbreitet ein „Kombinationsmodell" befürwortet, das die Verwirklichung des Kapitalerhaltungsziels von der Ebene der Gewinnermittlung auf diejenige der Gewinnverwendung verlagert[1141]. Zu unterscheiden wäre danach zwischen dem „erzielten" und dem „ausschüttbaren" Ergebnis[1142]. Entsprechend wären die mit

---

1139 Mit Recht *Euler*, BB 2002, 875, 879; vgl. ferner *Herzig*, KoR 2001, 154, 158 und *Bauer* (S. 245), der resümiert, dass die *gesetzlichen* Ausschüttungsschranken in den USA nur „geringe praktische Bedeutung" erlangen.

1140 Im Ergebnis übereinstimmend z.B. *Watrin*, DB 2001, 933, 938 wie auch der Regierungsentwurf zum BilReG, BT-Drs. 15/3419, S. 24 („Eine ausgereifte und belastbare Methodik für einen solchen Test steht aber noch aus.").

1141 Mit Blick auf das BilReG *Hoffmann/Lüdenbach*, GmbHR 2004, 145, 146; ferner *Schruff*, BFuP 1993, 400, 410; diskutiert auch bei *Küffner/Hock*, BFuP 1998, 57, 61; *Pellens/Gassen*, KoR 2001, 137, 140; *Strobl*, in: Festschr. für Clemm, 1996, S. 389, 409 f.

1142 *Busse von Colbe*, BFuP 1995, 373, 383; *Ernst*, in: Kleindiek/Oehler (Hrsg.), Die Zukunft des deutschen Bilanzrechts, 2000, S. 41, 47; vgl. auch *Alberth*, ZfB 1998, 803, 821; *Arbeitsgruppe Normierung der Rechnungslegung*, BB 2002, 2595, 2597; *Herzig*, KoR 2001, 154, 159; *Hommelhoff*, RabelsZ 62 (1998), 381, 400; sowie *Kahle* (ZfB 2002, 695, 702 f.; *derselbe*, WPg 2003, 262, 270 f.), der Parallelen zum britischen Recht aufzeigt. *Gross* (in: Festschr. für Ludewig, 1996, 333, 356) vertritt

der vorsichts- und objektivierungsbedachten Ausrichtung des Handelsbilanzrechts unvereinbaren Effekte der IAS/IFRS-Rechnungslegung durch Bildung einer ausschüttungsgesperrten Rücklage für die Gewinnverwendung zu neutralisieren[1143]. Insoweit ließen sich stille Reserven aufdecken, ohne dass unrealisierte Wertsteigerungen zur Ausschüttung gelangten. Parallel könnten auch nicht derivativ erworbene immaterielle Anlagewerte mit dem vollen Ansatzbetrag in dieser Rücklage aufgefangen werden[1144]. Diese gläubigerschutzinduzierten Korrekturen sollen es dergestalt erlauben, die (vorgebliche) Informationsqualität der IAS/IFRS-Rechnungslegung (vgl. Kap. 6 B. 2.) zu bewahren und parallel ein kapitalschutzadäquates bilanzielles Bezugssystem zur Verfügung zu stellen. Die auf Grundlage des Handelsbilanzrechts nur mit Abstrichen herstellbare „praktische Konkordanz" zwischen der Informationsfunktion und dem Gesichtspunkt vorsichtsbedachter Bilanzierung wäre somit erreicht[1145].

Der so umrissene Regulierungsansatz kann für sich zunächst in Anspruch nehmen, auf bereits bekannte Mechanismen verweisen zu können[1146]. Zugleich sieht auch das Framework expressis verbis die Möglichkeit vor, eine gesonderte Eigenkapitalposition einzurichten, um eine Kompatibilität mit (länderspezifischen) gesellschaftsrechtlichen Anforderungen herstellen zu können (F.66).

---

allerdings die Ansicht, dass die Bildung von Gewinnausschüttungssperren nur in Bezug auf „wenige Ausnahmefälle" in Frage komme, „in denen sich die Bildung und Auflösung der Rücklagen leicht nachvollziehen lassen".

1143 Zu diesem Ansatz bereits *Lutter*, Kapital, S. 365; in Bezug auf die IAS/IFRS insbesondere jüngst *Hoffmann/Lüdenbach*, GmbHR 2004, 145, 146 (mit Kritik am BilReG); *Kahle*, ZfB 2002, 695, 703 und 707; *Siegel*, BFuP 1998, 593, 597 ff.; *Siegel et al.*, ZIP 2001, 2077, 2080; mit ferner *Böcking*, WPg 2001, 1433, 1439; *Peemöller/Spanier/Weller*, BB 2002, 1799, 1801; *Scheffler*, in: Festschr. für Strobel, 2001, S. 3, 24; *Schön*, ZGR 2000, 706, 739.

1144 *Siegel*, BFuP 1998, 593, 599 (mit „geschätzten Zeitwerten"); ferner *Busse von Colbe*, in: Ballwieser (Hrsg.), US-amerikanische Rechnungslegung, 2000, S. 485, 505; *Hüttche*, RIW 1996, 1018, 1024.

1145 In diese Richtung *Havermann*, WPg-Sonderheft 2001, 97, 98 („eigentlich die ideale Kombination von Transparenz und Vorsichtsgedanken"). Nach teilweise geäußerter Ansicht würde der Informationsgehalt eines IAS/IFRS-Abschlusses durch eine „Fair-Value-Rücklage" weiter erhöht, da die mit Unsicherheiten behafteten Positionen gesondert abgebildet würden (vgl. *Busse von Colbe*, in: Ballwieser (Hrsg.), US-amerikanische Rechnungslegung, 2000, S. 485, 505; siehe auch F.66 Satz 2).

1146 Auch die Artt. 34, 37 BiRiLi greifen für Kosten, die im Zusammenhang mit der Errichtung oder Erweiterung eines Unternehmens anfallen, sowie für Forschungs- und Entwicklungskosten auf vergleichbare Instrumente zurück. Vgl. im Übrigen *Hoffmann/Lüdenbach*, GmbHR 2004, 145, 146.

Zu berücksichtigen ist indes, dass der Anpassungsbedarf den IAS/IFRS-Abschluss (beinahe) *in seiner Gesamtheit* erfassen würde[1147]. Faktisch führt dies zu einer *parallelen Anwendung* sowohl der IAS/IFRS als auch der GoB. Die (öffentlich-rechtliche) *Belastungswirkung* für den Bilanzierenden bliebe daher kaum hinter einer – gleichsam in Erwägung zu ziehenden – Verpflichtung zur Erstellung zweier autonomer Einzelabschlüsse zurück[1148].

Zu erwarten steht darüber hinaus, dass dieses Lösungsmodell mit einem beträchtlichen *gesetzgebungstechnischen* Aufwand verbunden wäre, da die Verabschiedung neuer oder modifizierter IAS/IFRS sowie deren Billigung durch die Europäische Union durch eine Parallelgesetzgebung auf nationaler Ebene zu begleiten wäre[1149]. Der Gesetzgeber wäre insofern kontinuierlich dazu angehalten, die IAS/IFRS auf ihre Gläubigerschutztauglichkeit hin zu überprüfen, um erforderlichenfalls mit der Implementierung ergänzender Ausschüttungsschranken reagieren zu können.

Während diese Überlegungen indes nicht notwendigerweise zur Verwerfung des umrissenen Normierungsansatzes *zwingen*[1150], könnte das „Kombinationsmodell" allerdings gleichwohl unliebsame Friktionen zwischen der Grundausrichtung des geltenden Handelsbilanzrechts und den IAS/IFRS auslösen, die im Ergebnis zu einem Absinken des aktuellen Gläubigerschutzniveaus gereichen könnten: Tatsächlich bietet das Handelsbilanzrecht namentlich in Gestalt der §§ 264 Abs. 2, 252 Abs. 2 HGB sowie bedingt durch sein hohes Abstraktionsniveau „Einstrahlungsmöglichkeiten", die vor dem Einfluss der IAS/IFRS abzuschotten wären, sofern negative Folgewirkungen auf den Kapitalschutz vermieden werden sollen. Insbesondere wäre ein Übergreifen der in den IAS/IFRS zum Ausdruck kommenden Wertungen jedenfalls in strittigen Divergenzbereichen (z.B. Behandlung langfristiger Auftragsfertigung, Bildung von Bewertungseinheiten, Wertaufholung des derivativen Geschäfts- oder Firmenwerts) nicht auszuschließen, sofern eine künstliche Zusammenführung zweier grundverschiedener „Bilanzierungsideen" versucht würde. Insoweit stünde mitunter zu erwarten, dass die handelsrechtsspezifische Gewichtung von Informations- und Ausschüttungs-

---

1147 *Arbeitskreis Bilanzrecht*, BB 2002, 2372, 2376; *Löhr*, StuB 2003, 643, 649; *Schulze-Osterloh*, ZIP 2003, 93, 100; ferner *IDW*, WPg 2002, 983, 986 f.; *Küffner/Hock*, BFuP 1998, 57, 61.

1148 Zutr. *Arbeitskreis Bilanzrecht*, BB 2002, 2372, 2376; *Schulze-Osterloh*, ZIP 2003, 93, 100; mit Blick auf das künftige Steuerbilanzrecht auch *Herzig/Bär*, DB 2003, 1, 5; ähnlich auch *Pellens/Gassen*, KoR 2001, 137, 140.

1149 *Arbeitskreis Bilanzrecht*, BB 2002, 2372, 2376; *Merkt*, AG 2003, 126, 133; vgl. ferner *Pellens/Gassen*, KoR 2001, 137, 140; kritisch nunmehr auch *Kahle*, WPg 2003, 262, 271.

1150 Insoweit zutr. *Havermann*, WPg-Sonderheft 2001, 97, 98 f. („keine unüberwindbaren Hindernisse").

bemessungsfunktion mittelbar neu austariert würde, um den Anpassungsbedarf zwischen den IAS/IFRS und dem Handelsbilanzrecht möglichst gering zu halten. Die Gefahr einer „schleichenden Modifizierung“ des Handelsbilanzrechts sollte freilich unbedingt abwendet werden.

Vor diesem Hintergrund sollte der Gesetzgeber bei der Ausfüllung des ihm übertragenen Normierungsspielraums dem Prinzip der systematischen Trennung oberste Priorität einräumen. In Konsequenz vermag daher auch das „Kombinationsmodell“ nicht zu überzeugen.

C. Absteckung des verbleibenden gesetzgeberischen Gestaltungsspielraums

I. Pflicht zur Erstellung eines kapitalschutzbedachten Jahresabschlusses?

Mit Blick auf die Unvollkommenheit der diskutierten Lösungsansätze soll nunmehr die im Zentrum der rechtspolitischen Diskussion um die Ausfüllung der durch die IAS/IFRS-VO eröffneten gesetzgeberischen Spielräume stehende *befreiende Wirkung* eines IAS/IFRS-Abschlusses beurteilt werden.

a) Kapitalschutzbedachter Jahresabschluss als „Eckpfeiler“ des künftigen Handelsbilanzrechts

Die bisherigen Ergebnisse lassen sich auf den Kerngedanken verdichten, dass ein IAS/IFRS-Abschluss nicht von der Verpflichtung zur Erstellung eines gläubigerschutzbedachten Jahresabschlusses dispensieren darf, sofern das bewährte Kapitalschutzsystem in seinem Kern erhalten werden soll. Eine monofunktionale und eindimensionale Rechnungslegung auf Grundlage der IAS/IFRS ist daher *keine Option*[1151].

1151 Übereinstimmend *Arbeitskreis Bilanzrecht*, BB 2002, 2372, 2378; *Centrale für GmbH*, GmbHR 2001, 565; *Deutsche Bundesbank*, Monatsbericht Juni 2002, S. 52 (mit Blick auf die Rechnungslegung von Kreditinstituten); *Kahle*, WPg 2003, 262, 274; *Kirsch*, WPg 2003, 275, 276; *Regierungskommission Deutscher Corporate Governance Kodex*, AG 2002, 236, 239 (unter 7.1.1.); *Schildbach*, BFuP 2002, 263, 276; *Theile*, GmbHR 2001, 892, 897; *Zeitler*, DB 2003, 1529, 1534; nunmehr auch *Arbeitskreis Externe Unternehmensrechnung*, DB 2003, 1585, 1587 f.; a.A. noch *Arbeitskreis Externe Unternehmensrechnung*, DB 2001, 160, 161 (für kleine und mittlere Unternehmen indes eine Option zur *befreienden Erstellung einer Steuerbilanz* befürwortend); *Stellungnahme des DSR* vom 21.10.2002 (abrufbar unter www.standardsetter.de/drsc/docs/comments/own/BMJ_2002-10-20.pdf), S. 3 (für marktorientierte Unternehmen ohne Konzernbindung sowie für die in einen Konzernabschluss einzubeziehenden Unternehmen); noch weitergehend *Böcking*, WPg

Damit ist freilich zugleich eine wesentliche Weiche für die Ausgestaltung des Jahresabschlussrechts *kapitalmarktorientierter Unternehmen* gestellt: Auch solchen Unternehmen, die dem Anwendungsbereich des Art. 4 IAS/IFRS-VO unterfallen und somit künftig kraft europäischen Rechts zur Anfertigung eines IAS/IFRS-Konzernabschlusses verpflichtet sind, ist auf *nationaler Ebene* weiterhin die Erstellung eines kapitalschutzbedachten Einzelabschlusses aufzugeben. Die von diesen Unternehmen erstellten Einzelabschlüsse müssen daher auch künftig die in Kapital 1 konturierten Anforderungen an ein kapitalschutzadäquates bilanzielles Bezugsobjekt erfüllen, um das aus der Perspektive des Gläubigerschutzes *in seiner Grundausrichtung* unveränderliche kapitalgesellschaftsrechtliche Normengefüge nicht ins Wanken zu bringen. Vor diesem Hintergrund ist folglich *notwendigerweise* auch von der Einräumung eines *Unternehmenswahlrechts* abzusehen[1152]. Die Erstellung eines kapitalschutzadäquaten Einzelabschlusses darf als *Eckpfeiler* eines künftigen Handelsbilanzrechts nicht zur Disposition stehen. Denn andernfalls ließe sich der *schutzrechtliche Gehalt* des Jahresabschlussrechts durch den Rechnungslegungsverpflichteten aushebeln[1153].

Überdies darf die Anfertigung eines IAS/IFRS-Einzelabschlusses auch für *Personengesellschaften* nicht von der handelsrechtlichen Pflicht zur Erstellung eines vorsichtsbedachten Abschlusses entbinden. Insbesondere die gesellschaftsrechtliche Ausformung der *Kommanditistenhaftung* durch § 172 HGB ist auf ein abgestimmtes bilanzielles Bezugsystem angewiesen (vgl. Kap. 3 D.), das namentlich die IAS/IFRS nicht zur Verfügung stellen. Darüber hinaus sind auch die gesellschaftsvertraglichen Gewinnverteilungsmechnismen unter dem Eindruck der handelsrechtlichen Bilanzierungspraxis gewachsen und insoweit typischerweise den handelsbilanzrechtlichen Vorgaben angepasst[1154]. Unbesehen der Belastungswirkung, die mit einer gesetzlichen Verpflichtung zur Erstellung eines IAS/IFRS-Einzelabschlusses einherginge, bietet sich daher auch das Personengesellschaftsrecht keinesfalls als Testfeld einer „befreienden“ IAS/IFRS-Bilanzierung an.

2001, 1433, 1439 f. (allgemeine Pflicht zur Anwendung der IAS/IFRS im Einzelabschluss).

1152 Anders aber *Zabel*, WPg 2002, 919, 922; ferner *Pellens/Gassen*, KoR 2001, 137, 142 (für kapitalmarktorientierte Unternehmen); auch *Ernst* (WPg 2001, 1440, 1444) bezeichnet die Gewährung eines Wahlrechts zur Anwendung der IAS/IFRS im Einzelabschluss als ernsthafte Alternative.

1153 In diesem Sinne auch *Arbeitskreis Bilanzrecht*, BB 2002, 2372, 2377; *Zeitler*, DB 2003, 1529, 1534.

1154 Vgl. *Arbeitskreis Bilanzrecht*, BB 2002, 2372, 2378.

b) *Vorbehalte gegen die parallele Anwendung unterschiedlicher bilanzieller Regelwerke*

Bedingt durch Art. 4 IAS/IFRS-VO und die im Bilanzrechtsreformgesetz getroffene Richtungsentscheidung sind kapitalmarktorientierte Unternehmen in Deutschland somit zur Befolgung unterschiedlicher bilanzieller Regelwerke verpflichtet. Diese Konsequenz stößt freilich nicht auf ungeteilte Zustimmung[1155].

(1) Einheitliche Behandlung ökonomischer Sachverhalte?

Insbesondere weite Teile des betriebswirtschaftlichen Schrifttums haben ihre Ablehnung gegen eine parallele Anwendung der handelsrechtlichen und der IAS/IFRS-Rechnungslegung zum Ausdruck gebracht[1156]. Neben dem mit einer „Parallelbilanzierung" verbundenen Kostenanstieg stößt insbesondere die unterschiedliche Behandlung identischer ökonomischer Sachverhalte in Konzern- und Einzelabschluss auf Kritik. So sei es etwa „wenig glaubwürdig", immaterielle Anlagewerte im Einzelabschluss auszublenden, im Konzernabschluss hingegen „als vollwertige Vermögensmehrung" auszuweisen[1157].

Diese Sichtweise berücksichtigt indes nur unzureichend, dass die Funktion eines bilanziellen Regelwerks zugleich wesentlicher Bestimmungsfaktor für die Ausgestaltung seiner Ansatz- und Bewertungsvorschriften ist (vgl. Kap. 5 B.). Mit Rücksicht auf diese Abhängigkeiten ist es daher durchaus erklärlich, dass einheitliche Sachverhalte in Abhängigkeit von der funktionalen Ausrichtung der jeweiligen Rechnungslegungskonzeptionen unterschiedliche bilanzielle Konsequenzen auslösen[1158]. Wer vor diesem Hintergrund ernsthafte Irritationen der

---

1155 Tatsächlich befürworten 79 % der deutschen kapitalmarktorientierten Unternehmen ein „eingleisiges Rechnungslegungsrecht auf Grundlage der IAS/IFRS, so *Mandler*, StuB 2003, 582, 583. Auch die mittelständische Wirtschaft begegnet der Aussicht auf ein „gespaltenes Rechnungslegungsrecht" mit breiter Ablehnung (vgl. *Mandler*, a.a.O., 585).

1156 Siehe z.B. *Baetge/Thiele*, in: Festschr. für Beisse, 1997, S. 11, 21; *Kahle*, StuB 2001, 1201, 1209 f.; *Sprissler*, in: IDW (Hrsg.), Kapitalmarktorientierte Unternehmensüberwachung, 2001, S. 85, 98.

1157 *Peemöller/Spanier/Weller*, BB 2002, 1799, 1801; ferner *Böcking*, WPg 2002, 925, 928. Namentlich *Budde/Steuber* (BB 2000, 971, 973) sind der Ansicht, dass das „Doppelsystem" von Einzel- und Konzernabschluss „notwendig gleiche oder ähnliche Rechnungslegungsgrundsätze" bedinge.

1158 So im Grundsatz auch die *Stellungnahme des DSR* vom 21.10.2002, S. 1; *Kahle*, WPg 2003, 262, 273. Diese Einsicht mündet zugleich in der Erkenntnis, dass ein „richtiger", „voller" oder „über- bzw. vorgesetzlicher" Gewinn nicht existiert. Gewinn ist vielmehr schlicht „der Betrag, der sich in Anwendung bestimmter Gewinnermittlungsregeln ergibt" (*Hennrichs*, DStJG 24 [2001], 301, 309; vgl. auch

Kapitalmarktteilnehmer befürchtet[1159], spricht den Abschlussadressaten zumindest implizit die Aufgeschlossenheit ab, die zu erwartenden Divergenzen richtig einzuordnen. Dazu besteht indes kein Anlass: Insbesondere haben die Eigenheiten der angloamerikanischen Rechnungslegung – seit Beginn des vergangenen Jahrzehnts – merklich an Überraschungspotential eingebüßt[1160]. Der zur Rechtfertigung abweichender Vermögens- und Erfolgsausweise erforderliche Erklärungsaufwand scheint daher erheblich überschätzt[1161].

Zuzugeben ist freilich, dass Konzern- und Jahresabschlussrecht eng miteinander verwoben sind (vgl. §§ 298, 308 Abs. 1 Satz 1 HGB). De lege lata kommt dem Konzernabschluss insbesondere die Aufgabe zu, die Informationsdefizite des Einzelabschlusses zu beseitigen. Von diesem Standpunkt aus besehen scheint eine *optimale* Erfüllung dieser Ergänzungsfunktion vorauszusetzen, dass das ergänzende Element auf die Spezifika des ergänzungsbedürftigen Elements abgestimmt ist[1162]. Entsprechend wäre es jedenfalls sachdienlich, wenn der Konzernabschluss identischen Ansatz- und Bewertungsregeln wie der Einzelabschluss folgen würde. Innerhalb des Spektrums kapitalmarktrechtlicher Informationsinstrumente kommt den Einzelabschlüssen (konzernierter) kapitalmarktorientierter Unternehmen allerdings von vornherein nur untergeordnete Bedeutung zu[1163], sodass dieser Gesichtspunkt letztlich nicht allzu schwer wiegt.

Dessen ungeachtet sollte – und konnte – der nationale Gesetzgeber den durch die IAS/IFRS-VO eingeräumten Gestaltungsspielraum gerade auch zu einer Neudefinition des Verhältnisses von Einzel- und Konzernabschluss nutzen. Oberste Leitlinie sollte dabei die Monofunktionalisierung der Rechnungslegungsinstru-

---

Pellens/Fülbier, ZGR 2000, 572, 586 f.; *Schön*, StuW 1995, 366, 376; *Theile*, GmbHR 2001, 892, 897). Die jeweiligen Gewinnermittlungsregeln sind wiederum mehr oder weniger konsequenter Ausdruck einer bestimmten Funktionszuweisung durch den Gesetzgeber oder Standardsetzer.

1159 Vgl. etwa *IDW*, WPg 2001, 664; ferner *Baetge/Thiele*, in: Festschr. für Beisse, 1997, S. 11, 21; *Böcking*, WPg 2001, 1433, 1438; in diese Richtung auch *Ballwieser*, in: Festschr. für Clemm, 1996, S. 1, 21; *Kübler*, ZGR 2000, 550, 561; *Mandler*, StuB 2003, 582, 585.

1160 Gegenwärtig zeigen sich interessierte Kreise selbst im Falle erheblicher Ergebnisabweichungen kaum noch verwundert, vgl. *Hoffmann/Lüdenbach*, DStR 2002, 871, 877 („Heute stört es niemanden mehr […]").

1161 Zutr. *Roth*, ÖBA 2000, 193, 194; vgl. auch *Alberth*, ZfB 1998, 803, 821; *Schön*, ZHR 161 (1997), 133, 159. Zudem dürfte ein etwaiges Unternehmensinteresse, mit diesem Erklärungsbedarf nicht belastet zu werden, im Vergleich zu der Schutzbedürftigkeit der Gläubiger nachrangig sein (*Roth*, a.a.O.).

1162 Siehe hierzu *Hennrichs*, ZGR 2000, 627, 629 m.w.N.

1163 Vgl. *Regierungskommission Deutscher Corporate Governance Kodex*, AG 2002, 236, 239 (unter 7.1.1.); ferner *Ernst*, WPg 2001, 1440, 1444; *Schulze-Osterloh*, ZIP 2001, 1433, 1437.

mente sein[1164]. Denn nur eine eindeutige Funktionsabgrenzung lässt eine kompromisslose Erfüllung klar konturierter Aufgaben realistisch erscheinen. Insofern könnte namentlich ein kapitalmarktbezogener (Konzern-) Abschluss neben einen gläubigerschutzbedachten Ausschüttungsabschluss treten, der (allenfalls) als Nebenprodukt auch die Informationsinteressen derjenigen Gläubiger bedienen könnte, die eine „konservative Risikoneigung" aufweisen.

(2) Zumutbarkeit der parallelen Befolgung unterschiedlicher Regelwerke?

Bei der Ausgestaltung des künftigen Handelsbilanzrechts muss der Gesetzgeber freilich den *grundgesetzlichen Rahmen* der Rechnungslegung[1165] im Auge behalten. Betrachtet man insofern die in Art. 4 IAS/IFRS-VO verankerte Verpflichtung zur Erstellung eines Konzernabschlusses auf Grundlage der IAS/IFRS als unverrückbares Moment, stellt sich mit Blick auf kapitalmarktorientierte Unternehmen die Frage nach der Verhältnismäßigkeit einer zusätzlichen obligatorischen Beachtung der GoB im Einzelabschluss. Der Sache nach in die gleiche Richtung zielen im Übrigen auch jene ökonomisch angelegten Betrachtungen, die die Frage aufwerfen, ob die gesamtwirtschaftlichen Nutzeneffekte eines „gespaltenen Rechnungslegungsrechts" die dadurch bedingten negativen Folgewirkungen, namentlich die zusätzliche Kostenbelastung für die betroffenen Unternehmen, aufwiegen können[1166].

1164 In der Grundtendenz übereinstimmend *Pellens/Fülbier*, ZGR 2000, 572, 587; *Schön*, ZGR 2000, 706, 738 f.; *Watrin*, DB 2001, 933, 938; sowie Regierungsentwurf zum BilReG, BT-Drs. 15/3419, S. 23; *Herzig*, WPg 2000, 104, 118; *derselbe*, KoR 2001, 154, 157 („Der Ausgangspunkt einer konzeptionellen Neuorientierung könnte darin bestehen, den bisher mit Aufgaben überfrachteten Einzelabschluss konsequent auf seine unterschiedlichen Zwecksetzungen hin zu konzipieren und ein gespaltenes Rechnungslegungsrecht zu schaffen."; und weiter S. 158: „[...], so ist es unabdingbar, der Frage nachzugehen, ob nicht eine konsequente Abschichtung einer informationsorientierten von einer kapitalerhaltungsorientierten Rechnungslegung erforderlich ist."); ferner *Theile*, GmbHR 2001, 892, 897, der sich für eine „funktionsabhängige(n), zweigeteilte(n) Rechnungslegung" ausspricht; so auch *Zeitler*, DB 2003, 1529, 1534; vgl. auch *Arbeitskreis Externe Unternehmensrechnung*, DB 2001, 160 f. (offenbar unter Beschränkung auf die Informationsfunktion).

1165 Vgl. *Schulze-Osterloh*, in: Festschr. 100 Jahre GmbH-Gesetz, 1992, S. 501, 517; zum Eingriffscharakter von Rechnungslegungsnormen auch *Kirchhof*, ZGR 2000, 681; aus betriebswirtschaftlicher Perspektive *Pellens/Fülbier*, ZGR 2000, 572, 576 ff.

1166 Vgl. *Pellens*, WPg-Sonderheft 2001, 101, 102 ff.; *Pellens/Gassen*, KoR 2001, 137 ff.; ferner *Herzig/Bär*, DB 2003, 1, 3; *Theile*, GmbHR 2001, 892, 894; aus juristischer Perspektive *Schön*, ZGR 2000, 706, 739.

Diesbezüglich ist zunächst festzuhalten, dass eine „gespaltene Rechnungslegung" für viele kapitalmarktorientierte Unternehmen bereits vor dem Inkrafttreten des Bilanzrechtsreformgesetzes Realität war[1167]. Die rege Nutzung des von § 292a HGB gewährten *Rechts*, befreiende Konzernabschlüsse auf Grundlage der IAS/IFRS bzw. alternativ nach US-GAAP anzufertigen, legt insoweit zunächst nahe, dass die parallele Befolgung zweier Bilanzierungssysteme „nichts Unmögliches" abverlangt[1168]. Eine *Pflicht* zur Erstellung IAS/IFRS-konformer Konzernabschlüsse bringt somit für eine nicht unbeträchtliche Anzahl von Unternehmen keine substanzielle Veränderung[1169].

Vor allem aber ist die Öffnung des europäischen Bilanzrechts für die IAS/IFRS eigens auf die spezifische Bedürfnisstruktur kapitalmarktorientierter Unternehmen zugeschnitten. Gleichsam blieb das Bedürfnis nach einem effizienten Gläubigerschutzrahmen von der – schon frühzeitig in Aussicht gestellten – Neujustierung des Rechnungslegungsrechts erkennbar unberührt[1170]. Da die IAS/IFRS insoweit allerdings keine taugliche Grundlage abgeben, war ein „gespaltenes Rechnungslegungsrecht" durchaus *vorhersehbar*. Gewissermaßen als „Zweckveranlasser" dieser Rechtsentwicklung müssen sich die kapitalmarktorientierten Unternehmen daher auch die unliebsamen Begleiterscheinungen des nicht zuletzt von ihnen selbst angestrengten Internationalisierungsprozesses[1171] zurechnen lassen[1172].

1167 Vgl. *Theile*, GmbHR 2001, 892, 897; Nachweise auch bei *Kahle*, WPg 2003, 262, 274. Freilich ist damit nur ein geringer Teil derjenigen Unternehmen bezeichnet, die künftig verpflichtend die IAS/IFRS im Konzernabschluss anzuwenden haben (siehe dazu *Peemöller/Spanier/Weller*, BB 2002, 1799, 1803).

1168 § 292a HGB ist freilich nur als Übergangsmodell konzipiert: Art. 5 KapAEG begrenzt die Geltungsdauer des § 292a HGB bis zum 31.12.2004. Insbesondere mit Rücksicht auf Unternehmen, die derzeit US-GAAP-konforme Konzernabschlüsse erstellen, sieht Art. 9 lit. b IAS/IFRS-VO ein Mitgliedsstaatenwahlrecht für eine bis zum 01.01.2007 befristete Übergangsfrist vor, das Deutschland nutzen wird (vgl. *Ernst*, BB 2003, 1487, 1488).

1169 *Niehus*, WPg 2001, 737, 740.

1170 So bereits *Schulze-Osterloh*, in: IDW (Hrsg.), Neuorientierung der Rechnungslegung, 1995, S. 123, 137.

1171 Tatsächlich haben auch deutsche Großunternehmen auf die gegenwärtige Rechtsentwicklung erheblich Einfluss genommen. Entsprechend verfügen sie zum Teil bereits aktuell über mehrgleisiges Rechnungswesen (so *Pellens/Gassen*, KoR 2001, 137 m.w.N.).

1172 In die gleiche Richtung *Arbeitskreis Bilanzrecht*, BB 2002, 2372, 2377; siehe auch *Ernst*, BB 2003, 1487, 1489 mit Blick auf die geplante Option, die Offenlegungspflicht des § 325 HGB auch durch Veröffentlichung eines IAS/IFRS-Abschlusses erfüllen zu können – vgl. nunmehr § 325 Abs. 2a HGB –: „Ja, wer einen IAS/IFRS-Abschluss für Informationszwecke aufstellen will, muss zusätzlichen Aufwand betreiben, aber dazu gibt es keine Alternative.".

Für die Zumutbarkeit einer „gespaltenen Rechnungslegung" spricht zudem, dass – wie die US-amerikanische Rechtspraxis bestätigt – Unternehmen in ihrer Eigenschaft als Kreditnehmer ohnehin verbreitet zu einer ausschüttungsbegrenzenden Bilanzierungspraxis verlasst würden (vgl. Kapitel 6 B. 3.). Das Bilanzrechtsreformgesetz könnte diese Markteffekte folglich vorwegnehmen und parallel die Gefahr eines Marktversagens bannen. Das vielfach herangezogene „Kostenargument" greift daher nur bei vordergründiger Betrachtung[1173].

Darüber hinaus kommen die IAS/IFRS nach vorherrschender Ansicht[1174] von vornherein nicht als Grundlage der steuerlichen Gewinnermittlung in Betracht[1175]. Demgegenüber ist es durchaus vorstellbar, dass eine kapitalschutzbedachte Ausschüttungsbilanz zugleich auch als Steuerbilanz fungiert[1176]. So besehen ginge im „Idealfall" einer Identität von Ausschüttungs- und Steuerbilanz von ersterer keine ins Gewicht fallende, eigenständige Belastungswirkung aus. Aber selbst wenn das *möglicherweise* erstrebenswerte Ziel eines Gleichlaufs von Ausschüttungs- und Steuerbilanz in „Feinheiten" verfehlt zu werden drohte, dürften sich die erforderlichen „Aufbereitungsmaßnahmen" jedenfalls in überschaubaren Grenzen halten[1177]. Insbesondere bedingen der Grundsatz der Gleichmäßigkeit

1173 Siehe auch *Schildbach*, BFuP 2002, 263, 272 f.

1174 Siehe Regierungsentwurf zum BilReG, BT-Drs. 15/3419, S. 23 („wenig geeignet"); *Arbeitskreis Bilanzrecht*, BB 2002, 2372, 2377; aus betriebswirtschaftlicher Sicht *Böcking*, WPg 2002, 925, 927; *Herzig*, KoR 2001, 154, 155 ff.; *Küffner/Hock*, BFuP 1998, 57, 67; *Moxter*, DStZ 2000, 157 ff.; *Niehus*, WPg 2001, 737, 750; *Peemöller/Spanier/Weller*, BB 2002, 1799, 1801; *Pellens/Gassen*, KoR 2001, 137, 139; *Schildbach*, BFuP 2002, 263, 273; *Theile*, GmbHR 2001, 892, 897; *Zeitler*, DB 2003, 1529, 1531; grundsätzlich auch *Kahle*, WPg 2003, 262, 271; zu rechtsstaatlichen Hürden *Hennrichs*, DStJG 24 (2001), 301, 311 f.; vgl. auch *Schön*, WPg-Sonderheft 2001, 74, 79;

1175 Anders offenbar *Hüttche*, RIW 1996, 1018, 1024 („Der nach IAS-Grundsätzen ermittelte Gewinn könnte als objektiverer Maßstab für die Leistungsfähigkeit der Besteuerung zugrunde gelegt werden."); in diese Richtung auch *Hoffmann/Lüdenbach*, GmbHR 2004, 145, 146 f.

1176 So namentlich *Schön* (WPg-Sonderheft 2001, 74, 79), der meint, dass eine handelsrechtliche Ausschüttungsbilanz „ohne Schwierigkeiten als Grundlage der steuerlichen Gewinnermittlung eingesetzt werden kann"; aus betriebswirtschaftlicher Perspektive *Herzig* (KoR 2001, 154, 158), der „mit Blick auf die Wirtschaftlichkeit der Rechnungslegung" eine Verknüpfung von Kapitalerhaltungs- und Steuerbilanz in Betracht zieht; *Herzig/Bär* (DB 2003, 1, 4) halten das Modell einer Maßgeblichkeit der HGB-Kapitalerhaltungsbilanz „allenfalls als Übergangslösung" für tragfähig; befürwortend auch *Regierungskommission Deutscher Corporate Governance Kodex*, AG 2002, 236, 239 (unter 7.1.1.); *Theile*, GmbHR 2001, 892, 897; vgl. ferner *Zeitler*, DB 2003, 1529, 1531; diskutiert auch bei *Pellens/Gassen*, KoR 2001, 137, 140; ablehnend allerdings *Oestreicher/Spengel*, RIW 2001, 889, 894.

1177 *Arbeitskreis Bilanzrecht*, BB 2002, 2372, 2377; *Herzig/Bär*, DB 2003, 1, 8.

der Besteuerung einerseits sowie der schutzgesetzähnliche Charakter[1178] eines kapitalschutzbedachten Handelsbilanzrechts andererseits erhebliche Überschneidungen zwischen Steuer- und Handelsbilanz. Als verbindendes Element und gemeinsamer Nenner einer „steuermaßgeblichen Ausschüttungsbilanz“ lässt sich daher bereits de lege lata das wechselseitige Gewicht des Objektivierungsgebots ausmachen[1179]. Darüber hinaus korrespondiert auch die notwendig vorsichtsbedachte Ausrichtung einer Ausschüttungsbilanz (vgl. Kap. 1 C.) mit den grundgesetzlich absicherbaren Anforderungen an Steuerbilanzen[1180]. Obgleich das Vorsichtsprinzip kein „Leitprinzip“ der steuerlichen Gewinnermittlung ist, fordern namentlich die Gebote der Verlässlichkeit und der Unternehmensschonung[1181] ein in zentralen Fragen „reflexartig“ vorsichtsbedacht ausgestaltetes Steuerbilanzrecht ein.

Gegenwärtig mehren sich freilich Stellungnahmen[1182], die berechtigte Vorbehalte gegen eine Verknüpfung von Handels- und Steuerbilanz äußern. Wie bereits angeklungen, können bilanzielle Regelwerke ihre spezifischen Aufgaben dauerhaft nur dann systemkonform und zweckadäquat erfüllen, wenn sie monofunktional ausgerichtet sind. Eine mehr oder weniger nur *zufällige* Übereinstimmung wesentlicher Bestimmungsfaktoren gibt daher im Rahmen einer auf Systemkonformität und Folgerichtigkeit angelegten Betrachtung *grundsätzlich keinen Anlass*, von der Forderung nach der Monofunktionalität bilanzieller Regelsysteme abzurücken. Konsequent wäre es somit, neben einer kapitalmarktorientierten Informationsbilanz und einer kapitalschutzbedachten Ausschüttungsbilanz ein eigenständiges Steuerbilanzrecht zu etablieren, da kompromissbeladene Lösungen nur so ver-

---

1178 Nach h.M. sind die handelsrechtlichen Buchführungs- und Bilanzierungsvorschriften – etwas anderes könnte freilich für die an die Verletzung von Buchführungs- und Bilanzierungspflichten anknüpfenden Strafvorschriften (§§ 283 Abs. 1 Nr. 5 - 7, 283 b StGB) gelten – allerdings keine Schutzgesetze i.S.d. § 823 Abs. 2 BGB, vgl. zu diesem Problemkreis BGHZ 125, 366, 377 ff.; LG Bonn AG 2001, 484, 486 je m.w.N.

1179 Vgl. insbesondere *Schön*, StuW 1995, 366, 376: „Und dieses Ringen um Objektivierung verbindet Handelsbilanz und Steuerbilanz kraft des Maßgeblichkeitsgrundsatzes zu einer sinnvollen Einheit.“.

1180 Zu den qualitativen Anforderungen an Steuerbilanzen *Hennrichs*, DStJG 24 (2001), 301, 312 ff.; ferner *Arbeitskreis Bilanzrecht*, BB 2002, 2372, 2379; *Zeitler*, DB 2003, 1529, 1531 f.; aus betriebswirtschaftlicher Sicht *Herzig*, KoR 2001, 154, 157.

1181 Zur Rechtfertigung und Gewichtung des Vorsichtsprinzips im Steuerbilanzrecht *Hennrichs*, DStJG 24 (2001), 301, 314 ff. (zugleich mit umfangreichen Nachweisen zu den „Leitprinzipien“ der steuerlichen Gewinnermittlung).

1182 Beispielsweise *Hennrichs*, DStJG 24 (2001), 301, 305 ff. m.w.N.; *Herzig*, WPg 2000, 104, 118; *Herzig/Bär*, DB 2003, 1, 3 („Die vielgerühmten Vorzüge der Maßgeblichkeit [...] erweisen sich zunehmend als Schimären.“); *Schulze-Osterloh*, ZIP 2004, 1128, 1129; vgl. auch *Watrin*, DB 2001, 933, 938; eher verteidigend *Küffner/Hock*, BFuP 1998, 57, 64 ff.; *Schildbach*, BFuP 2002, 263, 273.

meidbar bleiben[1183]. Die hiergegen gerichteten Widerstände[1184] lassen indes vermuten, dass sich der Gesetzgeber zu einer derart stringenten Lösung kaum wird durchringen können[1185]. Sofern er allerdings einer – so besehen immer nur suboptimalen – Bewältigung des Normierungsproblems zuneigt, sollte er im Blick haben, dass die Maßgeblichkeit nicht zuletzt infolge abweichender Verlustrückstellungsregeln (§ 249 Abs. 1 Satz 1, 2. Alt. HGB, § 5 Abs. 4a EStG) bereits aktuell weithin obsolet[1186] geworden ist.

Im Gegensatz hierzu bezeichnen die Information des Kapitalmarkts einerseits und die Steuerbemessung andererseits evident unverträgliche Bilanzierungsfunktionen, die sich entsprechend auch nicht auf ein gemeinsames Fundament stellen lassen[1187]. Unbesehen formellverfassungsrechtlicher Anforderungen besteht das augenfälligste Indiz für die Ungeeignetheit der IAS/IFRS als Grundlage der steuerlichen Gewinnermittlung freilich in ihrer Zugänglichkeit für die steuernde Einflussnahme durch den Anwender (Kap. 6 B. 2. b)). So darf die in der Steuerlast zum Ausdruck kommende Belastungswirkung keinesfalls zur Disposition des Steuerpflichtigen gestellt werden[1188]. Dies widerspräche sowohl dem Grundsatz der Gleichheit der Besteuerung als auch den Anforderungen des Rechtsstaatsprinzips in seinen spezifischen Ausprägungen. Insbesondere eine Besteuerung entsprechend der Leistungsfähigkeit, die vom BVerfG als „oberster Besteuerungsgrundsatz" identifiziert wurde[1189], wäre auf Grundlage der IAS/IFRS nicht herstellbar[1190]. Künftig ist die Anwendung eines einzigen bilanziellen Regelsys-

---

1183 Dazu auch *Pellens/Fülbier*, ZGR 2000, 572, 587 f.; *Watrin*, DB 2001, 933, 938; ähnlich zudem *Herzig/Bär*, DB 2003, 1, 7 f.; *Oestreicher/Spengel*, RIW 2001, 889, 894.

1184 Siehe etwa *Arbeitskreis Externe Unternehmensrechnung*, DB 2003, 1585, 1588.

1185 Bestätigt durch den Regierungsentwurf zum BilReG, BT-Drs. 15/3419, S. 24 („derzeit nicht geboten").

1186 *Böcking*, WPg 2002, 925, 927; *Herzig/Bär*, DB 2003, 1, 3: „(...) sie (sc. die Maßgeblichkeit) hat sich vielmehr infolge zahlreicher Durchbrechungen zu einem Torso entwickelt:".

1187 *Schildbach*, BFuP 2002, 263, 274 f.; vgl. auch F.6; ferner *Herzig/Bär*, DB 2003, 1, 4 („teilweise bestehende(r) Zielkonflikte"); *Moxter*, DStZ 2000, 157, 158; *Pellens/Gassen*, KoR 2001, 137, 140; a.A. offenbar *Oestreicher/Spengel*, RIW 2001, 889, 894. Ausfluss dieser Zweckdivergenz ist etwa, dass eine zeitwertbezogene Besteuerung am Übermaßverbot scheitern müsste (näher *Hennrichs*, DStJG 24 (2001), 301, 315 ff.; vgl. auch *Herzig*, WPg 2000, 104, 113; *Herzig/Bär*, DB 2003, 1, 5, 7; tendenziell a.A. *Hoffmann/Lüdenbach*, GmbHR 2004, 145, 146 f.).

1188 *Arbeitskreis Bilanzrecht*, BB 2002, 2372, 2379 f.; vgl. auch *Moxter*, BB 1979, 1102, 1104; *derselbe*, DStZ 2000, 157, 158; *Zeitler*, DB 2003, 1529, 1531 f.; ferner *Schildbach*, BFuP 2002, 263, 275.

1189 Vgl. z.B. BVerfGE 66, 214, 223.

1190 *Arbeitskreis Bilanzrecht*, BB 2002, 2372, 2379 f.; *Zeitler*, DB 2003, 1529, 1531.

tems für kapitalmarktorientierte Unternehmen daher von vornherein nicht realisierbar.

(3) Zwischenergebnis

Zusammenfassend bleibt festzuhalten, dass kapitalmarktorientierte Unternehmen eine „gespaltene Rechnungslegung“ als „Preis“ für die Ausrichtung der europäischen Rechnungslegungsordnung auf ihre spezifische Bedürfnisstruktur hinzunehmen haben. Insbesondere muss eine exklusive Abwägung ökonomischer Vor- und Nachteile dort eine Grenze finden, wo den Staat eine Verantwortung für die hinreichende Beachtung der Belange von ansonsten weithin schutzlos gestellten Gläubigern trifft. Diese namentlich aus dem Trennungsprinzip entspringende Fürsorgepflicht des Gesetzgebers lässt die negativen Begleiterscheinungen einer „gespaltenen Rechnungslegung“ für kapitalmarktorientierte Unternehmen zumutbar und verhältnismäßig erscheinen[1191].

2. *„Zwei-Säulen-Modell“ für den Einzelabschluss?*

Obgleich damit das zentrale Anliegen dieser Arbeit formuliert ist, soll nachfolgend weiter ausgelotet werden, ob es *rechtspolitisch sinnvoll* erscheint, den in der IAS/IFRS-VO abgesteckten Mindestanwendungsbereich zwingender IAS/IFRS-Rechnungslegung auf nationaler Ebene auszudehnen. In diesem Sinne könnte ein künftiges Bilanzrecht neben einer kapitalschutzbezogenen auch eine spezifisch kapitalmarktorientierte Säule vorsehen (Zwei-Säulen-Modell).

a) Bestimmung der Grundkoordinaten

In diesem Zusammenhang darf freilich nicht unberücksichtigt bleiben, dass das geltende Recht der *freiwilligen Anfertigung* eines Einzelabschlusses auf Grundlage der IAS/IFRS keine Schranken setzt. Ein Verbot, das die Erstellung eines IAS/IFRS-Einzelabschlusses sanktionieren oder unterbinden würde, kennt –

1191 Mit Recht ist die Zumutbarkeit einer „gespaltenen Rechnungslegung“ daher bereits von berufener Stelle bestätigt worden: *Arbeitskreis Bilanzrecht*, BB 2002, 2372, 2377; vgl. auch *Kirsch*, WPg 2002, 743, 754 („Die Zahlungsbemessungsfunktion wiegt hier nämlich schwerer als die Arbeitserleichterung für diese Unternehmen.“); *derselbe*, WPg 2003, 275, 277. Aus juristischer Perspektive teilte hingegen zuletzt *Merkt* (AG 2003, 126, 133) die gegen eine gespaltene Rechnungslegung gerichteten Bedenken.

respektive kannte[1192] – das Handelsbilanzrecht nicht[1193]. Demgegenüber ginge mit der Begründung ergänzender *Rechnungslegungspflichten* unweigerlich eine zusätzliche *grundrechtsrelevante Belastungswirkung* einher, die insbesondere durch ein legitimes öffentliches Interesse (verfassungsrechtlich) gerechtfertigt sein müsste[1194]. Insoweit ist es aus rechtspolitischer Perspektive allerdings hinderlich, dass die *tatsächliche* Belastungswirkung einer Verpflichtung zur Erstellung paralleler Abschlüsse bislang nicht abschießend geklärt scheint. Sofern sich ein HGB-Abschluss gewissermaßen „per Knopfdruck" in einen IAS/IFRS-Abschluss transformieren ließe[1195], spräche zunächst wenig *gegen* eine Erweiterung des jahresabschlussrechtlichen Pflichtenkreises. Da sich indes die hier geübte Kritik an der IAS/IFRS-Rechnungslegung nicht zuletzt an den vielfältigen Einflussnahmemöglichkeiten des Abschlusserstellers entzündet, liegt die Annahme nahe, dass die Automatisierung dieser IAS/IFRS-spezifischen Beurteilungsvorgänge kaum lösbare Schwierigkeiten aufwerfen würde[1196].

Die Belastungswirkung einer zweigleisigen Rechnungslegungsverpflichtung würde zudem durch immense interne Schulungskosten sowie durch zusätzliche Kosten der Abschlussprüfung erhöht[1197]. Weiterhin stellt sich das IAS/IFRS-Regelwerk als ausgesprochen dynamische (Rechts-)Materie dar, die nach einer fortwährenden Aktualisierung des Kenntnisstandes seiner Anwender verlangt[1198].

1192 Vielmehr sieht § 325 Abs. 2a HGB nunmehr das Recht vor, zu Informationszwecken ergänzend einen Einzelabschluss auf Grundlage der IAS/IFRS aufzustellen, der anstelle des HGB-Einzelabschlusses im Bundesanzeiger offen gelegt werden kann.

1193 Hierauf weisen etwa *Niehus* (WPg 2001, 737, 752) und *Pellens* (WPg-Sonderheft 2001, 101, 103) mit Recht hin.

1194 Vgl. bereits Kap. 5 A. 2.

1195 Wie die Ausführungen von *Pellens/Fülbier* (ZGR 2000, 572, 590 f.; vgl. auch *Strobl*, in: Festschr. für Clemm, 1996, S. 389, 412) vermuten lassen, ist dieses Szenario nicht utopisch.

1196 Freilich wäre auch die Beschaffung entsprechender Datenverarbeitungsprogramme mit einer eigenständigen Belastung des Rechnungslegungspflichtigen verbunden.

1197 Vgl. *Arbeitskreis Bilanzrecht*, BB 2002, 2372, 2377 f.; *Kahle*, WPg 2003, 262, 273 f.; *Küffner/Hock*, BFuP 1998, 57, 67 f.; *Peemöller/Spanier/Weller*, BB 2002, 1799, 1802; *Schulze-Osterloh*, ZIP 2003, 93, 100; ferner *Herzig/Bär*, DB 2003, 1, 5. Tatsächlich müssen die IAS/IFRS bereits aufgrund ihrer exorbitanten Regelungsdichte als anspruchsvolles Regelwerk gelten, das hohe Anforderungen an die Mitarbeiter der internen Rechnungswesenabteilungen stellt. *Schulze-Osterloh* (ZIP 2003, 93, 99; ähnlich *Schildbach*, BFuP 2002, 263, 270) ist darüber hinaus der Ansicht, dass eine sachgerechte Anwendung der IAS/IFRS allein auf Grundlage der englischen Sprachfassung zu gewährleisten ist.

1198 Zutr. *Küffner/Hock*, BFuP 1998, 57, 68. Der Rechnungslegungspflichtige müsste ferner stets die auf europäischer Ebene angesiedelten Anerkennungsmechanismen

Zieht man die Summe unter die vorstehenden Überlegungen, so ist davon auszugehen, dass eine gesetzliche Pflicht zur ergänzenden Anfertigung eines IAS/IFRS-Jahresabschlusses eine beträchtliche Belastungswirkung entfalten würde[1199]. Vor diesem Hintergrund sollte sich eine Ausdehnung des *verpflichtenden* Anwendungsbereichs der IAS/IFRS-Rechnungslegung auf *ernsthafte und konkret fassbare* gesetzgeberische Beweggründe zurückführen lassen können.

b) Pflicht zur Anfertigung eines parallelen IAS/IFRS-Einzelabschlusses?

Ungeachtet des unzweifelhaft weiten Gestaltungsspielraums sind *schlüssige* gesetzgeberische Motive, die Anlass gäben, „kapitalmarktferne" Unternehmen ergänzend zur Anfertigung eines IAS/IFRS-Abschlusses zu verpflichten, kaum ersichtlich[1200]. Sofern es für solche Unternehmen wirtschaftlich sinnvoll erscheint, insbesondere im Rahmen von Kreditverhandlungen (ergänzend) einen IAS/IFRS-Abschluss vorzulegen, sind sie daran nicht gehindert[1201]. Erzeugt ein *kapitalmarktorientierter* Informationsabschluss indes – wie dies für die Mehrzahl der angesprochenen Unternehmen anzunehmen ist – keinerlei substanzielle positive Nutzeneffekte[1202], kann sich ein „kapitalmarktfernes" Unternehmen folglich auf

---

im Auge behalten, um für eine reibungslose Anwendung neuer Standards sorgen zu können.

1199 Siehe auch *Ernst*, BB 2003, 1487, 1488. Mit diesem Ergebnis korrespondiert die breite Ablehnung, mit der „kleine mittelständische Unternehmen" (bis 500 Mitarbeiter), die keinen Konzernabschluss zu erstellen haben, einer verpflichtenden Anwendung der IAS/IFRS im Einzelabschluss begegnen (siehe dazu *Mandler*, StuB 2003, 582, 583 f.). Demgegenüber befürwortet ein beträchtlicher Teil der „größeren mittelständischen Unternehmen" ein („befreiendes") allgemeines Wahlrecht sowohl für den Konzern- als auch für den Einzelabschluss (*Mandler*, a.a.O., S. 584 f.).

1200 Dies entspricht der Haltung der Bundesregierung, die sie in dem 10-Punkte-Programm „Unternehmensintegrität und Anlegerschutz" zusammengefasst hat und der der Verfasser folglich zustimmt. Zu den Auswirkungen des 10-Punkte-Programms auf das Handelsbilanzrecht *Ernst*, BB 2003, 1487 ff.

1201 Siehe dazu *von Keitz*, DB 2003, 1801, die allerdings offenbar übersieht, dass allen Unternehmen die Veröffentlichung von IAS/IFRS-konformen Jahresabschlüssen bereits vor dem Inkrafttreten des Bilanzrechtsreformgesetzes offen stand. Siehe insoweit auch Regierungsentwurf zum BilReG, BT-Drs. 15/3419, S. 23 a.E. (in Bezug auf kleine und mittelgroße Gesellschaften).

1202 *Kahle*, WPg 2003, 262, 274; *Küffner/Hock*, BFuP 1998, 57, 68; *Löhr*, StuB 2003, 643, 650; *Hüttche*, BB 2002, 1804 (auch mit Blick auf die Entwicklung sog. IAS/IFRS „light", die sich wohl nicht konzeptionell, sondern vorrangig durch einen reduzierten Berichtsumfang von den IAS/IFRS „regular" unterscheiden werden); vgl. diesbezüglich auch *Theile*, GmbHR 2001, 892, 893 f., 897 (der den anonymen Kapitalmarkt als „vielleicht sogar einzige[n]" Adressaten eines reinen Informationsdie Erstellung eines primär auf Ausschüttungsbemessung bedachten Abschlusses beschränken – der (in leicht modifizierter Form) gleichsam als Steuerbilanz fungieren könnte[1203]. Diesen Unternehmen ergänzend die Erstellung eines IAS/IFRS-Abschlusses aufzugeben, liefe hingegen neuerlich auf einen regulierenden Akt „paternalistischer Fürsorge" hinaus, der angesichts der Unzulänglichkeiten der IAS/IFRS-Rechnungslegung durch nichts gerechtfertigt wäre.

Hinsichtlich des Einzelabschlusses kapitalmarktorientierter Unternehmen ist darüber hinaus festzuhalten, dass die Informationsbedürfnisse der Kapitalmarktteilnehmer typischerweise durch einen ohnehin gemäß Art. 4 IAS/IFRS-VO verpflichtend zu erstellenden IAS/IFRS-Konzernabschluss abgedeckt werden (Kap. 6 C. 1. b) (1)). Falls kapitalmarktorientierte Unternehmen gleichwohl von den Nutzeneffekten der Veröffentlichung eines (ergänzenden) IAS/IFRS-Einzelabschlusses überzeugt sind[1204], bleibt es ihnen unbenommen, entsprechende Informationsbedürfnisse zu befriedigen[1205]. Da die obligatorische Erstellung eines IAS/IFRS-Konzernabschlusses die Kosten für die Erstellung eines IAS/IFRS-konformen, parallelen Einzelabschlusses reduzieren dürfte[1206], werden kapitalmarktorientierte Unternehmen einem diesbezüglichen Marktdruck ohne Zweifel nachgeben. Einer gesetzlichen Verpflichtung bedarf es insoweit allerdings nicht[1207].

Vor allem aber muss einer auf den Gesichtspunkt der *Schutzbedürftigkeit* von Gläubigern *und* Gesellschaftern rekurrierenden Argumentationslinie die Berechtigung abgesprochen werden. Bei Lichte besehen sind die Kernelemente der IAS/IFRS-Rechnungslegung, namentlich Bilanz und GuV, in ihrer derzeitigen Gestalt insgesamt nicht als *schutzrechtliches Normensystem geeignet* (Kap. 6 B. 2. b) (4)), da sie weitumfänglich der steuernden Einflussnahme des Bilanzierenden – in diesem Sinne der eigentlichen „Gefahrenquelle" für eine unrichtige Informationsversorgung der Jahresabschlussadressaten – ausgesetzt sind. Mithin

---

abschlusses betrachtet); *Schildbach*, BFuP 2002, 263, 271; ferner *Watrin*, DB 2001, 933, 935.

1203 So *Herzig*, KoR 2001, 154, 159.

1204 Vgl. *Pellens*, WPg-Sonderheft 2001, 101, 102 m.w.N.; in diese Richtung auch *Herzig/Bär*, DB 2003, 1, 3.

1205 Dies berücksichtigt nunmehr § 325 Abs. 2a HGB in der Fassung des BilReG.

1206 Umgekehrt würde eine Pflicht zur Erstellung von IAS/IFRS-Einzelabschlüssen naturgemäß die Kosten der Anfertigung von IAS/IFRS-Konzernbilanzen reduzieren. So entfiele insbesondere die Notwendigkeit, eine Handelsbilanz II zu erstellen (vgl. *Pellens/Gassen*, KoR 2001, 137, 139).

1207 A.A. *Arbeitskreis Externe Unternehmensrechnung*, DB 2003, 1585 ff., die sich nunmehr für eine gesetzliche Verpflichtung zur Anfertigung eines auf Informationszwecke beschränkten IAS/IFRS-Einzelabschlusses aussprechen. Hiervon sollen allerdings Unternehmen ohne „besondere wirtschaftliche Bedeutung" befreit werden.

besteht keine Veranlassung, die ergänzende Erstellung von IAS/IFRS-Einzelabschlüssen anzuordnen.

Kaum eingängig ist es allerdings, wenn die kapitalmarktrechtliche Ausrichtung der europäischen Rechnungslegungsordnung konzernungebundene kapitalmarktorientierte Unternehmen nicht einbeziehen würde. Sachnächstes Kriterium für eine verpflichtende Anwendung der IAS/IFRS sollte mit Blick auf ihren natürlichen Anwendungsbereich die (intendierte) Inanspruchnahme eines Kapitalmarktes sein[1208]. Es spricht daher einiges dafür, kapitalmarktorientierten konzernungebundenen Unternehmen die Anfertigung eines IAS/IFRS-Jahresabschlusses aufzugeben[1209]. Eine Verpflichtung zur Erstellung paralleler Einzelabschlüsse beschränkte sich daher auf jene Gruppe *kapitalmarktorientierter Unternehmen*, die nicht bereits nach Maßgabe des Art. 4 IAS/IFRS-VO zur Veröffentlichung eines IAS/IFRS-Konzernabschlusses veranlasst sind. Unbesehen der qualitativen Mängel der IAS/IFRS-Rechnungslegung ließe sich dieser regulative Ansatz mit Rücksicht auf die erforderliche Sicherung der *Funktionsfähigkeit inländischer Kapitalmärkte*[1210] durchaus rechtfertigen. Derzeit ist das Vertrauen in die Qualität angloamerikanischer Rechnungslegung zwar auch auf den Kapitalmärkten merklich erschüttert[1211]. Dessen ungeachtet hält sich beharrlich die These, dass die IAS/IFRS-Rechnungslegung den Informationsbedürfnissen von Investoren in besonderer Weise Rechnung trägt (Kap. 6 B. 2.)[1212]. Die Ausübung der

1208 Die Inanspruchnahme eines Kapitalmarkts als Differenzierungskriterium für Rechnungslegungsvorschriften – nunmehr durch Art. 4 IAS/IFRS-VO etabliert – rechtfertigen etwa *Arbeitskreis Externe Unternehmensrechnung*, DB 2001, 160; *Küffner/Hock*, BFuP 1998, 57, 64; *Pellens/Fülbier*, ZGR 2000, 572, 586 ff.; *Theile*, GmbHR 2001, 892, 897 f.; vgl. auch *Gross*, in: Festschr. für Ludewig, 1996, S. 333, 356; kritisch hingegen *Moxter*, DB 2001, 605 f.

1209 So *Centrale für GmbH*, GmbHR 2001, 565; *Pellens*, WPg-Sonderheft 2001, 101; *Theile*, GmbHR 2001, 892, 897 f.; vgl. auch *Pellens/Gassen*, KoR 2001, 137 f.; ferner *Arbeitskreis Externe Unternehmensrechnung*, DB 2003, 1585 („Alle kapitalmarktorientierten Unternehmen und Unternehmen von wirtschaftlicher Bedeutung, die selbst keinen Konzernabschluss aufstellen müssen [...]").

1210 Dazu *Pellens/Fülbier*, ZGR 2000, 572, 580 f.; siehe auch *Zeitler*, DB 2003, 1529, 1531.

1211 Vgl. dazu *Dries*, FAZ vom 27. 06. 2002, Nr. 146, S. 15; ferner *Zeitler*, DB 2003, 1529.

1212 Siehe auch den Regierungsentwurf zum BilReG, BT-Drs. 15/3419, S. 23 („Außer zu Informationszwecken, die ein IAS-Abschluss anerkanntermaßen besonders gut erfüllt [...]"); tendenziell a.A. demgegenüber jüngere Stimmen aus dem betriebswirtschaftlichen Schrifttum *Tanski*, DStR 2004, 1843, 1847 sowie *Meyer/Meisenbacher*, DStR 2004, 567, 572 („Die zahlreichen Ermessensspielräume bieten [..] eine gute Ausgangslage, der Umwelt ein besseres Unternehmensbild zu vermitteln, als es der Wirklichkeit entspricht.").

durch Art. 5 IAS/IFRS-VO gewährten Mitgliedsstaatenwahlrechte sollte daher zum Anlass genommen werden, den „Kapitalmarktstandort Deutschland" auf die Anforderungen des internationalen Wettbewerbs auszurichten.

3. Schlussbetrachtung und Ausblick

Gegenwärtig steht der Gesetzgeber vor einer Regulierungsaufgabe, deren Tragweite aufzuzeigen, Aufgabe der vorliegenden Arbeit war. Bei der Ausfüllung dieses Gestaltungsspielraums sollte dem Gedanken, dass jede staatliche Gewährung von Haftungsbeschränkungen in rechtspolitischer Hinsicht nach einer effizienten Absicherung der Belange der hierdurch mittelbar *betroffenen* Gläubiger verlangt, ermessensleitende Wirkung beschieden sein. Die *staatliche Verantwortung* für den Gläubigerschutz hat sich mithin nicht überlebt[1213]; gesetzlicher Gläubigerschutz muss vielmehr als Konstante unserer Wirtschaftsordnung begriffen werden, solange Unternehmenseignern zugebilligt wird, sich insbesondere durch Wahl einer korporativen Gesellschaftsform der Haftung für ihr wirtschaftliches Tätigwerden zumindest teilweise zu entziehen[1214].

Vor diesem Hintergrund sollte der Gesetzgeber gerade in Zeiten fortwährend steigender Insolvenzneigung zuvorderst um die Stabilisierung des im Grundsatz

1213 Vgl. *Arbeitskreis Bilanzrecht*, BB 2002, 2372, 2375; *Ballwieser*, in: Festschr. für Beisse, 1997, S. 25, 41; *Kahle*, WPg 2003, 262, 267; *Schulze-Osterloh*, in: Schruff (Hrsg.), Bilanzrecht unter dem Einfluß internationaler Reformzwänge, 1996, S. 121, 133; im Grundsatz auch *Hüttche*, RIW 1996, 1018, 1023 („Eine strikt investorenorientierte Rechnungslegung im Einzelabschluß macht Schutzvorschriften oder die Funktionsübernahme durch andere Instrumente erforderlich."); allgemein zur gesetzgeberischen Verantwortung für den Gläubigerschutz *Röhricht*, in: Festschr. Bundesgerichtshof, 2000, S. 83, 99 (der einen „angemessenen Gläubigerschutz" für unerlässlich erachtet, um ein „rechtsethische(s) Defizit" zu vermeiden); ferner *Wiedemann*, S. 562 f.; sowie die Äußerungen des Aktienrechtsreformgesetzgebers von 1884 (vgl. Verhandlungen des Reichstages, 5. Legislaturperiode – IV. Session 1884, S. 302), der die Beachtung von Gläubigerbelangen *„als ein Gebot der Nothwendigkeit"* verstanden wissen will.

1214 Insoweit hat auch der EuGH in seiner sog. „Überseering"-Entscheidung (BB 2002, 2402, 2406, Tz. 92) anerkannt, dass „zwingende Gründe des Gemeinwohls", zu denen er expressis verbis auch den Gläubigerschutz zählt, unter bestimmten Voraussetzungen Beschränkungen der Niederlassungsfreiheit rechtfertigen. Auch wenn diese zwingenden Gründe des Gemeinwohls die „Aberkennung" der *Rechts- und Parteifähigkeit* einer in einem anderen Mitgliedsstaat wirksam gegründeten Gesellschaft nicht tragen (EuGH, a.a.O., Tz. 93), ist der Entzug des Haftungsprivilegs mit Rücksicht auf außerhalb des Gründungsvorgangs liegender Gründe nicht ausgeschlossen (so AG Hamburg BB 2003, 1457, 1458; a.A. *Lutter*, BB 2003, 7, 9).

bewährten Systems[1215] bemüht sein. Experimentelle Umwälzungen gilt es daher zumindest solange zurückzustellen, wie deren Auswirkungen nicht absehbar scheinen. Dementsprechend ist insbesondere vor einem Wechsel auf einen informationell angelegten Gläubigerschutzrahmen zu warnen. Selbst wenn der informationelle Gläubigerschutz tatsächlich besser geeignet wäre, schutzwürdige Gläubigerbelange auf eine tragfähige Grundlage zu stellen – was angesichts der hier gefundenen Ergebnisse ernsthaft zu bezweifeln ist –, wäre zunächst *sicherzustellen*, dass diese Neuausrichtung des Gläubigerschutzes im Rechtsverkehr auch *angenommen wird*[1216]. Insofern mag es zwar langfristig durchaus überdenkenswert sein, die derzeitige Einbettung in ein Korsett „paternalistischer Fürsorge" durch ein System der Eigenverantwortung[1217] zu ersetzen; kurz- und mittelfristig sollte aber *im Kern* an dem vertrauten kapitalerhaltungsbasierten Gläubigerschutzkonzept unter Einbindung vorsichtsbedachter Rechnungslegungsvorschriften festgehalten werden. Dies hindert freilich nicht, den Rechtsverkehr „schonend" an internationale Rechnungslegungssysteme – namentliche die IAS/IFRS – heranzuführen[1218]. Niemandem darf indes zugemutet werden, „die Erde gestern als Scheibe und heute als Kugel"[1219] begreifen zu müssen. Um der Gefahr erheblicher Verwerfungen effektiv zu begegnen, muss unabdingbares Vertrauen in die IAS/IFRS folglich erst aufgebaut und nachhaltig gestärkt werden.

Gewiss ist der handelsrechtliche Jahresabschluss vor diesem Hintergrund für einen „Testlauf" der IAS/IFRS in Deutschland nicht prädestiniert. Vielmehr dürfte mit dem Konzernabschlussrecht ein insofern geeignetes „Erprobungsfeld" ausgemacht sein. Zielführend könnte daher insbesondere die Gewährung eines Wahlrechts für einen befreienden Konzernabschluss auf Grundlage der IAS/IFRS

1215 *Group of German Experts on Corporate Law*, ZIP 2002, 1310, 1316; ferner *Centrale für GmbH*, GmbHR 2001, 565.

1216 Mit Recht kommt *Kahle* (ZfB 2002, 695, 707) zu der Überzeugung, dass Gläubiger einem informationellen Gläubigerschutzsystem (zunächst) wenig Vertrauen entgegenbringen würden. Auch *Baetge* zeigt sich (nunmehr) mit Blick auf die zunehmende Hinwendung der IAS/IFRS zur Fair Value-Bilanzierung überzeugt, dass IAS/IFRS-Abschlüsse die Abschlussleser vor unlösbare Herausforderungen stellen (Vortrag *Baetges* auf dem 19. Münsterschen Tagesgespräch am 22. 5. 2003, wiedergegeben bei *Heidemann/Sickmann*, StuB 2003, 652, 653). Gegen einen „abrupten Systemwechsel" im Bereich des gesellschaftsrechtlichen Kapitalschutzes und zu etwaigen „Abstoßungsreaktionen" auch die *Group of German Experts on Corporate Law*, ZIP 2002, 1310, 1317.

1217 Dezidiert zum „Versagen" des US-amerikanischen Selbstkontrollsystems allerdings *Dries*, FAZ vom 27. 06. 2002, Nr. 146, S. 15.

1218 Insofern hat der Gesetzgeber in Gestallt des BilReG einen Schritt in die richtige Richtung unternommen, so auch das Fazit von *Hüttemann*, BB 2004, 203, 205.

1219 In Anlehnung an *Schön*, ZGR 2000, 706, 738.

sein[1220]. Freilich bliebe damit das Ziel, die Vergleichbarkeit von Konzernabschlüssen zu gewährleisten, bis auf weiteres unerreicht[1221]. Ohne Zweifel kann es auch nicht als Idealzustand angesehen werden, identische wirtschaftliche Sachverhalte in Einzel- und Konzernabschluss unterschiedlich abzubilden. Dessen ungeachtet hat dieser Lösungsansatz den Charme, dass er Deutschland aus der „bloß" defensiven Position des beharrlichen Verteidigers traditioneller Rechnungslegung entließe. Auf diesem Wege könnte somit Reformoffenheit dokumentiert werden, ohne dass gleichzeitig fundamentale gesellschaftsrechtliche Mechanismen außer Funktion gesetzt werden müssen. Überdies bliebe es den betroffenen „kapitalmarktfernen" Konzernmuttergesellschaften selbst überlassen, Kosten und Nutzen einer „gespaltenen Rechnungslegung" unter Berücksichtigung ihrer spezifischen Bedürfnisstruktur abzuwägen[1222].

Bei unvoreingenommener Betrachtung ist daher die Zeit für eine Anwendung der IAS/IFRS im – befreienden – Einzelabschluss noch nicht gekommen[1223]. Insbesondere die gegenwärtig diskutierten Mechanismen zur Sicherung von Gläubigerbelangen lassen es nicht angezeigt erscheinen, den Einzelabschluss aktuell kapitalmarktorientiert auszurichten. In diese Richtung zielende Bestrebungen sind allerdings *auch künftig wenig Erfolg versprechend*, sofern es nicht gelingt, die durch die IAS/IFRS gewährten Steuerungspotentiale entscheidend zu verengen und damit das Bilanzierungsermessen des Rechnungslegungspflichtigen zu kanalisieren. Soweit hieraus allerdings ein unüberwindlicher Widerspruch mit den Informationsbedürfnissen des Kapitalmarkts erwächst, sind die Unannehmlichkeiten eines „gespaltenen Rechnungslegungsrechts" mit Rücksicht auf den Gläubigerschutz dauerhaft in Kauf zu nehmen. So bietet namentlich auch die „Sanktionsebene" keinen tauglichen Ansatzpunkt, um die IAS/IFRS-Rechnungslegung

1220 *Arbeitskreis Bilanzrecht*, BB 2002, 2372, 2378; *Centrale für GmbH*, GmbHR 2001, 565; *Kahle*, WPg 2003, 262, 273; *Kirsch*, WPg 2002, 743, 751; *derselbe*, WPg 2003, 275, 276; *Niehus*, WPg 2001, 737, 740; *Schulze-Osterloh*, ZIP 2003, 262, 273; *Zabel*, WPg 2002, 919, 921; abweichend *Schön* (ZGR 2000, 706, 739 f.), der sowohl auf Konzernebene als auch auf Ebene der Einzelgesellschaften „je eine Rechnung für Ausschüttungszwecke als auch für Informationszwecke" befürwortet.

1221 Daher für eine allgemeine und obligatorische Anwendung der IAS/IFRS im Konzernabschluss z.B. *Böcking*, WPg 2001, 1433, 1435; *IDW*, WPg 2002, 983, 984 f.; *Stellungnahme des DSR* vom 21.10.2002, S. 2.

1222 Diesen Erwägungen trägt nunmehr § 315a Abs.3 HGB in der Fassung des BilReG Rechnung.

1223 So *Niehus*, WPg 2001, 737, 741; nunmehr auch *Arbeitskreis Externe Unternehmensrechnung*, DB 2003, 1585; vgl. ferner *Ernst*, BB 2003, 1487, 1489 f.; *IDW*, WPg 2002, 983, 985 f.; *Hüttche*, RIW 1996, 1018, 1025; tendenziell a.A. jeweils mit Kritik am BilReG *Böcking*, Der Konzern 2004, 177, 180 f.; *Hoffmann/Lüdenbach*, GmbHR 2004, 145, 146.

für gesetzliche Schutzzwecke nutzbar zu machen. Insbesondere lässt das IAS/IFRS-Regelwerk infolge seiner prospektiven und prognoseorientierten Ausrichtung jegliche „Steuerungswirkung" vermissen, sodass getroffene Bilanzierungsentscheidungen typischerweise kaum kontrollierbar sind. Da Sanktionsmechanismen ihrer Natur entsprechend allerdings nicht greifen, sofern sich die fraglichen Maßnahmen innerhalb einer Bandbreite – aus ex ante-Perspektive – vertretbarer Wertungen bewegen[1224], müsste auch eine persönliche Inhaftnahme des Managements rechtstatsächlich leer laufen.

Überdies scheidet auch ein Rückgriff auf die Unternehmenseigner als Empfänger von aus *ex post-Perspektive* „ungerechtfertigten Vermögensverlagerungen" ersichtlich aus, sofern das kapitalgesellschaftsrechtliche Trennungsprinzip nicht in einer Weise ausgehöhlt werden soll, die dem Kapitalmarktstandort Deutschland nachhaltigen Schaden zufügen würde[1225].

Sofern der Gesetzgeber vor diesem Hintergrund gegen eine substanzielle Zurücksetzung von Gläubigerbelangen votiert, bleibt die handelsrechtliche Rechnungslegung jedenfalls bezogen auf den Einzelabschluss davor gefeit, als „Auslaufmodell" gelten zu müssen[1226]!

1224 Vgl. *K. Schmidt*, JZ 1984, 771, 777 („[...] harte Sanktionen [setzen] klar umrissene Tatbestände voraus"); siehe auch *Schulze-Osterloh*, Der Konzern 2004, 173, 176 (mit Blick auf strafrechtliche Sanktionsnormen); *Tanski*, DStR 2004, 1843.

1225 In diesem Sinne *Watrin*, DB 2001, 933, 937.

1226 So auch *Kahle*, WPg 2003, 262, 275; *Zeitler*, DB 2003, 1529.

Kapitel 7 – Zusammenfassung der Ergebnisse

Die Ergebnisse der Untersuchung lassen sich in den folgenden Thesen zusammenfassen:

1. Der 2. gesellschaftsrechtlichen Richtlinie (sog. Kapitalrichtlinie) wurde von Seiten des europäischen Gesetzgebers ein spezifisches Verständnis hinsichtlich der Ausschüttungsfähigkeit von Gewinnen zugrunde gelegt. So ging der Richtliniengeber von einem allgemeinen „Verbot der Verteilung fiktiver Dividenden" aus, das der europäischen Gesellschaftsrechtsordnung gewissermaßen als Leitgedanke vorsteht.
2. In dem Bewusstsein, dass die gläubigerschutzbezogene Wirksamkeit der Kapitalrichtlinie erst durch die ihr nachfolgende EG-Bilanzrichtlinie bestimmt wird, hat der Richtliniengeber bei der Abfassung der 2. gesellschaftsrechtlichen Richtlinie vorausgesetzt, dass die EG-Bilanzrichtlinie den Anforderungen an ein kapitalschutzadäquates bilanzielles Bezugssystem Rechnung tragen werde. Insoweit hat der Richtliniengeber erkannt, dass der EG-Bilanzrichtlinie im Zusammenwirken mit den Kapitalerhaltungsregeln der 2. gesellschaftsrechtlichen Richtlinie (Art. 15 KapRiLi) eine Risikoverteilungsfunktion zukommt, durch die unmittelbar auf die berechtigten Belange von Unternehmensgläubigern und Unternehmenseignern Einfluss genommen wird.
3. Die impliziten Anforderungen der 2. gesellschaftsrechtlichen Richtlinie an ein kapitalschutzadäquates Bilanzrecht lassen sich dahingehend konkretisieren, dass ein bilanzielles Bezugssystem zuvorderst dem Realisationsprinzip in seiner kontinentaleuropäischen Ausprägung umfassend Geltung zu verschaffen hat, um die Ausschüttung „fiktiver Dividenden" auszuschließen. Da Art. 16 KapRiLi die Rückholbarkeit rechtmäßig ausgeschütteter Beträge ausschließt, sollten ausschließlich realisierte Wertzuwächse und ausreichend sichere (Vermögens-) Bestandteile in die bilanzielle Vermögensbetrachtung eingehen, um einem „verfrühten" Abfluss nicht rückholbarer Vermögensbestandteile in die Gesellschaftersphäre entgegenzuwirken. Hierdurch sollte sichergestellt werden, dass das durch Art. 15 KapRiLi rechtstechnisch gebundene Vermögen dem Gläubigerzugriff im Bedarfsfall auch rechtstatsächlich zur Verfügung steht. Gleichsam wurde bei der Ausgestaltung der Kapitalrichtlinie vorausgesetzt, dass ihr bilanzielles Bezugssystem hinreichend ob-

jektivierte Gewinnermittlungsregelungen vorsieht, damit die Schutzfunktion der Kapitalrichtlinie nicht zur Disposition ihrer Adressaten steht.

4. Das gegenwärtige Kapitalgesellschaftsrecht ist durch einen „strukturprägenden Konnex“ von Kapitalaufbringungs- und Kapitalerhaltungsvorschriften einerseits und der Freistellung der Unternehmenseigner von persönlicher Haftung andererseits gekennzeichnet. Insoweit besteht ein wechselseitiges Legitimationsverhältnis von kapitalschützenden Vorschriften, die primär dem Gläubigerschutz zu dienen bestimmt sind, und Haftungsbeschränkungen, die als Ausdruck legitimer ordnungspolitischer Zielsetzungen zu begreifen sind. In diesem Zusammenspiel übernehmen Kapitalerhaltungsregeln die Funktion, die mit dem Trennungsprinzip einhergehenden Gefahren für den Rechtsverkehr zu begrenzen. Sie schaffen einen Ausgleich für die vom Gesetzgeber gewährte Möglichkeit, wirtschaftlich aktiv zu werden, ohne für die Folgen dieses Tätigwerdens vollumfänglich einstehen zu müssen. Dabei ist es dem Gesetzgeber mit Rücksicht auf seine Ordnungsfunktion verwehrt, den Rechtsverkehr insoweit schutzlos zu stellen.
5. Die Entwicklung des nationalen Aktienrechts hat bereits erwiesen, dass die mit der Gewährung von Haftungsfreistellungen verfolgten gesamtwirtschaftlichen Zielsetzungen verfehlt werden, wenn auf hinreichend strenge Normativbestimmungen verzichtet wird. Insoweit besteht eine hohe Wahrscheinlichkeit, dass die mit der Förderung der unternehmerischen Betätigung verbundenen positiven Nutzeneffekte durch Gläubigerschädigungen überkompensiert würden.
6. Die aktien- und GmbH-rechtlichen Kapitalschutzsysteme beziehen ihre Wirkungskraft zuvorderst aus der gesetzlichen Kapitalbindung, die vom Umfang des ausschüttungsgesperrten Haftungsfonds unabhängig ist. Sie schützt die Unternehmensgläubiger vor vermögensrechtlichen Schädigungen, die nicht aus der eigentlichen unternehmerischen Betätigung herrühren. Insoweit wird bei der Beurteilung der gesetzlichen Kapitalschutzsysteme in der Fachöffentlichkeit verbreitet übersehen, dass diese von vornherein nicht darauf angelegt sind, einen vollkommenen, auch gegen wirtschaftliche Fehlentwicklungen absichernden Gläubigerschutz zu gewährleisten. Die wesentliche Funktionsvoraussetzung der gegenwärtigen Kapitalschutzsysteme ist darin zu sehen, dass die gesetzliche Trennung der Vermögenssphären von Gesellschaft und Gesellschaftern respektiert wird. Vor diesem Hintergrund ist es folgerichtig, wenn die Rechtsprechung die Berufung auf eine gesetzliche Haftungsfreistellung abschneidet, wenn Kapitalerhaltungsregeln (willentlich) außer Funktion gesetzt werden. Demgegenüber entfaltet das Grund- bzw. Stammkapital in der Nachgründungsphase einer Kapitalgesellschaft keine nachhaltig ins Gewicht fallenden positiven Nutzeneffekte. Dessen ungeachtet erfüllen Mindestkapitalvor-

schriften im Rahmen des Gründungsvorgangs einer Kapitalgesellschaft die ihnen von Gesetzes wegen zugewiesene Funktion, einen gewissen Nachweis wirtschaftlicher Fundierung zu liefern (Seriositätsnachweis).

7. Die aktien- und GmbH-rechtlichen Kapitalschutzsysteme sind in ihrer Wirkungskraft entscheidend von der Ausgestaltung der in Bezug genommenen Rechnungslegungsordnung abhängig. Zur Gewährleistung eines rechtspolitisch fundierten Interessensausgleichs für die Gewährung von Haftungsfreistellungen ist es daher unerlässlich, das bilanzielle Bezugssystem auf die „impliziten" Anforderungen der Kapitalerhaltungsregeln abzustimmen. Eine Entkopplung der Kapitalerhaltungssysteme von gläubigerschutzbedachten Gewinnermittlungsvorschriften könnte daher Anlass geben, den Ausschluss von Rückgewähransprüchen im Hinblick auf rechtmäßig empfangene Gewinnausschüttungen (vgl. 62 Abs. 1 Satz 1 AktG, § 31 Abs. 1 GmbHG) und damit das ohnehin fragile Trennungsprinzip schlechthin in Frage zu stellen.

8. Obgleich das gegenwärtige GmbH-Recht eine gegenüber dem Aktienrecht weniger strenge Kapitalerhaltungsstrategie verfolgt, stellen beide Regelungsmaterien hinsichtlich ihrer bilanziellen Bezugssysteme übereinstimmende Anforderungen. Dies folgt insbesondere daraus, dass weniger der Umfang des ausschüttungsgesperrten Haftungsfonds als vielmehr seine substanzielle Ausfüllung durch die jeweilig in Bezug genommene Rechnungslegungsordnung über die Kapitalschutzqualität bestimmt. Entsprechend reagieren Aktien- und GmbH-Recht gleich „sensibel" auf Eingriffe in das Handelsbilanzrecht. Daher ist es ungeachtet des (formal) ungleichen Schutzniveaus der Kapitalerhaltungssysteme sachgerecht, dass das Handelsrecht dem Kapitalgesellschaftsrecht eine einheitliche bilanzrechtliche Grundlage bereitet.

9. Ein bilanzrechtlicher „Paradigmenwechsel" würde über den Bereich der Kapitalerhaltungssysteme hinaus mannigfache Rückkopplungen auf das Gesellschaftsrecht erzeugen. Personengesellschaftsrechtlich ist insoweit zu berücksichtigen, dass insbesondere die gläubigerschutzbezogene Wertigkeit der Kommanditistenhaftung in erheblichem Maße durch das Handelsbilanzrecht beeinflusst wird. Aber auch abseits unmittelbar gläubigerschutzbezogener Regelungsbereiche entstünde im Falle eines nachhaltigen Eingriffs in die Bilanzrechtsordnung kaum absehbarer Anpassungsbedarf. So ließen tief greifende Modifikationen der handelsrechtlichen Gewinnermittlung insbesondere befürchten, dass die aktien- und GmbH-rechtlichen Verlustanzeigepflichten (§ 92 Abs. 1 AktG, § 49 Abs. 3 GmbHG), deren „Auslösezeitpunkt" durch das Handelsbilanzrecht bestimmt wird, künftig „leer liefen".

10. Die handelsrechtlichen Gewinnermittlungsregeln harmonieren weitgehend mit dem impliziten Anforderungsprofil der 2. gesellschaftsrechtlichen Richt-

linie an ein kapitalschutzadäquates Bilanzrecht und bieten damit zugleich eine taugliche Grundlage für einen hinreichend effektiven GmbH-rechtlichen Kapitalschutz. Die Kapitalschutzkompatibilität des Handelsbilanzrechts wird insbesondere dadurch gewährleistet, dass erkennbar nur solche Vermögenspositionen in die Gewinnermittlung einzubeziehen sind, bei denen eine hinreichende Wahrscheinlichkeit für eine tatsächliche Werthaltigkeit spricht. Parallel ist der handelsrechtliche Gesetzgeber um eine objektivierte Rechnungslegung bemüht. Darüber hinaus ist die handelsrechtliche Gewinnermittlung zwar nicht durchgängig (vgl. §§ 249 Abs. 2, 268, 274 HGB), aber doch in wesentlichen Grundzügen als „echte" Vermögensveränderungsbetrachtung angelegt (vgl. §§ 242 Abs. 1, 246 Abs. 1 Satz 1, 264 Abs. 2 HGB) und bezieht damit eine von Art. 15 KapRiLi vorausgesetzte Perspektive. Da das Handelsbilanzrecht indes neben der kapitalschutzbezogenen Ausschüttungsbemessung auch eine Rechenschaftsfunktion übernimmt und mithin über eine doppelte Schutzrichtung verfügt, bleibt das Bilanzrecht jedenfalls in Teilbereichen kompromissbehaftet.

11. Auf Ansatzebene lässt § 248 Abs. 2 HGB unmissverständlich die gesetzgeberische Absicht erkennen, nicht gesichert werthaltige Posten aus der handelsrechtlichen Gewinnermittlung auszuschließen. Indem der Gesetzgeber den von der EG-Bilanzrichtlinie (Art. 9 „Aktiva" C I. 2. lit. b, Art. 10 C. I. 2 lit. b BiRiLi) gewährten Aktivierungsrahmen nicht ausschöpft, nimmt er zugleich in Kauf, dass die Vermögensverhältnisse abweichend von der Grundregel des § 246 Abs. 1 Satz 1 HGB „unvollständig" abgebildet werden. Obgleich die „objektivierungsrechtliche Dimension" des § 248 Abs. 2 HGB nicht nur die Kapitalschutztauglichkeit des Handelsbilanzrechts stützt, sondern auch mit Blick auf seine Rechenschaftsfunktion gerechtfertigt erscheint, stellt der Gesetzgeber die Informationsbedürfnisse des Kapitalmarkts insoweit hintan. Mit dem Ansatzverbot für nicht derivativ erworbene immaterielle Anlagegegenstände ist daher ein wesentliches Element des kapital- und gläubigerschutzbedachten Handelsbilanzrechts bezeichnet. Eine diesbezügliche Modifikation wäre demgegenüber mit einer merklichen Risikoverschiebung zu Lasten der Unternehmensgläubiger verbunden, da die Gefahr bestünde, dass Ausschüttungspotentiale unter Einbeziehung tatsächlich nicht werthaltiger Posten ermittelt würden.
12. Auf Bewertungsebene korrespondiert namentlich das streng objektivierend wirkende Anschaffungswertprinzip (§ 253 Abs. 1 Satz 1 HGB) mit den impliziten Anforderungen der 2. gesellschaftsrechtlichen Richtlinie an ein kapitalschutzadäquates Bilanzrecht. Im Zusammenwirken mit dem Realisationsprinzip (§ 252 Abs. 1 Nr. 4, 2. Halbs. HGB) trägt es insbesondere dem der Kapitalrichtlinie immanenten Leitgedanken Rechnung, die Ausschüttung

„fiktiver Dividenden" im Interesse eines wirksamen kapitalgestützten Gläubigerschutzes auszuschließen. Auch insoweit nimmt es der handelsrechtliche Gesetzgeber vornehmlich mit Rücksicht auf den bilanziellen Gläubigerschutz hin, dass die Vermögensverhältnisse einer Kapitalgesellschaft – untechnisch verstanden – unvollständig abgebildet werden. Dabei stellen sich Anschaffungswert- und Realisationsprinzip in historischer Perspektive als spezifische Gestaltungselemente des Kapitalgesellschaftsrechts dar, denen eine konkrete, im Rahmen der personengesellschaftsrechtsrechtlichen Rechnungslegung demgegenüber entbehrliche Schutzfunktion beigemessen wurde.

13. Das im Grundsatz zwar interpretationsoffene handelsrechtliche Realisationsprinzip (§ 252 Abs. 1 Nr. 4, 2. Halbs. HGB) steht mit Blick auf seine Auslegung durch die Bilanzierungspraxis mit den Erfordernissen einer kapitalschutzadäquaten Rechnungslegung in Einklang. Insbesondere entspricht es den leitgedanklichen Vorgaben der Kapitalrichtlinie, den Gewinnausweis von einem hinreichend sicheren („quasisicheren") Reinvermögenszuwachs abhängig zu machen. Insoweit trägt auch die in Bezug auf Veräußerungsgeschäfte geübte Praxis, die Ertragsrealisation an einen nach außen in Erscheinung tretenden Umsatzakt anzubinden, den Kerngedanken des kontinentaleuropäischen Kapitalgesellschaftsrechts Rechnung. Obgleich typischerweise bereits der Abschluss des Verpflichtungsgeschäfts eine (an sich entsprechend § 246 Abs. 1 Satz 1 HGB auszuweisende) Veränderung in der Vermögenslage der Gesellschaft bewirkt, bleiben hieraus resultierende positive Erfolgsbeiträge – im Gegensatz zu negativen Vermögensveränderungen (vgl. § 249 Abs. 1 Satz 1 2. Alt. HGB) – ausgeblendet, da zunächst ungewiss ist, ob der Kaufmann seine Leistungsverpflichtung erfüllen und damit die Grundlage für einen dauerhaften (unverrückbaren) Nettovermögenszuwachs bereiten kann. Auch mit Blick auf die Zielsetzung der Kapitalrichtlinie, einen gläubigerschutzrechtlichen Mindeststandard zu etablieren, ist es insoweit gerechtfertigt, den Gewinnausweis nicht an den Eingang der Gegenleistung zu koppeln. Für die Verwirklichung eines Mindestgläubigerschutzes ist es vielmehr ausreichend, wenn Bonitäts- und Gewährleistungsrisiken auf Abschreibungs- bzw. Rückstellungsebene Berücksichtigung finden.

14. Das zentrale Defizit der handelsrechtlichen Rechnungslegung im Hinblick auf ihre Schutzfunktion liegt in der Erfassung von Wertminderungen begründet. Soweit nicht ausnahmsweise konkret feststellbare und damit zugleich von außen prüfbare Marktwerte (vgl. § 253 Abs. 3 Satz 1 HGB) zur Verfügung stehen, erscheint nicht gesichert, dass sämtliche tatsächlich eingetretenen, aber noch unrealisierten Nettovermögensminderungen entsprechend der Systematik der handelsrechtlichen Gewinnermittlung Eingang in

den Jahresabschluss erhalten. Die auf das Bewertungsspektrum unterhalb der Anschaffungs- und Herstellungskosten beschränkte Fair Value-Bewertung birgt insoweit gegenwärtig das größte Gefährdungspotential für die Funktionsfähigkeit des kapitalerhaltungsorientierten Gläubigerschutzes.

15. Als kapitalschutzinadäquat stellen sich darüber hinaus die handelsbilanzrechtlichen Ansatz- und Bewertungswahlrechte (z.B. §§ 249 Abs. 2, 253 Abs. 2 Satz 3, 1. Halbs., Abs. 3 Satz 3 HGB) dar. Diese halten gerade nicht zu einer „vorsichtigen" Bilanzierung an. Unbesehen ihrer spezifischen Zwecke ermöglichen sie faktisch die bilanzpolitisch motivierte Bildung stiller Reserven. Diese versetzen den Bilanzierenden in die Lage, die Ausschüttungsmöglichkeiten einer Kapitalgesellschaft jedenfalls zeitweise von negativen wirtschaftlichen Entwicklungen abzuschotten und damit unabhängig von der realen Erfolgsentwicklung zu gestalten. In der Bilanzierungswirklichkeit wird die doppelte Schutzfunktion des Handelsbilanzrechts mithin teilweise außer Kraft gesetzt, da Ausschüttungspotentiale nicht durch den in Bilanzierungsnormen verkörperten gesetzgeberischen Willen, sondern durch den Bilanzierungspflichtigen selbst gesteuert werden.

16. Bereits mit Rücksicht auf seine privatrechtliche Organisationsform, die Auswahl seiner Mitglieder und seine Empfänglichkeit für die Einflussnahme von Interessenvertretern muss es als äußerst zweifelhaft angesehen werden, ob das IASB die Aufgaben eines demokratisch legitimierten Gesetzgebers im Bereich der Rechnungslegung sachgerecht ausfüllen kann. Insbesondere scheint nicht gewährleistet, dass das IASB rechtstatsächlich darauf bedacht sein wird, mitunter widerstreitende Belange einem allseitig angemessenen Ausgleich zuzuführen. Dies gilt umso mehr, als gerade die Konzipierung von Rechnungslegungsnormen naturgemäß mit der Gewichtung entgegenstehender Interessen verbunden ist und eine Orientierung an den Kategorien „richtig" und „falsch" zumeist ausscheidet.

17. Nur bei vordergründiger Betrachtungsweise entspricht der europäische Gesetzgeber durch die verfahrenstechnische Einbindung der IAS/IFRS in die europäische Rechtsordnung seinem gesetzgeberischen „Steuerungsauftrag" auf dem Gebiet der Rechnungslegung. Zwar behält er sich im Rahmen des Regelungsausschussverfahrens die Möglichkeit vor, neue und revidierte Standards nicht anzuerkennen. Rechtstatsächlich steht allerdings mit Rücksicht auf den anvisierten Zweck, die europäische Rechnungslegung konsequent an international anerkannten Bilanzierungsstandards auszurichten, ein „Anerkennungsautomatismus" zu erwarten. Die dadurch bedingte faktische Selbstbindung führt in Konsequenz dazu, dass der materielle Gehalt des Anerkennungsverfahrens demjenigen einer dynamischen Verweisung entspricht. Nur wenn zukünftig eine echte (Vereinbarkeits-) Kontrolle (vgl. Art. 3 Abs.

2 IAS/IFRS-VO) erkennbar wird, entgeht der europäische Gesetzgeber der Gefahr, dass sich das Bundesverfassungsgericht zur Kontrolle sekundären Gemeinschaftsrechts berufen sieht.

18. Schon mit Blick auf die im Framework bestimmten Zwecke der IAS/IFRS-Rechnungslegung (F.12 ff.) liegt es nahe, die Kapitalschutzinkompatibilität der IAS/IFRS zu befinden, da eine kapitalschutzadäquate Rechnungslegung notwendig mit Bedacht auf den bilanziellen Kapitalschutz ausgestaltet werden muss. IAS/IFRS-Abschlüsse sind demgegenüber *ausschließlich* als Informationsmedium zur Prognose künftiger Zahlungsmittelzugänge und mithin nicht für Zahlungsbemessungszwecke konzipiert. Die uneingeschränkte Funktionsdivergenz von IAS/IFRS-Rechnungslegung und Kapitalschutzregeln begründet insofern ein starkes Indiz für die Ungeeignetheit der IAS/IFRS als bilanzielles Bezugsystem gesetzlicher Kapitalerhaltungsstrategien.

19. Bereits das Zusammenspiel der IAS/IFRS-Abschlüssen zu Grunde liegenden Annahmen (F. 22 f.) und der qualitativen Anforderungen an die IAS/IFRS-Rechnungslegung (F. 24 ff.) indiziert im Vergleich zur handelsrechtlichen Gewinnermittlung eine merkliche Verschiebung der Bedeutungsgewichte im Verhältnis der Prinzipien periodengerechter Erfolgsermittlung (§ 252 Abs. 1 Nr. 5 HGB) und vorsichtiger Bilanzierung (§ 252 Abs. 1 Nr. 4, 1. Halbs. HGB). Während diese Prinzipien handelsrechtlich abstrakt gleichrangig sind und daher im Einzelfall abzuwägen ist, welcher Bilanzierungsgrundsatz zurückstehen muss, kommt dem Vorsichtsgedanken in der IAS/IFRS-Rechnungslegung nur untergeordnete Bedeutung zu. Die damit einhergehende Zurückdrängung des Realisationsgedankens in seiner kontinentaleuropäischen Ausprägung ließe für den Fall einer Übernahme der IAS/IFRS in den handelsrechtlichen Einzelabschluss eine Modifikation der hergebrachten gesetzlichen Risikoverteilung zwischen Unternehmensgläubigern und Unternehmenseignern erwarten.

20. Die prognoseorientierte Ausrichtung der IAS/IFRS-Rechnungslegung bedingt, dass im Vergleich zur handelsrechtlichen Gewinnermittlung weitumfänglicher auf Schätzungen zurückgegriffen werden muss. Die IAS/IFRS-Rechnungslegung ist damit stärker der steuernden Einflussnahme durch den Anwender ausgesetzt. Das IASB muss daher auf eine neutrale Anwendung seiner Bilanzierungsregeln *vertrauen.* Als Teil eines gesetzlichen Schutzsystems kommen die IAS/IFRS bereits aus diesem Grund kaum in Betracht, da entobjektivierter Interessenschutz schlechterdings nicht vorstellbar ist.

21. Hinsichtlich der Objektivierungsqualität der Aktivierungskonzeptionen bestehen zwischen handelsrechtlicher und IAS/IFRS-Rechnungslegung keine grundsätzlichen und ins Gewicht fallenden Unterschiede. Auch de lege lata

ist der Bilanzierende gehalten, auf der Grundlage eigener Wertungen darüber zu befinden, ob ein Posten ein selbständiges Wertpotential verkörpert, das zu einer Berücksichtigung im Jahresabschluss berechtigt und verpflichtet. Da die (abstrakte bzw. konkrete) Einzelveräußerbarkeit kein Kriterium handelsrechtlicher Aktivierungsfähigkeit bildet, unterscheiden sich die handelsrechtliche und die Aktivierungskonzeption der IAS/IFRS allenfalls durch den jeweils zu fordernden Grad an wahrscheinlicher (selbständiger) Werthaltigkeit, der auf Ebene der IAS/IFRS durch die Einzelstandards bestimmt wird.

22. Der Verzicht auf ein Ansatzverbot für nicht derivativ erworbene Vermögenswerte des Anlagevermögens würde Unternehmensgläubiger im Falle einer Einbindung der IAS/IFRS in einen Zusammenhang mit gesetzlichen Kapitalschutzsystemen mit typischen Unternehmerrisiken belasten. Da die Ungewissheiten hinsichtlich der Werthaltigkeit immaterielle Werte eine eigene Qualität erreichen, ist diese Risikoverlagerung in die Gläubigersphäre vor dem Hintergrund des kapitalgesellschaftsrechtlichen Trennungsprinzips rechtspolitisch unbillig.
23. Die Kriterien für den Ansatz selbst geschaffener immaterieller Vermögenswerte (insbes. IAS 38.57) haben angesichts ihres Zukunfts-/Prognosebezugs einen wahlrechtsgleichen Charakter. Ihre Einbindung in einen schutzrechtlich angelegten Normenzusammenhang wäre im Vergleich zum gegenwärtigen Handelsbilanzrecht (§ 248 Abs. 2 HGB) mit einer substanziellen Schwächung des Kapitalschutzsystems und einer spürbaren Zurücksetzung von Gläubigerbelangen verbunden.
24. Die IAS/IFRS-Regelungen betreffend die Erfassung von Erträgen sind nicht schlechthin mit den aus dem Trennungsprinzip erwachsenden Anforderungen an ein kapitalschutzadäquates Bilanzrecht unvereinbar. Insbesondere die von IAS 18.30 lit. (c) eingeforderte „phasenverschobene Dividendenaktivierung" trägt dem Realisationsgedanken in seiner kontinentaleuropäischen Ausprägung uneingeschränkt Rechnung. Auch hinsichtlich der Behandlung von sale and lease back-Konstellationen gemäß IAS 17.58 ff. blieben die IAS/IFRS im Falle ihrer Integration in einen kapitalschutzbedachten Normenzusammenhang keineswegs hinter dem Gläubigerschutzgehalt des Handelsbilanzrechts zurück.
25. Tief greifende Unvereinbarkeiten mit den gegenwärtigen Kapitalerhaltungssystemen resultieren allerdings aus der von IAS 40 gestatteten Fair Value-Bilanzierung von Renditeimmobilien. In objektivierungsrechtlicher Hinsicht ist eine „Objektivierung qua Marktbewertung" zwar nicht generell ungeeignet, die jahresabschlusspolitischen Gestaltungsmöglichkeiten des Bilanzerstellers in kapitalschutzadäquater Weise einzuengen. Insbesondere für bebaute Grundstücke stehen allerdings „echte Marktdaten" typischerweise

nicht zur Verfügung. Die insoweit gemäß IAS 40.46 zugrunde zu legenden „marktferneren“ Wertermittlungsverfahren sind demgegenüber durch beträchtliche Ermessens- und Gestaltungsspielräume gekennzeichnet (so insbesondere das Discounted Cashflow-Verfahren gemäß IAS 40.46 lit. (c)), die einer Integration des IAS 40 in einen schutzrechtlich angelegten Regelungszusammenhang schlechthin entgegenstehen. Hinzukommt, dass das IASB davon absieht, den Wertermittlungsvorgang durch die Einbindung unabhängiger und sachkundiger Gutachter auf eine Grundlage zu stellen, die eine hinreichende Gewähr für die Richtigkeit des Wertermittlungsergebnisses bietet. Mit Blick auf die erfolgswirksame Behandlung entsprechender Zeitwerterhöhungen würde die Integration der IAS/IFRS in das Jahresabschlussrecht unweigerlich eine nicht hinnehmbare Belastung des gegenwärtigen kapitalbezogenen Gläubigerschutzsystems bedeuten.

26. Auch die im Rahmen der Behandlung langfristiger Fertigungsaufträge gemäß IAS 11.22 ff. anzuwendende sog. percentage of completion-Methode steht in Widerspruch zu den handelsrechtlichen Gewinnermittlungsregeln (insbesondere zu § 252 Abs. 1 Nr. 4, 2. Halbs. HGB). Angesichts ihres nachhaltig prognostischen Bezugs gewährleisten die Realisationskriterien des IAS 11.23 keine für Ausschüttungsbemessungszwecke unabdingbare Mindestobjektivierung. Die Zugrundelegung der POC-Methode würde daher im Zusammenspiel mit den gegenwärtigen Kapitalerhaltungssystemen eine merkliche Risikoverlagerung zu Lasten der Unternehmensgläubiger bewirken. Diese erschiene mit Rücksicht auf den kapitalgesellschaftsrechtlichen Ausschluss von Rückgewähransprüchen in rechtspolitischer Perspektive als unbillig.

27. Zudem lassen sich auch die Regelungen des IAS 39 betreffend die Behandlung von Sicherungszusammenhängen nicht in einen kapitalschutzorientierten Regelungszusammenhang einpassen. Dies liegt vor allem darin begründet, dass die Nichterfassung tatsächlich eingetretener Wertminderungen von Vermögenswerten allenfalls dann hinnehmbar erscheint, wenn die hinreichende „Beherrschbarkeit“ des Sicherungszusammenhangs durch eine paarweise („eins zu eins“) Zuordnung von Grund- und Sicherungsgeschäft gewährleistet erscheint. Demgegenüber gestattet IAS 39.78 i.V.m. IAS 39.89 auch die „Querverrechnung“ von Wertveränderungen im Rahmen sog. Portfolio Hedges. Die damit aus handelsrechtlicher Perspektive verbundene Missachtung des Einzelbewertungsgrundsatzes (§ 252 Abs. 1 Nr. 3 HGB) läuft insofern auf eine kapitalschutzinadäquate Nichtbeachtung des Verlustberücksichtigungsgebots (§ 252 Abs. 1 Nr. 4, 1. Halbs. HGB [Imparitätsprinzip]) hinaus. Durch die unausweichliche Bezugnahme auf subjektive

„Tatbestandsmerkmale“ (Zweckzuweisung) ist das Hedge Accounting darüber hinaus in objektivierungsrechtlicher Hinsicht zumindest problematisch.

28. Die Ausfüllung der Anschaffungs- und Herstellungskostenbegriffe durch die IAS/IFRS-Einzelstandards lässt in kapitalschutzrechtlicher Perspektive grundsätzlich keine ins Gewicht fallenden Unterschiede zum Handelsbilanzrecht erkennen. Allerdings gestattete IAS 21.21 (1993) bislang die aktivische Berücksichtigung von im Rahmen von Beschaffungsvorgängen anfallenden Fremdwährungsverlusten, sofern diese ein eigenständiges Nutzenzuflusspotential verkörpern. Obgleich diese Voraussetzung bei Lichte besehen kaum jemals erfüllt sein dürfte, eröffnet die prognostische und insofern kaum widerlegliche Betrachtung Möglichkeiten, die – aus der Perspektive des Kapitalschutzes – an sich gebotene Erfassung von Verlusten hinauszuzögern. Im Hinblick auf Kapitalerhaltungszwecke lassen sich gleich gelagerte Vorbehalte gegen die etwa von IAS 38.32 i.V.m. IAS 23.10 ff. gestattete Aktivierung von Fremdkapitalkosten anführen, die umfangsmäßig zudem über die durch § 255 Abs. 3 Satz 2 HGB gezogenen Grenzen hinausgeht.

29. Endlich ist auch die Behandlung aktiver Steuerabgrenzungsposten gemäß IAS 12.24 in kapitalschutzrechtlicher Perspektive unangemessen. Diese verkörpern keine Forderungen („Steueransprüche“), sondern stellen lediglich noch vollkommen ungewisse – und mithin nicht hinreichend sicher werthaltige – Steuerentlastungen in Aussicht. Da entsprechende steuerliche Entlastungen ausbleiben, sofern künftig keine steuerbaren Ergebnisse zur Verfügung stehen, verbietet es sich mit Blick auf den Realisationsgedanken, entsprechende Risiken auf Unternehmensgläubiger überzuwälzen. Zudem erschiene es unter Risikozuweisungsgesichtspunkten als rechtspolitisch verfehlt, wenn steuerliche Verlustvorträge Anlass zum Ansatz eines Vermögenswerts geben würden (vgl. IAS 12.34). Diesbezüglich entfalten die insoweit zu beachtenden Aktivierungsvoraussetzungen (insbes. IAS 12.36) angesichts der Unvorhersehbarkeit der künftigen Erfolgsentwicklung eines Unternehmens kaum einschränkende Wirkung.

30. Als Folge des „IAS/IFRS-typischen“ Objektivierungsdefizits und der andernfalls unausweichlichen merklichen Risikoverlagerung zu Lasten der Unternehmensgläubiger können die IAS/IFRS nicht ohne kompensatorische Maßnahmen in das Zusammenspiel von handelsrechtlicher Rechnungslegung und gesetzlichen Kapitalschutzsystemen eingebunden werden, sofern das gegenwärtige Gläubigerschutzniveau bewahrt werden soll.

31. Ein informationell angelegtes Gläubigerschutzsystem auf der Grundlage der IAS/IFRS kann den gegenwärtigen kapitalbezogenen Gläubigerschutzansatz nicht adäquat ersetzen. Dies liegt einerseits darin begründet, dass die IAS/IFRS angesichts ihrer „Steuerbarkeit“ durch den Bilanzierenden für ge-

setzliche Schutzzwecke schlechthin ungeeignet sind. Darüber hinaus ist ernstlich zu bezweifeln, ob die IAS/IFRS mit Rücksicht auf ihre Ausrichtung auf den Kapitalmarkt Informationen zur Verfügung stellen, die für Gläubiger eine taugliche Entscheidungsgrundlage bilden.

32. Aus rechtspolitischer Perspektive besehen darf der Gesetzgeber Gläubiger nicht darauf verweisen, sich auf privatrechtlicher Ebene, etwa durch kombinierte sog. dividend und accounting covenants selbst gegen Schädigungen abzusichern, da der Verzicht auf hinreichend wirksame staatliche Ausschüttungsbegrenzungsmechnismen ein erkennbares Schutzvakuum hinterließe. Vor diesem Hintergrund und mit Blick auf seine Ordnungsfunktion hat der Gesetzgeber vielmehr zu gewährleisten, dass die positiven Nutzeneffekte von Ausschüttungsbeschränkungen nicht auf „marktmächtige Gläubigergruppen" beschränkt bleiben.
33. Auch „insolvency tests" nach US-amerikanischem Vorbild könnten das gegenwärtige Gläubigerschutzniveau nicht konservieren, sofern ihnen die IAS/IFRS als bilanzielles Bezugssystem zugewiesen würden. Diesbezüglich gelten die für die Inkompatibilität der IAS/IFRS mit dem gegenwärtigen Kapitalschutzsystem angeführten Gründe entsprechend. Darüber hinaus ließe sich ein angemessenes Gläubigerschutzniveau auch nicht durch Normierung spezieller Haftungstatbestände verwirklichen, da Sanktionsnormen stets klar umrissene Tatbestände voraussetzen. Dem steht indes die konzeptionell bedingte Steuerbarkeit der IAS/IFRS entgegen.
34. Im Anschluss an eine mögliche Einbindung der IAS/IFRS in den jahresabschlussrechtlichen Funktionszusammenhang zum Kapitalgesellschaftsrecht ließe sich das derzeitige Gläubigerschutzniveau allenfalls dann bewahren, wenn die aus der IAS/IFRS-Rechnungslegung resultierenden Abweichungen zur handelsrechtlichen Gewinnermittlung in eine ausschüttungsgesperrte Rücklage einzustellen wären. Dies käme indes einer Parallelbilanzierung sehr nahe. Neben dem enormen gesetzgeberischen Aufwand, mit dem dieser Lösungsansatz unweigerlich verbunden wäre, sprechen auch systematische Gründe gegen ein solches „Kombinationsmodell" und für eine strikte Trennung der handelsrechtlichen von der IAS/IFRS-Rechnungslegung.
35. Der Gesetzgeber sollte im Rahmen des ihm von Art. 5 IAS/IFRS-VO zugewiesenen Gestaltungsspielraums sämtlichen Kapitalgesellschaften auch fortan die Erstellung eines Einzelabschlusses auf Grundlage der – um Wahlrechte zu bereinigenden – handelsrechtlichen Gewinnermittlungsregeln aufgeben.
36. Die damit für kapitalmarktorientierte Konzernmuttergesellschaften einhergehende Notwendigkeit, zwei unterschiedliche bilanzielle Regelwerke parallel anwenden zu müssen, ist den betroffenen Unternehmen auch mit Rücksicht

auf den Eingriffsgehalt der Ausdehnung von Rechnungslegungspflichten zumutbar.

37. Eine darüber hinausgehende Verpflichtung zur Erstellung eines *parallelen* Einzelabschlusses auf Grundlage der IAS/IFRS erscheint zwar im Hinblick auf kapitalmarktorientierte Unternehmen erwägenswert, sollte im Ergebnis allerdings nicht normiert werden. Die im Rahmen der vorliegenden Arbeit herausgearbeiteten Defizite der IAS/IFRS-Rechnungslegung lassen es nicht als gerechtfertigt erscheinen, die Unternehmen mit einer zusätzlichen, grundrechtsrelevanten Rechnungslegungsverpflichtung zu belasten.
38. Der durch Art. 4 IAS/IFRS-VO bestimmte Mindestgeltungsbereich der IAS/IFRS-Rechnungslegung sollte indes auf kapitalmarktorientierte konzernungebundene Unternehmen erstreckt werden. Dies erscheint ungeachtet der diagnostizierten Unzulänglichkeiten der IAS/IFRS-Rechnungslegung als sachgerecht, um den „Kapitalmarktstandort Deutschland" zu stärken.
39. Im Übrigen sollte der Anwendungsbereich der IAS/IFRS auf den Konzernabschluss beschränkt bleiben. Mit Blick auf die beschränkten Nutzeneffekte der IAS/IFRS-Rechnungslegung sollten kapitalmarktferne Unternehmen auch nicht zur Anwendung der IAS/IFRS im Konzernabschluss verpflichtet werden. Die Einräumung eines entsprechenden Wahlrechts dürfte insoweit die sachgerechteste Lösung darstellen.

FSC
www.fsc.org
MIX
Papier | Fördert
gute Waldnutzung
FSC® C083411

Kolibri 360 GmbH
Ferdinand-Jühlke-Straße 7
99095 Erfurt, Deutschland
produktsicherheit@kolibri360.de

Druck:
CPI Druckdienstleistungen GmbH
im Auftrag der
Kolibri 360 GmbH
Ferdinand-Jühlke-Str. 7
99095 Erfurt